Jörg Becker · Reinhard Schütte
Handelsinformationssysteme

Jörg Becker · Reinhard Schütte

Handelsinformationssysteme

verlag
moderne industrie

Die Deutsche Bibliothek – CIP - Einheitsaufnahme

Becker, Jörg:
Handelsinformationssysteme / Jörg Becker ; Reinhard Schütte.
Landsberg/Lech : verlag moderne industrie, 1996
ISBN 3-478-39820-7
NE: Schütte, Reinhard:

© 1996 verlag moderne industrie, 86895 Landsberg/Lech
Umschlaggestaltung: Gruber & König, Augsburg
Druck und Bindung: WB-Druck GmbH & Co., Rieden
Printed in Germany
ISBN 3-478-39820-7

Vorwort

„Handelsinformationssysteme": eine Referenz für die Gestaltung handelsspezifischer Informationssysteme, die sowohl - aus organisatorischer Sicht - die Abläufe beschreibt als auch - aus DV-Sicht - Vorschläge für die Systemausprägung unterbreitet. Dabei generalisieren wir bestehende und entwerfen neue Informationssystem- und Organisationsstrukturen für eine sinnvolle Gestaltung der Geschäftsprozesse. Somit widmet sich „Handelsinformationssysteme" den beiden Aufgaben der Wirtschaftsinformatik, der Erklärungs- und der Gestaltungsaufgabe. Der Schwerpunkt liegt auf dem inhaltlich-funktionalen Auftrag der Wirtschaftsinformatik, indem ein Überblick über alle Teilsysteme innerhalb des Handels vermittelt wird, daneben wird auch dem methodischen Auftrag mit der Definition eines methodischen Bezugsrahmens und den Grundsätzen ordnungsmäßiger Modellierung Rechnung getragen. Unsere Vorgehensweise ist sowohl deduktiv, indem wir aus den Zielen von Handelsunternehmen die Ausprägung der Informationssysteme hergeleitet haben, als auch induktiv, indem wir bestehende Informationssystem- und Organisationsstrukturen analysiert und den deduktiv hergeleiteten gegenübergestellt haben.

Informationssysteme erschließen sich nicht durch den Programm-Code, nicht einmal durch Folgen von Bildschirmbildern (auch wenn dies ein gern beschrittener Zugang zu Informationssystemen ist). So sucht man hier vergebens nach Zeilen programmierten Codes oder Bildschirmabzügen. Aufbau und Wirkungsweise von Handelsinformationssystemen vermitteln sich auch nicht durch eine ausschließlich betriebswirtschaftlich orientierte Darstellung der Aufgaben und Funktionen eines Handelsbetriebs.

Wir haben einen Wirtschaftsinformatik-typischen Weg gewählt und Handelsinformationssysteme durch Modelle beschrieben. Modelle nehmen eine Abstraktion des betrachteten Objektsystems (der Diskurswelt) vor, so daß die ihm innewohnende Komplexität beherrscht werden kann. Wir haben semiformale Modelle gewählt, die einerseits sehr nahe an der betriebswirtschaftlichen Problemstellung und dabei so einfach und leicht verständlich sind, daß sie auch Nicht-Wirtschaftsinformatikern zugänglich sind, die andererseits aber doch so formal sind, daß die Umsetzung in Informationssysteme gelingen kann. Funktionsmodelle geben zunächst einen Überblick über die Aufgaben in einem betrieblichen Teilbereich, Datenmodelle erläutern die Struktur, also die statische Komponente innerhalb der Handelsinformationssysteme, und Prozeßmodelle zeigen den (organisatorischen und informationsverarbeitungsunterstützten) Ablauf.

Die Modelle – und es sind ihrer nicht wenige – blieben isoliert und damit unverständlich, wäre da nicht ein ordnender Rahmen, sozusagen ein Generalbebauungsplan für die Handelsinformationssysteme. Ob seines exponierten Charakters findet man ihn schon auf dem Umschlag (dem Verlag sei Dank ausgesprochen): die Handels-H-Architektur. Sie definiert den Bezugsrahmen, in den Handelsinformationssysteme und die ihnen zugrunde liegenden Modelle eingeordnet werden können. Handelsinformationssysteme stellen das immaterielle Abbild der dispositiven, logistischen, abrechnungs- und auswertungsbezogenen Prozesse eines Handelsunternehmens zur Unterstützung der Geschäftsprozesse Lagergeschäft, Strecken-, Zentralregulierungs-, Aktions- und Dienstleistungsgeschäft dar. Sie umfassen den Beschaffungsprozeß mit seinen Teilprozessen Einkauf, Disposition, Wareneingang, Rechnungsprüfung und Kreditorenbuchhaltung (linker Ast des Handels-H-Modells) einerseits und den Distributionsprozeß mit seinen Teilprozessen Marketing, Verkauf, Warenausgang, Fakturierung und Debitorenbuchhaltung (rechter Ast des Handels-H-Modells) andererseits, die durch das Lager, das Überbrückungsfunktionen wahrnimmt, gekoppelt sind. Die Informationen der warenwirtschaftlich-dispositiven Systeme werden in den betriebswirtschaftlich-administrativen Systemen der Haupt- (und Anlagen-) Buchhaltung und der Kostenrechnung weiterverarbeitet und um die Personalwirtschaft ergänzt (Boden des Handels-H-Modells). Alle Daten der operativen Systeme gehen in verdichteter Form zu Analyse- und Auswertungszwecken in die Controlling- und Executive Information Systeme und die Systeme zur Unterstützung der Unternehmensplanung ein (Dach des H).

In der aufgeführten Reihenfolge werden die Teilsysteme auf fachkonzeptueller Ebene durch Modelle beschrieben. Zuvor findet man handelstypische Spezifika und die Herleitung der Handels-H-Architektur, einen methodischen Bezugsrahmen und Organisationsbetrachtungen zum Management eines Projekts „Einführung von Handelsinformationssystemen" sowie wegen ihrer funktionsübergreifenden Bedeutung die wesentlichen Organisations- und Artikelstrukturen im Handel.

Wir haben uns vorgenommen, einen Ordnungsrahmen zu schaffen. Dazu gehört neben dem Generalbebauungsplan der Handelsinformationssystem-Architektur ein Leitfaden zur Orientierung im Gebäude Handelsinformationssysteme. Ordnende Symbole übernehmen diese Aufgabe.

„IS" führt Sie durch das erste Kapitel mit einer institutionenökonomischen Betrachtung von Handelssystemen und dem Entwurf der Architektur von Handelsinformationssystemen.

„GoM" ist der Wegweiser durch das zweite Kapitel. Hier dreht sich alles um die Modellierung und deren Methoden und Verfahren (Funktionsdekompositionsdiagramme für die Funktions-, Entity-Relationship-Modelle für die Daten-, Ereignisgesteuerte Prozeßketten für die Prozeßsicht). Insbesondere die Grundsätze ordnungsmäßiger Modellierung (GoM) liefern einen Bezugsrahmen für die qualitätserhöhende Anwendung der Verfahren.

„V" dient als Hinweisschild für ein Vorgehensmodell zur Entwicklung einer Informationsstrategie mit den Phasen Istanalyse, Sollkonzept und Implementierung incl. eines ausführlichen Beispiels für eine Wirtschaftlichkeitsrechnung.

Ein Hierarchiebaum führt zu den Organisations- und Artikelstrukturen, den zentralen Konstrukten, die Struktur und Verhalten der Handelsinformationssysteme determinieren.

Das Handels-H-Modell zeigt den Weg durch alle Teilinformationssysteme des Handels in der Geschäftsart des Lagergeschäfts mit den warenwirtschaftlich-dispositiven und den betriebswirtschaftlich-administrativen sowie den Leitungs- und Lenkungs-Funktionen. Zur Orientierung im umfangreichsten Kapitel haben wir den Bereich und die Sicht, die wir gerade durchlaufen, grau schattiert. So schafft das Handels-H-Modell eine Ordnung der Elemente der Betrachtungsdomäne auf einer abstrakten Ebene, in der jedes einzelne Referenzmodell eindeutig positioniert werden kann.

Das schattierte Handels-H-Modell geleitet zu den vier weiteren Geschäftsarten des Handels, dem Strecken-, Zentralregulierungs-, Aktions- und Dienstleistungsgeschäft, die alle vier die Bereiche des Handels-H-Modells (mehr oder weniger) umfassen.

Das letzte Symbol verbindet das Handels-H-Modell mit dem Y-CIM-Modell von SCHEER für Industrieunternehmen und führt zu vertikalen (Industrie-Handel-Kunde) und horizontalen (zwischen Handelsunternehmen) Kooperationsformen.

Wir danken der Deutschen Forschungsgemeinschaft DFG, die die Forschungs-
arbeiten im Projekt Megahandel im Rahmen des Programms „Verteilte DV-Systeme in der Betriebswirtschaft" gefördert hat, Kollegen und Kolleginnen aus
dem Hochschulbereich und Kooperationspartnern in der Praxis, mit denen wir
viele handelstypische Fragestellungen ausgiebig diskutiert haben, den Herren
Thomas Rotthowe, M. B. A., Dipl.-Wirt. Inf. David Schüppler und Dipl.-Ök.
Jens Wiese für Hinweise und Anregungen. Herrn Dr. Michael Rosemann danken
wir für wertvolle Verbesserungsvorschläge, Herrn Dipl.-Wirt. Ing. Christoph
von Uthmann und Herrn cand. rer. pol. Lars Ehlers für ihren Einsatz bei der
technischen Erstellung des Buchs und Herrn Mathias Bauer vom Verlag für die
kooperative Zusammenarbeit.

Münster, im März 1996   Jörg Becker
                                                                   Reinhard Schütte

Inhaltsverzeichnis

Abbildungsverzeichnis

Tabellenverzeichnis

Abkürzungsverzeichnis

Abb.	Abbildung
Abs.	Absatz
ACM	Association for Computer Machinery
AMICE	European Computer Integrated Manufacturing Architecture
ALF	Arbeitsgemeinschaft der Lebensmittel-Filialbetriebe e. V.
ARIS	Architektur integrierter Informationssysteme
AWS	Anwendungssystem(e)
bbN	bundeseinheitliche Betriebsnummer
bbS	bundeseinheitliche Betriebsstellennummer
Bd.	Band
BGA	Bundesverband des Deutschen Groß- und Außenhandels e.V.
BPR	Business Process Reengineering
bspw.	beispielsweise
Btx	Bildschirmtext
bzgl.	bezüglich
C&C	Cash and Carry
CASE	Computer Aided Software Engineering
CCG	Centrale für Coorganisation
CIM	Computer Integrated Manufacturing
CIMOSA	Computer Integrated Manufacturing-Open Systems Architecture
CMS	Cash-Management-Systeme
CPM	Critical Path Method
CWWS	Computergestütztes Warenwirtschaftssystem
DBW	Die Betriebswirtschaft
DBP	Deutsche Bundespost
DFÜ	Datenfernübertragung
DIHT	Deutscher Industrie- und Handelstag
DIN	Deutsches Institut für Normung e. V.
Diss.	Dissertation
DM	Deutsche Mark
DTA	Datenträgeraustausch
DV	Datenverarbeitung
EAN	Europäische Artikelnummer
EANCOM	European Articlenumbering Communications
ECR	Efficient Cunsomer Response
EDI	Electronic Data Interchange
EDIFACT	Electronic Data Interchange for Administration, Commerce and Transport
EDV	Elektronische Datenverarbeitung
EFT-POS	Electronic-Funds-Transfer am Point of Sale
EIS	Executive Information System
EK	Einkaufspreis
EKORG	Einkaufsorganisation
ERM	Entity-Relationship-Model
ESPRIT	European Strategic Programe for Research and Development in Information Technology
et al.	et alii
e. V.	eingetragener Verein
f.	folgende
ff.	fortfolgende

FfH	Forschungsstelle für den Handel Berlin e. V.
FWWS	Filial-Warenwirtschaftssystem
GDI	Gottlieb Duttweiler Institut für wirtschaftliche und soziale Studien
GERT	Graphical Evaluation and Review Technique
GI	Gesellschaft für Informatik e. V.
GoB	Grundsätze ordnungsmäßiger Buchführung
GoM	Grundsätze ordnungsmäßiger Modellierung
ggf.	gegebenenfalls
GZS	Gesellschaft für Zahlungssysteme
HGB	Handelsgesetzbuch
HIS	Handelsinformationssystem
HMD	Handbuch der modernen Datenverarbeitung
HWO	Handwörterbuch der Organisation
Hrsg.	Herausgeber
Ident-Nr.	Identifikationsnummer
IEEE	Institute of Electrical and Electronical Engineers
IHF	Institut für Handelsforschung
IM	Information Management
Incoterms	International Commerce Terms
io	Industrielle Organisation
insb.	insbesondere
ISB	Institut für Selbstbedienung und Warenwirtschaft
ISDN	Integrated Services Digital Network
ISO	International Organization for Standardisation
ISW	Individualsoftware
IT	Informationstechnik
ITF	International Two of Five
IuK	Informations- und Kommunikationstechnologie
Jg.	Jahrgang
JIT	Just-in-time
JOOP	Journal of Object-Oriented Programming
JoR	Journal of Retailing
KER	Kurzfristige Erfolgsrechnung
kg	Kilogramm
krp	Kostenrechnungspraxis
LAN	Local Area Network
Lifo	Last in - first out
LTS	Lieferantenteilsortiment
LVP	Ladenverkaufspreis
MADAKOM	Marktdatenkommunikation
m&c	Management & Computer
MDE	Mobiles Datenerfassungsgerät
ME	Mengeneinheit
MHD	Mindesthaltbarkeitsdatum
MIS	Management Information System
NfD	Nachrichten für Dokumentation
OCR	Optical Character Recognition
OE	Organisatorische Einheit
OP	Offener Posten
o. V.	ohne Verfasser
p. a.	per anno
PC	Personal Computer
PLU	Price Look Up
POS	Point of Sale

PPS	Produktionsplanung und -steuerung
PublG	Publizitätsgesetz
resp.	respektive
SB	Selbstbedienung
SCM	Supply Chain Management
SDS	SEDAS Daten Service
SEDAS	Standardregelungen einheitlicher Datenaustauschsysteme
SELOS	Standardregelungen einheitlicher Logistiksysteme
SERM	Strukturiertes ERM
SINFOS	Stammdaten Informationssätze
SOM	Semantisches Objektmodell
Sp.	Spalte
SQL	Structured Query Language
SSW	Standardsoftware
St.	Stück
SzU	Schriften zur Unternehmensführung
Tab.	Tabelle
THM	Transporthilfsmittel
TQM	Total Quality Management
UDM	Unternehmensdatenmodell
UPC	Universal Product Code
VK	Verkaufspreis
VKORG	Verkaufsorganisation
Vol.	Volume
VPE	Verpackungseinheit
WGR	Warengruppe
WiSt	Wirtschaftswissenschaftliches Studium
WKZ	Werbekostenzuschüsse
WWS	Warenwirtschaftssystem
WWW	World Wide Web
ZfB	Zeitschrift für Betriebswirtschaft
zfbf	Zeitschrift für betriebswirtschaftliche Forschung
ZfhF	Zeitschrift für handelswissenschaftliche Forschung
zfo	Zeitschrift für Führung und Organisation
ZfP	Marketing - Zeitschrift für Forschung und Praxis
ZR	Zentralregulierung
ZuO	Zuordnung

1 Informationssysteme in Handels- betrieben

1.1 Handelsbetriebe und Informationssysteme

Es gibt derzeit in Deutschland 500.000 Handelsbetriebe mit über vier Millionen Beschäftigten.[1] Hinzuzurechnen sind die in Industriebetrieben beschäftigten Personen, die überwiegend Handelsfunktionen ausüben. Zudem nimmt der Anteil an Handelsaktivitäten in Industrieunternehmen zu. Die erhöhte Handelsintensität resultiert u. a. aus einer reduzierten Fertigungstiefe, der zunehmenden Verlagerung der Produktion ins Ausland und der Internationalisierung der Unternehmen. Die Differenzierung in Unternehmen, die Handelsfunktionen ausüben, und Handelsunternehmen zeigt zwei Aspekte des Begriffs Handel, den funktionalen und den institutionellen. Im *funktionalen Sinn* wird der Handel aufgabenbezogen definiert als der Austausch von Waren und Dienstleistungen zwischen Wirtschaftssubjekten.[2] Die Funktionen haben hierbei die Aufgabe der Überbrückung räumlicher, zeitlicher, quantitativer und qualitativer Differenzen, die zwischen Produktion und Konsumtion bestehen.[3] Somit sind Handelsunternehmen Dienstleistungsbetriebe, die für Industriebetriebe absatzwirtschaftliche Aufgaben übernehmen. Dem Kunden erbringen sie u. a. die Dienstleistung der Sortimentsbildung sowie der Bereitstellung von Waren und Dienstleistungen in geeigneter Menge und Qualität.

Da bei der funktionalen Definition die Ausgestaltung der Handel treibenden Institutionen unberücksichtigt bleibt, wird beim Handel in *institutioneller* Abgrenzung auf die Institutionen fokussiert, deren Tätigkeiten überwiegend dem

---

[1] Die Entwicklung des Anteils der im Industrie- und Dienstleistungssektor Beschäftigten findet sich bei Tietz, der verschiedene Jahrgänge des Statistischen Bundesamts zusammenfassend darstellt. Vgl. Tietz (Großhandel) (1993), S. 125. Zur Entwicklung der Brutto- und Nettowertschöpfung zwischen dem verarbeitenden Gewerbe und den Handels- und Dienstleistungsbereichen vgl. Statistisches Bundesamt (1995), S. 657ff.

[2] Vgl. Tietz (Handelsbetrieb) (1993), S. 4.

[3] Vgl. Barth (1993), S. 2.

Handel im funktionalen Sinne zuzurechnen sind.[4] Diese Institutionen werden als Handelsbetriebe, auch Handelsunternehmen, bezeichnet.

Bei den Handelsbetrieben hat sich eine Vielzahl unterschiedlicher Betriebstypen gebildet. Entsprechend der Definition des AUSSCHUSSES FÜR BEGRIFFSDEFINITIONEN DER HANDELS- UND ABSATZWIRTSCHAFT[5] werden für den Großhandel als Klassifikationskriterien u. a. die Kooperationsform, die Absatzkontaktgestaltung, das Sortiment, die Marktorientierung, die Art der geführten Waren oder die Kundenorientierung genannt.[6] Im Bereich des Einzelhandels wird eine Zuordnung der Betriebstypen zu Kriterien wie Kontaktorientierung, Sortiment oder Absatzorganisation vorgenommen. Eine Übersicht über Klassifikationskriterien von Handelsunternehmen gibt Abb. 1.1.[7]

Merkmal	Merkmalsausprägung			
Wirtschaftsstufe	Einzelhandel		Großhandel	
Umfang der Handelstätigkeit	Binnenhandel		Außenhandel	
Horizontale Kooperationen	Einzelhandelsbetriebe	Großhandelsbetriebe	Sonstige Kooperationen	
Vertikale Kooperationen	Einzel- und Großhandelsbetrieb	Großhandelsbetrieb und Industrieunternehmen	Einzelhandelsbetrieb und Industrieunternehmen	Einzel-, Großhandelsbetrieb und Industrieunternehmen
Kontaktorientierung	stationär	ambulant	Versandhandel	
Absatzkontaktgestaltung	Verkäuferbedienung	Selbstbedienung	Katalogbedienung	Automatenabsatz
Träger der Nutzung	Investitionsgüterhandel		Konsumgüterhandel	
Sortimentsdimension	breites und tiefes Sortiment	breites und flaches Sortiment	schmales und tiefes Sortiment	schmales und flaches Sortiment
Preispolitik	aktiv		passiv	

Abb. 1.1: Merkmale zur Charakterisierung von Handelsbetrieben

In der Abbildung sind die Merkmalsausprägungen für die Handelsunternehmen grau schattiert, die in den folgenden Kapiteln näher betrachtet werden.

Handelsinformationssysteme haben die Aufgabe, die Handelsunternehmen und die Handelsfunktionen in anderen Institutionen so zu unterstützen, daß die Aufgaben der Beschaffung, Lagerung, Distribution, Administration und des Controlling richtig (effektiv) und mit dem geringstmöglichen Mitteleinsatz (effizient) erbracht werden können. Die Gestaltung optimaler Prozesse und die

---

[4]   Vgl. Ausschuß für Begriffsdefinitionen der Handels- und Absatzwirtschaft (1982), S. 19.
[5]   Vgl. Ausschuß für Begriffsdefinitionen der Handels- und Absatzwirtschaft (1982). Vgl. auch Müller-Hagedorn (Handelsbetriebe) (1993).
[6]   Vgl. Tietz (Handelsbetrieb) (1993), S. 29ff.; Falk, Wolf (1992), S. 18f.
[7]   Vgl. Barth (1993), S. 81ff.; Lerchenmüller (1992), S. 15ff.; Tietz (Konsument) (1983), S. 561ff.

Realisierung integrierter Informationssysteme hat hierbei interdependent zu erfolgen.

Spezifika von Handelsunternehmen, die sich in Handelsinformationssystemen niederschlagen, sind:

Einkauf: Große Anforderungen bestehen hinsichtlich des zentralen Objekts eines jeden Handelsinformationssystems, des Artikels. Die Struktur des Artikels sowie die Art der Artikelanlage, die aufgrund des Artikelvolumens möglichst komfortabel erfolgen sollte, die Zeitabhängigkeit der Artikelstammdaten, die Mehrstufigkeit der Organisationsstrukturen (insbesondere bei Berücksichtigung von Kontoren) sowie die Bestimmung der Bezugswege von Artikeln stellen Besonderheiten in Handelsinformationssystemen dar.

Disposition: Die Mehrstufigkeit von Handelsunternehmen determiniert in hohem Maße die operativen Abläufe. Beispielsweise ist in der Disposition die Integration von dezentraler und zentraler Bestellmengenplanung erforderlich. So stellen Pull-Strategien, bei denen der Verkauf an der Kasse als Ausgangspunkt für die Disposition der Filiale einerseits und des Zentrallagers andererseits dient, eine spezifische Anforderung des mehrstufigen Handels dar.

Wareneingang: Während im Großhandel oder im Zentrallager eines mehrstufigen Handelsunternehmens mengenmäßige Bestände geführt werden, ist es im Einzelhandel aufgrund technischer und organisatorischer Restriktionen nicht immer möglich, die Bestände mengenmäßig zu führen. Zu Zwecken der Sortimentssteuerung werden die Artikelbestände auf Warengruppenebene (oder einer Verdichtung) wertmäßig zu Einkaufs- und Verkaufspreisen geführt. Die Differenz zwischen Einkaufs- und Verkaufswert gibt die Spanne im Handel wieder.

Rechnungsprüfung: Durch das zu bearbeitende Rechnungsvolumen ist das Ausmaß der Arbeitsteilung in der Rechnungsprüfung hoch. Dementsprechend erfolgt im Handel zumeist eine von der Finanzbuchhaltung entkoppelte Rechnungsprüfung. In getrennten Arbeitsschritten werden die Lieferscheine und Rechnungen (meist nur die Rechnungssummen) erfaßt. Anschließend (derzeit i. d. R. in einem Batchlauf) erfolgt ein automatischer Abgleich der Rechnungen mit den bewerteten Lieferscheinen.

Lager: Die Lagerfunktionen sind im Handel insbesondere von der Handelsstufe abhängig. Im Einzelhandel erfolgt eine Inventurbewertung meistens auf Basis der Verkaufspreise. Bei der Behandlung von Saisonartikeln im Zentrallager von Sortimentsgroßhändlern ist es erforderlich, Umlagerungen nach Saisonbeendigung zwischen Kommissionier- und Reservelagerbereichen durchzuführen. Darüber hinaus wird eine Veränderung der Zuordnung von Kommissionierfestplätzen zu Artikeln vorgenommen, da z. B. Sommersaisonware ab Herbst nicht mehr im Kommissionierlager gelagert wird.

Marketing: Im Bereich des Marketing sind die Artikel Filialen oder Kunden zuzuordnen (sogenannte Listung). Die Artikelzuordnung ist das Ergebnis sortimentspolitischer Überlegungen. Hierbei wird eine zeitliche Differenzierung der Zuordnung von Artikeln zu Abnehmern genutzt, um u. a. der Sortimentsdynamik

Rechnung zu tragen. Aufgrund der Vielzahl von Artikeln sowie der Heterogenität der Vertriebsschienen sind Klassifikationen von Artikeln und Abnehmern erforderlich, um eine möglichst schnelle und effiziente Zuordnung der Artikel zu Abnehmern zu erreichen. Eine weitere Besonderheit innerhalb der Marketingaufgaben in Handelsunternehmen ist die Unterstützung des Aktionsgeschäfts. Dieses erfordert nicht nur abweichende Logistikabläufe, sondern auch abrechnungstechnische Besonderheiten, die beispielsweise die Konditionsgewährung im debitorischen und kreditorischen Bereich betreffen. Die Aktion bietet einen geeigneten Ansatzpunkt zur Gestaltung wirtschaftsstufenübergreifender Prozesse, da die bislang informationstechnisch entkoppelten Prozesse der „Aktionsgestaltung in der Industrie" und der „Aktionsgestaltung im Handel" noch ungenutztes Integrationspotential enthalten, das auch für Zwecke der Logistikgestaltung der laufenden Aktion bzw. für zukünftige Aktionen genutzt werden kann.

Warenausgang: Der Warenausgang beinhaltet die logistischen Abläufe von der Kommissionierung bis zum Versand. Aufgrund der insbesondere bei Sortimentsgroßhändlern wahrgenommenen Sortimentsgruppierungsfunktion, die im Lager zu erfüllen ist, sind handelstypische Abläufe erforderlich: Aus den unterschiedlichen Kommissionierbereichen sind die Kommissionierungen in Versandzonen zu verdichten und zu verladen. Der Auslöser für die Kommissionierung ist hierbei i. d. R. der Tourenplan für den Tag. Aus Gründen der enormen Schwankungen in der Kommissionierlast sind Kapazitätsnachfrage- und -angebotsprofile erforderlich, wie sie in der Industrie im Rahmen der Kapazitätswirtschaft eingesetzt werden. Somit können für dieses Teilproblem die aus der Industrie bekannten Heuristiken verwendet werden.

Fakturierung: Im Rahmen der Fakturierung werden dem Kunden die erbrachten Leistungen in Rechnung gestellt. Eine Anforderung ist bei vielen Großhandelsunternehmen die Unterstützung der Geschäftsart Zentralregulierung (ZR), die eine Zusammenfassung von Lieferanten- und Kundenrechnung erfordert.

Diese Beispiele belegen, daß das Betrachtungsobjekt Handelsinformationssysteme spezifische Besonderheiten aufweist, die eine theoretische Durchdringung erfordern.

Die Gestaltung von Handelsinformationssystemen darf nicht an den Grenzen des Handelsunternehmens halt machen, sondern muß die vor- und nachgelagerten Systeme einbinden, so daß ein lückenloser Informationsfluß Industrie-Großhandel-Einzelhandel-Verbraucher entstehen kann.

1.2 Entwicklung der Vertriebsformen des Handels

Das Entstehen bzw. die Existenz von Handelsunternehmen und seiner Erscheinungsformen (Betriebstypen) läßt sich mit einer Reihe theoretischer Ansätze begründen.[8] Besonders deutlich gelingt dies der Transaktionskostentheorie[9], die auch für die Entwicklung und Gestaltung der Informations- und Kommunikationstechnik wichtige Erklärungsbeiträge liefert.[10]

Nach WILLIAMSON wird unter einer Transaktion ein Vorgang verstanden, bei dem ein Gut (Ware oder Dienstleistung) über eine technisch separierbare Schnittstelle transferiert wird.[11] Die Schnittstelle läßt sich als Grenze zwischen den potentiellen Einflußsphären zweier Akteure bzw. Vertragspartner charakterisieren.[12] Der Übergang von einer Schnittstelle zur anderen ist durch die vier Phasen Anbahnung, Vereinbarung, Durchführung und Anpassung gekennzeichnet[13] und ist mit Kosten, den sogenannten Transaktionskosten, verbunden, da der Austausch koordiniert werden muß.[14]

Die Höhe der Transaktionskosten ist abhängig von der Art der Aufgabe. Die *Spezifität*, die *Umweltunsicherheit* und die *Häufigkeit*, die mit einer Transaktion verbunden sind, stellen die bedeutendsten Einflußfaktoren für die Höhe der Transaktionskosten dar.

Die *Spezifität* einer Aufgabe wird danach beurteilt, inwieweit die mit der Erfüllung einer Aufgabe verbundene Leistung an eine spezifische Verwendungsrichtung gekoppelt ist. Sind beispielsweise zwischen einem Handelsunternehmen und einem Lieferanten individuelle Datenaustauschformate vorgesehen, so sind die Investitionen in den Aufbau der notwendigen technischen Infrastruktur spezi-

---

[8] Bereits die Theorie komparativer Kostenvorteile von Ricardo kann als erster Erklärungsansatz für die Existenz des Handels dienen. Neben Weiterentwicklungen des Ansatzes von Ricardo sind u. a. der aktivitätenanalytische Ansatz von Schär (1911), Shaw (1912) und Oberparleitner (1918), die Theorie der Warenumgruppierung von Schäfer (1943), die Theorie der Handelskette von Seyffert (1951) oder die Gate-Keeper-Theorie von Hansen (1979) hervorzuheben. Diese und weitere Ansätze zur Erklärung der Existenz von Handelsunternehmen werden bei Gümbel (1985), S. 77-256, skizziert.

[9] Zur Eignung des Transaktionskostenansatzes zur Erklärung von Handelsunternehmen vgl. Picot (1986); Gümbel (1985), S. 145ff., insbes. S. 168ff.

[10] Zur Verwendung des Transaktionskostenansatzes als Erklärungsansatz für Entwicklungen der Informations- und Kommunikationstechnik vgl. Picot (1989), S. 361ff.; Ciborra (1987), S. 17-38. Den Transaktionskostenansatz zur Erklärung der Entwicklung von proprietären (herstellereigenen) zu offenen Systemen verwenden Miller, Weiland (1993). Vgl. auch Janko, Taudes (1992).

[11] Vgl. Williamson (1985), S. 1: „When a good or service is transferred across a technologically separable interface."

[12] Vgl. Bonus, Ronte (1992), S. 195.

[13] Vgl. Picot (1993), S. 107.

[14] Vgl. von Weizsäcker (1984), S. 90. Die Transaktionskosten sind vornehmlich Informations- und Kommunikationskosten, vgl. Picot, Dietl (1990), S. 178.

fisch. Sie können ihren vollen Wert nur in dieser Transaktionsbeziehung entfalten. Ein Wechsel zu einem anderen Transaktionspartner würde hingegen mit einem erheblichen Wertverlust einhergehen.[15] Die Gefahr der Entwertung spezifischer Investitionen ergibt sich aus der Möglichkeit *opportunistischer* Verhaltensweisen des Vertragspartners, indem dieser beispielsweise entgegen ursprünglicher Zusagen die Vereinbarungen nicht einhält.[16] Wird hingegen die Verwendung einer internationalen Norm verabredet, so ist die entsprechende Technologie vielseitig einsetzbar. Es besteht keine Abhängigkeit, die es abzusichern gilt.

Neben der Spezifität ist die *Umweltunsicherheit* in den Fällen von Bedeutung, in denen keine sicheren Vorhersagen über die Determinanten der Transaktionsbeziehung möglich sind. Bei Preisverhandlungen zwischen Industrie- und Handelsunternehmen liegt eine Umweltunsicherheit dann vor, wenn das Industrieunternehmen Produkte weiterverarbeitet, die ihrerseits stark oszillierenden Weltmarktpreisen oder hohen Währungskursschwankungen unterliegen. Je größer die Umweltunsicherheit und damit verbunden die Änderung der Aufgabenstellung ist, desto höher sind die Transaktionskosten.[17]

Mit zunehmender Wiederholung einer Aufgabe (*Häufigkeit*) kommt es zu einer Reduktion der Transaktionskosten (z. B. durch Lerneffekte).[18]

Neben der Spezifität, der Umweltunsicherheit und der Häufigkeit von Transaktionen ist die *Transaktionsatmosphäre* für die Ausgestaltung der Leistungsbeziehung wichtig. Unter dem Begriff der Transaktionsatmosphäre faßt WILLIAMSON die gesellschaftlichen und technischen Rahmenbedingungen der Leistungsbeziehungen zusammen.[19]

Für eine transaktionskostenbasierte Begründung der Existenz von Handelsunternehmen ist die Frage zu beantworten, wann die Gesamtkosten der Distributionskette unter Einschaltung von Handelsunternehmen geringer sind als bei direktem Absatz der Produkte durch die Industrie. Die Gesamtkosten von der Produktion bis zur Konsumtion der Güter setzen sich aus den Produktions- und Transaktionskosten der Anbieter und den Transaktionskosten der Nachfrager zusammen. Handelsunternehmen können die Transaktionskosten von Produzenten und Nachfragern reduzieren. Sofern die Gesamtkosten unter Einbeziehung von Handelsunternehmen geringer sind als die Gesamtkosten ohne sie, besitzen Handelsunternehmen eine volkswirtschaftliche Legitimation. Einzelwirt-

---

[15] Der Differentialbetrag eines Produktionsfaktors zwischen gegenwärtiger und nächstbester Verwendung wird als Quasi-Rente bezeichnet. Vgl. Klein, Crawford, Alchian (1978), S. 298f.

[16] Der Opportunismus als Verhaltensannahme des Transaktionskostenansatzes besitzt vor allem im Zusammenhang mit der Spezifität als Transaktionseigenschaft Bedeutung. Vgl. Picot, Dietl (1990), S. 179. Zum Zusammenwirken von Transaktionseigenschaften und Verhaltensannahmen vgl. Williamson (1985), S. 44-52.

[17] Vgl. Picot (1993), S. 108.

[18] Vgl. Dietl (1992), S. 112.

[19] Vgl. Picot, Dietl (1990), S. 180.

schaftlich betrachtet haben nur Handelsbetriebe, für die dies zutrifft, eine Zukunftsperspektive. So hat die Zunahme von großen Fachmärkten (z. B. bei Bau- oder Elektrofachmärkten) auf Kosten des Großhandels ihre Ursache in den geringeren Transaktionskosten für Anbieter und Nachfrager, die u. a. durch geringere Informations- und Durchführungskosten bedingt sind.

Die Analyse der Einflußfaktoren auf die Höhe der Transaktionskosten helfen bei der Beurteilung, wann Handelsunternehmen ggf. mit welcher geschäftlichen Transaktion eingeschaltet werden:[20]

Die *Spezifität des Artikels* bedingt in hohem Maße die Höhe der Transaktionskosten, da Artikel, die nur von einem oder wenigen Nachfragern abgenommen werden, vertragsähnliche Vereinbarungen erfordern. Im Handel werden solche Artikel daher nur im Rahmen von Sonderbestellungen verkauft. Insbesondere das Lagergeschäft ist unter wirtschaftlichen Gesichtspunkten nur bei standardisierten Artikeln möglich.

Die Verbundnachfrage nach heterogenen Erzeugnissen (Sortimentsfunktion des Handels), die den Grund für die Entstehung von Sortimentshandelsunternehmen darstellt,[21] läßt sich mit einer der Spezifität eng verbundenen Eigenschaft begründen, dem *relativen Wertgewicht einer Transaktion.* „Je höher der relative Wert (Preis x Menge je Zeiteinheit) einer nachgefragten Erzeugnisart, desto eher lohnt es sich, die zu ihrer Verwertung bzw. Beschaffung notwendigen Transaktionen separat durchzuführen [...]. Der Handel ist vor allem bei der Distribution an solche Nachfragergruppen ökonomisch überlegen, deren Einkaufsprogramm sich aus einer größeren Zahl von Transaktionen mit jeweils geringem Wertgewicht zusammensetzt."[22] Durch den Kauf einer Vielzahl an Artikeln bei einem Handelsunternehmen *sinkt die Anzahl an Transaktionen* mit unterschiedlichen Marktpartnern sowie die mit einer Transaktion verbundene Unsicherheit. Die Eigenschaft des Handels, unterschiedliche Artikel zu einem Sortiment zusammenzufassen, führt aus Sicht der Nachfrager zu einer Transaktionskostenreduzierung. Durch Handelsunternehmen kann die Anzahl notwendiger Kontakte zwischen Nachfragern (m) und Anbietern (n) reduziert werden. Ohne Handelsunternehmen wären m x n Kontakte erforderlich (jeder Nachfrager tritt mit jedem Anbieter in Kontakt). Mit der Einschaltung eines Handelsunternehmens reduziert sich hingegen die Anzahl der Kontakte auf m + n (m Nachfragerkontakte und n Lieferantenkontakte). Beide Parteien (Nachfrager und Anbieter) sparen Transaktionskosten (vor allem Anbahnungs-, Such-, Vergleichs- und Vereinbarungskosten), da jeder Marktteilnehmer nur noch einen Kontakt (mit dem Handelsunternehmen) und nicht mehr n (der Kunde mit n Anbietern) bzw. m (der Anbieter mit m Kunden) Kontakte wahrzunehmen hat.

---

[20] Die folgenden Ausführungen lehnen sich an Picot an, vgl. Picot (1986), S. 5-10.
[21] Vgl. Picot (1986), S. 8.
[22] Picot (1986), S. 8.

Der Effekt steigt mit der Anzahl an Marktpartnern (wenn auch realiter nicht alle Anbieter mit allen Nachfragern in Kontakt treten würden, wie es das Modell unterstellt). Je weniger Anbieter und Nachfrager sich am Markt gegenüberstehen, desto ineffizienter wird der Einsatz von Handelsunternehmen, sofern eine einfache Kommunikation möglich ist.[23]

Die aufgezeigten Faktoren, die zur Einschaltung von Handelsunternehmen in der Absatzkette führen, sind zudem vor dem Hintergrund der Transaktionsatmosphäre zu bewerten. Besonders hervorzuheben sind die Rahmenbedingungen in der Informationstechnik und der Transportwirtschaft.

Sind die Kosten für die Informationsbeschaffung aufgrund einer zunehmenden Preisreduzierung der *Informationstechnik* gering, so werden die Einsparmöglichkeiten bei den Informationsbeschaffungskosten auf der Nachfragerseite durch Handelsunternehmen geringer.[24]

Tendenzen in der *Transportwirtschaft* beeinflussen den Handel in besonderem Maße. Die Existenz von Handelsunternehmen wird gefördert, wenn die Summe der Transportkosten, die zwischen Industrieunternehmen und Endabnehmer anfallen, durch die Bündelungsfunktion des Handels reduziert werden kann. Je höher die Kosten einer individuellen Distribution von der Industrie zum Endabnehmer sind, desto eher entstehen geographisch verteilt agierende mehrstufige Handelsunternehmen. Die aufgrund einer steigenden Verkehrsdichte zunehmenden Kosten des Individualverkehrs fördern damit das Entstehen von Handelsunternehmen.

---

[23] Vgl. Kirchner, Picot (1987), S. 66.

[24] So prognostiziert das Institute for the Future langfristig die Ausschaltung des institutionellen Handels durch den Einsatz neuer Medien. Entnommen aus Tietz (Binnenhandel) (1993), S. 237.

1.3 Handelsinformationssysteme: Definition, Schwächen und Anforderungen

1.3.1 Eine IS-Architektur: das Handels-H-Modell

Handelsinformationssysteme sollen die Aufgaben, die bei der Durchführung der Handelsfunktionen anfallen, unterstützen. Ein *System* ist in allgemeiner Definition eine Menge von Elementen, die zueinander Beziehungen (Wechselwirkungen) aufweisen.[25]

In einem *Informationssystem* werden die in einem betrieblichen Objektsystem benötigten Informationen dargestellt. Informationssysteme können automatisierte und nicht automatisierte Teile beinhalten.[26]

Unter Handelsinformationssystemen werden diejenigen Informationssysteme subsumiert, die die operativ-dispositiven, die betriebswirtschaftlich-administrativen und die Controlling- und Unternehmensplanungsaufgaben unterstützen. Da dies im Regelfall EDV-gestützte Systeme sind, wird bei der Verwendung des Terminus Handelsinformationssystem davon ausgegangen, daß es sich um automatisierte Informationssysteme handelt.

Die einzelnen Bestandteile des Handelsinformationssystems sind in eine Architektur einzubetten, die die konstituierenden Bestandteile und deren Ordnung zueinander verdeutlicht.

Eine Informationssystem-Architektur, die auch als Generalbebauungsplan bezeichnet wird, kann in Analogie zum Architekturbegriff des Bauwesens als Rahmenplan, der die Bestandteile und ihre Beziehungen von Informationssystemen zueinander verdeutlicht, definiert werden.[27] Die Architektur eines Informationssystems hat die Bestandteile eines Informationssystems hinsichtlich der Art, der funktionalen Eigenschaften und deren Zusammenwirken zu beschreiben.[28] Informationssystem-Architekturen sind sowohl aus der Theorie, wie

---

[25] Vgl. u. a. Baetge (1974), S. 11; Ackhoff (1971), S. 662; von Bertalanffy (1950/1951), S. 143. Einen Überblick über den Systembegriff und die Grundlagen der Systemtheorie geben bspw. Lehner, Hildebrand, Maier (1995), S. 44-53. Werden neben den Beziehungen der Elemente untereinander auch die Beziehungen der Elemente zur Umwelt in das System aufgenommen, so handelt es sich um ein offenes System, vgl. Meffert (1971), S. 176.

[26] Vgl. Ferstl, Sinz (1994), S. 4f., die mit dem Begriff Anwendungssystem den automatisierten Teil eines Informationssystems charakterisieren.

[27] Vgl. Krcmar (1990), S. 395. Strunz umschreibt den Architekturbegriff wie folgt: „Die Architektur eines Softwaresystems ergibt sich danach aus der Tätigkeit des auf der Basis einer Anforderungsanalyse möglichen 'Programmierens im Großen'." Vgl. Strunz (1990), S. 440.

[28] Vgl. Scheer (1992), S. 2.

das Semantische Objektmodell (SOM) von FERSTL/SINZ,[29] die CIMOSA-Archi-tektur,[30] das CC-RIM-Referenzmodell[31] oder die Architektur integrierter Infor-mationssysteme (ARIS) von SCHEER[32] als auch von Software-Herstellern, wie SAA der IBM,[33] bekannt.[34] Eine Architektur ist ein Modell[35] auf einem hohen Abstraktionsniveau.

In eine Architektur von Handelsinformationssystemen[36] sind die zum Beschaffungsbereich gehörenden Teilsysteme Einkauf, Disposition, Waren-eingang, Rechnungsprüfung, Kreditorenbuchhaltung und die zum Vertriebsbe-reich gehörenden Teilsysteme Marketing, Verkauf, Warenausgang, Fakturierung und Debitorenbuchhaltung einzuordnen. Beide werden gekoppelt durch das Lager, das die Überbrückungsfunktion zwischen Beschaffung und Distribution ausübt. Die betriebswirtschaftlich-administrativen Aufgaben umfassen die Haupt- und Anlagenbuchhaltung, die Kostenrechnung und die Personalwirt-schaft. Die Informationen der operativen Systeme werden komprimiert in die Auswertungssysteme überführt, die Daten auf verdichteter Ebene für Entscheidungsträger bereitstellen. Sie bilden das „Dach" der Architektur mit den Funktionsbereichen Controlling, Executive Information System (EIS) und Systeme zur Unterstützung der Unternehmensplanung.

Aufgrund seiner optischen Darstellungsform wird die Architektur als Handels-H-Modell bezeichnet. Die Begriffe Architektur von Handelsinformatio-nssystemen und Handels-H-Modell werden synonym verwendet. Das Han-dels-H-Modell setzt sich aus den zwei Strukturdimensionen Funktionsbereich und Beschreibungssicht (Funktionen, Daten, Prozesse) zusammen (vgl. Abb. 1.2).

Durch das Handels-H-Modell werden implizit oder explizit folgende Sach-verhalte abgebildet:

- *Anordnung der Funktionen*
  Die Anordnung der Funktionscluster im Raum bildet die wesentlichen Be-ziehungszusammenhänge der Funktionen zueinander ab.[37] Der Beziehungs-zusammenhang ist bei den operativ-dispositiven Aufgaben prozeßorientiert. Dieses wird durch die beiden Schenkel des Handels-H-Modells abgebildet, die die beiden zentralen Prozesse, die Beschaffung und die Distribution der

---

[29]   Vgl. Ferstl, Sinz (1995); Ferstl, Sinz (1993).

[30]   Vgl. ESPRIT Consortium AMICE (1993).

[31]   Vgl. Gutzwiller (1994).

[32]   Vgl. Scheer (1992).

[33]   Vgl. Ahuja (1988).

[34]   Einen Überblick über verschiedene Informationssystem-Architekturen gibt Nüttgens (1995), S. 26-68.

[35]   Zum Modellbegriff vgl. ausführlich Kapitel 2.1.

[36]   Eine speziell für die Belange des Handels entwickelte IS-Architektur stellt beispielsweise auch Stecher (1993) vor.

[37]   Ein verdichtetes Funktionsmodell für die Industrie hat Scheer mit seinem Y-CIM-Modell ent-wickelt. Vgl. Scheer (CIM) (1990).

Ware, charakterisieren. Aufgrund der prozeßorientierten Anordnung setzen die weiter unten angeordneten Funktionen das Durchlaufen der weiter oben stehenden Funktionen voraus.

Abb. 1.2: Architektur von Handelsinformationssystemen

- *Strukturanalogie*
  Die Höhe, in der die einzelnen Funktionsbereiche innerhalb des Beschaffungsprozesses einerseits und des Distributionsprozesses andererseits angeordnet sind, soll auf strukturanaloge Sachverhalte hindeuten. Beispielsweise sind die Aufgaben des Einkaufs in gewissem Umfang strukturanalog zu denen des Marketings. Der Unterschied zwischen den beiden Bereichen besteht originär in den den beiden Bereichen zugrundeliegenden Objekten (zum einen Lieferant und Artikel und zum anderen Kunde und Artikel). Besonders deutlich tritt die Strukturanalogie in den Bereichen Rechnungsprüfung und Fakturierung zutage. Die Prüfung der Rechnung erfolgt anhand des bewerteten Lieferscheins, wobei das Mengengerüst des Wareneingangs mit dem Preis- und Konditionengefüge aus dem Einkauf in ein Wertgerüst transformiert wird. Die Fakturierung bewertet strukturanalog das Mengengerüst des Warenausgangs mit dem Preis- und Konditionengefüge, das mit dem Abnehmer vereinbart wurde. Bei unternehmensübergreifender Betrachtung liegt nicht nur eine Strukturanalogie (gleiches Vorgehen), sondern sogar eine Inhaltsgleichheit zwischen der Fakturierung des Liefernden und der Bewertung des Wareneingangs des Empfangenden vor (jedenfalls sollte sie vorliegen).

● *Beschreibungssichten*

Die Unterscheidung nach Funktionen, Daten und Prozessen gibt die für die Beschreibung von Informationssystemen relevanten Sichten wieder.[38] Die Organisationssicht findet keinen Eingang in das Handels-H-Modell. Empfehlungen für die Organisationsgestaltung, die in einigen Architekturen eine eigene Sicht darstellt,[39] sind nur unternehmensindividuell bzw. mit Bezug auf vielfältige Umweltfaktoren (z. B. Angebotsprogramm, Internationalisierung, Organisationsgröße[40]) zu treffen. Eine adäquate Thematisierung von referenzhaften Organisationsmodellen für Handelsunternehmen würde demnach eine umfassende Erörterung bedingen und dennoch nur einen - im Vergleich zu den Informationsmodellen der drei anderen Sichten - geringen Konkretisierungsgrad erreichen.

Aus den Informationssystemen im Handel ragt das Warenwirtschaftssystem heraus, da es analog dem Produktionsplanungs- und -steuerungssystem[41] der Industrie als wichtigstes Informationssystem im Handel bezeichnet werden kann.[42] Der Zustand und die Qualität eines Warenwirtschaftssystems determinieren in hohem Maße den Erfolg eines Handelsbetriebs. Die Bedeutung von Informationssystemen im Handel mündet sogar in der Aussage: „Information schlägt Ware"[43].

Zur Definition eines Warenwirtschaftssystems werden in der Literatur eine Reihe an konstituierenden Merkmalen genannt. Neben eher an den Zwecken der Warenwirtschaft orientierten Definitionen, die die Ziele und nicht die Inhalte von Warenwirtschaftssystemen definieren,[44] stehen weitere Definitionen, die die inhaltlichen Bestandteile beschreiben.

HERTEL definiert ein Warenwirtschaftssystem als ein „System zur Steuerung und Optimierung der Sortimente, der Dispositions-, der Waren- und der Zahlungsströme über alle Unternehmenseinheiten und zur Kommunikation und Integration der externen Marktpartner wie Lieferanten, Kunden, Banken oder Marktforschungsinstitute."[45] Darüber hinaus subsumiert er auch die Aufgaben eines Managementinformationssystems unter dem Begriff Warenwirtschaftssystem.[46]

---

[38] Vgl. hierzu Kapitel 2.1.1.

[39] Insbesondere in der ARIS-Architektur von Scheer (1992), an die wir uns anlehnen.

[40] Zu einer detaillierten Diskussion der wesentlichen Einflußgrößen auf Organisationsstrukturen vgl. Kieser, Kubicek (1992), S. 199-447.

[41] Zur Bedeutung des Produktionsplanungs- und -steuerungssystems in der Industrie vgl. beispielsweise Huber, Krallmann (1990), S. 4.

[42] Zur Bedeutung von Warenwirtschaftssystemen vgl. u. a. Hertel (1995), S. 30; Spindler (1991), S. 41; Zentes (WWS) (1988), S. 177.

[43] Vgl. Tietz (1992), S. 48.

[44] So definiert Tietz die Aufgaben der Warenwirtschaftssysteme als die Optimierung der Sortimente, Lagerbestände und aller damit in Verbindung stehender Waren- und Zahlungsdispositionen. Vgl. Tietz (Einzelhandel) (1992), S. 1079.

[45] Hertel (1992), S. 1.

[46] Vgl. Hertel (1992), S. 1.

Inhaltlich präziser sind die Definitionen, die die von einem Warenwirtschafts-system zu unterstützenden Funktionen implizit oder explizit nennen. In diesem Sinne bilden für STERNBERG „Warenwirtschaftssysteme [...] den physischen Wa-renfluß eines Handelsunternehmens auf informationeller Seite ab. Sie ermög-lichen eine wertmäßige und mengenmäßige Kontrolle des Warenflusses und stellen die für die Warenbewegungen benötigten Informationen zur Verfü-gung.“[47] Ähnlich definiert auch ZENTES ein Warenwirtschaftssystem, indem er die Disposition, das Bestellwesen, die Wareneingangserfassung, die Rechnungs-kontrolle, die Warenausgangserfassung, die Kassenabwicklung, die Inventur und die warenbezogenen Auswertungen und Berichte als Aufgaben eines Warenwirt-schaftssystems ansieht.[48]

Neben den unterschiedlichen Definitionen des Begriffs Warenwirtschafts-system wird von einigen Autoren eine Trennung der Warenwirtschaft in ein Wa-renprozeß- und ein Warenwirtschaftssystem vorgenommen.[49] Eine derartige Sichtweise geht von einer Trennung des Warenflusses vom Informationsfluß aus. Da die Information über den physischen Prozeß, die im Informationssystem festgehalten wird, ein immaterielles Abbild des physischen Prozesses ist (ein Modell)[50], ist die Beziehung zwischen Warenwirtschafts- und Warenprozeß-system außerordentlich eng. Bei der Betrachtung des Warenwirtschaftssystems wird immer die Auswirkung auf das Warenprozeßsystem inkludiert.

Die starke Ausrichtung an den Funktionen und nicht den Prozessen ist das Kennzeichen bisheriger Definitionen. Eine deutlichere Fokussierung auf die Abläufe (die Prozesse) unter Einbeziehung des Modellcharakters führt zu fol-gender Definition:

Ein Warenwirtschaftssystem stellt das immaterielle und abstrakte Abbild der warenorientierten dispositiven, logistischen und abrechnungsbezogenen Prozesse für die Durchführung der Geschäftsprozesse eines Handelsunter-nehmens dar.

Innerhalb der vorgestellten Architektur von Handelsinformationssystemen wird das Warenwirtschaftssystem durch das „H“ im Handels-H-Modell charakte-risiert. Der Begriff Handelsinformationssysteme umfaßt alle Informations-systeme in Handelsunternehmen (vgl. Abb. 1.3).

---

[47]   Sternberg (1990), S. 101. Ähnlich definiert auch Wolf Warenwirtschaftssysteme, vgl. Wolf (1993), S. 11.

[48]   Vgl. Zentes (1991), S. 69; Zentes (Nutzeffekte) (1988), S. 59.

[49]   Zur Differenzierung von Warenwirtschafts- und Warenprozeßsystem vgl. Ebert (1986), S. 58ff. Ebenso Ahlert (1995), S. 17ff.

[50]   Eine ausführliche Darstellung der Auffassung, daß Information ein Modell ist, findet sich in Kapitel 2.1.1. Die Auffassung, daß ein Warenwirtschaftssystem ein Modell der Handelsakti-vitäten ist, vertritt z. B. auch Hertel (1995), S. 30.

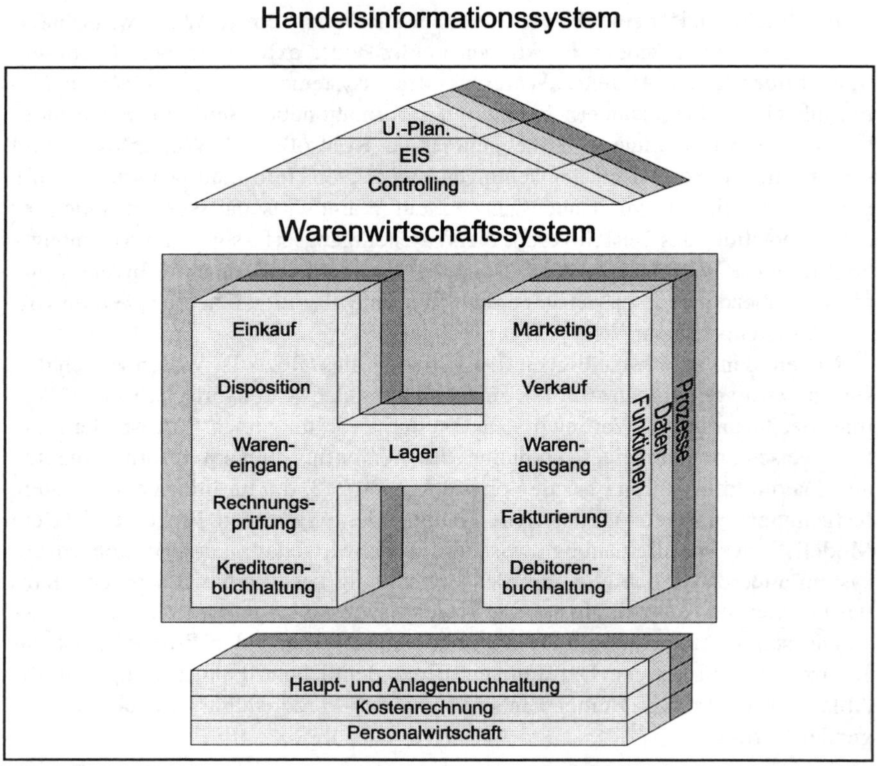

Handelsinformationssystem

Abb. 1.3: Verhältnis von WWS und Handelsinformationssystemen

Der in der angelsächsischen Literatur gebräuchliche Begriff „Merchandise information systems", der als „computer-based systems that primarily emphasize improved merchandise information gathering and analysis. The product of a merchandise information system is a series of computerized reports that assists retailers with seasonal planning, order management, vendor analysis, price revision, sales promotion evaluation, and similiar analyses."[51] definiert ist, entspricht somit eher dem Begriff des Handelsinformationssystems als dem des Warenwirtschaftssystems.

Das Handels-H-Modell ist vor allem für das Lagergeschäft mit den klassischen Handelsfunktionen Beschaffen - Lagern - Distribuieren ein Ordnungsrahmen. Daneben sind Handelsunternehmen durch weitere Geschäftsprozesse gekennzeichnet, die jeweils eine Untermenge der im Handels-H-Modell enthaltenen Funktionsbereiche in Anspruch nehmen.

---

[51]   Mason, Mayer, Ezell (1994), S. 109.

Beim *Streckenprozeß* entfallen einige Prozesse mit materiellen Prozeßobjekten vollständig (Wareneingang, Lager, Warenausgang). Charakteristisch für den Streckenprozeß ist, daß die Ware direkt vom Lieferanten zum Abnehmer gelangt, während der dispositionsbezogene Informationsfluß (Auftrag und Bestellung) und der Wertefluß (Abnehmerrechnung und -zahlung respektive Lieferantenrechnung und -zahlung) sich weiterhin zwischen Kunde und Handelsunternehmen respektive Handelsunternehmen und Lieferant bewegen. Im Streckenfall des Großhandels sind nur die Bestellungen der Kunden bekannt. Ob die Ware beim Kunden ankommt, ist dem Großhandel unbekannt. Im mehrstufigen Handel hingegen kennt beim Streckengeschäft die Zentrale häufig keine Bestellung, es wird ein Wareneingang ohne Bestellung erfaßt. Da beide Spielarten im Handel üblich sind, bedarf es für die Abbildung des Streckengeschäfts aller Funktionsbereiche der Handelsinformationssystem-Architektur.

Das *Zentralregulierungsgeschäft* ist vornehmlich bei Einkaufsgemeinschaften, jedoch auch bei Großhändlern anzutreffen. Die Leistung des Handelsunternehmens ist eine finanzwirtschaftliche, die darin besteht, daß das Handelsunternehmen zentral die Regulierung und optional das Delkredere (Schuldbeitritt) für die Kunden (die Mitglieder der Genossenschaft) übernimmt. Die warenwirtschaftlichen Funktionen des Handels-H-Modells vereinfachen sich entsprechend für den Geschäftsprozeß Zentralregulierung auf die Funktionsbereiche Rechnungsprüfung, Fakturierung sowie die Kreditoren- und die Debitorenbuchhaltung. Diese genannten Funktionsbereiche können nicht unabhängig voneinander betrachtet werden, da die Zentralregulierung eine Zusammenführung von Rechnungsprüfung und Fakturierung darstellt. Beide Funktionen werden durch das gleiche Ereignis - den Eingang der Rechnung für den Kunden beim Handelsunternehmen - angestoßen. Das Handelsunternehmen reguliert die Rechnung des Lieferanten an den Kunden und belastet sie in einer Rechnung dem Kunden. Hier wird also eine (für das Lagergeschäft untypische) direkte Kopplung zwischen kreditorischer und debitorischer Seite realisiert.

Eine den Handel besonders charakterisierende Geschäftsform ist die *Aktion* als eine wesentliche Maßnahme zur Verkaufsförderung. Insbesondere in preisaggressiven Handelsunternehmen bildet das Aktionsgeschäft eine Sondergeschäftsform, so daß im Handel generell zwischen Normal- und Aktionsgeschäft differenziert wird. Die Aktionsabwicklung kann sowohl über Lager als auch ohne logistische Auswirkungen, also über die Geschäftsarten Strecke oder Zentralregulierung, erfolgen.

Grundlegende strukturelle Unterschiede zu den genannten Geschäftsprozessen weist der *Dienstleistungsprozeß* (z. B. Marketing-Support, Wirtschaftsprüfung, Beratung in Steuer-, Personal- oder EDV-Fragen, Dienstleistungsvermittlung) auf. Hier entfallen die logistischen Funktionen weitgehend. Aufgrund der vielfältigen Ausgestaltungsformen und der damit verbundenen fehlenden Generalisierbarkeit entzieht sich dieser Prozeß weitestgehend einer mit dem Anspruch nach Allgemeingültigkeit versehenen Referenzmodellierung.

1.3.2   Schwachstellen von Handelsinformationssystemen

Die derzeitigen Handelsinformationssysteme weisen Schwachstellen in der Integrationsfähigkeit der Hardware, in der Softwarearchitektur, in den betriebswirtschaftlich-konzeptionellen Ansätzen und in der unternehmensübergreifenden Koordination auf.

In der Informationssystembasis liegt die erste Schwachstelle heutiger Systeme, die *fehlende oder mangelhafte technische Integrationsfähigkeit der Hardware*. Dieses betrifft zum einen die Hardware, die in den Handelszentralen im Einsatz ist. Zum anderen sind bei mehrstufigen Organisationen die dezentralen Systeme (Kassensysteme, Filialwarenwirtschaftssysteme) nur ungenügend mit den Großrechnern der Zentrale integriert. Das Fehlen dieser für Informationssysteme existentiellen Basis induziert lokale Insellösungen und die damit verbundenen Redundanzen (Inkonsistenzen, unverbundene PC-Lösungen und Mehrfacherfassungen).

Die der Software *zugrundeliegende Entwicklungsumgebung ist veraltet*, so daß die über eine lange Entwicklungsdauer hin entstandenen Systeme aus technischen Gründen den Anforderungen an eine moderne EDV nicht mehr genügen. Die eigenentwickelten Systeme basieren in der Regel auf alten Programmierkonzepten und -sprachen und veralteten Datenverwaltungssystemen wie hierarchischen Datenbanken oder indexsequentiellen Dateisystemen. Bei derartigen Strukturen können komplexe und einfach handhabbare Abfragen häufig nur über eine redundante Datenhaltung in einer „aufgeschalteten" relationalen Datenbank erfolgen.

Besondere Bedeutung kommt *fehlenden ganzheitlichen Ansätzen* im Handel zu. Dieser Mangel ist durch ein rasantes Wachstum der Unternehmen sowie eine fehlende theoretische Durchdringung entstanden und betrifft die Gestaltung betriebswirtschaftlicher Konzeptionen ebenso wie die der Informationssysteme.[52] Bei den betriebswirtschaftlichen Überlegungen im Handel überwiegt traditionell das Denken in Funktionen sowie die auf das Handelsunternehmen bezogene Betrachtung. Bereichs- oder gar unternehmensübergreifende Konzepte sind kaum umgesetzt.

Durch die starke funktionale Orientierung der Systementwicklung[53] ist sowohl eine horizontale (innerhalb der mengenorientierten operativen Systeme) als auch eine vertikale Integration (von den mengenorientierten operativen über die wertmäßigen Abrechnungs- bis hin zu den Controlling- und Unternehmensplanungssystemen) der Informationssysteme bislang selten realisiert. Nicht zuletzt die schlechte Anbindung der in den betriebswirtschaftlich-administrativen Bereichen (Finanzbuchhaltung, Anlagenbuchhaltung, Personalwirtschaft und Kostenrechnung) im Einsatz befindlichen Standardsoftware mit den Individual-

---

[52]   Vgl. Hoherz (1994), S. 56.
[53]   Vgl. Spindler (1991), S. 41-46.

programmen führt spätestens in den Controlling-Abteilungen zu Doppelarbeiten und verhindert ein redundanzbeherrschtes Executive Information System.

Bei der überbetrieblichen Kommunikation erweist sich die *Vielzahl unterschiedlicher Systeme* als Hindernis. Eine Vereinheitlichung der Systeme wird dadurch erschwert, daß der Einsatz von Standardsoftware von Informationsmanagern kritisch oder sogar als nicht durchführbar eingeschätzt wird.[54]

Bei der Informationssystemgestaltung überwiegen insgesamt eher technische als methodische und inhaltliche Überlegungen.[55]

1.3.3   Anforderungen an Handelsinformationssysteme

Die Gestaltung von Informationssystemen verfolgt als ein wichtiges Ziel die Integration,[56] da mit der Integration Unterziele wie Redundanzarmut, Konsistenzsicherung und Aktualität der Information verbunden werden.[57] Unter Integration kann die „(Wieder-)Herstellung eines Ganzen" verstanden werden.[58]

Diesem Generalziel folgend, ist die *Integration der Anwendungssysteme* zu fordern. Die Integration der Daten wird idealtypisch durch eine einheitliche Datenbasis erreicht, auf die die Systeme zugreifen. Sie wird durch ein unternehmensweites Datenmodell gefördert, das bereits in der Konzeptionsphase eines Systems das Augenmerk auf die Objekte und nicht auf die Funktionen lenkt. Die Zielsetzung einer horizontal und vertikal integrierten Informationspyramide ist insbesondere für eine adäquate Kontrolle und Steuerung der Unternehmensaktivitäten unabdingbar. Beispielsweise ließe sich dadurch im Bereich des Marketings eine Optimierung der Sortimentssteuerung sowie eine zielgerichtete Kundenansprache realisieren, da für diese Auswertungszwecke Daten aus verschiedenen Informationssystemen benötigt werden.

Moderne DV-Konzepte müssen *unterschiedliche Hardwareplattformen integrieren.*[59] Trotz der Kenntnis um die Bedeutung verteilter Systeme liegen kaum konkrete Arbeiten vor, die sich mit dem Aspekt verteilter Informationssysteme im Handel auseinandersetzen. Zur Umsetzung dieser Anforderungen ist auch die Interoperabilität der Systeme durch Offene Softwaresysteme zu gewährleisten. Die vielfältigsten Anwendungen, die vom Anwender heute gefordert und benötigt werden, erfordern die Beachtung von Standards, über die die Systeme gekoppelt werden können.

---

[54] So hat eine Studie des Europäischen Instituts für Wirtschaftsforschung ergeben, daß ca. 85 % der Unternehmen Individualsoftware einsetzen und 54 % der Befragten einen Einsatz von Standardsoftware für unmöglich erachten. Vgl. Köpper (1993), S. 106-108.

[55] Vgl. Köpper (1992), S. 34.

[56] Vgl. Österle, Brenner, Hilbers (1991), S. 64.

[57] Vgl. Mertens (1995), S. 8f.; Ferstl, Sinz (Wirtschaftsinformatik) (1994), S. 197f.

[58] Vgl. DUDEN: Etymologie (1989), S. 307.

[59] Vgl. Leismann (IuK) (1989), S. 6-14.

Bei der *Softwarearchitektur* sollten moderne Technologien wie relationale Datenbanken, graphische Benutzeroberflächen oder Client-Server-Architekturen unterstützt werden, um den Flexibilitätsanforderungen insbesondere dezentraler Organisationseinheiten Rechnung zu tragen.

Die Implementierung *ganzheitlicher Ansätze* umfaßt die Umsetzung des Gedankens der *Prozeßorientierung*, der eine wichtige organisatorische und informationstechnische Voraussetzung für die erfolgreiche Nutzung der Vorteile integrierter Handelsinformationssysteme darstellt. Neben der Prozeßorientierung müssen auch *horizontale und vertikale Kooperationen* durch Informationssysteme unterstützt werden. Die zunehmende Kooperationsnotwendigkeit und -bereitschaft bilden die Grundlagen für längerfristige Rahmenverträge bei der Zusammenarbeit souveräner Einzelunternehmen in einem Netzwerk.[60] Zur Unterstützung der Planung und laufenden Abstimmung der Netzwerkpartner dienen Informations- und Kommunikationssysteme, die die administrativen Aufgaben (Austausch von Geschäftsdokumenten) ebenso betreffen wie die Wertschöpfungsprozesse (zum Beispiel unternehmensübergreifende Logistiksysteme im Handel für einen effizienteren Warenumschlag).[61] Bei zunehmendem Technikeinsatz infolge sinkender Technologiekosten kommt es zu einer Reduktion der Transaktionskosten,[62] so daß es zu einem Wechsel der optimalen Kooperationsform kommt, der sich gerade in dem Schlagwort der virtuellen Unternehmung widerspiegelt.[63] Kooperationen können in horizontale und vertikale Kooperationen unterschieden werden. Während horizontale Zusammenschlüsse (die Zusammenarbeit von Handelsunternehmen untereinander) insbesondere im Einkaufsbereich eine traditionell hohe Bedeutung besitzen, werden zukünftig auch vertikale Kooperationen (i. S. einer Rückwärtsintegration mit Herstellern oder vorgelagerten Händlern und i. S. einer Vorwärtsintegration mit Endkunden oder nachgelagerten Händlern) einen hohen Stellenwert erlangen. Themen wie Kontraktmarketing, Category Management, Quick Response, Supply Chain Management und Efficient Consumer Response belegen die Bedeutung vertikaler Kooperationen mit einem hohen prognostizierten Einsparungspotential.[64]

Damit die Synergieeffekte einer Kooperation EDV-technisch genutzt werden können, müssen zukünftige Handelsinformationssysteme auch unternehmensübergreifend integriert werden.

---

[60] Zur Konfiguration strategischer Netzwerke vgl. Backhaus, Meyer (1993), S. 330ff.

[61] Vgl. Picot, Meier (1993), S. 7-15.

[62] Zu den Konsequenzen „dramatisch gesunkener Transaktionskosten" vgl. Bonus (1994), S. 11f.

[63] Zum Begriff des virtuellen Unternehmens vgl. Klein (1994); Mertens (1994); Davidow, Malone (1993). Ein Beispiel für eine virtuelle Organisation gibt Jensen (1993).

[64] Zur Notwendigkeit der Intensivierung der Industrie-Handelsbeziehungen vgl. Liebmann, Jungwirth (1994), S. 8ff.; Zentes, Anderer (1994), S. 18ff., vgl. auch Kapitel 7.

2 Grundlagen der Modellierung betrieblicher Informationssysteme

2.1 Begriff und Nutzen von Informationsmodellen

Die Wirtschaftsinformatik als Sozialwissenschaft hat die Aufgabe der theoretischen Erklärung von Phänomenen in der Informationsverarbeitung und deren praktischer Gestaltung. Zur Durchdringung realer Systeme werden Modelle verwandt, die als abstrakte Abbilder eines realen Systems für Zwecke eines Subjekts verstanden werden können.[1] Besondere Bedeutung besitzt die Abstraktion, da erst diese eine Komplexitätsbeherrschung ermöglicht und somit die Voraussetzung für das Verstehen der Systeme ist.[2]

2.1.1 Der Begriff des Informationsmodells

Die Modellbildung, bezogen auf das Erkenntnisobjekt Informationssystem, setzt die Elemente Realsystem, Objektsystem, Modellsystem und Subjekt in Beziehung (vgl. Abb. 2.1). Das Objektsystem (die Diskurswelt) ist eine Eingrenzung des Realsystems, die Abbildungsrelation überführt das Objektsystem in das Modellsystem. Mit der Zweckrelation findet das Subjekt, für das das Modellsystem erstellt wird, Eingang in den Modellbegriff, da Modelle nie zweckfrei, sondern immer mit einer definierten Intention erstellt werden.

Über die Handlungsrelation wird aufgezeigt, daß die Modellbildung auch den Zweck der aktiven Einwirkung auf die Realwelt (die Gestaltungsaufgabe) ermöglichen kann.

---

[1] Vgl. Baetge (1974), S. 74; Kosiol (1961), S. 321, definiert ein Modell als „adäquates Abbild der betrachteten Wirklichkeit".

[2] Vgl. Adam (Planung) (1993), S. 44.

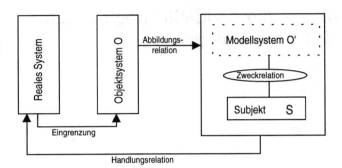

Quelle: Sinz (1995); Hars (1994), S. 7ff.; Steinmüller (1981), S. 73f.

Abb. 2.1: Bestandteile eines Modells

In der Literatur wird unter einem Informationsmodell i. d. R. der anwendungssystemrelevante Teil des unternehmensspezifischen Informationsmodells verstanden.[3] Eine derart enge Anlehnung an das Ziel der Anwendungssystementwicklung scheint bei der vielfach konstatierten Interdependenz von Informationssystem- und Organisationsgestaltung allerdings nicht sinnvoll. Da insbesondere Prozeßmodelle einen hohen Organisationsbezug aufweisen, wird hier ein umfassender Geltungsanspruch bei der Erstellung von Informationsmodellen unterstellt: Ein *Informationsmodelll* ist das immaterielle Abbild des betrieblichen Objektsystems aus Sicht der in diesem verarbeiteten Informationen für Zwecke des Informationssystem- und des Organisationsgestalters. Die Informationen können, müssen aber nicht in automatisierter Form vorliegen. Eine größere Nähe zur Informationstechnik besteht mit dem Begriff des *Anwendungssystemmodells*, das nur diejenigen Informationsobjekte des Informationsmodells beinhaltet, die ihren Niederschlag in dem zu entwickelnden (entwickelten) Anwendungssystem, also im automatisierten Teil des Informationssystems, finden.

In die Vielzahl unterschiedlicher Einteilungskriterien von Informationsmodellen bringt ein morphologischer Kasten[4] Ordnung im Sinne einer Klassifikation. Zur Klassifikation der Modelle können fünf Facetten identifiziert werden (vgl. Abb. 2.2).

Nach der *Beschreibungssicht* können die Modelle in Daten-, Funktions- (oder zusammengefaßt in einer Objektsicht), Organisations- und Prozeßsicht unterteilt werden.[5]

---

[3] Vgl. Loos, Scheer (1995), S. 185; Picot, Maier (1994), S. 112; Klein (1990), S. 9.

[4] Ein morphologischer Kasten dient als Facettenklassifikation der Beschreibung der kombinatorischen Möglichkeiten der Ausgestaltung eines Objekts.

[5] Vgl. Scheer (1992), S. 13ff.

Merkmal	Merkmalsausprägung			
Beschreibungs- sicht	Daten	Funktionen	Organisation	Prozesse
	Objekte			
Beschreibungs- ebene	Fachkonzept	DV-Konzept		Implementierungskonzept
Geltungs- anspruch	Istmodell	Sollmodell		Idealmodell
Inhaltliche Individualität	unternehmensspezifisches Modell	Referenzmodell		Mastermodell (nur bei AS-Modell)
Abstraktionsgrad	Ausprägungsebene	Typebene	Metaebene	Meta-Metaebene

(AS-Modell=Anwendungssystemmodell)   Quelle: Rosemann (1995), S. 22.

Abb. 2.2: Morphologischer Kasten der Informationsmodellierung

Hinsichtlich der *Beschreibungsebene*, die die Nähe zur Informationstechnik widerspiegelt, werden Fach-, DV-Konzept und Implementierung unterschieden. Modelle des Fachkonzepts weisen eine hohe Nähe zur betriebswirtschaftlichen Problemstellung auf. Auf dieser Ebene werden semiformale Modelle zur Abbildung der Realität herangezogen, die soweit formalisiert sind, daß sie Ausgangspunkt einer informationstechnischen Umsetzung sein können.[6] Eine größere Nähe zur Informationstechnik besitzen Modelle auf DV-Konzeptebene, in der beispielsweise innerhalb der Datensicht das Datenbankmodell (z. B. relationales) formuliert wird. In der Implementierungsebene erfährt das Modell der DV-Konzeptebene seine informationstechnische Umsetzung in konkrete Produkte der Hard- und Softwaretechnik.

Die Trennung in Beschreibungssichten und Beschreibungsebenen sowie deren Unterteilung (exklusive einer expliziten Objektsicht) entspricht den Strukturdimensionen der *ARIS-Architektur* (Architektur integrierter Informationssysteme) von SCHEER, die in Abb. 2.3 abgebildet ist.[7] Die *inhaltliche Konkretisierung* von Modellen, die zugleich den Umfang des Adressatenkreises von Modellen charakterisiert, führt zur Einteilung in unternehmensspezifische Modelle, Referenz- und Mastermodelle.[8]

---

6   Vgl. Scheer (1995), S. 14ff.

7   Die Open System Architecture for CIM (CIMOSA) unterscheidet dagegen die Beschreibungsebenen der Anforderungsdefinition, der Entwurfsspezifikation und der Implementierungsbeschreibung. Als Sichten (Views) werden die Funktions-, die Informations-, die Ressourcen- und die Organisationssicht unterschieden. Vgl. ESPRIT Consortium AMICE (1993), S. 41. Das CC-RIM-Referenz-Metamodell für den Entwurf von Informationssystemen definiert die Ebenen Informationssystemplanung, Analyse, System-Design, Konstruktions-Design und Konstruktion, vgl. Österle, Gutzwiller (1992), S. 26f. Zu CC-RIM vgl. auch Gutzwiller (1994).

8   Bei CIMOSA werden nach der Dimension stepwise instantiation die generische Ebene (allgemeine Modellierungskonstrukte, sog. generic blocks), das Partialmodell (für eine Klasse von Unternehmen gültiges Modell) und das partikuläre (unternehmensspezifische) Modell unterschieden. Vgl. ESPRIT Consortium AMICE (1993), S. 20.

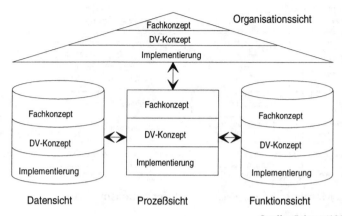

Quelle: Scheer (1992), S. 18.

Abb. 2.3: Die ARIS-Architektur

Unternehmensspezifische Modelle beinhalten die Abbildung der Strukturen und Abläufe eines Unternehmens. Referenzmodelle[9] sind allgemeingültigere Modelle für eine Klasse von Unternehmen (i. d. R. für eine Branche). Einen noch größeren Grad an Allgemeingültigkeit besitzen Anwendungssystem-Mastermodelle als Vereinigungsmenge aller mit einem Anwendungssystem abbildbaren Modelle. Sie stellen die Komposition mehrerer Referenz-Anwendungssystemmodelle dar. Somit ist der Adressatenkreis von Mastermodellen größer als der eines Referenz-Anwendungssystemmodells.

Nach dem *Geltungsanspruch* werden Ideal-, Soll- und Istmodelle differenziert. Idealmodelle abstrahieren von gegenwärtigen und kurzfristigen Restriktionen,[10] so daß sie idealisierenden Charakter besitzen. Sollmodelle beschreiben Gestaltungsoptionen einer kurz- bis mittelfristig zu realisierenden Realwelt. Sie können sich durch die Beachtung der in einem Unternehmen existierenden Restriktionen aus den Idealmodellen ergeben. So können in einem Idealmodell Zielvorstellungen für die Lagerabläufe enthalten sein, die mit der bestehenden Lagerinfrastruktrur nicht umsetzbar sind. Das Sollmodell hingegen beinhaltet die mit der vorhandenen Lagerinfrastruktur bestmöglichen Abläufe. Istmodelle stellen die Abbildungen der derzeit bestehenden Realwelt dar.

Nach dem *Abstraktionsgrad* lassen sich Ausprägungs-, Typ-, Meta- und Meta-Metaebene voneinander abgrenzen. Der Ausprägungsebene liegen konkrete Objekte der realen Welt zugrunde (z. B. der Auftrag 4711 des Kunden Meier). In einer ersten Abstraktionsstufe, der Typebene, werden die Objekte, die gleiche Eigenschaften aufweisen, zu Informationsobjekten zusammengefaßt (z. B. Kundenauftrag). Wird ein Modell eines Modells gebildet, so handelt es

---

9   Vgl. ausführlich Kapitel 2.2.
10   Vgl. Rosemann, Rotthowe (1995), S. 14.

sich um ein Metamodell. Aufgrund des hohen Abstraktionsniveaus von Meta-modellen können diese als Rahmen aufgefaßt werden, der die „[...] Beziehungen zwischen Modellbausteinen zusammen mit ihrer Semantik festlegt sowie Regeln für die Verwendung und Verfeinerung von Modellbausteinen und Beziehungen definiert."[11] Methodenübergreifend werden in Meta-Metamodellen die Gemein-samkeiten unterschiedlicher Methoden abgebildet.

2.1.2   Nutzen von Informationsmodellen

Modelle werden als Hilfsmittel zur Erklärung und Gestaltung realer Systeme eingesetzt. Die *Erklärung* realer Systeme wird durch eine Beschreibung der Sachverhalte auf einer abstrakteren Ebene erreicht, indem im Modell Erkennt-nisse über Zusammenhänge und Sachverhalte bei realen Problemen aufgrund der Ähnlichkeit gewonnen werden können, die zwischen dem realen betrieblichen System und dem Modell als Abbild dieses Systems bestehen.[12] Darüber hinaus dienen Modelle dem *Gestalten* der Realwelt, dem bewußten Einwirken auf das dem Modell zugrunde liegende Objektsystem.

Wofür und mit welchem Nutzen Informationsmodelle verwendet werden können, orientiert sich am verfolgten Zweck der Modellbildung. Ausgehend von den obersten Zwecken, die mit dem Einsatz von Informationsmodellen verfolgt werden, der *Informationssystem- und Organisationsgestaltung*, können folgende Einsatzfelder identifiziert werden:

Informationssystemgestaltung

Beschreibung und Auswahl von Software: Die Darstellung der Softwarefunktio-nalität mit Hilfe von Informationsmodellen bietet die Möglichkeit, die Inhalte der Software transparent und damit schneller zugänglich zu machen. Zudem können bei der Auswahl von Standardsoftware Informationsmodelle anstelle textueller Pflichtenhefte zum Vergleich zwischen den Anforderungen an die Software und deren Leistungsumfang verwendet werden.[13]

Softwarekonfiguration: Beim Einsatz von Standardsoftware ist diese indivi-duell anzupassen. Derzeitige Forschungsbemühungen haben eine automatisierte Konfiguration von Standardsoftware auf Basis von Informationsmodellen zum Ziel.[14] Auf diese Weise soll es zukünftig möglich sein, die für das Customizing relevanten Sachverhalte unmittelbar in die Steuerungslogik der Software zu übernehmen.[15]

---

[11]   Ferstl, Sinz (1994), S. 86.
[12]   Vgl. Adam (1993), S. 44.
[13]   Zur Auswahl von Software auf Basis von Informationsmodellen vgl. Priemer (1995).
[14]   Vgl. Scheer, Hoffmann, Wein (1994), S. 92ff.
[15]   Vgl. Keller, Meinhardt (1994), S. 88.

Softwareentwurf: Die Verwendung von Informationsmodellen zur Unterstützung des Softwareentwurfs nimmt in der Informatik-Forschung und in der Praxis einen breiten Raum ein.[16] Die Softwareentwicklung wird konzeptionell mit der Analyse und dem Entwurf von Informationsmodellen, insbesondere Datenmodellen, begonnen, die im weiteren Verlauf ihre Umsetzung in DV-Konzepte (z. B. in ein relationales Datenbankmodell) und in die Implementierung finden. Mit dem zunehmenden Einsatz von Workflowmanagementsystemen[17] (WFMS) gewinnen die Prozeßmodelle weiter an informationstechnischer Bedeutung,[18] da eine direkte Transformation von Prozeßmodellen in Workflows angestrebt wird.

Integration von Anwendungssystemen: Anhand von Prozeß- und Datenmodellen ist eine Integration der Anwendungssysteme auf Fachkonzeptebene möglich, die immer dann erforderlich wird, wenn mehrere Softwaresysteme eingesetzt werden.[19] Da Standardsoftware hinsichtlich der Unternehmensindividualität auch zukünftig beschränkt bleiben wird (insbes. in den techniknäheren Steuerungsbereichen der Logistik), besteht die Herausforderung in einer Koexistenz von Standard- und Individualsoftware, die durch eine Integration der Modelle ihre konzeptionelle Fundierung erfährt.

Die Fragestellung, an welcher Stelle innerhalb eines Prozesses die individuelle Lösung eingesetzt werden sollte, um den Besonderheiten des Unternehmens Rechnung zu tragen, läßt sich auf Basis der Prozeßmodelle weit besser beantworten, als dies durch Analyse des Programmcodes der Fall wäre.

Organisationsgestaltung

Organisationsbeschreibungen: Die Abläufe in Unternehmen sind i. d. R. wenig transparent und zumeist schlecht dokumentiert. Informationsmodelle bieten als Dokumentationsform gegenüber textuellen Beschreibungen eine Reihe an Vorteilen, insbesondere das höhere Maß an Exaktheit gegenüber textuellen Ausführungen und der damit eingeschränkte Spielraum individueller Interpretationen sowie die größere Strukturiertheit.

Optimierung betrieblicher Abläufe: Zur Optimierung betrieblicher Abläufe eignen sich vor allem Prozeßmodelle, die aufgrund ihres hohen Organisationsbezugs die Schwachstellen und Gestaltungspotentiale der Prozesse aufzeigen, beispielsweise unter Zuhilfenahme von Simulationsinstrumenten.

---

[16]   Vgl. z. B. Kurbel et al. (1994).

[17]   Workflowmanagementsysteme werden der Workflow Management Coalition gemäß definiert als: „A System that completely defines, manages and executes workflow processes through the execution of software whose order of execution is driven by a computer representation of the workflow process logic." Workflow Management Coalition (1994), S. 39.

[18]   Zum Verhältnis von Prozeßmodellen und Workflowmanagementsystemen vgl. beispielsweise Georgakopoulos, Hornwick, Sheth (1995); Jablonski (1995); Galler, Scheer (1994).

[19]   Vgl. Endl, Fritz (1992), S. 38ff.

2.2 Begriff und Nutzen von Referenzmodellen

2.2.1 Der Begriff des Referenzmodells

Die Heterogenität verfügbarer Referenzmodelle, die von branchenspezifischen Datenmodellen bis zum ISO-OSI-Schichtenmodell[20] für die Standardisierung von Netzprotokollen reicht, zeigt die Bandbreite auf, für die der Begriff Referenzmodell Verwendung findet. Gemeinsam ist diesen Modellen, daß sie den Ausgangspunkt für den Entwurf spezifischerer Modelle bilden.[21] Sie können zum einen aus bestehenden Unternehmens-Informationsmodellen induktiv erstellt, zum anderen aus theoretischen Erkenntnissen abgeleitet werden, also deduktiv gewonnen werden. Referenzmodelle haben normativen Charakter, da sie für die abgebildete Klasse von Unternehmen Gestaltungsempfehlungen bieten.[22]

Damit Referenzmodelle als Ausgangslösung für die Erstellung individueller Modelle dienen können, müssen sie *allgemeingültig* sein,[23] d. h. die Strukturen und Abläufe sind so abzubilden, daß sie für eine Vielzahl an Unternehmen verwendbar sind. Um die Allgemeingültigkeit der Modelle zu gewährleisten, ist ein adäquater Abstraktionsgrad zu wählen. Aufgrund der schwierigen Operationalisierung dieser Aussage lassen sich nur Tendenzaussagen treffen. Bei wenig konkreten Modellen besteht die Gefahr, daß sie einen engen Bezug zu unternehmensspezifischen Modellen haben, aus denen die Referenzmodelle abgeleitet werden. Hingegen besteht bei sehr abstrakten Modellen die Gefahr, daß die Spezifika der mit den Referenzmodellen abzubildenden Klasse von Unternehmen verborgen bleiben und damit die Diskrepanz zwischen Referenz- und unternehmensspezifischen Modell so groß ist, daß das Referenzmodell ohne Nutzen ist.

Da Referenzmodelle als Ausgangslösung für unterschiedliche unternehmensspezifische Modelle dienen, kommt der *Robustheit* der Modelle gegenüber Änderungen der Realwelt hohe Bedeutung zu.[24] Unter der Robustheit eines Modells sind diejenigen Eigenschaften zu subsumieren, die die Übernahme des Referenzmodells ohne Anpassungen erlaubt. Flexibilität charakterisiert dagegen die Eigenschaft eines Modells, Veränderungen (wie sie bei einem Referenzmodell vorgenommen werden müssen, um zu einem unternehmensspezifischen Modell zu gelangen) mit geringem Aufwand durchführen zu können.[25]

[20] Vgl. International Standardization Organization (1983).
[21] Vgl. Hars (1994), S. 15.
[22] Vgl. Marent (1995), S. 312.
[23] Vgl. u. a. Hars (1994), S. 15f.; Spang (1993), S. 140f.
[24] Zur Robustheit von Prozessen vgl. Allweyer, Scheer (1995), S. 10f.
[25] Zur Forderung nach Flexibilität eines Modells vgl. Moody, Shanks (1994), S. 103f.; Batini, Ceri, Navathe (1992), S. 213.

Die *Konsistenzforderung*[26], die an jedes Modell zu stellen ist, gilt auch für Referenzmodelle, d. h. Referenzmodelle müssen die abgebildeten Strukturen und Abläufe widerspruchsfrei abbilden.

Bei der Umsetzung der Referenzmodelle in unternehmensspezifische Modelle kommt es zum einen zur Reduzierung der Anzahl an Informationsobjekten in bestimmten Datenclustern (z. B. in Abb. 2.4 im Verkauf) oder Prozeßmodellen (z. B. entfällt ein Teilprozeßstrang in Abb. 2.4 im Prozeß Wareneingang). Zum anderen werden Erweiterungen in den Datenmodellen (z. B. im Datencluster Marketing) und den Prozeßmodellen (z. B. in dem Prozeßmodell Wareneingang) vorgenommen.

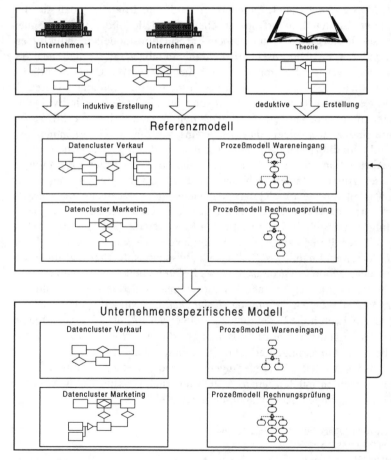

Abb. 2.4: Verhältnis von Referenz- und unternehmensspezifischen Modellen

---

[26]   Vgl. Hars (1994), S. 15; Spang (1993), S. 140f.

2.2.2 Nutzen von Referenzmodellen

Der mit dem Einsatz von Referenzmodellen verbundene Nutzen kann aus der generellen unternehmerischen Maxime der Gewinnmaximierung abgeleitet werden. Da unternehmerische Entscheidungen unter Unsicherheit getroffen werden, ist neben der Zielgröße Gewinnmaximierung die Unsicherheit zu betrachten. Faßt man die Argumente für den Einsatz von Referenzmodellen unter den Kriterien *Kostenminimierung, Erlösmaximierung* und *Risikominimierung* zusammen, so lassen sich diesen Zielen folgende Nutzeffekte von Referenzmodellen zuordnen.

Kostenminimierend wirken Referenzmodelle in mehrfacher Hinsicht. Ein Referenzmodell erleichtert die in Projekten schwierige Aufgabe der Strukturierung. So vereinfachen Referenzprozeßmodelle die Identifikation von Prozessen und geben vor, welche unternehmensindividuellen Abläufe zu diskutieren sind. Allgemein wird durch die Verwendung von Referenzmodellen eine Beschleunigung des Modellerstellungsprozesses erreicht. HARS nennt als weiteren Vorteil ein schnelleres Erlernen der Modellierungsmethode, das durch die in den Referenzmodellen abgebildeten Beispiele ermöglicht wird.

Bei der Analyse und dem Design von Informationssystemen und Organisationen stellt sich häufig die Vielfalt nebeneinanderstehender Begriffswelten als Problem heraus. Während z. B. im Einkauf der Begriff der OEH (für Originaleinheit) üblich ist, verwendet die Logistik den Begriff des Colli. Je heterogener die Unternehmensstruktur wird und je unabhängiger die einzelnen Firmen von einer Konzernführung eigene Entscheidungen treffen, desto größer ist im Regelfall die Begriffsvielfalt und damit verbunden die Begriffsunklarheit. Durch Referenzmodelle werden einheitliche Termini vorgegeben, die die Einigung auf einen einheitlichen und eindeutigen Sprachgebrauch beschleunigen. Neben der Begriffsvereinheitlichung besteht durch die Existenz einer übergeordneten Sichtweise auf das Unternehmen, die in den Referenzmodellen abgebildet ist, eine normative Wirkung für die vielen Sichten, die die unterschiedlichen Interessengruppen (z. B. Einkauf und Logistik) auf das Unternehmen haben. Da die im Referenzmodell dargestellten Inhalte perspektivenübergreifender Natur sind, kann eine Einigung zwischen den unterschiedlichen Interessen schnell erreicht werden.[27]

Kostenreduktionen können durch die Nutzung betriebswirtschaftlicher Konzepte, die in Referenzmodellen enthalten sind, entstehen. Dies gilt z. B., wenn Referenzmodellen eine technisch mit geringem Aufwand realisierbare, Fehlkommissionierungen vermeidende, betriebswirtschaftlich effiziente Organisation des Lagers zugrunde liegt und das Handelsunternehmen diese übernimmt. Auch in der Effizienz der dispositiven und abrechnungsbezogenen Aufgaben, z. B. bei der Ermittlung und Abwicklung nachträglicher Vergütungen,

---

[27] Vgl. Hars (1994), S. 32.

kann sich ein Handelsunternehmen an den in Referenzmodellen hinterlegten betriebswirtschaftlichen Lösungen anlehnen und damit den eigenen Ablauf und die Konsistenz der Informationen verbessern. Der Umgang mit Referenzmodellen erhöht bei den Mitarbeitern das Verständnis für abteilungsübergreifende Zusammenhänge, sowohl was die Struktur, als auch das Verhalten, nämlich die Prozesse, des Systems Handelsunternehmen betrifft. Der Umgang mit Referenzmodellen und die kritische Auseinandersetzung mit Strukturen und Abläufen im eigenen Unternehmen zeitigt große Lerneffekte.

Die Nutzung von Referenzmodellen ist jedoch auch mit Kosten verbunden. Hierzu zählen insbesondere die Anschaffungsauszahlungen für die Referenzmodelle und die Kosten der Nutzung (z. B. Methodenschulung, Anpassung der Modelle).

Neben der Kostenwirksamkeit von Referenzmodellen sind auch *Erlöswirkungen* denkbar, wenn die in den Referenzmodellen enthaltenen betriebswirtschaftlichen Lösungen nutzbringend im Unternehmen eingesetzt werden.

Die Nutzung von Referenzmodellen erhöht die Qualität der erstellten unternehmensspezifischen Modelle, so daß das mit der Modellerstellung verbundene *Risiko reduziert* wird.[28] Das Risiko besteht zum einen in der fehlerhaften Abbildung der bestehenden oder gewünschten realen Gegebenheiten. Die Existenz einer Ausgangslösung, von der zumindest Kernbestandteile übernommen werden können, reduziert dieses Risiko. Durch die i. d. R. mehrfache Validierung der Modelle besteht zudem die Gewähr, daß es sich beim Ausgangskonzept um weitgehend erprobte Lösungen handelt. Die Gefahr einer fehlerhaften Entwicklung reduziert sich somit erheblich.

Den genannten Vorteilen von Referenzmodellen wird entgegengehalten, daß mit der Nutzung von Referenzmodellen eine Standardisierung einhergeht, in deren Folge es zu einem Verlust strategischer Wettbewerbsvorteile[29] kommt. Dieses Argument wurde in der wissenschaftlichen Literatur insbesondere als Argument gegen Standardsoftware genannt.[30] Die Gefahr des Verlustes von strategischen Wettbewerbsvorteilen oder Kernkompetenzen durch die Nutzung von Referenzmodellen ist allerdings nur dann gegeben, wenn die Anpassung der Referenzmodelle oder die Erstellung individueller Modelle in den Bereichen unterbleibt, die strategische Wettbewerbsvorteile beinhalten.

---

[28] Vgl. Hars (1994), S. 33.

[29] Strategische Wettbewerbsvorteile sind das Ergebnis einer Wettbewerbsstrategie, die die Differenzierung des Leistungsangebots vom Wettbewerb anstrebt. Die Erzielung strategischer Wettbewerbsvorteile ist von der Branche abhängig, in der das Unternehmen tätig ist. Zur Ableitung von Wettbewerbsstrategien vgl. u. a. Kotler, Bliemel (1995), S. 468ff.

[30] Vgl. beispielsweise Österle (1990), S. 21; Krcmar (1986).

2.3 Modellierung integrierter Informations-systeme

2.3.1 Entwurfsparadigmen

Die Unterscheidung von Daten- und Funktionssicht charakterisiert die traditionellen Methoden zur Modellierung. Dem stehen die Vertreter des objektorientierten Paradigmas gegenüber, die eine ganzheitliche Modellierung des Informationssystems anstreben.[31]

Die *Objektorientierung* besitzt eine Reihe charakterisierender Merkmale: das Verständnis von Objekten, die Kapselung, die Klassenbildung, die Vererbung und der Polymorphismus.

Im Zentrum der objektorientierten Modellierung[32] steht der Objektbegriff. Ein *Objekt* im Sinne des objektorientierten Paradigmas ist ein relevantes Phänomen der Diskurswelt. Zusätzlich zur Datenstruktur werden dem Objekt auch die auf bzw. mit ihm durchzuführenden Methoden zugeordnet (*Kapselung* von Struktur und Verhalten). Die Kommunikation zwischen Objekten erfolgt durch den Austausch von Nachrichten. Eine *Klasse* faßt Objekte mit gleicher Struktur zusammen. Somit kann der bei allen Objekten gleiche Aufbau bei der Klasse beschrieben werden. Die konkrete Ausprägung eines Objekts einer Klasse wird als Instanz bezeichnet. Klassen können nach bestimmten Merkmalen zusammengefaßt (generalisiert) werden, so daß Klassenhierarchien entstehen. Innerhalb einer Klassenhierarchie werden die Struktur und das Verhalten der Oberklasse an die jeweils untergeordneten Klassen *vererbt*.[33] Erbt eine Klasse nur von einer Oberklasse, so wird von Einfachvererbung gesprochen. Werden hingegen Charakteristika mehrerer Klassen an eine Klasse vererbt, so liegt eine Mehrfachvererbung vor. Mit der Vererbung eng verbunden ist das Prinzip des *Polymorphismus*, das beinhaltet, daß eine Nachricht an unterschiedliche Objekte gesendet werden kann, wobei die durch die Nachrichten ausgelösten Methoden in Abhängigkeit von den Objekten unterschiedlich sein können.[34]

Die Umsetzung dieser Grundprinzipien sowie deren Erweiterungen hat zur Entwicklung einer kaum mehr überschaubaren Vielfalt objektorientierter Entwurfstechniken geführt, von denen sich allerdings noch keine durchgesetzt hat.

---

[31] Vgl. u. a. Ferstl, Sinz (1994), S. 88.

[32] Zu objektorientierten Entwurfstechniken vgl. u. a. Booch (1994); Coad, Yourdon (1991); Rumbaugh et al. (1991). Einen Überblick über die Ansätze von Rumbaugh und Booch gibt Frank (1994), S. S. 21-48, 116-134.

[33] Vgl. z. B. Meyer (1990), S. 234-302.

[34] Vgl. Cockburn (1993), S. 430; Sinz, Amberg (1992), S. 439.

Bei der *„traditionellen" Modellierung* wird die Komplexität der zu modellierenden Sachverhalte dadurch bewältigt, daß eine Trennung von Daten- und Funktionssicht vorgenommen wird. Die *Datensicht* stellt die Struktur der in einem Unternehmen vorhandenen bzw. benötigten Daten dar. Bei der *Funktionsmodellierung* werden die Vorgänge, die auf diesen Daten basieren, erfaßt und modelliert. In Abhängigkeit vom verfolgten Ansatz können weitere Sichten zur Daten- und Funktionssicht hinzukommen, z. B. die Organisationssicht, die Ressourcensicht oder die Prozeßsicht.

Der wesentliche Unterschied zwischen objektorientierter und „traditioneller" Modellierung besteht demnach in der Betrachtung von Funktionen und Daten. Bei der Objektorientierung werden die Objekte als Einheiten beschrieben und umfassen Daten *und* Funktionen.[35] Hingegen werden bei der „traditionellen" Modellierung zunächst getrennte Sichten zwischen Daten und Funktionen betrachtet.

Das Kernproblem objektorientierter Entwürfe besteht in der Identifikation der Objekte sowie in der Formalisierung und Zuordnung von Methoden zu Objekten.[36] Um objektübergreifende Funktionen (Methoden) realisieren zu können, werden diese Funktionen im objektorientierten Ansatz ebenfalls als Objekte definiert, so daß es zwei Arten von Objekten gibt, die den Daten und Funktionen des „traditionellen" Ansatzes wieder sehr nahe kommen.

Der Vergleich traditioneller und objektorientierter Entwürfe von Informationssystemen sollte nicht ideologisch erfolgen. So ist FRANK zuzustimmen, wenn er feststellt, daß die objektorientierten Ansätze „nicht so revolutionär [sind, d. A.] wie die mitunter in leidenschaftlicher Polemik geführten Diskussionen zwischen Anhängern traditioneller Ansätze und den Proponenten der Objektorientierung vermuten lassen. Vielmehr handelt es sich um die (mehr oder weniger) konsequente Anwendung von Prinzipien, über die es im Software-Engineerung seit geraumer Zeit einen weiten Konsens gibt."[37]

In betriebswirtschaftlich orientierten Informationssystemen ist der traditionelle Ansatz unstrittig. Objektorientierte Systeme haben ihre Notwendigkeit in der Unterstützung entwurfsorientierter Systeme (z. B. CAD, CASE),[38] da die abzubildenden Objekte komplexe Datenstrukturen erfordern. Die in Handelsinformationssystemen zu verarbeitenden Informationen zeichnen sich hingegen durch flache Datenstrukturen aus, die die Verwendung des klassischen Ansatzes nahelegen. Zudem sprechen Performancegründe in diesem Anwendungsfall für die Verwendung relationaler Datenbanken.

---

[35]   Vgl. Frank (1994), S. 140.
[36]   Vgl. Becker (1991), S. 135-152, insbes. S. 144f.
[37]   Frank (1994), S. 111.
[38]   Vgl. Atkinson et al. (1992), S. 4.

2.3.2   Modellierung der Beschreibungssichten

2.3.2.1 Modellierung der Datensicht

Ziele und Aufgaben der Datenmodellierung

Das vorrangige Problem und das Ziel der Datenmodellierung umschreibt VETTER plakativ: „Das Jahrhundertproblem der Informatik besteht in der Bewältigung des Datenchaos, das infolge unkontrolliert gewachsener Datenbestände fast überall entstanden ist, und der Schaffung einer einheitlichen, zentrale und dezentrale Datenbestände umfassenden Datenbasis [...]."[39] Gerade im Handel mit seiner Vielzahl an Stammdaten sowie einem hohen Bewegungsdatenvolumen ist eine effiziente Organisation der Daten ohne Datenmodellierung nicht möglich.

Damit die Daten als Entscheidungsgrundlage dienen können, sind an ihre Organisation einige Forderungen zu richten:

- Es muß die Datenintegration über alle Anwendungsbereiche gewährleistet sein, d. h. die gemeinsame Entstehung und Nutzung von Daten durch unterschiedliche Bereiche muß unterstützt werden.

- Die Datenintegrität, -konsistenz und -aktualität ist sicherzustellen,[40] d. h. die gespeicherten Daten müssen richtig (wirklichkeitstreu und nicht verfälscht) sein. Zum einen ist dies durch den Benutzer sicherzustellen, indem er richtige Daten eingibt; zum anderen sollten umfangreiche Plausibilitätsprüfungen (Integritätsbedingungen)[41] innerhalb der Systeme augenscheinlich falsche Dateneingaben gar nicht erst zulassen.

- Es muß möglich sein, effizient auf die Daten zugreifen und sie nach den unterschiedlichsten Kriterien miteinander verknüpfen zu können.

- Es wird die Verständlichkeit der Daten gefordert, d. h. die Namensgebung von Tabellen, Attributen und Feldinhalten innerhalb von Datensätzen sollte aus sich heraus verständlich sein.

Zur Erfüllung dieser Forderungen sind die notwendigen Daten auf einem höheren Abstraktionsniveau, d. h. nicht in der konkreten Ausprägung für eine Funktion, zu modellieren. Mit der Erstellung eines Datenmodells sollen die Datenstrukturen redundanzfrei, vollständig und unabhängig von funktionalen Eigenschaften beschrieben werden.

---

[39] Vetter (1989), S. 5.

[40] Unter Datenintegrität ist die semantische Richtigkeit der Daten zu einem Zeitpunkt zu verstehen. Zur Sicherstellung der Integrität werden Integritätsbedingungen bei der Definition des Datenbankmodells formuliert.

[41] Integritätsbedingungen stellen die semantische Korrektheit (Konsistenz) der Datenbank sicher. Beispielsweise stellt die Forderung, daß ein Artikel eine eindeutige Nummer besitzen muß, eine Integritätsbedingung dar. Vgl. Vossen (1994), S. 37. Zu Integritätsbedingungen vgl. insbesondere Elmasri, Navathe (1994), S. 14f. und S. 638-643.

Vorgehensweise vom logischen Datenmodell zur Implementierung

Entsprechend der drei Beschreibungsebenen der ARIS-Architektur geht die Modellierung der Daten für einen relevanten Problemausschnitt in drei Schritten vonstatten:

- Definition des semantischen Datenmodells (Fachkonzept),
- Umsetzung in ein Datenbankmodell (DV-Konzept) und die
- Umsetzung des Datenbankmodells in die Sprache eines Datenbanksystems (Implementierung).

Im Fachkonzept, der Erstellung des semantischen Datenmodells,[42] wird das reale System aus Sicht der für den jeweiligen Betrachtungsbereich relevanten Objekte und der Beziehungen zwischen diesen Objekten beschrieben.

Hierzu wird i. d. R. mit dem Entity-Relationship-Modell, das auf CHEN zurückgeht,[43] ein leicht verständliches Modell verwendet. Das Entity-Relationship-Modell unterscheidet zwischen Entities, d. h. Gegenständen der realen Welt, die für das Unternehmen von Bedeutung sind, und Relationships, d. h. Beziehungen zwischen diesen Entities. Gleichartige Entities werden zu Entitytypen zusammengefaßt, gleichartige Relationships zu Relationshiptypen.[44] Beispielsweise werden die Entities Firma Müller & Co., Firma Meier GmbH und Firma Schmidt GmbH & Co. KG zum Entitytyp *Lieferant*[45] zusammengefaßt. Weiterhin weist jedes Handelsunternehmen einen Entitytyp *Artikel* auf, der als Entities die Artikel umfaßt, die gehandelt werden. Entities besitzen Eigenschaften (z. B. die Bezeichnung, das Volumen, die Farbe eines Artikels), die Attribute. Jedes Attribut ordnet einem Entity bestimmte Werte einer Domäne zu. Eine Domäne faßt alle Werte zusammen, die für eine Eigenschaft eines Objekts zugelassen sind. Die in Abb. 2.5 vorgenommene Unterstreichung von Attributen kennzeichnet diese als Schlüsselattribute. So wird ein Lieferant durch die Lieferantennummer eindeutig identifiziert.[46] In der Beziehung zwischen dem Entitytyp Artikel und dem Entitytyp Lieferant wird festgehalten, welche Artikel von welchem Lieferanten zu welchen Preisen geliefert werden.

Entitytypen werden durch Rechtecke, Relationshiptypen durch Rauten und Attribute durch Ovale dargestellt.

---

[42] Synonym zum Begriff des semantischen Modells wird der Begriff des konzeptionellen Modells verwendet. Die Begriffe charakterisieren Modelle auf Fachkonzeptebene.

[43] Vgl. Chen (1976).

[44] Anstelle von Entitytypen und Relationshiptypen werden in den textuellen Ausführungen mitunter auch die Begriffe Objekttypen und Beziehungstypen verwendet. Analoges gilt für Entities und Relationships, die auch als Objekte und Beziehungen bezeichnet werden.

[45] Die Bezeichnungen der Entity- und der Relationshiptypen werden bei ihrer erstmaligen textuellen Erwähnung *kursiv* hervorgehoben.

[46] Sind mehrere Attribute in der Lage, das Entity zu identifizieren, so ist zu analysieren, welcher der Schlüsselkandidaten als Schlüsselattribut gewählt wird. Vgl. u. a. Vossen (1994), S. 58f.

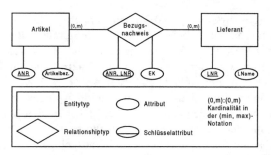

Abb. 2.5: Einfaches Entity-Relationship-Modell

Relationshiptypen geben eine semantische Relation zwischen mindestens einem, i. d. R. zwei oder mehreren (dementsprechend auch als unary, binary oder n-ary Relationship bezeichnet) Entitytypen wieder. Aus diesem Grunde können Beziehungstypen auch nicht aus sich selbst heraus bestehen, wie dies bei Entitytypen der Fall ist, sondern sind von der Existenz der beteiligten Entitytypen abhängig. Die Verbindung zwischen einem Entitytyp und einem Relationshiptyp wird mit einer Kardinalität (auch: Komplexitätsgrad[47]) charakterisiert, die angibt, wie oft ein Entity in einen Relationshiptyp eingehen kann. Hierbei ist zu beachten, daß die Interpretation abhängig von der Leserichtung ist. In der hier gewählten Darstellungsform gibt die Kardinalität immer an, wie die Beteiligungshäufigkeit der Entities an einem Relationship ist. In dem Beispiel in Abb. 2.5 kann ein Artikel von keinem (z. B. selbsterstellte Produkte) oder mehreren Lieferanten geliefert werden und ein Lieferant kann keinen oder mehrere Artikel liefern. Entsprechend liegt eine (0,m):(0,m)-Beziehung (Many-Many-Beziehung) zwischen Artikel und Lieferant vor. Generell besagt eine (1,1):(1,m)-Beziehung zwischen A und B, daß es zu genau jedem Entity a aus A mindestens und genau ein Entity b aus B gibt sowie zu jedem b aus B immer ein oder mehrere a aus A. Der Vorteil der (min, max)-Notation[48] gegenüber der weit verbreiteten max-Notation besteht in der exakteren Abbildung der Beziehung zwischen den Entitytypen. Darüber hinaus gibt die Minimalkardinalität 1 Hinweise für die Existenzabhängigkeit.[49] Eine existentielle Abhängigkeit Abhängigkeit drückt eine starke Bindung zwischen Objekten aus: jedes Entity eines untergeordneten Entitytyps wird zwingend genau einem Entity eines „übergeordneten" Entitytyps zugeordnet. Ein handelstypisches Beispiel ist die Zuordnung jedes Artikels zu einer Warengruppe. Diese zwingende Zuordnung, die unmittelbar mit der Anlage jedes Artikels zu erfolgen hat, ist aus semantischer Sicht deswegen so bedeutend, da Funktionen, die mit dem übergeordneten Entitytyp (der Warengruppe) durchgeführt werden, *alle* Entities des exi-

---

[47] Vgl. z. B. Vossen (1994), S. 66ff.; Fischer (Daten) (1992), S. 98.

[48] Zur (min, max)-Notation vgl. Schlageter, Stucky (1983), S. 50f.

[49] Vgl. Hars (1994), S. 70-73.

stentiell abhängigen Entitytyps (des Artikels) - und keinen doppelt - erfassen. Der kumulierte Warengruppenumsatz muß beispielsweise der Summe *aller* Artikelumsätze entsprechen. Dies hat direkte Auswirkungen auf die operativen Systeme (Erfassung der Warengruppe an der Kasse) und die Controlling-, die Executive Information- und die Unternehmensplanungs-Systeme.[50]

Bei der Datenmodellierung kommt, wie bei allen Modellerstellungsprozessen, der Abstraktion von Sachverhalten eine bedeutende Rolle zu. Es haben sich im Rahmen der Datenmodellierung mit der Klassifizierung, der Generalisierung und der Aggregation allgemein anerkannte Abstraktionskonzepte herausgebildet.[51]

Allgemein läßt sich die Klassifikation als eine Form der Abstraktion von Klassen definieren. Mathematisch kann die Klassifizierung als Mengenbildung von Objekten verstanden werden, die über die gleichen relevanten Eigenschaften verfügen.[52] Aus diesem Grunde wird unter der *Klassifizierung* die Zuordnung von gleichartigen Entities zu einem übergeordneten Entitytyp verstanden. Bei der Klassifizierung wird somit von den Eigenschaften des einzelnen Entities abstrahiert. Es werden nicht die Eigenschaften des Objekts betrachtet, sondern die allen Entities eines Entitytyps gemeinsamen Attributausprägungen.

Ein weiteres abstrahierendes Konstrukt ist das der *Generalisierung und Spezialisierung*.[53] Bei der Generalisierung wird abstrahiert, indem zu zwei oder mehreren Objekttypen ein übergeordneter Objekttyp gefunden werden kann. Die Entitytypen *Groß-* und *Kleinkunde* können beispielsweise zum Objekttypen *Kunde* generalisiert werden. Die Spezialisierung, bei der ein generalisierter Objekttyp in spezialisierte Objekttypen zerlegt wird, ist der zur Generalisierung komplementäre Fall. Die Generalisierung kann unterschieden werden in disjunkte und nicht-disjunkte (d. h. ein Objekt ist genau einmal spezialisiert oder ein Objekt ist auch mehrfach spezialisiert) sowie in vollständige und partielle Generalisierungen (d. h. jedes Objekt ist spezialisiert oder ein Objekt muß nicht spezialisiert sein).[54] Die Eigenschaften des Supertypen werden auf die Subtypen vererbt, so daß die Generalisierung bzw. Spezialisierung eine Vererbungseigenschaft besitzt.[55]

Unter der *Aggregation* wird eine Abstraktion verstanden, bei der aus der Kombination von bestehenden Entitytypen ein *neuer Objekttyp*[56] entsteht.[57] Die

---

[50]   Vgl. die Ausführungen in Kapitel 5.5.

[51]   Vgl. Vossen (1994), S. 53ff.; Batini, Ceri, Navathe (1992), S. 15f.; Lenzerini (1985), S. 271.

[52]   Vgl. Vossen (1994), S. 54.

[53]   Zur Generalisierung vgl. Smith, Smith (Generalization) (1977), S. 107ff.

[54]   Vgl. Elmasri, Navathe (1994), S. 618ff.; Vossen (1994), S. 72ff.; Loos (1992), S. 93.

[55]   Vgl. u. a. Vossen (1994), S. 54f. und S. 70ff.; Elmasri, Navathe (1994), S. 617ff.

[56]   Vgl. Scheuermann, Schiffner, Weber (1980), S. 121-140; Smith, Smith (Generalization) (1977), S. 106.

[57]   Vgl. u. a. Scheer (1995), S. 38; Batini, Ceri, Navathe (1992), S. 17.; Lenzerini (1985), S. 271; Smith, Smith (Aggregation) (1977). Codd schlägt vor, die Aggregation als kartesische Aggregation zu bezeichnen, um eine Abgrenzung von anderen Aggregationen (z. B. der statistischen Aggregation) zu erzielen. Vgl. Codd (1979), S. 418.

Beziehung *Bezugsnachweis* zwischen *Artikel* und *Lieferant*, die durch weitere Eigenschaften wie Einkaufs- und Verkaufspreis gekennzeichnet ist, stellt ein Beispiel für eine Aggregation dar (vgl. Abb. 2.6).[58]

Eine besondere Form der Aggregation stellt die Uminterpretation[59] von Beziehungstypen dar.[60] Da Beziehungen keine Beziehungen untereinander haben, bedarf es in derartigen Fällen der Uminterpretation des Beziehungstyps zum Entitytypen. Beispielsweise besteht zwischen der *Zeit* und dem *Kunden* eine Beziehung *Rechnung* (genau genommen Rechnungskopf). Die Rechnung besteht aus Rechnungspositionen als Relationshiptyp zwischen Rechnungskopf und Artikel. Der Relationshiptyp Rechnungskopf ist somit in einen Entitytyp Rechnungskopf umzuinterpretieren. Die Notwendigkeit zur Uminterpretation belegt zugleich die Schwierigkeit, zwischen einem Entitytypen und einem Beziehungstypen zu unterscheiden, da in dem aufgezeigten Fall der Rechnungskopf sowohl ein Relationship- als auch ein Entitytyp ist.

Neben den grundlegenden Konzepten wird mitunter die Gruppierung als ein weiteres Abstraktionskonzept definiert. Die *Gruppierung* ist eine Form der Abstraktion, die Entities eines Entitytyps nach bestimmten Klassifikationskriterien zusammenfaßt.[61] Durch die Gruppierung entsteht ein neuer Objekttyp, der sich auf einem höheren Abstraktionsniveau befindet, da nur noch die Gruppe betrachtet wird und von den Entities einer Gruppe abstrahiert wird. Da ein Objekt auch zu mehreren Gruppen (z. B. wird ein Objekt Abnehmer mehreren Abnehmergruppen zugeordnet) klassifiziert werden kann, lassen sich keine Aussagen zur Kardinalität bei der Gruppierung treffen. Syntaktisch besteht somit kein Unterschied zur Aggregation.[62] Semantisch liegt der Unterschied darin, daß bei einer Gruppierung Entities (z. B. Abnehmer) eines Entitytyps nach einem oder mehreren Kriterien zusammengefaßt werden (und so Abnehmergruppen entstehen), während bei der Aggregation ein, zwei oder mehrere unabhängige Entitytypen (z. B. Artikel und Lieferant) eine Beziehung eingehen und so ein neuer Sachverhalt (Bezugsnachweis) entsteht.

Im klassischen ER-Ansatz lassen sich Gruppierungen nicht explizit durch eigene Symbole darstellen, so daß eine Gruppierung dem Datenmodell nicht

---

[58] Als Spezialform der Aggregation sehen einige Autoren die Assoziation, die semantisch weniger bedeutsam ist als die Aggregation, da sie lediglich die Zuordnung zwischen Objekten darstellt. Vgl. Hars et al. (1991), S. 19.; Codd (1979), S. 417ff.

[59] Der Begriff der Uminterpretation wird in Anlehnung an Scheer (1995), S. 38f., als die Uminterpretation von einem Beziehungstypen zu einem Entitytypen verstanden, die graphisch durch eine rechteckig umrandete Raute dargestellt wird.

[60] Vgl. Smith, Smith (Aggregation) (1977), S. 405ff. Vgl. auch Hars (1994), S. 70 und 101. Die Uminterpretation wird auch als Konnexion bezeichnet, vgl. Fischer (Daten) (1992), S. 127ff.

[61] Vgl. Ortner (1985), S. 24, der die Gruppierung als eine Aggregation bezeichnet. Andere Autoren verstehen unter einer Gruppierung hingegen eine Assoziation, vgl. Peckham, Maryanski (1988), S. 156; Hull, King (1987), S. 205; Brodie (1984), S. 34.

[62] Vgl. Hars (1994), S. 73.

entnommen werden kann.[63] Durch die Verwendung von Namenskonventionen („Gruppierung", „Gruppe") wird versucht, dem Konzept der Gruppierung im ERM Rechnung zu tragen.

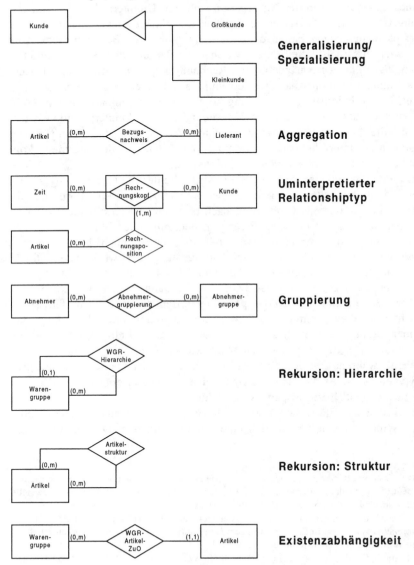

Abb. 2.6: Beispiele für die Anwendung der Konstruktionsoperatoren des ERM

[63] Einige Datenmodellierungsansätze sehen für die Gruppierung eigene Konstrukte vor, so z. B. SAM*, vgl. Su (1983), und GSM, vgl. Vossen (1994), S. 322ff.

Rekursionen sind Beziehungen, die ein Objekt mit sich selbst eingeht. Beispielsweise geht der Objekttyp Warengruppe eine Beziehung mit sich selbst ein, die Warengruppenhierarchie genannt wird. Hat jedes übergeordnete Objekt mehrere untergeordnete Objekte und jedes untergeordnete nur ein mögliches übergeordnetes Objekt, so liegt eine Hierarchie vor. Sind mehrere übergeordnete Objekte möglich, so liegt eine Struktur vor. Der Artikel besitzt eine Struktur, da zu Zwecken der Abbildung von Lots, Sets, Displays und Leergut mehrere übergeordnete Artikel zu einem Artikel existieren können.

Neben dem klassischen ERM und dessen Erweiterungen haben sich insbesondere das Strukturierte ERM (SERM) von SINZ und aufgrund der Verbreitung der Standardsoftware R/3 der SAP die Datenmodellierungsmethode der SAP, SAP-SERM, etabliert.

Im SERM werden drei Informationsobjekte zur Modellierung verwendet:[64] Der Entitytyp (E-Typ), der Entity-Relationshiptyp (ER-Typ) und der Relationshiptyp (R-Typ). Der *Entitytyp* ist analog der Semantik bei dem ERM zu interpretieren, d. h. er ist ein Gegenstands-Objekttyp. Er wird graphisch durch ein Rechteck dargestellt (vgl. Abb. 2.7).

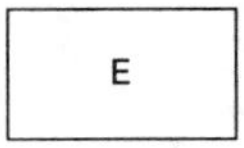

Abb. 2.7: Symbolische Darstellung eines Entitytyps

Der *Entity-Relationshiptyp* ist ein Entitytyp, dessen Objekte existentiell abhängig von einem oder mehreren Entity- oder Entity-Relationshiptypen sind. Er entsteht aus Sicht des ERM durch die Zusammenfassung eines Entitytyps mit denjenigen Relationshiptypen, mit denen er durch eine (1,1)-Beziehung verbunden ist.[65] Aufgefaßt werden kann er somit als eine Kombination eines Gegenstands-Objekttyps mit mindestens einem Beziehungs-Objekttypen. Im Entity-Relationship-Modell ist er der Umdefinition eines Beziehungstypen vergleichbar. Graphisch wird der Sachverhalt durch ein Rechteck mit einer links überlagerten Raute dargestellt (vgl. Abb. 2.8).

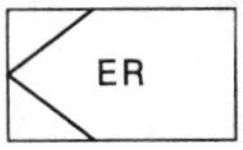

Abb. 2.8: Symbolische Darstellung eines Entity-Relationshiptyps

Der *Relationshiptyp* entspricht dem des ERM. Er ist ein *reiner Beziehungstyp*, da er zur Darstellung einer Beziehung erstens zwischen Entitytypen, zweitens zwischen Entity- und Entity-Relationshiptypen oder drittens zwischen Entity-

---

64 Zu den folgenden Ausführungen zum SERM vgl. Ferstl, Sinz (1994), S. 101-120; Sinz (1993); Sinz (1988); Sinz (1987).
65 Vgl. Sinz (1993), S. 82.

Relationshiptypen dient. Er wird graphisch durch ein Rechteck mit überlagerter Raute symbolisiert (vgl. Abb. 2.9).

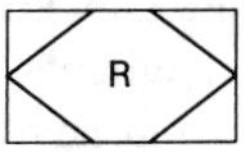

Abb. 2.9: Symbolische Darstellung eines Relationshiptyps

Die Informationsobjekte des SERM lassen sich durch vier Arten von Beziehungen verbinden, die den bereits skizzierten Grundtypen der (min, max)-Notation entsprechen: Die (0,1)-, die (0,m)-, die (1,m)- und die (1,1)-Beziehung[66] Die graphische Darstellung der Beziehungskardinalitäten sind Abb. 2.10 zu entnehmen.

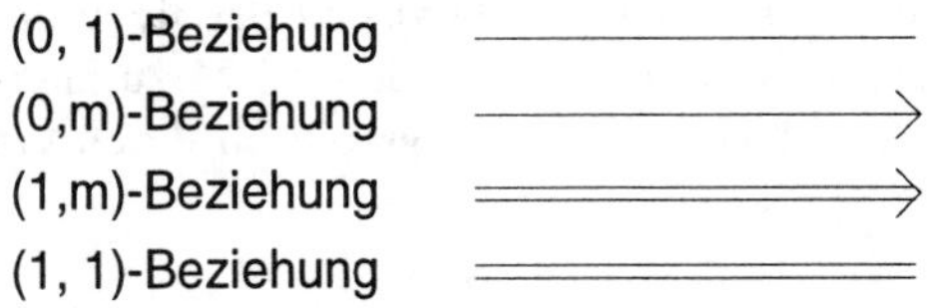

(0, 1)-Beziehung

(0,m)-Beziehung

(1,m)-Beziehung

(1, 1)-Beziehung

Abb. 2.10: Symbolische Darstellung der Kardinalitäten im SERM[67]

Eine Besonderheit des SERM ist die Vorgabe von Layoutvorschriften, die für die Strukturierung großer Datenmodelle unabdingbar ist.[68] Aus diesem Grunde werden die Kanten gerichtet interpretiert, besitzen also einen Start- und einen Endpunkt. Es existieren für die Modellierung mit dem SERM folgende Regeln:[69]

Der Startknoten einer Kante wird links vom Zielknoten angeordnet. Hierdurch wird die „Konstruktionsrichtung" von links nach rechts innerhalb eines SER-Diagramms[70] festgelegt. In umgekehrter Richtung verlaufende Kanten sind unzulässig.

Zwischen zwei Knoten sind mehrere Kanten (gleichen oder unterschiedlichen Typs) zulässig. Diese Regel erlaubt das Modellieren von Beziehungen, die ein Objekttyp mit sich selbst hat, wie dies beispielsweise für die Abbildung von Warengruppen notwendig ist.

Das Relationshiptyp-Symbol ist als Startknoten einer Kante nicht zulässig. Somit kann die Existenz eines Relationshiptyps niemals eine (einseitige) Existenzvoraussetzung für weitere Objekttypen sein.

---

[66]   Aufgrund der Einführung des Entity-Relationshiptyps wird die (1,1)-Beziehung nur in Sonderfällen benötigt, da in der Regel der Relationshiptyp, der in einer solchen Beziehung zu einem Entitytyp steht, in diesen hineingezogen wird. Vgl. Ferstl, Sinz (1994), S. 105.

[67]   Vgl. Sinz (1993), S. 83.

[68]   Vgl. Ferstl, Sinz (1994), S. 101.

[69]   Vgl. Sinz (1993), S. 83ff.

[70]   Ein SER-Diagramm ist die graphische Darstellung eines konzeptionellen Schemas im SERM.

Das Entitytyp-Symbol ist als Zielknoten einer Kante nicht zulässig. Analog zur vorgenannten Regel wird hierdurch sichergestellt, daß ein Entitytyp stets ein originärer Objekttyp ist, d. h. in keiner (einseitigen) Existenzabhängigkeit von anderen Objekttypen steht.

Jedes Relationshiptyp-Symbol ist Zielknoten von mindestens zwei Kanten. Diese Regel legt fest, daß ein Relationshiptyp mindestens zwei Entity- oder Entity-Relationshiptypen in Beziehung setzt.

Bei der Modellierung der Generalisierung wird im SERM unterschieden, ob eine vollständige oder eine partielle Generalisierung vorliegt. Eine vollständige Generalisierung wird graphisch durch ein nach oben und unten offenes Rechteck mit Doppellinien an den Außenseiten dargestellt, das mit einem Hierarchienamen (I-Symbol) beschriftet ist.

Hingegen handelt es sich bei der *allgemeinen Subtypenhierarchie* um eine unvollständige Generalisierung. Sie wird durch ein nach oben und unten offenes Rechteck dargestellt, das mit „SUBTYP" bezeichnet ist (S-Symbol). Es erfolgt keine Unterscheidung in eine disjunkte und eine nicht-disjunkte Generalisierung.

Einer der Vorteile der Modellierung mit dem SERM besteht in dem Aufzeigen von Existenzabhängigkeiten. Es werden gegenüber dem ERM Existenzabhängigkeiten visualisiert, indem ein Objekttyp immer (mindestens) von den Objekttypen existentiell abhängig ist, die links von ihm angeordnet sind. Somit werden die Modelle übersichtlicher und sind besser lesbar. Hingegen wird im Gegensatz zum ERM der Konstruktionsprozeß von Modellen weniger deutlich.[71]

Die Datenmodellierungsmethode SAP-SERM, die auf der SERM-Methode aufbaut, dient der SAP zur Beschreibung der Strukturen, die dem R/3-System zugrundeliegen.[72] Ausgangspunkt der Überlegungen der SAP ist es, analog der von SINZ intendierten Zielsetzung mit der Entwicklung der SERM-Methode, umfangreiche Datenmodelle handhabbar zu machen.

Grundlegend ist die Clusterung der Datenmodelle, die unter semantischen Gesichtspunkten vorgenommen wird. Zielsetzung ist es, eine umfassende und anwendungsübergreifende Sicht auf die betriebswirtschaftlichen Anwendungsgebiete sowie eine Navigation zwischen den einzelnen Gebieten zu ermöglichen.

Auf der abstraktesten Darstellungsebene, die im SAP-Sprachgebrauch als *Gesamtarchitektur* bezeichnet wird, befinden sich die Clusterbereiche Logistik, Rechnungswesen und Personal (vgl. Abb. 2.11). In einer ersten Projektionsstufe wird die Gesamtarchitektur in einer *Bereichsarchitektur* konkretisiert. Die Bereichsarchitektur beinhaltet sämtliche Datencluster, die in den Datenmodellen zur Zusammenfassung von Entitytypen dienen, d. h. alle Entitytypen eines Datenmodells sind einem Datencluster zugeordnet, welches wiederum Bestandteil der Bereichsarchitektur ist. Eine Konkretisierung erfährt die Bereichsarchi-

---

[71] Vgl. Scheer (1995), S. 172.
[72] Zu den Inhalten der SAP-SERM-Datenmodellierungsmethode vgl. SAP (1995). Weitere Ausführungen zum SAP-SERM finden sich bei Seubert (1991).

tektur in einer *Anwendungsarchitektur*, die die für einen Anwendungsbereich
(z. B. Materialwirtschaft, Vertrieb, Personal) relevanten Cluster graphisch darstellt. Das *Anwendungsdatenmodell* stellt die in einem Anwendungsbereich vorhandenen Cluster mit den entsprechenden Entitytypen dar und ist die konkreteste
Ausprägung.

Abb. 2.11 gibt die unterschiedlichen Projektionsstufen anhand der Ausprägungen des Bereichs Sales and Distribution (SD) wieder.

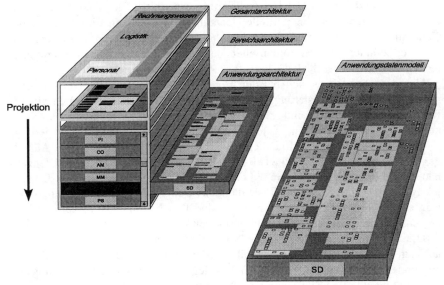

Quelle: SAP (1995), S. 4-13.

Abb. 2.11: Projektion der Anwendungsarchitektur

Im SAP-SERM werden verschiedene Modellierungsobjekte (wie Entity-, Spe-
zialisierungs- und semantische Beziehungstypen) sowie Standardkonstrukte
(Begriffs- und Strukturbausteine) verwendet. Relationshiptypen, wie sie aus dem
ER-Modell bekannt sind (und dort durch Rauten gekennzeichnet sind), existieren im SAP-SERM nicht. Eine Aggregation von zwei Entitytypen führt zu einem
neuen Entitytypen. Kardinalitäten im SAP-SERM weisen auf einer Seite immer
die Wertigkeit (1,1), im Sonderfall des konditionalen Typs die Wertigkeit (0,1),
auf. Sie werden durch unterschiedliche Pfeilspitzen repräsentiert, wie dies aus
Abb. 2.12 hervorgeht.

Von besonderer Bedeutung bei der SAP-SERM-Methode sind die
Beziehungstypen, die die Beziehung zwischen zwei Entitytypen beschreiben. Sie
sind nicht gleichzusetzen mit den Beziehungstypen (Relationshiptypen) im ER-
Modell, da sie ausschließlich eine Verbindung ohne zusätzlichen semantischen
Inhalt darstellen, während Relationshiptypen im ER-Modell durchaus eine
eigene semantische Bedeutung haben.

Graphische Darstellung	Bezeichnung im	
	SAP-SERM	ERM
⟶⟶	1 : 1	(1,1) : (1,1)
⟶⊢⟶	1 : C	(0,1) : (1,1)
⟶⟹	1 : M	(1,m) : (1,1)
⟶⊢⟹	1 : CM	(0,m) : (1,1)

Abb. 2.12: Notationsregeln für die Kardinalitäten im SAP-SERM[73]

Durch eine gerichtete Kante vom Ausgangsentitytyp zum abhängigen Entitytyp wird die Existenzabhängigkeit dargestellt, so daß der Abhängigkeitsgrad der Entitytypen von links nach rechts zunimmt. Bei den *Beziehungstyp-Arten* werden grundsätzlich drei Formen unterschieden: der hierarchische, der aggregierende und der referentielle Beziehungstyp.[74] Der aggregierende und der referentielle Beziehungstyp können in unterschiedlichen Ausprägungen auftreten. Die Kanten werden mit Hilfe von Buchstaben benannt, um den Beziehungstyp einfacher erkennen zu können. Hierbei wird der hierarchische Beziehungstyp mit einem H, der aggregierende mit einem A, der referentielle mit einem R, der konditional-aggregierende mit einem CA, der konditional-referentielle mit einem CR und der referentiell-temporäre Beziehungstyp mit einem RT gekennzeichnet.

Beim *hierarchischen Beziehungstyp* ist ein Entitytyp von einem anderen dergestalt abhängig, daß der abhängige Entitytyp nur durch die Existenz des Ausgangsentitytyps definiert und eingeordnet werden kann. Ein hierarchischer Beziehungstyp stellt die semantische Verfeinerung eines Objekts dar. Die Existenzabhängigkeit bringt zum Ausdruck, daß das abhängigere Objekt (z. B. Lagerbereich) nicht bestehen kann, wenn das übergeordnete Objekt (z. B. Lager) nicht mehr existent ist (vgl. Abb. 2.13).[75]

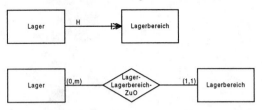

Abb. 2.13: Der hierarchische Beziehungstyp und Übersetzung ins ERM

---

[73]   Die in der Abbildung vorgenommene Übersetzung der Kardinalitäten ins ERM entspricht der in diesem Buch unterstellten Leserichtung (wie oft geht ein Entity in den Relationshiptyp ein).

[74]   Vgl. SAP (1995), S. 3-13.

[75]   Vgl. auch Rosemann, Rotthowe, Schütte (1995), S. 21-24. Zur Darstellung der SAP-SERM-Methode werden Beispiele aus dem Handel herangezogen, die nicht zwangsläufig Bestandteil des dem SAP-System zugrunde liegenden Datenmodells sein müssen.

Der *aggregierende Beziehungstyp* beschreibt eine Beziehung zwischen zwei oder mehreren Entitytypen (vgl. Abb. 2.14).

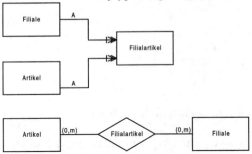

Abb. 2.14: Aggregierende Beziehungstyp und Übersetzung ins ERM

Beim *referentiellen Beziehungstyp* weist ein Entitytyp das Schlüsselattribut des referenzierten Entitytyps zwingend als Nichtschlüsselattribut auf (vgl. Abb. 2.15). Eine Handelsaktion referenziert beispielsweise auf eine Vertriebsschiene, d. h. die Handelsaktionen können nach Vertriebsschienen differenziert werden.

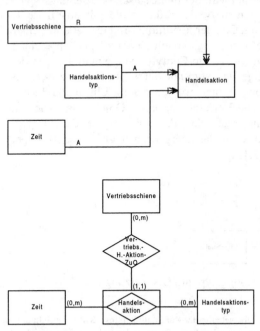

Abb. 2.15: Referentieller Beziehungstyp und Übersetzung ins ERM

Der *konditional-aggregierende Beziehungstyp* entspricht dem aggregierenden Beziehungstyp, wobei ein Entitytyp aus einem anderen aggregiert werden *kann.* In Abb. 2.16 ist der Fall eines konditional-aggregierenden Beziehungstypen zwischen *Abteilung* und *Filialabteilung* dargestellt. Der konditional-aggregierende Beziehungstyp faßt die Alternativen zusammen, in denen zum einen sowohl die *Filiale* und die *Abteilung* die *Filialabteilung* semantisch prägen. Zum anderen ist mit Hilfe des konditional-aggregierenden Beziehungstyps aber auch die Möglichkeit abgebildet, daß die *Filialabteilung* hierarchisch nur von der *Filiale* abhängt. Mit anderen Worten: Während bei der Aggregation die Filialnummer und die Abteilungsnummer Schlüssel der Filialabteilung sind, kann bei der konditional-aggregierenden Beziehung die Abteilungsnummer als Schlüssel entfallen (nullwertiger Schlüssel). Das Konstrukt des konditional-aggregierenden Beziehungstypen bildet somit zwei Fälle ab. Die Entscheidung, ob eine Beziehung zustande kommt oder nicht, wird entweder auf Entitytyp- oder auf Instanzenebene getroffen. Die Alternativenwahl (Beziehung kommt zustande oder nicht) und die Abstraktionsebene führen zu vier Alternativen, die durch den konditional-aggregierenden Beziehungstypen abgebildet werden:

1. Die Beziehung zwischen Abteilung und Filialabteilung kommt auf Entitytypebene zustande, so daß aus der konditional-aggregierenden eine aggregierende Beziehung zwischen Abteilung und Filiale wird. Diesem Sachverhalt wird in Abb. 2.16 durch die Benennung des aggregierten Objekts als Filial-Abteilung-ZuO Rechnung getragen. Inhaltlich bedeutet diese Art der Modellierung, daß Abteilungen unabhängig von der Filiale gebildet und diesen zugeordnet werden können. Eine Abteilung Lebensmittel kann beispielsweise in diesem Fall mehreren Filialen zugeordnet werden.

2. Es besteht keine Beziehung zwischen Filiale und Abteilung, d. h. es sind keine filialunabhängigen Abteilungen möglich (vgl. Fall 2 in Abb. 2.16). In diesem Fall wird aus der konditional-aggregierenden Beziehung eine hierarchische Beziehung. Im vorliegenden Beispiel müßten für jede Filiale sämtliche Abteilungen einzeln angelegt werden, da bei dieser Modellierung jede Abteilung von genau einer Filiale abhängt (z. B. Abteilung Lebensmittel in Filiale 1 und Abteilung Lebensmittel in Filiale 2).

3. Für ein Entity wird festgelegt, daß es als Schlüssel sowohl die Filialidentifizierung als auch die Abteilungsidentifizierung besitzen muß.

4. Für ein Entity wird festgelegt, daß es als Schlüssel nur die Filialidentifizierung benötigt.

Kritisch an der Verwendung des konditional-aggregierenden Beziehungstypen ist anzumerken, daß dem Modell nicht entnommen werden kann, ob es sich um eine Entscheidung auf Typ- oder auf Ausprägungsebene handelt. Aus diesem Grund ist zu fordern, daß zwischen Konstrukten unterschieden wird, die eine Beeinflussung auf Entitytypebene (Fall 1 und 2) oder auf Ausprägungsebene (Fall 3 und 4) zulassen, indem beispielsweise die Kanten mit A (für Ausprägungsebene) oder T (für Typebene) benannt werden.[76] Der konditional-aggregierende Beziehungstyp findet seine Notwendigkeit u. a. in der Modellierung des Parametrierungsspielraums von Softwaresystemen.

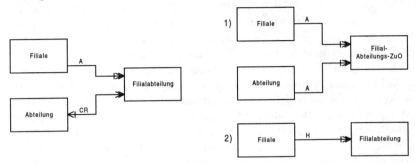

Abb. 2.16: Konditional-aggregierender Beziehungstyp

Der *konditional-referentielle Beziehungstyp* entspricht dem referentiellen Beziehungstyp mit der Einschränkung, daß die referentielle Beziehung fakultativ ist. Hinsichtlich der Alternativen Typ- oder Ausprägungsebene gelten die Ausführungen zum konditional-aggregierenden Beziehungstypen. In Abb. 2.17 ist der Fall abgebildet, daß eine *Handelsaktion* mit und ohne Bezug zu einer *Einkaufsorganisation* möglich ist.

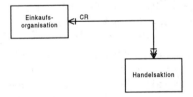

Abb. 2.17: Konditional-referentieller Beziehungstyp

Der *temporär-referentielle Beziehungstyp* ist die schwächste Art einer referentiellen Beziehung, bei der die Beziehung bei der Entstehung einer Instanz des referenzierenden Entitytyps festgelegt werden kann. Dabei besteht die Möglichkeit, daß diese Beziehung während der Lebensdauer der Instanz wechseln kann oder auch zeitweise nicht vorhanden ist.

In Abb. 2.18 ist die Situation beschrieben, in der eine Handelsaktion auf eine Einkäufergruppe referenziert, wobei der Bezug zur Einkäufergruppe zeitweise nicht vorhanden sein muß bzw. im Zeitablauf wechseln kann.

---

[76] Zu dieser Vorgehensweise vgl. auch die Ausführungen zu den methodenspezifischen Grundsätzen ordnungsmäßiger Datenmodellierung in Kapitel 2.5.2.2.

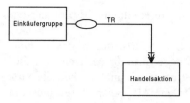

Abb. 2.18: Temporär-referentieller Beziehungstyp

Im SAP-SERM bestehen dezidierte Vorschriften für die *horizontale und verti-kale Anordnung* der Informationsobjekte im Raum. *Horizontal* erfolgt eine Ein-ordnung in die vier Spalten „Struktur/Objekt", „objektbezogen", „mengenmäßig geschäftsvorfallbezogen" bzw. „wertmäßig geschäftsvorfallbezogen".[77] In der Spalte „Struktur/Objekt" werden „Bereiche eingeordnet, die organisatorische Einheiten, zentrale Entitytypen, Regeln oder Strukturen enthalten."[78] Die Spalte objektbezogen beinhaltet Bereiche, die eine Vorschrift[79] oder einen Geschäfts-vorgang charakterisieren. Die dritte und vierte Spalte stellen Geschäftsvorfälle hinsichtlich ihrer mengen- und wertmäßigen Konsequenzen dar. Die vierte Spalte beinhaltet somit die Buchungsvorgänge.

Für die *vertikale* Positionierung bestehen mitunter konkurrierende An-ordnungskriterien.[80] Einerseits wird empfohlen, eine Anordnung nach den Kri-terien Objekt (z. B. Kunde), Struktur (z. B. Kundenhierarchie), Regel/Vorschrift (z. B. Konditionsregel), Organisatorische Einheit (z. B. Einkaufsorganisation) und Kategorie (z. B. Sonderhauptbuchkategorie) vorzunehmen. Dem stehen strukturelle und ablauforientierte Kriterien, wie eine Anordnung von abstrakten zu konkreten Entitytypen, von globalen zu lokalen Strukturen oder vom Vor-gänger zum Nachfolger entgegen. Kritisch zu beurteilen ist die Konkurrenz der vertikalen Anordnungskriterien, die bei großen Modellierungsprojekten zu unterschiedlichen Ergebnissen führen kann, wenn keine Prioritätsreihenfolge für die unterschiedlichen Kriterien vorhanden ist.

Neben den elementaren Modellierungsobjekten werden im SAP-SERM ähn-liche Sachverhalte mit Hilfe von standardisierten Präfixen oder Suffixen be-zeichnet. Durch diese *Begriffsbausteine* werden ausgewählte Teilaspekte eines Entitytyps verdeutlicht.[81] Es werden einerseits „Klasse", „Typ" und „Gruppe" unterschieden, die zusammenfassend und erzeugend auf einen Entitytypen wir-ken (somit als hierarchischer oder aggregierender Beziehungstyp modelliert werden), und andererseits „Kategorie", „Art" und „Gruppierung", welche die

---

[77] Damit wird auch eine Zunahme der Existenzabhängigkeit von links nach rechts innerhalb des Datenmodells abgebildet, die sich an den Empfehlungen des SERM orientiert.

[78] SAP (1995), S. 4-11.

[79] Eine Vorschrift gibt an, wie mit Objekten bzw. Strukturen gearbeitet wird, vgl. SAP (Informationsmodellen) (1995), S. 4-9.

[80] Vgl. SAP (1995), S. 4-10f.

[81] Vgl. im folgenden SAP (1995), S. 7-3 - 7-10.

Entitytypen in einen Kontext stellen (also als referentieller Beziehungstyp modelliert werden), sie jedoch nicht erzeugen.

Strukturell gleiche Sachverhalte werden im SAP-SERM durch *Strukturbausteine* dargestellt, die jeweils eine festgelegte innere Struktur besitzen. Mit diesem Modellierungskonstrukt können von der Struktur her analoge betriebswirtschaftliche Sachverhalte sichtbar gemacht werden. Als Beispiel sei hier die Struktur Findung genannt. Eine Findung ergibt sich durch die Aggregation von mehreren Entitytypen, die auf den zu findenden Entitytypen referenziert (vgl. Abb. 2.19). Ein Geschäftsbereich ist daher die Zusammenfassung mehrerer Werk-Sparten-Kombinationen. Beispielsweise können die Kombination Werk 1/Sparte 1 und Werk 7/Sparte 17 und Werk 9/Sparte 17 zusammen den Geschäftsbereich 1 bilden.

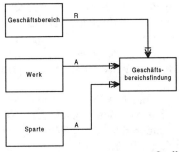

Quelle: SAP (1995), S. 7-12.

Abb. 2.19: Die Findung als exemplarischer Strukturbaustein

Zur Auswahl von Methoden können Kriterien herangezogen werden wie die Anschaulichkeit, die semantische Mächtigkeit oder der Bekanntheitsgrad der Methode.[82] Da die inhaltlich-funktionale Auseinandersetzung mit dem Handel im Vordergrund steht, kommt der Anschaulichkeit der Methode eine hohe Bedeutung zu. Aufgrund des Bekanntheitsgrads sowie der einfacheren intuitiven Zugänglichkeit des ERM gegenüber den beiden anderen skizzierten Methoden (SERM, SAP-SERM) wird das ERM im folgenden als Methode zur Datenmodellierung verwendet. Zudem ist dem ERM der Konstruktionsprozeß besser zu entnehmen als dem SERM oder dem SAP-SERM. Durch die Einbeziehung von Konstruktionselementen aus dem SERM und dem SAP-SERM (insbesondere die Anordnung der Objekte entsprechend ihrer Existenzabhängigkeit von links nach rechts) bestehen darüber hinaus auch hinsichtlich der abbildbaren Semantik keine Einschränkungen.

Im **DV-Konzept**, dem zweiten Schritt der Modellierung der Daten, wird das Datenmodell in ein Datenbankmodell überführt. Bei den Datenbankmodellen kann unterschieden werden in hierarchische, netzwerkartige, relationale oder

---

[82]   Vgl. Scheer (1995), S. 18.

objektorientierte Datenbankmodelle. Ohne auf die einzelnen Modelle einzu-
gehen, sei das relationale Datenbankmodell exemplarisch skizziert, das für
Handelsunternehmen das derzeit adäquate Modell darstellt. „Relational" heißt es
deswegen, weil „Anleihen" an der Relationenalgebra genommen werden,[83] die
eine Relation als Teilmenge des kartesischen Produkts von Mengen definiert.
Relationen im Sinne der relationalen Datenbanken sind zweidimensionale
Tabellen, in deren Zeilen unterschiedliche Entities und in deren Spalten die die
Entities beschreibenden Eigenschaften (Attributausprägungen) angegeben wer-
den. Von Interesse für den Anwender ist vor allem die Entsprechung zwischen
Datenmodell und Datenbankmodell: Entitytypen und Relationshiptypen des
Datenmodells werden im Datenbankmodell zu Relationen (genau formuliert:
Entitytypen und Relationshiptypen, die m:m-Beziehungen widerspiegeln, werden zu Relationen; 1:m-Beziehungen bilden keine eigenen Relationen, sondern
werden umgesetzt, indem der Entitytyp, der mit der Kardinalität m in die
Relationship eingeht, den Schlüssel des anderen als Nichtschlüsselattribut
aufnimmt).[84] Es gibt also feste Vorschriften, wie das Datenmodell in das
(relationale) Datenbankmodell umgesetzt wird. Dadurch kann dies mit Hilfe entsprechender Werkzeuge automatisiert erfolgen.

In der **Implementierung** wird die Umsetzung des Datenbankmodells in die
Sprache eines Datenbanksystems vorgenommen. Eine einheitliche Sprache für
das Handling von (relationalen) Datenbanken bietet der SQL (Structured Query
Language)-Standard, der sich aus drei Ebenen zusammensetzt:[85]
- der Beschreibung der Datenbank (data description language (DDL) = Daten-
  beschreibungssprache) mit Befehlen wie create table oder drop table,
- der Manipulation von Daten (data manipulation language (DML)) mit Befehlen wie select oder insert,
- der Einbettung in die Umgebung einer Programmiersprache mit Befehlen wie
  declare oder open.

Der SQL-Standard besitzt nur einen Befehl, der für Anfragen an eine Datenbank
dient, den Select-Befehl. Bereits mit den drei Standardklauseln SELECT,
FROM und WHERE sind mächtige Abfragen möglich. Ein Beispiel für eine ein-
fache Abfrage hat folgendes Aussehen „SELECT *Attribute* FROM *Relation*
WHERE *Bedingung*;". Mit der Abfrage „SELECT Kundennr, Kundenname
FROM Kunde WHERE PLZ = "48159";" werden beispielsweise aus der
Relation "Kunde" die Kundennummern und die Namen der Kunden, die im
Bereich der Postleitzahl 48159 wohnen, selektiert.

---

[83] Vgl. Elmasri, Navathe (1994), S. 137-184; Vossen (1994), S. 123-218. Der Bezug der relationalen Datenbanksysteme zur Relationenalgebra geht auf die Originalarbeit von Codd zurück,
vgl. Codd (1970).

[84] Zur Ableitung des relationalen Datenbankmodells aus dem Entity-Relationship-Modell vgl.
u. a. Vossen (1994), S. 134ff.; Batini, Ceri, Navathe (1992), S. 313-328.

[85] Vgl. im folgenden Vossen (1994), S. 221-248. Ausführungen zum SQL-Standard finden sich in
allen gängigen Lehrbüchern zu Datenbanksystemen, u. a. Elmasri, Navathe (1994), S. 185-230.

2.3.2.2 Modellierung der Funktionssicht

Ziele und Aufgaben der Funktionsmodellierung

Der Funktionsbegriff wird unterschiedlich definiert. Neben dem aus der Mathematik bekannten Funktionsbegriff[86] sind auch Definitionen aus der Informatik und der Betriebswirtschaftslehre bekannt.

In Anlehnung an die Systemtheorie kann eine Funktion als Leistung bestimmter Elemente oder Subsysteme definiert werden.[87] In der betriebswirtschaftlichen Literatur stehen bei der Beschäftigung mit betrieblichen Systemen Aufgaben im Vordergrund. Unter einer Aufgabe sind „Zielsetzungen für zweckbezogene menschliche Handlungen"[88] zu verstehen, die zur Erreichung eines Sollzustands erforderlich sind. Übertragen auf Funktionen wird auch dort eine Solleistung unterstellt.[89] Funktionen stellen Aktivitäten dar, die mit Ressourcenverzehr einhergehen und aufgrund eines bestimmten Zustands angestoßen werden.

Die Funktionsmodellierung verfolgt die Zielsetzung, die zur Unterstützung eines betrieblichen Bereichs notwendigen Funktionen unabhängig von der Implementierung darzustellen. Sie beschreibt das „geforderte äußere Verhalten"[90] des Informationssystems. Ein Funktionsmodell soll einen Überblick über die von einem Informationssystem durchzuführenden Aktivitäten verschaffen. Somit steht das „WAS" im Mittelpunkt der Darstellungen zum Funktionsmodell.[91]

Vorgehensweise vom logischen Funktionsmodell zur Implementierung

Zur Darstellung der strukturellen Funktionsbeziehungen werden im **Fachkonzept** selbsterklärende *Funktionsdekompositionsdiagramme*[92] (auch Funktionsbäume) verwendet. Diese zerlegen mit dem Ziel der Komplexitätsreduzierung eine *Funktion* in eine Hierarchie von *Teilfunktionen*, d. h. eine ausführende Funktion wird in Funktionsbausteine zerlegt, deren Umsetzung der Zielsetzung der Funktion dient.

Da Funktionen in mehrere übergeordnete Funktionen eingehen können, sind netzwerkartige Strukturen zuzulassen. Die Zerlegung der Funktionen in einem Funktionsbaum kann nach unterschiedlichen Zerlegungsprinzipien vorgenommen werden.[93] Funktionen können nach Objektes, nach der Verrichtung, nach

---

[86] Zum Funktionsbegriff der Mathematik vgl. u. a. Müller, Neuhold (1991).

[87] Vgl. beispielsweise Reisinger (1978), S. 46.

[88] Kosiol (1976), S. 43.

[89] Vgl. Keller, Nüttgens, Scheer (1992), S. 8.

[90] Löffler, Meinhardt, Werner (1992), S. 390.

[91] Vgl. Mertens (1995), S. 23; Scheer (1992), S. 62.

[92] Zu Funktionsdekompositionsdiagrammen vgl. Scheer (1995), S. 19-23; Müller-Ettrich (1993), S. 334.

[93] Zu den unterschiedlichen Zerlegungsprinzipien vgl. Kosiol (1976), S. 49.

Sachmitteln, nach dem Rang, nach der Phase und nach dem Zweck dekomponiert werden. Abb. 2.20 stellt die Gliederungskriterien nebeneinander anhand von Beispielen dar. Die Zerlegung der Teilfunktionen führt im konkretesten Fall dazu, daß auf unterster Ebene nur noch betriebswirtschaftlich nicht mehr sinnvoll zerlegbare Funktionen, sog. *Elementarfunktionen*, vorliegen.

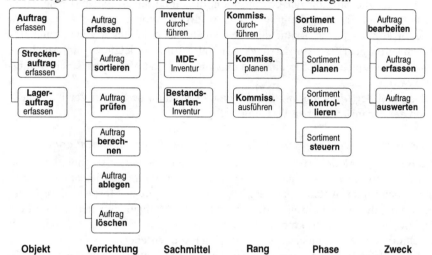

Abb. 2.20: Unterschiedliche Zerlegungsprinzipien in Funktionsbäumen

An das Funktionsmodell schließt sich im Rahmen des **DV-Konzepts**[94] die Überführung der Funktionsbäume in Module an.[95] In welche Module das Gesamtsystem zerlegt wird, wie mit gleichen Funktionen umgegangen oder ob prozedural oder objektorientiert vorgegangen wird, ist ebenfalls Betrachtungsgegenstand des DV-Konzepts. Somit wird im Rahmen des DV-Konzepts u. a. festgelegt, ob bei der Realisierung ein funktionsorientiertes oder prozeßorientiertes Informationssystem entstehen soll.

Die Umsetzung der Module in Programmcode ist Aufgabe innerhalb der **Implementierung**.

---

[94]   In der Informatik wird auch von technischem Systementwurf gesprochen, vgl. Löffler, Meinhardt, Werner (1992), S. 393.

[95]   Vgl. Scheer (1995), S. 61ff.

2.3.2.3 Modellierung der Organisationssicht

Ziele und Aufgaben der Organisationsmodellierung

Der Organisationsbegriff kann zum einen als Bestandsphänomen interpretiert werden, das die Struktur der Organisation, die durch die Aufgaben sowie deren Aufteilung auf die Aufgabenträger zum Ausdruck kommt, zum Inhalt hat. Zum anderen können die in Raum und Zeit ablaufenden Prozesse Gegenstand des Organisationsbegriffs sein. Ersteres wird als Aufbau-, letzteres als Ablauforganisation bezeichnet.[96] Sie halten damit Struktur und Verhalten einer Organisation fest.

Das Ziel der Modellierung der Aufbauorganisation besteht in der Dokumentation der organisatorischen Weisungsbefugnis.

Vorgehensweise vom logischen Organisationsmodell zur Implementierung

Die Beschreibung der Aufbauorganisation ist eine etablierte Aufgabe der Organisationstheorie. In der Organisationssicht werden die an den jeweiligen Funktionen beteiligten Abteilungen und Mitarbeiter festgelegt.[97] Insbesondere Organigramme, die Aufschluß über die Zentralisation (Aufgabengliederung) und die Funktionalisierung (Strukturtypen) geben,[98] sind ein verbreitetes Modell zur Beschreibung der Organisationssicht auf **Fachkonzept**ebene.

Zur vollständigen Beschreibung der Aufbauorganisation werden in der ARIS-Architektur die Begriffe Organisationseinheit, Stelle und Stellenbelegung sowie entsprechende Symbole verwendet. *Organisationseinheiten* sind Aufgabenträger für eine bestimmte Klasse an Aufgaben. Traditionell werden die Aufgaben nach Kriterien wie „gleiche Funktion" oder „gleiches Bearbeitungsobjekt" gebildet.[99] Es gibt eine Struktur von Organisationseinheiten, die sich beispielsweise in Begriffen wie Gruppe, Abteilung, Bereich oder Vorstand widerspiegelt. Organisationseinheiten sind *Stellen* zugeordnet. Sie bilden die kleinste Organisationseinheit und gehen aus der Stellenbildung hervor, die den Kompetenzbereich eines gedachten Handlungsträgers gemäß der Stellenbeschreibung abgrenzt. Bei der *Stellenbelegung* werden Personen einer Stelle zugeordnet. Die Stellenbelegung kann prozentual (z. B. mehrere Mitarbeiter teilen sich eine Stelle) und zeitbezogen (z. B. die Stelle wird nur in bestimmten Zeiträumen besetzt) erfolgen. Neben den genannten Begriffen etabliert sich infolge des zunehmenden Einsatzes von Workflowmanagementsystemen der Begriff der Rolle. Unter einer *Rolle* ist ein Personentyp und dessen Kenntnisse zu verstehen, die zur Durchführung einer Funktion erforderlich sind.[100]

---

[96] Vgl. Picot (1993), S. 105.
[97] Vgl. Scheer (1992), S. 43.
[98] Zur Zentralisation und Funktionalisierung vgl. Hill, Fehlbaum, Ulrich (1992), S. 174ff.
[99] Vgl. die Ausführungen zur Funktionszerlegung in Kapitel 2.3.2.2 und die dort zitierte Literatur.
[100] Vgl. Galler (1994), S. 308.

Einen Überblick über die Informationsobjekte zur Modellierung der Aufbau-organisation gibt Abb. 2.21.

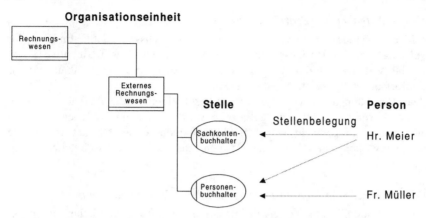

Abb. 2.21: Informationsobjekte zur Modellierung der Aufbauorganisation

Die *Ablauf*organisation und speziell ihre Modellierung ist von der „klassischen" deutschen Organisationstheorie vernachlässigt worden. Im Rahmen der ARIS-Architektur wird sie durch eine eigene Sicht, die Prozeßsicht, dokumentiert. Die Aspekte der Ablauforganisation, die die Frage nach dem „WIE" stellt, werden im folgenden Kapitel behandelt.

Im **DV-Konzept** der Organisationssicht wird nach SCHEER die für die Orga-nisationseinheiten und ihre Beziehungen notwendige Netztopologie festgelegt, wobei die Anforderungen an das Rechnernetz aus den fachlichen Anforderungen resultieren.[101] Der Zusammenhang zwischen dem fachbezogenen Organisations-modell und der Netztopologie wird durch die Zuordnung von Organisationsein-heiten zu Rechnerebenen bzw. -knoten hergestellt.

Die physische Implementierung der im Rahmen des DV-Konzeptes festge-legten logischen Netzstrukturen ist Gegenstand der **Implementierung**. Hierzu werden bestimmte Netzprotokolle (z. B. TCP/IP) verwendet, die das Übertra-gungsmedium auf einem Netz darstellen. Auch werden die in der Kommunika-tionsstruktur einzusetzenden Hardwarekomponenten in ihrer konkreten Ausprä-gung in der Implementierung der Organisation festgelegt.

---

[101] Vgl. Scheer (1992), S. 149ff., der auch weitere Anforderungen an Netze diskutiert.

2.3.2.4 Modellierung der Prozeßsicht

Ziele und Aufgaben der Prozeßmodellierung

Die Idee der Modellierung von Prozessen ist vergleichsweise alt.[102] Im Zuge der Diskussion um das Business Process (Re)Design wird das Rationalisierungspotential, welches sich durch den Perspektivenwechsel von der Aufbau- hin zur Ablauforganisation ergibt, „wiederentdeckt".

Das Verhalten des realen Systems zu beschreiben ist die Aufgabe der Prozeßmodellierung. Hierzu muß aufgezeigt werden, was mit welchen Informationen von wem gemacht wird. Die Prozeßmodellierung hat das integrative Zusammenwirken von Funktionen, Daten und Organisationseinheiten abzubilden.

Vorgehensweise vom logischen Prozeßmodell zur Implementierung

Die Prozeßmodellierung ist derzeit intensiv in der wissenschaftlichen und praktischen Diskussion, so daß noch keine einheitliche Begriffsbildung für den Begriff des Prozesses stattgefunden hat.

Ein Prozeß wird in der Literatur unterschiedlich definiert. HAMMER und CHAMPY definieren einen Unternehmensprozeß als ein Bündel von Aktivitäten, für das ein oder mehrere unterschiedliche Inputs benötigt werden und das für den Kunden ein Ergebnis von Wert erzeugt.[103] FERSTL und SINZ verstehen unter einem Geschäftsprozeß eine Transaktion oder eine Folge von Transaktionen zwischen betrieblichen Objekten; Gegenstand der Transaktion ist der Austausch von Leistungen und/oder Nachrichten zwischen den Objekten.[104]

In der Literatur werden die Begriffe „Prozeß" und „Geschäftsprozeß" i. d. R. nicht unterschieden. Häufig werden sie sogar synonym verwendet.[105] Allerdings deutet bereits die unterschiedliche Bezeichnung der Begriffe darauf hin, daß es sich nicht um Synonyme handelt, so daß der „Geschäftsprozeß" bereits begrifflich eine Spezialisierung des Prozesses darstellt. Unumstritten ist, daß sich ein Prozeß oder ein Geschäftsprozeß an einer *Folge* von Funktionen orientiert. Für die Fragestellung, wie Prozesse identifiziert werden können, sind der Anfang und das Ende eines Prozesses zu ermitteln. Dies gelingt, wenn der Prozeßdefinition ein betriebswirtschaftliches Objekt zugrundegelegt wird. Bei den Objekten ist zu unterscheiden zwischen Informationsobjekten, wie z. B. einer Rechnung, und materialisierten Objekten, wie der Ware. Der Objektbezug erlaubt somit die Abgrenzung unterschiedlicher Prozesse. Ein *Prozeß* wird entsprechend definiert als die inhaltlich abgeschlossene, zeitliche und sachlogische Abfolge

---

[102] Vgl. z. B. Jordt (1958), S. 52-55.
[103] Vgl. Hammer, Champy (1994), S. 52.
[104] Vgl. Ferstl, Sinz (Geschäftsprozesse) (1993), S. 590.
[105] Vgl. beispielsweise Scheer (1994), S. 6.

der Funktionen, die zur Bearbeitung eines betriebswirtschaftlich relevanten Objektes notwendig sind. Dieses eine Objekt prägt den Prozeß, weitere Objekte können in diesen Prozeß einfließen. Beispielsweise wird der Prozeß des Wareneingangs durch das Objekt des Lieferscheins konstituiert. Weitere Objekte, die in den Prozeß einfließen, sind z. B. die Ware und die Bestellung.

Ein *Geschäftsprozeß* kann als ein besonderer Prozeß verstanden werden, der eine Untermenge der Prozesse darstellt. Geschäftsprozesse repräsentieren die Geschäftsarten einer Unternehmung, ergeben sich aus den obersten Sachzielen und weisen zwingend Schnittstellen zu externen Marktpartnern auf.[106]

Für die Beschreibung von Prozessen wird in Anlehnung an die ARIS-Architektur eine eigene Sicht, die Prozeßsicht verwendet.[107] Die Prozeßsicht stellt eine Beschreibungssicht dar, die die Zusammenhänge zwischen der Daten-, Funktions- und Organisationssicht objektbezogen abbildet und zusätzlich den Kontrollfluß aufzeigt. Der Kontrollfluß zeigt die Zustandsänderungen von Daten auf, die für den weiteren Ablauf im Rahmen eines Prozesses erforderlich sind.

Somit kann in der Prozeßsicht die Frage beantwortet werden, wie die zeitlichsachlogische Abfolge einzelner betrieblicher Funktionen (Funktionssicht) zur Bearbeitung eines betriebswirtschaftlich relevanten Objekts (Datensicht) ist und welche Organisationseinheiten (Organisationssicht) für diesen Ablauf verantwortlich sind.

Neben der Betrachtung des Kontrollflusses werden in der Prozeßsicht folgende Fragen beantwortet:[108]

- Welche Daten werden zur Bearbeitung der Funktionen benötigt, und welche Daten werden durch die Funktionen erzeugt?
- Welche Daten werden von welchen Organisationseinheiten benötigt, und wer darf welche Informationen manipulieren?
- Welche Organisationseinheiten führen welche Funktionen durch?

Zur Modellierung von Prozessen auf **Fachkonzept**ebene werden gemeinhin gerichtete Graphen verwendet. Abhängig von der mit der Prozeßmodellierung verfolgten Zielsetzung können beispielsweise Petri-Netze, Ereignisgesteuerte Prozeßketten, Kunden-Lieferanten-Protokolle[109] oder objektorientierte Ansätze[110] herangezogen werden. Im folgenden werden kurz Petri-Netze und Ereignisgesteuerte Prozeßketten (EPKs) beschrieben.

Petri-Netze sind bereits 1962 entwickelt worden und haben seit dieser Zeit diverse Weiterentwicklungen erfahren. Bei Petri-Netzen handelt es sich um gerichtete Graphen, die es erlauben, den Aufbau, die Arbeitsweise und die

---

[106] Zu Geschäftsprozessen vgl. Frese (1994), S. 130; von Eiff (1991), S. 60.

[107] In der ARIS-Architektur wird die Prozeßsicht als Steuerungssicht bezeichnet. Vgl. Scheer (1991), S. 18.

[108] Vgl. Hoffmann, Kirsch, Scheer (1993), S. 2.

[109] Vgl. Scherr (1993).

[110] Vgl. beispielsweise Martin, Odell (1992).

Eigenschaften von Systemen zu modellieren.[111] Petri-Netze bestehen aus Knoten und Kanten. Die Knoten stellen Funktionseinheiten dar, die zwei unterschiedliche Knotentypen repräsentieren. Zum einen wird in Form von Kreisen der Zustand eines Systems dargestellt (als Stellen oder Bedingungen bezeichnet).[112] Zum anderen werden durch rechteckige Symbole die Übergänge als aktive Elemente des Petri-Netzes dargestellt, die als Transitionen, Ereignisse oder Instanzen bezeichnet werden.[113] Das Netz ist bipartit, d. h. es dürfen immer nur unterschiedliche Knotentypen miteinander verbunden werden. Die Kanten zwischen den Zuständen und Übergängen charakterisieren eine Inputrelation, die angibt, wie die Zustände auf die Übergänge einwirken, und eine Outputrelation, die neue Zustände erzeugt.

Der dynamische Ablauf wird in einem Petri-Netz durch sogenannte Marken aufgezeigt, die die Stellen belegen und, sobald sie in ausreichender Zahl vorliegen, zu einem Zustandsübergang führen. Es gibt mittlerweile eine Vielzahl an Petri-Netztypen, die sich hinsichtlich ihrer semantischen Mächtigkeit und ihres Formalisierungsgrads von Bedingungs-Ereignis-, Stellen-Transitions- über gefärbte bis hin zu Prädikaten-Transitions-Netzen erstrecken.[114] Für alle Typen von Petri-Netzen gilt, daß die Bedingungen einer Transition durch die vorgelagerten Stellen beschrieben werden. Somit kann eine Transition nur dann schalten („feuern"), wenn die Anzahl an Marken der Vorbedingungen mindestens so groß ist, wie es die Angabe der Kante erfordert.

Die Transition T1 aus Abb. 2.22 stelle die Kommissionierung eines Verkaufssets dar. Für die Kommissionierung ist es erforderlich, daß mindestens sechs Mengeneinheiten vom Artikel Gartenstuhl, sechs Mengeneinheiten vom Artikel Tischset und eine Mengeneinheit vom Artikel Gartentisch zur Verfügung stehen. Sind diese Bedingungen erfüllt (sind also mindestens soviele Marken in den Stellen, wie es die Angabe der Kanten erfordert), so schaltet die Transition, d. h. die Kommissionierung wird durchgeführt. Das Ergebnis der Transition ist eine Marke an der Stelle vier (das Verkaufsset ist kommissioniert). Durch die Markierung des Netzes ist dem Petri-Netz unmittelbar der Gesamtzustand des Systems zu entnehmen.

Würde das Beispiel erweitert, so daß der gesamte Prozeß der Kommissionierung in einem Zentrallager betrachtet wird, so ist durch die Markierung des

---

[111] Petri-Netze werden nach ihrem Erfinder Petri benannt, der sie erstmals 1962 mit seiner Dissertationsschrift „Kommunikation mit Automaten" vorgestellt hat, vgl. Petri (1962). Vgl. zu Petri-Netzen u. a. Rosenstengel, Winand (1991); Baumgarten (1990); Rozenberg (1989); Leszak, Eggert (1988); Rozenberg (1988); Rozenberg (1987); Reisig (1986).

[112] Vgl. u. a. Starke (1990), S. 21.

[113] Eine Transition stellt als aktive Komponente eine Funktion dar, die die Transformation der Input- in die Outputrelationen durchführt.

[114] Es gibt mittlerweile eine Vielzahl an Klassifikationsversuchen von Petri-Netzen, vgl. u. a. Leszak, Eggert (1988), S. 5ff.; Grude, Heuser (1986), S. 4ff. Die im Text vorgenommene Einteilung orientiert sich an Schönthaler, Nemeth (1990), S. 174f.

Netzes jederzeit erkennbar, wie der Prozeßfortschritt bei der Kommissionierung ist.

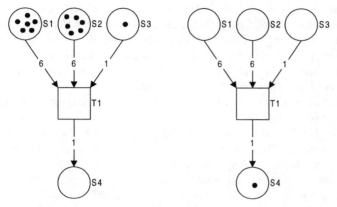

Abb. 2.22: Exemplarische Darstellung eines Stellen-Transitions-Netzes

Ereignisgesteuerte Prozeßketten (EPKs)[115] verbinden Petri-Netze in Form von Bedingungs-Ereignis-Netzen mit Verknüpfungsoperatoren, wie sie von stochastischen Netzplanverfahren[116] verwendet werden. Ereignisgesteuerte Prozeßketten verfolgen gegenüber den Petri-Netzen das Ziel, durch eine höhere Anschaulichkeit nicht nur den Informationssystem-, sondern auch den Organisationsgestalter bei entsprechenden Fragestellungen zu unterstützen. Ereignisgesteuerte Prozeßketten setzen sich, wie Petri-Netze auch, aus zwei elementaren Informationsobjekten zusammen, den Ereignissen, die durch Sechsecke dargestellt werden, und Funktionen, die durch abgerundete Rechtecke dargestellt werden. Da nur Informationsobjekte unterschiedlichen Typs miteinander verbunden werden dürfen (z. B. nicht Ereignisse auf Ereignisse folgen können), handelt es sich auch bei EPKs um bipartite Graphen. Eine Ereignisgesteuerte Prozeßkette beschreibt, welche Ereignisse welche Funktionen auslösen und welche Ereignisse von welchen Funktionen erzeugt werden.

Ereignisse sind die passive Komponente der EPK, da sie keine Entscheidungskompetenz besitzen.[117] Sie stellen ablaufrelevante Umweltzustände dar, auf die durch bestimmte Aktionen (Funktionen) reagiert wird.[118] Ereignisse kön-

---

[115] Erste Anmerkungen zu den EPKs finden sich in Scheer, Spang (1990). Konkrete Ausführungen zu den EPKs in der jetzigen Form können einer Vielzahl an Veröffentlichungen entnommen werden. Vgl. u. a. Scheer (1995), S. 49-54; Keller, Meinhardt (1994), S. 10ff.; Hoffmann, Kirsch, Scheer (1993); Keller, Nüttgens, Scheer (1992).

[116] Es wurden Anregungen der GERT-Methode aufgenommen.

[117] Vgl. Keller, Nüttgens, Scheer (1992), S. 10.

[118] Vgl. Spang (1993), S. 85.

nen in Auslöse- und Bereitstellungsereignisse unterschieden werden.[119] Allerdings haben die Ereignisse i. d. R. (außer Start und Endereignisse) auslösenden *und* bereitstellenden Charakter. So hat ein Ereignis „Kundenauftrag ist kommissioniert" zum einen auslösenden Charakter für die Funktionen des Versands, die sich an die Kommissionierung anschließen, zum anderen charakterisiert es einen Status der Bearbeitung, d. h. stellt den von der Petri-Netz-Theorie her bekannten Systemzustand dar. Ereignisse stellen die Verbindung zur Datensicht her, da sie die Ausprägung von Werten der Objekte repräsentieren.

Die *Funktionen* bilden die aktive Komponente der EPK und reagieren auf ein oder mehrere Ereignis(se). Das Ergebnis einer Funktion sind wiederum ein oder mehrere Ereignisse. Die Funktionen innerhalb der EPK sind dieselben, die auch in Funktionsdekompositionsdiagrammen abgebildet werden. Funktionen nehmen die Transformation von Input- in Outputdaten vor.

Durch das Aneinanderreihen von Funktionen und Ereignissen lassen sich komplexe Abläufe abbilden, die zusammengenommen die Abfolge der Funktionen zur Bearbeitung eines betriebswirtschaftlichen Objekts darstellen.

Zur Verknüpfung von Ereignissen und Funktionen werden bei nicht sequentiellen Abläufen *Verknüpfungsoperatoren* (Konnektoren) verwendet. Diese erlauben die Abbildung komplexer Bedingungen. Bei den Verknüpfungsoperatoren kann zwischen einer Ausgangs- und einer Eingangsverknüpfung unterschieden werden. Eine Ausgangsverknüpfung nimmt innerhalb eines Prozesses eine Aufspaltung in mehrere Teilprozesse vor, während eine Eingangsverknüpfung unterschiedliche Teilprozesse zusammenführt. Es können bei der Modellierung mit Ereignisgesteuerten Prozeßketten in ihrer Grundform drei Verknüpfungsoperatoren auftreten:

- Die Konjunktion (a und b), das „logische UND", die mit dem Symbol $\land$ dargestellt wird.
- Die Disjunktion (entweder a oder b, aber nicht beide), die ein „exklusives ODER" darstellt und durch das Symbol XOR dargestellt wird.
- Die Adjunktion (a oder b oder (a und b)), die das „inklusive ODER" beschreibt und durch das Symbol $\lor$ repräsentiert wird.

Verknüpfungsoperatoren können bei der Modellierung nacheinander folgen. Zu beachten sind bei der Modellierung mit Ereignisgesteuerten Prozeßketten die zulässigen Verknüpfungsoperatoren, die sich an Ereignisse anschließen dürfen. Als Ausgangsverknüpfung ist im Anschluß an ein Ereignis nur das „logische UND" möglich, da ein Ereignis keine Entscheidungskompetenz darüber besitzt, welcher der Teilprozeßstränge auf das Ereignis folgt (vgl. Abb. 2.23).

---

[119] Vgl. Chen, Scheer (1994), S. 7.

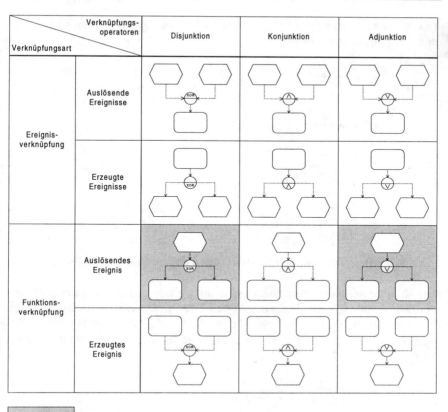

nicht erlaubt

In Anlehnung an Keller, Meinhardt (1994), S. 13.

Abb. 2.23: Zulässige Verknüpfungsoperatoren

Als Beispiel einer EPK, welches mit dem Beispiel zur Modellierung mit Petri-Netzen (vgl. Abb. 2.22) korrespondiert, dient Abb. 2.24. Dort kennzeichnen die drei Ereignisse „6 Gartenmöbel stehen bereit", „6 Tischsets stehen bereit" und „1 Gartentisch steht bereit" drei Zustände, die zusammengenommen (im Modell durch ein „inklusives Und" als Eingangsverknüpfung ausgedrückt) eine Funktion anstoßen, die Kommissionierung eines Verkaufssets („Kommissioniere Verkaufsset"). Das Bereitstellungsereignis „Artikel sind kommissioniert" kennzeichnet die Beendigung der Kommissionierung des Verkaufssets.

Die in dieser Abbildung gewählte Darstellungsform der Konnektoren stellt in der oberen Hälfte des Kreises die Eingangsverknüpfung dar, d. h. wie eingehende Ereignisse und Funktionen verknüpft werden. Die untere Hälfte stellt analog die Ausgangsverknüpfung dar. Durch diese Art der Darstellung kann den

Prozeßmodellen unmittelbar entnommen werden, ob es sich um einen Eingangs-
und Ausgangsoperator handelt.

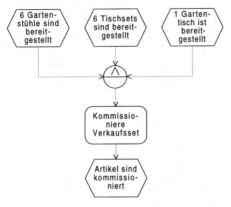

Abb. 2.24: Beispiel einer Ereignisgesteuerten Prozeßkette

Die Ereignisgesteuerte Prozeßkette kann um weitere Symbole angereichert werden, insbesondere Symbole für das Anwendungssystem, für die zuständige Organisationseinheit und für die Daten, die für die Durchführung der Funktion erforderlich sind. Als Beispiel einer um zusätzliche Informationsobjekte erweiterten
EPK dient Abb. 2.25.

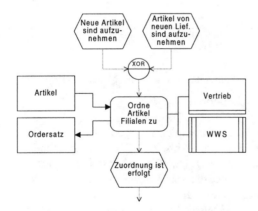

Abb. 2.25: EPK, um weitere Informationsobjekte angereichert

Rechtecke mit dem Pfeil zur Funktion stellen die Inputdaten dar, die zur Bearbeitung der Funktion benötigt werden. Die Outputdaten werden durch einen
von der Funktion ausgehenden Pfeil charakterisiert. Das Symbol für die Organisationseinheit bezeichnet diejenige Organisationseinheit, die für die Funktion
verantwortlich ist (Vertrieb). Das Anwendungssystemsymbol (im Beispiel das

WWS) ist das Informationssystem, das die Transformation der Input- in die Outputdaten vornimmt.

Im folgenden werden Prozesse auf Basis Ereignisgesteuerter Prozeßketten modelliert, da:

- die Anschaulichkeit der Methode der Ereignisgesteuerten Prozeßkette der der Petri-Netze deutlich überlegen ist. Zwar sind Petri-Netze wohldefiniert und haben insbesondere bei Systementwicklern eine lange Tradition. Für Zwecke der Organisationsgestaltung muß ihre Anschaulichkeit hingegen als kritisch bewertet werden.

- die Integration von Petri-Netz-Ansätzen mit anderen Beschreibungssichten, wie sie beispielsweise für die Kopplung von Daten und Funktionen erforderlich ist, bislang kaum gegeben ist.[120]

Neben den Ereignisgesteuerten Prozeßketten, die den Kontrollfluß explizieren, sind auch *Informationsflußmodelle* als modellübergreifende Verdichtung von Prozeßmodellen der Prozeßsicht zuzuordnen. Die Informationsflußbetrachtung stellt die Informationsflüsse zwischen unterschiedlichen Funktionsbereichen[121] oder Organisationseinheiten dar. Die zwischen den einzelnen Funktionsbereichen oder Organisationseinheiten gerichteten Kanten repräsentieren die Dateninterdependenzen.

Ein Funktionsbereich kann sowohl Datenquelle als auch Datensenke sein. Durch eine bidirektionale Kante wird dieses zum Ausdruck gebracht. Das in Abb. 2.26 dargestellte Informationsflußmodell stellt einen Ausschnitt aus dem Handels-H-Modell dar, in dem exemplarisch die Beziehung zwischen Einkauf und Lager visualisiert wird. Bei entsprechender Tool-Unterstützung, wie sie bereits für das Y-CIM-Modell von SCHEER vorliegt,[122] ist es möglich, die Art der DV-Unterstützung der Dateninterdependenzen zu analysieren und Schwachstellen aufzudecken. Der Ausschnitt aus der Bildschirmmaske deutet an,[123] wie eine informationstechnische Unterstützung gestaltet werden kann.

Informationsflußmodelle sind für die Informationssystemgestaltung vor allem dann von Bedeutung, wenn nicht das gesamte Handelsinformationssystem (das „H" einschließlich „Fuß" und „Dach") als eine integrierte Lösung realisiert ist. Informationsflußmodelle zeigen die wesentlichen Daten, die über Realisierungsformen der Datenintegration oder Funktionsintegration durch Triggern zwischen den Bereichen (Informationssystemen) fließen sollen. Aus Organisationssicht haben Informationsflußmodelle unabhängig von der DV-Realisierung des Handelsinformationssystems Gültigkeit.

---

[120] Vgl. Frank (1994), S. 105f., der zwar eine Integration mit dem Funktionsmodell für möglich erachtet, die zufriedenstellende Kopplung mit einem Datenmodell (z. B. in Form eines ER-Modells) jedoch nicht immer für möglich hält. Vgl. auch Spang (1993), S. 78.

[121] Vgl. Jost (1993), S. 112.

[122] Zu den Möglichkeiten einer toolgestützten Informationsflußanalyse vgl. beispielsweise Jost (1993), S. 218ff.

[123] In Anlehnung an Jost (1993), S. 226.

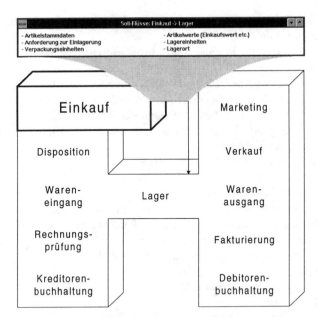

Abb. 2.26: Exemplarisches Informationsflußmodell

Der zunehmende Einsatz von Workflowmanagementsystemen verdeutlicht die Notwendigkeit von Informationsflußmodellen, da Ansatzpunkte für die Unterstützung der Kontrollflüsse zwischen den Funktionsbereichen geschaffen werden. Zudem bieten sich Informationsflußmodelle zur Analyse unterschiedlicher Einführungsstrategien an, da Informationsflußmodelle die Schnittstellen zwischen den Informationssystemen aufzeigen.

Im Rahmen des **DV-Konzepts**[124] werden die Ergebnisse der DV-Konzepte der Organisations- und der Funktionssicht verbunden. So findet eine Zuordnung von Modulen und Rechnerknoten statt. Bei der Verknüpfung von Daten und Funktionen werden die Relationen als Ergebnis des DV-Konzepts der Datensicht mit den Modulen der Funktionssicht verbunden. Bei der Verbindung von Daten- und Organisationssicht steht die Zugriffsberechtigung im Vordergrund. Die Umsetzung des integrativen Zusammenspiels von Daten, Funktionen und Organisationen kann durch die Trigger- und Aktionssteuerung erfolgen. Unter der Trigger- und Aktionssteuerung ist der ereignisgesteuerte Anstoß von Funktionen zu verstehen.[125]

In der **Implementierung** werden die Zugriffsstrukturen der Programme auf Daten und deren Speicherorte festgelegt.

---

[124] Vgl. im folgenden Scheer (1995), S. 70ff.
[125] Vgl. Mertens (1995), S. 8; Scheer (1995), S. 72ff., und die dort zitierte Literatur.

2.4   Die Integrationskomponenten

Integration stellt eines der bedeutenden Ziele bei der Gestaltung von Informationssystemen dar, da die Integration der Anwendungssysteme u. a. die notwendige Voraussetzung für redundanzfreie und konsistente Informationssysteme ist.[126] Bei den Integrationsformen können Kriterien wie Gegenstand der Integration, Reichweite der Integration und Richtung der Integration zur Differenzierung herangezogen werden.[127] Im folgenden werden als Gegenstände der Integration Daten-, Datenstruktur-, Prozeßstruktur-, Modul-, Funktions- und Prozeßintegration betrachtet.

2.4.1   Datenintegration

Datenintegration ist die gemeinsame Nutzung von Daten durch unterschiedliche Bereiche. So benötigen Einkauf, Disposition, Wareneingang, Rechnungsprüfung, Marketing, Verkauf, Warenausgang und Fakturierung den Artikelstammsatz. Liegt eine Datenintegration vor, so können die in einem Bereich entstehenden Daten unmittelbar in einem anderen Bereich genutzt werden.[128] Dadurch reduzieren sich die Aufwendungen für Datenerfassungen (wegen entfallender Mehrfacherfassungen), Inkonsistenzen können weitgehend vermieden werden, und die Geschwindigkeit der Bearbeitung nimmt zu.

2.4.2   Datenstrukturintegration

Die *Datenstrukturintegration* subsumiert zwei Integrationsausprägungen. Ein Aspekt der Datenstrukturintegration ist die Nutzung eines Datensatzaufbaus für unterschiedliche Inhalte. Prinzipiell unterscheiden sich die Stammsätze für Lieferant, Kunde und Regulierer nur wenig. Hier kann die Struktur eines Stammsatzes für die unterschiedlichen Inhalte verwendet werden. Auch die Struktur einer Artikel-Stückliste (Nummer des übergeordneten Teils, Nummer des untergeordneten Teils, Koeffizient, mit dem das untergeordnete Teil in das übergeordnete Teil eingeht, Gültigkeitsdauer) kann für Lots, Sets, Leergut und Displays in ihrer Zusammensetzung aus untergeordneten Artikeln Anwendung finden.

---

[126] Zu den Integrationszielen vgl. u. a. Mertens (1995), S. 8f.; Ferstl, Sinz (1994), S. 197ff.
[127] Zu den unterschiedlichen Formen der Integration vgl. u. a. Rosemann (1995), S. 155ff.; Mertens, Holzner (1992), S. 6ff.; Krcmar (Integration) (1991), S. 5ff.; Heilmann (1989), S. 48ff.
[128] Vgl. Becker (1991), S. 167ff.

Der zweite Aspekt der Datenstrukturintegration bezieht sich auf das Zusammenwirken mehrerer Datensätze. *Regulierer* werden in einer *Regulierergruppe* zusammengefaßt. In einer *Reguliergruppenstruktur* wird angegeben, wie sich ein Regulierer einer übergeordneten Reguliergruppe (z. B. internationale Kontore) aus Regulierern der untergeordneten Reguliergruppe (z. B. nationale Kontore) zusammensetzt. Der *Offene Posten* eines Regulierers ergibt sich als Beziehungstyp zwischen Regulierer und Konto. Die gleiche Struktur läßt sich auch bei Lieferanten und Kunden feststellen, so daß unabhängig vom konkreten Inhalt (Kunde, Lieferant, Regulierer) die gleichen Datenstrukturen genutzt werden. Das Datenmodell bildet die Voraussetzung, analoge Datenstrukturen zu erkennen und damit die Datenstrukturintegration zu realisieren.

Die Analyse der Attribute macht die Datenstrukturintegration im Sinne der Identität des Datensatzaufbaus deutlich, die Analyse der Verbindungen zwischen Entitytypen und Relationshiptypen gibt Hinweise auf die Datenstrukturintegration im Sinne des Zusammenwirkens mehrerer Datensätze, wie Abb. 2.27 zeigt. Die Strukturbausteine im Rahmen der SAP-SERM-Modellierung stellen Beispiele für die Umsetzung der Datenstrukturintegration im Datenmodell dar.

Der Vorteil der Datenstrukturintegration liegt darin, daß sich die Komplexität und die damit verbundenen Komplexitätskosten auf Modell- und Realweltebene reduzieren lassen. Auf Modellebene kann durch die Verwendung von analogen Strukturbausteinen Wiederverwendungspotential aufgedeckt werden. Die Mehrfachnutzung einer einmal definierten Datenstruktur verringert zugleich den Entwicklungsaufwand für die Systeme der Datenverwaltung. Da die Daten Grundlage der betrieblichen Funktionen sind, sinkt auch der Entwicklungsaufwand für die Anwendungssysteme, die diese Funktionen abdecken, da jeweils unterschiedliche Daten derselben Datenstruktur Basis für gleiche Funktionen sind.

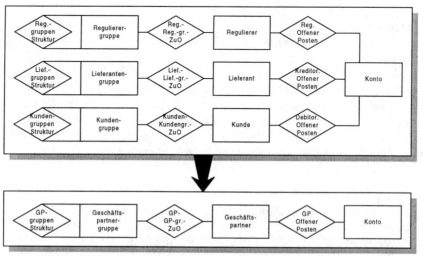

Abb. 2.27: Beispiel einer Datenstrukturintegration

2.4.3 Prozeßstruktur- und Modulintegration

Prozeßstruktur- und Modulintegration haben die Identität von betrieblichen Prozess(ausschnitt)en und ihre Umsetzung in Anwendungssystemen zum Inhalt.

Die *Prozeßstrukturintegration* bezieht sich auf die Fachkonzeptebene und Prozeßmodelle. Eine Prozeßstrukturintegration wird möglich, wenn Prozesse oder Prozeßausschnitte strukturanalog sind (vgl. Abb. 2.28). Beispielsweise weisen die Prozeßmodelle der Mahnung von Debitoren und Kreditoren Strukturanalogien auf.

Die *Modulintegration* stellt die informationstechnische Realisierung einer Prozeßstrukturintegration dar. Bei der Modulintegration werden EDV-Module von unterschiedlichen Funktionsbereichen genutzt.

Die Prozesse der Lagerhaltung (Einlagern, Auslagern, Umlagern, Inventur durchführen) sind unabhängig vom betrieblichen Kontext (Lagerung von Artikeln, Instandhaltungsmaterialien). Dies spiegelt sich in identischen Prozeßmodellen wider und sollte Niederschlag in identischen Programmmodulen finden. Prozeßstruktur- und Modulintegration können durch die Vereinheitlichung ehemals unterschiedlicher Prozesse Degressionseffekte bei der Instanziierung der Prozesse, bei der Modellerstellung und bei der EDV-technischen Realisierung nutzbar machen.

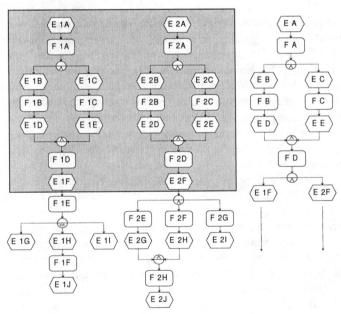

Abb. 2.28: Beispiel einer Prozeßstrukturintegration

2.4.4   Funktions- und Prozeßintegration

Die *Funktionsintegration* umfaßt zwei Ausprägungen. Zum einen wird mit der Funktionsintegration der Fall bezeichnet, in dem zwei ehemals getrennte Funktionen vereinigt werden (vgl. Abb. 2.29). Funktionsintegration im Sinne des Vereinigens von Funktionen ist sinnvoll, wenn durch die Verschmelzung von bisher sequentiell verlaufenden Vorgängen der Gesamtablauf beschleunigt und iterative Prozesse, die aufgrund der mangelnden Gesamtsicht der Entscheidungsträger zu Mehrfacharbeit führen, verringert werden können.

Die zweite Form der Funktionsintegration ist die des Verbindens von Funktionen. Bei dieser Ausprägung der Funktionsintegration führt das Ergebnis einer Bearbeitung in einem Bereich zu einem Anstoß für die Bearbeitung in einem anderen Bereich (vgl. Abb. 2.29).

Abb. 2.29: Funktionsintegration durch Vereinigen oder Triggern

Diese Funktionsintegration kann als Triggern von Funktionen verstanden werden. Das Ergebnis (also ein Ereignis) einer Funktion stößt eine andere Funktion an. Beispielsweise führt die Rechnungsprüfung bei Überschreiten der Toleranzwerte zu einer Prüfung der Konditionen. Wird als Ursache die fehlerhafte Pflege der Konditionen identifiziert, ist der Vorgang automatisch an den zuständigen Einkäufer weiterzuleiten. Der Nutzen einer Funktionsintegration besteht in der Reduktion von Übergangszeiten und der Automatisierung von Prozessen. Durch den Einsatz von Workflowmanagementsystemen findet die Funktionsintegration im Sinne des Verbindens mittlerweile ihren Niederschlag in einer dediziert hierfür entwickelten Software.

Bezieht sich die Funktionsintegration auf die Kopplung gesamter Prozesse, wird sie auch als Prozeßintegration bezeichnet. Beispielsweise stellt die Abfolge von Disposition, Wareneingang und Rechnungsprüfung eine Prozeßintegration im Sinne des Verbindens dar. Im Prinzip haben Funktionsintegration und Prozeßintegration eine ähnliche Semantik (Funktionsintegration zur Realisierung durchgängiger Prozesse), der Unterschied kann in dem Umfang der Integration gesehen werden, da bei einer Funktionsintegration wenige Funktionen gekoppelt werden, so daß die Objekte, über die die Integration bei einer Funktionsintegration erfolgt, relativ homogen sind. Bei einer Prozeßintegration werden unterschiedliche Prozesse mit zumeist abweichenden Objekten im Sinne des Verbindens integriert.

2.5 Grundsätze ordnungsmäßiger Modellierung (GoM)

2.5.1 Intention und Aufbau der GoM

Die Literatur hat sich bei Gestaltung von Informationsmodellen primär mit syntaktischen Fragestellungen und weniger mit der abzubildenden Semantik auseinandergesetzt.

Die Grundsätze ordnungsmäßiger Modellierung (GoM) verfolgen die Zielsetzung, spezifische Gestaltungsempfehlungen zu entwickeln, die die Modellqualität über die Erfüllung syntaktischer Regeln hinaus erhöhen.[129] Der Begriff der GoM wurde bewußt in Analogie zu den Grundsätzen ordnungsmäßiger Buchführung (GoB)[130] gewählt, um die GoM bereits begrifflich als Ordnungsrahmen zu charakterisieren, der eine Struktur für die konkreten Empfehlungen bietet. Neben der begrifflichen Nähe der GoM zu den GoB ist ihnen die bewußte Begrenzung von Modellierungsfreiheiten für die Erstellung der Modelle „Jahresabschluß" auf der einen und Informationsmodell auf der anderen Seite gemeinsam.[131]

Der Ordnungsrahmen der GoM wird durch sechs Allgemeine Grundsätze vorgegeben, die Richtigkeit, die Relevanz, die Wirtschaftlichkeit, die Klarheit, die Vergleichbarkeit und den systematischen Aufbau. Die wesentlichen Elemente und Beziehungen dieses Modells sind in Abb. 2.30 wiedergegeben.

Die GoM ergeben sich durch Selektion der für die Informationsmodellierung relevanten Aspekte aus den GoB. So läßt sich der Grundsatz der Richtigkeit der GoM unmittelbar aus dem gleichnamigen Grundsatz der GoB ableiten. Der Grundsatz der Relevanz wiederum ergibt sich aus den Grundsätzen der Vollständigkeit, dem Grundsatz der Vollständigkeit der Konten und dem Grundsatz der vollständigen und verständlichen Aufzeichnung. Die Orientierung an den GoB sowie die Orientierung an bestehenden Ansätzen für die Bewertung von Datenmodellen[132] bilden die theoretische Grundlage der Grundsätze ordnungsmäßiger Modellierung. Während die Beachtung der Grundsätze der Richtigkeit, der Relevanz und der Wirtschaftlichkeit eine notwendige Voraussetzung für die Erstellung und Nutzung der Modelle darstellt, haben die Grundsätze der Klarheit, der Vergleichbarkeit und des systematischen Aufbaus ergänzenden

---

[129] Zu den GoM vgl. Becker, Rosemann, Schütte (1995); Rosemann (1995).

[130] Vgl. Leffson (1987). Der zugrundegelegte Ordnungsrahmen orientiert sich an Baetge (1994).

[131] Die Notwendigkeit der Einschränkung der Modellierungsfreiheit kommt auch in folgendem Zitat zum Ausdruck: „[...] the design process ist not deterministic: different designers can produce different enterprise models of the same enterprise." Hawryszkiewycz (1991), S. 115.

[132] Vgl. Moody, Shanks (1994); Batini, Ceri, Navathe (1992), S. 139ff. Sichtenneutrale Kriterien für Informationsmodelle beschreiben Lindland et al. (1994).

Charakter. Die sechs Grundsätze weisen vielfältige wechselseitige Beziehungen untereinander auf.

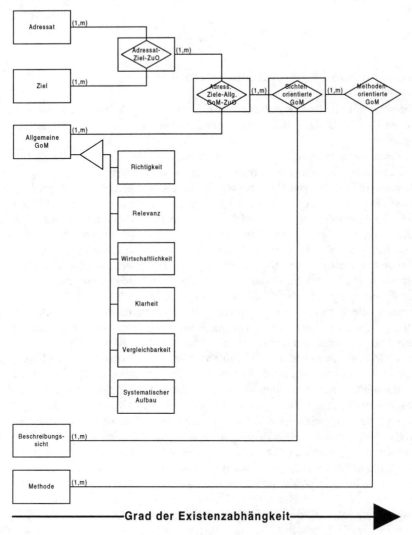

Quelle: Becker, Rosemann, Schütte (1995), S. 436.

Abb. 2.30: Das Modell der GoM[133]

---

[133] Die Allgemeinen Grundsätze ordnungsmäßiger Modellierung werden in die einzelnen Grundsätze spezialisiert, da diese wiederum mehrere Ausprägungen besitzen.

Grundsatz der Richtigkeit

Der Grundsatz der Richtigkeit besitzt eine syntaktische und eine semantische Ausprägung.[134] *Syntaktisch* ist ein Modell richtig (formal korrekt), wenn es vollständig und konsistent gegenüber dem ihm zugrundeliegenden Metamodell ist (vgl. Abb. 2.31). *Vollständigkeit* eines Modells bedeutet, daß die verwendeten Modellierungskonstrukte im Metamodell enthalten sind. Ein Modell ist *konsistent,* wenn die Informationsobjekte und deren Beziehungen den im Metamodell beschriebenen Notationsregeln entsprechen. Im Rahmen der syntaktischen Richtigkeit wird das Modellsystem unabhängig von dem zugrundeliegenden Objektsystem betrachtet.

Neben der syntaktischen Richtigkeit muß ein Informationsmodell *semantisch* richtig sein. Die semantische Richtigkeit läßt sich an der Struktur- und Verhaltenstreue des Modells gegenüber dem abgebildeten Objektsystem bemessen. Die semantische Richtigkeit orientiert sich somit an der Abbildungsfunktion vom Objekt- zum Modellsystem, die zumeist homomorph ist.[135] Sofern es zu einem Modell kein konkretes Objektsystem gibt (Soll-, Idealmodell) läßt sich die semantische Richtigkeit an sachlogischen Gegebenheiten und Zusammenhängen überprüfen. Die semantische Richtigkeit schließt auch die Forderung nach Widerspruchsfreiheit innerhalb des Modells sowie zu anderen Modellen ein.

Sowohl zur syntaktischen als auch zur semantischen Richtigkeit zählen Namenskonventionen, die die eindeutige Benennung der zu modellierenden Objekte zum Ziel haben. Hierzu ist die Herleitung eines Begriffssystems erforderlich, in der durch Elimination insbesondere von Homonymen und Synonymen der Versuch unternommen wird, eine eindeutige Benennung der Modellierungsobjekte zu erreichen.[136] Unter *Synonymie* (auch: Äquivalenzrelation) wird die semantische Relation der Bedeutungsidentität bzw. -ähnlichkeit zwischen zwei oder mehreren sprachlichen Ausdrücken verstanden.[137] Beispiele für Synonyme sind Begriffe wie Markt und Filiale, Firma und Buchungskreis (als Begriff des SAP FI-Moduls). Unter Homonymie wird die Mehrdeutigkeit eines Begriffes verstanden. So kann der Begriff des Bildes sowohl ein Foto als auch ein Gemälde bezeichnen. Abb. 2.31 verdeutlicht, wie die Forderungen nach syntaktischer und semantischer Richtigkeit voneinander abgegrenzt werden können.

---

[134] Vgl. Batini, Ceri, Navathe (1992), S. 140.

[135] Ein Modell ist homomorph, wenn jedem relevanten Element des Objektsystems ein Element des Modellsystems zugeordnet ist. Bei der Isomorphie ist darüber hinaus jedem Element des Modellsystems ein Element des Objektsystems zugeordnet.

[136] Eine detaillierte Auseinandersetzung mit Sprachdefekten und ihren Ursachen findet sich bspw. bei Rosemann (1995), S. 185ff., und der dort zitierten Literatur.

[137] Vgl. Bußmann (1990), S. 763. Auf die Unterscheidung zwischen vollständig und partiell austauschbaren Begriffen (vollständige oder partielle Synonymie) wird an dieser Stelle verzichtet.

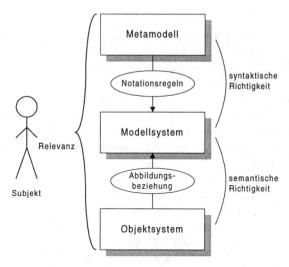

Abb. 2.31: Abgrenzung der Grundsätze der Richtigkeit und der Relevanz

Grundsatz der Relevanz

Angesichts der vielfältigen Bereiche eines Unternehmens, die eine Modellierung erfahren können, wird der innerhalb der GoB geltende Grundsatz der Vollständigkeit für die Informationsmodellierung zum Grundsatz der Relevanz modifiziert. Der Grundsatz der Relevanz besitzt zwei Ausprägungen. Zum einen ist festzulegen, wie umfassend der zu betrachtende Realweltausschnitt sein muß. Um dies zu beurteilen, wird die Forderung erhoben, daß die mit der Modellierung verbundenen Ziele expliziert werden. Dies ist insbesondere unabdingbar, wenn Modellersteller und Modelladressat nicht identisch sind.

Neben der Auswahl des Objektsystemausschnitts sind die relevanten Modellbestandteile zu bestimmen. Die in einem Modell enthaltenen Elemente und Beziehungen sind genau dann relevant, wenn der Nutzeffekt der Modellverwendung sinken würde, falls das Modell weniger Informationen enthalten würde.[138] Eng verbunden mit der Relevanz der Modellbestandteile ist die Frage nach dem Abstraktionsgrad der Modelle sowie der verwendeten Methode.

---

[138] In der Literatur zur Datenmodellierung werden die beiden genannten Aspekte der Relevanz auch als Minimalität bezeichnet, die besagt, daß ein Modell minimal ist, wenn erstens keine Informationsobjekte ohne Informationsverlust entfernt werden können und zweitens nicht mehr Objekte und Beziehungen modelliert werden, als es die Anforderungen des Modellnutzers erfordern. Vgl. Batini, Ceri, Navathe (1992), S. 140.

Grundsatz der Wirtschaftlichkeit

Der Grundsatz der Relevanz determiniert den inhaltlichen Umfang der Modellierung, während mit der Beachtung des Grundsatzes der Wirtschaftlichkeit die Modellerstellung und -nutzung wirtschaftlichen Kriterien unterworfen wird. Somit wirkt der Grundsatz der Wirtschaftlichkeit für alle anderen Grundsätze als Restriktion.

Der Grundsatz der Wirtschaftlichkeit wird in vielen Fällen konfliktär zu den anderen Grundsätzen sein. Die Dynamik der insbesondere Prozeßmodellen zugrundeliegenden Realität verlangt nach Persistenz und Adaptionsfähigkeit der Modelle. Die Veränderungsgeschwindigkeit des dem Modell zugrunde liegenden Objektsystems beeinflußt die Persistenz eines Modells. Die Persistenz der Modelle ist umso höher, je abstrakter ein Modell ist. Ein adaptives, d. h. ein mit geringem Aufwand modifizierbares Modell, fördert die Wirtschaftlichkeit.

Der Grundsatz der Wirtschaftlichkeit setzt der Modellierungsintensität eine obere Grenze, auch wenn der Mangel einer Theorie zur Modellierungskosten- und -leistungsrechnung die Operationalisierung dieses Grundsatzes erschwert.

Grundsatz der Klarheit

Ähnlich wie die Relevanz ist auch die Beurteilung der Klarheit adressatenindividuell. Generell werden unter dem Grundsatz der Klarheit nicht-disjunkte Aspekte wie Strukturiertheit, Übersichtlichkeit und Lesbarkeit subsumiert. Die Klarheit eines Modells wird u. a. durch die graphische Anordnung der Informationsobjekte determiniert. Aus diesem Grunde ist zu fordern, daß es Vorschriften gibt, die die Anordnungsbeziehungen der Informationsobjekte zueinander festlegen. Ferner ist auch der Entwurf von neuen Informationsobjekten, d. h. die damit verbundene Erweiterung des Metamodells, hinsichtlich der Konformität mit dem Grundsatz der Klarheit zu bewerten.

Während der Grundsatz der (syntaktischen) Richtigkeit die formale Ausgestaltung eines Modells betrachtet, erfolgt mit dem Grundsatz der Klarheit die Berücksichtigung der Anschaulichkeit eines Modells. Die beiden Grundsätze stehen oftmals konfliktär zueinander und besitzen für Informations- und Organisationsgestalter eine unterschiedlich hohe Bedeutung. So können methodische Erweiterungen, die eine semantisch mächtigere Abbildung des Objektsystems erlauben (und somit dem Grundsatz der Richtigkeit Rechnung tragen), dem Grundsatz der Klarheit widersprechen, wenn dadurch das Modell an Transparenz verliert.

Andererseits sind die innerhalb des Grundsatzes der Richtigkeit diskutierten Namenskonventionen ein Beleg für eine harmonische Beziehung zum Grundsatz der Klarheit. Sie tragen beispielsweise zur Vermeidung von Homonymen bei, die eine nicht-existente Identität suggerieren. Zudem ist die anschauliche Erläuterung der methodischen Konstrukte zum Grundsatz der Klarheit zu zählen.[139]

---

[139] Vgl. Bertram (1993), S. 233.

Grundsatz der Vergleichbarkeit

Beim Grundsatz der Vergleichbarkeit kann ebenfalls in eine *syntaktische* und eine *semantische* Vergleichbarkeit unterschieden werden. Unter der *syntaktischen Vergleichbarkeit* wird die Kompatibilität von mit unterschiedlichen Methoden erstellten Modellen verstanden. Der Grundsatz der syntaktischen Vergleichbarkeit lehnt sich am Grundsatz der syntaktischen Richtigkeit an. Für die syntaktische Vergleichbarkeit ist zu fordern, daß die den Methoden zugrundeliegenden Metamodelle über ein Beziehungs- Metamodell integrierbar sind, um die Konsistenz der Modelle zu gewährleisten, die mit unterschiedlichen Methoden erstellt wurden.

Hingegen wird unter der *semantischen Vergleichbarkeit* die inhaltliche Modellvergleichbarkeit diskutiert, die in vielen Situationen erforderlich ist, wie beim Abgleich von Ist- und Sollmodell, Ist- mit Istmodell (beispielsweise Modelle unterschiedlicher Tochterunternehmen) oder Referenz- mit unternehmensspezifischem Sollmodell.

Grundsatz des systematischen Aufbaus

Mit der allgemein akzeptierten Modellierung in getrennten Sichten geht die Notwendigkeit der Integration der einzelnen Sichten einher. Diesem Sachverhalt trägt der Grundsatz des systematischen Aufbaus Rechnung. Er fordert die Existenz einer auf einem sichtenübergreifenden Metamodell basierenden Informationssystem-Architektur, die einen strukturierenden Rahmen für die Beschreibungssichten bildet.

Der Dekomposition in Beschreibungssichten folgt zu einem späteren Zeitpunkt immer die Komposition, die nur gelingen kann, wenn bereits bei der isolierten Modellierung innerhalb einer Sicht die Konsequenzen auf die anderen Sichten beachtet werden. Informationsobjekte, die in mehreren Sichten Verwendung finden (z. B. Funktionen in Funktions- und Prozeßmodellen oder Objekte in Objekt- und dynamischen Modellen) sind demnach konsistent zu verwenden.

2.5.2   Sichten- und methodenspezifische GoM

Die Allgemeinen Grundsätze erfahren sichten- und methodenspezifisch eine Konkretisierung. Als Ordnungsrahmen für die Sichten und die Methoden dient die ARIS-Architektur. Es werden sichten- und methodenspezifische Grundsätze analysiert, die für die Erstellung von Referenzmodellen für Handelsinformationssysteme notwendig sind.

2.5.2.1 Funktionssicht und Funktionsdekompositions-diagramme

Methodenneutrale Grundsätze zur Modellierung von Funktionen

Grundsatz der Richtigkeit

Aufgrund der geringen Anzahl an unterschiedlichen Informationsobjekten in den Methoden zur Funktionsmodellierung ist das Metamodell, gegenüber dem die *syntaktische Richtigkeit* (Vollständigkeit, Konsistenz) geprüft wird, im Regelfall wenig komplex.

Bei der semantischen Richtigkeit ist insbesondere die realitätsgetreue (als Objektsystem kommen die Organisation oder das Informationssystem in Frage) Hierarchisierung der Funktionen sicherzustellen. Die semantische Richtigkeit ist primär anhand von sachlogischen Überlegungen zu überprüfen. Diese Überprüfung wird erleichtert, wenn die Funktionen auch hinsichtlich ihrer Sachzielerfüllung charakterisiert werden.

Grundsatz der Relevanz

Die intensivierte Prozeßbetrachtung, in der die Abfolge der Funktionen enthalten ist, scheint den Stellenwert der Funktionssicht zurückzudrängen, so daß die Relevanz einer separaten Funktionssicht per se in Frage gestellt werden könnte. Eine Funktionsmodellierung empfiehlt sich nur, wenn ein oder mehrere der nachfolgenden Anwendungsbereiche vorliegen:

- Verdichtete Funktionsmodelle stellen eine sinnvolle Navigationshilfe dar. So bilden verdichtete Funktionsmodelle wie das Y-CIM-Modell, das Handels-H-Modell oder die Prozeßauswahlmatrizen innerhalb des SAP R/3-Analyzers[140] eine wichtige Strukturierung der Inhalte von integrierten Informationssystemen.

- In den Bereichen, in denen eine geringe Individualität der Prozesse (z. B. im Rechnungswesen) gegeben ist, reicht zur Evaluierung ein Vergleich der Funktionsmodelle zumeist aus. Es bedarf in solchen Fällen nicht der aufwendigen Erstellung und des Vergleichs von Prozeßmodellen.

- Funktionen werden in einigen Fällen nicht in Prozeßmodellen erfaßt, da zum einen bestimmte Prozesse aufgrund ihrer geringen Wiederholfrequenz nicht modelliert werden. Zum anderen lassen sich einige Funktionen nicht in ein Ablaufgerüst einordnen. Insbesondere die Aufgaben der Unternehmensleitung oder kreative Tätigkeiten wie die Werbung verschließen sich somit einer Prozeßmodellierung. Ohne eine Funktionsmodellierung würden solche Funktionen nicht erfaßt, obgleich sie informationstechnisch relevant sind.

- Für den automatisierten Entwurf von Software bilden Funktionsmodelle einen Hinweis für die Zerlegung (Modularisierung) von Softwarebausteinen.

---

[140] Vgl. SAP (1994).

• Die explizite Modellierung der Funktionen in einer eigenen Sicht (und nicht ausschließlich als Bestandteil der Prozeßmodelle) erlaubt die einmalige Pflege von Funktionsattributen. Die Prozeßsicht, welche diese Funktionen mehrfach verwendet, referenziert lediglich auf die Funktionsidentifizierer. Zudem geben Funktionsmodelle Hinweise für die Dekomposition der Prozeßmodelle.

Grundsatz der Wirtschaftlichkeit

Anhaltspunkte zur Gewährleistung der Wirtschaftlichkeit wurden unterhalb des Grundsatzes der Relevanz durch die Nennung von Nutzenpotentialen der Funktionsmodellierung genannt. Darüber hinaus ist durch den Einsatz eines Modellierungswerkzeugs der Aufwand bei der Modellierung relevanter Funktionen zu minimieren. Referenzfunktionsmodelle können den Aufwand reduzieren, wenn die unternehmensindividuelle Konfiguration dieser Modelle geringeren Aufwand verursacht als die Neuerstellung der Modelle. Die Verwendung von Referenzfunktionsmodellen empfiehlt sich insbesondere in branchenneutralen Bereichen wie dem Rechnungs- oder Personalwesen.

Grundsatz der Klarheit

Der Vielfalt betrieblicher Funktionen, die Eingang in ein Funktionsmodell finden können, ist durch eine adäquate Anordnung der Informationsobjekte im Raum Rechnung zu tragen. Hierbei hat sich eine Hierarchisierung der Funktionen aus Gründen der Klarheit durchgesetzt.[141]

Grundsatz der Vergleichbarkeit

Zur Vergleichbarkeit tragen im wesentlichen Namenskonventionen bei. Zudem bietet die Verwendung von Funktionsklassifikationen (z. B. Buchen, Transportieren) einen Ansatzpunkt für den Vergleich der mit einer Funktion abgebildeten Semantik.

Grundsatz des systematischen Aufbaus

Zum systematischen Aufbau der Funktionen in der Funktionssicht zählt primär, daß die in den Funktionsmodellen enthaltenen Funktionen den Funktionen des Prozeßmodells zugeordnet werden. Ferner sollten die Funktionszerlegungen, die innerhalb anderer Beschreibungssichten verwendet werden (z. B. in der Organisationssicht), auch innerhalb der Funktionssicht verwendet werden.

---

[141] Vgl. Biethahn u. a. (1991), S. 262.

Methodenspezifische Grundsätze für Funktionsdekompositionsdiagramme

Grundsatz der Richtigkeit

Syntaktische Richtigkeit ist gegeben, wenn die Methodensyntax der Funktionsdekompositionsdiagramme richtig angewendet wird. Die richtige Anwendung der Methode bedingt insbesondere die Anordnung der Funktionen entsprechend der Zerlegungskriterien.

Semantische Richtigkeit liegt vor, wenn die in der Realität abzubildende Tätigkeit aus dem Funktionsdekompositionsdiagramm hervorgeht. Zum Grundsatz der Richtigkeit tragen insbesondere auch Namenskonventionen für Funktionen bei. Ebenfalls stellen Begriffsbausteine eine Verbesserung der semantischen Richtigkeit dar. Begriffsbausteine sind Strukturen, die eine bestimmte Semantik tragen und durch ihre Benennung (z. B. in Form von Suffixen oder Präfixen) einen Rückschluß auf den in der spezifischen Struktur dargestellten Sachverhalt zulassen.

Grundsatz der Relevanz

Der Ausschnitt der zu betrachtenden Realität ist in der Funktionssicht unabhängig von der Methode.

Hinsichtlich des relevanten Abstraktionsgrads, der den Umfang des Modells determiniert, sind nur Tendenzaussagen in Verbindung mit der verfolgten Zielsetzung möglich. Aufgrund der Zunahme an Unterfunktionen sind der Detaillierung von Funktionen zumeist pragmatische Grenzen gesetzt. Bei n Unterfunktionen je Funktion und m Hierarchieebenen kommt es zu n^m-Elementarfunktionen.[142]

Im Rahmen dieses Buchs wird eine dreistufige Funktionszerlegung als hinreichend betrachtet.

Grundsatz der Wirtschaftlichkeit

Die prozeßorientierte Anordnung der Funktionen bietet Ansatzpunkte für eine Funktionsintegration im Sinne des Triggerns von Funktionen, die die Wirtschaftlichkeit erhöht. Die Klassifikation von Funktionen und damit gegebenenfalls die Identifikation von Strukturanalogien bietet die Möglichkeit des Zusammenwachsens von Funktionen. Die Verwendung von CASE-Tools hat sich auch bei der Darstellung von Funktionsdekompositionsdiagrammen etabliert. Der Tooleinsatz bei der Modellerstellung und -nutzung ist hierbei unumgänglich, um alternative Hierarchien darzustellen sowie die damit einhergehende gewollte Redundanz in den Modellen beherrschen zu können. Referenzmodelle für die Funktionssicht tragen ebenfalls dem Grundsatz der Wirtschaftlichkeit Rechnung.

---

[142] Vgl. Mertens (1995), S. 23f.

Eine Modellbildung bis auf Elementarfunktionsebene, die betriebswirtschaftlich nicht weiter unterteilbare Funktionen enthält, dürfte sich in den meisten Fällen als unwirtschaftlich herausstellen, so daß hier der Grundsatz der Wirtschaftlichkeit restriktiv auf den Modellumfang wirkt.

Grundsatz der Klarheit

Es ist zu fordern, daß die Funktionen in einer hierarchischen Anordnungsbeziehung zueinander dargestellt werden. Aus diesem Grunde werden die Funktionen entsprechend des Zerlegungskriteriums von oben nach unten angeordnet. Von links nach rechts werden die Funktionen semantisch verfeinert.

Weichen die Zerlegungskriterien innerhalb eines Master-, Referenz- oder unternehmensspezifischen Funktionsmodells voneinander ab, so ist dieses kenntlich zu machen. In diesem Buch dominiert die objektbezogene Zerlegung. Wo sie nicht sinnvoll ist, werden andere Zerlegungskriterien angewendet.[143]

Grundsatz der Vergleichbarkeit

Zur besseren Vergleichbarkeit tragen neben Namenskonventionen insbesondere auch Begriffsbausteine bei.

Grundsatz des systematischen Aufbaus

Die Verbindung der Funktionssicht mit der Daten-, aber auch mit der Organisationssicht führt zur Notwendigkeit der Berücksichtigung der Interdependenzen, die es in der Modellierung dieser Sichten gibt.

Die Beziehungen zur Datensicht sollten durch die Aufnahme des zu bearbeitenden Objekts in die Benennung der Funktion berücksichtigt werden. Handelt es sich bei der Bearbeitung eines Objekts um ein Prozeßobjekt, das nicht im Datenmodell enthalten ist, so sollte auch dieses der Funktion entnommen werden können.

Ferner sollten die Funktionszerlegungen, die innerhalb anderer Beschreibungssichten verwendet werden (z. B. in der Organisationssicht) auch innerhalb der Funktionssicht verwendet werden. Die Darstellung einer Organisation, die beispielsweise auf oberster Ebene in die Funktionsbereiche Einkauf und Vertrieb, Logistik und Rechnungswesen/EDV gegliedert ist, und eines Funktionsdekompositionsdiagramms, das auf oberster Ebene objektorientiert gegliedert ist, sollte vermieden werden.

Während für die Prozeßsicht der aktive Imperativ empfohlen wird, erfolgt innerhalb der hier verwendeten Funktionsmodelle, da allgemein üblich, eine Substantivierung.

---

[143] Vgl. auch Mertens (1995), S. 23.

GoM	Ausprägungen der GoM für Funktionsdekompositionsdiagramme
Richtigkeit	• Namenskonventionen • Begriffsbausteine
Relevanz	• Zerlegung der Funktionsbereiche in maximal drei Stufen • Darstellung der unmittelbar mit den Geschäftsprozessen verbundenen Funktionen (daher keine Darstellung von Instandhaltung, Catering etc.)
Wirtschaftlichkeit	• Referenzfunktionsmodelle • Tooleinsatz
Klarheit	• Anordnung der Funktionen von oben nach unten (entsprechend des Zerlegungskriteriums) und von links nach rechts (entsprechend des Abstraktionsgrads) • Begriffsbausteine • Kennzeichnung des Zerlegungskriteriums
Vergleichbarkeit	• Namenskonventionen • Begriffsbausteine
Systematischer Aufbau	• Bezug zur Datensicht durch die Funktionsbenennung herstellen • gleiche Zerlegung wie in der Prozeßsicht • da allgemein üblich, werden die Funktionen substantiviert, obgleich im Prozeßmodell imperative Aktivbezeichnungen verwendet werden.

Tab. 2.1: Exemplarische GoM für Funktionsdekompositionsdiagramme

2.5.2.2 Datensicht und ERM

Methodenneutrale Grundsätze zur Modellierung von Daten

Grundsatz der Richtigkeit

Da ein Datenmodell die Struktur eines Systems abbildet, bezieht sich die *semantische Richtigkeit* auf die Strukturtreue des Modells gegenüber dem realen System, also auf die richtige Abbildung realer Objekte und deren Beziehungen in dem Datenmodell. Das Datenmodell muß bezüglich der Beziehungen eine hohe Abbildungstreue zur Realität dadurch gewährleisten, daß das Modell nicht eine Flexibilität der Beziehungen darstellt, die real nicht existiert und umgekehrt. Der Verwendung von Namenskonventionen kommt eine hohe Bedeutung bei der Erstellung von Datenmodellen zu, da die Verwendung einheitlicher Begriffe die semantische Eindeutigkeit des Modellsystems unterstützt. Beispielsweise würde die Verwendung des Begriffs Filiale sowohl für eigene Verkaufsstätten als auch für externe Kunden den Sachverhalt semantisch fehlerhaft abbilden. Hingegen wird mit dem Begriff Abnehmer eine Eindeutigkeit hinsichtlich seiner Zeichen, seiner Intension und seiner Extension erreicht.[144]

Die Überprüfung der syntaktischen Richtigkeit bedingt eine exakte Spezifikation des Metamodells. Zwar liegt mit dem ERM von Chen eine weitverbreitete Methode vor. Zur Modellierung der Daten stehen jedoch viele Derivate zur Verfügung.

Unternehmensindividuelle Datenmodelle realer Größenordnungen können mehrere tausend Informationsobjekte aufweisen. Die aus pragmatischen Gründen notwendige Modelldekomposition sowie die damit einhergehende teilweise redundante Abbildung von Informationsobjekten stellt besondere Anforderungen an die Gewährleistung der Modellkonsistenz.

Grundsatz der Relevanz

Der Zweck der Datenmodellierung determiniert den *relevanten Realweltausschnitt*, der abgebildet werden soll. In Analogie zur Prozeßmodellierung umfaßt dieser zunächst die kritischen Bereiche mit hohem Ergebnisbeitrag. Bezogen auf den Abstraktionsgrad des Modells, d. h. die Auswahl der *relevanten Modellbestandteile*, ist aus dem verfolgten Zweck der Modellierung festzulegen, welche Objekte und Beziehungen zwischen den Objekten im Datenmodell enthalten sein sollten, also ob das Datenmodell bis auf Cluster-, auf Entitytyp- respektive Relationshiptyp- oder auf Attributebene verfeinert wird.

Der Verwendungszweck bestimmt ferner die relevanten Modellierungskonstrukte So sind in Referenzdatenmodellen konditionale Beziehungen auf Typebene wichtig, die einen Parametrisierungsspielraum zum Ausdruck bringen. In unternehmensindividuellen Modellen sind diese hingegen irrelevant.

Grundsatz der Wirtschaftlichkeit

Die Erstellung von Datenmodellen ist eine aufwendige Aufgabe, die sich in ihrer konkretesten Ausgestaltung, der vollständigen Attributierung der Objekte und Beziehungen, nur bei einem Neuaufwurf der Informationssysteme wirtschaftlich rechtfertigen lassen dürfte.

Den Grundsatz der Wirtschaftlichkeit beachtend, ist bei der Erstellung von Individualsoftware die automatische Umsetzung des semantischen Datenmodells in ein Datenbankmodell zu fordern, um die Erstellung von semantischen Datenmodellen wirtschaftlicher werden zu lassen. Beim Einsatz von Standardsoftware ist die automatische Konfiguration des Datenmodells anhand einer betriebstypologischen Klassifikation bzw. die automatische Software-Konfiguration auf

---

[144] Unter dem Zeichen wird die Benennung eines Begriffs, unter der Intension die inhaltliche Bedeutung des Begriffs und unter der Extension das Begriffsumfeld verstanden. Vgl. auch Hars (1994), S. 26f.

der Basis eines konfigurierten Datenmodells ein Beitrag zum Grundsatz der Wirtschaftlichkeit.

Insbesondere eine toolgestützte Datenmodellkonfiguration muß unmittelbar auf die parametrisierbaren (z. B. konditionale Beziehungstypen) bzw. optionalen Modellbestandteile (z. B. alternative Systemorganisationseinheiten) hinweisen.

Grundsatz der Klarheit

Datenmodelle gewinnen aufgrund der Vielzahl an unterschiedlichen Objekten, die sich in der betrieblichen Praxis finden, sehr schnell eine kaum mehr überschaubare Modellkomplexität. Aus diesem Grund sind Strukturierungskriterien, die die Anordnung der Objekte und Beziehungen im Raum festlegen, eine Hilfe. Insbesondere die horizontale Anordnung der Objekte entsprechend ihrer Existenzabhängigkeit von links nach rechts dient der Klarheit eines Modells. Die Erweiterung um vertikale Anordnungsvorschriften der Objekte führt darüber hinaus zu einer eindeutigen Positionierung der Informationsobjekte im Raum.[145]

Die Bildung von Clustern in Datenmodellen erhöht die Klarheit des Modells, da aufgrund der Anordnung von Clustern eine einfachere Navigation in großen Datenmodellen möglich ist. Unter der Clusterung ist die Zusammenfassung von Modellbestandteilen eines einheitlichen Abstraktionsgrads zu verstehen. Beispielsweise können sämtliche Objekte, die im Zusammenhang mit der Konditionsgestaltung stehen, zu einem Cluster Kondition zusammengefaßt werden. Die Verdichtung verfolgt das Ziel einer adressatenindividuellen Sicht auf das Datenmodell.[146] Hierbei ist sicherzustellen, daß die Konsistenz der Datenmodelle der unterschiedlichen Abstraktionsebenen gewahrt bleibt. Die Verdichtung von Datenmodellen kann sich hierbei an Datenclustern ausrichten, kann jedoch auch von diesen abweichen.

Grundsatz der Vergleichbarkeit

Zum Zweck der *syntaktischen Vergleichbarkeit* ist die Integration der Metamodelle zu fordern, um einen Methodenpluralismus zuzulassen.

Die *semantische Vergleichbarkeit* der Modelle wird durch die Verwendung von Struktur- und Begriffsbausteinen erhöht. Ein Strukturbaustein legt die Syntax fest, in der bestimmte Informationsobjekte zueinander in Beziehung stehen. Ein semantischer Inhalt geht mit einem Strukturbaustein im Gegensatz zum Begriffsbaustein nicht einher. Bei Begriffsbausteinen werden für betriebswirtschaftlich ähnliche Sachverhalte neben den Begriffen in Form von Präfixen und

---

[145] Vgl. auch die Ausführungen zu SAP-SERM in Kapitel 2.3.2.1.

[146] Zur Verdichtung von Datenmodellen vgl. Mistelbauer (1993), S. 151ff.; Mistelbauer (1991), S. 289ff.; Feldmann, Miller (1986); Teorey et al. (1986).

Suffixen auch analoge Strukturen modelliert,[147] so wird die Vergleichbarkeit von Modellen erleichtert, da sie aufgrund der Anordnungsbeziehung der Objekte bereits eine rudimentäre Semantik besitzen.

Grundsatz des systematischen Aufbaus

Datenmodelle stellen die Struktur dar, in der das in Prozeßmodellen abgebildete Systemverhalten möglich ist. Aus diesem Grunde sollten sämtliche im Prozeßmodell als Nutz- oder Kontrolldaten verwendeten Objekte im Datenmodell enthalten sein.

Diese Forderung widerspricht allerdings dem Grundsatz der Relevanz. Aus diesem Grund ist bei der Modellerstellung zu fordern, daß angegeben wird, nach welchen Kriterien die Aufnahme von Objekten des Prozeßmodells in das Datenmodell vorzunehmen ist.

Methodenspezifische Grundsätze für Entity-Relationship-Modelle

Grundsatz der Richtigkeit

Syntaktisch wird der Grundsatz der Richtigkeit durch das den Datenmodellen zugrundeliegende Metamodell beschrieben, welches beispielsweise für das ERM die zulässigen Beziehungen zwischen den einzelnen Entity- und Beziehungstypen abbildet. Somit sind in einem entsprechenden Metamodell die bereits an früherer Stelle erwähnten Konstruktionsoperatoren (z. B. Gruppierung) aufzunehmen, um die Konsistenz und Vollständigkeit der Modelle hinsichtlich des Metamodells zu prüfen. Ein Beispiel für einen Verstoß gegen die syntaktische Richtigkeit nennen BATINI ET AL. mit der *Vernachlässigung der Vererbungseigenschaften der Generalisierung*.[148] Die nicht vorhandene Vererbung von Attributen des generalisierten Supertyps auf die spezialisierten Objekte läßt sich erst bei attributierten Datenmodellen analysieren. Da sich die im folgenden vorgestellten Referenzmodelle primär auf Entitytyp- und nicht auf Attributebene beziehen, ist die Gefahr der fehlenden Vererbung von Eigenschaften des Supertyps nicht gegeben.

Die *semantische Richtigkeit* bei der Datenmodellierung betrifft die inhaltlich richtige Verwendung der zur Verfügung stehenden Informationsobjekte für die abzubildende Realwelt. Besondere Aufmerksamkeit muß beim Modellieren der richtigen Anzahl an Entitytypen zur Bildung eines Relationshiptyps und der exakten Angabe der Kardinalitäten gewidmet werden.[149] Ein Beispiel für die Schwierigkeit der richtigen Anzahl von Entitytypen ist die Bildung eines

---

[147] Vgl. hierzu beispielsweise die Anwendung von Strukturbausteinen wie Konto, interne oder externe Geschäftsvorfälle oder die in Kapitel 2.3.1.2 vorgestellte „Findung" im SAP-SERM. Vgl. SAP (1995), S. 8-3ff.

[148] Vgl. Batini, Ceri, Navathe (1992), S. 140, die diesen Modellierungsfehler - im Gegensatz zu obigen Ausführungen - als „semantic mistake" bezeichnen.

[149] Vgl. im folgenden Batini, Ceri, Navathe (1992), S. 140.

Konstrukts für den Artikel, den ein Abnehmer beziehen kann. Es können ein Abnehmer-Artikel als Relationship zwischen „Abnehmer" und „Artikel", eine Artikel-Maßeinheit als Relationshiptyp zwischen „Artikel" und „Logistische Einheit", ein Relationshiptyp „Artikel-EAN", eine „Abnehmer-Artikel-EAN" als Relationshiptyp der drei beteiligten Entitytypen oder Kombinationen der vorgenannten gebildet werden, die jeweils eine unterschiedliche semantische Bedeutung haben.

Der Gefahr der fehlerhaften Anzahl an Entitytypen, die an einem Beziehungstypen beteiligt sind, ist jede Form der Datenmodellierung ausgesetzt. Bei den Modellierern ist deshalb eine ausreichende Sachkenntnis erforderlich, um dieser Gefahr zu begegnen, da sie sich kaum durch allgemeingültige Empfehlungen ausschalten läßt.

Die Kardinalitäten geben in der (min, max)-Notation, die unbedingt verwendet werden sollte, ein genaues Abbild des betriebswirtschaftlichen Objektsystems. Viel Information geht verloren, wenn die Kardinalitäten überhaupt nicht oder nur in der (häufig anzutreffenden) max-Notation angegeben werden. In der max-Notation wäre die Zuordnung eines Artikels zur Warengruppe 1:m. In der (min, max)-Notation ist die Zuordnung eine (1,1):(0,m)-Beziehung, d. h. jeder Artikel *muß* einer Warengruppe zugeordnet sein. Der Artikel ist damit existentiell abhängig von der Warengruppe.[150] Auch eine m:m-Beziehung zwischen *Lieferschein* und *Bestellung* gibt Freiheitsgrade vor, die möglicherweise (wenn die Minimalkardinalität 1 beträgt) nicht gegeben sind, so daß hier ein Verstoß gegen den Grundsatz der semantischen Richtigkeit vorliegen würde. Ein weiterer Grundsatz der semantischen Richtigkeit ist die Vollständigkeit der Angabe der Art von Spezialisierungen. Sie sollten danach gekennzeichnet werden, ob es sich um disjunkte oder nicht-disjunkte (d oder n) und ob es sich um vollständige oder partielle (v oder p) Spezialisierungen handelt. Eine (d,v)-Bezeichnung z. B. repräsentiert eine disjunkte und vollständige Spezialisierung.[151]

Für Zwecke der Referenzmodellierung werden darüber hinaus als Erweiterungen des klassischen ERM konditionale Beziehungen eingeführt, die fakultative Beziehungen repräsentieren. Wenn ein Entitytyp nicht zwingend zur Bildung von Relationshiptypen benötigt wird (nullwertiger Schlüssel), d. h. Wahlfreiheit darüber besteht, ob der Entitytyp in den Relationshiptyp eingeht, wird dies durch gestrichelte Kanten zwischen dem Entity- und dem Relationshiptyp dargestellt. Die in den Ausführungen zum SAP-SERM geforderte Unterscheidung zwischen einer konditionalen Beziehung auf Typ- und auf Ausprägungsebene wird dadurch berücksichtigt, daß die Kantenrollen mit einem A (für konditionale Beziehungen auf Ausprägungsebene) und mit einem T (für konditionale Beziehungen auf Typebene) gekennzeichnet werden.

---

[150] Siehe dazu auch die Ausführungen in Kapitel 2.3.2.1.
[151] Vgl. Elmasri, Navathe (1994), S. 618f.; Vossen (1994), S. 72ff.

Grundsatz der Relevanz

Die Relevanz des abzubildenden Objektsystems ist abhängig von der mit der Modellerstellung verfolgten Zielsetzung. Methodenspezifisch erfährt der Grundsatz der Relevanz nur hinsichtlich der in das Modell aufzunehmenden Informationsobjekte eine Konkretisierung. So ist beispielsweise ein vollständig attributiertes Datenmodell primär für Zwecke der Informationssystementwicklung erforderlich.

Grundsatz der Wirtschaftlichkeit

Aufgrund der vorhandenen Transformationsregeln eines semantischen Datenmodells in Form des ERM in das Relationenmodell ist der mit der Erstellung eines ER-Modells verbundene Aufwand eher zu rechtfertigen als bei Modellen, die nicht automatisiert in ein Datenbankmodell umgesetzt werden können.

Die Wirtschaftlichkeit der Datenmodellerstellung wird durch die Nutzung von Referenzdatenmodellen erhöht. Zudem können Strukturbausteine durch ihre Mehrfachverwendung zu einer Verbesserung der Wirtschaftlichkeit des Modellerstellungsprozesses beitragen.

Der Einsatz von CASE-Tools hat bei der Datenmodellierung eine lange Tradition. Hiermit ist die Erhöhung der beherrschbaren und wirtschaftlich zu rechtfertigenden Modellkomplexität einhergegangen. Wenn branchen- und softwarespezifische Referenzmodelle bereits innerhalb des CASE-Tools vorliegen, wird die Wirtschaftlichkeit der Datenmodellerstellung weiter erhöht. Gleiches gilt für die Verwendung von in den CASE-Tools abgebildeten Standardstrukturen. Die Erstellung umfangreicher Datenmodelle erfüllt ohne Zuhilfenahme von Hilfsmitteln (Tools und Referenzmodellen) selten das Kriterium der Wirtschaftlichkeit.

Grundsatz der Klarheit

Dem Grundsatz der Klarheit tragen horizontale und vertikale Anordnungsbeziehungen Rechnung. Vertikal sollten die Objekte entsprechend ihrer Existenzabhängigkeit von links nach rechts angeordnet werden.[152] Unter Maßgabe dieser Vorschrift ist die Anzahl an Kantenkreuzungen zu minmieren.[153] Vertikal sollen die Objekte nach den Kriterien Objekt und Struktur angeordnet werden. Spezialisierte Objekte sind unterhalb des generalisierten Objekts zu plazieren.[154] Für Spezialisierungen wird empfohlen, den Begriff des generalisierten Objekts in alle spezialisierten Objekte zu vererben, um bei Verwendung eines spezialisierten Objekts dem Objekt unmittelbar seine Herkunft entnehmen zu können.

---

[152] Vgl. beispielweise die Ausführungen zu SERM und SAP-SERM.

[153] Vgl. Batini, Ceri, Navathe (1992), S. 141.

[154] Zu weitergehenden vertikalen Anordnungsvorschriften vergleiche die Ausführungen zu SAP-SERM. Die Forderung der Anordnungsbeziehung von Spezialisierungsobjekten lehnt sich an Batini, Ceri, Navathe (1992), S. 141, an.

Die Informationsobjekte sind den entsprechenden Clustern des Handels-H-Modells zuzuordnen. Eine Verdichtung der beschriebenen Datenmodelle zu einer darüber hinaus gehenden Cluster-Architektur erfolgt nicht.[155]

Grundsatz der Vergleichbarkeit

Der *syntaktische Vergleich* von Entity-Relationship-Modellen mit anderen Methoden zur Datenmodellierung ist für an das ERM angelehnte Methoden unproblematisch. Das ERM (ohne die hier vorgestellten Erweiterungen) ist beispielsweise ohne Informationsverlust in das SERM oder das SAP-SERM überführbar.

Der *semantische Vergleich* von Entity-Relationship-Modellen, die den gleichen Betrachtungsbereich abbilden, ist im Gegensatz zu den Prozeßmodellen einfacher möglich.[156] Zur besseren Vergleichbarkeit sollten Namenskonventionen für bestimmte Konstrukte eingeführt werden, die die abzubildende Semantik bereits aus der Benennung erkennen lassen. Auf diese Weise werden die Ähnlichkeiten diverser Objektstrukturen bereits aus der Benennung heraus ersichtlich. So wurde bereits an früherer Stelle bemerkt, daß aus der Benennung einer Beziehung hervorgehen sollte, ob es sich um eine Gruppierung handelt.

Grundsatz des systematischen Aufbaus

Die Angabe der Art von Spezialisierungen im Datenmodell ist aus Gründen der Konsistenz zwischen der Struktur (Datenmodell) und dem Verhalten (Prozeßmodell) des Systems erforderlich. Wenn z. B. mit den Lieferanten generell sowohl eine debitorische als auch eine kreditorische Abrechnung der nachträglichen Vergütungen möglich ist, für jeden Lieferanten aber nur ein Verfahren angewendet werden darf, so sind diese beiden Alternativen nur über eine Disjunktion (XOR-Operator) im Prozeßmodell darstellbar. Korrespondierend wäre im Datenmodell dann eine Spezialisierung des Objekts Abrechnungsart in debitorisch und kreditorisch als disjunkte (und diesem Fall auch totale) Spezialisierung (d,t) zu kennzeichnen.

Die einheitliche Benennung der Nutzdaten in Prozeß- und Datenmodell erhöht die sichtenübergreifende Konsistenz der verwendeten Informationsobjekte. Zudem kann durch eine prozeßorientierte Anordnung der Informationsobjekte (z. B. Entitytypen von links nach rechts, prozeßorientierte Datenclusterung) dem Grundsatz des systematischen Aufbaus Rechnung getragen werden, indem Verhaltensaspekte in das Datenmodell Eingang finden.

---

[155] Zu Verdichtungen für die Controlling-, EIS- und Unternehmensplanungs-Unterstützungssysteme vgl. Kapitel 5.5.
[156] Vgl. Priemer (1995), S. 298f.

GoM	Ausprägungen der GoM für Entity-Relationship-Modelle
Richtigkeit	• Auflistung und Definition der verwendeten Konstrukte (z. B. durch ein Metamodell) • Namenskonventionen • Nutzung der (min, max)-Notation für Kardinalitäten • Explizierung der Spezialisierung nach Vollständigkeit und Disjunktheit • Begriffsbausteine
Relevanz	• Siehe Ausführungen zu den Allgemeinen GoM
Wirtschaftlichkeit	• Referenzmodelle • Strukturbausteine • Tooleinsatz
Klarheit	• Anordnung der Informationsobjekte von links nach rechts entsprechend des Existenzabhängigkeitsgrads • Minimierung der Anzahl an Kreuzungen der Kanten • Clusterbildung von Datenmodellen • Begriffsbausteine • Strukturbausteine
Vergleichbarkeit	• Begriffsbausteine • Strukturbausteine
Systematischer Aufbau	• Nutzung der (min, max)-Notation für Kardinalitäten • Explizierung der Spezialisierung nach Vollständigkeit und Disjunktheit (analog zu den Ausführungen zur EPK)

Tab. 2.2: Exemplarische GoM für Entity-Relationship-Modelle

2.5.2.3 Prozeßsicht und EPK

Methodenneutrale Grundsätze zur Modellierung von Prozessen

Grundsatz der Richtigkeit

Angesichts der Vagheit sichtenspezifischer, aber methodenneutraler Metamodelle lassen sich methodenneutral keine prägnanten Aussagen zur syntaktischen Richtigkeit treffen.

Zur Beurteilung der semantischen Richtigkeit eines Prozeßmodells bedarf es einer Explizierung der gesetzten Prämissen. Neben der grundsätzlichen Kennzeichnung als Ist- oder Sollmodell sind Attribute wie Zeit-, Kosten- oder Mengenangaben als Durchschnitts- oder Erwartungswerte zu kennzeichnen. Jedem Prozeßmodell muß zu entnehmen sein, welchen Abdeckungsgrad es besitzt. Gibt es beispielsweise wesentliche Sonderfälle, die nicht im Modell enthalten sind? Eine dem Grundsatz der Klarheit dienende Vergröberung darf nicht den Grad einer Simplifizierung erreichen, die den modellierten Sachverhalt ggf. falsch wiedergibt.

Grundsatz der Relevanz

Der Grundsatz der Relevanz besitzt mit der Frage „Welche Prozesse sind in welchem Umfang modellierungsrelevant?" zwei Ausprägungen.

Für die Auswahl der modellierungsrelevanten Prozesse wird eine portfolio-orientierte Vorgehensweise empfohlen. Dabei sind die Prozesse innerhalb eines Portfolios mit den Dimensionen Prozeßergebnisbeitrag und Reorganisationsbedarf zu positionieren (vgl. Abb. 2.32).

Prozeßmodell mit mittlerer Modellierungspriorität **II**	Prozeßmodell mit hoher Modellierungspriorität **IV**
I	**III**
Prozeßmodell mit niedriger Modellierungspriorität	Prozeßmodell mit mittlerer Modellierungspriorität

(vertikale Achse: Prozeßergebnisbeitrag; horizontale Achse: Reorganisationsbedarf)

Quelle: Becker, Rosemann, Schütte (1995), S. 440.

Abb. 2.32: Portfolio zur Bestimmung der Modellierungsrelevanz von Prozessen

Zielsetzung der Modellierung von Prozessen mit einem hohen Ergebnisbeitrag ist die Erstellung einer Grundlage für das Prozeßcontrolling. Die modellhafte Beschreibung reorganisationsbedürftiger Prozesse dient - wenn sie dem Grundsatz der Klarheit genügt - als gemeinsame Kommunikationsbasis für die Projektbeteiligten. Prozesse des Quadranten IV besitzen folglich eine hohe Modellierungspriorität, die des Quadranten I sollten hingegen erst im Rahmen einer Komplettierung der Prozeßbeschreibungen modelliert werden.

Angesichts der vielfältigen Verwendungsmöglichkeiten von Prozeßmodellen ist es nur zweckbezogen möglich festzulegen, welche Elemente und Beziehungen ein Prozeßmodell zu enthalten bzw. welchen Detaillierungsgrad es aufzuweisen hat.[157] Der Organisationsgestalter wird vor allem die organisatorischen Schnittstellen sowie die organisatorischen Optimierungsmöglichkeiten (Parallelisierungspotential, Schaffung von Prozeßverantwortung, kontinuierliche statt diskontinuierliche Objektweitergabe) in den Mittelpunkt seiner Betrachtung stellen.

Der Informationssystemgestalter wird demgegenüber im Prozeßmodell den Kontrollfluß identifizieren und sich für dessen Automatisierung z. B. mittels Workflowmanagementsystemen interessieren. Ferner ist u. a. der Nutzdatenfluß

---

[157] Vgl. Möhring (1994); Curtis, Kellner, Over (1992), S. 75ff.

sowie der damit verbundene Aufbau einer integrierten Datenbasis für ihn von Bedeutung. Für die Informationssystemgestaltung ist demnach eine detaillierte Modellierung notwendig, um die in einem System abzubildende Anwendungslogik modellseitig festzuhalten.

Bei einer entsprechenden Toolunterstützung wird es möglich, daß nicht mehr ausschließlich *ein* Modell (als Ergebnis einer Interessenregelung oder als Obermenge) für einen Sachverhalt besteht. Vielmehr sollte das Modellierungswerkzeug vordefinierbare Views auf die Prozeßmodelle erlauben. Der Grundsatz der Relevanz wäre dann Maßstab bei der Sichtendefinition.

Grundsatz der Wirtschaftlichkeit

Aufgrund der größeren Freiheitsgrade bei der Ausgestaltung der Interacts-with-Beziehung im Vergleich zu strukturellen Beziehungen wie der Is-a- oder Is-part-of-Beziehung[158] sind Prozeßmodelle zumeist unternehmensindividueller als Daten- und Funktionsmodelle.[159] Entsprechend ist die Quantifizierung ihrer Wirtschaftlichkeit entscheidend an der Lebensdauer des Modells zu bemessen. Darüber hinaus sollten sich Prozeßmodelle leicht an Änderungen in der Realität anpassen können, d. h. die Änderungen am Modell dürfen nicht zu einem vollständigen Neuaufwurf des Modells führen (Adaptivität eines Modells).[160]

Mit zunehmender Toolunterstützung, die den Aufwand zur Modellerstellung und -pflege reduziert, und den in Entwicklung befindlichen Referenzmodellen wird es hingegen wirtschaftlicher, detaillierte Modelle zu erstellen. Je detaillierter Referenzmodelle werden, desto geringer ist allerdings ihre Allgemeingültigkeit. Dies gilt insbesondere für Prozeßmodelle in unternehmensindividuellen Bereichen wie der Logistik.

Grundsatz der Klarheit

Da Prozeßmodelle im Regelfall gerichtete Graphen darstellen, besitzen sie bereits eine Grundordnung, die den zeitlich-sachlogischen Zusammenhang zum Ausdruck bringt. Weitergehende Gestaltungsempfehlungen können beispielsweise zusätzliche graphische Anordnungsregeln vorgeben. Ein Postulat z. B., wonach Prozeßstränge (bei einem von oben nach unten gerichteten Kontrollfluß) nach dem Kriterium der Durchlaufhäufigkeit von links nach rechts anzuordnen sind, entspricht dem Grundsatz der Klarheit. Dadurch erfolgt eine Fokussierung auf Standard- und eine Separation der Ausnahmefälle, aus der sich sowohl für die Organisationsgestaltung (unterschiedliche Prozeßverantwortliche) als auch für die Softwaregestaltung (systemweit einheitliche Ausnahmebehandlung) wichtige Informationen ableiten lassen.

---

[158] Die Is-part-of (Besteht-aus)-Beziehung stellt die Strukturbeziehung zwischen einem komplexen Objekttypen und den beteiligten Objekttypen dar. Vgl. Ferstl, Sinz (1994), S. 155f.

[159] Vgl. Mertens (1995), S. 23f.

[160] Zur Adaptivität von Prozeßmodellen vgl. Allweyer, Scheer (1995).

Des weiteren können Gestaltungsempfehlungen für den Umgang mit den in Prozeßmodellen unvermeidlichen Redundanzen aufgestellt werden. Nach der hier zugrundeliegenden Prozeßdefinition können entweder mehrere individuelle Prozeßmodelle für einzelne Objekte (z. B. „Prüfung von ausländischen Sachkostenrechnungen" neben einer eigenen Prozeßkette „Prüfung von inländischen Rechnungen") erstellt werden, oder es wird ein Prozeßmodell erstellt, indem objektspezifische Prozeßstränge durch eine separate Prüfung eingeleitet werden (z. B. „Prüfe, ob ausländische Rechnung" in einer Prozeßkette „Prüfung von Rechnungen"). Während der erste Fall zur Existenz von parallelen Redundanzen führt, da die gleiche Funktion in unterschiedlichen Prozeßmodellen auftritt, treten im zweiten Fall in der Regel sequentielle Redundanzen auf, weil entlang eines Prozesses einzelne Objekte immer wieder eine besondere Bearbeitung erfahren. Für welche Darstellung man sich entscheidet, wird wesentlich durch die Grundsätze der semantischen Richtigkeit und der Relevanz determiniert.

Neben der graphischen Modellstrukturierung charakterisiert sich die Klarheit eines Modells vor allem durch den Modellumfang. Dieser wird durch die Prozeßlänge, die Prozeßbreite (Anzahl der Fallunterscheidungen), die Prozeßtiefe (Detaillierungsgrad der Darstellung), die zusätzlichen Informationsobjekte (z. B. beteiligte Informationssysteme und Organisationseinheiten, Nutzdatenfluß) und die Attributierungsintensität bestimmt. In enger Korrespondenz mit den Grundsätzen der Relevanz und der Wirtschaftlichkeit sind im Sinne der Klarheit unterschiedliche Modellumfänge flexibel und bedarfsgerecht zur Verfügung zu stellen und ihre Einordnung in das unternehmensweite Prozeßmodell zu kennzeichnen (z. B. durch Prozeßwegweiser).

Grundsatz der Vergleichbarkeit

Eine Möglichkeit zur Reduzierung der Schwierigkeiten beim syntaktischen Vergleich von Prozeßmodellen, die mit unterschiedlichen Prozeßmodellierungs-Methoden erstellt wurden, besteht in der Verwendung von standardisierten Strukturen. So wie in der Datensicht Konstrukte wie die Stücklistenstruktur (im allgemeinen ERM) oder die Findung (in SAP-SERM) existieren, so können in der Prozeßsicht feste *Strukturbausteine*, die beispielsweise eine Iteration oder einen Abgleich repräsentieren, formuliert werden. Die Strukturen können einer Strukturbibliothek entnommen und kontextabhängig detailliert werden.

Die semantische Vergleichbarkeit von Prozeßmodellen wird verbessert, wenn bei der Modellierung festdefinierte Strukturen Verwendung finden, die zugleich inhaltlich geprägt sind. So erlauben *Ablaufschablonen* ausgehend von einer groben inhaltlichen Darstellung eine bedarfsweise Konkretisierung. Beispiele stellen u. a. die buchhalterischen Aufgaben mit ihrem Grundmuster Kontieren, Buchen und Ablegen dar.

Durch derartige Struktur- und Schablonenbibliotheken erhöht sich die Modellqualität, indem durch die Normierung von Modellbestandteilen potentielle syntaktische und semantische Fehler unterbunden werden. Ferner tragen sie dem

Grundsatz der Klarheit Rechnung, indem sie den Wiedererkennungseffekt erhöhen. Die einzelnen Modelle werden damit sowohl hinsichtlich ihrer Strukturen als auch ihrer Inhalte vergleichbar.

Grundsatz des systematischen Aufbaus

Prozeßmodelle beschreiben das Systemverhalten und referenzieren von daher Strukturbeschreibungen in anderen Sichten. So sind beispielsweise in ARIS die Nutz- und Kontrolldaten sowie die Prozeßobjekte in der Datensicht, die zu durchlaufenden Funktionen in der Funktionssicht und die beteiligten Organisationseinheiten in der Organisationssicht modelliert.

Methodenspezifische Grundsätze für Ereignisgesteuerte Prozeßketten

Die methodenspezifische Konkretisierung der Grundsätze ordnungsmäßiger Prozeßmodellierung, die explizit einen erweiterten Adressatenkreis (Informationssystem- und Organisationsgestalter) zu beachten haben, erfolgt anhand Ereignisgesteuerter Prozeßketten.

Grundsatz der Richtigkeit

Der Modellierung mit Ereignisgesteuerten Prozeßketten liegen nur wenige Modellierungsregeln zugrunde, die die Modellierungsfreiheit eingrenzen. Demnach sind EPKs als *syntaktisch richtig* zu bezeichnen, wenn
- durch eine Kante jeweils unterschiedliche Knotentypen (Ereignisse und Funktionen) verbunden werden,
- sie mit einem oder mehreren Ereignissen beginnen und mit einem oder mehreren Ereignissen enden,
- sich einem Ereignis weder eine disjunktive noch eine adjunktive Ausgangsverknüpfung anschließt.

Insbesondere der zuletzt genannte Aspekt wird - aus Gründen der Modellverkürzung[161]- nicht immer konsequent beachtet. Bei der Transformation von Prozeßmodellen in Informationssysteme tritt allerdings der Grundsatz der Klarheit gegenüber dem der Richtigkeit zurück. Mithin wird hier - da ein Ereignis ex definitione keine Entscheidungskompetenz besitzt und da der Ablauf nicht für jeden Adressaten intuitiv zugänglich ist - das Postulat erhoben, in keiner EPK einem Ereignis eine ODER-Ausgangsverknüpfung folgen zu lassen. Eine adressatenindividuelle Syntax würde dem Grundsatz der Vergleichbarkeit und (vermutlich) auch dem der Wirtschaftlichkeit widersprechen.

Weiterhin können durch den Vergleich korrespondierender Verknüpfungsoperatoren Aussagen zur syntaktischen Richtigkeit gemacht werden.

Funktionen dürfen hinsichtlich der postulierten Modellierungsziele nicht ausschließlich als Transformation von Input- in Outputdaten aufgefaßt werden, son-

---

[161] Vgl. Scheer (1995), S. 49ff.

dern müssen auch hinsichtlich ihrer Sachzielerfüllung interpretiert werden. Ereignisse korrespondieren als ablaufrelevante Zustandsänderungen mit den Elementen der Datensicht. Entsprechend müssen sie dort auch eindeutig identifiziert werden können, so daß Ereignisbezeichnungen wie „Ja" oder „Prozeßstart" vermieden werden sollten.

Im Rahmen der methodenspezifischen Formulierung der GoM gilt es, innerhalb des Grundsatzes der *semantischen Richtigkeit* die verwendeten Informationsobjekte der Methode sowohl für Zwecke der Informationssystem- als auch der Organisationsgestaltung zu definieren (siehe Abb. 2.33)[162].

Bezeichnung	Symbol	Definition
Ereignis		Ein Ereignis beschreibt das Eingetretensein eines Zustands, der eine Folge von Funktionen auslösen kann.
Funktion		Eine Funktion ist die Transformation eines Input- in ein Outputdatum und hat einen Bezug zu den Sachzielen der Unternehmung.
Prozeßobjekt		Ein Prozeßobjekt stellt das den Prozeß/Teilprozeß prägende Objekt dar. Die Bearbeitung des Prozeßobjekts durch Funktionen konstituiert eine Abfolge von Funktionen als Prozeß.
Konnektoren		Die Konnektoren beschreiben unterschiedliche Formen der Prozeßverzweigung. Es ist hierbei zwischen dem logischen UND, dem INKLUSIVEN ODER, dem EXKLUSIVEN ODER und der wahlfreien Sequenz zu unterscheiden.
Semantische Verfeinerung		Einer semantischen Verfeinerung liegt ein weiteres Informationsmodell zugrunde.
Kontrollfluß		Der Kontrollfluß gibt den zeitlich-sachlogischen Ablauf von Ereignissen und Funktionen wieder.
Prozeß-schnittstelle		Die Prozeßschnittstelle verweist auf einen vorhergehenden oder nachfolgenden Prozeß.
Stelle		Eine Stelle ist die Beschreibung einer Tätigkeit, die von einer Person bewältigt werden kann.
Organisatorische Einheit		Die organisatorische Einheit beschreibt ein Organisationsobjekt, das in eine aufbauorganisatorische Gliederungsstruktur eingebettet ist.
Anwendungs-system		Ein Anwendungssystem ist ein für bestimmte Funktionen erstelltes Softwaresystem (z. B. Lagerverwaltung, Vertrieb, Materialwirtschaft).

Abb. 2.33: Verwendete Informationsobjekte der EPK

---

162 Der Sequence-Operator wird bei den Ausführungen zum Grundsatz der Klarheit eingeführt.

Grundsatz der Relevanz

Zur Verdeutlichung des Grundsatzes der Relevanz möge Abb. 2.34 dienen, die zwei Prozeßmodelle des gleichen Realprozesses enthält, wobei sich beide Modelle hinsichtlich des Modelladressaten unterscheiden. Es handelt sich dabei um den Prozeß der Listung und Ordersatzgestaltung in einem mehrstufigen Handelsunternehmen. Während der rechte Prozeß eine detaillierte Darstellung des Prozesses beinhaltet, der die systemrelevanten Sachverhalte wiedergibt, fokussiert der linke Prozeß auf die für die Organisationsgestaltung relevanten Aspekte. Dieses Beispiel zeigt auf, daß in Abhängigkeit des mit Prozeßmodellen verfolgten Zwecks abweichende Sachverhalte relevant sind.

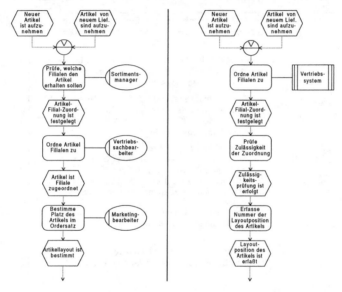

Abb. 2.34: Unterschiedliche Modelle eines realen Prozesses

Grundsatz der Wirtschaftlichkeit

Die Verwendung des Modellierungswerkzeugs ARIS-Toolset oder einfacher Designprogramme wirkt - insbesondere auch durch die Wiederverwendung von Strukturen - aufwandsreduzierend. Ferner sind bereits einige (softwarespe-zifische und Branchen-)Referenzmodelle erhältlich, die als Ausgangslösungen für die Entwicklung unternehmensspezifischer Informationsmodelle verwendet werden können. Einen Beitrag zu einer wirtschaftlichen Prozeßmodellierung in Handelsunternehmen leisten somit auch die nachfolgend skizzierten Referenz-prozeßmodelle.

Grundsatz der Klarheit

Bei der Modellierung mit Ereignisgesteuerten Prozeßketten hat sich eine Grundordnung etabliert, wonach diese von oben nach unten verlaufen.

Der Grundsatz der Klarheit wird dadurch erhöht, daß semantische Verfeinerungen eines Prozesses durch eine Funktion mit Punkt dargestellt werden. Hingegen werden die Prozeßwegweiser für die horizontale Verknüpfung von Prozessen verwendet, d. h. für Prozesse der gleichen Abstraktionsebene.

Insbesondere muß auch die Anreicherung der EPKs um weitere Informationsobjekte wie Organisatorische Einheiten, Informationssysteme, Prozeßobjekte oder Nutzdaten dem Grundsatz der Klarheit genügen. Diesbezüglich wird hier der Vorschlag unterbreitet, daß nicht jede Funktion einen Verweis auf die verantwortliche Organisationseinheit bzw. das unterstützende Informationssystem enthält, sondern daß diese jeweils nur bei einem Wechsel aufgenommen werden.

Der Grundsatz der Klarheit kann auch methodische Erweiterungen der EPKs motivieren, die beispielsweise in der anschaulichen Verdichtung von Ablauflogik in einem Verknüpfungsoperator bestehen. Als ein Beispiel hierfür wird im folgenden der SEQ-Operator vorgestellt, der zur kompakten Modellierung wahlfreier Sequenzen verwendet werden kann. Beispielsweise können bei der Versandabwicklung die Funktionen „Erstelle Lieferschein", „Führe Beladung der Transportmittel durch" und „Erfasse MTV" in beliebiger Reihenfolge durchgeführt werden. Unter Verwendung der derzeitigen Syntax wären jeweils unterschiedliche Teilstränge für die Abläufe in einer XOR-Verknüpfung zu modellieren (vgl. Abb. 2.35). Somit wäre die Flexibilität der Realität nur durch eine Modellierung aller denkbaren Ablaufalternativen richtig abbildbar. Aus diesem Grunde wird der Sequence-Operator[163] zur anschaulicheren Modellierung beliebig sequentieller Abläufe empfohlen. Bei dem Sequence-Operator handelt es sich um einen speziellen ODER-Operator,[164] da nach der Funktion zunächst nur *ein* Ereignis eintreten kann (obwohl insgesamt natürlich alle durchlaufen werden). Er ist wie folgt zu interpretieren:

- Die Reihenfolge kann nach der Funktion, die die Reihenfolge festlegt, für alle weiteren Ablaufalternativen bestimmt sein.
- Es wird jeweils nur die erste zu durchlaufende Funktion bestimmt.[165] Ob sich an die Funktion „Erstelle Lieferschein" die Funktion „Erfasse MTV" oder „Führe Beladung der Transportmittel durch" anschließt, steht erst nach Beendigung der Lieferscheinerstellung fest.

---

[163] Vgl. Priemer (1995), S. 270.

[164] Priemer (1995) sieht ihn dagegen als UND-Operator.

[165] Dem Sequence-Operator kann nicht entnommen werden, welche Alternative dargestellt werden soll. Aus diesem Grunde kennzeichnet Rosemann den zweiten Fall als dynamischen Sequence-Operator. Vgl. Rosemann (1995), S. 241f.

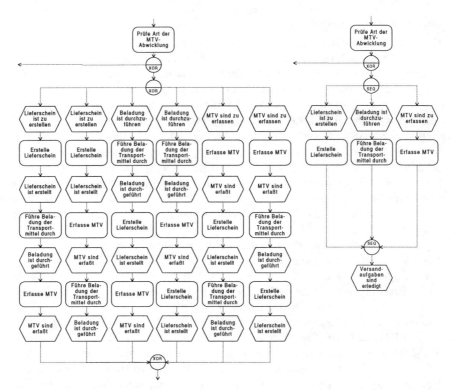

Abb. 2.35: Modellierung bei der Verwendung des Sequence-Operators[166]

Darüber hinaus lassen sich durch Klassifikation von Ereignissen und Funktionen erhebliche Verbesserungen in der Lesbarkeit von EPKs erzielen und Optimierungsmöglichkeiten (z. B. Mehrfacherfassung oder -kontrollen) leichter identifizieren.

Grundsatz der Vergleichbarkeit

Der syntaktische Vergleich von Ereignisgesteuerten Prozeßketten mit anderen Methoden zur Prozeßmodellierung ist bisher lediglich mit Petri-Netzen durchgeführt worden.[167] Demnach sind EPKs ohne Verlust an Semantik in Petri-Netze überführbar.

Die semantische Vergleichbarkeit von Ereignisgesteuerten Prozeßketten, die den gleichen Betrachtungsbereich abbilden, ist aufgrund der großen Modellie-

---

[166] Zur Einbettung des Beispiels in die Versandabwicklung vgl. Kapitel 5.2.3.3, Abb. 5.86.

[167] Vgl. Chen, Scheer (1994).

rungsfreiheit der EPKs begrenzt. Bei der Vorgabe von Namenskonventionen werden imperative Aktivbezeichnungen für Funktionen empfohlen,[168] da:[169]

- der Imperativ den normativen Charakter eines Prozeßmodells betont und auf die Nennung des Ausführenden verzichtet werden kann
- die Imperativverwendung es zuläßt, daß die Charakterisierung der Funktion an den Anfang des Syntagmas gestellt wird (z. B. „Erstelle Faktura" statt „Faktura erstellen"). Werden darüber hinaus Namenskonventionen für die Klassifikation von Funktionen verwendet, so ist eine Prozeßoptimierung durch eine einfachere Identifikation von Redundanzen möglich
- die Aktivverwendung die vorherrschende Sprachform[170] darstellt und syntaktisch einfach zu handhaben ist.

Die Bezeichnung der Ereignisse wird nach Bereitstellungs- und Auslöseereignissen differenziert. Die Ereignisbeschreibung folgt generell der Namenskonvention „Prozeßobjekt+sein+Verbform". Bereitstellungsereignisse dokumentieren den Abschluß einer Funktion und werden als solche in der Form „Prozeßobjekt+sein+Verb im Partizip Perfekt" beschrieben (z. B. „Beleg ist gebucht").[171] Hingegen wird für Ereignisse, die explizit als Auslöseereignisse erkennbar sein sollen, folgende Namenskonvention empfohlen: „Prozeßobjekt +sein +Verb im zu-Infinitiv" (z. B. „Beleg ist zu buchen").[172]

Die Klassifikation von Funktionen zu bestimmten Tätigkeiten wird anhand folgender Basiswörter, die die Tätigkeit charakterisieren, vorgenommen:

- *Transportiere* Prozeßobjekt [von Ort] [nach Ort]:
  Transportiere Palette zum Reservelagerplatz, Transportiere Ware aus Kommissionierlagerplatz.
- *Erstelle* Prozeßobjekt [Sachverhalt]:
  Erstelle Lieferschein zu Kommissionieraufträgen.
- *Kontrolliere* Prozeßobjekt 1 mit Prozeßobjekt 2:
  Kontrolliere Lieferschein mit Bestellung, Kontrolliere Ware mit Lieferschein, Kontrolliere Rechnung mit bewertetem Lieferschein.
- *Korrigiere* Prozeßobjekt [Sachverhalt]:
  Korrigiere Lieferschein entsprechend Liefermenge.
- *Buche* [Sachverhalt] Prozeßobjekt:
  Buche Umlagerung der Ware.
- *Benachrichtige* [Person] [Sachverhalt]:
  Benachrichtige Disponent über Warenlieferung.

---

[168] Anders dagegen Hoffmann, Kirsch, Scheer (1993), S. 4f., die die Bezeichnung des zu bearbeitenden Objekts ergänzt um ein Verb im Partizip Perfekt, das die Art der Bearbeitung des Objekts beschreibt, fordern.

[169] Vgl. im folgenden ausführlich bei Rosemann (1995), S. 203f.

[170] DUDEN. Die Grammatik (1984), S. 176, demzufolge 93% der deutschen Gegenwartssprache Aktivkonstruktionen sind.

[171] Rosemann (1995), S. 203.

[172] Vgl. Rosemann (1995), S. 204.

Grundsatz des systematischen Aufbaus

Die Beachtung sichtenübergreifender Aspekte ist insbesondere bei der Prozeßmodellierung evident, da die Prozeßsicht Bestandteile der Daten-, Funktions-
und Organisationssicht in einem anderen Kontext wiedergibt. So ist es bei der
Modellierung mit EPKs erforderlich, die Existenzabhängigkeiten des
Datenmodells zu berücksichtigen.[173] Besteht im Datenmodell beispielsweise eine
(0,m):(1,m) Beziehung zwischen den Objekten *Bestellung* und *Lieferschein*, so
kann im Prozeßmodell kein Fall modelliert werden, der einen Wareneingang
ohne Bestellung zuläßt. Andernfalls wird im Prozeßmodell eine Flexibilität abgebildet, die aufgrund des zum Prozeßmodell korrespondierenden Datenmodells
nicht vorhanden ist. Die Gestaltungsempfehlungen zur Modellierung mit Ereignisgesteuerten Prozeßketten werden in Tab. 2.3 dargestellt.

GoM	Ausprägungen der GoM für EPK
Richtigkeit	• Explizierung der verwendeten Informationsobjekte • Verbot der Verwendung von Adjunktionen und Dis-junktionen nach einem Ereignis • Konsistenz der Semantik des Prozeßmodells mit dem Daten- und Funktionsmodell • Namenskonventionen
Relevanz	• Verzicht auf Organisations- und Anwendungssystem-symbole • Explizierung der prozeßprägenden Objekte
Wirtschaftlichkeit	• Referenzprozeßmodelle
Klarheit	• Anordnung der Informationsobjekte des Prozesses ent-sprechend des Durchlaufes von oben nach unten • Anordnung der Informationsobjekte von links nach rechts in Abhängigkeit von der Durchlaufhäufigkeit • Verdeutlichung von Verdichtungen in Prozeßmodellen durch die Nutzung semantischer Verfeinerungen • Kopplung von Prozessen gleicher Abstraktionsebene durch Prozeßwegweiser
Vergleichbarkeit	• Namenskonventionen • Funktionsklassifikation (Transportiere, Erstelle, Kon-trolliere, Korrigiere, Buche und Benachrichtige) • Strukturbausteine (Prozeßstrukturintegration)
Systematischer Aufbau	• Beachtung der Existenzabhängigkeiten des Daten-modells

Tab. 2.3: Exemplarische Ausprägungen der GoM für EPK

---

[173] Vgl. Spang (1994), S. 68f.

3 Vorgehensmodell zur Entwicklung und Realisierung einer Informationsstrategie

Zur Entwicklung einer Informationsstrategie, die die Lücke zwischen derzeitigen Informationssystemen und ihren Mängeln (Kap. 1.3.2) und den Erfordernissen an moderne Informationssysteme, die der Dynamik im Handel gerecht werden, schließt, ist ein Vorgehensmodell erforderlich, welches die Phasen Istanalyse, Sollkonzept und Implementierung umfaßt (Abb. 3.1).

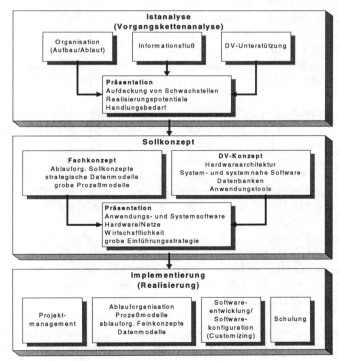

Abb. 3.1: Vorgehensmodell zur Entwicklung und Realisierung einer IS-Strategie

3.1   Istanalyse

Am Beginn der Entwicklung einer Informationsstrategie steht die Untersuchung der *Istsituation* des Unternehmens. Bei der Erhebung des Istzustands stellt sich die Frage, in welcher Detailliertheit die Betrachtung erfolgen sollte. HAMMER beispielsweise vertritt die Auffassung, daß auf eine Modellierung des Istzustands verzichtet werden sollte (sog. „Grüne-Wiese-Ansatz").[1] Im wesentlichen sprechen *gegen eine detaillierte Analyse des Istzustands* folgende Gründe:

- Durch die Betrachtung des Istzustands prägt sich der bestehende Zustand derart stark in den „Köpfen" der Beteiligten ein, daß wenig Möglichkeiten für kreative Ideen zur Neugestaltung bleiben, d. h. der zukünftige Sollzustand orientiert sich zu sehr an bestehenden Strukturen und Abläufen.
- Die Erstellung eines Istmodells ist zum einen sehr zeitintensiv und zum anderen sehr kostspielig. Dieses ist umso mehr der Fall, je weniger vom bestehenden Zustand dokumentiert vorliegt. Existieren hingegen aktuelle Organisations- und DV-Dokumentationen, verringert sich der Aufwand zur Erstellung eines detaillierten Istmodells.
- Die zeitliche Persistenz des Istmodells ist sehr gering, da das Modell nur bis zur Umsetzung des Sollmodells Bestand hat.

Hingegen sprechen *für eine detaillierte Istmodellierung*:

- Eine profunde Istanalyse bildet die Grundlage zur Identifikation von Schwachstellen, die Verbesserungspotentiale und mögliche Restriktionen aufzeigt.
- Eine präzise dokumentierte Bewertung der Schwachstellen und ein daraus abgeleiteter Handlungsbedarf führen beim Vorstand und in den DV- und Fachabteilungen zu einer Einsicht in die Veränderungsnotwendigkeit.
- Die fehlende Orientierung an Istprozessen birgt die Gefahr, daß die bestehenden Funktionen vernachlässigt werden, obgleich sie auch zukünftig erforderlich sind. Diese Gefahr wird umso größer, je stärker bei der Erstellung der Sollkonzepte unreflektiert Referenzmodelle herangezogen werden, da die Spezifika des Unternehmens dabei zu wenig Beachtung finden.
- Bei einem geringen Veränderungsbedarf werden in dieser Phase bereits die wesentlichen Funktionen und Prozesse des Unternehmens identifiziert, die die Grundlage für das im Sollkonzept zu entwickelnde Anforderungsprofil sind. Nach der Erstellung des Sollkonzepts verdeutlicht die Diskrepanz zum Sollmodell den Reorganisationsbedarf.

Gewichtet man die einzelnen Argumente, so kann grundsätzlich auf eine Istanalyse nicht verzichtet werden. Allerdings sollte die Analyse der Abläufe (bei der Vorgangskettenanalyse) in dieser Phase nicht zu detailliert erfolgen, sondern im

---

[1]   Vgl. Hammer (1990), S. 15.

Rahmen der Implementierung in Abhängigkeit von der Entscheidung Standardsoftware/Eigenentwicklung noch einmal aufgegriffen werden.

Eine in der Praxis validierte Methode zur Analyse der Ist-Situation steht mit den **Vorgangskettendiagrammen**[2] zur Verfügung. Mit ihrer Hilfe lassen sich die betrieblichen Abläufe der inner- und zwischenbetrieblichen Teilbereiche (z. B. Einkauf, Disposition, Wareneingang) beschreiben.

Eine Vorgangskette stellt eine tabellarisch strukturierte, graphische und textuelle Beschreibung eines betriebswirtschaftlichen Ablaufs dar. Mit einem Vorgangskettendiagramm werden die Abfolge der durchzuführenden Funktionen, die verantwortlichen Organisationseinheiten sowie die verarbeiteten Daten betrachtet. Dabei werden auch externe Partner wie Kunden, Lieferanten oder Kooperationspartner einbezogen. Außerdem wird dargestellt, ob bei der Vorgangsbearbeitung DV-Systeme eingesetzt werden oder ob die manuelle Bearbeitung überwiegt. In den Spalten finden einfache, sich selbst erklärende Symbole der Ablaufdiagramm- oder Datenflußtechnik Verwendung.

Vorgangskettendiagramme stellen somit sichtenübergreifend die Prozesse dar. Aufgrund des Verzichts auf die explizite Modellierung von Ereignissen stellen sie eine bewußte Vereinfachung der Prozeßsicht der ARIS-Architektur dar. Während in der Prozeßsicht explizit zwischen Ereignissen und Funktionen unterschieden wird, sind im Vorgangskettendiagramm nur die Vorgänge (Funktionen) abgebildet. Damit wird ein für die Belange der Istanalyse und der groben Sollkonzeption hinreichender Detaillierungsgrad erreicht.

In einer Istanalyse können insbesondere folgende Schwachstellen aufgezeigt werden:[3]

- Organisationsbrüche (Wechsel der zuständigen Organisationseinheiten innerhalb eines Prozesses),
- Medienbrüche (Wechsel zwischen manueller und DV-gestützter Bearbeitung),
- unzureichende DV-Durchdringung,
- Mehrfacharbeiten und Datenredundanzen,
- übertriebener Umfang des Formularwesens,
- fehlende Qualität der Informationen,
- mangelnde Aktualität und Transparenz des Informationssystems und
- unzureichende Funktionalität der Software.

Eine exemplarische Vorgangskette für den Prozeß der Disposition ist Abb. 3.2 zu entnehmen. Die Mängel des bestehenden Informations- und Kommunikationssystems werden darin sichtbar. Insbesondere Medienbrüche (Wechsel von manueller und DV-technischer Bearbeitung) und Redundanzen (gekennzeichnet durch Doppelkreise) sind als Schwachstellen des betrachteten Ablaufs erkennbar.

---

[2]   Vgl. Scheer (BWL) (1990), S. 38ff.
[3]   Vgl. Mattheis (Informationsstrategie) (1993), S. 119-130; Scheer (1993), S. 10-12.

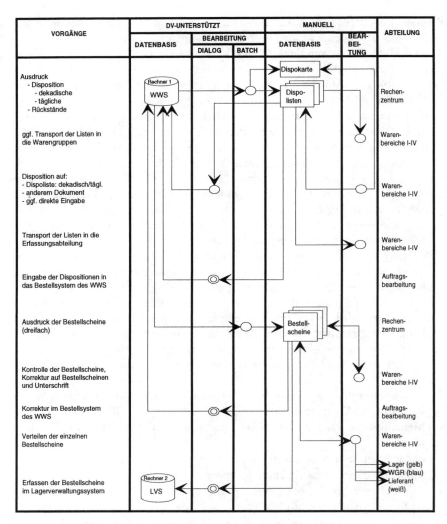

Abb. 3.2: Ist-Vorgangskettendiagramm für die Disposition[4]

---

4   Vgl. Schütte (Informationsstrategie) (1996), S. 130.

3.2 Sollkonzept

Aufbauend auf den Ergebnissen der Istanalyse werden im *Sollkonzept* die Anforderungen auf Fach- und DV-Konzeptebene eruiert. Hierbei spiegeln sich im Fachkonzept schwerpunktmäßig die funktionalen Anforderungen und deren Zusammenspiel mit den Daten in der Prozeßsicht wider, während im DV-Konzept die technische Ausrichtung (z. B. Hardwarearchitektur, Datenbank) betrachtet wird. Insbesondere die grundlegende Reorganisation der Geschäftsprozesse ist in dieser Phase Gegenstand der Betrachtungen. Ausgehend von Istwerden grobe Sollprozeßmodelle erstellt, die die konzeptionelle Basis der Auswahl einer geeigneten Software bilden bzw. Hinweise für eine Eigenentwicklung geben, sofern keine geeignete Standardsoftware am Markt verfügbar ist. Die Modellierung sollte hierbei nur für die Bereiche vorgenommen werden, die wesentlich zum Unternehmenserfolg beitragen.

Die grundlegenden Aufgaben bei der Erarbeitung eines Sollkonzepts sind demzufolge:

- grobe Modellierung des Sollzustands (als Aufgabe im Rahmen des Fachkonzepts),
- Erarbeiten eines Rahmenplans für die integrierte Informationsverarbeitung (als Aufgabe im Rahmen des DV-Konzepts),
- Einordnung und Bewertung der Teilsysteme,
- Definition einer Realisierungsstrategie und
- Wirtschaftlichkeitsrechnung.

Abgeleitete Ziele sind:

- Förderung der Akzeptanz der integrierten Informationsverarbeitung und
- Abarbeiten des Realisierungsplans ohne Neuaufwurf von Grundsatzentscheidungen.

Die Aufgaben sind interdependent und bedingen einander. So baut die Realisierungsstrategie auf der Rahmenkonzeption für die Informationsinfrastruktur auf, die sich wiederum an der Modellierung des Sollzustands ausrichtet.

Besonderes Augenmerk ist bei der Entwicklung der Sollkonzeption auf die Interdependenz zwischen Organisations- und Informationssystemgestaltung zu legen. Wenn in der Istanalyse organisatorische Schwachstellen aufgedeckt werden, muß das Sollkonzept Hinweise zu deren Beseitigung geben. Insbesondere darf es nicht passieren, daß durch die grundsätzlichen Entscheidungen im Rahmenplan für die Informationsverarbeitung (z. B. durch ein ungeordnetes Miteinander von Eigenentwicklungen und Standardanwendungs-Systemen) die integrierten Sollmodelle ad absurdum geführt werden.

3.2.1   Grobe Modellierung des Sollzustands

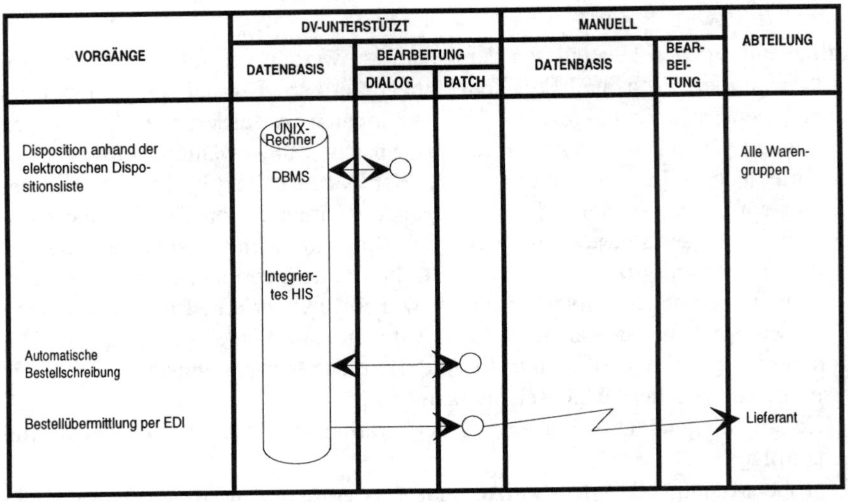

Abb. 3.3: Denkbarer Sollablauf der Disposition[5]

Im Mittelpunkt der Erarbeitung des Sollkonzepts steht die Gestaltung der zukünftig zu realisierenden Prozesse.[6] Hierzu gehört die Abgrenzung der Prozesse ebenso wie die Betrachtung der Interaktion der Prozesse, um Kenntnis darüber zu erlangen, wie die Koordination der Prozesse erfolgt, welche Informationen zwischen ihnen fließen und welche Rechnerunterstützung hierfür geeignet erscheint.[7]

Es stellt sich - wie bereits bei der Istanalyse - die Frage, welche Prozesse in welchem Umfang im Rahmen des Sollkonzepts zu modellieren sind. Analog zu den dortigen Ausführungen lassen sich die verschiedenen Ansätze auf einem Kontinuum vom exhaustive approach[8], demzufolge sämtliche identifizierten Prozesse zu modellieren sind, bis hin zum Verzicht auf jede Art der Prozeßmodellierung positionieren. Zumindest die Pole sind aber keine echten Alternativen. Zum einen ist es nicht gerechtfertigt, sämtliche Prozesse zu modellieren, da diese ggf. nicht zur Implementierung gelangen, und zum anderen ergeben sich

---

[5]   Vgl. Schütte (Informationsstrategie) (1996), S. 153.

[6]   Die Funktionssicht bleibt hierbei nicht außer acht, da sie implizit in der Prozeßsicht enthalten ist. Für die Zwecke des Sollkonzepts, zu denen insbesondere die Auswahl der Anwendungssoftware gehört, erscheint die Modellierung der Prozesse bedeutender zu sein als die der Funktionen. So stellt im Handel die Durchführung der Disposition einen anderen Prozeß als in der Industrie dar. Bei einem Vergleich auf Funktionsebene würden diese Unterschiede verborgen bleiben, da nicht die Funktionen an sich abweichen, sondern vielmehr deren Ablauf.

[7]   Vgl. Rathgeb (1992), S. 24.

[8]   Vgl. Davenport, Short (1990), S. 15.

die konkreten Abläufe erst nach Kenntnis der Anwendungssoftware, für die im Rahmen des Sollkonzeptes grundlegende Entscheidungen (make or buy) getroffen werden sollen.

Es läßt sich kein streng sukzessives Vorgehen vom Fach- über das DV- zum Implementierungskonzept realisieren, vielmehr bestehen Interdependenzen zwischen den Stufen, so daß z. B. bei der Implementierung Anpassungen am Fachkonzept vorzunehmen sind.

Es muß somit ein Vorgehen gewählt werden, wie es bereits in Abb. 3.1 skizziert wurde. Hiernach bedarf es eines Anforderungskatalogs auf Ebene des Fach- und des DV-Konzepts, die nicht unabhängig voneinander betrachtet werden können.

Die Anforderungen auf *Fachkonzeptebene* werden aufbauend auf den Erkenntnissen der Vorgangskettenanalyse formuliert. Zur Charakterisierung einer zukünftigen Soll-Ablauforganisation sind grobe Prozeßmodelle zu erstellen. Die konkrete Umsetzung der Prozeßoptimierung wird jedoch erst in der Implementierung vorgenommen, in der es zur Verfeinerung des Fachkonzepts kommt. Analog zu den in dieser Phase abstrakter formulierten Prozeßmodellen ist ein Datenmodell zu erstellen, welches die kritischen Unternehmensbereiche auf Entitytyp- und die unkritischen Bereiche auf Datenclusterebene abbilden sollte.[9]

3.2.2   Erarbeitung eines Rahmenplans für die integrierte Informationsverarbeitung

Der EDV-Rahmenplan umfaßt die grundsätzlichen Entscheidungen über die Informations-Infrastruktur: die Hardware (Stufigkeit der Client-/Server-Architektur, Herstellerauswahl), das Betriebssystem und die betriebssystemnahe Software, die Netzarchitektur und die Netzkomponenten, die Anwendungssoftware (make or buy-Entscheidung, also die Entscheidung über Neu-Entwicklung, Software Reengineering oder Kauf einer Standardsoftware), die Softwareentwicklungsumgebung und die grundsätzliche Gestaltung der Benutzeroberfläche (sofern nicht Standardanwendungssoftware). Die wichtigste Fragestellung ist hierbei die der betriebswirtschaftlichen Anwendungssoftware.

Basis der Anwendungssysteme muß, da sie zunehmend komplexer werden, eine (logisch) integrierte Datenverarbeitung, d. h. die gemeinsame Nutzung von Daten durch unterschiedliche Anwendungssysteme, sein.

Grundsätzlich sind bei der Entscheidung im Rahmen der Anwendungssysteme drei Möglichkeiten denkbar, sofern der Zustand der Systeme in der Istanalyse als unzureichend bewertet wurde.

---

[9]   Unter kritischen Bereichen sind jene zu verstehen, die für die Abwicklung der unternehmensspezifischen Abläufe bedeutsam sind. In der Regel sind dies die Logistikbereiche, zu denen die Beschaffungs-, die Lager- und die Distributionslogistik zu rechnen sind. Somit beinhalten in Handelsunternehmen die Warenwirtschaftssysteme die größten Spezifika.

Neben der Entwicklung individueller Software durch das Unternehmen oder durch ein Softwarehaus sind das Software-Reengineering[10] und der Kauf von Standardsoftware zu nennen.[11] Insbesondere die letztgenannte Alternative hat sich in der Industrie in den letzten Jahrzehnten in vielen Bereichen durchgesetzt;[12] im Handel ist für die zentralen Bereiche der Warenwirtschaft erst in jüngster Zeit eine Hinwendung zur Standardsoftware zu erkennen. Es fehlte hier von Anbieterseite lange Zeit ein durchgängiges Standardsoftwaresystem, das für größere Handelsunternehmen geeignet war.

Zu den strategischen Entscheidungen gehören auch die grundsätzlichen Fragen der Aufbauorganisation. Hierbei ist zuvorderst zu entscheiden, ob die Informationsverarbeitung integrierter Bestandteil der Unternehmensorganisation sein soll oder ob für sie oder Teile davon Outsourcing in Frage kommt. Ohne die Outsourcing-Diskussion aufzunehmen,[13] sei hier darauf hingewiesen, daß viele Gründe dafür sprechen, zumindest das strategische und taktische Informationsmanagement nicht nach außen zu verlagern. Wichtige Informationsverarbeitungsfragen weisen enge Beziehung zur Unternehmensstrategie und zur Organisationsgestaltung auf und sollten deshalb im direkten Verantwortungsbereich des Unternehmens verbleiben.

3.2.3   Einordnung und Bewertung der Teilsysteme

Die zum Zeitpunkt der Entwicklung einer Informationsstrategie bestehenden Softwaresysteme sind daraufhin zu untersuchen, ob sie mit dem Rahmenplan konform gehen. Ist dies der Fall, muß entschieden werden, wie sie in die Gesamtarchitektur einzufügen sind. Informationsflußmodelle, wie sie für die einzelnen Bereiche des Handels-H-Modells später vorgestellt werden, stellen eine Möglichkeit der übersichtlichen Darstellung der Interdependenzen von Teilsystemen mit anderen Teilsystemen dar. Sind sie nicht mit dem Rahmenplan in Übereinstimmung, muß die Realisierungsstrategie Lösungen zum Ersatz dieser Teilsysteme anbieten und den Zeitpunkt der Ablösung vorgeben.

---

[10]   Zum Reengineering vgl. Eicker, Jung, Kurbel (1993); Eicker, Kurbel, Pietsch, Rautenstrauch (1992), S. 137f.; Sneed (1992), S. 120.

[11]   Zu Vor- und Nachteilen von Standardsoftware vgl. Martiny, Klotz (1990), S. 79f.

[12]   Dieses liegt nicht zuletzt an dem häufig günstigeren Kostenverlauf von Standardsoftware, vgl. Hoch (1987), S. 711.

[13]   Einen Überblick über Fragestellungen zur Auslagerung von betrieblichen DV-Aufgaben geben u. a. Mertens, Knolmayer (1995), S. 17ff.; Zur Entscheidung für oder gegen Outsourcing vgl. beispielsweise Buhl (1993); Picot, Maier (1992).

3.2.4   Definition einer Realisierungsstrategie

Fünf wesentliche Faktoren haben Einfluß auf die Einführungsreihenfolge: die *Schwachstellen*, die in den betrieblichen Bereichen überwunden werden sollen, die *DV-Durchdringung* der Bereiche, die *Interdependenzen der Bereiche, strategische Entscheidungen* bzgl. der Informationsinfrastruktur und das mit der Einführung verbundene *Risiko*. Die Faktoren können konfliktär zueinander wirken.

Die betrieblichen Bereiche, die große *Schwachstellen* aufweisen (z. B. hohe Ineffizienzen und Fehlkommissionierungen im Lager), sind prädestiniert, in der Einführungsreihenfolge möglichst am Anfang zu stehen.

Die Bereiche, die sich durch große Schwachstellen auszeichnen, weisen häufig (aber nicht zwangsweise) eine geringe *DV-Durchdringung* auf. Dadurch kommt es zur Mehrfacherfassung derselben Daten, Zeitverlust durch Medienbrüche und Fehleranfälligkeit durch mangelnde Integration. Bereiche mit geringer DV-Durchdringung haben tendenziell in der Einführungsreihenfolge einen früheren Platz als Bereiche, die bereits einen hohen Durchdringungsgrad aufweisen.

Bezüglich der *Interdependenzen* sollten die Bereiche, die wenige Daten von vorgelagerten Bereichen aufnehmen, aber viele Daten an andere Bereiche abgeben, tendenziell früher im Projekt angegangen werden als die Bereiche, die vor allem Daten aus vorgelagerten Bereichen weiterverarbeiten (wie z. B. Kostenrechnung).

Schließlich haben bestimmte Entscheidungen über die *Informationsinfrastruktur* Einfluß auf die Einführungsreihenfolge. Ist z. B. ein Betriebssystemwechsel Bestandteil der Strategie, so ist dieser zu vollziehen, bevor die Anwendungssysteme neu entwickelt werden. Aus Anwendersicht wird hier ein DV-Projekt durchgeführt, das keine direkten Wirkungen auf seine Arbeit zeitigt. Gibt die Rahmenkonzeption ein Nebeneinander von individuell entwickelter und Standardanwendungssoftware vor, empfiehlt es sich, zunächst das Projekt „Standardsoftware" anzugehen und anschließend die Eigenentwicklung, um Funktionsüberschneidungen zu vermeiden und die Eigenentwicklung von Anfang an auf die von der Standardsoftware vorgegebenen Schnittstellen ausrichten zu können.

Das *Risiko* der Einführung muß in einem überschaubaren Ausmaß bleiben, um die Gesamteinführung nicht zu gefährden. Zu diesem Zweck sollten bei einem grundsätzlichen Wechsel in der Informationsverarbeitung (z. B. von Eigenentwicklung zu Standardanwendungssoftware) insbesondere Lerneffekte in weitgehend unkritischen Bereichen dazu genutzt werden, das Einführungsrisiko zu vermindern.

Ein wichtiges Entscheidungsfeld ist die Festlegung der Anzahl von Funktionen/Prozessen, die in jedem Projektschritt neue Software erhalten.[14]

Bei einer *stufenweisen (step by step)* Einführung werden sukzessive einzelne Funktions- oder Prozeßbereiche mit dem neuen System produktiv genommen, während andere zunächst mit dem alten System weiterarbeiten. Der wesentliche Vorteil dieser Strategie besteht in der Berücksichtigung des Sicherheitsaspekts. Die stufenweise Einführung der Software erlaubt das sukzessive Lernen der Systemfunktionalität und der systemtechnischen Gegebenheiten bei den Anwendern und DV-Mitarbeitern. Die Anzahl betroffener Fachabteilungen ist gering, so daß der mit der Einführung verbundene Aufwand, der durch die Betreuung der Fachabteilung entsteht, begrenzt werden kann. Auf der anderen Seite entsteht bei zunehmender Anzahl von Schritten auch eine Reihe zu erstellender Schnittstellen. Erschwerend kommt hinzu, daß die zu programmierenden Schnittstellen oft temporär sind, d. h. nur bis zur vollständigen Migration auf das neue System Bestand haben.[15]

Eine andere Form der stufenweisen Einführung ist die *Roll out-Strategie*,[16] bei der die Gesellschaften eines Konzerns - z. B. unterschiedliche Landesgesellschaften - nacheinander mit dem neuen System produktiv genommen werden.

Theoretisch ist auch eine Umstellung aller Bereiche des Handels-H-Modells, also der warenwirtschaftlichen, der betriebswirtschaftlich-administrativen und der entscheidungsunterstützenden Funktionen, zu einem Zeitpunkt möglich (sog. big bang).

Bei einer *big bang*-Strategie ist der potentiell erzielbare Nutzen gegenüber einer stufenweisen Einführung höher. Es lassen sich kürzere Einführungszeiträume realisieren, es entsteht kein Aufwand für die Erstellung von temporären Schnittstellenprogrammen, und bereichsübergreifende Prozesse können in einem Schritt umgesetzt werden. Diesen Vorteilen stehen jedoch auch Risiken gegenüber. Das Einführungsrisiko ist bei einer big bang-Strategie deutlich höher als bei einer stufenweisen Einführung, da der Umfang des Projekts höhere Anforderungen hinsichtlich der Beherrschung der Interdependenzen stellt. Aus diesem Grunde ist eine derartige Strategie nur auf der Basis eines straffen Projektmanagements möglich.[17] Das Projekt muß beim Management eine sehr hohe Priorität besitzen, damit erforderliche Entscheidungen unverzüglich getroffen und Bereichskonkurrenzen schnell beseitigt werden. Aus technischer Sicht sind deutlich umfangreichere Tests vor Produktivnahme notwendig, die speziell die Integration der einzelnen Module betreffen. Außerdem werden innerhalb eines

---

[14] Zur Bewertung und Auswahl von Einführungsstrategien integrierter Handelsinformationssysteme vgl. Schütte, Schüppler (1995).

[15] Zu Vor- und Nachteilen der step by step-Strategie vgl. auch Krüger (1990), S. 284.

[16] Vgl. Boll (1994), S. 19.

[17] Zu den Risiken einer big bang-Strategie vgl. u. a. Boll (1993), S. 419.

begrenzten Zeitintervalls die DV-Mitarbeiter und Anwender besonders stark be-
ansprucht, bzw. der Personalbedarf steigt.

Tab. 3.1 zeigt Vor- und Nachteile der Einführungsstrategien „step by step"
und „big bang".

„Step by step"	„Big bang"
+ wenige (von der Einführung betroffene) Fachabteilungen + Anfragen der Anwender können bewältigt werden + sukzessive Erfahrungsgewinn + geringes Einführungsrisiko	+ kurzer Einführungszeitraum + kein Aufwand für Schnittstellenerstellung notwendig + potentiell erreichbare Verbesserungen bei der Organisation und den Informationssystemen ist hoch + bereichsübergreifende Prozesse in einem Schritt umsetzbar
− zusätzliche Schnittstellen pro Zwischenschritt − Verwendung der Schnittstellen nur während der Einführung − langer Einführungszeitraum − organisatorische Änderungen im Prozeßablauf sind nicht mit Einführung eines neuen DV-Systems realisierbar, da vor- und nachgelagerte Bereiche mit altem System arbeiten und damit in der alten Organisationsform verharren	− sehr straffes Projektmanagement notwendig − umfangreiche Tests unerläßlich − hoher Personalbedarf, da neben zeit- und intensitätsmäßiger auch eine quantitative Anpassung erforderlich werden kann − hohes Einführungsrisiko

Tab. 3.1: Pro und Contra von Einführungsstrategien

Es muß ein guter Mittelweg gefunden werden zwischen der Einführung in vielen
kleinen Schritten, die sehr zeitaufwendig ist und organisatorische Änderungen
(die grundsätzlich mit der Einführung neuer Software intendiert werden) in frü-
hen Phasen nicht zuläßt, aber dafür nur ein geringes Sicherheitsrisiko birgt, und
dem big bang, der viele Freiheitsgrade in der organisatorischen Umgestaltung
eröffnet und unnötige zwischenzeitliche Schnittstellen vermeidet, aber außerordentlich risikoträchtig ist.

Wenn nicht alle Informationssysteme für alle Bereiche und alle Geschäftsarten auf einen Schlag ersetzt werden, ist festzulegen, ob eine funktionsorientierte oder eine prozeßorientierte Vorgehensweise gewählt wird. Bei einem
funktionsorientierten Vorgehen wird eine Funktion komplett für alle Geschäftsarten in einem Schritt umgestellt, also z. B. die Disposition für Lager- und
Streckengeschäft. Die derzeitigen Standardanwendungssysteme unterstützen
durch ihre Struktur zumeist eine funktionsorientierte Einführung. Eine prozeßorientierte Vorgehensweise ist dadurch gekennzeichnet, daß ein gesamter
Geschäftsprozeß in einem Schritt umgestellt wird.

Eine weitere Möglichkeit einer prozeßorientierten Einführung besteht darin,
daß zwar alle Funktionen eines Prozesses, diese aber nur in einer Grundfunk-

tionalität durch ein neues System unterstützt werden, während alle Ausnahme-fälle manuell oder mit dem altem DV-System bearbeitet werden. Ein solches Vorgehen ist bei einem „Grüne-Wiese-Ansatz" (also ohne vorhandene DV-Systeme) gut vorstellbar, bei den gegebenen Strukturen aber nur schwer durch-zusetzen, da Anwender auf in existierenden Systemen vorhandene Funktionalität verzichten müßten.

Tab. 3.2 faßt die Vor- und Nachteile der funktions- und prozeßorientierten Vorgehensweise zusammen.

Prozeßorientierung	Funktionsorientierung
+ Objektbezug sichert inhaltlich abgeschlos-sene, zeitliche und sachlogische Abfolge der Funktionen + Bezug zu relevanten betriebswirtschaft-lichen Objekten + Beachtung der Interdependenzen	+ Unterstützung durch Standardsoftware-hersteller bei der Einführung einzelner (separater) Module + Geringerer Widerstand der beteiligten An-wender, da zunächst weniger Strukturver-änderungen eintreten
– Hoher Koordinationsaufwand, da modul- und abteilungsübergreifend	– Organisationsbrüche bleiben bestehen – Gefahr der Beibehaltung existierender Schwächen (z. B. Medienbrüche)

Tab. 3.2: Chancen/Risiken von prozeß- und funktionsorientierter Einführung

Je nach Größe des Unternehmens kann die Granularität noch feiner gewählt werden, also Einführung eines Systems für eine Funktion für eine Geschäftsart (z. B. Disposition für Lagergeschäft Textil). Auch hier gilt: Je feiner die Granu-larität, desto eher werden bestehende Interdependenzen und der Prozeßgedanke vernachlässigt und um so mehr zeitlich befristete Schnittstellen sind notwendig; je umfangreicher jeder Prozeßschritt ist, desto größer ist das Einführungsrisiko.

Bei der Realisierungsstrategie sind ggf. einige Restriktionen zu beachten, die unternehmensindividuell oder allgemeiner Natur sein können. Unternehmensin-dividuell dominante Restriktionen sind z. B.:

• Bis zu einem bestimmten Stichtag muß die Hard- oder Software abgelöst werden, da sie von ihrer Leistungsfähigkeit oder anderen technischen Re-striktionen her nicht mehr einsetzbar ist (z. B. Jahrtausendwende).

• In bestimmten Funktionsbereichen ist ein derart hoher Veränderungsbedarf gegeben, daß eine Ablösung eines bestimmten Systembestandteils oberste Priorität besitzt und in einem der ersten Schritte zu vollziehen ist.

Die mit der Einführung verbundenen Ressourcenbeanspruchungen (*Kapazitätsrestriktionen*) sind die wichtigsten Restriktionen, da die Personal-kapazitäten fast überall einen wesentlichen Engpaß bilden. Unterschieden werden muß dabei zwischen Personal zur Betreuung und Einführung der Soft-ware (DV-Mitarbeiter) und dem Personal der Fachabteilung, das mitverant-wortlich für die konkrete Einführung ist.

Während bei einer Eigenentwicklung die Ressource DV-Know-How (Umsetzung des Fachkonzepts in Programme) restriktiv wirkt, ist der Engpaß

DV-Abteilung bei der Einführung von Standardsoftware nicht derart evident. Die Ressourcenknappheit kann sich bei der Einführung von Standardsoftware vielmehr auf die Mitarbeiter der Fachabteilung verlagern, deren Aufgabe es ist, die betriebswirtschaftlichen Anforderungen zu formulieren, bei der Auswahl der Standardsoftware mitzuwirken, die Prozeßgestaltung voranzutreiben, die Parametrisierung der Software in den anwendungsbezogenen Modulen vorzunehmen, Schnittstellen und Reports zu definieren und das Berechtigungskonzept zu erstellen. Neben den projektspezifischen Anforderungen sind die Tätigkeiten des „operativen Geschäfts" zu berücksichtigen, sofern Mitarbeiter nicht ausschließlich für das Projekt freigestellt werden. So ist es im Bereich des Handels nicht unüblich, daß die Mitarbeiter des Einkaufsbereichs zum Jahresende hin nicht für Projektarbeiten zur Verfügung stehen, da sie ausschließlich mit Lieferantenverhandlungen im Rahmen von Jahresgesprächen beschäftigt sind.

Bei den DV-Mitarbeitern entsteht die Notwendigkeit, die Standardsoftware den Bedürfnissen des betrieblichen Umfelds anzupassen. Die betriebswirtschaftliche Qualifikation des DV-Mitarbeiters muß umfassend genug sein, das der Software zugrundeliegende Fachkonzept mit den Mitgliedern der Fachabteilungen diskutieren zu können. Von besonderer Bedeutung bei Software-Einführungsprojekten sind ferner Motivationsaspekte. Maßnahmen zur Aufrechterhaltung der Motivation sind von vornherein bei der Projektplanung zu berücksichtigen. Zur Verbesserung der Motivation kommt insbesondere den Meinungsführern eine hohe Bedeutung zu.[18] In Anlehnung an das Promotorenmodell werden Fach-, Macht- und Sozialpromotoren unterschieden, die unabdingbar für den Erfolg von Softwareprojekten sind.[19] Beispielsweise sind die Bereichsleiter als mittlere Managementebene für den Erfolg von Softwareprojekten durch besondere Maßnahmen zu motivieren und in die Einführung einzubeziehen.[20]

Über die personellen Beschränkungen hinaus können einem Einführungsprojekt durch die *Systemgegebenheiten* Beschränkungen auferlegt sein. Diese werden u. a. durch den Funktionsumfang, d. h. den Realisierungsgrad der Software, sowie durch die Kapazitäten der existierenden und der zukünftig genutzten Hardware festgelegt.

Eine exemplarische Einführungsstrategie integrierter Handelsinformationssysteme für den Fall eines Einsatzes von Standardanwendungssoftware bei einem filialisierenden Handelsunternehmen gibt Abb. 3.4 wieder. Die Ablösung eines eigenentwickelten Systems zur Warenwirtschaft und mehrerer Standardanwendungs-Systeme für die betriebswirtschaftlich-administrativen Aufgaben durch ein integriertes Standardanwendungssystem erfolgt in sechs Stufen, einer realistischen Größenordnung für mittelgroße Handelsunternehmen. Die Umstellung der Personalwirtschaft als relativ isoliertem System zu Beginn des

---

[18] Zur Bedeutung von Meinungsführern und deren Motivation im Rahmen der Systemeinführung vgl. Kehl (1990), S. 96ff.

[19] Vgl. Pleil (1990).

[20] Vgl. Martin (1995), S. 116f.

auf mehrere Jahre ausgelegten Projekts hat zum Ziel, daß die Mitarbeiter mit der neuen Hard- und Softwarearchitektur, der spezifischen Art der Parametrierung und der Softwareentwicklungsumgebung vertraut werden, auch wenn weder der Reorganisationsbedarf noch der Prozeßbeitrag zu den Unternehmenszielen bei dem Personalwirtschaftssystem hoch ist.

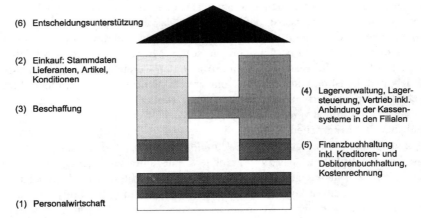

Abb. 3.4: Exemplarische Vorgehensweise bei der Einführung einer SSW

3.2.5   Wirtschaftlichkeitsrechnung

Die Einführung eines neuen Handelsinformationssystems mit den einhergehenden organisatorischen Änderungen bindet Kapital und Humanressourcen in beträchtlichem Umfang. Eine Wirtschaftlichkeitsrechnung hat nachzuweisen, welche Kosten und welcher Nutzen mit den Projekten verbunden sind, und mögliche Alternativlösungen zu bewerten. Bei Investititonen in Informationsverarbeitung handelt es sich aber nicht um Problemlösungen, die dem betriebswirtschaftlichen Standardfall (gegebene Ein- und Auszahlungsreihe und Zinssätze) entsprechen. Die Schwierigkeit besteht hierbei viel mehr in der Ermittlung der Daten: Welche Wirkungen hat das neue Informationssystem? Welche gewünschten Effekte sind allein dem Informationssystem, welche allein organisatorischen Änderungen zuzuschreiben? Ist es sinnvoll, anfallende Kosten in den Fachabteilungen zu ermitteln und dem Projekt zuzurechnen? Kann die Lieferbereitschaft erhöht werden, und wenn ja, wie ist sie zu quantifizieren? Welche Alternativlösungen bestehen überhaupt, und welche Konsequenzen haben diese (muß beispielsweise unter Beibehaltung des jetzigen Systems Hardware aufgerüstet oder das Betriebssystem umgestellt werden)? Diese Fragestellungen werden zunächst grundsätzlich thematisiert und anschließend durch ein ausführliches Beispiel konkretisiert.

Generell lassen sich betriebswirtschaftliche Entscheidungen nach dem klassischen Planungsschema der entscheidungsorientierten Betriebswirtschaftslehre durch vier Komponenten beschreiben.[21]

Sind die Wirkungszusammenhänge (Zusammenhänge zwischen den Umweltsituationen und Handlungsalternativen einerseits und den Handlungsergebnissen andererseits), die Bewertung der Handlungsergebnisse, eine eindimensionale Zielfunktion und ein effizientes Lösungsverfahren gegeben, so liegt ein gutstrukturiertes (wohlstrukturiertes) Entscheidungsproblem vor. Ist dieses nicht der Fall, so werden verschiedene Arten von Strukturdefekten differenziert, die einen unterschiedlich hohen „Defektheitsgrad" aufweisen, wie dies in Abb. 3.5 wiedergegeben ist.

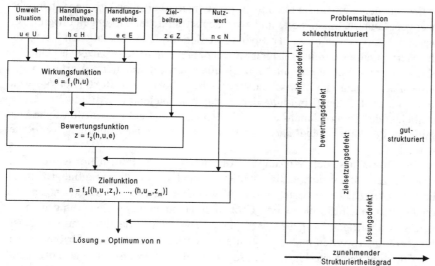

Abb. 3.5: Bestandteile des betriebswirtschaftlichen Entscheidungsmodells[22]

Die Wirtschaftlichkeitsbeurteilung von Informationssystemen zählt, sofern die zu beurteilende Investition eine strategische Dimension aufweist, zu den strukturdefekten Planungsproblemen. Im Regelfall liegt der schwerwiegendste Defekt, der Wirkungsdefekt, vor. Zum einen ist die Kenntnis der Handlungsalternativen und der möglichen Umweltzustände bei den Entscheidungsträgern oft nicht gegeben. Ist beispielsweise für die Warenwirtschaft Standard- oder Individualsoftware zu wählen? Wenn Individualsoftware, auf welche Art und mit welchen Tools ist sie zu erstellen? Zum anderen wird es häufig nicht möglich sein, den Lösungsbeitrag unterschiedlicher Softwarealternativen für die gesuchte

---

[21] Zu den Ausführungen zum klassischen Planungsmodell vgl. Adam (1993), S. 7-14.
[22] In Anlehnung an Rieper (1992), S. 49 u. 58.

betriebswirtschaftliche Zielsetzung zu quantifizieren. Es ist dabei zu betonen, daß die Charakterisierung des Strukturiertheitsgrads eine „Eigenschaft der Problemsicht des Planenden, nicht des konkreten problematischen Sachverhalts ist"[23].

Die Methoden zur Wirtschaftlichkeitsbeurteilung lassen sich differenzieren in diejenigen, die der Ermittlung von Wirkungen, und jenen, die der Beurteilung der Wirkungen dienen.[24] Dabei dient die Vorgehensweise zur Ermittlung der Wirkung der Beseitigung des Wirkungs- und Bewertungsdefekts. Hingegen haben die Verfahren zur Beurteilung der Wirkungen die Aufgabe, die Alternativen zu bewerten und eine von ihnen als die vorteilhafteste zu ermitteln. Es gibt eine Reihe von Verfahren zur Ermittlung der Wirkungen, die auf unterschiedlichen Ebenen zum Einsatz kommen. Es können arbeitsplatzbezogene, bereichsbezogene, unternehmensweite und zwischenbetriebliche Wirkungen differenziert werden.[25] Auf diesen einzelnen Ebenen werden mit unterschiedlichen Verfahren die Wirkungen ermittelt. Beispielsweise können auf Arbeitsplatzebene einfache Kosten-Nutzen-Verfahren, auf Bereichsebene prozeßorientierte Verfahren und auf Unternehmens- und zwischenbetrieblicher Ebene Nutzeffektketten Verwendung finden. Bei der Ermittlung der Wirkungen spielen die individuellen Gegebenheiten des Unternehmens eine große Rolle, so daß auf eine ausführliche Darstellung der unterschiedlichen Verfahren anhand eines Beispiels verzichtet wird.[26]

Zur Bewertung der Wirkungen von strategischen Informationssystem-Entscheidungen ist es notwendig, qualitative und quantitative Einflußgrößen zu berücksichtigen. Dazu bestehen drei Möglichkeiten. *Erstens* werden neben den qualitativen auch die monetären Größen einer qualitativen Bewertung unterzogen. Ein derartiges Vorgehen wird jedoch abgelehnt,[27] da Informationsverluste hingenommen werden müßten. Qualitative Verfahren sollten nur für die Bewertung qualitativer Kriterien herangezogen werden. *Zweitens* ist eine Vorgehensweise denkbar, in der mit dem angeblichen Ziel einer einheitlichen Entscheidungsgrundlage[28] qualitative Größen in quantitative Größen transformiert werden. Auch dieses ist nicht sinnvoll, da dabei eine Transformation ordinalskalierter in intervallskalierte Größen stattfindet.[29] Die zu treffenden Bewertungsannahmen sind kaum objektivierbar und bleiben den Entscheidungsträgern weitgehend verborgen. Somit ist *drittens* aus theoretischer Sicht eine transpa-

---

23   Witte (1979), S. 83.

24   Vgl. Schumann (1991), S. 170.

25   Vgl. ebenda, S. 172-177.

26   Eine Wirtschaftlichkeitsbetrachtung auf Basis eines Ebenenansatzes im Bereich der Schmuckindustrie findet sich beispielsweise bei Wild (1995), S. 182ff.

27   Vgl. Adam (1994), S. 87; Schumann (1993), S. 1.

28   Vgl. Rall (1991), S. 13.

29   Zu den unterscheidbaren Skalenniveaus vgl. Backhaus, Erichson, Plinke, Weber (1994), S. XIIIf.

rentere Verfahrensweise geboten, die quantitative Größen mittels quantitativer Verfahren und die qualitativen Größen mittels qualitativer Verfahren bewertet. Führen die beiden Bewertungen für die einzelnen Alternativen zu anderen Reihenfolgen der Ergebnisse, so bedarf es einer Bewertungssynthese, die eine Gewichtung der Ergebnisse der qualitativen und quantitativen Größen durch den Entscheidungsträger vornimmt.

Das bekannteste qualitative Verfahren ist die *Nutzwertanalyse*.[30] Hierbei wird mittels eines Kriterienkatalogs, dessen Kriterien gewichtet werden, eine Punktbewertung der Alternativen vorgenommen. Wenngleich die Nutzwertanalyse theoretische Mängel aufweist[31] wie die fehlende Interpretation der Werte der einzelnen Größen[32] oder der Verdichtung einer Vielzahl an Ergebnissen zu einer Größe hat sie weite Verbreitung gefunden. Für die quantitative Analyse eignen sich Verfahren der traditionellen Investitionsrechnung (vgl. Abb. 3.6). Hierbei können die Verfahren danach differenziert werden, welchen Bestimmtheitsgrad die Entscheidungssituation aufweist.[33] Bezüglich des Informationsstands unterscheidet die betriebswirtschaftliche Entscheidungstheorie zwischen Sicherheit und Unsicherheit. Unter Unsicherheit werden die Informationsstände Risiko und Ungewißheit subsumiert.

Eine Entscheidungssituation unter Sicherheit ist bei betriebswirtschaftlichen Entscheidungssituationen kaum von Bedeutung, da deterministische Zusammenhänge selten anzutreffen sind. SCHNEIDER formuliert, daß der Sicherheitsbegriff, sofern er bedeutet, daß nur ein Umweltzustand eintreten kann, in den „wissenschaftlichen Mülleimer"[34] gehöre. Eine Planung unter Sicherheit kann somit nur die Planung zur Betrachtung eines möglichen Umweltzustands unter Vernachlässigung aller anderen möglichen Umweltzustände sein.[35]

Bei der Entscheidungssituation zur Bestimmung der Wirtschaftlichkeit von Informationsstrategien handelt es sich im Regelfall um eine Entscheidung unter Unsicherheit.

Ein weitverbreitetes Verfahren zur Wirtschaftlichkeitsberechnung ist die Kapitalwertmethode, bei der durch die Berechnung bestimmter möglicher Fälle (Szenario-Technik) versucht wird,[36] die Unsicherheit zu berücksichtigen. Auf diese Weise werden die Zielwerte der betrachteten Fälle einer Investitionsalternative expliziert.

---

[30]   Zur Nutzwertanalyse vgl. z. B. Zangemeister (1993).

[31]   Zur Kritik an der Nutzwertanalyse vgl. Schneeweiß (1991), S. 34-40.

[32]   Vgl. u. a. Adam (1994), S. 85ff.

[33]   Vgl. im folgenden Schneeweiß (1991), S. 34-40.

[34]   Schneider (1992), S. 36.

[35]   Vgl. Schneider (1992), S. 36. Schneider formuliert in bekannt plakativer Form: "Die Modellannahme 'Sicherheit' ist also lediglich ein gedankliches Schulungsmittel für Noch-nichts-Könner: ein für Anfänger zweckmäßiger Lernschritt, der weit vor den Toren heutiger Theorie der Unternehmung endet."

[36]   Zur Szenario-Technik vgl. u. a . Scherm (1992).

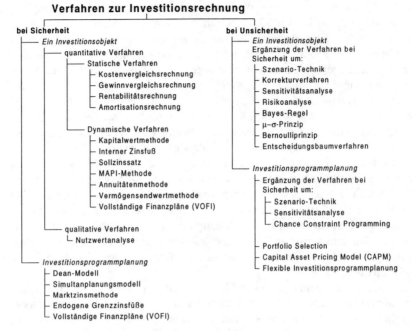

Abb. 3.6: Methoden zur Beurteilung der Wirtschaftlichkeit von Investitionen[37]

Die einfachste Form der Kapitalwertmethode stellt für alle Perioden Ein- und Auszahlungen gegenüber und diskontiert diese auf den aktuellen Zeitpunkt t_0 ab.

$$C_0 = -a_0 + \sum_{t=0}^{n}(e_t - a_t)(1+i)^{-t}$$

Symbole:

C_0 : Kapitalwert

a_t : Auszahlung in t

a_0 : Anschaffungsauszahlung in t_0

e_t : Einzahlung in t

n : gesamte Nutzungsdauer

i : Zinssatz

t : Periode (t = 0, 1, 2, ..., n)

Die Kapitalwertmethode geht von einem vollkommenen Kapitalmarkt aus, d. h. der Zinssatz, zu dem Kapital beschafft wird, ist gleich dem Zinssatz, zu dem Kapital angelegt wird. Die einfache Kapitalwertmethode berücksichtigt keine Steuereffekte. Diese sind Bestandteil der Kapitalwertmethode nach dem Stan-

---

[37] Die skizzierten Verfahren werden u. a. bei Grob (1995); Adam (1994); Kruschwitz (1993); Blohm, Lüder (1991) beschrieben.

dardmodell, die exemplarisch dargestellt und anhand eines Zahlenbeispiels erläutert wird.

Bei der Kapitalwertmethode nach dem Standardmodell werden die Steuereffekte in
Form von absetzbaren Abschreibungen direkt in der Zahlungsreihe und die Zinseffekte
durch die Veränderung des Diskontierungsfaktors berücksichtigt.

Die diversen Ertragsteuern werden zu einer Größe, dem ertragsteuerlichen Multifaktor,
zusammengefaßt.[38]

$$s = \frac{s_k + m \times h}{1 + m \times h}$$

Symbole:

s   : ertragsteuerlicher Multifaktor

s_k : Körperschaftsteuersatz

h   : Gewerbesteuerhebesatz

m   : Maßzahl

Unter Beachtung des Multifaktors ergibt sich folgendes Standardmodell zur Berechnung
des Kapitalwerts:

$$C^{St} = -a_0 + \sum_{t=0}^{t_{AfA}} \left[g_t \times (1-s) + \left(\frac{a_0}{t_{AfA}}\right) \times s \right] \times q_s^{-t} + \sum_{t=AfA+1}^{n} [g_t \times (1-s)] \times q_s^{-t} + [R_n - s \times R_n] \times q_s^{-n}$$

Symbole:

a_t : Auszahlung in t

C^{St} : Kapitalwert nach dem Standardmodell

g_t : Einzahlungsüberschüsse in t ($g_t = e_t - a_t$)

a_o : Anschaffungsauszahlung

R_n : Restverkaufserlös am Ende der Nutzungsdauer

i_m : Marktzins

i_s : steuerkorrigierter Kalkulationszinssatz ($i_s = (1-s) \times i_m$)

n   : gesamte Nutzungsdauer

q_s : ($1+i_s$)

s   : ertragsteuerlicher Multifaktor

t_{AfA} : Abschreibungsdauer

Exemplarisch wird von folgender Datensituation ausgegangen:

- Auszahlungen Hardware und Netz: a_0=900.000 DM, a_1=1.300.000 DM, a_2=1.300.000 DM.
- Auszahlungen Software: a_1=2.300.000 DM.
- Wartungskosten nach erfolgter Implementierung: 10 % der Auszahlungen für Software p. a.
- t_{Afa}=5 Jahre.
- Körperschaftsteuersatz: 45 %.

---

[38] Zur Berechnung des ertragsteuerlichen Multifaktors vgl. Blohm, Lüder (1991), S. 123.

- Kalkulationszinsfuß: 6,5 %.
- Nutzungsdauer: 7 Jahre.

Als quantitativ monetäre Nutzeffekte, die erst nach erfolgter Implementierung (Mitte t_3) entstehen, wurden prognostiziert:[39]

- Einsparung von 10 Mitarbeitern, die jeweils 70.000 DM Lohnkosten p. a.
- Einsparung von 2 DV-Mitarbeitern (90.000 DM p. a. pro Mitarbeiter).
- Wegfall der Leasingrate für die bestehende Hardware in Höhe von 500.000 DM p. a.
- Bestandsreduktion: 593.500 p.a. (15 % des Bestandswerts).
- Reduktion der Inventurdifferenzen: 100.000 DM p. a.
- Sonstige Einsparungen (geringere Druckkosten, Senkung der Retouren, verbesserte Kundenkreditüberwachung, erhöhte Lieferbereitschaft, verbesserte Steuerung der Aktionen etc.) 100.000 DM p. a.

Der steuerliche Multifaktor ist in der vorliegenden Datensituation:

$$s = \frac{0,5 + 0,045 \times 5}{1 + 0,045 \times 5} = 0,591837$$

Die Abschreibungsberechnung ist Tab. 3.3 zu entnehmen.

Jahr	t=0	t=1	t=2	t=3	t=4	t=5	t=6	t=7
Software		460.000	460.000	460.000	460.000	460.000		
Hardware und Netz	90.000	440.000	700.000	700.000	700.000	610.000	260.000	
Summe Afa	90.000	900.000	1.160.000	1.160.000	1.160.000	1.070.000	260.000	0

Tab. 3.3: Abschreibungsberechnung

Die Werte, die in die Zahlungsreihe Eingang finden, ergeben sich durch Multiplikation der Abschreibungswerte mit dem steuerlichen Multifaktor (beispielsweise 90.000 DM in t_0 multipliziert mit 0,591837 ergibt 53.625 DM, so daß sich für die Zahlungsreihe unter Berücksichtigung der Auszahlungen und der „fiktiven Einzahlungen" ein Betrag von -900.000 DM + 53.625 DM = -846.375 DM errechnet). Die Zahlungsreihe, die sich aus den Auszahlungen (nicht steuerwirksam, da erst die Periodisierung der Auszahlungen auf die Anzahl der Nutzungsperioden in Form der Abschreibung steuerwirksam ist) und den realen (Nutzeffekte) und fiktiven Einnahmen (Steuerminderungen) ergibt, ist in Tab. 3.4 festgehalten. Die Zahlungsreihe wird diskontiert mit dem Faktor: q=1+(1-s) x i, so daß sich ein Abzinsungsfaktor von q=(1+(1-0,5918) x 0,065)=1,026531 ergibt. Es liegt ein positiver Kapitalwert in Höhe von 638.316 DM vor. Für den best- und den worst-case, deren Parameter hier nicht im Detail erläutert werden, ergeben sich Kapitalwerte in Höhe von 1.049.000 DM (erhöhter Nutzen durch verbesserte Aktionssteuerung, verbesserte Rechnungsprüfung und verkürzte Auftragsdurchlaufzeit) und 201.000 DM (zusätzliche

---

[39]   Zur Vereinfachung der Rechnung wird unterstellt, daß der Nutzen aus der Einführung der Software von einem Zeitpunkt an voll erzielt wird.

Kosten durch Einschaltung eines externen Beraters). Den Kapitalwerten für diese Konzeption wären die Kapitalwerte der Alternativlösungen gegenüberzustellen. Für alle Möglichkeiten ist eine qualitative Analyse durchzuführen.

Nicht quantifizierbare Effekte sind z. B. erhöhte Mitarbeiterqualifikation und Mitarbeitermotivation, die durch die aktive Teilnahme der Mitarbeiter im Projekt und die verantwortliche Mitgestaltung der Prozesse erreicht werden können, die Verringerung der Fehler aufgrund der verbesserten Plausibilitätsprüfungen im System, der Wegfall von unnötigen Liegezeiten von Vorgängen wegen der elektronischen Vorgangssteuerung im System und der Entfall von unnötigen Suchzeiten im Lager dank eines alle Bereiche umfassenden Lagerverwaltungssystem.

Jahr	t=0	t=1	t=2	t=3	t=4	t=5	t=6	t=7
AWS		-2.050.000						
systemnahe SW		-250.000						
Hardware	-400.000	-1.300.000	-1.300.000					
Netzwerk	-500.000							
Lohnkosten				350.000	700.000	700.000	700.000	700.000
DV-Abt.				90.000	180.000	180.000	180.000	180.000
Alte Hardware				250.000	500.000	500.000	500.000	500.000
Wartung				-115.000	-230.000	-230.000	-230.000	-230.000
Best.redukt.				296.750	593.500	593.500	593.500	593.500
Inventurdiff.				50.000	100.000	100.000	100.000	100.000
Sonst. Einsp.				50.000	100.000	100.000	100.000	100.000
a_t	-900.000	-3.600.000	-1.300.000					
e_t				971.750	1.943.500	1.943.500	1.943.500	1.943.500
Abschreibung	90.000	900.000	1.160.000	1.160.000	1.160.000	1.070.000	260.000	
Zahlungsreihe	-846.375	-3.067.347	-613.469	1.083.163	1.479.796	1.426.530	947.142	793.265
Kapitalwert	638.316							

Tab. 3.4: Kapitalwertberechnung

3.2.6   Sekundärziele

Eines der wesentlichen Sekundärziele besteht darin, den Beteiligten und Betroffenen den Sinn der integrierten Informationsverarbeitung näherzubringen. Die Durchgängigkeit der Prozesse ist nur mit Informationssystemen, die die einzelnen Bereiche schnittstellenlos überbrücken, realisierbar. Prozeßorientierung einerseits und nicht-integrierte, funktionsbezogene Informationssysteme andererseits sind ein unüberbrückbarer Widerspruch. Nur wenn dies erkannt ist, wird die integrierte Informationsverarbeitung und die daraus resultierende Aufgabenverschiebung, d. h. auch Aufgabenerweiterung in bestimmten Bereichen, auf breite Akzeptanz stoßen.

Abarbeitung des Realisierungsplans ohne Neuaufwurf von Grundsatzentscheidungen bedeutet, daß der Realisierungsplan, wenn er erstellt und von der Geschäftsleitung verabschiedet worden ist, für das Realisierungsprojekt als bindend gilt. Dies ist nur scheinbar selbstverständlich. Zwei Sachverhalte müssen hervorgehoben werden.

Erstens ist es von großer Bedeutung, daß sich die Geschäftsleitung der Informationsstrategie annimmt, denn Entscheidungen, die die Informationsfunktion[40] betreffen, sind von solch großer Tragweite, daß nur diejenigen, welche die Gesamtverantwortung für das Unternehmen tragen, letztendlich darüber befinden sollen. Die Informationsverarbeitung hat in alle Bereiche des Handelsunternehmens Einzug gehalten und ist engstens mit der ablauforganisatorischen Gestaltung verbunden, so daß strategische Entscheidungen in der Informationsverarbeitung alle Unternehmensbereiche betreffen und dort in den meisten Fällen zu Ablaufänderungen führen.

Zweitens soll der Realisierungsplan eine bindende Wirkung für die Implementierungsphase haben. Die Informationsverarbeitung unterliegt einem stetigen Wandel, der dazu verleiten könnte, die getroffenen Entscheidungen immer wieder in Frage zu stellen. Es läßt sich durchaus empirisch beobachten, daß neue Entwicklungen im EDV-Bereich in Unternehmen zu einem Neuaufwurf einer Konzeptionsphase führen, bevor das vorherige Konzept umgesetzt worden ist („Analyse-Paralyse-Syndrom"). Während andernorts schon mehrere Zyklen der Informationsverarbeitung durchlaufen wurden (von der Batch- zur Dialogverarbeitung, von der Datei- zur Datenbankverwaltung, von der alphanumerisch orientierten zur graphischen Benutzeroberfläche, von Host-Systemen zu Client-/Server-Architekturen), verpassen solche Unternehmen durch die Nicht-Umsetzung der getroffenen Entscheidungen die Möglichkeit, das Rationalisierungspotential, das in verbesserten Informationssystemen steckt, auszuschöpfen. Nicht umsonst wird hervorgehoben, daß ein wesentliches Merkmal des erfolgreichen Informationsmanagers die Realisierungskompetenz darstellt.

---

[40]   Zur Informationsfunktion vgl. Heinrich (1995), S. 8; Heinrich, Roithmayr (1995), S. 262.

3.3   Implementierung

In der *Implementierung* kommt es zur Umsetzung der Entscheidungen, die im Anschluß an das Sollkonzept gefällt worden sind.

Besondere Bedeutung innerhalb der Implementierungsphase kommt einem strukturierten und rollierend angepaßten Projektmanagement zu. Insbesondere die im Sollkonzept getroffene Entscheidung für Standard- oder Individualsoftware determiniert in hohem Maße die Ausgestaltung des Projektmanagements.

Inhaltlich-funktional ist die zentrale Aufgabe der Implementierung die konkrete Ausgestaltung der Prozesse, die bei einem Neuaufwurf der Informationssysteme zwingenderweise in Frage gestellt werden müssen. Hierbei ist über das Ausmaß an Prozeßveränderung und Softwareveränderung zu entscheiden.

Es herrscht die weitverbreitete Meinung vor, daß bei Einsatz von Standardsoftware die Abläufe zwangsläufig an die Software angepaßt werden müßten (Prozeßveränderung). Inwieweit unternehmensindividuelle Besonderheiten durch Standardsoftware abgebildet werden können, hängt von der Softwareveränderlichkeit ab. Hierunter wird bei Standardsoftware die Möglichkeit verstanden, durch Parametervariation (sog. Customizing) Alternativlösungen in der Software einzustellen. Auch wenn eine Standardsoftware einen bestimmten Prozeßausschnitt nicht hinreichend unterstützt, liegt noch kein Kriterium vor, ob die Software nicht in Frage kommt oder der Prozeß nicht unterstützt werden kann. Parametrierbare Standardsoftware läßt i. d. R. Veränderungen und Ergänzungen auch über den durch das Customizing vorgegebenen Rahmen zu.

Die größten Freiheitsgrade in der Prozeßgestaltung bestehen bei der Individualentwicklung von Software, da bei der Softwareerstellung die gewünschten organisatorischen Abläufe in vollem Maße berücksichtigt werden können. Es ergibt sich allerdings oft bei einem organisatorischen Wandel nach Einführung der Individualsoftware ein Anpassungsproblem, wenn diese - wie es oft der Fall ist - keinen Parametrierungsspielraum für Veränderungen vorgesehen hat. Hier hat die Standardsoftware Vorteile, da sie von vornherein für unterschiedliche Abläufe konzipiert wurde und - im einfachsten Fall - durch Parameterumstellung geänderten Abläufen im Unternehmen Rechnung tragen kann.

Weiterhin ist zu beachten, daß Standardsoftware teilweise betriebswirtschaftliche Konzeptionen abbildet, die zwar von den gegenwärtigen Lösungen des Handelshauses abweichen, diesen aber überlegen sind und somit Prozeßveränderungen anstoßen sollten (Informationssysteme als sog. enabling technology).

In den Bereichen eines Unternehmens, in denen eine intelligente Prozeßgestaltung strategische Vorteile gegenüber anderen Unternehmen besitzt, ist die Software den Prozessen anzupassen. Die Betrachtung der Alternativen Prozeß- und Softwareveränderung ist sowohl bei Standard- als auch bei Individualsoftware notwendig, um die optimale Lösung zwischen diesen beiden theoretischen Extrema ermitteln zu können.

3.3.1   Projektmanagement

„Nichts ist vom Erfolg her zweifelhafter und von der Durchführung her gefähr-
licher als der Wille, sich zum Neuerer aufzuschwingen. Denn wer dies tut, hat
die Nutznießer des alten Zustandes zu Feinden, während er in den möglichen
Nutznießern des neuen Zustandes nur lasche Verteidiger findet. "[41]

Obiges Zitat besitzt auch bei umfassenden DV-Projekten Gültigkeit, da die
schwerwiegenden Probleme des Projektmanagements oft weniger in der inhaltlichen Planung und Durchführung als in der Existenz beharrender Tendenzen im
Unternehmen zu suchen sind. Zur Bewältigung der vielfältig miteinander ver-
knüpften Aufgaben ist einem ausgefeilten Projektmanagement ein hoher Stellenwert für den Erfolg von Projekten beizumessen. Dies wird vor allem bei
Betrachtung der Projektgröße und -dauer einsichtig: Während Istanalyse und
Sollkonzeption meist in kleineren Projektgruppen in einem überschaubarem
Zeitraum (z. B. Istanalyse 3 Monate, Sollkonzept 6 Monate) durchgeführt
werden, sind die Projektgruppen im Implementierungskonzept wesentlich größer
und die Projektlaufzeit erheblich länger (mehrere Jahre).

Beim Projektmanagement ist zwischen der Projektaufbau- und der Projektablauforganisation zu unterscheiden.[42]

Die Projektaufbauorganisation legt die an der Projektdurchführung beteiligten
Personen fest. Es kann eine reine Projektorganisation gewählt werden, bei der
die im Projekt beteiligten Personen nur dem Projektleiter fachlich und diszipli-
narisch zugeordnet sind, oder ein Verzicht auf eine feste Projektorganisation
oder ein Nebeneinander von „normaler" (z. B. funktions-orientiert) und projekt-
bezogener Organisation in Form einer Matrixorganisation.

Bei der Matrixorganisation bestehen zwei Gliederungsprinzipien nebeneinander. Neben der Gliederung der Organisation auf einer Hierarchieebene nach
Funktionen, nach Objekten, nach der Phase (Planen, Realisieren, Kontrollieren),
nach Sachmitteln oder nach dem Rang tritt eine zweite Dimension, die bezogen
auf das Projekt erfolgt. Somit sind die Mitarbeiter mehrfach zugeordnet, so daß
sie Anweisungen von mindestens zwei Vorgesetzten entgegenzunehmen haben
(vgl. Abb. 3.7). Die Matrixorganisationsform ist insbesondere bei bereichsüber-
greifenden Projekten sinnvoll, da dort ein hoher Koordinationsaufwand gegeben
ist. Bei einer Matrixorganisation ist dafür Sorge zu tragen, daß die Konflikt-
lösungsfähigkeit der Beteiligten gegeben ist.

---

[41]   Ausspruch von Nicoló Machiavelli, zitiert aus: Walpoth (1993), S. 111.
[42]   In der Literatur wird die Projektaufbauorganisation auch als institutionelles Projektmanagement
und die Projektablauforganisation als funktionales Projektmanagement bezeichnet. Vgl. u. a.
Lehner et al. (1990), S. 471-531.

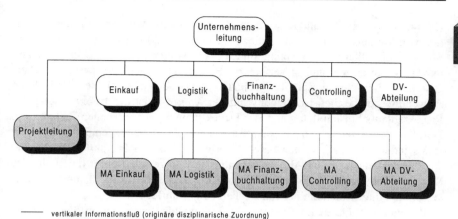

vertikaler Informationsfluß (originäre disziplinarische Zuordnung)

horizontaler Informationsfluß (projektbezogene disziplinarische Zuordnung)

Abb. 3.7: Organigramm der Matrix-Projektorganisation[43]

Die Einführung integrierter Anwendungssysteme geht immer mit der Notwendigkeit der Teilprojektbildung einher. Teilprojekte sollten in Abhängigkeit der Ausgestaltung der Einführungsstrategie prozeß- oder funktionsorientiert gebildet werden. Jede Teilgruppe sollte sich sowohl aus Mitarbeitern der Fachabteilung als auch aus DV-Mitarbeitern zusammensetzen. Zudem sind die für Schnittstellenfragen zuständigen Mitarbeiter zu benennen, die als Ansprechpartner für andere Teilprojekte zur Verfügung stehen sollten. Die Koordination der Teilprojektgruppen ist durch ein Leitungsgremium zu gewährleisten. An dem Leitungsgremium, welches in zyklischen Abständen die Kontrolle des Projektfortschritts wahrnimmt, sollte mindestens ein Vertreter der Geschäftsleitung beteiligt sein. Neben dem für die Informationsverarbeitung zuständigen Geschäftsführungsmitglied sollten die betroffenen Fachabteilungen mit den zuständigen Leitern in dem Gremium vertreten sein. Die Bedeutung der Beteiligung der Unternehmensleitung an dem Leitungsgremium ist nicht zu unterschätzen. Neben der psychologischen Wirkung, die in der Betonung der Wichtigkeit des Projektes zu sehen ist, sind im Ablauf des Projekts häufig Entscheidungen zu treffen, die über den Kompetenzbereich einzelner Abteilungs- und Bereichsleiter hinausgehen.

Bei der *Projektablauforganisation* sind die Aufgaben der Planung, Durchführung und Kontrolle der im Rahmen des Projekts erforderlichen dispositiven Tätigkeiten zu erfüllen. Zur planerischen Unterstützung der drei Phasen werden Methoden der Netzplantechnik[44] (Critical-Path-Method, PERT, MTM etc.) eingesetzt. Im Rahmen der *Planung* sind Entscheidungen zur Dekomposition der

---

[43]   Vgl. Lehner et al. (1990), S. 477; Kupper (1988), S. 62.
[44]   Zur Netzplantechnik vgl. Schwarze (1994).

Gesamtaufgabe in Teilaufgaben, deren Zuordnung zu Mitarbeitern, der Definition von Meilensteinen, der Koordination der Einzelaktivitäten etc. zu fällen. Im Sinne einer rollierenden Planung sind die Aktivitäten zunächst grob zu planen und im weiteren Verlauf zu verfeinern. Bei der *Durchführung* ist z. B. sicherzustellen, daß die in den Teilprojekten verwendeten Methoden und deren Anwendung einheitlich ist. Gegenstand der *Kontrolle* ist die Überwachung des Projektablaufs hinsichtlich der in der Projektplanung vorgegebenen Zielsetzung. Durch die Umsetzung von Netzplantechniken in Projektmanagementwerkzeugen ist es jederzeit möglich, sich einen Überblick über den Projektfortschritt, die Ressourcenbelastung und die Kostensituation zu verschaffen.[45] Innerhalb der Steuerungsphase gilt es, die Erkenntnisse der Kontrolle in Maßnahmen umzusetzen, um die Erreichung der Plangrößen zu gewährleisten.

Besonderen Nutzen im Rahmen der Projektablauforganisation hat die Verwendung von Prozeßmodellen für den Konfigurationsprozeß. Durch die Angabe der sachlogischen Zusammenhänge der im Rahmen der Konfiguration erforderlichen Tätigkeiten können die Vorgänge in einen Projektplan übertragen werden, der aufzeigt, wie die zeitliche Kopplung der Aktivitäten ist (vgl. Abb. 3.8).

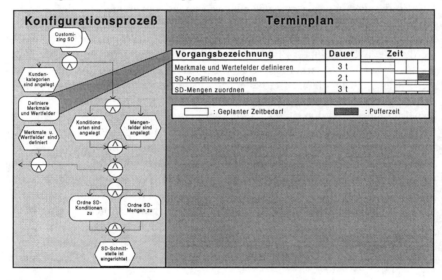

Abb. 3.8: Customizing-Ausschnitt des CO-PA-Moduls der SAP[46]

---

45   Einen Überblick über verfügbare Projektmanagement-Software geben beispielsweise Dworatschek, Hayek (1992).

46   Zur Prozeßkette Customizing des CO-PA-Moduls der SAP vergleiche Rosemann, Rotthowe (1995), S. 20.

3.3.2   Inhaltlich-funktionale Ausgestaltung der Implementierung

Zentraler Gegenstand der Implementierungsphase ist die Konfiguration bzw. Programmierung der Software sowie die *Gestaltung der Ablauforganisation.*

Aufgrund der hohen Interdependenz zwischen Organisations- und Informationssystemgestaltung ist eine ausreichende Kongruenz zwischen dem unternehmensspezifischen Informationsmodell und dem Informationsmodell des Anwendungssystems erforderlich. Um eine Deckungsgleichheit der Modelle zu erreichen, sind entweder softwaretechnische Anpassungen vorzunehmen (Softwareveränderung), oder die Prozesse sind der Software anzupassen (Prozeßveränderung).[47] Zur Identifikation der Unterschiede zwischen den Anforderungen des Unternehmens und den Gegebenheiten der Software bieten sich Verfahren zur Prozeßmodellierung an, die auf den groben Prozeßmodellen der Sollkonzeption aufbauen. Die Prozeßmodelle erfüllen hierbei originär zwei Zwecke. *Zum einen* stellen sie Instrument zur Ablaufoptimierung dar, erfüllen also primär betriebswirtschaftliche Zielsetzungen.[48] *Zum anderen* können sie als Kommunikationsmedium zwischen Entwicklern und Anwendern bei der Entwicklung und Einführung der Software dienen. Neben den Prozeßmodellen gilt es, Datenmodelle bis auf Attributebene zu erstellen (bei Eigenentwicklung) oder aber inhaltlich zu durchdringen (Kauf von Standardsoftware). Abb. 3.9 setzt Software- und Prozeßveränderung in Beziehung.

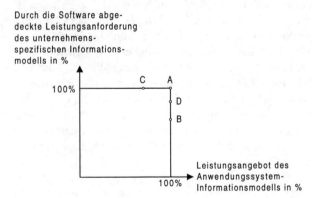

In Anlehnung an Rieder (1988), S. 106.

Abb. 3.9: Prozeß- vs. Softwareveränderung

---

47   Zum Begriffspaar Software- und Prozeß*veränderlichkeit* vgl. Jäger et al. (1993), S. 425.

48   Zum Nutzen der Prozeßmodellierung bei der Einführung einer Standardsoftware vgl. Schulte, Rosemann, Rotthowe (1994).

Anhand der Punkte A, B, C und D in Abb. 3.9 soll exemplarisch diskutiert werden, in welchen Situationen sich eine Software- oder Prozeßveränderung anbietet.

Der Fall der *Deckungsgleichheit* von Anforderungen des Unternehmens und der Leistungsfähigkeit der Software (Punkt A) möge beispielsweise hinsichtlich der Reisekostenabrechnung vorliegen. Es ist gefordert, die Reisekosten im Personalwirtschaftssystem zu erfassen und automatisch im Finanzbuchhaltungssystem zu buchen. Diese Anforderungen konnten im betrachteten Fall mit dem ausgewählten Standardsoftwaresystem erfüllt werden.

Betrachtet man Situationen, die durch die Punkte A und B dargestellt werden, so ist zu unterscheiden, ob eine Softwareveränderung (also der Punkt B zum Punkt A hin wandert), eine Prozeßveränderung (in diesem Fall geht der Punkt A in den Punkt B über, da die Anforderung aufgehoben wird) oder ein Mix von Prozeß- und Softwareveränderung (Punkt D) vorgenommen wird.

Eine *Softwareveränderung* wird für den Prozeß der Zentralregulierung, in dem ein Handelsunternehmen die Rechnungen der Kunden beim Lieferanten reguliert und für den Forderungsausfall des Kunden haftet, vorgenommen, da er von der Software nicht abgedeckt ist. Da die Zentralregulierung einen bedeutenden Bestandteil des Geschäftsvolumens darstellt, sind die entsprechenden Abläufe zu programmieren (Softwareveränderung).

Eine *Prozeßveränderung* wird bei den Kassenbuchungen durchgeführt. Aufgrund softwaretechnischer Restriktionen war es ohne Anpassungen der Software nicht möglich, die geplanten Abläufe zu realisieren. Aufgrund der geringen Anzahl an Kassenbuchungen und der damit verbundenen geringen wirtschaftlichen Bedeutung für das Unternehmen wird der Prozeß manuell durchgeführt.

Eine „*Leistungsüberdeckung*" der Software gegenüber den Leistungsanforderungen des Unternehmens wird durch den Punkt C charakterisiert. Hier ist es möglich, daß die Software eine katalytische Wirkung besitzt (softwaregetriebene Prozeßveränderung). Einen solchen Fall stellt beispielsweise die Wechselverwaltung dar. Durch die Möglichkeit, Wechsel sofort als Zahlungseingangsbuchungen zu erfassen, so daß alle Buchungen und die Erstellung der Wechsel-Spesenabrechnung vom System automatisch angestoßen werden, kann eine Prozeßverbesserung erreicht werden.

Die Entscheidung für eine Prozeß- oder Softwareanpassung wird anhand wirtschaftlicher und technischer Kriterien getroffen. Ohne Anspruch auf Vollständigkeit sind besonders die folgenden Argumente von Bedeutung:[49]

- Reorganisationsbedarf des Prozesses
  Hat die Istanalyse ergeben, daß aus organisatorischer Sicht ein Prozeß geändert werden *muß*, muß sich die Software an den Prozeß anpassen, d. h. bei Auswahl von Standardsoftware ist sehr genau zu prüfen, ob sie für diesen Prozeß den Ablauf genau abbildet, d. h. über Parameter so eingestellt werden

---

[49]   Vgl. auch Rieder (1988), S. 69.

kann, daß eine Kongruenz zwischen Organisationsmodell und Informationssystemmodell besteht. Ist dies nicht der Fall, sollte über eine definierte Schnittstelle eine Ergänzung an der Standardsoftware möglich sein. Ist auch dies nicht gegeben, liegt ein wesentliches Ausschlußkriterium für die Standardsoftware vor. Bei Eigenentwicklung ist das Organisationsmodell bindende Vorgabe für das Informationssystemmodell.

- Ergebnisbeitrag des Prozesses
  Ähnlich wie der Reorganisationsbedarf führt auch ein hoher Ergebnisbeitrag eines Prozesses zur Tendenz, die Software an das vorgegebene Organisationsmodell anzupassen. Je bedeutender ein Prozeß ist, desto eher ist der Aufwand für eine Softwaremodifikation zu rechtfertigen. Allerdings sollte diese Betrachtung nicht statisch, sondern dynamisch erfolgen. Kündigt beispielsweise ein Softwarehersteller die funktionale Erweiterung eines Prozesses an, so dürfte eine Anpassung der Software für eine kurze Übergangszeit nicht geboten sein.

- Qualität der Softwarelösung für den Prozeß
  Ist ein Organisationsmodell, welches aus sich heraus oder wegen des hohen Ergebnisbeitrags unveränderlich wäre, nicht gegeben, ist eine Standardsoftware - sollte diese Alternative in Frage kommen - auf ihren betriebswirtschaftlichen Gehalt hin zu prüfen. Wenn die der Software implizit innewohnenden Organisationsprozesse eine Verbesserung der Istsituation darstellen, sollte die Softwareeinführung als Katalysator für organisatorische Änderungen begriffen werden.

- Aufwand für die Veränderung der Software
  Der Aufwand für die Anpassung der Software stellt häufig eine Restriktion für die Modifikation der Software dar. Von besonderer Bedeutung ist bei Einsatz von Standardanwendungssoftware die Releasefähigkeit der Anpassungen. Ist diese nicht gewährleistet, so ist ein hoher und zyklisch wiederkehrender Aufwand zu prognostizieren, der sich nur bei sehr wichtigen und ergebniswirksamen Prozessen rechtfertigen läßt.

Die Entscheidungen für oder gegen eine Softwareveränderung determinieren den *Entwicklungs*aufwand bei Standardsoftware. Bei einer Entscheidung für Individualsoftware hingegen ist die Entwicklung eingebettet in die Phasenmodelle der Systemplanung und -entwicklung.[50]

Nach erfolgter Entwicklung bzw. bei und nach der Anpassung von Standardsoftware sind die *Anwender umfangreich zu schulen*. Aus Kostengründen kann es erforderlich sein, nur einige ausgewählte Mitarbeiter bei externen Schulungsanbietern schulen zu lassen. Anschließend können diese Mitarbeiter in Inhouse-Schulungen ihr erlerntes Wissen weitergeben. Auf diese Weise ist vor

---

[50] Zu den Werkzeugen bei der Softwareentwicklung vgl. Balzert (1993); Balzert(1989). Bezüglich der Vorgehensweise zur Softwareentwicklung sei auf ausgewählte Literatur verwiesen, vgl. u. a. Martin (Introduction) (1990); Martin (Planning and Analysis) (1990).

allem eine problemadäquatere Aufbereitung des Wissens möglich, da viele extern angebotenen Schulungen nicht unternehmensindividuell genug sind. Die interne Schulung stellt sicher, daß eine Akzelerierung des Wissens im Unternehmen stattfindet. Aufgrund der Notwendigkeit, das erworbene Wissen weiterzugeben, ist eine intensive Auseinandersetzung bei den Schulenden mit den Inhalten der Software erforderlich, die den Kenntnisstand über und das Verständnis für die Software wesentlich erhöhen. Als Nachteil steht dem der Zeitaufwand gegenüber, der für diese Art der Schulungen aufgewendet werden müssen. Bei der Auswahl extern zu schulender Mitarbeiter sollten insbesondere Meinungsführer berücksichtigt werden.

4 Organisations- und Artikelstrukturen in Handelsinformationssystemen

4.1 Organisatorische Strukturen von Handelsunternehmen in Informationssystemen

Die Darstellung der Organisationsstrukturen in Informationssystemen stellt eine der wichtigsten Aufgaben der Informationsmodellierung dar. Insbesondere die traditionell mehrstufigen Strukturen, die sich von der industriellen Produktion über den Großhandel, evtl. unter Einschaltung von Kontoren, bis hin zum Einzelhandel erstrecken, haben komplexe Strukturen entstehen lassen, die handelstypischen Charakter besitzen.

In den derzeitigen Systemen sind unterschiedliche Begrifflichkeiten für an sich gleiche organisatorische Einheiten zu beobachten. Der Modellierung der Strukturen, für die die Datenmodellierung eine vorteilhafte Methode darstellt, kommt damit eine sprachnormierende Wirkung zu. Darüber hinaus wird die Transparenz erhöht, die bei komplexen Strukturen erforderlich ist, um das reale System verstehen zu können.

Bei der Abbildung organisatorischer Strukturen besitzt die Forderung nach Flexibilität, speziell vor dem Hintergrund der hohen Vertriebsdynamik, Relevanz. Aus diesem Grunde propagiert HERTEL das Konzept der operativen Einheiten. Unter einer operativen Einheit versteht er „eine beliebige betriebliche Einheit oder Leistungsstelle, in der operatives Geschäft, also Warenbewegungen, stattfindet."[1] Die Intention der operativen Einheiten, die Abstraktion von Einzelfällen, um durch die Generalisierung eine höhere Flexibilität zu erreichen, basiert auf der Identifikation von Strukturanalogien.

Im folgenden werden die Organisationseinheiten und deren Beziehungen untereinander explizit, also nicht generisch als operative Einheit, modelliert, beispielsweise als Entitytypen Einkaufsorganisation und Vertriebsschiene. Hinsichtlich der Flexibilität sind durch diese Art der Darstellung keine Einschrän-

---

[1] Hertel (1992), S. 93.

kungen gegeben, da die Modellierung noch abstrakt genug ist, die Flexibilität realer Entwicklungen abzubilden. Aus diesem Grunde ist diese Vorgehensweise auch kein Widerspruch zum Konzept der operativen Einheiten, da dieses letztlich den Begriff operative Einheit für alle wesentlichen Gegebenheiten in einem Handelsunternehmen spezialisiert. So wird von der operativen Einheit Lager, der operativen Einheit Filiale oder der operativen Einheit Zentrale gesprochen.[2]

Die Darstellung der organisatorischen Einheiten von Handelsunternehmen wird, der Stuktur des Handels-H-Modells folgend, in die Organisationscluster Einkaufs-, Lager- und Vertriebsorganisation unterteilt. Die Cluster werden formal mit Hilfe von Entity-Relationship-Diagrammen beschrieben. Es finden nicht alle organisatorischen Einheiten Eingang in dieses Kapitel, da diejenigen Organisationseinheiten, die nur für einen einzelnen Bereich von Bedeutung sind, in den Ausführungen zu diesen Funktionsbereichen in späteren Kapiteln beschrieben werden.

Die Bezeichnungen der Objekte und der Beziehungen werden bei ihrer erstmaligen textuellen Erwähnung innerhalb eines Kapitels *kursiv* geschrieben. Aus Gründen der Lesbarkeit wird auf eine weitergehende Hervorhebung der Objekte und ihrer Beziehungen verzichtet.[3] Zudem werden in den Datenmodellen zum Zwecke einer größeren Übersichtlichkeit folgende graphische Vereinfachungen vorgenommen:

- In einigen Fällen wird eine kleine Raute für solche Relationshiptypen verwendet, die lediglich die Zuordnung von zwei Objekten darstellen. Zudem wird in einigen Datenmodellausschnitten eine kleine Raute verwendet, wenn eine ausführliche Beschreibung des Relationshiptyps in einem anderen Datenmodellausschnitt vorgenommen wird.
- Bei der Darstellung der Generalisierung/Spezialisierung wird in einigen Fällen auf die Angabe, ob es sich um eine disjunkte (nicht-disjunkte) bzw. vollständige (partielle) Spezialisierung handelt, verzichtet. Dies erfolgt immer dann, wenn neben den in einem Datenmodellausschnitt spezialisierten Objekt(en) weitere spezialisierte Objekte vorhanden sind, die jedoch in dem jeweils betrachteten Kontext nicht von Interesse sind.

Um die Anzahl der Kantenkreuzungen möglichst gering zu halten (Grundsatz der Klarheit), ist die graphische Anordnung der Entitytypen in der Vertikalen nicht über alle Datenmodelle hinweg identisch.

In der Horizontalen ist die relative Anordnung der Objekte durchgängig über alle Graphiken.

---

2   Vgl. Hertel (1992), S. 104.
3   Diese Vorgehensweise gilt im weiteren für alle Beschreibungen zu Datenmodellen.

4.1.1   Einkaufsorganisation

Im Datenmodell des Organisationsbereichs Einkauf (vgl. Abb. 4.1) stellt der Entitytyp *Einkaufsorganisation* den Ausgangspunkt weiterer organisatorischer
Überlegungen dar. Eine Einkaufsorganisation ist eine organisatorische Einheit,
die insbesondere für die Verhandlung mit den Lieferanten verantwortlich ist.
Einkaufsorganisationen müssen zum Zweck der rechtlichen Verantwortung
einem Unternehmen zugeordnet werden (*EKORG-Unternehmen-ZuO*). Ein *Unternehmen* ist eine rechtlich selbständige Gesellschaft. Unternehmensverflech-
tungen (*UN-Verflechtungen*) werden durch eine Strukturabbildung des Entitytyps Unternehmen auf sich selbst modelliert.

Werden unternehmensübergreifende Vereinbarungen getroffen, so ist die
Einkaufsorganisation unternehmens- oder sogar konzernübergreifend zuständig.
Dieses wird durch den Entitytyp *Einkaufsorganisation konzernübergreifend* im
Modell abgebildet, der eine Spezialisierung der Einkaufsorganisation darstellt.
Die interne Einkaufsorganisationsstruktur wird durch den spezialisierten Entitytyp *Einkaufsorganisation konzernintern* beschrieben. Beispiele für konzern-
übergreifende Einkaufsorganisationen in Deutschland sind die nationalen Einkaufskontore, von denen im Bereich des Lebensmittelhandels die Markant AG,
die Rewe Zentrale AG und die Edeka Zentrale AG die bedeutendsten sind.[4] Die
nationalen Kontore verbinden sich vermehrt zu internationalen Kontoren, die
auch als Mega-Kontore bezeichnet werden. Hervorzuheben sind insbesondere
die EMD[5], die AMS, die CEM, die ERA, die EUROGROUPS und die INTER
COOP. Wie bereits die Struktur nationaler und internationaler Kontore belegt,
handelt es sich bei den Einkaufsorganisationen nicht nur um eine übergreifende
Einheit, sondern um mehrere in eine hierarchische Struktur eingeordnete Organisationseinheiten. Exemplarisch sei eine Einkaufsorganisationshierarchie anhand
von Lidl & Schwarz geschildert, die national der Markant AG angehören. Somit
bildet die Markant AG eine konzernübergeifende Einkaufsorganisation. Die
Markant AG wiederum ist Mitglied in der EMD als internationalem Einkaufskontor, so daß sich bereits bei diesem einfachen Fall (ohne Beachtung mehrerer
Hierarchien innerhalb einer Einkaufsorganisation sowie weiterer konzernüber-
greifender Einkaufsorganisationen, die unterhalb des nationalen Einkaufskontors
angeordnet sind) eine zweistufige Hierarchie der Einkaufsorganisation ergibt.
Zur Abbildung dieser Fälle ist es erforderlich, eine Hierarchie zu bilden
(*EKORG-Hierarchie*). Derartige Hierarchien sind in bestehenden EDV-Syste-
men bislang nicht abgebildet, da der Nutzen einer derartigen Struktur erst zum
Tragen kommt, wenn eine Konsolidierung von Daten mehrerer konzernübergrei-

---

[4]   Vgl. im folgenden Tietz (GH-Perspektiven) (1993), S. 622ff.

[5]   Die EMD mit Sitz in Pfäfflikon in der Schweiz besteht aus folgenden Mitgliedsunternehmen:
      Selex (Italien), Markant (Niederlande), ZEV (Österreich), Markant (Deutschland), Selex
      (Spanien), Sodacip (Frankreich) und Uniarme (Portugal).

fender Einkaufsorganisationen in einem EDV-System erfolgt. Einer der Hauptzwecke, zu denen Einkaufskontore gebildet werden, ist der der Konditionenoptimierung. Zur Kontrolle der von der Industrie gewährten Konditionen wäre es erforderlich, daß die Umsätze der Mitgliedsunternehmen mit der Industrie in einem System verdichtet werden. Darüber hinaus ist die Aufteilung der nachträglichen Konditionen an die Mitgliedsunternehmen nur auf diesem Wege exakt möglich. Dem Wunsch nach rechnerischer Exaktheit und damit verbundener Kontrolle der Industrie steht eine Politik des Information Hiding in den Handelsunternehmen entgegen. Kaum ein Handelsunternehmen ist derzeit bereit, beispielsweise seine Umsatzdaten mit diversen Lieferanten anderen an einer Kooperation beteiligten Handelsunternehmen zum Zwecke einer gemeinsamen Konditionenkontrolle zugänglich zu machen. In der Zukunft wird es erforderlich sein, auf Basis eines größeren Vertrauens die Nutzeffekte von Kooperationen durch den Einsatz der zur Verfügung stehenden Technik stärker zu nutzen.

Die Einkaufsorganisation in Handelsunternehmen wird für einzelne oder mehrere Warenobergruppen (*WOG-EKORG-ZuO*) gebildet. Insbesondere bei Vollsortimentern wird i. d. R. mindestens zwischen Food und Non-Food-Einkaufsorganisationen unterschieden. Da sich die Gliederung der Einkaufsorganisation nicht an der Warengruppenhierarchie orientieren muß, sondern aufgrund organisatorischer Gesichtspunkte auch eine abweichende Gruppierung aufweisen kann, wird der Entitytyp *Warengruppe Warenobergruppe* als Spezialisierung der *Warengruppe* eingeführt. Somit können Einkaufsorganisationen nach dem Kriterium der Verantwortlichkeiten für verschiedene Warengruppenkombinationen gebildet werden. Wie bei Warengruppen auch ist es gängige Praxis, auf unterschiedlichen Hierarchieebenen der Warenobergruppen Einkaufsorganisationen festzulegen. Die Modellierung einer *WGR-WOG-Hierarchie* bringt diesen Sachverhalt zum Ausdruck.

Für die Einkaufsaktivitäten sind *Einkäufer* zuständig, die für die Konditionenverhandlungen mit Vertretern oder Key-Account-Managern der Industrie verantwortlich sind. Darüber hinaus nehmen sie Aufgaben der Stammdatenanlage in bestimmten Sortimentsbereichen wahr. Einkäufer besitzen Zuständigkeiten für Sortimentsbereiche, die durch den Beziehungstyp *Einkäufer-WOG-EKORG-ZuO* zum Ausdruck gebracht werden.

Die Verbindung von Einkaufs- und Vertriebsorganisation entsteht durch die Aggregation von nach Warenobergruppen gebildeten Einkaufsorganisationen (*WOG-EKORG-ZuO*) und der uminterpretierten Beziehung Unternehmen-Vertriebsschienen-Zuordnung (*UN-Vertriebs.-ZuO*). Somit ist eindeutig festgelegt, welche Einkaufsorganisationen für welche Vertriebsschienen zuständig sind. *Vertriebsschiene*n sind nach Distributionswegen und anderen marketingpolitischen Instrumenten gebildete Organisationseinheiten. Beispiele für Vertriebsschienen sind die C&C-Märkte der Metro, die Praktiker Baumärkte oder die OBI Baumärkte. Sehr häufig besteht zwischen den Objekttypen Unternehmen und Vertriebsschiene eine (0,1):(0,1)-Beziehung, da aus Gründen der Gewinnverantwortung die Vertriebsschienen als Unternehmen institutionalisiert werden. Daneben tritt der Fall, daß ein Unternehmen mehrere Vertriebsschienen umfaßt. Wenn z. B. in einem Unternehmen des Lebensmittelhandels zwei Typen von Filialen existieren, die einen unterschiedlichen Marktauftritt repräsentieren, werden zwei Vertriebsschienen gebildet. Das Unternehmen übernimmt für die Vertriebsschienen die rechtliche Verantwortung des Verkaufs. Es liegt eine (0,m):(0,1)-Beziehung zwischen Unternehmen und Vertriebsschienen vor. Auch ist der Fall denkbar, daß eine Vertriebsschiene mehrere Unternehmen umfaßt, wenn Filialen mit identischem Marktauftritt (eine Vertriebsschiene) jeweils rechtlich selbständige Unternehmen (mehrere Unternehmen) sind. Zwischen Unternehmen und Vertriebsschiene besteht hier eine (0,1):(0,m)-Beziehung. Im Datenmodell wird den drei Möglichkeiten der Beziehungen zwischen Unternehmen und Vertriebsschiene durch eine (0,m):(0,m)-Beziehung Rechnung getragen.

Zusammenfassend kann das Einkaufsorganisationscluster dem Datenmodell in Abb. 4.1 entnommen werden.

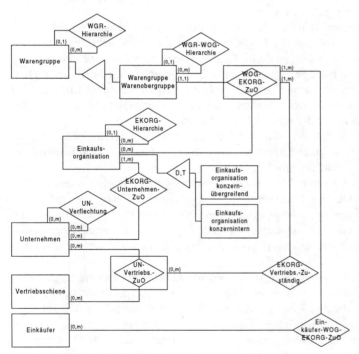

Abb. 4.1: Datenmodell Einkaufsorganisation

4.1.2   Lagerorganisation

Die Lagerorganisation ist im Handel insbesondere von der Handelsstufe abhängig. Während i. allg. auf Einzelhandelsebene noch keine Abbildung der Präsentationsplätze als Lagerplätze in einem Warenwirtschaftssystem vorhanden ist (hier werden lediglich in Regalplatzoptimierungssystemen die Lagerplätze zum Zwecke einer besseren Artikelplazierung festgehalten), ist normalerweise auf Großhandelsstufe eine differenzierte Lagerstruktur in Informationssystemen abgebildet.

Unter einem *Lager* wird eine organisatorische Einheit verstanden, die nach geographischen, technischen oder ökonomischen Überlegungen Lagerbereiche zusammenfaßt. Das Lager ist einem *Unternehmen* zugeordnet, das die Bestandsverantwortung für dieses Lager trägt (vgl. Abb. 4.2).

Auch wenn ein physisches Lager für verschiedene Unternehmen Artikel aufnimmt, sollte der Bestand eines Artikels innerhalb eines Lagers immer einem Unternehmen gehören, da andernfalls ein hoher Abstimmungsbedarf entsteht (Bildung mehrerer logischer Lager).

Reine Zentrallager sind von Regionallagerkonzepten zu unterscheiden. Bei einem Zentrallager werden die Lagerlieferungen an die Abnehmer von einem einzigen Lagerkomplex durchgeführt. Regionallager liegen vor, wenn in Abhängigkeit der geographischen Lage der Abnehmer unterschiedliche Lager zuständig sind. Ein Lager ist für eine oder mehrere Vertriebsschienen als Lieferant zuständig. Beispielsweise werden sämtliche Lebensmittel führenden Vertriebsschienen von einem Food-Artikel-Lager beliefert.

Hierarchisch untergliedert sich das Lager in einzelne *Lagerbereiche*, die die innere Grundstruktur eines Lagers repräsentieren. Sie werden nach räumlichen, technischen oder ablauforganisatorischen Aspekten gebildet.

Aufgrund der Notwendigkeit zur Differenzierung von Lagerbereichen ist häufig eine Hierarchie der Lagerbereiche (*Lagerbereichs-Hierarchie*) nötig, um untergeordnete Lagerbereiche innerhalb von übergeordneten Lagerbereichen definieren zu können. Beispielsweise wird ein Lagerbereich für die Kommissionierung in Unterlagerbereiche gegliedert, denen Kommissionierer zugeordnet sind.

Lagerbereiche können spezialisiert werden nach ihrer Bedeutung für die Einlagerung und Kommissionierung in *Lagerbereich Kommissionierung* und *Lagerbereich Reserve*. In den Kommissionierbereichen werden die Artikel auftragsbezogen zusammengestellt, indem die Ware aus den Kommissionierlagerplätzen entnommen wird. Oft ist im Kommissionierbereich eine Artikelfestplatzzuordnung vorhanden. Die Kommissionierfestplätze sind hierbei in der Regel im Greifbereich der Kommissionierer angeordnet. Aufgrund der begrenzten Lagerkapazität im Kommissionierbereich existieren Reserveplätze und Reservelagerbereiche, um den Lagerbestand im Kommissionierbereich aufzufüllen. Die Kommissionierung von großen Mengen eines Artikels (z. B. einer gesamten Palette) kann auch direkt aus dem Reservelagerplatz kommissioniert werden. Für die Wareneingangs- bzw. Versandbereiche im Lager wird der Lagerbereich in einen *Lagerbereich Wareneingangszone* und einen *Lagerbereich Versandzone* spezialisiert.

Nach dem Kriterium der Umschlaggeschwindigkeit der Artikel lassen sich die Lagerbereiche in einen *Lagerbereich Schnelldreher* und einen *Lagerbereich Langsamdreher* spezialisieren. In einem Schnelldreherlagerbereich werden diejenigen Artikel gelagert, die eine hohe Umschlagsgeschwindigkeit aufweisen. Bei ihnen ist die Effizienz der Ein- und Auslagerung von höherer Bedeutung als bei Langsamdrehern.

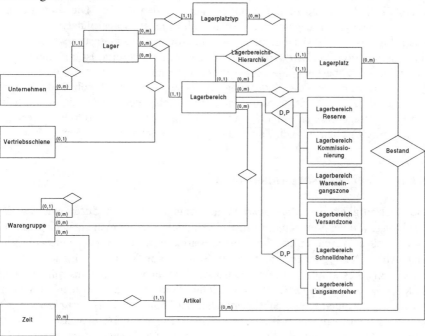

Abb. 4.2: Datenmodell Lagerorganisation

In Zentrallagern wird i. d. R. eine Einteilung des Lagers in Lagerbereiche nach dem Kriterium der *Warengruppe* vorgenommen. Großgeräte werden beispielsweise in einem anderen Lagerbereich gelagert als Ware aus dem Sortimentsbereich Glas, Porzellan, Keramik. Diese Unterscheidung wird aus Gründen der abweichenden logistischen Anforderungen der Artikel vorgenommen.

Die Lagerbereiche setzen sich aus einem oder mehreren Lagerplätzen (*Lagerplatz*) zusammen. Lagerplätze können durch Attribute wie Länge, Breite, Höhe, maximale Tragfähigkeit beschrieben werden. Die Lagerplätze stellen die

kleinste organisatorische Einheit des Lagers dar, die durch die Angabe von Koordinaten identifiziert wird. Die Komplexität moderner Lagergebilde erfordert
beispielsweise die Angabe von Gang, Haus und Ebene innerhalb eines Lagerbereichs. Beim Lagerplatz ist zu unterscheiden, ob er mit einem oder mit mehreren
Artikeln belegbar ist. Mehrfachbelegungen eines Lagerplatzes in Lagern von
Handelsunternehmen sind zwar der Ausnahmefall, die ternäre m:m:m-Beziehung
zwischen den Entitytypen Zeit, Artikel und Lagerplatz im Datenmodell läßt
diese Möglichkeit allerdings zu.

Der Entitytyp *Lagerplatztyp* beschreibt die wesentlichen logistischen Gegebenheiten einer Klasse von Lagerplätzen. Beispielsweise kann ein Lagerplatztyp
bedeuten, daß nur Euro-Paletten eingelagert werden dürfen. Die vom Lagerplatztyp abhängigen Lagerplätze besitzen alle die am Lagerplatztyp beschriebenen logistischen Basischarakteristika. Durch den Beziehungstyp *Bestand*, der
eine Aggregation von *Zeit*, *Artikel* und *Lagerplatz* beschreibt, ist zu jedem Zeitpunkt der Artikelbestand eines Lagerplatzes bekannt.

Der Forderung, daß die Zuordnung von Festplätzen zu Artikeln zeitgesteuert
sein soll, da z. B. die Saisonware nach Beendigung der Saison automatisch in
den Reservelagerbereich umgelagert wird, ist im Datenmodell durch die ternäre
Beziehung zwischen Artikel, Zeit und Lagerplatz Rechnung getragen.

4.1.3   Vertriebsorganisation

Die Vielfältigkeit der Marktbearbeitungsstrategien hat ein differenziertes Erscheinungsbild der Vertriebsstrukturen in Handelsunternehmen entstehen lassen.

Vertriebsschienen teilen die Vertriebsstruktur eines Handelsunternehmens
nach Absatzüberlegungen ein. Mit der Bildung von Vertriebsschienen soll im
Handel eine bestimmte Harmonie hinsichtlich absatzpolitischer Instrumente und
Ziele erreicht werden (z. B. Preis, Außenwirkung, Größe, Sortiment, Layout),
um Kundengruppen zielgerecht ansprechen zu können. Die *Unternehmen* eines
Konzerns können mehrere *Vertriebsschiene*n besitzen, beispielsweise einerseits
C&C-Märkte und andererseits den klassischen Großhandel (vgl. Abb. 4.3).
Beide Vertriebsschienen sind einem Unternehmen zugeordnet, das die rechtliche
Verantwortung für die Verkaufsvorgänge der Vertriebsschienen trägt.

Der Unternehmen-Vertriebsschienen-Zuordnung (*UN-Vertriebs.-ZuO*) können die *Abnehmer* zugeordnet werden, die in Kunden (*Geschäftspartner Abnehmer Kunde*) und Betriebe (*Geschäftspartner Abnehmer Betrieb*) spezialisiert
werden. Aufgrund der hierarchischen Strukturen, die Abnehmerbeziehungen
auszeichnen, wird eine *Abnehmerstruktur* modelliert. Diese ist u. a. dazu notwendig, die vielfältigen Konditionsvereinbarungen mit Konzernen abzubilden.
So bestehen z. B. Geschäftsbeziehungen nicht nur mit der Landesgesellschaft
des Abnehmers, sondern auch mit einer Filiale dieser Gesellschaft. Bei einer
Vereinbarung einer nachträglichen Jahreskondition auf Konzernebene bedarf es

beispielsweise zur Berechnung der Konditionen auf oberster Ebene der Zusammenfassung aller im Laufe des Jahres getätigten Umsätze mit den Filialen dieser Gesellschaft. Die Modellierung einer (0,m):(0,m)-Beziehung des Entitytyps Geschäftspartner Abnehmer mit sich selbst wird erforderlich, da Abnehmerhierarchien für diverse Zwecke erforderlich werden (z. B. Umsatzauswertungen, Konditionsgewährung), so daß alternative Hierarchien abgebildet werden müssen.

Der *Geschäftspartner Abnehmer Betrieb* fokussiert auf die innerhalb des Handelsunternehmens erforderlichen logistischen Aufgaben und läßt sich in Filialen (*Geschäftspartner Abnehmer Betrieb Filiale*) und Lager (*Geschäftspartner Abnehmer Betrieb Lager*) spezialisieren. Ein *Betrieb* ist eine organisatorische Einheit, in der Warenbewegungen durchgeführt werden und die der Distribution der Ware an den Kunden (an Wiederverkäufer oder Verbraucher) dient. Der Begriff Niederlassung wird synonym zu dem der Filiale betrachtet und daher, dem Grundsatz der Klarheit folgend, nicht eigens modelliert.

Bei der Zuordnung von Abnehmern zu einer Kombination von Unternehmen und Vertriebsschienen ist zu beachten, daß zwar in mehrstufigen Handelsunternehmen eine eindeutige Verbindung einer Filiale zu einer Unternehmen-Vertriebsschienen-Zuordnung hergestellt werden kann, da beispielsweise ein Metro C&C-Markt nicht zu einer Praktiker-Vertriebsschiene gehören kann. Bei Großhandelsunternehmen hingegen bedienen Lager i. d. R. mehrere Vertriebsschienen, so daß ein Lager für mehrere Vertriebsschienen zuständig sein kann. Das Datenmodell ermöglicht diese Flexibilität durch eine (0,m):(1,m)-Beziehung von Unternehmen-Vertriebsschienen-Zuordnung zu Abnehmer. Zudem kann ein Kunde mit mehreren Vertriebsschienen eines oder mehrerer Unternehmen Geschäftsbeziehungen haben, so daß auch aus diesem Grunde eine (0,m):(1,m)-Beziehung erforderlich wird.

Aufgrund der Notwendigkeit, Verantwortlichkeiten innerhalb der Vertriebsschienen zu definieren, werden die Abnehmer häufig nach regionalen oder kundengruppenorientierten Gesichtspunkten in *Verkaufsbezirke* (auch Distrikte) eingeteilt. Ein Abnehmer ist eindeutig einem Verkaufsbezirk zugeordnet. Für die Betreuung der Abnehmer sind *Vertreter* (im Großhandel) bzw. Vertriebsberater (im filialisierenden Einzelhandel) zuständig, die die Gespräche mit den Abnehmern führen und häufig Aufträge von den Abnehmern entgegennehmen. Bei differenzierten Vertriebsschienenkonstrukten, in denen Sortimente über verschiedene Vertriebsschienen an den Kunden verkauft werden, bedarf es einer (0,m):(0,m)-Beziehung zwischen Abnehmer und Vertreter, da beispielsweise ein Abnehmer von einem Vertreter, der für Installationsmaterial zuständig ist, und von einem, der für Glas, Porzellan und Keramik verantwortlich ist, betreut wird. Die Tendenz zur Segmentierung der Warenbereiche und deren Aufteilung auf mehrere Vertreter entspricht dem objektorientierten Gliederungsprinzip. In der Industrie wird häufig der Begriff Sparte verwendet, der aber zusätzlich die Gewinnverantwortung für eine organisatorische Einheit im Sinne eines Profit

Centers induziert. Die objektorientierte Gliederung wird durch die Spezialisierung der Unternehmen-Vertriebsschienen-Zuordnung in eine Unternehmen-Vertriebsschienen-Zuordnung warenorientiert (*UN-Vertriebs.-ZuO warenorientiert*), in die die Warengruppe-Warenobergruppe semantisch prägend eingeht, modelliert. Die Warenobergruppe kann somit sowohl als Konstrukt zur Bildung von Einkaufsorganisationen als auch von Vertriebsorganisationen im objektorientierten Sinne herangezogen werden. Neben der warenorientierten Gliederung ist eine betriebstypenorientierte Segmentierung der Vertriebsorganisation möglich, die sich im Entitytyp Unternehmen-Vertriebsschienen-Zuordnung betriebstypenorientiert (*UN-Vertriebs.-ZuO betriebstypenorientiert*) manifestiert. Beide Erscheinungsformen können in einem Unternehmen nebeneinander vorkommen.

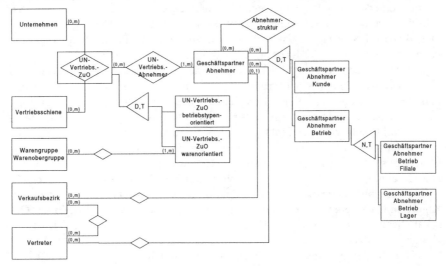

Abb. 4.3: Datenmodell Vertriebsorganisation

Von den organisatorischen Einheiten des Vertriebs ist der Betrieb detaillierter darzustellen, da dieser die wesentlichen internen Organisationsstrukturen beschreibt, die beim stationären Einzel- und Großhandel für den Kontakt zum Kunden von Bedeutung sind. Das Datenmodell Betrieb (vgl. Abb. 4.4) zeigt die wesentlichen Informationsobjekte und deren Beziehungen zueinander auf.

Der Abnehmer untergliedert sich in *Abnehmerabteilung*en. Eine Spezialisierung der Abnehmerabteilung ist die *Abnehmerabteilung Filiale*, die aus organisatorischen Gesichtspunkten oder aus Sortimentsüberlegungen heraus entsteht. Während bei größeren C+C-Märkten die Abteilungen in den einzelnen Märkten stark voneinander abweichen, da beispielsweise in einem Markt eine gemeinsame Abteilung für die Bereiche Elektro und Haushaltsgeräte besteht, in einem anderen hingegen Elektro und Schmuck zusammengefaßt sind, sind in vielen

Fällen die Abteilungen nicht filialspezifisch, sondern können als logische Verdichtung der Warengruppenhierarchie aufgefaßt werden. In großen Lebens-
mittel-orientierten Warenhäusern sind daher Abteilungen wie Obst und Gemüse
oder Tiefkühlware üblich. Durch die Zuordnung der Warengruppe zur Abnehmerabteilung werden beide Fälle abgebildet. Gewöhnlich ist eine Warengruppe
eindeutig einer Abnehmerabteilung zugeordnet. Somit sind im Einzelhandel übliche Mehrfachplazierungen nicht abbildbar. Vor dem Hintergrund konsistenter
Auswertungsstrukturen ist es dennoch sinnvoll, Warengruppen eindeutig einer
Abteilung zuzuordnen, wenn beim Verkauf des Artikels die Abteilungszuge-
hörigkeit des Artikels nicht erfaßt werden kann.

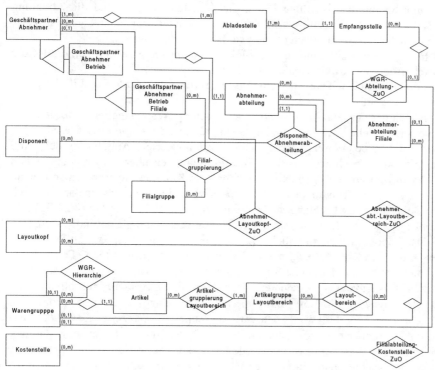

Abb. 4.4: Datenmodell Betrieb

Die Unterteilung von Filialen in Abteilungen wird auch in der Kosten- und
Erlösrechnung verwendet, um über eine Zuordnung von Filialabteilungen und
*Kostenstelle*n die Warenbewegungen kosten- und erlösmäßig abzubilden. Es ist
zu beachten, daß Kostenstellen nach betriebswirtschaftlichen Kriterien gebildet
werden, zu denen unter anderem die Notwendigkeit gehört, selbständige Verant-

wortungsbereiche definieren zu können.[6] Da die Abteilungen einen Abteilungsleiter haben, der je nach Führungsphilosphie und Filialgröße mittlere Entscheidungsautonomie in Fragen der Listung, der Disposition und der Preisgestaltung besitzt, ist eine Abteilungs-Kostenstellen-Zuordnung sinnvoll, die die Kontrolle und Steuerung der Filialen auf Basis von Kosten- und Erlösdaten unterstützt. Allerdings sei angemerkt, daß die Abgrenzung von Kostenstellen vor dem Hintergrund einer sinnvollen Kostenerfassung mit erheblichen Problemen behaftet ist. Den Abteilungen in einer Filiale können z. B. dann die Mitarbeiter nicht eindeutig zugeordnet werden, wenn sie auch für andere Abteilungen zuständig sind. Gleiches gilt für bestimmte abteilungsübergreifende Anlagegüter (Kühltruhe für die Abteilung Fisch, die Abteilung Fleisch und die Abteilung Käse). Auf der Erlösseite wurde auf die Zurechungsproblematik von Artikeln, die in mehreren Abteilungen plaziert sind, bereits hingewiesen.

Den Abnehmerabteilungen sind zugleich *Disponenten* zugeordnet, die für die Beschaffung der Artikel verantwortlich sind.

Filialen gleichen Typs (z. B. identische Sortimente) werden zu *Filialgruppen* zusammengefaßt.

Abnehmer besitzen *Abladestelle*n, an denen die Ware angeliefert werden soll. Eine semantische Verfeinerung der Abladestelle ist die *Empfangsstelle*. Sie dient insbesondere bei Warenhäusern für eine differenziertere Anlieferung der Ware beispielsweise nach Stockwerken. Die Informationen über die Empfangsstellen in einem Betrieb verfolgen den Zweck, daß die Kommissionierung entsprechend der physischen Struktur des Warenhauses vorgenommen werden kann. Durch die Zuordnung der Empfangsstellen zum Entitytyp *WGR-Abteilung-ZuO* kann in Abhängigkeit von der angelieferten Ware die Empfangsstelle gefunden werden.

Das Layout gibt die räumliche Struktur des Abnehmers an. Es hält fest, wo in der Filiale welche Artikel in den Regalen plaziert sein sollten. Da mehrere Filialen identische räumliche Strukturen aufweisen, wird ihnen *ein* Layout zugeordnet. Das Layout wird datentechnisch durch den *Layoutkopf* mit allgemeinen Daten (Layout 1 für 1.500 qm-Supermarkt, 3 Gänge) und den zugeordneten *Layoutbereiche*n, die jeweils eine Artikelgruppe (*Artikelgruppe Layoutbereich*) umfassen, repräsentiert. Das Layout ist u. a. Basis für die Ordersatzgestaltung, die eine der Warenpräsentation analoge Struktur aufweisen soll. Unter einem Ordersatz ist die Dispositionsunterlage (elektronisch, schriftlich) eines Abnehmers zu verstehen, auf der die von ihm bestellbaren Artikel aufgeführt sind. Layoutbereiche werden Abnehmerabteilungen zugeordnet, um den abteilungsspezifischen Bedürfnissen bei der Disposition Rechnung zu tragen (z. B. Mehrfachplazierung der Batterien in den Abteilungen Spielwaren und Haushaltsbereich).

---

[6]   Zu Kriterien zur Bildung von Kostenstellen vgl. Kilger (1987), S. 154f.

4.2 Das Artikelmodell als zentrales Konstrukt der Warenwirtschaft

Im Mittelpunkt des Datenclusters Artikel steht der Objekttyp *Artikel* (vgl. zu den folgenden Ausführungen das Datenmodell in Abb. 4.5). Ein Artikel kann mit einer Vielzahl an Attributen beschrieben werden. Der Artikel ist im Handel immer eindeutig einer Warengruppe zugeordnet. Eine *Warengruppe* dient der Strukturierung und Verdichtung des gesamten Sortiments in Tiefe und Breite. Die Sortimentsbreite kann anhand der Anzahl an Warengruppen, die Sortimentstiefe an der Anzahl an Warengruppen einer Hierarchiestufe (*Warengruppe-Hierarchie*) beurteilt werden.[7] Die Warengruppen besitzen mehrere Hierarchiestufen. So ist die Warengruppe Auslaufarmaturen der übergeordneten Warengruppe Armaturen für die Wasserinstallation zugeordnet, die wiederum der Warengruppe Installationsgeräte untergeordnet ist. Ein Referenz-Warengruppen-Katalog wurde von der CCG (Centrale für Coorganisation)[8] entwickelt, an den sich viele Handelsunternehmen bei ihrer Warengruppendefinition anlehnen.

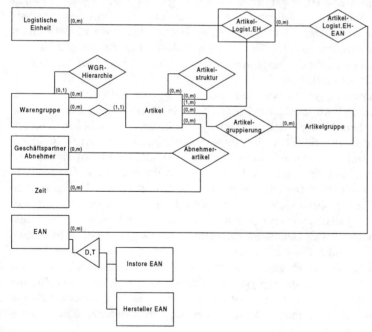

Abb. 4.5: Datenmodell Artikel (ohne Spezialisierungen des Objekts Artikel)

---

[7]   Vgl. Falk, Wolf (1992), S. 83.
[8]   Vgl. CCG (1988).

Einige Handelsunternehmen verfügen über eine zeitgesteuerte Hierarchie, die es zuläßt, einzelne Hierarchiestränge zu unterschiedlichen Zeitpunkten anderen Hierarchieknoten zuzuordnen. Dies sollte allerdings nicht in der Warengruppenhierarchie abgebildet werden, da eine zeitgesteuerte Warengruppenhierarchie zu inkonsistenten Aussagen im Controlling führen würde. Hier sollten andere Konstrukte wie Artikelgruppierungen verwendet werden.

Innerhalb der Modellierung des Artikelstamms besitzt die Beziehung *Abnehmerartikel* eine den Artikelstamm des Handels charakterisierende Eigenschaft, die Zeitsteuerung. Sie bildet die datentechnische Voraussetzung für viele Funktionsbereiche. Die für Steuerungszwecke notwendige Zeitabhängigkeit des Artikelstamms wird primär für Zwecke der Listung benötigt, die Gegenstand späterer Ausführungen ist.

Dem Artikel können eine oder mehrere *Logistische Einheit*en zugeordnet werden. Typische Logistische Einheiten sind die Palette, der Umkarton, die Lage usw. Die Logistikeinheiten können hierarchisch zueinander angeordnet sein (ein Einzelstück, ein 6-er-Karton, eine Lage, eine Palette). Eine strenge Hierarchie muß allerdings nicht gegeben sein, wenn z. B. der Artikel im 6-er-Karton und im 8-er-Karton geführt wird. Deswegen wird auf der logistischen Einheit keine Hierarchie gebildet. Große Sorgfalt muß auf die Festlegung gerichtet werden, bei welchen Funktionen welche Größeneinheit verwendet werden soll (Mindestbestellmenge des Großhandels Palette, Lagermengeneinheit im Großhandel Palette, Mindestbestellmenge beim Großhandel Lage, Verkauf in der Filiale Einzelartikel).

Die Zuordnungen von logistischen Einheiten und Artikeln besitzen i. d. R. eine oder mehrere Europäische Artikelnummern (*EAN*) (mehrere dann, wenn der Artikel von unterschiedlichen Produzenten oder in unterschiedlichen Ländern hergestellt wird), die für eine eindeutige Identifizierung von Artikeln unterschiedlicher Größenordnungen sorgen sollen.[9] Die EAN wird im Handel für unterschiedliche Zwecke eingesetzt. Im Bereich des Wareneingangs kann sie der Identifizierung mittels Scanning dienen,[10] um die Erfassung der Wareneingänge zu beschleunigen. Insbesondere in den Filialen dürfte mit steigender Auszeichnungsrate der logistischen Einheiten mit EANs eine dezentrale Wareneingangserfassung zunehmen. Das Haupteinsatzgebiet von EANs ist derzeit die Erfassung der Verkaufsvorgänge mit Scannerkassen, die durch die elektronisch lesbare Artikelauszeichnung erst möglich geworden ist. Durch die Scannerkassen wird die Grundlage für detaillierte Analysen der Verkaufsvorgänge sowie der Zu- und Abgänge von Artikelbeständen geschaffen. Derzeit gewinnen darüber hinaus die EANs für Zwecke einer mittels MDE in den Betrieben durchzuführenden Inventur an Bedeutung.

---

[9]   Zur EAN und deren Aufbau vgl. Hagen (1988), S. 47f.; CCG (1986). Einen Überblick über die unterschiedlichen Nummernsysteme und deren Aufbau geben auch Zentes, Exner, Braune-Krickau (1989), S. 155ff.

[10]   Zur Artikelidentifizierung beim Kassieren mit der EAN vgl. Hagen (1991), S. 40ff.

Der einzelne Artikel verfügt häufig über unterschiedliche EANs, da durch die bundeseinheitliche Betriebsnummer (bbn), die im Schlüssel der EAN enthalten ist, bereits abweichende Produktionsstandorte eines Produktes zu unterschiedlichen EANs führen. Insbesondere im Lebensmittelhandel entstehen dadurch Probleme, da die EAN häufig nicht als Bestellnummer verwendet werden kann. Es gibt mehrere EAN-Varianten, die von der ursprünglichen europäischen Artikelnummer über Kurz-EANs (8-stellig) bis hin zum ITF-Code (Interleaved Two of Five, als Erweiterung des EAN-Code für Umverpackungen)[11] reichen.

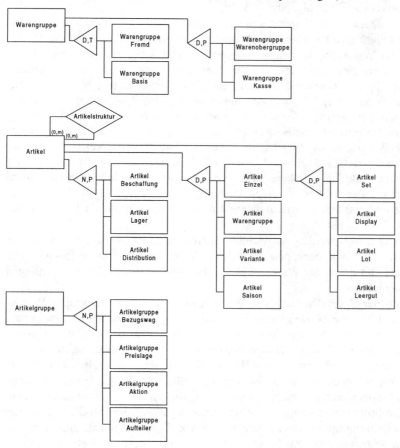

Abb. 4.6: Datenmodell Spezialisierungen zum Artikel

---

[11]   Zum Aufbau des ITF-Code vgl. Hertel (1992), S. 56ff.

Die EAN kann in eine interne (*Instore EAN*) und eine externe (*Hersteller EAN*) spezialisiert werden. Die Instore EAN wird in der Regel von den Handelsunternehmen selbst vergeben, wenn der Artikel keine EAN vom Lieferanten erhalten hat. Dieses ist im Lebensmittelhandel beispielsweise bei Obst, Gemüse und Fleisch der Fall. Auch bei Importware fehlt häufig eine vom Lieferanten vergebene EAN. Der Entitytyp Instore EAN faßt beispielsweise die Gewichts-EAN oder die Kurz-EAN zusammen. Durch den Subtypen Hersteller EAN werden u. a. der Kurz-UPC und die ISBN-Nummer[12] abgebildet. Die Spezialisierungen des Entitytyps Artikel zeigt Abb. 4.6.

Die Bedeutung der *Warengruppe* für die Aufbauorganisation und die technischen Gegebenheiten eines Handelsunternehmens kommt in den Spezialisierungen der Warengruppe, der *Warengruppe Warenobergruppe* und der *Warengruppe Kasse* zum Ausdruck. Für die Aufbauorganisation wird die Bedeutung der Warengruppe durch die Spezialisierung der Warengruppe in eine Warenobergruppe aufgezeigt, die die Zusammenfassung von Warengruppen unter organisatorischen Gesichtspunkten widerspiegelt. Sie wirkt konstituierend für Einkaufs- und Vertriebsorganisationsformen. Ablauforganisatorisch bedingen bestimmte Warengruppen spezifische Abläufe. Beispielsweise haben Artikel des Sortimentsbereichs Lebensmittel eine hohe Umschlagsgeschwindigkeit und ihre Stammsätze eine lange Lebensdauer. Hingegen ist im Modebereich eine kurze Lebensdauer der Artikel zu verzeichnen, so daß hinsichtlich Artikelanlage, Bestellung und Verkauf andere Aspekte eine Rolle spielen als im Lebensmittelbereich.

Darüber hinaus werden die wichtigsten Auswertungen der Controlling-Ebene auf Basis von Warengruppen oder deren Verdichtungsstufen aufgebaut. Die stringente Definition der Warengruppe ist für die Konsistenz der Auswertungen ausschlaggebend.

Neben der Spezialisierung der Warengruppe in eine Warengruppe-Warenobergruppe ist eine *Warengruppe Kasse* notwendig, die eine Zusammenfassung von Warengruppen entsprechend der technischen Restriktionen von Kassensystemen darstellt. Da die Kassenwarengruppen als Spezialisierung der Warengruppe unter Beibehaltung einer Hierarchie auf dem generalisierten Objekt Warengruppe modelliert sind, ist sichergestellt, daß die eindeutig definierte Warengruppenhierarchie nicht verletzt wird, die für viele Auswertungen zentrales Gruppierungskriterium ist. Ältere Kassensysteme, die lediglich zehn oder weniger Warengruppentasten besitzen, haben z. T. eine eigenständige Verdichtung der Warengruppen zur Folge gehabt, da organisatorische Belange in Filialen eine von der Hierarchie der Warengruppen abweichende Verdichtung erforderten, die auch als Zählwerke bezeichnet werden. Zählwerke, die sich nicht in

---

[12] Das ISBN-System (Internationale Standard-Buchnummer) ist ein branchenspezifisches Nummernsystem des Buchhandels. Zum Aufbau der ISBN-Nummer vgl. Tietz (Handelsbetrieb) (1993), S. 1030.

der Warengruppenhierarchie wiederfinden, sollten wegen der daraus resultierenden Inkonsistenz vieler Auswertungen auf jeden Fall vermieden werden.

Eine weitere Spezialisierungsform, die sich danach ausrichtet, ob eine Warengruppe unternehmensinterne oder -externe Warengruppierungen abbildet, wird durch die Objekttypen *Warengruppe Fremd* oder *Warengruppe Basis* dargestellt. Bei der Warengruppe Fremd werden Warengruppen in einem Informationssystem für unternehmensexterne Adressaten verwaltet. Dieses können entweder Lieferanten, Kunden oder Marktforschungsinstitute sein. Die Warengruppe-Basis stellt die unternehmensintern verwendete Gruppierung von Artikeln zu Warengruppen dar.

Beim Artikel sind drei Spezialisierungsarten zu unterscheiden. Erstens kann nach dem Verwendungszweck des Artikels in *Artikel Beschaffung*, *Artikel Lager* und *Artikel Distribution* differenziert werden. Zweitens sind unterschiedliche Artikeltypen zu unterscheiden, die nach abweichenden Einkaufs- und Verkaufseigenschaften der Artikel gebildet werden (*Artikel Einzel*, *Artikel Warengruppe*, *Artikel Variante*, *Artikel Saison*). Drittens werden die Artikel, die Rekursionsbeziehungen besitzen, in *Artikel Set*, *Artikel Display*, *Artikel Lot* und *Artikel Leergut* unterteilt.

Der nach dem Artikeltyp spezialisierte Einzelartikel (*Artikel Einzel*) charakterisiert einen Artikel, der in der gleichen Art und Weise gekauft wie verkauft wird. Im Großhandel wird beispielsweise eine Kaffeemaschine bestellt, die ein Kunde in genau dieser Form kaufen kann. Ein *Artikel Warengruppe* dient als Sammelartikel für mehrere Artikel einer Warengruppe. Er wird verwendet, wenn der Verkauf nicht artikelgenau erfaßt werden kann oder soll.

Der *Artikel Variante* stellt eine konkrete Ausprägung eines Artikels hinsichtlich seiner Beschreibungsmerkmale dar.[13] So ist eine blaue Jeans in der Größe 98 eine Variante des Artikels Jeans. Die Variantenbildung ist ein besonderes Charakteristikum des Textilhandels, in dem sowohl die Struktur verschiedener Varianten als auch die Varianten als ein- und verkaufsfähige Artikel verwaltet werden müssen. Der *Artikel Saison* stellt hinsichtlich der Zugehörigkeit von Artikeln zu Saisons eine Spezialisierung des Artikels dar. Diese ist notwendig, da beispielsweise die logistischen Abläufe (z. B. Aufteiler), Limitrechnungen und Ergebnisrechnungen saisonspezifische Eigenschaften aufweisen.

In bisherigen Systemen nur unzureichend unterstützt sind die unterschiedlichen Typen von Stücklistenartikeln, die im Handel auftreten können. Die Stücklistenkonzeption ist aus der Industrie bekannt, in der sie die Struktur eines Endprodukts darstellt.[14] Es ist hierbei zu beachten, daß je nachdem, ob der Artikel aus Sicht des Lagers oder der Filiale betrachtet wird, als Einzel- oder als Stücklistenartikel aufzufassen ist. In einem Lager wird beispielsweise der Stück-

---

[13] Die Variante eines Artikels stellt die kleinste Einheit eines Artikels dar. Sie wird auch als Stock keeping Unit (SKU) bezeichnet. Vgl. Hagen (1991), S. 40.

[14] Zu Stücklistenkonzepten der Industrie vgl. Mertens (1995), S. 136ff.; Scheer (1995), S. 99ff.

listenartikel wie ein Einzelartikel gehandhabt, da aus logistischer Sicht keine Unterscheidung nach Einzelartikeln notwendig ist. In der Filiale hingegen wird der Stücklistenartikel in die Einzelkomponenten zerlegt, da nur die Einzelartikel verkauft werden.

Den ersten Typ von Stücklistenartikeln bildet ein *Artikel Set*, das in zwei Ausprägungen auftreten kann. Zum einen als Einkaufsset, d. h. es wird unter einer Artikelnummer bereits eine Zusammenstellung von Artikeln eingekauft. Ein Beispiel für ein Einkaufsset stellt ein Geschenkkorb (z. B. im Rahmen einer Französischen Woche) im Lebensmittelhandel dar. Im Elektrohandel ist ein Set u. a. die Verbindung von einem Rasierer mit einer Uhr, die nur zusammen als ein Artikel ein- und verkauft werden. Im Regelfall wird ein Einkaufsset somit wie ein Einzelartikel gehandhabt. Ausnahmen bestätigen jedoch auch hier die Regel. Werden beispielsweise Sets und Einzelartikel verkauft, so kann es auch im Lager notwendig sein, ein Set sowohl als Einzelartikel Set als auch in Form der Einzelartikel des Stücklistenartikels Set zu führen. Beispielsweise besteht in einem Großhandelslager der Wunsch der Auflösung eines Sets „Kaffee-Service", wenn ein Kunde einzelne Teller bestellt, diese aber nicht mehr im Lager vorhanden sind. Es sei jedoch darauf hingewiesen, daß im Regelfall der Bestand entweder auf Set oder auf Einzelartikelebene geführt werden muß. Wird ein Set eingekauft und als Einzelartikel verkauft, so können keine Aussagen über den Umsatz des Sets getroffen werden, und der Wareneinsatz der Einzelartikel entspricht nicht dem tatsächlichen Aufwand. Im umgekehrten Fall werden Einzelartikel eingekauft und als Set verkauft, so daß der Umsatz der Einzelartikel nicht ermittelbar ist und der Wareneinsatz der Sets falsch ausgewiesen wird.

Im Gegensatz zum Einkaufsset wird ein Verkaufsset erst im Handelsunternehmen zusammengestellt, d. h. eingekauft werden Einzelartikel; zum Zwecke der Verkaufsförderung oder Warenpräsentation stellt der Vertrieb diese zu einem Verkaufsset zusammen. Beispiele sind u. a. die Bildung von Servicen im Porzellanwarenbereich, die Zusammenstellung von Geschenkkörben, die Offerierung kompletter Küchenzeilen usw.

Neben dem Setartikel besitzt der *Artikel Display* vor allem für den Lebensmittelbereich eine große Bedeutung. Unter einem Display versteht man eine Zusammenfassung von Artikeln zu Zwecken der Verkaufsförderung.[15] Ein Display wird vom Lager als Stücklistenartikel bestellt, bestandsmäßig verwaltet und in den Filialen in den Mengen der Einzelartikel geführt.[16] Der mit einem Display verfolgte Zweck ist die geeignete Präsentation der Ware an einem Verkaufsort. Die bestandsmäßige Auflösung des Displays in den Filialen wird i. d. R. im Wareneingang vorgenommen. Ein Beispiel für ein Display ist die in der Filiale

---

[15]   Zur Konkretisierung des intendierten Zwecks von Displays wird auch von Point-of-Purchase-Displays gesprochen.

[16]   Vgl. Hertel (1992), S. 129.

präsentierte „Lila Kuh" mit einer Vielzahl unterschiedlicher Sorten von Schokolade.

Ein *Artikel Lot* ist die verbreitetste Form des Stücklistenartikels im Textilhandel. Ein Lot faßt Varianten eines Artikels oder mehrerer Artikel als eine Einheit zusammen und dient der Vereinfachung des logistischen Ablaufs. Das Handelsunternehmen bestellt und vereinnahmt den Wareneingang auf Basis eines Lots, während der Warenausgang an die Filialen auf Basis der Einzelkomponenten erfolgt (und somit auch die Fakturierung). Beispielsweise stellt eine Palette Herrenoberhemden in den Farben weiß, gelb und blau und den Größen 38, 39 und 40 ein Lot dar.

Ein *Artikel Leergut* charakterisiert einen mehrstufigen Stücklistenartikel. Ein Beispiel für einen Leergutartikel ist die „Kiste Bier 24 Flaschen à 0,33 l". In einer ersten Stufe läßt sich der „volle Kasten Bier" in die Einzelartikel „volle Flaschen" und „Kasten" auflösen. In einer zweiten Stufe wird der Stücklistenartikel „volle Flasche" in die Einzelartikel „Flaschenfüllung" und „leere Flasche" aufgelöst. Es handelt sich somit bei dem Beispiel um eine zweistufige Stückliste (vgl. Abb. 4.7).

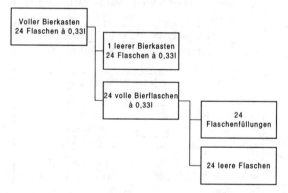

Abb. 4.7: Exemplarische Darstellung einer Leergut-Stückliste

Für eine Vielzahl operativer Funktionen werden die Artikel im Handel zu Artikelgruppen zusammengefaßt. Die Spezialisierung der Artikelgruppe in die *Artikelgruppe Bezugsweg* faßt diejenigen Artikel zusammen, die über Strecke oder über Lager von den dezentralen Organisationseinheiten zu beziehen sind. Diese Artikelgruppe stellt den Ausgangspunkt der Ordersatzerstellung getrennt nach Lager und Strecke dar. Die *Artikelgruppe Preislage* faßt diejenigen Artikel zusammen, die hinsichtlich des Verkaufspreises einheitlich sind. So können 1-DM, 3-DM oder 5-DM-Artikel im Sortimentsbereich Werkzeug zu derartigen Artikelgruppierungen zusammengefaßt werden, unabhängig von der Art des einzelnen Artikels. Auch CDs oder andere Sortimente werden über diese Gruppierungsform zu einer einheitlichen Preislage zusammengefaßt, die z. B. im Controlling zu Auswertungszwecken verwendet wird. Die *Artikelgruppe Aktion* gruppiert

Artikel für Zwecke einer Aktion. Für die Verteilung bestimmter Artikelbeschaffungsmengen auf die Abnehmer wird häufig die Funktionalität eines Aufteilers verwendet.[17] Da i. d. R. mehrere Artikel nach den gleichen Kriterien aufgeteilt werden, wird die Gruppierung von Artikeln zu einer *Artikelgruppe Aufteiler* vorgenommen.

Den Entitytypen des Artikelmodells sind vielfältige Attribute zugeordnet, die in Attributgruppen eingeteilt werden können. Die Attribute werden, dem Datenmodell folgend, in die Bereiche Grunddaten, Beschaffung, Lager und Distribution eingeteilt. Aus der Vielzahl der - stark branchenabhängigen -Attribute werden einige exemplarisch aufgeführt.

Die Grunddaten dienen der Identifikation und Charakterisierung des Artikels unabhängig vom Verwendungszweck. Sie sind Attribute des Entitytyps Artikel.

Attribut	Kurzbeschreibung
Artikelnummer	Die Artikelnummer ist die in einem Konzern vergebene Nummer zur Identifizierung des Artikels.
Artikelrekursionsangabe	Angabe, ob es sich um einen Einzel- oder einen Stücklistenartikel handelt.
Gültig ab	Anlagezeitpunkt des Artikels.
Gültig bis	Zeitpunkt, bis zu dem der Artikel im System geführt wird.
Änderung vom	Der Zeitpunkt der letzten Änderung des Artikelstamms.
Temperaturbedingung	Angabe der Temperaturbedingungen, innerhalb der der Artikel gelagert werden muß.
Raumbedingung	Gibt die Gegebenheiten an, die der Lagerraum erfüllen muß, damit eine den Artikel in seiner Substanz nicht gefährdende Lagerung erfolgen kann.

Tab. 4.1: Attribute des Entitytyps Artikel

Die Struktur des Artikels als zusammengesetzter Artikel (Set, Lot, Display, Leergut) wird im Beziehungstyp Artikelstruktur als Referenz des Artikels auf sich selbst wiedergegeben.

---

[17]   Zum Aufteiler vgl. Kapitel 5.1.2.

Attribut	Kurzbeschreibung
Übergeordnete Nummer	Übergeordnete Artikelnummer. Sind beispielsweise die Artikel 10, 20 und 30 jeweils Varianten des Artikels Ritter Sport Schokolade und die Artikelnummer 1 die Ritter Sport Schokolade als Display, so ist die Artikelnummer 1 die übergeordnete Nummer für die Artikel 10, 20 und 30.
Untergeordnete Nummer	Im obigen Beispiel wären die Artikel 10, 20 und 30 die untergeordneten Nummern.
Menge untergeordneter Artikel	Sind im genannten Beispiel die Artikel 10, 20 und 30 jeweils zu 250 Stück in einem Display, welches 750 Stück umfaßt, so ist die Menge der untergeordneten Artikel jeweils 250.

Tab. 4.2: Attribute des Relationshiptyps Artikelstruktur

Die Beschaffungsdaten werden in der Spezialisierung Artikel Beschaffung hinterlegt.

Attribut	Kurzbeschreibung
Dispositionsstartdatum	Datum, ab dem der Artikel bestellt werden darf. Dieses Datum kann für die unterschiedlichen Organisationseinheiten weiter detailliert werden.
Ersatzartikel	Der Artikel, der disponiert wird, wenn der bestehende Artikel nicht mehr bestellt werden darf.
Dispositionsendedatum	Dieses Datum gibt den Zeitpunkt an, ab dem keine Disposition für den Artikel mehr vorgenommen werden darf.
Bezugsweg	Angabe, ob der Artikel als Lager- oder Streckenartikel (oder beides) zu beziehen ist (ggf. differenziert nach Organisationseinheiten).
Bestellmengeneinheit	Übliche Bestellmengeneinheit für den Artikel. Bestellmengeneinheiten können in Abhängigkeit von den Lieferanten auch variabel sein.

Tab. 4.3: Attribute des Entitytyps Artikel Beschaffung

Über die Attribute des Entitytyps Artikel Beschaffung hinaus werden weitere Attribute lieferantenspezifisch (z. B. im Beziehungstyp Bezugsnachweis, vgl. Kapitel 5.1.1.2) gepflegt.

Die Lagerdaten eines Artikels beziehen sich vornehmlich auf die physische Erscheinung des Artikels und dienen dem Lagerverwaltungssystem als wichtige Grundlage für die Verwaltung der Artikel. Sie werden in der Spezialisierung Artikel Lager festgehalten.

Attribut	Kurzbeschreibung
Länge	Länge des Artikels.
Breite	Breite des Artikels.
Höhe	Höhe des Artikels.
Einheit für Länge / Breite / Höhe	Angabe der physikalischen Einheit, in der die Länge, Breite und Höhe angegeben ist (z. B. m, cm, inch).
Volumen	Volumen des Artikels.
Gewicht Brutto	Bruttogewicht des Artikels.
Gewicht Netto	Nettogewicht des Artikels.
Einheit für Gewicht	Einheit, in der die Brutto- und Nettogewichte angegeben werden (z. B. g, kg).
Entsorgungsart (Rückgabeform)	Art, in der der Artikel nach seiner Verwertung dem Handelsunternehmen zurückgegeben werden kann.
MHD	Zeitpunkt, bis zu dem der Artikel in jedem Fall unter Einhaltung der Lagerungsbedingungen verwertbar ist.
Restlaufzeit	Anzahl an Tagen, die bis zum MHD mindestens gegeben sein müssen, wenn der Artikel in eine bestimmte organisatorische Einheit des Handelsunternehmens gelangt. Beträgt die Restlaufzeit 30 Tage und ist das MHD der 31.03., wird die Ware ab dem 02.03. nicht mehr angenommen.
Gesamthaltbarkeit	Die Gesamthaltbarkeit wird notwendig zur Bestimmung der Restlaufzeit, wenn nur Herstelldatum, aber kein MHD gegeben ist.
Lagermengeneinheit	Einheit, in der der Artikel gelagert und dementsprechend im Lagerverwaltungssystem bestandsgeführt wird.

Tab. 4.4: Attribute des Entitytyps Artikel Lager

Die Spezialisierung Artikel Distribution nimmt die Distributionsdaten auf.

Attribut	Kurzbeschreibung
im Verkauf ab	Erster Zeitpunkt, ab dem ein Verkauf des Artikels im Handelsunternehmen möglich ist.
Im Verkauf bis	Endezeitpunkt für den Verkauf eines Artikels im Handelsunternehmen.
Verkaufsmengeneinheit	Mengeneinheit, in der der Verkauf des Artikels üblicherweise erfolgt. Ein Zentrallager verkauft beispielsweise andere Mengeneinheiten als die Filiale.
Gewichtseinheit	Es ist festzulegen, auf welche Gewichtseinheit sich der Verkauf bezieht (bei Käse der Verkauf auf Kilogramm-Basis).
Vorgabe Transporthilfsmittel	Angabe der Transporthilfsmittel, die für den Transport des Artikels erforderlich sind. In einem Frischelager sind beispielsweise die Milchprodukte mit speziellen Transporthilfsmitteln (Kühlbehälter) zu transportieren.

Tab. 4.5: Attribute des Entitytyps Artikel Distribution

Neben den Attributen des Entytityps Artikel Distribution werden insbesondere bei der Zuordnung der Artikel zu Abnehmern weitere Attribute erforderlich, um eine differenzierte Datenhaltung in Abhängigkeit von den Abnehmern zu gewährleisten. Insbesondere die Preisinformationen sind abhängig von der Abnehmerbeziehung.

5 Der klassische Geschäftsprozeß: das Lagergeschäft

Das Lagergeschäft repräsentiert die wichtigste Geschäftsart, mit der der Handel die Aufgabe der mengenmäßigen, zeitlichen und räumlichen Überbrückung erfüllt. Es umfaßt die hochaggregierten Funktionen Beschaffen, Lagern und Distribution. In einer ersten Konkretisierung werden auf der Beschaffungsseite (Kapitel 5.1) die Funktionen Einkauf, Disposition, Wareneingang, Rechnungsprüfung und Kreditorenbuchhaltung differenziert, distributionsseitig (Kapitel 5.2) Marketing, Verkauf, Warenausgang, Fakturierung und Debitorenbuchhaltung. Die Kopplung erfolgt durch das Lager (Kapitel 5.3), das die Überbrückungsfunktionen erst ermöglicht.

Neben den operativen Funktionen sind die betriebswirtschaftlich-administrativen Funktionen der Haupt- und Anlagenbuchhaltung (Kapitel 5.4.1), der Kostenrechnung (Kapitel 5.4.2) und der Personalwirtschaft (Kapitel 5.4.3) abzubilden. Zu Zwecken der Unternehmenssteuerung werden Controllingsysteme, Executive Information Systeme und Systeme zur Unterstützung der Unternehmensplanung (Kapitel 5.5) erforderlich.

5.1 Beschaffungsprozeß

Der Begriff der Beschaffung faßt die in der Praxis häufig voneinander getrennten Bereiche des Einkaufs und der Beschaffungslogistik zusammen.[1] Der Einkauf nimmt administrative Aufgaben wahr, die für die Durchführung der Beschaffungslogistik einen Rahmen bilden.[2] Die Beschaffungslogistik hat die Aufgabe der bedarfsgerechten und wirtschaftlichen Versorgung des Handelsunternehmens mit Waren und nicht weiter zu veräußernden Gütern. Der Lager-

---

[1] Vgl. Schulte (1995), S. 126f.
[2] Vgl. auch Becker, Rosemann (1993), S. 56.

bestand ist die zentrale Größe, die die beschaffungslogistischen Aktivitäten triggert. In Abhängigkeit von der Höhe des Lagerbestands und der antizipierten Lagerabgangsrate, deren Höhe oft aufgrund vergangener Lagerabgänge geschätzt wird, werden die Dispositionsmengen festgelegt. Im Rahmen der Diskussion um Quick-Response-Konzepte[3] wird gefordert, daß die Beschaffungslogistik unmittelbar durch den Distributionsprozeß angestoßen wird, d. h. es wird versucht, möglichst schnell auf die Nachfrage zu reagieren. Bei diesem Konzept führt die Erfassung des Verkaufs an den Verbraucher zu einer sofortigen Steuerung des Produktionsprogramms des Produzenten.

Sowohl die Beschaffung insgesamt als auch der Einkauf, die Disposition, der Wareneingang, die Rechnungsprüfung und die Kreditorenbuchhaltung sind Prozesse. Sie müssen damit der Prozeßdefinition[4] genügen. Das den Beschaffungsprozeß insgesamt prägende Objekt ist die „Ware Beschaffung". Die prägenden Objekte für die Prozesse auf der nächsten Hierarchiestufe sind informationeller Art (Informationsobjekte). Der Einkauf wird geprägt durch die Rahmenvereinbarung, die Disposition durch die Bestellung, der Wareneingang durch den Lieferschein, die Rechnungsprüfung durch die Rechnung und die Kreditorenbuchhaltung durch die Zahlung.

Eine *Rahmenvereinbarung* kann als eine längerfristige Vereinbarung mit einem Lieferanten über die Form der Geschäftsbeziehungen definiert werden. In einer sehr losen Form ist die Rahmenvereinbarung die Dokumentation, daß eine Geschäftsbeziehung mit einem Lieferanten eingegangen werden soll (Lieferantenlistung). Informationstechnisch führt dies zur Aufnahme der Lieferantenstammdaten. Eine spezifischere Form der Rahmenvereinbarung legt die Artikel fest, die von dem Lieferanten bezogen werden sollen (Artikellistung). Der Konkretisierungsgrad ist noch höher, wenn vereinbart wird, welche Artikel zu welchen Konditionen zu beziehen sind. Die konkreteste Form der Vereinbarung stellt ein Kontrakt dar, bei dem das in einem bestimmten Zeitraum abzunehmende Mengen- oder Wertvolumen (Mengen- oder Wertkontrakt) oder die zu definierten Zeitpunkten zu liefernden Mengen (Lieferpläne) festgelegt werden.

Die Bestellung definiert den physischen Warenfluß vom Lieferanten zum Handelsunternehmen durch die Festlegung des Tripels Artikel-Menge-Zeit. Bei der Bestellung wird auf die Konditionen referenziert, die üblicherweise Gegenstand der Rahmenvereinbarung sind.

Der Lieferantenlieferschein dokumentiert die Warenlieferung des Lieferanten, die aufgrund der Bestellung entstanden ist. Der Lieferschein prägt den Wareneingangsprozeß, weitere Objekte wie die Bestellung oder der Retourenbeleg können in den Prozeß einfließen.

---

[3]   Vgl. exemplarisch für die Textilwirtschaft Hensche (1991), S. 275ff.

[4]   Vgl. Kapitel 2.3.2.4, in dem ein Prozeß definiert ist als die inhaltlich abgeschlossene zeitliche und sachlogische Abfolge der Funktionen, die zur Bearbeitung eines betriebswirtschaftlich relevanten Objekts notwendig sind. Dieses eine Objekt prägt den Prozeß, weitere Objekte können in den Prozeß einfließen.

Die Lieferantenrechnung bildet das zentrale Objekt der Rechnungsprüfung. Die bereits im System erfaßten und bewerteten Wareneingänge werden mit der Rechnung verglichen. Somit fließt der Lieferantenlieferschein als Objekt des Wareneingangs in den Rechnungsprüfungsprozeß ein, er ist jedoch nicht das prägende Objekt.

Die Lieferantenzahlung ist das die Kreditorenbuchhaltung prägende Objekt und setzt auf den gebildeten Offenen Posten auf. Sie stellt den Abschluß des Beschaffungsprozesses dar. Bei der Zahlung (oder bereits in der Rahmenvereinbarung) wird festgelegt, wie und unter welchen Bedingungen die kreditorischen Offenen Posten auszugleichen sind.

Die Prozeßhierarchie spiegelt sich in der ablaufdeterminierenden Prozeßobjekthierarchie wider, in der dem übergeordneten Objekt „Ware Beschaffung" die untergeordneten Objekte Rahmenvereinbarung, Bestellung, Lieferantenlieferschein, Lieferantenrechnung und Lieferantenzahlung zugeordnet werden (vgl. Abb. 5.1). Zur Differenzierung zwischen einem generalisierten Prozeßobjekt und seinen Ausprägungen wird das oberste Objekt mit einem G (für Generalisierung) gekennzeichnet.[5]

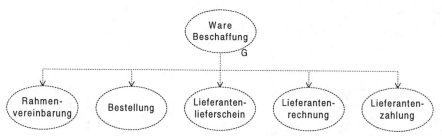

Abb. 5.1: Objekthierarchie der beschaffungsprozeßprägenden Objekte

Im folgenden werden die einzelnen Funktionscluster des Beschaffungsprozesses aus Funktions-, Daten- und Prozeßsicht beschrieben. Im Rahmen der Ausführungen zur *Funktionssicht* dient ein Funktionsdekompositionsdiagramm als Überblick für den jeweils betrachteten Funktionsbereich. Die *Datensicht* stellt die wesentlichen Informationsobjekte für die Funktionen dar. Innerhalb der *Prozeßsicht* werden die wichtigsten Prozesse mit Hilfe von Ereignisgesteuerten Prozeßketten modelliert. Den Interdependenzen zwischen den einzelnen Funktionsbereichen wird durch das Aufzeigen der Informationsflußbeziehungen innerhalb des Handels-H-Modells Rechnung getragen.

---

5   Vgl. Rosemann (1995), S. 78.

5.1.1 Einkauf

5.1.1.1 Funktionsmodell

Aus dem zentralen Objekt, das den Einkauf kennzeichnet, der Rahmenvereinbarung, ergeben sich die wesentlichen Aufgabengebiete: Geschäftsaufnahme mit
neuen Lieferanten, Vereinbarung über die Artikel, die von den Lieferanten
bezogen werden, Aushandeln des Preis- und Konditionengefüges für die Artikel
mit den Lieferanten und Vereinbarung der Kontrakte. Mit der Anlage von Liefe-
ranten-, Artikel-, Konditionen- und Kontraktstammdaten verfügt der Einkauf
über die die nachfolgenden Aktivitäten wesentlich bestimmende Stammdaten-
hoheit. Die Hierarchie der Funktionen im Einkauf ist im Funktionsdekompositionsdiagramm in Abb. 5.2 dargestellt.

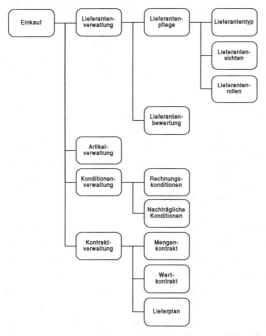

Abb. 5.2: Funktionsdekompositionsdiagramm Einkauf

Bei der Festlegung der Rahmenvereinbarung ist es Ziel, einerseits möglichst
günstige Einkaufspreise zu verhandeln, so daß die absolute Spanne möglichst
groß wird,[6] andererseits die Kosten in den beschaffungslogistischen Funktionen
möglichst gering zu halten. Wird beispielsweise mit dem Lieferanten vereinbart,

---

6   Zur Spanne vgl. die Ausführungen in Kapitel 5.1.3.1.

daß bei allen Bestellungen die Anlieferungstermine angegeben werden können, so wird die Basis für eine bessere Planung der Ressourcenbeanspruchung im Wareneingang geschaffen.

Lieferantenverwaltung

Die Lieferantenverwaltung umfaßt die Funktionen der Lieferantenstammdatenanlage und -pflege und der Lieferantenbewertung.

Neben den allgemeinen Daten sind insbesondere Einkaufs- und Buchhaltungsdaten als Lieferantensichten für die Durchführung des Beschaffungsprozesses erforderlich.

Darüber hinaus bedarf es der Angabe von Rollen, die ein Lieferant besitzen kann. Lieferantenrollen legen fest, welche operative Aufgabe innerhalb eines Geschäftsvorfalls ein Lieferant einnimmt. In Analogie zu den Funktionsbereichen des Beschaffungsprozesses des Handels-H-Modells können unterschiedliche Lieferanten für die Konditionsvereinbarung, die Bestellung, die Lieferung der Ware, die Rechnungsstellung und den Zahlungsverkehr zuständig sein.

Bei der *Lieferantenbewertung*[7] handelt es sich um eine zeitraumbezogene Bewertung des Lieferanten, die für den Einkauf vornehmlich zur Durchführung der Jahresverhandlungen von Interesse ist. Während bislang bei der Lieferantenbewertung primär die Kriterien Qualität und Lieferservice (ohne Preis) eine Rolle spielen (qualitative Lieferantenbewertung), werden in Zukunft vermehrt auch Aussagen im Sinne einer Deckungsbeitragsrechnung erforderlich (quantitative Lieferantenbewertung). Eine Deckungsbeitragsrechnung auf Lieferantenbasis ist in den Fällen allerdings schwierig, in denen eine (0,m):(0,m)-Beziehung von Lieferant und Artikel besteht, da der verkaufte Artikel nicht eindeutig einem Lieferanten zugeordnet werden kann.

Mit zunehmender informationstechnischer Durchdringung lassen sich neue Informationspotentiale nutzen, um den Lieferanten besser zu beurteilen. Beispielsweise erschwert eine von der Bestellung abweichende Liefermenge in dezentralen Einheiten eine dezentrale Wareneingangserfassung. Durch eine Kontrolle der Liefermengen, Lieferqualität und Lieferzeiten des Lieferanten mit der von ihm geforderten Leistung (Bestellmenge und Liefertermin laut Bestellung) lassen sich beispielsweise wichtige Kennzahlen für die Beurteilung der Liefertreue ermitteln.[8]

Artikelverwaltung

Die Artikelanlage, die in den Zentralen der Handelsunternehmen vorgenommen wird, ist eine vorbereitende Aufgabe, für die später erfolgende Artikellistung. Die Listung kennzeichnet den Prozeß, in dem die Artikel für einen bestimmten

---

[7]   Zur Lieferantenbewertung vgl. Harting (1989).

[8]   Zu Kennzahlen zur Beurteilung der Qualität der Lieferantenleistungen vgl. u. a. Becker, Rosemann (1993), S. 58.

Zeitraum Abnehmern zugeordnet werden. Die Listung von Artikeln ist Aufgabe des Funktionsclusters Marketing.[9]

Die Artikeldaten im Handel sind in bestimmtem Umfang zeitabhängig, d. h. Attribute des Artikels haben im Zeitablauf unterschiedliche Ausprägungen, bzw. der gesamte Artikelstamm hat nur eine begrenzte Lebensdauer. Diese Zeitabhängigkeit wird insbesondere durch den Lebenszyklus determiniert,[10] der vom Sortiment und von der Sortimentsrotation abhängt. Beispielsweise weisen im Textilbereich Modeartikel (z. B. Damenkostüm) einen Lebenszyklus auf, der im Regelfall den zeitlichen Umfang einer Saison nicht überschreitet. Hingegen haben Artikel des Lebensmittelhandels i. d. R. einen längeren Lebenszyklus.

Die Zeitsteuerung des Artikels ist von der betrachteten organisatorischen Ebene abhängig. Auf Filialebene gelten häufig andere zeitliche Gültigkeiten als im Lager. Beispielsweise ist die Zulässigkeit auf Ebene des Lagers häufig abgelaufen, während aufgrund vorhandener Artikelbestände in den Filialen der Artikel noch gelistet sein muß, damit er verkauft werden kann. Eng verbunden mit den Regeln zur zeitlichen Steuerung sind organisatorische Maßnahmen, die die Zeitsteuerung begleiten müssen: Wenn der Gültigkeitszeitraum im Lager vor dem in der Filiale beendet ist, so bedeutet dies, daß die Filialen ihre Bestände verkaufen müssen und nicht an das Lager zurückgeben dürfen. Entsprechende organisatorische Richtlinien sind erforderlich, um die Durchgängigkeit der Zeitsteuerung zu gewährleisten. Aus Sicht der Disposition hat eine Filiale möglicherweise im Zeitablauf andere Mindestabnahmemengen bei ihrem Lieferanten als die Zentrale. Die Komplexität der Zeitabhängigkeit resultiert aus der Pflege und Koordination der Zeitabhängigkeiten der unterschiedlichen organisatorischen Ebenen.

In Abb. 5.3 sind die drei wesentlichen organisatorischen Ebenen angegeben, die voneinander abweichende Zeithorizonte aufweisen können. Maßgabe aller Artikeldaten ist der Zeithorizont, den der Lieferant vorgibt. Mit dem ersten Warenausgangstermin des Lieferanten lassen sich der Wareneingangstermin und der Warenausgangstermin auf Zentralebene ermitteln. Für die Abnehmer wirkt die Vorgabe der Daten von der Zentrale wie für die Zentrale die Vorgabe der Lieferanten.

Anforderungen an die Zeitsteuerung der Artikeldaten können, abhängig von der genutzten Steuerungsfunktionalität (insbesondere Scanning), in unterschiedlichem Umfang vorhanden sein. In weitgehend allen - zumindestens in allen mehrstufigen - Handelsunternehmen bedarf es der zeitlichen Steuerung von Konditionen und der Zuordnung von Artikeln zu Abnehmern. Darüber hinaus weisen auch Artikel-Lieferanten-Beziehungen temporären Charakter auf.

---

[9]   Anders Hertel (1992), S. 124, der die Artikellistung als Aufgabe der operativen Einheit Einkauf betrachtet. Zur Artikellistung vgl. Kapitel 5.2.1.
[10]   Zum Lebenszyklusmodell vgl. z. B. Meffert (1989), S. 369ff.

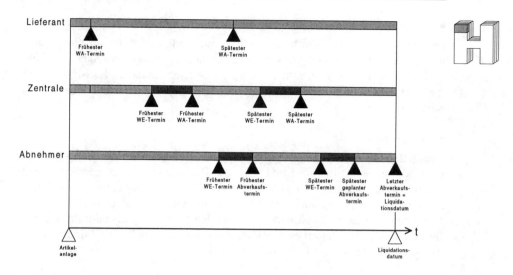

Abb. 5.3: Zeitsteuerungsebenen der Artikelstammdaten

Relevant ist bei der Zeitsteuerung insbesondere das Zusammenwirken der Prozesse mit den zu unterschiedlichen Zeitpunkten gültigen Artikelstammdaten. Funktionen, die eine Zeitabhängigkeit des Artikelstamms erfordern, sind:

- *Kurze Lebenszyklen der Artikel*

Die Anlage der Artikelstammdaten muß früher möglich sein als der früheste Verkaufszeitpunkt des Artikels. Beispielsweise werden im Elektrobereich von vielen Lieferanten jedes Jahr neue Artikel als Nachfolgeartikel auslaufender Modelle angeboten. Die frühzeitige Pflege dieser Nachfolgeartikel, verbunden mit einer Bekanntmachung dieser Information beim Kunden, ermöglicht ein jederzeit aktuelles Angebot, das den Aufbau unnötiger Bestände eines zukünftig nur mit Preisreduzierungen zu verkaufenden Artikels verhindern hilft.

- *Saisongeschäft*

Saisonartikel (z. B. modischer Anzug), die nur eine Saison lang angeboten werden, sind nach der Saison automatisch auszulisten. Bei Artikeln, die nur in bestimmten Perioden eines Jahres im Sortiment sind (Osterhasen oder Gartenmöbel), sind die Artikel nach Beendigung der Periode (z. B. Sommer, Weihnachten, Ostern) inaktiv zu setzen (temporäre Auslistung).

- *Aktionsgeschäft*

Im Aktionsfall gelten vom Normalfall abweichende Parameter für einen bereits aktiven Artikel.[11] Dies gilt insbesondere für die Bestellung (abweichender Lieferant, Lieferzeiten usw.) und den Verkauf (Verkaufseinheiten, Preise usw.). Für die Preisberechnung sind beispielsweise differenzierte Zeitsteuerungen in der Konditionstechnik erforderlich.[12]

- *Disposition*

Die Bedeutung des bei der Bestellung heranzuziehenden Preises (aktueller Preis oder Aktionspreis) für die Ergebnisse der Rechnungsprüfung erfordert organisatorische Richtlinien, um den Zeitpunkt der Preisbestimmung (WE-Datum, Lieferscheindatum, gesondertes Konditionsdatum) festzulegen. Auch andere Parameter, die letztlich Auswirkungen auf den Einstandspreis oder die Beschaffungskosten haben, unterliegen Änderungen im Zeitablauf, wie Mindestbestellmengen und -werte oder Logistische Einheiten.

Konditionenverwaltung

Die Vielfalt der Konditionen[13] reicht von Listungsrabatten, Ersteinrichtungsrabatten, Saisonrabatten, Werbekostenzuschüssen bis hin zu Messingzuschlägen oder Steigerungsboni. Eine der wichtigsten Aufgaben innerhalb der Anlage und Pflege der Konditionen ist die Angabe, ob es sich um Rechnungs- oder nachträgliche Konditionen handelt. Werden die Konditionen zudem danach differenziert, ob sie abhängig von einzelnen Bestellvorgängen sind oder nicht, so können folgenden drei Konditionstypen unterschieden werden:
- Konditionen, die abhängig von einer oder mehreren Bedingungen im Rahmen eines Geschäftsvorfalls sind (also bei der Rechnungsprüfung kontrolliert werden können).
- Konditionen, die generell gewährt werden und unabhängig von einzelnen Geschäftsvorfällen sind (z. B. Listungsrabatte).
- Konditionen, die nach einer bestimmten Zeit unter festgelegten Bedingungen gewährt werden (und daher als nachträgliche Konditionen (Vergütungen)[14] bezeichnet werden).

Bei der Bestimmung des Einstandspreises eines Artikel können vier Preise unterschieden werden. Zunächst ist der *Listenpreis* des Lieferanten zu nennen, der die Basis der Lieferantenverhandlungen darstellt. Im *Einkaufspreis-netto (EK-netto)* sind sowohl geschäftsvorfallbezogene Konditionen berücksichtigt als auch jene, die generell gewährt werden.

---

[11] Zum Aktionsprozeß vgl. Kapitel 6.3.
[12] Vgl. hierzu die Ausführungen zur Konditionspflege.
[13] Zur Konditionenpolitik im Rahmen der Kontrahierungspolitik vgl. Meffert (1989), S. 346ff.
[14] Die Begriffe nachträgliche Konditionen und nachträgliche Vergütungen werden im folgenden synonym verwendet.

Über den EK-netto hinausgehend werden auch nachträgliche Konditionen in einem weiteren Preis berücksichtigt, dem *EK-netto-netto* (vgl. Abb. 5.4). In diesen Preis fließen noch nicht realisierte, aber antizipierte nachträgliche Vergütungen ein. Es handelt sich um einen unsicheren Preis, da er erst ex post nach Beendigung der Abrechnungsperiode exakt ermittelt werden kann.

Listenpreis des Lieferanten
– Konditionen, die dem Handelsunternehmen ohne Bedingung gewährt werden
– Konditionen, die in Abhängigkeit von Bestellbedingungen mit der Rechnung gewährt werden
= *Rechnungspreis (EK-netto)*
– Nachträgliche Konditionen, die als kalkulationsrelevant charakterisiert sind (und nicht mit der Rechnung gewährt werden)
= *EK-netto-netto*

Abb. 5.4: Einordnung der Einkaufspreisbegriffe in die EK-Preiskalkulation

Bei der Anlage und Pflege nachträglicher Konditionen wird fallweise entschieden, ob und zu welchem Anteil es sich um kalkulationsrelevante Konditionen handelt. Eine Kondition sollte nur dann als kalkulationsrelevant definiert werden, wenn ein Bezug der Kondition zum Artikel hergestellt werden kann, d. h. wenn der Kauf eines Artikels zu einem höheren Konditionsbeitrag führt (z. B. wertmäßiger Bonus).[15] Es ist zu beachten, daß nicht alle Konditionen in die Berechnung eines EK-netto-netto einfließen. Aus diesem Grunde gibt es neben dem EK-netto und dem EK-netto-netto noch einen vierten Preis, den tatsächlichen Preis eines Artikels, der erst nach Abschluß einer Abrechnungsperiode ermittelt werden kann.[16]

Kritisch bei der derzeitigen Einkaufspreisermittlung ist die Art der Einbeziehung von nachträglichen Konditionen in die Berechnung des EK-netto-netto, die - obwohl sie erst zu einem späteren Zeitpunkt zur Verfügung stehen - ohne Berücksichtigung von Zinsen erfolgt. Wenn der EK-netto-netto die Basis für die Bestellmengenrechnung ist, können ökonomische Fehlentscheidungen im Bereich der Disposition oder der Verkaufspreiskalkulation aus einer fehlerhaften Kalkulation eines EK-netto-netto resultieren (vgl. Kapitel 5.1.2).

Anhand eines Beispiels mit unterschiedlichen Konditionsarten soll die Einkaufspreisermittlung dargestellt werden.

---

[15] Zur Einbeziehung von nachträglichen Konditionen in den EK-netto-netto vgl. auch die Ausführungen in Kapitel 5.1.2 unter der Zwischenüberschrift Berücksichtigung von kalkulationsrelevanten Rückvergütungen bei dem Einstandspreis des Artikels.

[16] Es sei darauf hingewiesen, daß die Preise in der Praxis mit den unterschiedlichen Begriffen benannt werden.

Der Listenpreis eines Artikels 4711, der von einem Lieferanten angeboten wird, betrage 150 DM. Zunächst wird ein Listungsrabatt in Höhe von 30 DM/Stück auf den Listenpreis gewährt. Dieser Rabatt wird dafür gewährt, daß der Artikel in das Sortiment aufgenommen wird. Skonto wird in Höhe von 3 % auf den um den Listungsrabatt reduzierten Preis (120 DM) vereinbart. Somit führen die bedingungsunabhängigen und geschäftsvorfallabhängigen Konditionen bei Zahlung innerhalb des Zahlungsziels zu einem Rechnungspreis (EK-netto) von 116,40 DM.

Quartalsweise werden von dem Lieferanten 10 % Bonus und jahresbezogen weitere 8 % Bonus (jeweils auf den Rechnungspreis) gewährt. Der Einkäufer hat in dem unterstellten Beispiel beide Konditionen als kalkulationsrelevant charakterisiert,[17] so daß sich ein EK-netto-netto von 95,448 DM je Stück ergibt.[18]

Artikel	4711					
Zeitraum		01.06.1996 - 31.12.1996				
Kalk.-Stufe	Konditions-nummer	Bezugs-basis (Kalk.-stufe)	Konditions-bezeichnung	Kondi-tionssatz	Kondi-tions-wirkung	DM-Be-trag nach Kondi-tionssatz
1	LI01		Listenpreis			150,00
2	LR02	1	Listungsrabatt	30,00-	DM/Stück	120,00
3	SKO1	2	Skonto	3,00-	%	116,40
4	=EK-netto					116,40
5	BO01	4	Quartalsbonus	10,00-	%	104,76
6	BO02	4	Jahresbonus	8,00-	%	95,448
7	=EK-netto-netto					95,448
8	WK01	1	WKZ	2,00	%	92,448
9	=EK Ist					92,448

Abb. 5.5: Exemplarische Darstellung unterschiedlicher Konditionen

Neben den Konditionen, die in die Berechnung des EK-netto-netto einfließen, ist in dem Beispiel auch eine Kondition enthalten, die als nicht kalkulationsrelevant charakterisiert

---

[17]   Hierbei wird unterstellt, daß solche Konditionen als kalkulationsrelevant gekennzeichnet werden, bei denen ein Bezug zum Artikel hergestellt werden kann.

[18]   Die Verwendung von mehr als zwei Nachkommastellen besitzt insbesondere im Lebensmittelhandel eine hohe Bedeutung, da angesichts des wertmäßigen Volumens der Konditionen die Berechnung mit zwei Kommastellen beispielsweise zu Fehlern in der Rechnungsprüfung führen kann.

wird. Diese Kondition (WK01) kennzeichnet einen Werbekostenzuschuß[19] in Höhe von 2 % auf den Listungspreis, wenn der Jahresumsatz den des Vorjahres um mindestens 10 % übersteigt, so daß bei Erfüllen der Konditionsbedingung die Konditionswirkung 3 DM/Stück beträgt. Somit ergibt sich neben dem Listenpreis, dem EK-netto, dem EK-netto-netto noch ein vierter Preis, der als EK_{Ist} bezeichnet wird, da er den tatsächlichen Einkaufspreis eines Artikels in einer Abrechnungsperiode darstellt.

Erschwerend bei der Umsetzung in einem Softwaresystem ist die Praxis, daß die Konditionen mitunter auch gewährt werden, wenn die zugrundeliegende Bedingung nicht erfüllt ist (z. B. Gewährung eines Steigerungsbonus, obgleich die vereinbarte Steigerungsrate von 10 % nicht erreicht wurde).

Wie in Abb. 5.5 aufgezeigt, sind Konditionen im Regelfall in einem bestimmten Zeitraum gültig. Aufgrund der vielfältigen Beschaffungs- und Distributionsaktivitäten werden die Konditionen im Laufe eines Jahres zeitlich differenziert, z. B. durch Einkaufs- und Verkaufsaktionen. Somit können in einem Zeitraum mehrere unterschiedliche Konditionen übereinander liegen. Veranschaulicht wird dies anhand des in Abb. 5.6 wiedergegebenen Beispiels.

Für ein Jahr seien mit einem Lieferanten allgemeine Konditionen ausgehandelt. Mitte April kündigt der Lieferant eine Aktion für den Sommer an, die bis zum 20.09. des Jahres dauert. Aufgrund der ungünstigen Absatzsituation und des damit vorhandenen Bestandsaufbaus beim Lieferanten reduziert er Preise nochmals in einer Aktion im Herbst, die am 01.08. beginnt und am 05.11. des Jahres endet.

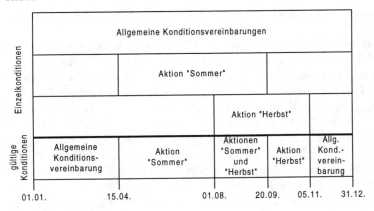

Abb. 5.6: Zeitliche Konditionsgültigkeiten

Für die zeitlich parallel gültigen Konditionen muß festgelegt werden, welche Kondition aktuell gilt. Mit den drei Konditionen (Allgemeine, Sommer und

---

[19]   Ein Zuschuß der Industrie für die Werbeaufwendungen von Handelsunternehmen wird als Werbekostenzuschuß (WKZ) bezeichnet.

Herbst) entstehen fünf Konditionsintervalle. Schon ein solch einfacher Fall zeigt die Problematik der zeitlichen Gültigkeit von Konditionen auf: Im Fall der Bestellung einer Filiale vom 10.07. des Jahres mit Liefertermin 10.08. stellt sich die Frage, ob das Geltungsdatum der Kondition das Bestelldatum oder das WE-Datum ist.[20] Im Regelfall ist es möglich, mit der Bestellung auch ein Preisdatum (abweichendes Konditionsdatum) anzugeben, welches relevant wird, wenn es vom Bestelldatum abweicht. Wie ist jedoch der Fall zu handhaben, in dem die Sonderaktionskonditionen „Herbst" noch nicht bekannt waren? Wird in diesem Fall der Preis der Sommeraktion herangezogen?

Kontraktverwaltung

Kontrakte zwischen Industrie- und Handelsunternehmen ergänzen die Konditionsvereinbarungen. Mengen- und Wertkontrakte sind Vereinbarungen über das in einer Periode von einem Lieferanten abzunehmende Mengen- bzw. Wertvolumen. Die Zeitpunkte der Abnahme sind dabei nicht festgelegt. In Lieferplänen wird dagegen festgelegt, zu welchen Zeitpunkten welche Mengen von einem Lieferanten geliefert werden müssen. Aufgrund der Unsicherheiten bei den Bedarfsschwankungen werden zwischen Lieferanten und Handelsunternehmen überwiegend Mengen- oder Wertkontrakte vereinbart.

5.1.1.2 Datenmodell

Das Datenmodell zum Artikel ist bereits umfassend in Kapitel 4.2 beschrieben worden.

Im Datenmodell zum Lieferantenstamm stellt der *Geschäftspartner Lieferant* eine Spezialisierung des *Geschäftspartners* dar, der eine *Lieferantenstruktur* besitzt. Lieferantenstrukturen sind erforderlich, um Vereinbarungen mit unterschiedlichen Hierarchiestufen eines Lieferanten abbilden zu können. Bestehen beispielsweise mit einem Konzern Konditionsvereinbarungen, die in Abhängigkeit von der Summe aller Umsätze der Einzelgesellschaften gewährt werden, so bedarf es zur datentechnischen Abbildung und Umsetzung dieser Anforderung einer Hierarchie. Außer für Zwecke der Konditionen sind Lieferantenhierarchien erforderlich, um die für das Handelsunternehmen in einer Region zuständigen Logistikpartner zuordnen zu können. So arbeitet eine nationale Gesellschaft regionenspezifisch mit unterschiedlichen Speditionen zusammen, die für die

---

[20] Es sei auf die Problematik der Festlegung von Terminen hingewiesen, da der Lieferant das WE-Datum des Handelsunternehmens nicht kennt. Andererseits kann auch das Lieferdatum des Lieferanten laut Lieferschein (z. B. bei Anlieferung durch eine Spedition) von dem WE-Datum abweichen. Hier liegen potentielle Fehlerquellen für die Rechnungsprüfung. Somit bestehen aufgrund unterschiedlicher Zeitdaten Möglichkeiten zur abweichenden Bewertung der Lieferung. Diese können nur vermieden werden, wenn die Bestellung die Bewertung festlegt und den Beteiligten die konkreten Termine bekannt sind.

Region als Warenlieferanten verantwortlich sind. Aufgrund der Existenz mehrerer möglicher Hierarchien wird eine Struktur modelliert.

Der Entitytyp Geschäftspartner Lieferant kann durch folgende allgemeine Attribute beschrieben werden:

Lieferantennummer,

Lieferanten-bbn (bundeseinheitliche Betriebsnummer),

Name,

Straße usw.

Die Einkaufsstammdaten des Lieferanten in der Spezialisierung Geschäftspartner Lieferant Bestellung umfassen u. a. folgende Attribute:

Mindestbestellwert (dieser Wert kann sich auch auf ein Lieferantenteilsortiment beziehen),

Lieferrhythmus,

Dispositionstag.

Daneben enthält der Bezugsnachweis (Aggregation von Lieferant und Artikel) einkaufsbezogene Attribute wie: Mindestbestellmenge, Planlieferzeit. Buchhalterische Daten des Lieferantenstammsatzes wie Zahlungsbedingungen werden im Kapitel zur Kreditorenbuchhaltung (Kapitel 5.1.5) beschrieben.

Lieferanten werden von *Einkäufern* betreut, die für die Konditionsverhandlungen und sonstige Angelegenheiten als Ansprechpartner fungieren. Zudem sind den Lieferanten *Einkaufsorganisation*en zugeordnet, mit denen Geschäftsbeziehungen bestehen (vgl. Abb. 5.7).

Lieferanten können nach der Rolle, die sie innerhalb des Beschaffungsprozesses (entsprechend der Einteilung im Handels-H) einnehmen, in den *Lieferant Kondition*, *Lieferant Bestellung*, *Lieferant Ware*, *Lieferant Rechnung* und *Lieferant Kreditor* spezialisiert werden.[21] Der Lieferant Kondition ist derjenige, der die Konditionen für einen oder mehrere Geschäftsvorfälle gewährt. Bestellempfängern (Lieferant Bestellung) werden die Bestellungen des Handelsunternehmens übermittelt. Die Notwendigkeit zur Abbildung abweichender Bestellempfänger entsteht, wenn beispielsweise ein Lieferant mehrere Regionallager besitzt, so daß die geographische Lage des disponierenden Abnehmers das zuständige Lager des Lieferanten bestimmt. Die Warenlieferanten liefern die Ware an und müssen u. a. für Zwecke einer möglichen Reklamation bekannt sein. Die regionale Niederlassung, die als Bestelladresse zuständig ist, bestimmt beispielsweise in Abhängigkeit von der Lieferregion des Abnehmers unterschiedliche Warenlieferanten, da es im Liefergebiet diverse Auslieferungslager gibt. Die Rechnung wird ggf. von einem wiederum abweichenden Lieferanten Rechnung geschickt, da möglicherweise die Rechnungsschreibung über eine

---

[21] Hertel identifiziert folgende vier Lieferantentypen: den „Lieferant, bei dem Ware bestellt wird", den „Lieferant, der die Ware liefert", den „Lieferant, der die Rechnung stellt" und den „Lieferant, der mögliche Rückvergütungen gewährt". Vgl. Hertel (1992), S. 122f. Aufgrund der Generalisierung der Rechnungs- und nachträglichen Rechnungskonditionen zum Begriff Kondition ist der letztgenannte Fall von Hertel auch im vorliegenden Datenmodell abgebildet.

Zentrale vorgenommen wird. Und die Regulierung der Rechnung hat ggf. über ein Kontor[22] zu erfolgen. Auf diese Weise können für die Durchführung eines Geschäftsvorfalls bis zu fünf unterschiedliche Lieferantenrollen erforderlich werden.

Der Lieferant nimmt für Zwecke der Konditionsgewährung, aber auch für Zwecke der Lieferantenrollenzuordnung, die Bildung von *Lieferantenteilsortimenten* vor. So ist es üblich, daß die Belieferung bei einem Lieferantenteilsortiment Armaturen durch einen anderen Logistiklieferanten als bei dem LTS Installationsmaterial vorgenommen wird. Ein Lieferantenteilsortiment (LTS) faßt die *Artikel* eines Lieferanten nach dessen Kriterien zusammen. Im Datenmodell wird daher die Beziehung zwischen Artikel und Lieferant (*Bezugsnachweis*) uminterpretiert, um den Bezug zum Lieferantenteilsortiment in der Beziehung *Artikel-Lief.-LTS-ZuO* herstellen zu können.

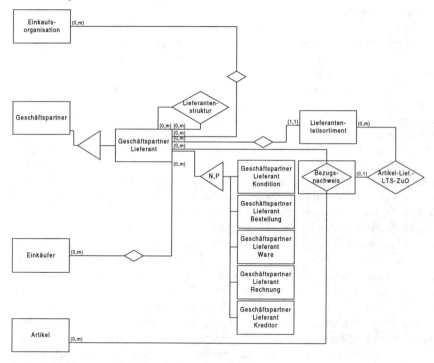

Abb. 5.7: Datenmodell Geschäftspartner Lieferant

---

[22]   Ein Kontor im Sinne eines Einkaufskontors ist eine horizontale Kooperation von selbständigen Großhändlern zum Zwecke der Erzielung von reduzierten Einstandspreisen durch eine gemeinsame Warenbeschaffung.

Durch die Konzentrationstendenzen der Lieferanten gewinnt das Lieferanten-teilsortiment besonders bei Mischkonzernen, in denen es die Funktion früherer Lieferantensortimente übernimmt, an Bedeutung.

Das Datenmodell für den Bereich der Konditionen (vgl. Abb. 5.8) sollte mög-lichst flexibel hinsichtlich der abbildbaren Konditionen sein. Diese Flexibilität sollte aber - wie skizziert - nicht für die Entwicklung einer vielfältigen Kondi-tionenpolitik „mißbraucht" werden.

Konditionen sind nicht ausschließlich verhandelte Minderungen des Ein-kaufspreises, da die Umsatzsteuer oder Frachtzuschläge ebenfalls als Kondition aufgefaßt werden können. Konditionsbedingungen (Einflußgrößen) sind insbe-sondere:

- der Lieferant,
- der Artikel,
- die Zeit,
- die Abnahmemenge und das wertmäßige Volumen der Abnahmemenge und
- die abnehmende Organisationseinheit.

Die Gewährung der Konditionen ist demnach an Bedingungen geknüpft, die aus der Beziehung (*Konditionsbedingung*) der Entitytypen Zeit, *Geschäftspartner Lieferant Kondition*, *Artikel*, Logistische Einheit, Maßintervall und Kondi-tionsorganisationseinheit hervorgehen. Die *Zeit* ermöglicht die Angabe von Zeit-punkten und Zeitintervallen, in denen die Bedingungen gelten. Zu diesem Zweck wird bei der Zeit explizit eine Rekursion (*Zeitstruktur*) modelliert, um Zeitspannen und sogar Verknüpfungen von Zeitspannen bei der Konditionsge-währung abbilden zu können. Beispielsweise sind Frühbezugsrabatte im Handel üblich, d. h. es werden Konditionen gewährt, wenn Artikel in einem bestimmten Zeitraum vor der Abnahme bestellt werden (z. B. Gartenmöbel). Eine Kombi-nation von Frühbezugs- und Frühabnahmerabatten stellt die Verbindung unter-schiedlicher Zeitspannen dar. In derartigen Situationen werden neben dem skiz-zierten Frühbezugsrabatt auch Konditionen gewährt, wenn die Ware zusätzlich in einem ex ante definierten Zeitintervall an den Abnehmer ausgeliefert wird. Hier drückt das Entity Zeit einen zusammengesetzten Zeitraum aus, nämlich Be-stellzeitraum und Abnahmezeitraum. Damit erkenntlich ist, um welche Art der Zeit es sich handelt, wird die Zeit durch eine zusätzliche Spezifikation, die Zeit-kennung, charakterisiert. Diese gibt an, ob es sich um einen Zeitpunkt, einen offenen oder geschlossenen Zeitraum oder um einen zusammengesetzten Zeit-raum handelt.

Über die *Logistische Einheit*, die auch die Menge 1 eines Artikels enthalten kann, wird der Einbezug von Mengen und Verpackungseinheiten in das Bedin-gungsschema erzielt. Die Modellierung eines Entitytyps *Maßintervall* ermöglicht die Angabe von Unter- und Obergrenzen sowie von Maßeinheiten, die als Restriktionen für die Konditionsgewährung bestehen. Somit repräsentiert dieses Objekt sowohl Mengen- als auch Wertintervalle, ab denen unterschiedliche Konditionen gelten. Die *Konditionsorganisationseinheit* gibt an, für welche Or-

ganisationseinheit die Bedingungen formuliert werden. Eine Konditionsorganisationseinheit referenziert insbesondere auf Organisationseinheiten des Einkaufs
und Vertriebs. In der Regel können eine Einkaufsorganisation, ein Unternehmen,
eine Vertriebsschiene, ein Abnehmer oder Kombinationen dieser Organisationseinheiten Konditionsorganisationseinheiten sein. Die Konditionsbedingungen können in einer bestimmten Reihenfolge definiert werden, die für die Art
und Weise der Konditionsgewährung erforderlich ist. Diese Reihenfolge der
Konditionsbedingungen wird durch die Beziehung der Konditionsbedingung mit
sich selbst (*Kond.bed.folge*) abgebildet.

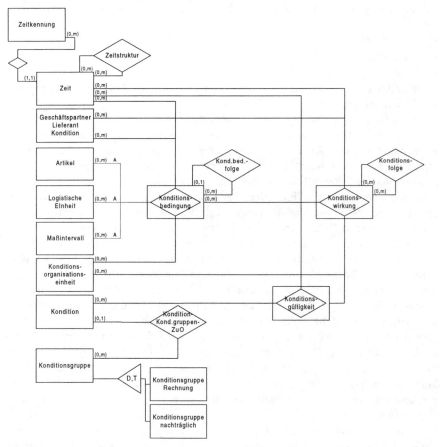

Abb. 5.8: Datenmodell Konditionen

Eine *Kondition* kann zunächst unabhängig von den Konditionsbedingungen
formuliert werden. Konditionen sind *Konditionsgruppen* zugeordnet (*Kondition-
Kond.gruppen-ZuO*). Konditionsgruppen können spezialisiert werden nach der

Art der Konditionsgewährung in Rechnungskonditionen (*Konditionsgruppe Rechnung*) und nachträgliche Konditionen (*Konditionsgruppe nachträglich*). Diese Objektspezialisierung zwischen nachträglichen und Rechnungskonditionen erfolgt - den Grundsätzen der Klarheit und des systematischen Aufbaus folgend - zur Verdeutlichung, daß diese Objekte für unterschiedliche Prozesse prägend sind.

Die *Konditionswirkung* gibt an, welche Konditionen in Abhängigkeit von den Konditionsbedingungen eines oder mehrerer Lieferanten in welchem Zeitraum (*Konditionsgültigkeit*) gelten. Es ist zu differenzieren nach Konditionen, die einen prozentualen Rabatt, einen absoluten, wertmäßigen Rabatt, einen von der logistischen Einheit abhängigen Rabatt oder einen Naturalrabatt (zusätzlich oder enthalten in der Gesamtmenge) darstellen. Die Konditionen sind hierbei in ihrer Wirkungsweise in einer festen Reihenfolge anzuwenden, die durch den Relationshiptyp *Konditionsfolge* angegeben wird. Neben der Reihenfolge, in der die Konditionen gelten, ist auch der Betrag, auf den die Konditionen gewährt werden (Konditionsbasis), zu beachten.

5.1.1.3 Prozeßmodell

Prozeß Lieferantenstammdatenpflege

Die Lieferantenstammdatenpflege wird vornehmlich durch vier disjunkte Ereignisse hervorgerufen: Der Einkauf fordert ein Angebot von einem Lieferanten an, der Lieferant schickt ein initiatives Angebot, Ware eines Lieferanten wird vom Verbraucher nachgefragt oder Erkenntnisse von Messebesuchen führen zur Auswahl von Lieferanten. Unabhängig von den Ereignissen, die zum Kontakt mit dem Lieferanten geführt haben, wird eine fachliche Prüfung erforderlich, in der der Nutzen einer möglichen Zusammenarbeit mit dem Lieferanten zu bewerten ist (vgl. Abb. 5.9).

Ist die Lieferantenprüfung positiv ausgefallen, so folgen Lieferantenverhandlungen. Informationstechnisch beginnen die Aktivitäten mit der Angabe des Lieferantentyps, d. h. es wird festgelegt, ob es sich um einen Einmallieferanten, einen Lieferanten ohne logistische Funktionen (z. B. Dienstleister) oder einen Warenlieferanten handelt. Zugleich ist festzulegen, mit welchen Unternehmen des Konzerns der Lieferant Geschäfte durchführen darf. In einem Mischkonzern wie beispielsweise der Thyssen Handelsunion sind Lieferanten nur für einzelne Warenbereiche zulässig. Im Telekommunikationsbereich ist der Lieferant für Armaturen irrelevant, während es sich möglicherweise bei Thyssen Schulte um einen der Hauptlieferanten handelt. Nachdem der Lieferantentyp und die dem Lieferanten zugeordneten Unternehmen angegeben sind, wird festgelegt, welche Lieferantenrollen bestehen können. Wie im Datenmodell bereits geschildert, können der Konditionsgewährer, der Bestellieferant, der Warenlieferant, der Rechnungslieferant und der Kreditor unterschieden werden.

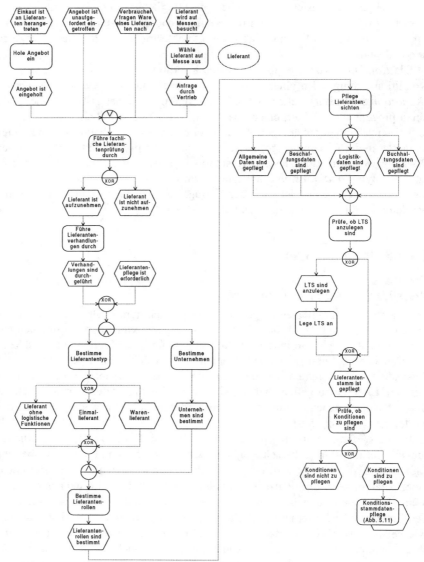

Abb. 5.9: Prozeßmodell Lieferantenstammdatenpflege

Nach der Angabe der Lieferantenrollen werden die Lieferantensichten angelegt. Von den Grunddaten sind die Beschaffungsdaten abzugrenzen, innerhalb derer es auch der Angabe buchhalterischer Daten, die für Zwecke der Kreditoren-buchhaltung notwendig sind, bedarf. Unter anderem ist festzulegen, ob es sich um einen debitorischen Kreditor handeln kann (ist beispielsweise erforderlich, wenn ein Kreditor systemseitig wie ein Debitor behandelt werden muß, damit die nachträglichen Vergütungen in Rechnung gestellt werden können).

Mit der Prüfung, ob Lieferantenteilsortimente für diesen Lieferanten anzule-gen sind (und der anschließenden Angabe der LTS), endet der Prozeß der Liefe-rantenstammdatenanlage. Die Lieferantenstammdatenanlage setzt Restriktionen für die Artikelstammdatenanlage, da bei der Existenz von LTS eines Lieferanten alle Artikel des Lieferanten Lieferantenteilsortimenten zugeordnet sein müssen.

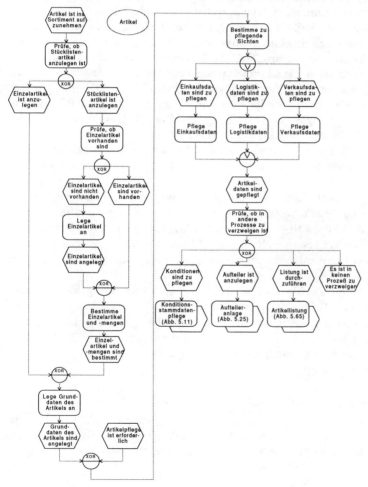

Abb. 5.10: Prozeßmodell Artikelstammdatenpflege

Die Pflege der Lieferantenstammdaten erfolgt mit der Angabe/Änderung der Lieferantentypen und der Zuordnung von Lieferanten zu Unternehmen. Im weiteren Verlauf der Lieferantenpflege werden die bereits skizzierten Funktionen durchlaufen.

Prozeß Artikelstammdatenpflege

Da viele Artikel nur von einem Lieferanten bezogen werden und die Lieferantenstammdatenanlage im Hinblick auf die von ihm zu beziehenden Artikel geschieht, folgt auf die Anlage von Lieferantenstammdaten häufig unmittelbar die Anlage der ihm zuzuordnenden Artikel. Aber auch vom Marketing kann der Anstoß zur Artikelstammdatenanlage ausgehen (vgl. Abb. 5.10).

Bei der Anlage des Artikels ist zunächst zu entscheiden, ob es sich um einen Einzelartikel oder einen Stücklistenartikel (Set, Lot, Display oder Leergut) handelt. Sofern letzteres der Fall ist, sind die Mengeneinheiten der in dem Stücklistenartikel befindlichen Einzelartikel anzugeben. Bei der Erfassung der Artikelstammdaten werden in einer ersten Stufe die Grunddaten zum Artikel angegeben, zu denen insbesondere die Identifikationsdaten gehören. In einem zweiten Schritt sind - in Analogie zur Dreiteilung des Handels-H-Modells - die Einkaufs-, die Logistik- und die Vertriebsdaten anzugeben.

Anschließend kann die Listung durchgeführt werden, es kann die Anlage eines Aufteilers erforderlich werden, oder es sind Konditionen zum Artikel anzulegen.

Die Pflege von Artikeldaten verläuft analog. Aufgrund der Tatsache, daß der Artikel bereits im System vorhanden ist, besteht der Einstiegspunkt in den Prozeß jedoch erst bei der Pflege der Einkaufs-, Logistik- und Verkaufsdaten. Die Löschung der Artikel kann bereits bei der Anlage des Artikel vorgegeben werden, indem das Liquidationsdatum des Artikels angegeben wird (vgl. Kapitel 5.2.1).

Mitunter wird die Zuordnung von Artikeln zu nach Branchen gebildeten Artikelgruppen (Food, Textil, Stahl etc.) dazu verwendet, eine den spezifischen Artikelerfordernissen entsprechende Anlage und Pflege von Artikeln zu ermöglichen. In diesem Fall wird die Anlage spezifischer Attribute (z. B. MHD im Lebensmittelbereich) nur für diese Artikelgruppe in den entsprechenden Bildschirmmasken angeboten.

Prozeß Konditionenstammdatenpflege

Der Prozeß der Konditionenstammdatenpflege wird angestoßen durch die Aufnahme neuer Artikel in das Sortiment, den Aufbau von Geschäftsbeziehungen mit neuen Lieferanten oder durch die Veränderung bestehender Vereinbarungen.

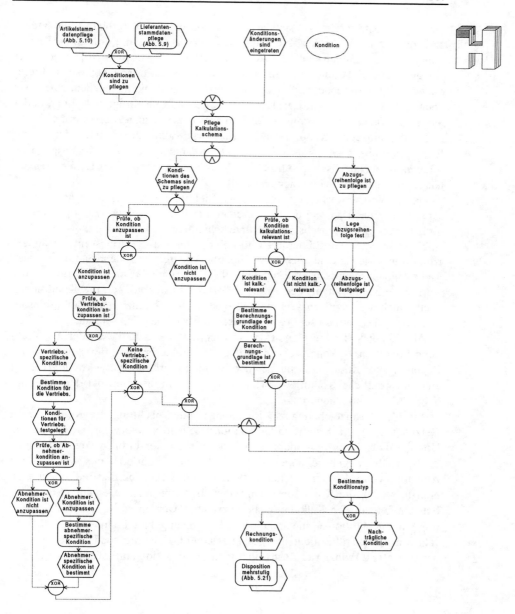

Abb. 5.11: Prozeßmodell Konditionspflege

Diese Prozeßstartereignisse stehen in einem konjunktiven Verhältnis zueinander und lösen den Aufruf des Kalkulationsschemas auf, das die konkreten Konditionen des Lieferanten und ggf. Artikels beinhaltet.[23] Mit dem Aufruf oder der Anlage eines Kalkulationsschemas werden die Konditionen bei einem Lieferanten in ihrer zeitlichen Gültigkeit aufgelistet (bzw. sind anzugeben, sofern sie noch nicht vorhanden sind). Insbesondere wird die Reihenfolge festgelegt, in der die Konditionen zur Berechnung der Einkaufspreise herangezogen werden.

Bei den einzelnen Konditionen innerhalb des Kalkulationsschemas ist zu prüfen, ob sie anzupassen (anzulegen) sind oder nicht. Sind die Konditionen zu pflegen, wird zunächst geprüft, ob die Konditionsgewährung des Lieferanten abhängig von der Vertriebsschiene ist.

Da die Vertriebsschiene aus Sicht des Lieferanten die disponierende organisatorische Einheit ist und dem Lieferanten die Präsenz seiner Waren in Abhängigkeit von der Vertriebsschiene unterschiedlich bedeutsam ist, werden beispielsweise von den Lieferanten für eine Kaufhaus-Vertriebsschiene andere Konditionen gewährt als bei einer Supermarktkette. Sind die Konditionen vertriebsschienenspezifisch, so müssen die unterschiedlichen Konditionen der Vertriebsschienen angegeben werden. Darüber hinaus können die Konditionen auch abnehmerspezifisch sein, so daß eine noch differenziertere Konditionsanlage und -pflege auf dieser organisatorischen Ebene möglich sein muß.

Abschließend ist die Kondition als nachträgliche Kondition oder als Rechnungskondition zu kennzeichnen. Mit der Charakterisierung der Kondition als Rechnungskondition wird sie bei der Rechnungsprüfung berücksichtigt. Liegt eine nachträgliche Kondition vor, so wird diese Information bei der nachträglichen Abrechnung benötigt.

Mit der Kennzeichnung als Rechnungs- oder nachträgliche Kondition ist festzulegen, ob die Kondition kalkulationsrelevant ist und wenn ja in welchem Umfang. Dies ist insbesondere bei nachträglichen Konditionen von Bedeutung, die an Bedingungen gekoppelt sind, wie bei einem Zusatzbonus von x % bei Abnahme von y DM. In solchen Fällen ist nicht sicher, ob die Bedingung auch eintritt, so daß die Konditionen entweder überhaupt nicht oder nur in begrenztem Umfang in der Kalkulation berücksichtigt werden sollte. Auch bei nachträglichen Konditionen, die an keine Bedingungen geknüpft sind (z. B. x % vom Jahresumsatz), sollte nicht der gesamte Konditionsbetrag sondern nur ein um den Zinseffekt reduzierter Bestandteil in die Kalkulation einfließen.[24]

---

[23] Das Kalkulationsschema korrespondiert mit den im Entitytyp Konditionswirkung zueinander in Beziehung gesetzten Konditionsauswirkungen. Vgl. Abb. 5.8.

[24] Zur Berechnung des relevanten Preises unter Beachtung der Zinskosten für nachträgliche Vergütungen vgl. Kapitel 5.1.2.1.

Informationsflußmodell Einkauf

Durch die Anlage der Stammdaten Artikel, Lieferant und Einkaufskonditionen, die die Grundlage für weitere Funktionen und Prozesse außerhalb des Funktionsbereichs Einkauf sind, bestehen vielfältige Interdependenzen vom Einkauf zu den anderen Funktionsbereichen des Handels-H-Modells. Im folgenden (Abb. 5.12) werden Beziehungszusammenhänge des Einkaufs zu exemplarischen Funktionsbereichen des Handels-H-Modells aufgezeigt.[25]

Einkauf ↔ Disposition

Der Einkauf stellt mit den Artikel- und Lieferantenstammdaten und den Konditionen die wichtigsten Daten für die Disposition zur Verfügung. Bei den Artikelstammdaten sind u. a. Daten zu Prognoseverfahren, Mindestbestand, Abgangsraten in der Vergangenheit und Trend- und Saisoneinflüsse zu nennen. Die Einkaufskontrakte und die vorgegebenen Beschaffungsquoten bei Lieferanten stellen weitere Informationsbeziehungen zwischen den Bereichen Einkauf und Disposition dar.

Die Disposition übergibt verdichtete Bestelldaten an den Einkauf. Die Angabe der Bestellmengen und -werte bei den ausgewählten Lieferanten mit Referenzierung der gewählten Kontrakte ist Voraussetzung für die Kontraktverwaltung und die Lieferantenbewertung.

Einkauf ↔ Wareneingang

Die Artikelgrund- und -beschaffungsdaten sind für den Wareneingang erforderlich, um die Bestandsführung durchführen zu können.

Der Wareneingang nimmt eine Bewertung der Wareneingänge vor und benötigt dazu Preise und Konditionen, insbesondere rechnungsbezogene Konditionen. Für die Bewertung der Bestände, die meist zum EK-netto-netto (im Großhandel) erfolgt, müssen zusätzlich die kalkulationsrelevanten nachträglichen Konditionen vorliegen. Beim Wareneingang werden möglicherweise abweichende Einkaufspreise erfaßt. Die EK-Preisänderungen sind dem Einkauf zur Klärung mitzuteilen und dienen dort u. a. zur Lieferantenbeurteilung.

---

[25] Es werden nicht immer sämtliche Interdependenzen zwischen den Bereichen aufgezeigt, da diese Vollständigkeit bei Schnittstellen, die zwei Bereiche betreffen, Redundanzen bedingen würde. Stattdessen wird in späteren Kapiteln auf die Ausführungen in vorhergehenden Kapiteln verwiesen. Zudem werden nur exemplarische Interdependenzen beschrieben, da den Darstellungen jedes Bereichs eine Abbildung folgt, die die wichtigsten Beziehungen zu den einzelnen Bereichen des Handels-H-Modells darstellt.

Einkauf ↔ Rechnungsprüfung

Die Schnittstelle zwischen Einkauf und Rechnungsprüfung ist traditionell von hoher Bedeutung und hat dazu geführt, daß die Bereiche organisatorisch häufig zusammengelegt werden. Mit der Anlage der Konditionen wird die Grundlage für die Rechnungsprüfung geschaffen.

Abweichungen des bewerteten Wareneingangs von der Rechnung werden an den Einkauf gemeldet, damit dieser prüfen kann, ob sie im Rahmen der unternehmensintern gepflegten Konditionen oder in lieferantenseitig berechneten Konditionen begründet sind. Die Kennzahl „fehlerhafte Rechnungen pro Periode" findet wiederum Eingang in die Lieferantenbeurteilung durch den Einkauf.

Einkauf ↔ Kreditorenbuchhaltung

Entweder stellt der Einkauf der Kreditorenbuchhaltung alle Daten des Lieferantenstammsatzes zur Verfügung, oder die Pflege der kreditorischen Daten wird in der Kreditorenbuchhaltung vorgenommen.

Mitunter werden die nachträglichen Abrechnungen von der Debitorenbuchhaltung und nicht von der Rechnungsprüfung an den Einkauf zu Zwecken der Lieferantenbeurteilung übermittelt.

Einkauf ↔ Lager

Die Artikelstammdaten und Artikellagerdaten (z. B. Höhe, Breite, Volumen) werden für die Durchführung der Lageraufgaben benötigt.

Das Lager stellt mit der Bewertungsmethode der Artikel dem Einkauf Informationen zur Verfügung, die für die Ermittlung des Bestandswerts je Artikel benötigt werden.

Einkauf ↔ Marketing

Dem Marketing werden die Artikelgrunddaten und die entsprechenden Einkaufspreise mitgeteilt, damit dieser die Aufgaben der Listung und Verkaufspreiskalkulation durchführen kann. Informationen über bevorstehende Einkaufsaktionen und diesen zugeordnete Artikel sind erforderlich, um ggf. Verkaufsaktionen in Analogie zu Einkaufsaktionen abzuwickeln.

Auf der anderen Seite benötigt der Einkauf Listungsinformationen, um qualifizierte Lieferantenverhandlungen führen zu können. Darüber hinaus sind Mitteilungen über Verkaufsaktionen dem Einkauf bekanntzugeben, damit für geplante Verkaufsaktionen Einkaufsaktivitäten eingeleitet werden können.

Einkauf ↔ Verkauf

Der Einkauf stellt mit der Anlage der Artikelstammdaten die Voraussetzung für den Verkauf der Artikel dar.

Der Verkauf teilt dem Einkauf die im Rahmen von Sonderartikelbestellungen erfaßten Artikel mit, die noch nicht im Sortiment des Handelsunternehmens sind.

Einkauf ↔ Warenausgang

Der Einkauf stellt dem Warenausgang die Artikelstammdaten zur Verfügung, die für die Auslagerung erforderlich sind.

Einkauf ↔ Fakturierung

Die Artikelstammdaten werden in der Fakturierung für die Bewertung der verkauften Artikel benötigt.

Die Fakturierung bildet mit der Bewertung der Verkaufsvorgänge die Basis für Ergebnisrechnungen (z. B. Warengruppenumsätze, Artikelumsätze), die der Einkauf für die Durchführung seiner Aufgaben der Lieferantenlistung und -bewertung und der Artikellistung benötigt.

Einkauf ↔ Debitorenbuchhaltung

Die Debitorenbuchhaltung besitzt Informationsflußbeziehungen zum Einkauf, wenn die Abnehmer zugleich auch als Lieferanten aufzufassen sind (kreditorische Debitoren).

Einkauf ↔ Kostenrechnung

Die Artikeldaten werden der Kostenrechnung für Zwecke einer Erfolgsrechnung auf Artikelbasis (Ermittlung der Direkten Produkt-Rentabilität) oder Warengruppenbasis zur Verfügung gestellt. Die Warengruppe bildet eines der zentralen Erfolgsobjekte im Handel und ist zugleich prägend für die Organisationsstruktur, die innerhalb der Kostenrechnung als Kostenstellenstruktur abgebildet wird.

Die Kostenrechnung unterstützt ein Beschaffungscontrolling, indem es beispielsweise durch eine Lieferantendeckungsbeitragsrechnung die Basis für eine Lieferantenbeurteilung verbessert.

Einkauf ↔ Personalwirtschaft

Die Einkäufer können, sofern sie zugleich Mitarbeiter im Unternehmen sind, mit einem Stammdatensatz im Informationssystem geführt werden, auf den der Einkauf und die Personalwirtschaft zugreifen.

Die wichtigsten Dateninterdependenzen zwischen dem Einkauf und den anderen Funktionsbereichen des Handels-H-Modells werden in Abb. 5.12 anhand eines Informationsflußmodells beschrieben.

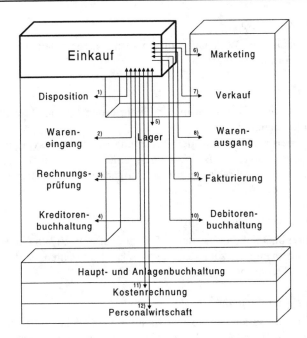

Information **vom** Einkauf:

1) Artikelstammdaten, Artikelbeschaffungsdaten, Lieferantengrunddaten, Lieferantenbeschaffungsdaten, Konditionen, Einkaufskontrakte
2) Artikelgrunddaten, Artikelbeschaffungsdaten (EK-Preise, Konditionen), nachträgliche Konditionen, Lieferantendaten
3) Artikelgrunddaten, Artikelbeschaffungsdaten (EK-Preise, Konditionen), nachträgliche Konditionen, Lieferantendaten
4) Lieferantendaten, nachträgliche Vergütungen
5) Artikelstammdaten, Artikellagerdaten (Höhe, Breite, Volumen, Gewicht usw.), Aktionsdaten (Einlagerung j/n), Lager-, Verpackungseinheiten, Lagerort
6) Artikelgrunddaten, Artikelbeschaffungsdaten (EK-Preise, Lieferantendaten, Bezugsweg usw.)

7) Artikelgrunddaten, Artikelbeschaffungsdaten
8) Artikelgrunddaten, Artikellagerdaten
9) Artikelgrunddaten, Artikelbeschaffungsdaten, Lieferant
10) Lieferantenstammdaten (bei kreditorischen Debitoren)
11) Lieferantenstammdaten, Artikelstammdaten, WGR-Daten, EKORG-Daten
12) Einkäufer

Information **zum** Einkauf:

1) Lieferant, Bestellmenge, Bestellwert, Kontrakt

2) Ist-WE-Menge, EK-Preisänderung

3) Rechnungskonditionen, nachträgliche Konditionen

4) Bestellobligo
5) Lagerbewegungen, Inventurbestand, Inventurbestandskorrekturen, Bewertungsmethode, Verbrauchsfolgeverfahren, Lagerraumbedarf, Lagerkostensatz
6) Verkaufsaktionen, Listungsdaten, zukünftige Artikel, Anforderungen an Artikel, Trendstudie, Marktanalyse, Konkurrenzanalyse
7) Sonderartikel

9) Artikel-, WGR-Umsätze, Lieferantenumsätze

11) Artikelergebnisbeiträge, Warengruppenerfolg, Lieferanten-DBR, EKORG-DBR
12) Leistungsbewertung Einkäufer

Abb. 5.12: Interdependenzen des Einkaufs

5.1.2 Disposition

5.1.2.1 Funktionsmodell

Der Disposition werden insbesondere die Funktionen der Limitrechnung, der Bedarfsrechnung, der Bestellmengenrechnung, der Liefermengenrechnung, der Aufteilung, der Bestellübermittlung und der Bestellüberwachung zugeordnet (vgl. Abb. 5.13).

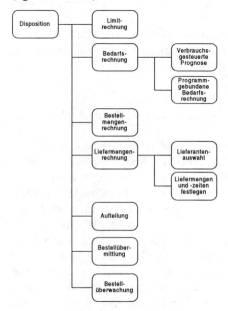

Abb. 5.13: Funktionsdekompositionsdiagramm Disposition

Häufig wird die Disposition in der organisatorischen Einheit Einkauf durchge-führt. Dies hat seine Ursache in der Verhandlung zusätzlicher Konditionen bei der Bestellung. Mit verstärkter Warenflußorientierung ist die Disposition als Bevorratungsfunktion zu betrachten, deren Aufgabengebiet logistischer und nicht einkaufsorientierter Natur ist. Zudem werden die Konditionsvereinba-rungen in wachsendem Maße bestellunabhängiger, d. h. die Konditionen werden in Form von Rahmenverträgen bereits zu Jahres- oder Quartalsbeginn festgelegt, so daß vom Lieferanten bei der Bestelldurchführung keine darüber hinausge-henden Konditionen gewährt werden.

Limitrechnung

Die Limitrechnung ist ein Instrument zur Steuerung der Beschaffung von Waren mit dem Ziel der Kostensenkung und Liquiditätssicherung.[26] Bei der Limitrechnung[27] werden Beschaffungshöchstwerte für Warengruppen (und darauf aufbauend für Organisationseinheiten und Disponenten) berechnet. Der Umsatz, die Handelsspanne und der Lagerbestand bilden als Ergebnisse der Absatzplanung[28] die Basis für die Berechnung der Limits.[29] Vereinfacht kann das maximale Beschaffungsvolumen einer Warengruppe als Differenz zwischen geplantem Umsatz und absoluter Handelsspanne des erwarteten Umsatzes in der Warengruppe definiert werden.

Durch die Berücksichtigung von Beschaffungshöchstwerten sollen Überlager bei Stapelartikeln vermieden werden. Bei Modeartikeln besteht die Zielsetzung in der Vermeidung von Ladenhütern.[30]

Bedarfsrechnung

Bei der Bedarfsrechnung können deterministische und stochastische Verfahren unterschieden werden.[31]

Die *deterministische Bedarfsechnung* basiert auf erfaßten Kundenaufträgen. In der Industrie wird ausgehend vom Primärbedarf (Bedarf an Endprodukten und Ersatzteilen) der Sekundärbedarf (Bedarf an untergeordneten Baugruppen und Einzelteilen) durch Stücklistenauflösung bestimmt. Der Stücklistenauflösung vergleichbare Prozeduren sind im Handel die Ausnahme. Eine deterministische Disposition liegt im Handel vor, wenn im Aktionsgeschäft die Aktionsbestellmengen, die von Kunden/Filialen oft mit großem zeitlichen Vorlauf bestellt werden, summiert die Dispositionsmenge des Großhandels ergeben.

Bei der *stochastischen Bedarfsrechnung* werden die Verbrauchswerte der Vergangenheit als Basis für die Prognose zukünftiger Bedarfe verwendet. Aus diesem Grunde wird die stochastische Bedarfsrechnung auch als verbrauchsgesteuerte Rechnung bezeichnet. Gängige verbrauchsgesteuerte Verfahren sind die einfache und gewichtete Mittelwertrechnung und die Methoden der exponentiellen Glättung. Je nach Einbezug von saisonalen und Trendeinflüssen kann

---

[26] Vgl. Tietz (1974), Sp. 1198f.

[27] Im folgenden wird davon ausgegangen, daß ein zentraler Einkauf und ein dezentraler Verkauf vorliegen. Einen umfassenden Überblick über Einsatzfelder und Ausgestaltung unterschiedlicher Verfahren zur Limitplanung gibt Ebert (1986), S. 222ff.

[28] Zur Umsatzplanung vgl. u. a. Tietz (Handelsbetrieb) (1993), S. 564ff.; Villiger (1981). Ausführungen zur Beschaffungsbudgetplanung finden sich u. a. bei Wilke (1989), S. 152ff. und Villiger (1981).

[29] Vgl. Wilke (1989), S. 152. Zur informationstechnischen Unterstützung der Disposition im Textilhandel vgl. insbesondere Ruffing (1991).

[30] Vgl. Ebert (1986), S. 225.

[31] Einen umfassenden Überblick über programm- und verbrauchsgesteuerte Verfahren gibt Tempelmeier (1992), S. 34ff.

zwischen der exponentiellen Glättung erster, zweiter und dritter Ordnung unterschieden werden. Bei der exponentiellen Glättung wird ausgehend von der Gewichtung des Absatzes vorhergehender Perioden der Absatz der zukünftigen
Perioden prognostiziert. Wenn in der Vergangenheit ein vornehmlich stetiger
Wert des Verbrauchs angenommen wurde, beschränkt sich die Prognose auf
eben diesen Wert mit:[32]

$$X_t^* = \alpha \cdot X_t + (1-\alpha) \cdot X_{t-1}^* \quad mit\ 0 \leq \alpha \leq 1$$

oder für n Beobachtungsperioden

$$X_t^* = \alpha \cdot \sum_{i=0}^{n-1} (1-\alpha)^i \cdot X_{t-i} + (1-\alpha)^n \cdot X_{t-n} \quad mit\ 0 \leq \alpha \leq 1$$

Dabei bedeuten:

X_t^*	im Zeitpunkt t prognostizierter Absatz für alle Folgeperioden (entspricht dem in t berechneten Mittelwert der Zeitreihe)
X_{t-1}^*	in der vorhergehenden Periode t-1 prognostizierter Absatz (entspricht dem in t-1 berechneten Mittelwert der Zeitreihe)
X_t	Tatsächlicher Absatz in Periode t
t	Zeitindex
α	Glättungsfaktor

Besondere Bedeutung besitzt bei der exponentiellen Glättung die Ermittlung des
Glättungsfaktors α. Je höher der Wert von α ist, desto stärker wird der tatsächliche Wert der letzten Periode gewichtet. Soll z. B. der Absatz für den Juli prognostiziert werden und ist seit Juni ein gestiegener Absatz, der auch in der Zukunft anhält, zu beobachten, so würde ein niedriger α-Wert dazu führen, daß der
tatsächlich gestiegene Absatz im Juni erst mit erheblicher Verzögerung Eingang
in die Prognose findet. Andererseits ist die Empfänglichkeit für „Ausreißer" bei
einem niedrigen α-Wert geringer. Die exponentielle Glättung erster Ordnung ist
einsetzbar für Zeitreihen, die einen stetigen Verlauf evtl. mit Sprüngen
aufweisen. Die exponentielle Glättung zweiter Ordnung berücksichtigt auch
einen Trendverlauf.[33] Bei der exponentiellen Glättung dritter Ordnung werden
darüber hinaus Saisoneinflüsse berücksichtigt.

Die Beachtung von Trend- und Saisoneinflüssen ist im Handel von großer
Bedeutung, da insbesondere periodisch wiederkehrende Aktionen, Börsen[34] und
weitere Maßnahmen zur Verkaufsunterstützung dazu führen, daß das Absatzge-

[32] Vgl. Busse von Colbe (1990), S. 607. Vgl. auch Tempelmeier (1992), S. 47ff.

[33] Zur exponentiellen Glättung zweiter und dritter Ordnung vgl. beispielsweise Mertens (1995),
S. 81; Scheer (1983), S. 107ff.

[34] Unter Börsen werden regelmäßig stattfindende Veranstaltungen verstanden, bei denen die Lie-
feranten ihre Ware den Abnehmern des Handelsbetriebs gegenüber präsentieren. Die Abnehmer
können in der Zeit der Börse i. d. R. zu vergünstigten Konditionen beim Handelsunternehmen
(Lagergeschäft) oder in einigen Fällen auch direkt beim Lieferanten bestellen (Strecken- oder
Zentralregulierungsgeschäft). Zum Begriff der Börse vgl. auch Tietz (Handelsbetrieb) (1993),
S. 173ff. und die dort zitierte Literatur.

schehen der Vergangenheit nicht ohne Berücksichtigung von verkaufsunter-
stützenden Maßnahmen als Prognosebasis für den zukünftigen Absatz dienen
kann. Bei einer Aktion beispielsweise wird i. d. R. der Absatz des aktionierten
Artikels zunehmen. Nach einer Aktion ist der Absatz eines Artikels tendenziell
geringer als vor der Aktion, da zumindest einige Abnehmer im Aktionszeitraum
größere Mengen des Artikels gekauft haben. Neben der Berücksichtigung von
verkaufsfördernden Maßnahmen auf den Verkauf des einzelnen Artikels ist zu
fordern, daß auch die Absatzmengen anderer Artikel in der Aktionszeit analysiert werden. Aufgrund der Schwierigkeit, Verbundeffekte zwischen Artikeln bei
einer großen Anzahl möglicher Verbundeffekte bestimmen zu können, werden
sie bei der Analyse des Absatzes i. d. R. vernachlässigt.

Bestellmengenrechnung

Aufbauend auf den ermittelten Bedarfsdaten wird im Rahmen der Bestellmengenrechnung festgelegt, welche Menge zu welchem Zeitpunkt zu bestellen ist.
Eng verbunden mit der Ermittlung einer optimalen Bestellmenge ist die Frage,
bei welchem Lieferanten die Ware zu bestellen ist. Kann der Artikel bei mehr als
einem Lieferanten bestellt werden (was allerdings eher die Ausnahme darstellt),
so ist die Kenntnis lieferantenspezifischer Preise notwendig, anhand derer die
optimale Bestellmenge ermittelt werden kann. Andererseits läßt sich die Lieferantenauswahl erst nach erfolgter Bestellmengenoptimierung treffen, da erst zu
diesem Zeitpunkt alle Informationen vorliegen, auf deren Basis die Auswahl
durchgeführt werden kann. Die bei den Lieferanten bestehenden Kontrakte
(Mengen- und Wertkontrakte) und Lieferpläne sind in eine simultane Planung
einzubeziehen.

Zur Bestellmengenrechnung hat die Theorie Verfahren entwickelt, die zunächst danach unterschieden werden können, ob es sich um eine Planung unter
Sicherheit oder Unsicherheit handelt. Bei den deterministischen Verfahren wird
davon ausgegangen, daß der Absatz in einer Periode keine Schwankungen aufweist und auch die Zeit der Wiederbeschaffung deterministisch ist. Hingegen
berücksichtigen die Planungsmethoden unter Unsicherheit auch stochastische
Lagerabgangsraten und Wiederbeschaffungszeiten. Neben der Unterscheidung
der Verfahren nach Sicherheit und Unsicherheit können ein- und mehrperiodige
Modelle differenziert werden. Im folgenden werden einige grundlegende Zusammenhänge bei der Bestellmengenplanung anhand des klassischen Bestellmengenmodells dargestellt.

Bei dem klassischen Bestellmengenmodell handelt es sich um ein statisches
und deterministisches Modell, das von einem Lageranfangs- und -endbestand
von Null ausgeht.[35] Die Wiederauffüllgeschwindigkeit des Lagers ist unendlich
hoch und die Lagerabgangsrate kontinuierlich (vgl. Abb. 5.14).

---

[35]   Zu den Prämissen des Bestellmengenmodells vgl. u. a. Grochla (1978), S. 80f.

Die Lagerkosten hängen von der Höhe des durchschnittlichen Bestands ab. Der Bestandsverlauf schwankt zwischen dem maximalen Bestand y [ME] zu Beginn einer Bestellperiode und dem minimalen Bestand von 0 [ME], der sich nach y/V ergibt. V [ME/ZE] bezeichnet die Abgangsmenge pro Zeiteinheit. Im Durchschnitt liegt die halbe Bestellmenge (y/2) auf Lager (vgl. Abb. 5.14).

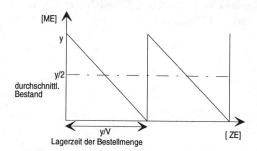

Abb. 5.14: Bestandsverlauf bei kontinuierlicher Lagerabgangsrate

Der Zins- und Lagerkostensatz einerseits und der Bestellkostensatz andererseits sind konstant, und alle relevanten Kostenarten lassen sich eindeutig diesen beiden Kostengrößen zuordnen, die aufgrund ihrer Gegenläufigkeit im Optimum zum Ausgleich zu bringen sind (vgl. Abb. 5.15). Die Lagerkosten ergeben sich als Produkt des Zins- und Lagerkostensatzes pro Stück (Cl = z x p)[36] und dem durchschnittlichen Bestand (y/2). Die bestellfixen Kosten einer Planungsperiode errechnen sich als Produkt von bestellfixen Kosten pro Bestellung Cb und Anzahl erforderlicher Bestellungen. Diese Anzahl läßt sich errechnen, indem man den Gesamtbedarf B [ME] einer Periode durch die noch zu ermittelnde Bestellmenge y dividiert. Der Gesamtbedarf errechnet sich als Produkt von Abgangsmenge pro Zeiteinheit und dem Planungszeitraum.

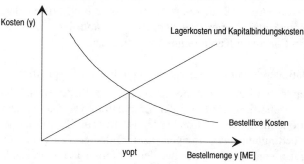

Abb. 5.15: Optimale Bestellmenge

---

[36] Es wird unterstellt, daß sich der Lagerkosten- und Kapitalbindungskostensatz z als Prozentsatz des Preises p annähernd bestimmen läßt.

Aufbauend auf diesen Informationen läßt sich die optimale Bestellmenge y_{opt} anhand der folgenden Herleitungen ermitteln. Gleichung (1) stellt die Gesamtkosten K(y) je Bestellmenge y als Summe aus Bestell- und Lagerkosten dar. Differenziert man (1) nach der Bestellmenge y und setzt den erhaltenen Ausdruck gleich null, um die kostenminimale Bestellmenge ermitteln zu können, so erhält man Gleichung (2). Durch die Umformung von Gleichung (2) nach y ergibt sich die optimale Bestellmenge y_{opt} entsprechend Gleichung (3).

(1)
$$K(y) = Cb \cdot \frac{B}{y} + \frac{y}{2} \cdot z \cdot p$$

(2)
$$K'(y_{opt}) = -\frac{Cb \cdot B}{y_{opt}^2} + \frac{z \cdot p}{2} = 0$$

(3)
$$y_{opt} = \sqrt{\frac{2 \cdot Cb \cdot B}{z \cdot p}}$$

Im folgenden sollen einige für Handelsbetriebe besonders bedeutende Determinanten der Bestellmengenrechnung hinsichtlich ihrer Wirkung auf die Bestellmengen diskutiert werden.

Einkaufspreiserhöhungen oder -senkungen in der nächsten Bestellperiode

Preiserhöhungen in der Zukunft führen tendenziell dazu, daß die Bestellmengen im Handel in der betrachteten Periode erhöht werden. Bei Preiserhöhungen sind zwei ökonomische Konsequenzen zu bewerten. Zum einen sind höhere Kapitalbindungskosten zu betrachten, die durch die frühere Beschaffung der benötigten Mengeneinheiten entstehen. Dem stehen Kosteneinsparungen bei den Wareneinsatzkosten gegenüber.

Die Differenz der Bestellpreise im Zeitablauf ($p_t < p_{t+1}$) multipliziert mit der beschafften Menge stellt das Ausmaß an reduzierten Beschaffungskosten dar. Die früher beschaffte Menge multipliziert mit dem Zinssatz und der Zeit stellt die zusätzlichen Kosten in Form von Kapitalbindungskosten dar.

Berücksichtigung kalkulationsrelevanter Rückvergütungen bei der Disposition

Insbesondere im Großhandel wird der EK-netto-netto als Wert für die Bestandsführung und als Wiederbeschaffungswert bei der Disposition verwendet. Der Ansatz des EK-netto-netto kann aus zwei Gründen fehlerhaft sein. Zum einen ist die Einbeziehung von bedingungsunabhängigen nachträglichen Vergütungen (z. B. die Berücksichtigung von 10.000 DM, die der Lieferant am Jahresende gewährt und zu denen kein Artikelbezug hergestellt werden kann) in den EK-netto-netto nicht sinnvoll, da sie keine Entscheidungsrelevanz im Rahmen der Bestellmengenplanung besitzen. Zum anderen sind die mengen- und umsatzabhängigen nachträglichen Konditionen unter Berücksichtigung von Zinseffekten in den Wiederbeschaffungspreis einzubeziehen. Letzteres soll im folgenden anhand eines Beispiels beschrieben werden.

Bei einem Artikel, der 500 DM kostet und dessen Anteil nachträglicher Vergütungen am Jahresende, die umsatzabhängig sind, 40 % beträgt, wäre unter Abstraktion von sonstigen Konditionen (vgl. Kapitel 5.1.1) der EK-netto-netto 300 DM. Der Ansatz von 300 DM als Wiederbeschaffungspreis vernachlässigt jedoch die Zinseffekte auf die Rückvergütungen in Höhe von 200 DM, da die nachträglichen Vergütungen erst am Jahresende gewährt werden. Die nachträglichen Vergütungen dürfen daher nicht in voller Höhe Eingang in unterjährige Entscheidungsrechnungen finden. Somit sind im Beispiel die 300 DM um die jeweiligen Zinsen für die 200 DM zu erhöhen. Wird eine wochenweise, unterjährige Verzinsung unterstellt, so ist der Preis nach folgender Formel zu berechnen:[37]

$$p_{relevant} = \underbrace{p_{EKnetto} - RVG}_{\text{traditioneller EK-netto-netto}} + \underbrace{(RVG - RVG \times (1 + \frac{i}{m})^{-m})}_{\text{Zinskorrektur beim EK-netto-netto}}$$

mit: RVG: Rückvergütung, bezogen auf Stück
       i: Jahreszinssatz
       m: Zinsperioden je Jahr.

Im Beispiel beträgt der Einkaufspreis-netto-netto 300 DM, obgleich theoretisch bei einem angenommenen Zinssatz von 10 % in der ersten Januarwoche ca. 319 DM korrekt wären. Es ist festzuhalten, daß sich der Einfluß dieses Zinseffekts verringert, je näher sich die Beschaffungsperiode dem Jahresende nähert. Abb. 5.16 gibt den Verlauf des Wiederbeschaffungspreises im Zeitablaufs wieder.

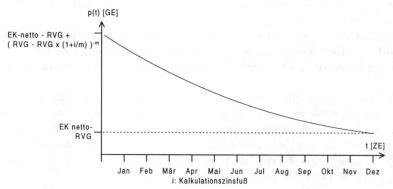

Abb. 5.16: Verlauf des theoretisch richtigen Einkaufspreises im Zeitablauf

---

[37]   Zur unterjährigen Verzinsung vergleiche die betriebswirtschaftliche Literatur zur Investitionsrechnung, z. B. Kobelt, Schulte (1987), S. 54.

Aufgrund des sinkenden Wiederbeschaffungspreises sinken im Zeitablauf die Kapitalbindungskosten, so daß die optimale Bestellmenge im Zeitablauf steigt.

Weitere Verfahren der Bestellmengenrechnung

Die klassische Bestellmengenrechnung ist gut geeignet, den Einfluß bestimmter Faktoren, wie die Änderungen des Einkaufspreises durch den Lieferanten oder die Wirkung von nachträglichen Vergütungen, zu zeigen.

Als Planungsinstrument zur Festlegung der Bestellmenge ist sie hingegen kaum geeignet, da sie u. a. von beliebig teilbaren Beschaffungsmengen ausgeht (also völlig von Logistischen Einheiten abstrahiert), einen konstanten Abgang und feste Preise unterstellt (also insbesondere Mengenrabatte vernachlässigt), Lagerrestriktionen außer acht läßt, Verderb nicht berücksichtigt (MHD im Lebensmittelbereich) und jegliche Art von Verbundbeziehungen zwischen Artikeln unberücksichtigt läßt.

Andere Verfahren zur Berechnung der optimalen Bestellmenge, die den Zeitpunkt der Bestellung und die Bestellmenge festlegen, sind insbesondere:[38]

- die (t,Q)-Politik: In konstanten Zeitabständen t wird eine konstante Menge Q bestellt.
- die (t,S)-Politik: In konstanten Intervallen wird die Menge bestellt, die sich als Differenz zwischen dem aktuellen Lagerbestand und dem festgelegten Lagerhöchstbestand (S) ergibt.
- die (s,Q)-Politik: Mit jedem Lagerabgang wird geprüft, ob ein Mindestbestand (s) unterschritten wird, so daß eine konstante Bestellmenge Q bestellt wird.
- die (s,S)-Politik: Wird der Mindestbestand (s) unterschritten, ist die Differenzmenge zwischen dem Lagerhöchstbestand (S) und dem vorhandenen Bestand zu bestellen.

Bei den beiden erstgenannten Verfahren ist der Bestellrhythmus konstant (Bestellrhythmusverfahren) und bei den beiden letztgenannten Verfahren wird die Menge festgelegt, ab der eine Bestellung ausgelöst wird (Bestellpunktverfahren).

Aufgrund der Lieferrhythmen der Lieferanten sind im Handel Bestellrhythmusverfahren Bestellpunktverfahren in der Regel vorzuziehen. Da die Lieferanten oft in festen Zyklen anliefern, besteht für jeden Lieferanten ein bestimmter Dispositionsrhythmus. Sollte der Lagerbestand für einen Artikel nicht mehr hoch genug sein, um bis zur übernächsten Lieferung auszureichen, muß der Artikel bei der nächsten Lieferung bestellt werden (vgl. Kapitel 5.1.2.3). Die Mindestliefermenge muß sicherstellen, daß mindestens eine dem Lieferzyklus entsprechende Lagerreichweite gewährleistet ist. Die Höhe des Abgangs zwischen zwei Liefertagen läßt sich durch die Prognoseverfahren abschätzen.

---

[38] Vgl. Busse von Colbe (1990), S. 599ff. Zu Bestellpunktverfahren vgl. Reichwald, Dietel (1991), S. 528ff.

Berücksichtigung beschaffungslogistischer Kosten

Wenig beachtet werden in der Praxis die durch die Bestellungen verursachten beschaffungslogistischen Kosten. Im folgenden soll daher auf ein Problem eingegangen werden, das unter dem Schlagwort „Engpaß Rampe" diskutiert wird.[39] Unter dem „Engpaß Rampe" wird das betriebswirtschaftliche Entscheidungsproblem der zeitlichen Koordination der Warenanlieferung gefaßt. Strategien zur Beseitigung einer Engpaßsituation sind:

- Erweiterung des Kapazitätsangebots
- Verkleinerung der Kapazitätsnachfrage
- Erhöhung der planerischen Durchdringung des Problems
- Differenzierung der Ware beim Wareneingang (Sonderbehandlung von Aktionsbestellungen, Sonderbestellungen etc.)

Zur Beseitigung des Koordinationsproblems bei der Warenanlieferung lassen sich die Lösungsansätze entsprechend der Bedeutung und Fristigkeit in strategische, taktische und operative Ansätze differenzieren.

A   Strategische Maßnahmen

Die Entzerrung einer Engpaßsituation erfordert langfristig stets ihre physische Neugestaltung (Veränderung des Kapazitätsangebots). Dies bedeutet für den Wareneingang eine Vergrößerung der Ladezone. Letztendlich handelt es sich dabei um ein investitionsrechnerisches Kalkül, bei dem allerdings den relativ sicher prognostizierbaren Auszahlungen nur schwer monetarisierbare Nutzeffekte gegenüberstehen.

Wesentliche Ansatzpunkte zur Entzerrung des Engpasses Rampe bestehen auch in der *Reduktion der Anzahl zu vereinnahmender Lieferungen* (Veränderung der Kapazitätsnachfrage). Ein Konzept, das diese Zielsetzung verfolgt, ist das des externen Beschaffungslagers, oft realisiert als *Speditionslager*. Dabei erfolgt eine Belieferung eines unternehmensexternen Lagers gemäß den Orders des Abnehmers. Verantwortlich für die Kommissionierung und die Zulieferung gebündelter Warenströme ist der Spediteur, der vom Abnehmer Abrufe erhält. Aus informationsflußtechnischer Sicht steigt mit dem Konzept der gemeinsamen Bestandssteuerung sowohl für den Abnehmer als auch für die Lieferanten die Menge der verfügbaren Informationen. Beiderseits besteht z. B. Transparenz über Vergangenheitsdaten (Lieferantenproduktion, Bedarf des Abnehmers), den Lieferstatus oder den Gesamtlagerbestand.[40] Die Bedeutung von Speditionslagern, die Lieferungen konsolidieren und die Auslieferung in Sammelladungen vornehmen, wird auch im Problemfeld der *City-Logistik*[41] deutlich. Dort wird in sog. Güterverteilzentren ein adäquater Weg zur Entlastung der zumeist engen und verkehrsmäßig überlasteten Innenstädte gesehen. Gerade die in

---

[39]   Zur Thematisierung des Rampenproblems vgl. u. a. Haard (1993).

[40]   Vgl. Schulte (1995), S. 156ff.

[41]   Zur City-Logistik vgl. u. a. Wittenbrink (1995); Aden (1993).

Zentren von Ballungsräumen ansässigen Händler verfügen aufgrund einer hohen Siedlungsdichte und hoher Mietkosten über vergleichsweise kleine Wareneingangsbereiche, so daß die Manipulationsfläche für die Aufgabe des Lagerns und Sortierens gering ist.[42] Eine hohe Abverkaufsintensität sowie die Motivation, kapitalbindungsintensive Lagerbestände zu reduzieren, bedingen eine hohe Lieferfrequenz und forcieren folglich die Notwendigkeit einer effizienten Koordinierung der Warenanlieferung.

B   Taktische Maßnahmen

Einen mittelfristigen Ansatz zur Erleichterung der zeitlichen Koordination der Warenanlieferung durch eine Verringerung der Anzahl an Planungseinheiten stellt das *Konzept der Gebietsspedition*[43] dar. Dabei werden regional zusammenliegende Lieferanten einzelnen Spediteuren zugeordnet, die in Sammeltouren die Beschaffungsvorgänge konsolidieren und gebündelt anliefern. Für das abnehmende Unternehmen kommt es zu einer Entlastung der Lagerinfrastruktur und zu einer Reduzierung des logistischen und des informatorischen Aufwands im Wareneingangsbereich.

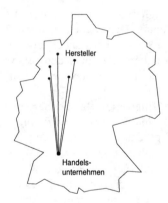 

In Anlehnung an Werner (1992), S. 74.

Abb. 5.17: Wirkung des Einsatzes von Gebietsspediteuren

Zudem reduzieren sich die Transportkosten, da die Anzahl an Kleinsendungen abnimmt. Logistische Funktionen wie Verpacken, Kommissionieren, Etikettieren und Bestandsführung werden auf den Spediteur übertragen, der entsprechend intensiv in die Informationsflußkette einzubinden ist. Der Spediteur übernimmt eine Datensammel- und -verteilungsfunktion, wenn Sammelbestellungen für alle

---

[42]   Vgl. Pfohl (1995), S. 292.
[43]   Vgl. hierzu Schulte (1995), S. 71-75; Becker, Rosemann (1993), S. 66f.; Werner (1992), S. 73f.; Ihde (1991), S. 214f; Wildemann (1988), S. 103-110.

einem Spediteur zugeordneten Zulieferer erteilt werden. Das Prinzip der Gebietsspedition wird durch Abb. 5.17 wiedergegeben.

Eine Weiterentwicklung des Gebietsspediteur-Konzepts besteht darin, neben der Beschaffungslogistik auch die Distributionslogistik mit Hilfe dieses Konzepts wahrzunehmen. In diesem Fall werden die Kundenaufträge des Handelsunternehmens zunächst zu diversen Gebietsspediteuren transportiert, denen die abnehmergenaue Vereinnahmung und die Auslieferung an die Abnehmer obliegt.

C   Operative Maßnahmen

Eine kurzfristige Möglichkeit zur Entzerrung des „Engpasses Rampe" stellt die verstärkte planerische Durchdringung des Problems dar. Hierzu bedarf es zunächst eines veränderten Dispositionsverständnisses, in dem vermehrt warenflußorientierte Aspekte beachtet werden müssen. Dementsprechend sollte bei der Disposition eine Hochrechnung des erwarteten Wareneingangsvolumens erfolgen, um eine möglichst harmonische Auslastung der Kapazitäten im Wareneingang zu erreichen. Beispielsweise sollte der Disponent i. d. R. einen anderen Anlieferungstermin wählen, wenn die Kapazitäten für den Wareneingang zum ursprünglich geplanten Termin überbeansprucht sind.

Das Planungsproblem des Engpasses Rampe kann entweder bei der Disposition in Angriff genommen werden, die den Lieferanten sehr genaue Anlieferzeiten (Tag und Stunde) vorgibt, oder auf den Wareneingang verlagert werden. In diesem Fall gibt die Disposition z. B. nur die Woche als Anlieferzeitraum vor, der Wareneingang vereinbart mit dem Lieferanten den exakten Termin.[44]

Liefermengenrechnung

Im Rahmen der Liefermengenrechnung bedarf es der Auswahl der Lieferanten, bei denen die Ware bezogen werden soll, sowie der Aufteilung der Bestellmenge auf mehrere Liefermengen.

Die Lieferantenauswahl als operative Aufgabe der Beschaffungslogistik wird nur in den Fällen relevant, in denen zwischen Lieferant und Artikel eine (0,m):(0,m)-Beziehung besteht. Sind mehrere Lieferanten bei einer Beschaffung möglich, so ist anhand von quantitativen und qualitativen Kriterien die Vorteilhaftigkeit eines Beschaffungsweges zu ermitteln. Neben dem Preis als zentralem quantitativen Kriterium ist der Lieferservice als wichtiges qualitatives Kriterium zu nennen.

---

[44]   Vgl. die Ausführungen in Kapitel 5.1.3.1.

Aufteilung

Unter der Aufteilung werden alle Funktionen subsumiert, die eine Gesamtbeschaffungsmenge auf Abnehmer, meistens Filialen, verteilen. Insofern ist die Aufteilung eine Disposition der Zentrale für die Filialen. Bereits bei der Bestellung an den Lieferanten wird die Aufteilung systemmäßig festgehalten, so daß beim Wareneingang im Zentrallager die Ware unmittelbar der Aufteilungsregel gemäß für die Abnehmer bereitgestellt werden kann. Bei Anlieferung an Regionallager sind dem Lieferanten die Summen der Einzelaufteilmengen pro Regionallager mitzuteilen. Liefern die Lieferanten direkt an die Abnehmer, ist mit der Bestellung der Aufteiler zu übermitteln. Der Aufteilung können feste Mengenangaben oder Prozentwerte zugrunde liegen. Rückrufaktionen von Artikeln, die Verteilung von Restbeständen des Zentrallagers und die Zusammenfassung von dezentral gemeldeten Bestellmengen werden durch die Aufteilerfunktionalität unterstützt. Bei der Verteilung von Gesamtmengen auf die einzelnen Abnehmer können neben einer manuellen Mengenangabe je Abnehmer auch Regeln definiert werden, die eine automatische Ermittlung des Mengenanteils je Abnehmer ermöglichen. Als Kriterien, die bei der automatischen Verteilung herangezogen werden, dienen Gruppierungen von Abnehmern, von Artikeln oder von Warengruppen. Die Aufteilerfunktionen weisen Schnittstellen zu anderen operativen Funktionen wie Saison- oder Aktionsbearbeitung auf. Da Aufteiler vorwiegend im Zusammenhang mit Beschaffungsvorgängen eingesetzt werden, wird eine Zuordnung der Aufteilerfunktionalitäten zum Funktionsbereich Disposition vorgenommen.

Bestellübermittlung

Die Bestellübermittlung zu den Lieferanten erfolgt zunehmend über elektronischen Datenaustausch (EDI)[45], auch die Bestellungen von den Filialen gehen immer häufiger diesen Weg.

Bestellüberwachung

Die Bestellüberwachung, bei der die Einhaltung der Liefertermine des Lieferanten überprüft wird, ist eine im Handel selten unterstützte Funktion. Dort, wo die Industrie Abnehmer ist (z. B. Investitionsgüterhandel), hat die Bestellüberwachung eine größere Bedeutung.[46] Automatisch angestoßene Erinnerungen kurz vor dem Liefertermin und Mahnungen bei Überschreiten des Liefertermins unterstützen die Bestellüberwachung.

---

[45]   Zu EDI siehe Kapitel 7.2.
[46]   Zur Bestellüberwachung in der Industrie vgl. Mertens (1995), S. 103; Scheer (1995), S. 428.

5.1.2.2 Datenmodell

Das die Disposition prägende Objekt, das sich auch im Datenmodell wiederfindet, ist die Bestellung. Die Bestellung setzt sich aus einem Bestellkopf mit den allgemeinen Daten (Lieferant, Bestelldatum, gewünschtes Lieferdatum, Zahlungskonditionen, evtl. Bezug zu einem Kontrakt) und Bestellpositionen mit den Mengen der bestellten Artikel und deren Preisen zusammen. Vereinfacht ist der Bestellkopf eine Aggregation von Lieferant und Zeit (detaillierter in Abb. 5.19), die Bestellposition eine Aggregation von Bestellkopf und Artikel. Eine analoge Struktur weisen die der Bestellung vorausgehenden Objekte Lieferantenanfrage und Lieferantenangebot und die in der Prozeßkette nachfolgenden Objekte Wareneingang, Lieferantenrechnung und Lieferantenzahlung auf. Dabei kann jeweils ein Bezug von einem Informationsobjekt zu seinem Vorgänger hergestellt werden, d. h. beispielsweise die Zahlung an einen Lieferanten bezieht sich auf die Rechnung, der Wareneingang wird mit der Bestellung in Verbindung gebracht. Abb. 5.18a zeigt die wesentlichen Objekte im Beschaffungsprozeß auf Kopfebene, Abb. 5.18b die Struktur dieser Objekte exemplarisch für das Lieferantenangebot und die Bestellung.

Für die Berechnung der Bedarfe ist eine Datenbasis gemäß Abb. 5.19 erforderlich. Disponiert wird ein Artikel, genaugenommen ein Abnehmerartikel, da z. B. die Filiale nur die Artikel bestellen darf, die für sie gelistet sind. Dadurch, daß Filialen und Lager (neben Kunden) als Abnehmer definiert sind,[47] hat der Abnehmerartikel als Abnehmer- und Artikel- (sowie Zeit-)Verbindung eine Allgemeingültigkeit für alle Handelsstufen. Der *Bedarf* eines Abnehmerartikels läßt sich als Beziehungstyp zwischen Abnehmerartikel, *Zeit* und *Dispositionsangaben* darstellen. Die Zeit beinhaltet die Angaben, für welchen Zeitraum die Bedarfsrechnung vorzunehmen ist. Die Dispositionsangaben umfassen die Parameter, die für die Prognose des Abnehmerartikels erforderlich sind. Somit wird im Relationshiptyp Bedarf festgehalten, welche Bedarfsmenge eines Abnehmerartikels in der betrachteten Periode auf Basis ausgewählter Prognoseverfahren berechnet wird.

Die berechneten Werte sind als Bruttobedarfe zu verstehen, denen der Bestand zum jeweiligen Zeitpunkt gegenüberzustellen ist. Der Bestand (*Lagerortbestand*) ergibt sich als Aggregation von Abnehmerartikel, *Lagerort* und Zeit. Während der im Datenmodell zur Lagerorganisation als Beziehung zwischen Artikel, Lagerplatz und Zeit modellierte lagerplatzbezogene Bestand (wie er im Datenmodell zur Lagerorganisation im Kapitel 4 dargestellt wurde) Zwecken der Lagerverwaltung dient, ist der Lagerortbestand Ausgangspunkt für die Disposition, da dort die physische Verteilung der Bestände auf einzelne Lagerplätze nicht von Interesse ist.

---

[47]   Vgl. zur Modellierung des Abnehmers Kapitel 4.

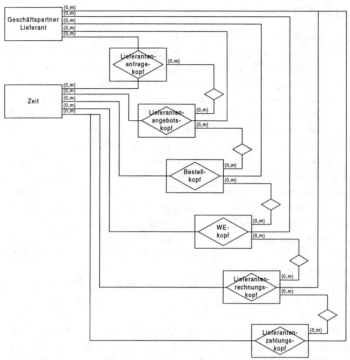

a) Datenmodell Belegstruktur auf Kopfebene (vereinfacht)

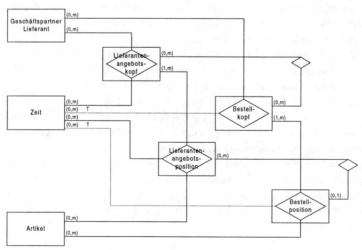

b) Datenmodell Belegstruktur auf Positionsebene (vereinfacht)

Abb. 5.18: Datenmodell Belegstruktur im Beschaffungsprozeß (vereinfacht)

Zudem ist zur einheitlichen Abbildung der Dispositionsgrundlage von Lager, Filialen und Kunden der Lagerort notwendig, da in Filialen i. d. R. keine Lagerplatzstruktur verwaltet wird.

Durch die Gegenüberstellung von Bedarf und Bestand läßt sich der Nettobedarf berechnen. Bei der Bedarfsrechnung sind neben dem Bedarf und dem Bestand *Artikelreservierung*en zu beachten. Diese ergeben sich als Beziehung zwischen den Entitytypen Abnehmerartikel und Zeit. Eine Artikelreservierung kann sowohl ohne Auftrags- als auch mit Auftragsbezug möglich sein. Liegt eine Spezialisierung in eine *Artikelreservierung mit Auftragsbezug* vor, so besteht eine Beziehung zu einer oder mehreren *Abnehmerauftragsposition*en. Neben Artikelreservierungen mit Auftragsbezug können beispielsweise von den Disponenten Bestandsreservierungen ohne Auftragsbezug vorgenommen werden (*Artikelreservierung ohne Auftragsbezug*). Durch die Bestandsreservierung wird außer dem physischen auch ein logischer Lagerbestand verwaltet. Für eine Bedarfsrechnung werden zusätzlich zum prognostizierten Abgang, dem physischen Bestand und der Reservierung auch erwartete Zugänge benötigt, die in den Bestellpositionen hinterlegt sind. Die positionsübergreifenden Bestandteile einer Bestellung, im Datenmodell als *Bestellkopf* bezeichnet, sind eine Beziehung aus *Geschäftspartner Abnehmer*, *Geschäftspartner Lieferant*, *Zeit*, *Einkaufsorganisation* und *Disponent*. Der Abnehmer wird auf Bestellkopfebene festgelegt, um den Regelfall abzubilden, daß sich eine Bestellung auf einen Abnehmer bei einem Lieferanten zu einem bestimmten Zeitpunkt bezieht. Eine Bestellung besteht aus mindestens einer *Bestellposition*, die eine Beziehung von Bestellkopf, Zeit, Geschäftspartner Abnehmer (konditional) und *Abnehmerartikel* darstellt. Durch die Aufnahme des Geschäftspartners Abnehmer als Schlüssel in die Bestellposition wird der Sonderfall abgebildet, daß eine Bestellung Bestellpositionen mehrerer Abnehmer umfaßt (z. B. unter Nutzung eines Aufteilers bei der zentral vorgenommenen Bestellmengenverdichtung). Die Bestellposition enthält zwar den Abnehmer und den Abnehmerartikel, das Datenmodell kann aber nicht sicherstellen, daß nur sich entsprechende Abnehmer und Abnehmerartikel Eingang in die Bestellposition finden (damit auch nur die Abnehmerartikel für den Abnehmer bestellt werden, die er im Sortiment führt). Die Konsistenz ist durch ein eigenes Programm sicherzustellen. Die Einkaufsorganisation gibt an, welche organisatorische Einheit die Bestellung durchführt und für diese verantwortlich ist.

Der Bezug zu den Konditionen kann zum einen über den Bestellkopf hergestellt werden (*Kond.-Bestellkopf-ZuO*). Zum anderen können den Bestellpositionen Konditionen zugeordnet werden, die festlegen, zu welchen Werten die bestellten Artikel bezogen werden (*Kond.-Bestellpos.-ZuO*). Eine Bestellposition kann auf einen *Einkaufskontrakt* referenzieren, d. h. es wird mit der Bestellposition festgelegt, ob und ggf. welcher Kontrakt bei dieser Bestellung gültig ist. Eine Bestellposition kann sich auch auf mehrere Kontrakte beziehen, da es möglich ist, daß zu einem Zeitpunkt mehr als ein Kontrakt gültig ist.

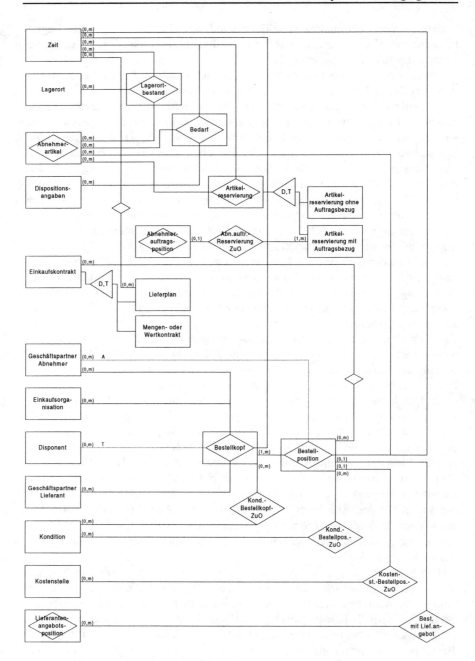

Abb. 5.19: Datenmodell Disposition - Bestellwesen

Ein Einkaufskontrakt kann spezialisiert werden in einen *Mengenkontrakt* oder *Wertkontrakt* und einen *Lieferplan.* Bei einem Lieferplan, der, wie bereits beschrieben, eine zeitliche und mengenmäßige Liefereinteilung festschreibt, besteht eine Beziehung zwischen dem spezialisierten Objekt Lieferplan und der Zeit, um die Liefertermine abbilden zu können.

Um bei einer späteren Wareneingangs- und Rechnungserfassung die Angabe einer Kostenstelle entfallen lassen zu können (*Kostenst.-Best.pos.-ZuO*), kann zwischen der Bestellposition und der *Kostenstelle* ein Bezug hergestellt werden. Ein Bestellbezug kann ebenfalls bei dem im Handel seltenen Fall eines Lieferantenangebotsbezugs (*Best. mit Lief.angebot*) hergestellt werden. Bei der Beschaffung von Gütern des täglichen Bedarfs und gängigen Artikeln werden keine Lieferantenanfragen mit späterem Angebot von den Lieferanten angefordert. In der Industrie und in Großhandelsunternehmen, die mit industrienahen Warenbereichen handeln, sind Lieferantenanfragen hingegen üblich.

Zur Unterstützung der Funktionalität des Aufteilers wird eine Struktur benötigt, wie sie in Abb. 5.20 wiedergegeben ist.

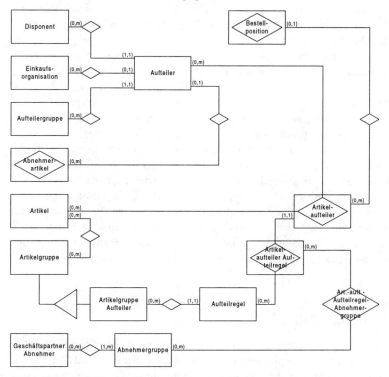

Abb. 5.20: Datenmodell Disposition - Aufteiler

Der *Aufteiler* enthält Kopfinformationen („Aufteiler für Damenoberbeklei-
dung"), kann einer *Einkaufsorganisation* zugeordnet sein und ist von einem
Disponenten abhängig, der für die Anlage eines Aufteilers verantwortlich ist.

Der Aufteiler wird zu *Aufteilergruppen* („Aufteiler für Textil") gruppiert,
wobei ein Aufteiler genau einer Aufteilergruppe zugeordnet ist. Eine Aufteilergruppe gibt an, welche Funktion der Aufteiler im operativen Ablauf zu erfüllen
hat. Es sind insbesondere drei Arten von Aufteilergruppen zu unterscheiden.
Erstens die Normalaufteiler, d. h. die Aufteiler, die auf Basis einer Bestellung
die Gesamtbeschaffungsmenge auf die Abnehmer aufteilen. Zudem sind Retou-
renaufteiler möglich, die infolge einer Retourenaktion die Artikel an das
Zentrallager zurückgeben müssen. Außerdem können aus vorhandenen Beständen des Zentrallagers Artikelmengen an die Abnehmer mit Hilfe einer dritten
Aufteilergruppe zugewiesen werden („Aufteiler für Bluse 1234").

Durch die Aggregation von *Artikel* und Aufteiler zum *Artikelaufteiler* findet
eine artikelbezogene Konkretisierung des Aufteilers statt. Ein Artikelaufteiler ist
somit eine Position innerhalb eines Aufteilers.

Die Gruppierung von Artikeln zu Zwecken der Aufteilung wird durch den
Entitytyp *Artikelgruppe Aufteiler* abgebildet.[48] Die *Aufteilregel* beschreibt, nach
welchen Regeln die mengenmäßige Verteilung eines Artikels einer Artikelgruppe Aufteiler vorgenommen wird. Die Aufteilregel gibt somit beispielsweise
bei einem „Modeaufteiler" die Quoten der Aufteilung entsprechend von Planum-
sätzen der Abnehmer an. Die Beziehung *Artikelaufteiler Aufteilregel* gibt an,
welche Regel bei welchem Abnehmerartikel innerhalb eines Aufteilers angewendet wird. Die Verbindung von Artikelaufteiler Aufteilregel und Abnehmergruppe ordnet Abnehmergruppen die Aufteilregeln zu, die für diese gültig sind.
Die konkrete Menge bzw. der Prozentsatz an der Gesamtmenge eines Artikels,
die ein Abnehmer gemäß des Aufteilers erhalten soll, wird genau in der Beziehung Artikelaufteiler Aufteilregel Abnehmergruppe (*Art.-auft.-Aufteilregel-Ab-
nehmergruppe*) festgehalten. Die Gruppierung der Abnehmer kommt dann zum
Tragen, wenn jeweils Gruppen von Abnehmern denselben Prozentsatz oder
dieselbe Menge an Artikeln erhalten sollen (z. B. Gruppierung aller Filialen in 3
Gruppen „klein", „mittel" und „groß"). Sollte jeder Abnehmer nach der
Aufteilregel eine spezifische Menge erhalten, umfaßt jede Abnehmergruppe nur
einen Abnehmer.

5.1.2.3 Prozeßmodell

Bei mehrstufigen Handelsunternehmen faßt ein übergeordneter Prozeß die Dis-
positionsprozesse auf den Logistikebenen von Filialen, Kunden und Lagern zusammen. Er enthält die Funktionen, die zur Steuerung und Zusammenfassung
der Dispositionsergebnisse der Abnehmer erforderlich sind (vgl. Abb. 5.21).

---

[48]   Vgl. auch die Ausführungen zum Artikelmodell in Kapitel 4.2.

Prozeß mehrstufige Disposition

Voraussetzung für die Disposition ist die Listung der Artikel und die Konditionenanlage. Zunächst ist die organisatorische Einheit festzulegen, für die die Disposition vorgenommen werden soll. Es sind dies zum einen die Kunden und Filialen und zum anderen die Zentral- bzw. Regionallager. Zur Durchführung der Disposition werden in Abhängigkeit von der organisatorischen Einheit unterschiedliche Folgeprozesse ausgelöst.

Für Kunden und Filialen bilden die Ordersätze die Voraussetzung für die Durchführung der Disposition. Die Erstellung von Ordersätzen ist funktional im Bereich des Verkaufs angeordnet. Für die Disposition sind insbesondere die bestellrelevanten Daten des Ordersatzes (u. a. Artikeldaten, Bestellmengeneinheiten, Lieferantendaten) von Bedeutung. Zudem enthalten die Ordersätze Angaben zum Bezugsweg, da beispielsweise auf einem Ordersatz für eine Bestellmengeneinheit von 1-10 Stück als Lieferant das Zentrallager angegeben ist, während größere Mengeneinheiten direkt beim Lieferanten bestellt werden sollen. Sind die Ordersätze für die Kunden und Filialen vorhanden, wird der Teilprozeß Disposition Kunde/Filiale (vgl. Abb. 5.22) angestoßen.

Neben Kunden und Filialen können auch Zentral- und Regionallager disponieren. Nach der Disposition bei den Kunden oder Filialen bzw. dem (den) Lager(n) ist in der Zentrale zu prüfen, ob eine Verdichtung der Einzelbestellungen vorgenommen werden kann. Im Rahmen der Bestellmengenverdichtung lassen sich Konditionen optimieren, da größere Bestellmengen zumeist bessere Konditionen nach sich ziehen. Die Zusammenfassung von Bestellungen und deren logistische Abwicklung z. B. in Warenverteilzentren,[49] führt gegebenenfalls zu Degressionseffekten.

Falls die Bestellmengen nach vorgegebenen oder anzulegenden Kriterien auf die Filialen/Kunden bzw. Lager aufgeteilt werden sollen, ist in den Teilprozeß Aufteileranlage zu verzweigen. Es folgt eine Lieferantenauswahl, sofern der Artikel von mehreren Lieferanten bezogen werden kann. Nach der etwaigen Lieferantenauswahl folgt die Kontraktprüfung, damit die Bestellung auf einen bestehenden Kontrakt referenzieren kann. Mit der Festlegung der Art der Bestellauslösung (manuell oder automatisch) wird die Bestellung vom System erzeugt und dem Lieferanten übermittelt. Es schließt sich die Verzweigung in die Wareneingangsprozesse für die Abnehmer an, für die eine Disposition stattgefunden hat.

Für den Fall, daß die dezentralen Einheiten Streckenbestellungen direkt dem Außendienstmitarbeiter des Lieferanten mitgeteilt haben, entfallen die zentralen Funktionen, und es wird sofort in den Wareneingangsprozeß verzweigt.

---

[49] In einem Warenverteilzentrum, auch als Transit-Terminal-System bezeichnet, wird die Ware nicht eingelagert, sondern direkt nach dem Wareneingang nach Empfängern sortiert und sofort ausgeliefert. Ein Warenverteilzentrum kann als Weiterentwicklung eines Zentrallagers verstanden werden. Vgl. u. a. Liebmann (1991), S. 17ff.

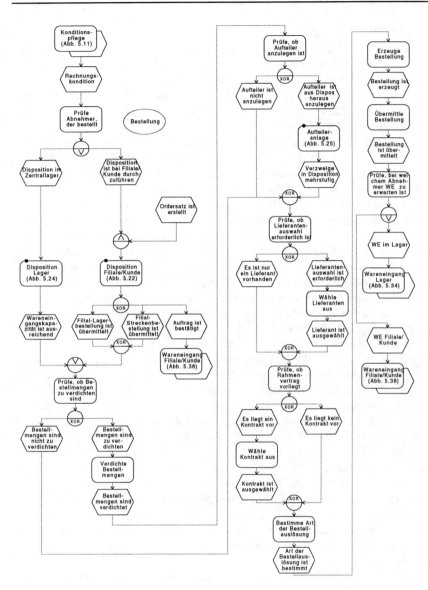

Abb. 5.21: Prozeßmodell mehrstufige Disposition

Prozeß Disposition Filiale/Kunde

Abb. 5.22 zeigt den Prozeß Disposition Filiale/Kunde.

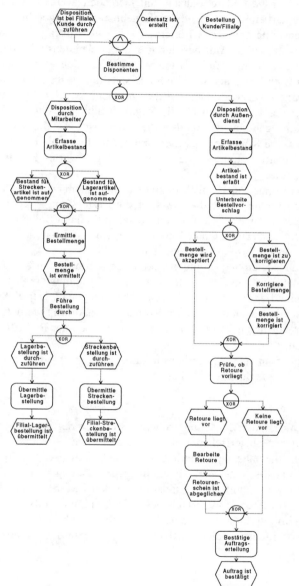

Abb. 5.22: Prozeßmodell Disposition Filiale/Kunde

Der Prozeß beschreibt den Bestellablauf in der dezentralen Einheit Filiale in einem Handelsunternehmen bzw. bei einem externen Kunden. Im Einzelhandel kann der Bestellablauf insbesondere danach unterschieden werden, ob der Ablauf durch einen Mitarbeiter des Handelsunternehmens durchgeführt wird oder ob ein Außendienstmitarbeiter des Lieferanten für die Auftragserfassung zuständig ist. Die Erfassung eines Auftrags durch einen Außendienstmitarbeiter ist bei gemeinsamer Betrachtung der bei Lieferant und Kunden entstehenden Transaktionskosten aufwendiger, als wenn eine Disposition selbständig vom Einzelhandelsunternehmen vorgenommen wird. Trotzdem ist der Fall, daß Außendienstmitarbeiter des Lieferanten für die Regalauffüllung zuständig sind, recht häufig. Genau genommen stellt die Disposition durch den Außendienstmitarbeiter eine Kondition des Lieferanten dar, die zumindest, wenn eine Filial-Warenwirtschaftssystem vorliegt, in eine geldwerte Kondition umgewandelt werden sollte.

Im traditionellen Fall ohne ein Filial-Warenwirtschaftssystem wird zunächst der Artikelbestand aufgenommen, der die Basis für die Bestellmengenrechnung bildet. Nachdem die Bestandsmenge (i. d. R. am Regal) auf einem Beleg notiert wurde, wird diese im System erfaßt. Unter Verwendung von MDE-Geräten kann die Bestandsmenge sofort im System erfaßt werden.

Auf Basis der Bestandsdaten und eventuell zukünftiger Absatzdaten wird eine Bestellmenge berechnet (entweder manuell oder durch Systemunterstützung). Die Bestellung kann eine Lager- oder eine Streckenbestellung sein. Der elektronische Datenaustausch von Bestelldaten ist im Vormarsch, zukünftig werden mit der zunehmenden Durchdringung mit EDI alle anderen Formen der Bestellübertragung obsolet werden.

Vor Auftragserteilung an den Außendienstmitarbeiter werden ggfs. vorliegende Retouren für den Lieferanten bearbeitet.

Prozeß Disposition Lager

Die Disposition im Lager (Abb. 5.24) unterscheidet sich von der in der Filiale vor allem hinsichtlich der planerischen Unterstützung. Derzeit werden in den Zentrallagern häufig mathematische Bestellmengenmodelle eingesetzt, während im Einzelhandel die statistisch gestützte Bestellmengenrechnung eine geringe Bedeutung besitzt. Ausgangspunkt der Disposition in den Lagern ist ein Lieferrhythmus für alle Artikel des Lieferanten oder ein Lieferantenteilsortiment. Der Lieferrhythmus wird durch die Lieferanten vorgegeben. Abb. 5.23 stellt die Abhängigkeit des Dispositionstags eines Artikels vom Liefertag des Lieferanten dar.

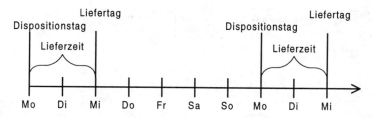

Abb. 5.23: Zusammenhang von Liefertermin, Planlieferzeit und Dispositionstag

Bei Erreichen des Dispositionstags des Lieferanten werden für alle Artikel des Lieferanten, deren bestellauslösender Bestand (in Abb. 5.23 der Bestand mit einer Bestandsreichweite kleiner 9 Tage, ggfs. ist der bestellauslösende Bestand als feste Größe hinterlegt) erreicht oder unterschritten ist, die Bestellmengen ermittelt. Diese können als feste Bestellmenge vorgegeben sein (ggfs. aufgrund logistischer Gegebenheiten, z. B. immer 1 Palette) oder auf Basis geplanter Lagerabgangswerte - möglicherweise in Zusammenhang mit Optimierungsverfahren - in jedem Dispositionslauf neu berechnet werden.

Durch die lieferantenorientierte Disposition, die typisch für den Handel ist, wird der Versuch unternommen, zum einen die Konditionen zu optimieren. Durch die Zusammenfassung von Artikeln wird ein größeres Bestellvolumen bei einem Lieferanten realisiert, so daß sich (c. p.) Konditionsvorteile mit der einzelnen Bestellung realisieren lassen. Zum anderen soll eine Reduzierung der Ressourcenbeanspruchung am Wareneingang erzielt werden.

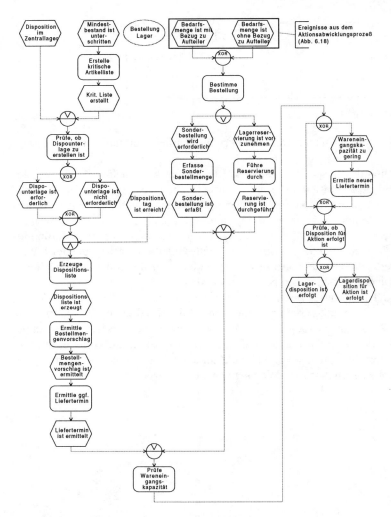

Abb. 5.24: Prozeßmodell Disposition Lager

Prozeß Aufteileranlage

Die Anlage des Aufteilers nach der Artikelanlage erfolgt, wenn bereits bei der Anlage der Artikel die zugehörigen Aufteiler und Aufteilregeln bekannt sind. So kann im Textilhandel im Regelfall bei der Anlage von Modeartikeln bereits angegeben werden, wie die unterschiedlichen Artikelgruppen auf die Abnehmergruppen aufzuteilen sind. Analoges gilt auch für die Saisonbearbeitung, aus der heraus der Prozeß der Aufteilung angestoßen werden kann.

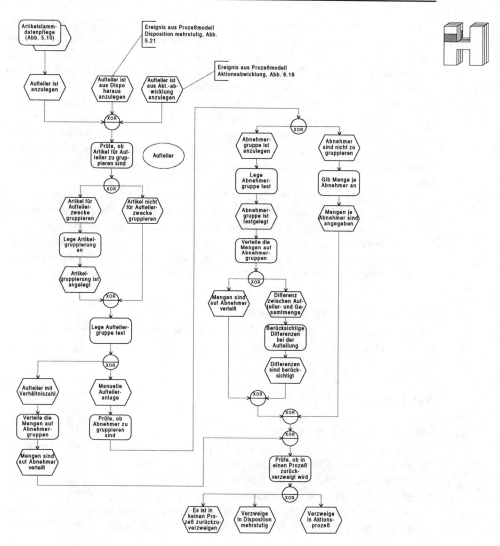

Abb. 5.25: Prozeßmodell Aufteileranlage

Aus der Aktion kann in den Prozeß der Aufteileranlage verzweigt werden, um
die in der Aktion angelegten Artikelgruppen entsprechenden Aufteilregeln
zuzuordnen. Zudem kann in Folge eines mehrstufigen Dispositionsprozesses in
die Aufteileranlage verzweigt werden, um beispielsweise auf Basis zentral
gesammelter Bestellmengendaten der Filialen eine zentrale Bestellung zu
Zwecken der Konditionenoptimierung durchführen zu können. Darüber hinaus
kann ein Aufteiler auch direkt angelegt werden.

Im Prozeß der Anlage eines Aufteilers (vgl. Abb. 5.25) wird zunächst geprüft, ob die Artikel für einen Aufteiler zu gruppieren sind. Ist dies der Fall, so ist die Artikelgruppe anzulegen bzw. auszuwählen. Neben der Anlage der Artikelgruppe ist festzulegen, ob eine manuelle Aufteilergruppe oder ein Aufteiler mit Verhältniszahl selektiert wird. Bei manueller Angabe werden die Mengenrelationen eines Artikelaufteilers vom Anwender angegeben. Bei einem Aufteiler nach Verhältniszahlen werden hingegen die Relationen durch das System berechnet. So dienen die Absatzzahlen einer vergangenen Saison als Referenz für die Aufteilung der bevorstehenden Saison, um z. B. im Rahmen einer Herbstsaison die Ware auf die einzelnen Abnehmer einer Abnehmergruppe zu verteilen.

Bei der Auswahl einer manuellen Aufteileranlage wird geprüft, ob die Abnehmer zu gruppieren sind. Ist dies der Fall, so wird eine Abnehmergruppe angelegt. Andernfalls sind die Mengen für den einzelnen Abnehmer anzugeben.

Wenn aufgrund der Beschaffung von logistisch und preislich günstigen Mengen die Gesamtmenge nicht mit der Aufteilmenge übereinstimmt, muß festgelegt werden, wie die Verteilung der Differenzmengen erfolgen soll.

Informationsflußmodell Disposition

Die Dateninterdependenzen der Disposition zu den einzelnen Funktionsbereichen des Handels-H-Modells zeigt Abb. 5.26.

Disposition ↔ Einkauf

Vgl. Kapitel 5.1.1.3, Abb. 5.12.

Disposition ↔ Wareneingang

Zwischen der Disposition und dem Wareneingang bestehen enge Datenverflechtungen, da der Wareneingang die Daten der Disposition unmittelbar für die Durchführung der Funktionen des Wareneingangs benötigt. Die Bestellung als Objekt der Disposition ist die Grundlage des Wareneingangs beispielsweise für die Rampenbelegungsplanung, die Warenvereinnahmung oder die Wareneingangsprüfung. Die Bestellkonditionen dienen der Bewertung des Wareneingangs.

Aus dem Wareneingang heraus werden dem Disponenten u. a. Daten über den geplanten Wareneingang (z. B. Mengenunter- und -überlieferungen, MHD) und die erfolgte Einlagerung zu einer Bestellung mitgeteilt.

Disposition ↔ Rechnungsprüfung

Die Bestelldaten (Bestellkonditionen) sind die Grundlage für die Bewertung des Wareneingangs und damit als Daten auch in der Rechnungsprüfung erforderlich, um die Kontrolle der Rechnung durchführen zu können.

Disposition ↔ Kreditorenbuchhaltung

Von der Disposition werden an die Kreditorenbuchhaltung die in einem Geschäftsvorfall ausgewählten Lieferantenrollen weitergeleitet, damit dort die Kosten-Rechnungen beglichen werden können.

Disposition ↔ Lager

Von der Disposition sind dem Lager beispielsweise die bestellten Logistischen Einheiten bekanntzugeben, damit dort hinreichend Lagerplätze vorgesehen werden können.

Das Lager wiederum stellt mit seinen Bestandsdaten die notwendige Voraussetzung für jede Bedarfsrechnung bereit.

Disposition ↔ Marketing

Prognosen des Marketings über das Absatzverhalten der Artikel finden Eingang in stochastische Dispositionsverfahren. Zudem können Instrumente des Marketings im Rahmen des Beschaffungsmarketings Verwendung finden.

Vom Marketing werden an die Disposition die Daten der Verkaufs- und Absatzplanung gegeben, die für die Durchführung der Limitrechnung notwendig sind.

Disposition ↔ Verkauf

Von der Disposition gelangen u. a. Normalbestellungen, Streckenbestellungen und Bestelltermine in den Verkauf, damit bei der Auftragserfassung Aussagen über die Lieferfähigkeit des Handelsunternehmens getroffen werden können.

Vom Verkauf werden Streckenaufträge an die Disposition weitergeleitet, die daraus Streckenbestellungen generiert.

Disposition ↔ Warenausgang

Aktionsbestellungen mit der optionalen Referenz auf einen Aufteiler können Aussagen über eine direkte Aufteilung der Liefermengen im Wareneingang mit anschließender Durchschleusung zum Warenausgang beinhalten.

Disposition ↔ Fakturierung

Die Verbindung zwischen Disposition und Fakturierung wird insbesondere bei Aktions- oder Sonderbestellungen erforderlich, in denen ein Bezug zum Abnehmer hergestellt werden muß, da beispielsweise Konditionen von der Beziehung zwischen Lieferant und Kunde abhängig sind.

Disposition ↔ Debitorenbuchhaltung

Die Disposition teilt der Debitorenbuchhaltung bei Sonderbestellungen für einen Abnehmer das Bestellobligo mit.

Kreditzahlungen eines Abnehmers an das Handelsunternehmen dienen der Kontrolle und Fortschreibung des Bestellobligos.

Disposition ↔ Haupt- und Anlagenbuchhaltung

Beschaffungs- und Beschaffungsnebenkosten, die bei der Disposition entstehen, sind bei der Bewertung der Aktiva zu berücksichtigen.

Die Artikel als Objekt der Disposition sind zugleich Gegenstände des Umlaufvermögens, so daß die Bestandswerte der Buchhaltung auch in der Disposition benötigt werden.

Disposition ↔ Kostenrechnung

Die Dispositionsdaten können in der Kostenrechnung für Zwecke einer Auswertungsrechnung genutzt werden, um beispielsweise die Fehlmengenkosten zu quantifizieren.

Die Kostenrechnung wiederum bildet mit den Kostenarten für die Bestellmengenrechnung die wertmäßige Basis, um optimale Bestellmengen berechnen zu können.

Disposition ↔ Personalwirtschaft

Der Informationsfluß von der Disposition zur Personalwirtschaft besteht vor allem in der Übermittlung der Leistungskennziffern für ein leistungsbezogenes Entgelt (z. B. Prämienlohn), sofern die Disponenten einen leistungsbezogenen Anteil erhalten. Solche Leistungskennziffern können Anzahl Bestellungen, Bestellvolumen, Übereinstimmung von Bestellvolumen und Logistischen Einheiten, durch Bestellfehler verursachte stock outs oder Realisierung von Bestandssenkungen ohne stock outs sein.

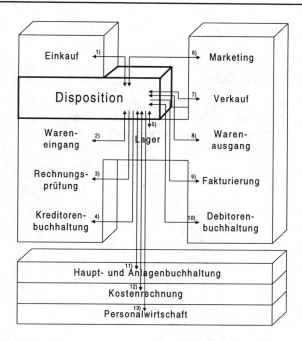

Abb. 5.26: Interdependenzen der Disposition

Information von der Disposition:

1) Artikelstammdaten, Einkaufspreis, Konditionen, Lieferant, Bestelladressen, mögl. Warenempfänger, Open-to-buy, Kontrakt

2) Lieferant, Bestellungen (-mengen, Liefertermine), Bestellwerte je Bestellposition, bestellte Stücklistenartikel, Artikel-VPE, Anzahl Artikel je Colli, Lage und Palette

3) Bestellung, Bestellmenge, Artikelpreise, Konditionen, Lieferant

4) Lieferantenrollen

5) Bestellartikel, Lager- /und VPE

6) Bestellmenge für Aktionen, Einkaufspreis, Konditionen, Lieferant

7) Offene Bestellungen, Bestelltermine, Bestellungen, Streckenbestellungen

8) Bestellungen zu Aktionen, Sonderbestellungen

9) Bestellungen zu Aktionsaufträgen, Lieferant, Konditionen Lieferant-Kunde (z. B. Valuta)

10) Bestellobligo

11) Aufwandsbestandteile zur Bewertung, Preisänderungen

12) Dispositionsdaten

13) Leistungskennziffern für leistungsbezogenes Entgelt

Information zur Disposition:

1) Artikelgrunddaten, Artikelbeschaffungsdaten, Lieferantendaten, Konditionen, Einkaufsrahmenverträge

2) Wareneingangsvolumen, Warenvereinnahmungszeit, Transporthilfsmittel, Warenqualität, Wareneingangstermin, Liefermenge

5) Eingelagerte Mengen der Artikel, Artikel je logistischer Einheit

6) Verkaufsaktionen, Werbemaßnahmen, Vergangenheitsdaten (Absatzentwicklung, Preis), Umsatzplan

7) Auftragsdaten, Aktionsaufträge, Sonderbestellungen, Streckenauftrag

8) Warenausgangsmenge zu Aktionen

10) Kreditzahlungen, Bestellobligo (bei Sonderbestellungen)

11) Bestandswerte

12) Kostenarten für die Bestellmengenrechnung, Erfolgsobjekte (z. B. Aufträge bei Sonderbeschaffungsmaßnahmen)

5.1.3   Wareneingang

5.1.3.1 Funktionsmodell

Der Funktionsumfang des Wareneingangs reicht von der Wareneingangsplanung über die Warenannahme, Warenkontrolle, Lieferantenrückgaben, physischen Einlagerung der Ware und Wareneingangserfassung bis zur Lieferscheinbewertung (vgl. Abb. 5.27).

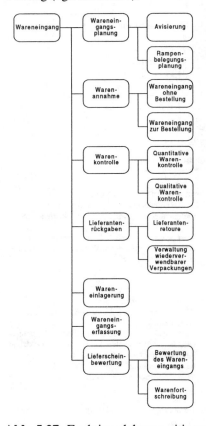

Abb. 5.27: Funktionsdekompositionsdiagramm Wareneingang

Der mögliche informationstechnische Unterstützungsgrad des Funktionsbereichs Wareneingang ist insbesondere von der Handelsstufe abhängig und reicht von einer rein logistischen Abwicklung ohne informationstechnische Unterstützung (häufig in kleinen Filialen der Fall) bis zu einer dezentralen Disposition und Wareneingangserfassung mit informationstechnischer Unterstützung (in großen

Filialen und im Großhandel). Zukünftig werden auch die kleineren Filialen eine technische Unterstützung, wie sie heute bereits bei größeren Filialen zur Verfügung steht, nutzen. Aus diesem Grund werden im folgenden für Filialen ausschließlich Informationsmodelle mit einer hohen Informationsdurchdringung beschrieben.

Im Großhandel ist eine informationsgestützte Wareneingangsabwicklung unverzichtbar und stellt die Voraussetzung für eine effiziente Ablaufgestaltung im Bereich des Wareneingangs dar.

Wareneingangsplanung

Eine erste Maßnahme zur besseren Planung des Wareneingangs ist die Nutzung von Lieferantenavisen. Unter einem Lieferantenavis versteht man die Mitteilung eines Lieferanten über den voraussichtlichen Liefertermin und die Liefermenge. Somit stellen Lieferantenavise aktuellere Daten als Bestellungen bereit, so daß die Planungssicherheit zunimmt.

Zur Wareneingangsplanung zählt insbesondere die Planung des erwarteten Wareneingangsvolumens. Der Regelfall besteht darin, daß die Disponenten tagesgenau bestellen, so daß der Wareneingang lediglich die Verteilung ankommender Warenlieferungen auf die diversen Wareneingangsressourcen vorzunehmen hat.[50] Aufgrund der Struktur der Planungsaufgabe (Vorgängen der Warenvereinnahmung werden im Zeitablauf Wareneingangsplätze zugeordnet) läßt sich diese Planungsaufgabe in Analogie zur produktionswirtschaftlichen Maschinenbelegungsplanung[51] als Rampenbelegungsplanung bezeichnen. Die bereits aus der Fertigungssteuerung bekannten derivativen Ziele Durchlaufzeitenminimierung, Bestandsminimierung, Auslastungsmaximierung und Maximierung der Termintreue lassen sich auch auf diese Problemstellung übertragen. Dabei ist die Durchlaufzeit die Zeit, die sich als Differenz von Anlieferungs- und Einlagerungszeitpunkt der Ware ergibt. Bei bestimmten Geschäftsvorfällen (z. B. Sonderbestellungen) besteht eine deutliche Dominanz des Ziels der Durchlaufzeitenminimierung. Deswegen ist bei der Rampenbelegungsplanung eine Differenzierung der Wareneingänge nach Bestellarten erforderlich.

Der in Abb. 5.28 abgebildete Rampenbelegungsplan zeigt eine Möglichkeit zur Visualisierung der Kapazitätsbeanspruchung der Ressourcen, hier Rampen, auf. Im oberen Teil der Abbildung ist die Kapazitätsbelastung im Zeitablauf bei einer First Come First Serve-Regel aufgezeigt, wie es in Handelsunternehmen die Regel ist. Durch eine zielgerichtete Planung der LKW-Rampen-Zuordnung lassen sich beispielsweise besser ausgelastete Rampen erzielen (vgl. den unteren Teil der Abb. 5.28)

---

[50]   Zu Möglichkeiten, das Engpaß-Problem frühzeitig zu verhindern, vgl. Kapitel 5.1.2.1.

[51]   Zu Maschinenbelegungsplänen in Form von Gantt-Diagrammen vgl. beispielsweise Adam (Produktion) (1993), S. 412ff.

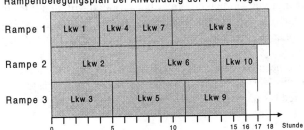

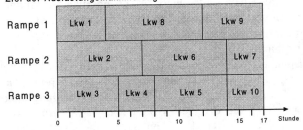

Abb. 5.28: Gantt-Diagramm zur Rampenbelegungsplanung

Zu beachten ist dabei das konfliktäre Verhältnis unterschiedlicher Zielgrößen zueinander. Unter dem Begriff „Dilemma der Ablaufplanung"[52] beispielsweise wird das Verhältnis des Ziels der gleichmäßigen und hohen Auslastung der Kapazitäten und der Minimierung der Durchlaufzeit diskutiert. Im Beispiel aus Abb. 5.28 geht hervor, daß die Rampen im unteren Teil der Abbildung zwar gleichmäßig und gut ausgelastet sind, die Rampe 3 allerdings auch länger ausgelastet ist als im oberen Fall.

Warenannahme

Die Warenannahme stellt die erste Stufe des operativen Wareneingangs dar. Determiniert wird die Art und Weise der Warenannahme durch die Bestellung. Bei einer im System vorhandenen Bestellung wird durch den Vergleich von Bestellung und Lieferschein festgelegt, ob die Ware anzunehmen ist. Fehlt hingegen eine systemseitige Bestellung, so sind die entsprechenden Disponenten zu benachrichtigen, die über die Warenannahme zu befinden haben.

Der zunehmende Einsatz von Informationstechnik (z. B. durch den Einsatz von MDE-Geräten) ermöglicht eine wirtschaftliche Abwicklung der dezentralen Wareneingänge, so daß eine Bestellung ohne Systemunterstützung obsolet wird,

---

[52]   Vgl. Gutenberg (1983), S. 216.

da sie eine Vielzahl an Nachteilen nach sich zieht. Insbesondere die Ungenauigkeiten bei der Rechnungsprüfung bedingen Nacharbeiten, die durch eine systemseitige Bestellunterstützung nicht auftreten würden.

Warenkontrolle

In der Warenkontrolle werden die einzelnen Lieferscheinpositionen einer qualitativen und quantitativen Prüfung unterzogen. Qualitativ wird der Zustand (Verpackung, Etikettierung, Bruch etc.) der Ware geprüft, während die quantitative Prüfung den Abgleich von gelieferter Menge und den Angaben des Lieferscheins und der Bestellung betrifft.

Die Wareneingangskontrolle besitzt optionalen Charakter, da insbesondere bei Umlagerungen zwischen zu einem Handelskonzern gehörenden Organisationseinheiten häufig auf eine derartige Kontrolle verzichtet wird. In diesen Fällen ist sicherzustellen, daß die Buchung der Mengenabgänge bei der abgebenden Organisationseinheit zugleich einen Zugang bei der empfangenden Organisationseinheit auslöst. Ebenso ist der Ansatz unterschiedlicher Werte zwischen empfangendem und lieferndem Betrieb zu ermöglichen, um eine Profit Center-orientierte Unternehmensführung zu unterstützen. In der Finanzbuchhaltung hingegen müssen diese Vorfälle als konzerninterne Vorgänge charakterisiert werden, damit eine Zwischenerfolgseliminierung im Konzernabschluß systemseitig unterstützt wird.

Der Druck von WE-Etiketten im Zentrallager bzw. die Übermittlung von Transportaufträgen an die Staplerfahrer stößt die Einlagerung der Ware auf die Lagerplätze an. Hierbei ist eine Harmonisierung der anzuliefernden Mengeneinheiten mit den aus Lagersicht optimalen Wareneinlagerungseinheiten anzustreben, um eine Einlagerung ohne Umverpackungsvorgänge zu ermöglichen.

Den Überlegungen zum Total Quality Management folgend, sollte es Zielsetzung in den Handelsunternehmen sein, durch Vereinbarungen mit den Lieferanten auf eine Warenkontrolle weitgehend zu verzichten. Neben der Reduzierung des Kontrollaufwands wird eine Beschleunigung des Einlagerungsprozesses erreicht, so daß die Ware schneller verfügbar wird. Dies setzt genaue Qualitätsabsprachen mit den Lieferanten voraus.

Lieferantenrückgaben

Bei den Lieferantenrückgaben ist zu unterscheiden, ob Retouren an den Lieferanten vorliegen oder wiederverwendbare Verpackungen an den Lieferanten zurückgegeben werden sollen. Unter wiederverwendbaren Verpackungen werden Mehrweg-Transportverpackungen (MTV)[53] und Leergut subsumiert. Die Behandlung von Leergut und MTV weist erhebliche Analogien auf (z. B. im Wareneingang, bei der Auslieferung an den Kunden), so daß sie zusammenhängend

---

[53] Zu den unterschiedlichen Formen von Mehrweg-Transportverpackungen vgl. Wehking (1994), S. 115ff.; Lammers (1993), S. 263ff.

dargestellt werden sollen. Mehrweg-Transportverpackungen können ohne wesentliche Veränderungen für denselben Primärzweck wiederverwendet werden.[54] Mit der Verwendung von Leergut wird die gleiche Zielsetzung verfolgt. Leergut wird an einen Lieferanten zurückgegeben, um wieder für den intendierten Zweck genutzt werden zu können.

Liegen Lieferantenretouren vor, so sollte dies dem Wareneingangs-Mitarbeiter systemseitig bei Aufruf der Bestellung mitgeteilt werden, damit er Kenntnis von der Retoure erlangt und bei der Entgegennahme der Ware zugleich eine Retourenabwicklung durchführt.

Die Abwicklung von Leergut und MTV stellt ein in vielen Informationssystemen bislang unzureichend gelöstes Problem dar. Die Rückgabe des Leerguts oder der MTV an den Lieferanten wird i. d. R. im Anschluß an den Wareneingang durchgeführt. Zu diesem Zweck wird mit der Bestellung an einen Lieferanten entweder zugleich eine „negative Bestellung" erzeugt (i. d. R. bei Leergut), oder es werden bei der Wareneingangserfassung die MTV- oder Leergutartikel-Mengen der Retoure angegeben.

Der Vorteil einer negativen Bestellung besteht darin, daß dem System bekannt ist, daß Leergut und MTV zurückgegeben werden soll und diese Vorgänge im System analog zum sonstigen Vorgehen abgebildet werden können. Eine negative Bestellung hat i. d. R. pro forma-Charakter (Menge: -1), da die genauen Leergut- und MTV-Mengen ex ante nicht festgelegt werden können.

Bei der MTV-Abwicklung können vier Verfahren unterschieden werden. Die Art der MTV-Abwicklung mit einem Lieferanten wird im Lieferantenstammsatz (bzw. an der Beziehung von Lieferant und Artikel) hinterlegt.[55] Erstens kann die MTV-Abwicklung rein organisatorisch durchgeführt werden, indem die vom Lieferanten gelieferten MTV auch an diesen zurückgegeben werden („Zug um Zug"). In diesem Fall ist eine EDV-technische Unterstützung der MTV-Abwicklung nicht erforderlich. Eine zweite Möglichkeit besteht darin, daß für die MTV-Abwicklung ein eigener Dienstleister zuständig ist (sog. Pool-System). Bei dieser Ausgestaltung werden die MTVs an einen Dienstleister zurückgegeben und bei diesem und nicht beim Lieferanten bestandsgeführt.[56] Wird die Bestandsführung nicht auf Ebene des Dienstleisters, sondern beim Lieferanten vorgenommen, so liegt die dritte Form der MTV-Abwicklung, die MTV-Bestandskontoführung vor. Der Unterschied zwischen dem Pool-System und der Kontoführung besteht aus der Sicht des Handelsunternehmens darin, daß beim Pool-System eine Entkopplung der Prozesse des Wareneingangs von dem der

---

54   Vgl. Stölzle, Queisser (1994), S. 183.

55   Analoges gilt auch für die Abwicklung zwischen Handelsunternehmen und Kunden. Vgl. zur MTV-Abwicklung auf Kundenseite Kapitel 5.2.3. Zu den durch die Verwendung von MTV entstehenden Kostenarten und dem darauf aufbauenden Versuch der Optimierung der Anzahl an MTV vgl. Stölzle, Queisser (1994), S. 183ff.

56   Eine derartige Lösung sieht die CCG mit ihrem Konzept des MTV-Logistik-Verbunds vor. Vgl. CCG (1995).

MTV-Rückgabe vorliegt, während im Kontofall der Lieferant i. d. R. die MTV im Anschluß an den Wareneingang mitnimmt. Zudem wird beim Pool-System die Verwaltung eines weiteren Geschäftspartners erforderlich. Eine vierte Möglichkeit besteht in dem Kauf und Verkauf von MTVs, so daß abrechnungstechnische Belange berücksichtigt werden müssen. Dieser aufwendigste Fall wird insbesondere bei fehlender Standardisierung der MTVs notwendig.

Wareneinlagerung

Die Wareneinlagerung bezeichnet den Prozeß der physischen Einlagerung der Ware auf einen Lagerplatz. Bei den Filialen wird die Ware in den Regalen des Verkaufsraums plaziert. Zwar werden auch in Filialen in der Nähe des Wareneingangs Flächen als Reservelager für Waren bereitgestellt, eine informationstechnische Unterstützung dieser Bereiche ist nicht gegeben, obgleich eine derartige Bestandsdifferenzierung zu fordern ist.

In komplexen Lagern des Großhandels werden differenzierte Einlagerungen vorgenommen, die beispielsweise davon abhängen, ob Normal- oder Aktionsware eingelagert wird. Bei Aktionsware wird das Lager häufig als reines Transit-Terminal-System betrachtet. In diesem Fall wird die Ware nicht eingelagert, sondern direkt vom Wareneingang in die Warenausgangszonen transportiert. Andere Begriffe, die ebenfalls die Durchschleusung der angelieferten Ware direkt vom Wareneingang zum Warenausgang (zum Versandfeld) charakterisieren, sind aktiver Bypass oder Cross-docking. Die Durchschleusung der Ware direkt vom Wareneingang zum Warenausgang wird beispielsweise bei Sonderbestellungen, Aktionsbestellungen oder Bestellungen mit Referenz auf einen Aufteiler vorgenommen. Bei Normalware ist die Einlagerung abhängig von der Lagersituation. In der Regel werden in Großhandelslagern, die eine Vielzahl an Warengruppen im Lager führen, warengruppenbezogene Lagerbereiche gebildet, für die abweichende Einlagerungsstrategien gelten. Da überwiegend mit Kommissionierfestplätzen gearbeitet wird, ist eine gängige Einlagerungsstrategie, daß bei einem Artikelbestand von null auf dem Festplatz eingelagert wird. Bei vorhandenem Bestand auf dem Kommissionierfestplatz wird die Ware auf einen Reservelagerplatz eingelagert. Dieser sollte sich möglichst in der Nähe des Kommissionierfestplatzes befinden.

Wareneingangserfassung

Bei der Wareneingangserfassung ist zu unterscheiden, ob der Wareneingang ohne oder mit Bestellbezug erfaßt wird.

Im Großhandel stellen Wareneingänge mit Bestellung den Normalfall dar. Hier wird entweder direkt bei der Warenkontrolle ein Vergleich mit der Bestellung vorgenommen, um den Wareneingang sofort buchen zu können. Alternativ werden die Wareneingänge nach der Kontrolle manuell im System erfaßt, oder die Erfassung erfolgt im Anschluß an die Einlagerung auf die Lagerplätze (z. B.

bei Einsatz von funkgesteuerten Fördergeräten, die durch die Quittierung von Einlagerfahraufträgen automatisch eine Bestandsbuchung bewirken).

Die Wareneingangserfassung der dezentralen Einheiten (Filialen) wird traditionell auf zentraler Ebene vorgenommen. Die Notwendigkeit einer zentralen Erfassung wird mit der hohen Zahl an Streckenlieferungen an die Filialen (verbunden mit dem Volumen an Wareneingängen ohne Bestellung) begründet. Bei einer großen Anzahl an Wareneingängen ohne Bestellungen ist die Qualität der Wareneingangserfassung besonders wichtig, um eine geringe Abweichung zwischen bewertetem Wareneingang und Rechnung zu erhalten. Diesen Vorteilen stehen allerdings mehrere Nachteile entgegen, insbesondere die mangelnde Aktualität der Daten und die fehlende Transparenz der Daten in den dezentralen Einheiten. Zudem ist bei der Existenz von Bestellungen im System lediglich ein Erfassungsvorgang notwendig, wenn die Ware nicht in der bestellten Art und Weise angeliefert wird (Mengen- oder Qualitätsabweichungen), so daß der Einsatz von Informationstechnik die Abläufe beschleunigt und eine erhöhte Qualität der Informationen mit sich bringt, mit Vorteilen für die Disposition und die Bestandsabgrenzung in der Kurzfristigen Erfolgsrechnung.

Bei der Erfassung der Wareneingänge ist anzugeben, ob es sich um eine Teillieferung zu einer Bestellung handelt, d. h. ob noch Ware zu einer Bestellung erwartet wird. Ist dies der Fall, so ist der gesamte Beschaffungsvorfall für diesen Lieferanten noch nicht abgeschlossen.

Lieferscheinbewertung

Die Lieferscheinbewertung dient der Bewertung des Wareneingangs zur wertmäßigen Bestandsfortschreibung und bildet die Grundlage für die Rechnungsprüfung, da der bewertete Lieferschein die Vergleichsbasis für die Rechnung darstellt.

Die Bewertung des Lieferscheins richtet sich insbesondere nach der Art der Bestandsführung. Es kann zwischen einerseits einer mengen- und wertmäßigen und andererseits einer rein wertmäßigen Bestandsführung unterschieden werden.

Bei der Bewertung des Artikelbestands kann zwischen einem Standard- und einem gleitenden Durchschnittspreis unterschieden werden. Bei dem Standardpreisverfahren werden alle Warenbewegungen zum Standardpreis auf einem Bestandskonto und wertmäßige Abweichungen (z. B. zwischen Bestell- und Standardpreis) auf einem Preisdifferenzenkonto gebucht.[57] Das gleitende Durchschnittspreisverfahren (GLD) hingegen bewertet Zu- und Abgänge zu den jeweils gültigen Preisen. Auf diese Weise wird der gleitende Durchschnittspreis eines Artikels immer angepaßt, wenn Warenzugänge mit einem vom aktuellen GLD abweichenden Preis gebucht werden.

Während die Bewertung der Artikelbestände mit einem Standard- oder gleitenden Durchschnittspreis lediglich Einkaufspreise berücksichtigt, ist für Einzel-

---

57   Vgl. beispielsweise Scheer (1995), S. 430.

handelsunternehmen eine Warenfortschreibung zu Einkaufs- *und* Verkaufspreisen üblich. Dies erfolgt insbesondere dann, wenn keine mengenmäßige Bestandsführung durchgeführt wird. Die Restriktionen, die mitunter eine mengenmäßige Bestandsführung verhindern, sind fehlende technische Infrastruktur für eine artikelgenaue Verkaufserfassung und die fehlende organisatorische Praktikabilität einer artikelgenauen Bestandsführung, die durch die Art der gehandelten Ware (z. B. Obst und Gemüse, Fleisch) entstehen. Darüber hinaus ist es in einigen Situationen unwirtschaftlich, alle Warenbewegungen artikelgenau zu erfassen.

Die Bewertung der Bestände wird bei der Wareneingangserfassung vorgenommen, so daß die Warenfortschreibung auch als wareneingangsbezogene Spannenermittlung[58] bezeichnet wird, da sich die Einkaufs- und Verkaufswerte (und damit die Spanne) originär durch die Bewertung der Wareneingänge ergeben und nur bei besonderen Ereignissen (z. B. Personalverkauf) eine Korrektur durch den Verkauf erfahren. Die Spanne, auch Handelsspanne, läßt sich allgemein definieren als Quotient von effektivem Verkaufswert abzüglich Wareneinsatz zu effektivem Verkaufswert. Sofern die Spanne in DM und nicht in Prozent angegeben wird, wird von der absoluten Spanne (auch Betragsspanne) gesprochen.[59]

Die Bewertung des Wareneingangs zu Einkaufs- und Verkaufspreisen verfolgt zwei Ziele:

- Die Aufgabe der Warenfortschreibung zu EK und VK besteht in der Ermittlung von Spannen für die Artikel und insbesondere deren Verdichtung in den unterschiedlichen Warengruppen sowie zur Erfolgsbeurteilung und Kontrolle organisatorischer Einheiten. Somit unterstützt die Warenfortschreibung die Kurzfristige Erfolgsrechnung. Auf Basis dieser Daten, die außer den Wareneinsatzkosten noch keine Kostengrößen einbeziehen,[60] können die Roherträge der einzelnen Warengruppen und Abteilungen in den Filialen beurteilt werden. Somit werden sehr früh Aussagen über die Wirtschaftlichkeit der Sortimente möglich.

- Die Inventur wird im Einzelhandel i. d. R. auf Verkaufspreisebene durchgeführt, d. h. es werden die Artikel (entweder auf Ebene des einzelnen Artikels oder auf Ebene des Warengruppenartikels) mit dem VK-Preis erfaßt, da in der Filiale nur die Verkaufspreise, aber keine Einstandspreise bekannt sind.[61]

Im Vordergrund bei der Bewertung der Bestände im Handel steht die Ermittlung der Spanne. Anhand eines Beispiels soll im folgenden auf die Ermittlung der

---

[58] Die Warenfortschreibung zu Einkaufs- und Verkaufspreisen diskutiert Tietz unter dem Begriff des Periodenspannenverfahrens. Vgl. Tietz (Handelsbetrieb) (1993), S. 1193ff.

[59] Vgl. auch Falk, Wolf (1992), S. 420f. Diese Begriffsauffassung ist zu unterscheiden von dem Begriff der Deckungsspanne, die die absolute Differenz zwischen Einkaufs- und Verkaufswert darstellt.

[60] Zur Kosten- und Erlösrechnung vgl. Kapitel 5.4.2.

[61] Zur Inventur auf Verkaufspreisebene vgl. Kapitel 5.3.1.

Spanne eingegangen werden. Zu diesem Zweck wird beschrieben, wie sich Umbuchungen und Umlagerungen auf die Spanne auswirken. Unter einer Umbuchung wird eine rein wertmäßige Artikel- oder Warengruppenumbewertung verstanden (z. B. Preisabschriften, Personalrabatt, nachträgliche Vergütungen), während mit dem Begriff der Umlagerung eine logistische Warenbewegung einhergeht (z. B. Verlust, Verderb, Bruch, Diebstahl, Inventurverlust, Warenumlagerung von Lager an Filiale).

Mit der Bestellung entstehen die ersten bewertungsrelevanten Bewegungsdaten in einem Informationssystem, auf die bei der Bestandsbewertung zurückgegriffen wird. Liegen keine Bestellungen vor, so werden die entsprechenden Werte bei der Wareneingangserfassung auf Basis der gültigen Stammkonditionen zu einem bestimmten Zeitpunkt (i. d. R. WE-Datum) errechnet. Der Auslöser der Bewertung ist in jedem Fall die Lieferscheinerfassung. Werden 1.000 Artikel zu je 1 DM/Stück (gültiger Einkaufspreis netto des Artikels) angeliefert, so beträgt der Bestandswert zu Einkaufspreisen 1.000 DM. Bei einem Verkaufspreis von 1,30 DM/Stück netto ergibt sich ein Wert von 1.300 DM. Der Bestandswert brutto beträgt somit 1.495 DM (im Beispiel ist ein MwSt-Satz von 15 % angenommen).

Korrekturbuchungen (EK)			
+/- Umlagerungen + 20			
- Reklamationen - 100			
- Rücklieferungen - 20			
Warenbestand EK		**Warenbestand VK**	
EK	1.000	VK-Brutto	1.495
		VK-Netto	1.300
Netto-Spanne:	$\frac{1300-1000}{1300} = 23{,}08\,\%$	Brutto-Spanne:	$\frac{1495-1000}{1495} = 33{,}11\,\%$
$\triangle$ EK	100	$\triangle$ VK-Brutto	149,50
		$\triangle$ VK-Netto	130,00
Korrigierter Warenbestand		**Korrigierter Warenbestand VK**	
EK	900	VK-Brutto (900 x 1,495)	1.345,50
		VK-Netto (900 x 1,3)	1.170,00
Netto-Spanne neu:	$\frac{1170-900}{1170} = 23{,}08\,\%$	Brutto-Spanne neu:	$\frac{1345{,}50-900}{1345{,}50} = 33{,}11\,\%$
Korrektur zu EK und VK = spannenneutral			

Abb. 5.29: Wirkung spannenneutraler Vorgänge auf EK- und VK-Bestandswerte

Umlagerungs- und Umbuchungsvorgänge können danach unterschieden werden, ob es sich um spannenwirksame Vorgänge handelt oder nicht. In Abb. 5.29 sind als spannenneutrale Vorgänge exemplarisch eine Umlagerung, eine Reklamation und eine Rücklieferung aufgeführt (die genannten Vorgangsarten müssen nicht immer spannenneutral sein). Die Buchungen werden zum EK-Wert und zum VK-Wert (EK-Wert multipliziert mit Brutto- und Netto-Spanne) berechnet.

Von spannenneutralen Vorgängen sind spannenwirksame Vorgänge zu unterscheiden, bei denen entweder eine Korrektur des Einkaufswerts, eine Veränderung des Verkaufspreises oder beides vorgenommen wird. Beispielsweise werden Verkaufspreiserhöhungen und -reduzierungen i. d. R. spannenwirksam gebucht. Die Verkaufspreise werden verändert, ohne daß eine entsprechende Korrektur der Einkaufswerte stattfindet.

In Abb. 5.30 sind als Beispiele für spannenwirksame Vorgänge Preiserhöhungen, Preissenkungen und Verluste (Bruch, Verderb, Diebstahl) aufgeführt.

Allerdings sind auch Preisveränderungen denkbar, die nicht spannenwirksam gebucht werden. Beispielsweise werden bei einer zentralen Bestellung und Verteilung von Aktionsware für den Fall spannenneutrale Preisveränderungen durchgeführt, daß sich die Ware nicht verkaufen läßt. Andernfalls wäre die Akzeptanz der Erfolgswerte als Steuerungsinstrument auf Seiten der Filialleitung nicht gegeben. Die Preisabschriften werden in diesem Fall zentral als Sammelposten festgehalten (ggf. gegen ein Preisabschriftenrückstellungskonto verrechnet).

Die tatsächliche Spanne läßt sich jedoch erst zusammen mit einer Bestandsaufnahme, d. h. nach Abzug der Inventurdifferenzen, ermitteln. Als Ursachen für Inventurdifferenzen können u. a. Diebstahl, Schwund, Kassierfehler oder auch Fehler beim Wareneingang genannt werden. Beträgt der Soll-Warenbestand zu VK in Anlehnung an die Ergebnisse aus Abb. 5.30 1.308,50 DM und die Inventurdifferenz 50 DM, so ergibt sich ein Bestandswert Brutto in Höhe von 1.258,50 DM. Es wird hier eine Inventurerfassung in der Filiale unterstellt, so daß der Inventurbestandswert auf VK-Basis ermittelt wird. Ausgehend von dem Warenbestand Brutto kann der Warenbestand Netto berechnet werden, indem der Warenbestand Brutto um die enthaltene Mehrwertsteuer reduziert wird (Warenbestand Brutto multipliziert mit $1/(1+\text{MwSt-Satz})$, also: $1/1,15=0,86957$).

Korrekturbuchungen (VK-Brutto)			
+ Preiserhöhung + 40			
- Preisreduzierung - 10			
- Verluste - 67			

Warenbestand EK		Warenbestand VK	
EK	900	VK-Brutto	1.345,50
		VK-Netto	1.170,00

Netto-Spanne: $\dfrac{1170-900}{1170} = 23{,}08\,\%$	Brutto-Spanne: $\dfrac{1345{,}50-900}{1345{,}50} = 33{,}11\,\%$

$\triangle$ EK	0	$\triangle$ VK-Brutto	-37,00
		$\triangle$ VK-Netto	-32,17

Korrigierter Warenbestand		Korrigierter Warenbestand VK	
EK	900	VK-Brutto	1.308,50
		VK-Netto	1.137,83

Netto-Spanne neu: $\dfrac{1137{,}83-900}{1137{,}83} = 20{,}90\,\%$	Brutto-Spanne neu: $\dfrac{1308{,}50-900}{1308{,}50} = 31{,}22\,\%$

Korrektur zu EK und VK = spannenwirksam

Abb. 5.30: Buchung spannenwirksamer Vorgänge

Im vorliegenden Fall ergibt sich somit ein MwSt-Anteil von 164,15 DM, die in den 1258,50 DM enthalten sind, so daß der Warenbestand Netto 1.094,35 DM beträgt (vgl. Abb. 5.31). Da der Einkaufswert unverändert 900 DM ausmacht, hat sich die Differenz zwischen EK und VK auf 194,35 DM reduziert. Die Netto-Spanne beträgt somit 17,76 % vom Warenbestandswert zu VK-Preisen (194,50/1094,50).

Die Art der Spannenermittlung gilt auch bei den Handelsbetrieben, die eine artikelgenaue Wareneingangserfassung, Bestandsführung und Warenausgangs-erfassung realisiert haben. In diesen Fällen kann bei jedem Umsatzvorgang der Erfolg ermittelt werden, da der Verkaufswert ebenso bekannt ist wie der Ein-kaufswert. Als Einkaufswert wird i. d. R. der gewichtete Durchschnittswert her-angezogen, der bei Bedarf jedoch in der Kostenrechnung durch kalkulatorische Größen ergänzt wird (z. B. Ansatz des Rechnungseinkaufspreises in der Span-nenrechnung und eines EK-netto-netto als Standardpreis in der Kostenrechnung, der über das gesamte Jahr hinweg konstant bleibt).

Inventurbestand (VK Brutto) 1258,50
(=Inventurdifferenz 50)

Warenbestand EK		Warenbestand VK	
EK	900	VK-Brutto Soll	1.308,50
		VK-Netto	1.137,83

Netto-Spanne: $\dfrac{1137,83-900}{1137,83} = 20,90\,\%$ Brutto-Spanne: $\dfrac{1308,50-900}{1308,50} = 31,22\,\%$

$\triangle$ EK	0	$\triangle$ VK-Brutto	-50,00
		$\triangle$ VK-Netto	-43,48

Korrigierter Warenbestand		Korrigierter Warenbestand VK	
EK	900	VK-Brutto	1.258,50
		VK-Netto	1.094,35

Netto-Spanne neu: $\dfrac{1094,35-900}{1094,35} = 17,76\,\%$ Brutto-Spanne neu: $\dfrac{1258,50-900}{1258,50} = 28,49\,\%$

Korrektur durch Inventurdifferenzen = spannenwirksam

Abb. 5.31: Ermittlung der Ist-Spanne

Es läßt sich somit zusammenfassend feststellen, daß der Erfolgsausweis in Handelsunternehmen auf Artikelbasis oder einer Verdichtungsstufe vorgenommen wird. Eine Besonderheit ist die in filialisierenden Handelsunternehmen anzutreffende wertmäßige Bestandsfortschreibung zu Verkaufspreisen. In Großhandelslagern ist dies nicht möglich, sofern unterschiedliche Abgabepreise an die diversen Kundengruppen existieren. Nur bei denjenigen Unternehmen, die abnehmerunabhängige Abgabepreise verwenden, ist eine wertmäßige Betrachtung noch nicht erfolgter Umsatzvorgänge auf Basis des Wareneingangs vertretbar.

5.1.3.2 Datenmodell

Das Datenmodell zum Wareneingang wird geprägt durch den Wareneingang, der analog zur Bestellung aus Wareneingangskopf und Wareneingangsposition (mit Artikelbezug) besteht. Wareneingang und Lieferschein werden gemeinsam als ein Entitytyp modelliert. Wenn die Lieferscheinmenge von der tatsächlichen Wareneingangsmenge abweicht, wird die Differenz im Attribut „abweichende Lieferscheinmenge" in der Wareneingangsposition festgehalten. Dieser zusätzliche Wert hilft ggf., Abweichungen in der Rechnungsprüfung zu klären. Der

Wareneingangskopf ist eine Beziehung zwischen *Lieferant, Zeit* und *Abnehmer* (vgl. Abb. 5.32). Ein Abnehmer kann zu einem Zeitpunkt mehrere Warenlieferungen erhalten, eine Warenlieferung zu einem Zeitpunkt jedoch nur einen Lieferanten und einen Abnehmer betreffen. Der Wareneingangskopf kann spezialisiert werden in einen *WE-Kopf ohne Bestellbezug* und einen *WE-Kopf mit Bestellbezug*.

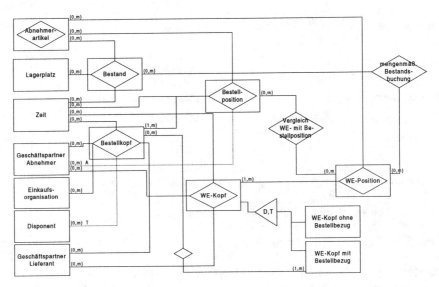

Abb. 5.32: Datenmodell Wareneingang

Dem Wareneingangskopf sind mindestens eine, üblicherweise aber mehrere *WE-Positionen* (Lieferscheinpositionen) zugeordnet. Eine WE-Position beinhaltet einen Abnehmerartikel und gehört eindeutig zu einem WE-Kopf.

Der Wareneingang wird mit der Bestellung abgeglichen, die (vgl. Kapitel 5.1.2.2) ebenfalls als zusammengesetztes Objekt mit Kopf und Positionen modelliert ist. Der *Bestellkopf* ergibt sich ähnlich dem WE-Kopf, der weitere Schlüsselattribute besitzt, als Beziehung von Zeit, Lieferant und Abnehmer. Die *Bestellpositionen* enthalten die Mengen der bestellten Artikel. Sie stehen mit einer oder mehreren Konditionen in Beziehung, so daß die Grundlage für die Verbindung des Konditionenschemas mit dem Bestellwesen geschaffen wird.

Durch die Beziehung zwischen der Wareneingangsposition und der Bestellposition (*Vergleich WE mit Bestellposition*) werden zunächst die Lieferungen mit den Bestellungen verglichen und ggf. Abweichungen festgehalten, die nachgelagert in die Lieferantenbewertung einfließen. Darüber hinaus ist an dieser Beziehung die Information, ob es sich um eine Sammel- oder Teillieferung handelt, zu kennzeichnen.

Durch die Zuordnung von Bestellkopf und WE-Kopf einerseits und Bestellposition und WE-Position andererseits wird zudem die Voraussetzung für die Bewertung der Wareneingänge mit Bestellbezug geschaffen.

Der aktuelle *Bestand* eines Artikels ergibt sich als Beziehung des Lagerplatzes mit dem Artikel und der Zeit. Die Wareneingänge werden dem Bestand zugebucht, wobei eine Buchung lagerplatzbezogen erfolgen kann, um die *mengenmäßige Bestandsbuchung* in Abhängigkeit von dem Lagerplatz durchführen zu können. Aus diesem Grund besteht eine (0,m):(0,m)-Beziehung des Bestands zur Wareneingangsposition.

Die wertmäßige Abbildung des Wareneingangs sowie die datenmäßigen Konsequenzen der Wareneingangserfassung und -bewertung gehen aus Abb. 5.33 hervor.

Zu Zwecken der Warenfortschreibung zu EK- und VK-Preisen bedarf es zunächst der Ermittlung der für einen Abnehmer relevanten Bestandsführungsebene. Durch die Beziehung von *Abnehmer* und *Warengruppe Basis* wird festgelegt, welche *Warengruppe*n bei einem Abnehmer geführt werden. Die *Warengruppe Kasse* ist eine Spezialisierung der Warengruppe; sie umfaßt die Warengruppe (ggf. aus unterschiedlichen Hierarchiestufen), unter denen der Abverkauf der Artikel an der Kasse erfaßt werden soll. Die Einrichtung von Kassenwarengruppen wird nur notwendig, wenn keine artikelgenaue Erfassung erfolgt. Die Kassenwarengruppe bildet damit zugleich die Größe, auf der in der Filiale der wertmäßige Bestand geführt wird (die Wareneingänge werden zwar detailliert erfaßt, die Warenausgänge aber eben nur nach den Kassenwarengruppen).

Der Bestandswert eines Artikels oder einer Warengruppe entsprechend der EK- und VK-Werte wird durch die Beziehung von *Abnehmer*, *Abnehmerartikel* und Warengruppe (ggf. Warengruppe Kasse) abgebildet (*Bestandswert*). In dieser Beziehung werden die bei einem Abnehmer durchgeführten Warenbewegungen bewertet und als kumulierte Ergebnisse festgehalten. Durch die Möglichkeit, sowohl eine Bewertung auf Artikel-, (Kassen-)Warengruppe- oder Abnehmerebene durchzuführen, sind unterschiedliche Bewertungsebenen darstellbar.

Die für die Erfassung der Wareneingänge erforderliche Datenstruktur baut auf dem Wareneingangskopf und der Wareneingangsposition auf. Durch die Beziehung von WE-Kopf und *Kondition* entsteht eine Bewertung des Wareneingangs (*Bewerteter WE-Kopf*), der die Verbindung der in der Bestellung festgelegten Einkaufskonditionen (oder der zum Zeitpunkt des Wareneingangs gültigen Konditionen) mit der Warenlieferung darstellt. Die Bewertungen der Wareneingangspositionen (*Bewertete WE-Position*) geben die Werte der Wareneingangspositionen wieder, wie sie sich nach der Bewertung mit den im System gespeicherten Konditionen ergeben haben.

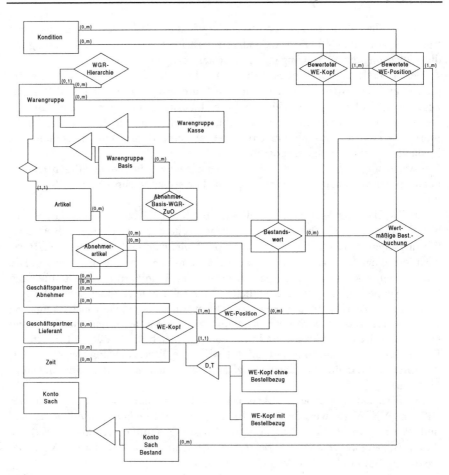

Abb. 5.33: Datenmodell Wareneingang - LS-Bewertung und Warenfortschreibung

Die bewerteten Wareneingänge werden in Abhängigkeit vom Abnehmer gebucht
(*Wertm. Best.buchg.*), indem zum einen eine Fortschreibung des Bestandswertes
auf Artikel- oder Warengruppenebene erfolgt. Zum anderen ist der Einkaufswert
des Wareneingangs auf einem *Bestandskonto* in der Finanzbuchhaltung zu
buchen.

5.1.3.3 Prozeßmodell

Die Prozesse des Wareneingangs können nach der betrachteten Handelsstufe differenziert werden. Aus diesem Grunde wird zunächst der Wareneingang im Lager mit seinen Teilprozessen und anschließend der Wareneingang auf Einzelhandelsebene beschrieben.

Prozeß Wareneingang Lager

Dem Vereinnahmungsprozeß der Ware im Zentrallager (Abb. 5.34) vorgeschaltet ist in einigen Handelsunternehmen die Avisierung der Ware. Diese Funktionalität hat jedoch optionalen Charakter, da insbesondere bei hohen Lieferfrequenzen der Aufwand zur Verwaltung der Avisierungen nicht vertretbar ist. Anstelle einer Avisierung sollte eher eine Planung des Wareneingangsvolumens bereits bei der Disposition erfolgen, um die Probleme frühzeitig zu vermeiden, statt sie durch nachgelagerte Maßnahmen zu korrigieren.

Die Avisierung, wenn sie denn erfolgt, umfaßt den genauen Liefertermin und das Liefervolumen in Anzahl an Ladehilfsmitteln. Diese Daten werden für Zwecke einer Wareneingangsplanung im System erfaßt.

Der Wareneingang im Lager wird über das Ereignis „LKW-Fahrer meldet sich im Wareneingangsbüro" angestoßen. Im Rahmen der Warenidentifikation ist zu überprüfen, ob die Warenlieferung angenommen werden soll. Hierzu wird die Bestellung herangezogen. Sofern sie nicht vorliegt, ist der Disponent zu benachrichtigen, der entscheidet, ob die Ware angenommen wird. Bei der Entscheidung, daß eine Warenlieferung ohne Bestellung anzunehmen ist, erstellt der Disponent eine Bestellung, so daß die Ware mit Bezug zu einer Bestellung vereinnahmt werden kann.

In der Regel werden heute noch die Bestellungen, die vom Disponenten erzeugt werden, ausgedruckt und liegen in schriftlicher Form im Wareneingang vor. MDE-Geräte erlauben einen weitgehend papierlosen Prozeß, so daß redundante Tätigkeiten (z. B. Erfassung der Wareneingangsmenge auf dem Lieferschein und spätere Erfassung im System) vermieden werden können.

Sofern die Warenlieferung angenommen wird, ist festzulegen, von welcher Rampe der LKW entladen werden soll. Der Rampenermittlung schließt sich die Überprüfung des Lieferscheins an, die im Prozeßmodell durch eine semantische Verfeinerung der Überprüfung der Lieferscheinangaben repräsentiert ist (vgl. Abb. 5.35).

Nachdem die Warenlieferung überprüft worden ist (vgl. Abb. 5.36), wird die ggf. erforderliche Mehrweg-Transportverpackungs-Abwicklung durchgeführt. Die operative Abwicklung orientiert sich hierbei an dem gewählten MTV-Verfahren. Bei einem MTV-Austausch werden dem LKW-Fahrer so viele MTVs mitgegeben, wie die Warenlieferung umfaßt. Beim Pool-System hingegen ist für die Rücknahme der MTVs ein Logistikdienstleister zuständig, so daß es zu einer gesonderten Abwicklung kommt.

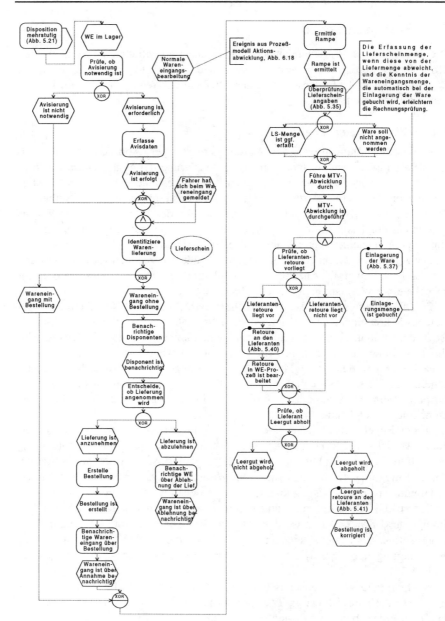

Abb. 5.34: Prozeßmodell Wareneingang Lager

Der MTV-Abwicklung schließt sich zum einen die physische Einlagerung der Ware an, die im Prozeß Wareneinlagerung beschrieben ist (vgl. Abb. 5.37). Zum anderen wird geprüft, ob eine Lieferantenretoure vorliegt. Ist Ware an den Lieferanten zu retournieren, so wird der Prozeß Retoure an den Lieferanten (vgl. Abb. 5.40) ausgelöst. Mit einer möglichen Retoure von Leergut, die durch den Teilprozeß Leergutretoure an den Lieferanten (vgl. Abb. 5.41) beschrieben wird, und der Bewertung der Wareneingänge (vgl. Abb. 5.39) wird der Prozeß mit der Bereitstellung der Daten für die Rechnungsprüfung beendet.

Prozeß Überprüfung der Lieferscheinangaben

Innerhalb des Teilprozesses Überprüfung Lieferscheinangaben werden zunächst die Angaben des Lieferscheins mit denen der Bestellung verglichen. Beispielsweise wird geprüft, ob die einzelnen Artikelnummmern der Lieferscheinpositionen mit denen der Bestellung übereinstimmen. Ist dies nicht der Fall, bedarf es entweder der Korrektur der Artikelnummer in der Bestellung, oder die Position ist nicht anzunehmen. Ebenfalls ist zu prüfen, ob die Liefermengeneinheit (z. B. 6-er Kiste) mit der Bestellmengeneinheit übereinstimmt. Diese Prüfung ist erforderlich, um die aktuellen Mengeneinheiten für zukünftige Bestellvorgänge im System abzubilden.

Bei der anschließenden Kontrolle der Lieferscheinmenge mit der Bestellmenge sind vier Fälle denkbar:

- Die Lieferscheinmenge entspricht der Bestellmenge, so daß mit der Prüfung der angelieferten Ware unmittelbar begonnen werden kann.
- Es liegt eine Abweichung zwischen Liefer- und Bestellmenge innerhalb eines festgelegten Toleranzintervalls vor. In diesem Fall entscheidet der Wareneingang autonom über die Annahme oder Ablehnung der Warenlieferung.[62]
- Bei großen Über- oder Unterlieferungen, die außerhalb des vom Disponenten vorgegebenen Toleranzintervalls liegen, ist die Lieferung abzulehnen.
- Liegt zu einer Lieferscheinposition keine Bestellposition vor, so wird der Disponent benachrichtigt.[63]

Für die Fälle, daß der Disponent zu benachrichtigen ist, hat dieser zu prüfen, ob die Ware anzunehmen ist. Zudem ist bei Unterlieferungen anzugeben, ob die Bestellposition als teilgeliefert gekennzeichnet werden soll. Diese Angabe ist für die zukünftige Bestellmengenplanung notwendig, da bei der Kennzeichnung als Teillieferung noch erwartete Zugänge zu berücksichtigen sind. Des weiteren kann eine Rechnungsprüfung erst erfolgen, wenn die Warenlieferung als geliefert charakterisiert ist.

---

[62] Vgl. auch Mertens (1995), S. 104f.
[63] Somit kann es zweimal zu einer Benachrichtigung des Disponenten kommen. Erstens, ob überhaupt eine Bestellung zu einem Lieferschein vorliegt (siehe Prozeß Wareneingang Lager) und zweitens, wenn es zur Lieferscheinposition keine Bestellposition gibt.

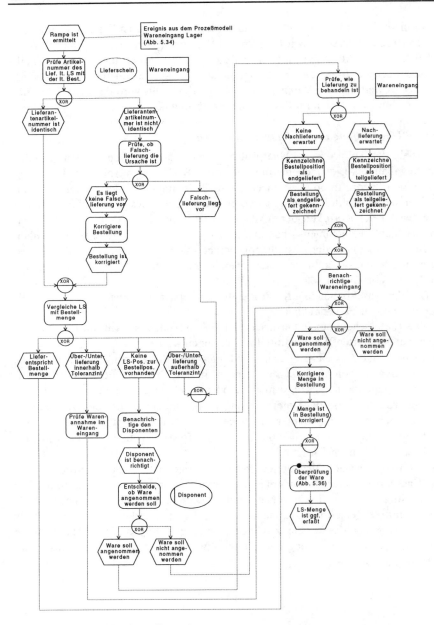

Abb. 5.35: Prozeßmodell Überprüfung der Lieferscheinangaben

Mit der Benachrichtigung des Wareneingangs werden die Korrekturen auf der
Bestellung (entweder auf dem Bestellschein oder direkt im System)

vorgenommen bzw. wird die Warenlieferung abgelehnt. Sofern die Bestellung korrigiert wurde, können weitere Prüfungen der Warenlieferung erfolgen, die im Teilprozeß Überprüfung der Ware (vgl. Abb. 5.36) beschrieben sind. Nach der Durchführung dieses Prozesses wird in den Prozeß Wareneingang im Lager verzweigt.

Prozeß Überprüfung der Ware

Es ist zunächst zu prüfen, ob die angelieferte Ware aus logistischen Gründen einlagerungsfähig ist (vgl. Abb. 5.36). Beispielsweise kann ein „Container Keramikware" nicht ohne entsprechende Packvorgänge eingelagert werden. Somit kann die Notwendigkeit bestehen, daß die Ware ein-, aus- oder umgepackt werden muß, bevor sie eingelagert werden kann. Die in einigen Handelsunternehmen anzutreffenden komplexen Umrüststrategien beschäftigen sich mit den Symptomen und nicht den Ursachen des Problems. Verursacht werden derartige Aufwendungen durch die Disposition. Dementsprechend bedarf es dort einer verstärkten Beachtung materialflußtechnischer Aspekte, z. B. durch Disposition von logistisch gut handhabbaren Mengeneinheiten.

Nachdem die Ware in einen einlagerungsfähigen Zustand versetzt worden ist, kann ggf. eine MHD-Prüfung notwendig werden. Liegen bei der MHD-Prüfung Abweichungen außerhalb eines Toleranzintervalls vor, wird die Warenlieferung abgelehnt, andernfalls angenommen.

Abschließend wird geprüft, ob die Lieferscheinmenge mit der gelieferten Menge übereinstimmt. Ist dies nicht der Fall, bedarf es der Erfassung von Lieferscheinmenge und gelieferter Menge, um bei Abweichungen zwischen bewertetem Wareneingang und Rechnung der Rechnungsprüfung Informationen für die Abweichungsursache zu liefern. Mit der korrigierten Lieferscheinmenge, der Ablehnung der Warenlieferung oder bei Übereinstimmung von Lieferscheinmenge und gelieferter Menge wird in den Prozeß Überprüfung der Lieferscheinangaben (vgl. Abb. 5.35) verzweigt.

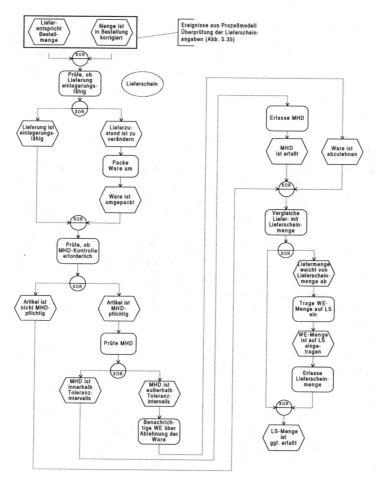

Abb. 5.36: Prozeßmodell Überprüfung der Ware

Prozeß Einlagerung der Ware

Bei der physischen Einlagerung der Ware (vgl. Abb. 5.37) wird nach einer festgelegten Einlagerungsstrategie verfahren. Sie sieht im Normalfall eine Einlagerung auf den Reservelagerplatz vor. Sofern auf dem Kommissionierplatz und
im Reservelagerbereich kein Bestand vorhanden ist (da ansonsten meist erst vom
Reservelager der Kommissionierplatz aufgefüllt wird), erfolgt die Einlagerung
auf den Kommissionierlagerplatz.

Nachdem ein oder mehrere Lagerplätze ermittelt worden sind, auf die die
Ware eingelagert werden soll, werden Warenbegleitinformationen entweder auf

einem Warenbegleitschein ausgedruckt, der auf einer Einlagerungseinheit ange-
bracht wird, oder auf elektronischem Wege (z. B. bei Staplersteuerungen) an
Förderfahrzeuge übermittelt. Mit dem Transport der Ware zu den Lagerplätzen
und anschließender Quittierung der Einlagerung wird die lagerplatzbezogene
Mengenbuchung vorgenommen. Abschließend wird in den Prozeß Warenbewertung verzweigt.

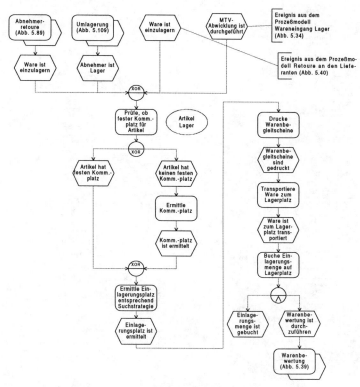

Abb. 5.37: Prozeßmodell Einlagerung der Ware

Prozeß Wareneingang Filiale/Kunde

Durch das Eintreffen des LKW-Fahrers beim Einzelhandelsunternehmen wird
der Prozeß des Wareneingangs angestoßen (vgl. Abb. 5.38). Zunächst wird
geprüft, ob ein Lieferschein vorhanden ist. In seltenen Fällen fehlt ein Lieferschein, und es ist ein Ersatzlieferschein zu erstellen, da die Ware in jedem Fall
angenommen werden soll. Zu diesem Zweck wird möglicherweise auch der Lieferant benachrichtigt.

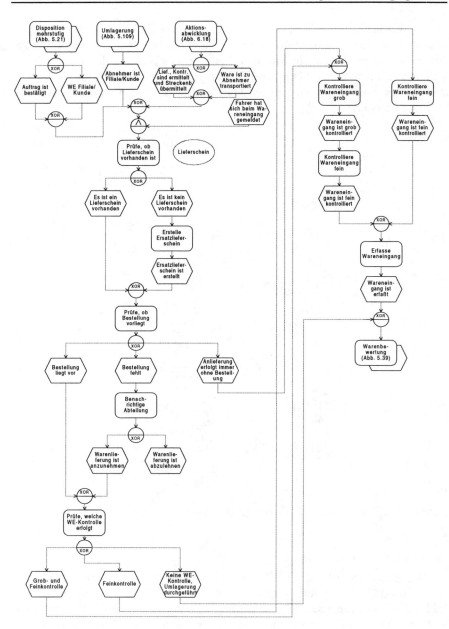

Abb. 5.38: Prozeßmodell Wareneingang Filiale/Kunde

Bei der anschließenden Prüfung, ob ein Bestellschein vorliegt, ist zwischen drei Fällen zu unterscheiden:

- Kein Bestellschein. In Rücksprache mit der disponierenden Abteilung wird geprüft, ob die Ware anzunehmen ist.
- Der Bestellschein ist vorhanden.
- Die Warenlieferung erfolgt immer ohne zugehörigen Bestellschein. Diese Vorgehensweise ist beispielsweise bei Obst- und Gemüselieferungen üblich. In derartigen Situationen wird zunächst eine Grobkontrolle des Lieferscheins durchgeführt (Kontrolle der Art und Anzahl der Collis). In einem zweiten Schritt, der Feinkontrolle, sind die einzelnen Artikellieferungen zu überprüfen (z. B. MHD, sonstige Qualitätsmängel, Fehlmengen).

Existiert eine Bestellung (in Papierform oder elektronisch) oder soll die Ware ohne Bestellung angenommen werden, so wird geprüft, wie die Wareneingangskontrolle erfolgen soll.

Sofern im filialisierenden Handel eine Lieferung vom Regional- oder Zentrallager vorliegt, wird i. d. R. keine Kontrolle des Wareneingangs vorgenommen. Eine Erfassung ist bei dieser Lieferung auch nicht mehr erforderlich, da der Warenausgang im Lager idealtypisch eine Umlagerungsbuchung auslöst.

Liegt eine Streckenlieferung vor, so wird entweder sofort eine Feinkontrolle im Warenannahmebereich durchgeführt (z. B. in größeren Filialen), oder es wird eine grobe Kontrolle auf Colli-Basis im Wareneingang mit anschließender Feinkontrolle auf Positionsbasis in der Abteilung durchgeführt. Nach der Erfassung der Ware verzweigt der Prozeß zum Prozeß der Warenbewertung (Abb. 5.39).

Prozeß Warenbewertung

Beim Wareneingang zieht die mengenmäßige Einlagerung immer auch eine wertmäßige Buchung nach sich, die zugleich die Bestandskonten der Finanzbuchhaltung fortschreibt. Der Ablauf der wertmäßigen Buchung wird durch die Einlagerung der Ware im Lager oder in der Filiale sowie durch die Umbuchung und die Umlagerung angestoßen (vgl. Abb. 5.39).[64] Bei der wertmäßigen Bestandsfortschreibung ist zunächst festzulegen, welche Warengruppe bei welcher Organisationseinheit betroffen ist. Diese Unterscheidung wird erforderlich, da nicht in allen Warengruppen einer Organisationseinheit das gleiche Bestandsfortschreibungsverfahren Gültigkeit besitzt. Beispielsweise werden in Filialen in einigen Sortimentsbereichen bereits artikelgenaue Bestände geführt und in anderen lediglich wertmäßige Bestände, so daß zum einen ein gleitender Durchschnittspreis verwendet wird und in anderen Warengruppen eine Bestandsfortschreibung zusätzlich zu VK-Preisen erfolgt. Neben der Festlegung der Organisationseinheit und Warengruppe ist die Belegart von hoher Bedeutung, da in Abhängigkeit bestimmter Vorgangsschlüssel spannenwirksame und spannenneutrale Buchungsvorgänge zu unterscheiden sind. Mit Hilfe dieser Informa-

---

[64] Die Umlagerungs- und Umbuchungsprozesse werden in Kapitel 5.3.1 beschrieben.

tionen lassen sich die Buchungswerte ermitteln. Mit der Buchung der Werte in der Bestandsfortschreibung wird der Prozeß beendet.

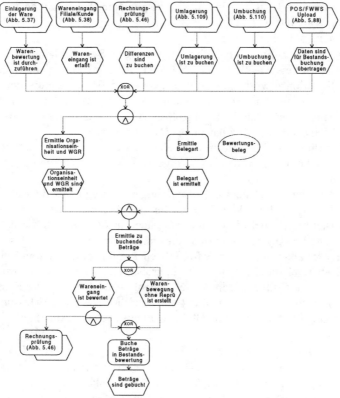

Abb. 5.39: Prozeßmodell Warenbewertung

Prozeß Retoure an den Lieferanten

Die Retournierung von Ware an den Lieferanten kann durch drei Ereignisse hervorgerufen werden (vgl. Abb. 5.40):

- Der Lieferant führt eine Rückrufaktion eines Artikels durch. In diesem Fall wird zunächst der Termin für die Rückrufaktion festgelegt, so daß die Abnehmer über diesen Termin benachrichtigt werden können.
- Der Lieferant hatte in einer Lieferung fehlerhafte oder falsche Ware geliefert.
- Bei einer Bestellung waren dem Handelsunternehmen Fehler unterlaufen, so daß falsche Ware bestellt wurde.

Die Mitteilung über eine Retoure wird an den Lieferanten geschickt, und es ist zu prüfen, ob die Ware direkt zum Lieferanten retourniert werden soll oder in ein Lager zu transportieren ist. Ist letzteres der Fall, wird eine Bestellung für die Retoure erstellt.

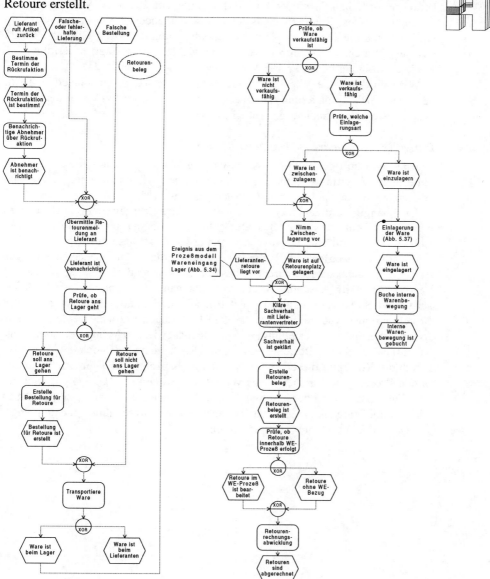

Abb. 5.40: Prozeßmodell Retoure an den Lieferanten

Die zum Lager transportierte nicht verkaufsfähige Ware wird zwischengelagert, die verkaufsfähige zwischengelagert oder eingelagert. Wird die Ware zwischengelagert oder ist eine Lieferantenretoure aus dem Prozeß Wareneingang Lager heraus erforderlich, wird der Sachverhalt mit dem Vertreter geklärt. Mit der Erzeugung eines Retourenbelegs und abschließender Rechnungsabwicklung wird die Retourenabwicklung bei Zwischenlagerung der Ware beendet. Wurde aus dem Wareneingang in die Retourenabwicklung verzweigt, so erfolgt eine Rückverzweigung in den Prozeß Wareneingang Lager (Abb. 5.34).

Wird hingegen die Ware nicht nur zwischen-, sondern eingelagert, wird in den Teilprozeß Einlagerung der Ware verzweigt und der Vorgang als interne Warenbewegung gebucht (vgl. Abb. 5.37).

Prozeß Leergutretoure an den Lieferanten

Leergut wird im Regelfall im Anschluß an die Warenlieferung eines Lieferanten retourniert. Allerdings können Leergutretouren auch unabhängig von einem Wareneingang an den Lieferanten zurückgegeben werden.

Unabhängig vom Ereignis, das den Prozeß der Leergutretoure auslöst, wird geprüft, ob eine negative Bestellung für die Leergutretoure vorliegt (vgl. Abb. 5.41). Sofern eine negative Bestellung fehlt, ist diese anzulegen. Als Bestellpositionen werden i. d. R. die Artikel ausgewiesen, die in der zugehörigen Bestellung auch beim Lieferanten bestellt worden sind (Situation, in der die Leergutretoure im Anschluß an den Wareneingang vorgenommen wird). Alternativ sind Situationen denkbar, in denen alle Leergutartikel in der negativen Bestellung ausgewiesen werden, die vom Lieferanten bezogen werden können. Die in der negativen Bestellung je Position ausgewiesene Menge ist minus eins, da zum Zeitpunkt der Bestellerzeugung die Rückgabemenge noch unbekannt ist. Durch die Korrektur dieser Menge werden die korrekten Mengen erfaßt, so daß in den Prozeß des Wareneingangs verzweigt werden kann. Dieses gilt auch für den Fall, daß eine Leergutretoure ohne Wareneingangsbezug vorgenommen wird, da im Wareneingangsverlauf die mengen- und wertmäßige Buchung angestoßen wird, die auch bei Leergutretouren folgt.

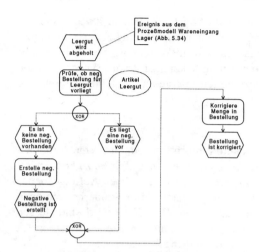

Abb. 5.41: Prozeßmodell Leergutretoure an den Lieferanten

Informatiosfluß Wareneingang

Die Informationsflüsse des Wareneingangs zeigt Abb. 5.42.

Wareneingang ↔ Einkauf

Vgl. Kapitel 5.1.1.3, Abb. 5.12.

Wareneingang ↔ Disposition

Vgl. Kapitel 5.1.2.3, Abb. 5.26.

Wareneingang ↔ Rechnungsprüfung

Der Wareneingang stellt durch die Lieferscheinerfassung die notwendige Voraussetzung für eine Rechnungsprüfung dar. Die bewerteten Wareneingänge
(evtl. mit abweichenden Lieferscheinangaben) werden an die Rechnungsprüfung
übermittelt. Die Rechnungsprüfung gleicht den bewerteten Wareneingang und
die Rechnung ab.

Die Bestandswerte, die in der Warenfortschreibung ermittelt werden, werden
ggf. durch Ergebnisse der Rechnungsprüfung (Rechnungsprüfungsdifferenzen)
korrigiert. Ebenfalls kann durch die Rechnungsprüfung die Buchung von nachträglichen Vergütungen vorgenommen werden, die bestandswirksam sein sollen.

Wareneingang ↔ Haupt- und Anlagenbuchhaltung

Die Buchungen der Bestandswerte innerhalb des Wareneingangs erfordert die
synchrone Buchung der Werte auf den Bestandskonten der Sachkontenbuch-

haltung, die Gegenstand der Hauptbuchhaltung ist. Zu diesem Zweck sind die Werte und Mengen des Wareneingangs der Hauptbuchhaltung zur Verfügung zu stellen. Die Erfassung von Preisveränderungen im Wareneingang ist der Buchhaltung ebenfalls für eine Bestandsbewertung bekanntzugeben (Synchronisation der Werte sowohl für die mengenorientierten operativen Systeme als auch die betriebswirtschaftlich-administrativen Systeme).

Wareneingang ↔ Verkauf

Der Verkauf muß über die Bestandssituation informiert sein, um seine Aufgaben der Verfügbarkeitsprüfung und der Auftragserfassung durchführen zu können.

Im Wareneingang werden vom Verkauf Informationen über Aufträge benötigt, die Sonderbestellungen nach sich gezogen haben. Bei Sonderbestellungen wird keine Einlagerung der Ware vorgenommen. Die Ware wird statt dessen entweder vom Wareneingang auf reservierte Warenausgangszonen transportiert oder verbleibt bis zur Auslieferung im Wareneingangsbereich.

Wareneingang ↔ Warenausgang

Aus dem Wareneingang benötigt der Warenausgang, dem auch die Kommissionierung zugeordnet ist, die Daten über die Wareneingangsmengen, um beispielsweise bei der Nutzung von aktiver Bypass-Funktionalität auch Bestände, die sich im Wareneingang befinden, in die Kommissionierung einbeziehen zu können.

In umgekehrter Richtung wird die Warenausgangsmenge benötigt, um Einlagerungsstrategien situationsspezifisch durchführen zu können.

Wareneingang ↔ Debitorenbuchhaltung

Vom Wareneingang gelangen Informationen über die Retourenabwicklung an die Debitorenbuchhaltung, die bei den entsprechenden Kreditoren die debitorische Abrechnung von Lieferantenretouren durchführt.

Wareneingang ↔ Debitorenbuchhaltung

Vom Wareneingang werden Leistungsgrößen an die Kostenrechnung weitergeleitet, damit die Ausprägungen der Bezugsgrößen des Wareneingangs in der Kosten- und Erlösrechnung bekannt sind. Zudem sind die Wareneingangswerte in der Kostenrechnung für Zwecke einer Kurzfristigen Erfolgsrechnung notwendig.

Die Plan- und Istkosten der Funktionen und Prozesse des Wareneingangs werden diesem zu Zwecken einer Planung (z. B. Kostensätze für die Rampenbelegungsplanung) und Kontrolle (z. B. Effizienz der Wareneinlagerung) zur Verfügung gestellt.

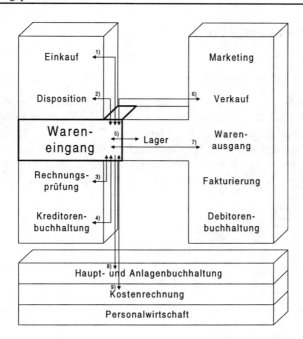

Informationen **vom** Wareneingang:

1) Ist-WE-Menge, EK-Preisänderungen

2) Wareneingangsvolumen, Warenvereinnahmungszeit, Transporthilfsmittel, Warenqualität, Wareneingangstermin, Liefermenge

3) Wareneingangsmenge, Wareneingangstermin, Wareneingangswert (EK und VK), evtl. abweichender Wert des bewerteten LS

4) Lieferant, Lieferschein, bewerteter Lieferschein

5) Anforderung zur Einlagerung, Wareneingangsmenge

6) Verfügbare Menge des Wareneingangs

7) Wareneingangsmenge

8) Wareneingangswert, Wareneingangsmenge, Preisänderung

9) Leistungsgrößen im Wareneingang (z. B. Zahl Mitarbeiter, Lagerflächen, Zahl eingegangener Artikel), Wareneingangswert

Informationen **zum** Wareneingang:

1) Artikelgrunddaten, Artikelbeschaffungsdaten (EK-Preis, Rechnungskonditionen), nachträgliche Konditionen, Lieferantendaten

2) Lieferant, Bestellungen (-menge, Liefertermine), Bestellwerte je Bestellposition, bestellte Stücklistenartikel, Artikel-VPE, Anzahl Artikel je Colli, Lage, Palette

3) Lieferantenrechnung, Rechnungsprüfungsdifferenz

4) Vereinnahmung ohne Bezahlung

5) Retouren zum Lieferanten, sonst. Lagerbewegungen, sonst. Umbuchungen (wertmäßig)

6) Artikelreservierung, Artikelaufträge, Schnellschüsse

7) Warenausgangsmenge

9) Ist- und Plankosten der Wareneingangs

Abb. 5.42: Interdependenzen des Wareneingangs

5.1.4   Rechnungsprüfung

5.1.4.1 Funktionsmodell

Der Funktionsbereich der Rechnungsprüfung umfaßt die Rechnungserfassung und -kontrolle, die Rechnungsfreigabe, die Rechnungsnachbearbeitung und die Kontrolle nachträglicher Vergütungen (vgl. Abb. 5.43).

Lösungen für die Rechnungsprüfung reichen von einer manuellen Kontrolle ausgewählter Rechnungen bis hin zu einer weitgehend automatisierten Abfolge der Funktionen, die für die Bearbeitung, Kontrolle und Buchung der Rechnung erforderlich sind.

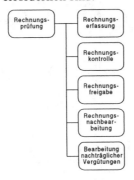

Abb. 5.43: Funktionsdekompositionsdiagramm Rechnungsprüfung

Rechnungserfassung

Die Erfassung der Rechnung stellt die Grundlage für eine anschließende Kontrolle der Rechnung dar. Die Daten der Rechnung werden in Abhängigkeit von der Art der Rechnungsübermittlung entweder manuell erfaßt oder stehen als elektronische Daten bereit.

Aufgrund des Massendatenvolumens, eine Anzahl von 1 Million Rechnungen in mittelständischen Handelsunternehmen im Jahr ist keine Seltenheit, nehmen die Bestrebungen zwischen Industrie und Handel zu, die Rechnungen elektronisch zu übertragen. Je nach Handelsunternehmen werden bereits bis zu 80 % der Rechnungen auf elektronischem Weg empfangen. Die *Rechnungsübermittlung mit Hilfe von EDI* wird zukünftig für Handelsunternehmen unumgänglich sein, um zu einer wirtschaftlichen Ablaufgestaltung zu gelangen. Insbesondere vier Gründe sprechen aus Sicht von Industrie- und Handelsunternehmen für die

Nutzung von EDI,[65] wobei die Vorteile bei den Handelsunternehmen höher zu bewerten sind:

- Die Produktions- und Übermittlungskosten von EDI-Rechnungen sind mittlerweile bereits bei geringem Transaktionsvolumen günstiger als bei Papierrechnungen (Industrieunternehmen).
- Die personalintensive Erfassung der Rechnungen kann entfallen (Handelsunternehmen).
- Die Qualität der Erfassung ist höher, somit entstehen weniger Fehler in der Rechnungsprüfung (Handelsunternehmen)
- Die Daten stehen dem Informationssystem schneller zur Verfügung (Handelsunternehmen).

Bei elektronischer Übermittlung der Rechnungen stehen die einzelnen Rechnungspositionen zur Verfügung.

Bei einer *manuellen Erfassung* werden oftmals nur die Rechnungssummen (ggf. getrennt nach Mehrwertsteuersätzen) erfaßt, eine Erfassung jeder Rechnungsposition wird aufgrund des damit verbundenen Personalaufwands nicht vorgenommen.

Bei größeren Handelskonzernen ist es auch Praxis, die Rechnungen in den dezentralen Einheiten vorzuerfassen. Hierbei werden die Rechnungen von den Lieferanten nicht an die Zentrale des Handelsunternehmens, sondern an seine dezentralen Verursacher gesandt.[66] In einer zweiten Stufe werden die Rechnungen in der Zentrale (oder einer Vertriebsschiene, wenn sich dort die Prüfungshoheit befindet) geprüft.

In der Rechnungserfassung sind die Bezugsnebenkosten getrennt zu betrachten, da diese andere Bezugsbasen ihrer Berechnung besitzen und nur optional in die Bestandsbewertung der Ware einfließen. Die Berücksichtigung von Bezugsnebenkosten in der Rechnungserfassung und vor allem in der Rechnungsprüfung stellt ein in heutigen Informationssystemen häufig ungelöstes Problem dar. Es sollten die Bezugsnebenkosten, sofern ihnen eine Bezugsgröße zugrundeliegt,[67] automatisch auf die bezogenen Ware verrechnet werden. Dies hat den Vorteil, daß die Bestandsbewertung des Umlaufvermögens auch die Anschaffungsnebenkosten einbezieht, wie es § 255 Abs. 1 Satz 1 des HGB fordert.[68] Bei nicht den Artikeln zurechenbaren Bezugsnebenkosten ist eine Aktivierung nicht erlaubt.

---

[65] Zu EDI vgl. Kapitel 7.2.

[66] Auf diese Weise werden die Rechnungen schneller im System erfaßt, und es besteht die Möglichkeit eines frühzeitigen Vorsteuerabzugs.

[67] Beispielsweise wird die Berechnung der Transportkosten im Lebensmittelhandel häufig auf Basis der Bezugsgröße Kilogramm vorgenommen.

[68] Zur Bewertung des Umlaufvermögens vgl. Baetge (1994), S. 316ff.; Wöhe (1992), S. 485ff.

Rechnungskontrolle

In der Rechnungskontrolle erfolgt der Vergleich der Rechnung mit dem bewerteten Wareneingang. Bei diesem Vergleich werden lieferantenspezifische Toleranzintervalle (unterschiedliche Intervalle für positive oder negative Rechnungsabweichungen) definiert, innerhalb derer sich die Rechnungswerte befinden dürfen, ohne daß eine weitere Bearbeitung erforderlich wird. Die Toleranzen können zum einen prozentual und zum anderen absolut definiert sein. Es ist möglich, daß neben einer prozentualen Abweichung auch die Einhaltung eines absoluten Betrages überprüft wird, um beispielsweise bei hohen Rechnungsbeträgen keine hohen Fehlbeträge in Kauf nehmen zu müssen.

Zur Eingrenzung des zu kontrollierenden mengenmäßigen Rechnungsvolumens sollten zunehmend auch die bereits in der Industrie genutzten statistischen Verfahren verwendet werden.[69] Es werden Rechnungen der Lieferanten stichprobenartig geprüft, die keiner regelmäßigen Kontrolle unterzogen werden, um festzustellen, ob die Rechnungen weiterhin den Bewertungen des Wareneingangs entsprechen oder ob sich Unstimmigkeiten häufen. Der Umfang der Stichprobe ergibt sich hierbei u. a. durch die bisher beobachtete Fehlerhäufigkeit des Kreditors und der Arbeitsbelastung des Rechnungsprüfungspersonals.[70]

Bei der Prüfung der Abweichungsursachen kann der Ablauf danach unterschieden werden, ob die Rechnung manuell oder auf elektronischem Weg übertragen worden ist. Sofern die Rechnung elektronisch vorliegt, kann die Prüfung auf Rechnungspositionsebene erfolgen. Bei Rechnungen, die manuell erfaßt worden sind, müssen die Rechnungspositionen der Rechnung entnommen und mit den bewerteten Wareneingangspositionen manuell verglichen werden. Bei der Analyse der Differenzen ist zu klären, aufgrund welcher Ursache(n) die Abweichung zustande gekommen ist. Die Ursachen für die Abweichung des Gesamtbetrags der Rechnung vom bewerteten Wareneingang können in einer Mengen- oder Preisabweichung auf Positionsebene oder in einer Abweichung bei den gesamtrechnungsbezogenen Konditionen liegen.

Bei Preisabweichungen, die in der Rechnungsprüfung festgestellt werden, obliegt die Analyse der Abweichungsursache dem zuständigen Einkäufer. Bei Mengenabweichung hat die Rechnungsprüfung selbst für die Überprüfung der Abweichung zu sorgen. Hilfreich ist hierbei die Angabe von Lieferschein- und Wareneingangsmenge im System, die die Kontrolle der Abweichungsursache erleichtern.

Angeregt durch das Beispiel der Ausgestaltung der Rechnungsprüfung bei dem US-amerikanischen Autohersteller Ford[71] nimmt auch im Handel der

---

[69]   So setzt die Volkswagen AG ein System ACCOUNT ein, nachdem mit Hilfe des Chi-Quadrat-Tests festgestellt wurde, daß der Anteil fehlerhafter Rechnungen mit der Rechnungsqualität der Vergangenheit korreliert. Vgl. Mertens (1995), S. 268f.

[70]   Vgl. Mertens (1995), S. 269.

[71]   Vgl. Mertens (1995), S. 275.

Wunsch zu, auf Lieferantenrechnungen ganz zu verzichten und Gutschriften in Höhe des bewerteten Wareneingangs an den Lieferanten zu schicken. Dieses führt zu einer Verlagerung der Rechnungsprüfung vom Handelsunternehmen zu einer Gutschriftsprüfung beim Lieferanten. Diese Vorgehensweise hat für den Lieferanten den Vorteil, daß er keine Rechnungen erstellen muß. Der Nachteil besteht für den Lieferanten in der Kontrolle der Gutschriften (sofern er eine solche durchführt). Beim Handelsunternehmen entfallen alle Aufgaben der Rechnungskontrolle, so daß mit dieser Verfahrensweise große Einsparungen im Personalbereich möglich sind.

Eine derartige Praxis setzt jedoch voraus, daß das Handelsunternehmen enge Geschäftsbeziehungen zu dem Lieferanten besitzt. Zudem muß es über eine entsprechende Machtstellung gegenüber dem Lieferanten verfügen, die nur bei großen Handelsunternehmen gegeben ist. Informationstechnisch wird diese Vorgehensweise über ein entsprechendes Attribut im Lieferantenstamm gesteuert, das festlegt, das bei dem betrachteten Lieferanten ausschließlich die bewerteten Wareneingänge bezahlt werden. In Verbindung mit der Übertragung der Rechnungen mit Hilfe von EDI können sämtliche Erfassungs- und Prüfaufwände beseitigt werden, so daß diese Vorgehensweise aus Sicht des Unternehmens die effizienteste Alternative darstellt.

Rechnungsfreigabe

Wegen des Vorsteuerabzugs werden Rechnungen sofort nach der Erfassung als Offener Posten gebucht und sind mit einem Zahlungssperrkennzeichen versehen, so daß noch keine Rechnungsregulierung erfolgt. Sofern in der Rechnungskontrolle keine signifikante Abweichung zwischen bewertetem Wareneingang und Rechnung festgestellt wird, wird dieses Kennzeichen aufgehoben. Die Rechnung ist damit zur Zahlung in der Kreditorenbuchhaltung freigegeben.

Rechnungsnachbearbeitung

Eine Rechnungsnachbearbeitung hat primär zwei Ursachen. Zum einen werden bei Sofortzahlern die Rechnungen vor der Rechnungsprüfung bezahlt. Werden in der Rechnungsprüfung Abweichungen festgestellt, muß dem Lieferanten gegenüber eine Forderung erstellt werden, die je nach Abrechnungsart zu einer Belastung in Form einer Rechnung, Lastschrift oder einem automatischen Rechnungsabzug bei einer zukünftigen Rechnung führt. Zum anderen bedürfen die Rechnungen, die bezahlt worden sind, aber eine Abweichung (innerhalb des Toleranzintervalls) zum bewerteten Wareneingang aufgewiesen haben, einer Nachbearbeitung. Falls die kumulierten Abweichungen zu Lasten des Handelsunternehmens gehen, sollten die Abweichungen periodisch den Lieferanten berechnet werden.

Bearbeitung nachträglicher Vergütungen

Neben der Kontrolle der Rechnung gegen die im Unternehmen durchgeführte Bewertung wird die Berechnung des Anspruchs der nachträglichen Konditionen sowie deren Kontrolle der Rechnungsprüfung zugeordnet. Im Anschluß an den Rechnungsabschluß werden für die im Einkauf angelegten Konditionen Sollpositionen aufgebaut, die nach Beendigung des Konditionszeitraumes zu Ansprüchen an die Lieferanten führen. Dabei ist zu unterscheiden, auf welcher Basis die nachträglichen Konditionen berechnet werden. In mittelständischen Handelsunternehmen, die in Einkaufskontore eingebunden sind, werden mitunter die von den Lieferanten gemeldeten Industriezahlen als Berechnungsbasis für die nachträglichen Konditionen verwendet. Gegen diese Vorgehensweise sprechen der zusätzliche Erfassungsaufwand und Schwierigkeiten bei der Überprüfung der Industriezahlen.

5.1.4.2 Datenmodell

Das Datenmodell der Rechnungsprüfung wird elementar durch das Objekt der Rechnung geprägt. Die Rechnung (der *Rechnungskopf*) ergibt sich als Beziehung von *Zeit*, *Lieferant* und *Abnehmer*. Eine Rechnung setzt sich aus mindestens einer oder mehreren *Rechnungspositionen* zusammen, die einen Artikelbezug besitzen. Für den Entitytyp Rechnungsposition ist eine Hierachie zu modellieren (*Rg.pos.-Hierarchie*), um eine Erfassung des Gesamtbetrags getrennt nach Mehrwertsteuersätzen abbilden zu können.

Der für den Vergleich in der Rechnungsprüfung erforderliche Bezug zwischen Rechnung und bewertetem Wareneingang wird durch die Beziehung von Rechnung, Zeit und bewertetem Wareneingang (*Bewerteter WE-Kopf*) im Datenmodell abgebildet (*Vergleich Rg.- und bew. WE-Kopf*).

Neben dem Vergleich der Rechnung mit dem bewerteten Wareneingang ist bei Differenzen der kontrollierten Summen ein Vergleich von Rechnungsposition und korrespondierender Wareneingangspositionen (*Bewertete WE-Position*) notwendig, um den Abgleich auf Positionsebene herstellen zu können.

Bei der Beziehung zwischen Rechnung und Wareneingang sind vier Situationen unterscheidbar. Zum einen kann eine 1:1-Beziehung bestehen, wenn einem Lieferschein (entspricht Wareneingangskopf) nur eine Rechnung entspricht. Zweitens kann sich eine Rechnung auf mehrere Lieferscheine beziehen (Sammelrechnungen). Drittens sind Teilrechnungen denkbar, bei denen zu einem Lieferschein mehrere Rechnungen existieren. Viertens können zu mehreren Lieferscheinen auch mehrere Rechnungen existieren. Im Datenmodell wird diese Flexibilitätsanforderung durch eine (0,m):(0,m)-Beziehung zwischen bewertetem Wareneingang und Rechnung (sowohl auf Kopf- als auch auf Positionsebene) abgebildet. Die Differenzen zwischen Rechnung und bewertetem Wareneingang dienen der Analyse des Lieferanten im Zeitablauf. Auf dieser Basis wird betrachtet, wie hoch die Differenzen (als kumulierte Differenz sowie als Varianz) bei den diversen Lieferanten waren, welche Ursache die Differenzen gehabt haben und ob in der Zukunft auf eine Prüfung bei bestimmten Lieferanten verzichtet werden kann. Insbesondere die Kontrolle der innerhalb des Intervallbereichs befindlichen Differenzen soll dazu dienen, eine systematische „Fehlbewertung" durch die Lieferanten zu Lasten des Handelsunternehmens auf-zudecken.

Der bewertete WE-Kopf kann spezialisiert werden in eine durch eine Waren-lieferung hervorgerufene WE-Bewertung (*Bewerteter WE-Kopf Warenlieferung*) und in eine für die nachträgliche Vergütung notwendige Objektspezialisierung (*Bewerteter WE-Kopf nachträgliche Vergütung*). Letztere ist erforderlich, um die nachträglichen Konditionen bei der Warenbewertung von den Rechnungs-konditionen zu unterscheiden. Durch die Beziehung zwischen *Rech-nungsposition* und bewerteten Wareneingangspositionen (*Vgl. Rg.- und bew. WE-Position*) besteht die Möglichkeit, die einzelnen Positionen zu vergleichen.

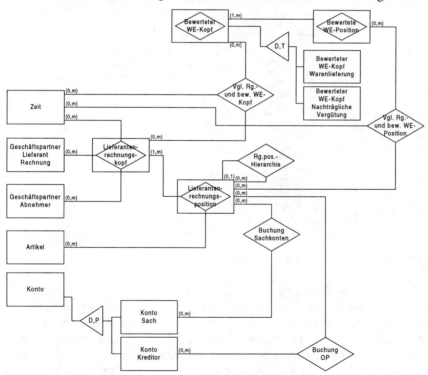

Abb. 5.44: Datenmodell Rechnungsprüfung

5.1.4.3 Prozeßmodell

Prozeß Rechnungserfassung

Bei der Erfassung der Rechnungen ist zu unterscheiden zwischen schriftlichen und elektronischen Rechnungen (vgl. Abb. 5.45).

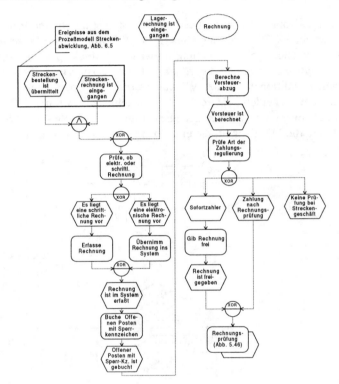

Abb. 5.45: Prozeßmodell Rechnungserfassung

Die Erfassung der Rechnung beginnt mit der Erfassung der Attribute des Rechnungskopfs, und zwar der Schlüsselattribute Lieferantennummer, Rechnungsdatum und Nummer des Abnehmers. Darüber hinaus bedarf es der Erfassung der Lieferscheinnummer, um bei der automatischen Rechnungs- kontrolle die entsprechenden bewerteten Wareneingänge der Rechnung zuord- nen zu können. Aufgrund der Möglichkeit von Sammelrechnungen müssen zu einer Rechnung ggf. mehrere Lieferscheinnummern erfaßt werden können. Weiterhin sind mehrwertsteuergenau die Rechnungsendbeträge der Rechnung zu erfassen, d. h. Rechnungen, die beispielsweise Rechnungspositionen mit 7 % und mit 15 % Mehrwertsteuer umfassen, müssen getrennt (zwei Summen) erfaßt

werden. Liegen elektronische Rechnungen vor, so ist die Granularität der übermittelten Rechnungen dem Wareneingang vergleichbar (positionsgenau).

Während für Rechnungen von Kreditoren, die sofort bezahlt werden müssen
(z. B. wenn der Kreditor über ein Kontor abgerechnet wird oder die Forderung
per Lastschrift vom Abnehmer eingezogen wird), mit der Rechnungserfassung
die Buchung und Freigabe erfolgt, werden die Rechnungen bei den übrigen Kreditoren mit einer Zahlsperre im Finanzbuchhaltungssystem gebucht. Zu diesem
Zweck wird bereits unmittelbar nach der Erfassung der Rechnung im System die
Vorsteuer gegenüber dem Finanzamt im Rahmen der Umsatzsteuervoranmeldung geltend gemacht.

Prozeß Rechnungsprüfung

Die Rechnungsprüfung hat zunächst die bewerteten Wareneingänge den erfaßten
Rechnungen zuzuordnen. Hierzu versucht das Rechnungsprüfungsprogramm
zumeist in einem Batchlauf u. a. anhand der Kriterien Abnehmernummer, Lieferscheinnummer und Lieferantennummer den bewerteten Wareneingängen die
Rechnung(en) zuzuordnen.

Besondere Probleme bestehen häufig bei Sammelrechnungen, da in diesem
Fall eine Rechnung mit mehreren Lieferscheinen zu verbinden ist. Zu diesem
Zweck muß in der Rechnungserfassung sichergestellt werden, daß mehr als ein
Lieferschein zu einer Rechnung erfaßt werden kann. Bei Teillieferungen, die von
der Industrie getrennt fakturiert werden, ist hingegen eine Zuordnung von mehreren Lieferscheinpositionen zu einer Rechnung notwendig. Eine derartige
Unterstützung ist in den heutigen Informationssystemen noch nicht gegeben, da
zumeist ex ante Informationen fehlen, die eine automatisierte Zuordnung ermöglichen würden.

Sofern der automatische Zuordnungsversuch von bewerteten Lieferscheinen
zu Rechnungen nicht erfolgreich war, bedarf es der manuellen Zuordnung der
beiden Belege.

Unabhängig davon, ob eine manuelle oder automatische Zuordnung der Belege stattgefunden hat, vergleicht das System den bewerteten Wareneingang mit
dem tatsächlich vom Lieferanten in Rechnung gestellten Betrag. Im Idealfall
stimmen die beiden Beträge überein. Weichen die Beträge voneinander ab, so ist
zu prüfen, ob diese Differenz innerhalb oder außerhalb eines festgelegten Inter-
valls liegt. Befindet sich der Betrag innerhalb der möglicherweise lieferanten-
spezifischen Intervallgrenzen, wird die Rechnung als geprüft gekennzeichnet.
Dies hat zur Folge, daß sie von der Kreditorenbuchhaltung zum Fälligkeits-
termin bezahlt werden kann. Ferner ist zu prüfen, ob eine Nachbearbeitung der
Rechnung notwendig ist. Liegen zu hohe Abweichungen vor, bedarf es der sach-
lichen Klärung der Differenz, die in dem Prozeß Abweichungskontrolle vorgenommen wird.

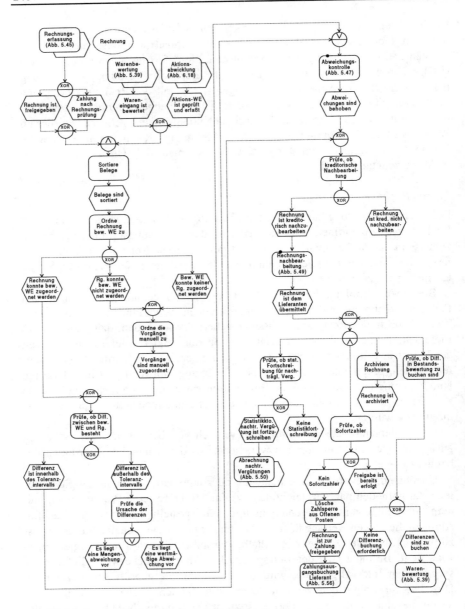

Abb. 5.46: Prozeßmodell Rechnungsprüfung

Es schließen sich folgende Funktionen und Prozesse an:

- Es wird geprüft, ob ein Statistikkonto zur nachträglichen Vergütung fortge-schrieben werden muß. Ist dies der Fall, wird der Prozeß Abrechnung nach-träglicher Vergütungen ausgeführt.
- Sofern kein Sofortzahler vorliegt, ist das Zahlungssperrkennzeichen im Offe-nen Posten zu löschen, so daß die Rechnung zur Zahlung freigegeben ist, und es schließt sich der Prozeß der Zahlungsregulierung an.
- Die Rechnung wird archiviert.
- Es wird geprüft, ob Rechnungsprüfungsdifferenzen vorliegen. Sind Differen-zen vorhanden, so wird in den Prozeß der Warenbewertung verzweigt.

Prozeß Abweichungskontrolle

In der Abweichungskontrolle (vgl. Abb. 5.47) werden die Ursachen für die Abweichungen identifiziert und ggf. behoben. Die Ursachen können entweder in einer Mengen- oder in einer Preisabweichung liegen. Hierzu werden die Rech-nungspositionen mit den bewerteten Wareneingangspositionen verglichen.

Liegen Mengenabweichungen vor, so ist zu prüfen, ob die Wareneingangs-menge oder die vom Lieferanten berechnete Menge fehlerhaft ist. Zur Verbesse-rung der Kontrollmöglichkeit sollte hierzu die Lieferscheinmenge und die Wa-reneingangsmenge beim Wareneingang erfaßt werden, sofern eine Abweichung zwischen beiden Größen vorliegt. In der Regel entstehen die Mengenab-weichungen zwischen Wareneingang und Rechnung dadurch, daß der Lieferant eine von der tatsächlich gelieferten Menge abweichende Lieferscheinmenge in Rechnung stellt. In diesem Fall ist die berechnete Menge und der berechnete Betrag zu korrigieren. Liegt hingegen ein Erfassungsfehler im Wareneingang vor, wird die Wareneingangsmenge korrigiert. Als Ergebnis der Mengenprüfung sind die Wirkungen für die Abweichungen beseitigt.

Bei wertmäßigen Differenzen zwischen Rechnung und bewertetem Waren-eingang ist zu prüfen, ob die Rechnungsprüfung den Fehler sofort beheben kann (z. B. bei einem Erfassungsfehler) oder ob Konditionsfehler vorliegen, die nur mit Zustimmung des Einkaufs beseitigt werden dürfen. Ist ersteres der Fall, so kann es notwendig werden, den Lieferantenansprechpartner zu kontaktieren, um den Sachverhalt zu klären. Haben entweder das Erfahrungswissen des Rech-nungsprüfers oder das Gespräch mit dem Lieferanten die Fehlerursache identifi-zieren können, wird die am Vorgang gespeicherte Kondition (=Konditionskopie) korrigiert. Diese Korrektur hat ausschließlich Konsequenzen für den betrach-teten Geschäftsvorfall.

Kann der Sachverhalt jedoch nicht von der Rechnungsprüfung kontrolliert werden, so ist der Vorgang - idealtypisch mit Hilfe eines Workflowmanagement-systems - dem Einkauf zur weiteren Bearbeitung zuzuleiten. Der Einkauf prüft seinerseits die möglichen Fehlerursachen mit dem Ergebnis, daß entweder die Stammkonditionen oder die Belegkonditionen zu korrigieren sind. Ist letzteres der Fall, werden die Konditionen bei dem betrachteten Vorgang korrigiert. Ist die Stammkondition falsch, d. h. ist eine Kondition eines Lieferanten fehlerhaft, die nicht nur für die eine Bestellung gegolten hat, wird diese korrigiert. Da i. d. R. zu einem Zeitpunkt bei einem Lieferanten mehrere Bestellungen und Wareneingänge im System vorhanden sind, bedarf es im Anschluß an die Korrektur der Stammkondition der Neuberechnung der entsprechenden Belegkonditionen.

Beispielsweise würden bei 10 Bestellungen im System, die alle mit dem falschen Rabattsatz (z. B. 10 % statt 9 %) bewertet wurden, alle Vorgänge in der Rechnungsprüfung zu Abweichungen führen. Zieht die Stammkonditionsänderung zugleich eine Neubewertung der im System befindlichen bewerteten Wareneingänge nach sich, genügt die einmalige Korrektur der Stammkondition.

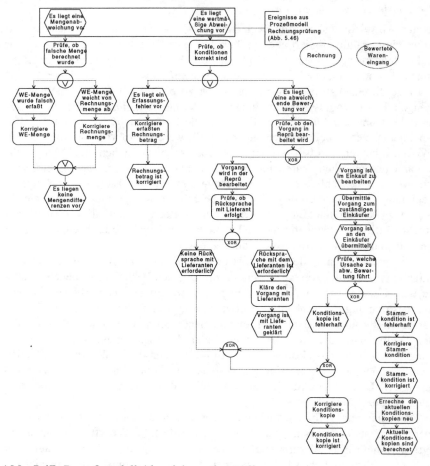

Abb. 5.47: Prozeßmodell Abweichungskontrolle

Die Abweichungskontrolle führt über eines der Ereignisse „Es liegen keine Mengendifferenzen vor", „Rechnungsbetrag ist korrigiert", „Konditionskopie ist korrigiert" oder „Aktuelle Konditionskopien sind berechnet" zurück zum Ursprungsprozeß der Rechnungsprüfung. Innerhalb des Rechnungsprüfungsprozesses ist hingegen lediglich das Ereignis „Abweichungen sind behoben" modelliert. Dieses Ereignis stellt eine Ereignishierarchie aus den oben beschriebenen Ereignissen dar (vgl. Abb. 5.48).

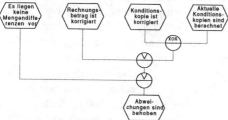

Abb. 5.48: Ereignishierarchie des Ereignisses „Abweichungen sind behoben"

Prozeß Rechnungsnachbearbeitung

Unabhängig von der Ursache für die Nachbearbeitung wird auf Basis der Abrechnungsart des Lieferanten, des dem Lieferanten in Rechnung zu stellenden Abweichungsbetrags (der auch die Summe von Abweichungen in einem Zeitraum sein kann) und der Art der Rechnungsübermittlung an den Lieferanten eine Rechnung erstellt. Eine Mitteilung an den Lieferanten hält fest, welche Ursachen zu der Rechnung geführt haben.

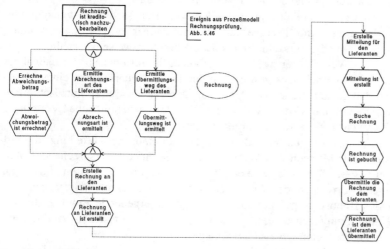

Abb. 5.49: Prozeßmodell Rechnungsnachbearbeitung

Prozeß Abrechnung nachträglicher Vergütungen

Der Prozeß der Abrechnung nachträglicher Vergütungen (Abb. 5.50) setzt die Durchführung der Bewertung des Wareneingangs und der Rechnungsprüfung voraus.

Aufbauend auf den Ergebnissen der Rechnungsprüfung werden die entsprechenden Bewegungsdaten innerhalb eines Konditionsgewährungszeitraums fortgeschrieben. Bevor die einzelnen nachträglichen Konditionen, die zumeist quartalsweise gewährt werden, dem Lieferanten gegenüber abgerechnet werden (debitorische Abwicklung) oder kreditorisch kontrolliert werden sollen, werden die erfaßten und noch nicht abgeschlossenen Rechnungen angezeigt, um ggf. offene Rechnungen noch in die Abrechnung mit hineinnehmen zu können.

Nachdem der Umfang der in die Abrechnung einzubeziehenden Rechnungen festgelegt worden ist, werden die Sollpositionen berechnet. Nach der Berechnung der debitorischen Belastung ist die Abrechnungsart des Lieferanten festzulegen, und die Verteilschlüssel sind zu ermitteln. Bei der Abrechnung können die debitorische (dem Lieferanten wird eine Rechnung geschrieben) und die kreditorische (der Lieferant schickt eine Gutschrift) Abwicklung unterschieden werden. Mit der Buchung der nachträglichen Vergütungen auf den Konten der Haupt- und Nebenbuchhaltung findet der Prozeß seine buchhalterische Abbildung. Für die warenwirtschaftliche Betrachtung der nachträglichen Vergütungen ist es insbesondere von Interesse, die Beträge verursachungsgerecht auf die Abnehmer zu verteilen. Zu diesem Zweck dienen Verteilungsschlüssel. Es können insbesondere drei Typen von Verteilungsschlüsseln unterschieden werden:

- Bei der ersten Art der Verteilung werden die nachträglichen Vergütungen in einer festen Relation zwischen den Abnehmern aufgeteilt, z. B. 50 % auf Vertriebsschiene A und 50 % auf Vertriebsschiene B.
- Hingegen werden bei den individuellen Verteilungsschlüssel manuell und vorgangsbezogen die Beträge auf die Abnehmer aufgeteilt, was einen höheren Aufwand verursacht. Eine solche Vorgehensweise ist sachlich insbesondere bei Werbekostenzuschüssen geboten, die für eine Sondermaßnahme des Handelsunternehmens gewährt werden (z. B. Neueröffnung eines Marktes), so daß diesem Abnehmer der dementsprechende Betrag gutzuschreiben ist. In vielen Fällen wird diese Funktionalität auch als „politische" Verteilung von Beträgen zu Abnehmern vorgenommen.
- Die häufigste Form der Verteilung ist die automatische Aufteilung, die auf Basis erfaßter Mengen und Werte die Beträge auf die entsprechenden Abnehmer verteilt. Beispielsweise erhält eine Filiale, die durch ihren Umsatz zu 50 % zum Erreichen des Jahresbonus eines Lieferanten beigetragen hat, 50 % des Bonusbetrags. Sich aus Bonusstaffeln ergebende Beträge, die aus der Kumulierung von unterschiedlichen Abnehmern entstehen, sind der jeweils übergeordneten OE als „Synergiegewinn" zuzurechnen.

Sind die Verteilschlüssel angegeben bzw. ermittelt, werden die nachträglichen Vergütungen in der Warenfortschreibung gebucht.

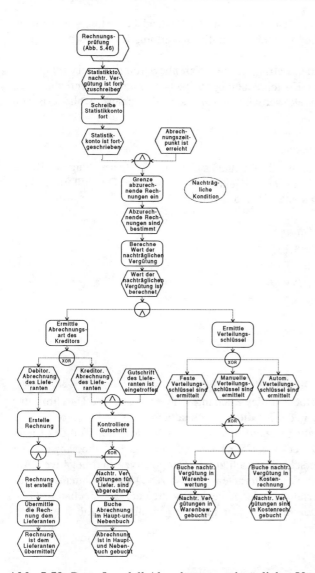

Abb. 5.50: Prozeßmodell Abrechnung nachträglicher Vergütungen

Es ist dabei zu beachten, welche dieser nachträglichen Konditionen bereits in die Warenbewertung eingeflossen sind. Werden die Bestände, wie im Großhandel üblich, auf Basis des EK-netto-netto fortgeschrieben, so ist nur ein geringer Teil der nachträglichen Vergütungen bestandsmäßig zu buchen, da der größere Teil bereits in den Artikelpreis als kalkulationsrelevante Kondition eingeflossen ist.

Würden die Beträge ohne diese Prüfung in die Bestandsbewertung einbezogen, läge ein handelsrechtlicher Verstoß gegen die Bewertung des Umlaufvermögens vor.

Neben der Buchung der Beträge in der Warenbewertung sind nachträgliche Vergütungen auch in der Kostenrechnung zu buchen, wobei kostenrechnerisch die Werte anders behandelt werden können als in der finanzbuchhalterischen Bestandsbewertung.

Informatiosflußmodell Einkauf

Die Informationsflüsse, die die Rechnungsprüfung zur Bearbeitung der Rechnung benötigt und die sie anderen Funktionsbereichen zur Durchführung ihrer Aufgaben zur Verfügung stellt, gehen aus Abb. 5.51 hervor.

Einkauf ↔ Rechnungsprüfung

Vgl. Kapitel 5.1.1.3, Abb. 5.12.

Disposition ↔ Rechnungsprüfung

Vgl. Kapitel 5.1.2.3, Abb. 5.26.

Wareneingang ↔ Rechnungsprüfung

Vgl. Kapitel 5.1.3.3, Abb. 5.42.

Rechnungsprüfung ↔ Kreditorenbuchhaltung

Die Rechnungsprüfung stößt mit der Buchung Offener Posten die Durchführung der Zahlungsabwicklung in der Kreditorenbuchhaltung an.

Die Kreditorenbuchhaltung liefert den kreditorisch relevanten Teil des Lieferantenstammsatzes für Zwecke der Rechnungsprüfung. So ist die Angabe der Differenzintervalle (unterschieden nach zulässigen positiven und negativen Abweichungen) Bestandteil des Lieferantenstammsatzes. Darüber hinaus ist die Angabe des Zahlungsverfahrens, der Abrechnungsart oder der Rechnungsübermittlungsform für die Durchführung der Rechnungsprüfungsaufgaben erforderlich.

Rechnungsprüfung ↔ Verkauf

Die Verbindung zwischen der Rechnungsprüfung und dem Verkauf wird über die Lieferantenrechnung hergestellt, die von der Rechnungsprüfung dem Verkauf zur Verfügung gestellt wird. Auf dieser Basis können die Lieferantenrechnungen den Auftragsdaten gegenübergestellt werden, so daß sich Aussagen über die Vorteilhaftigkeit der Aufträge ableiten lassen.

Rechnungsprüfung ↔ Fakturierung

Die Notwendigkeit zur Kopplung der Funktionsbereiche Rechnungsprüfung und Fakturierung ist durch die Zentralregulierung gegeben. Bei der Zentralregulierung wird eine Debitorenrechnung aufgrund einer Kreditorenrechnung erstellt. Aus diesem Grunde ist in beiden Funktionen (Rechnungsprüfung und Fakturierung) die Kenntnis sowohl der Debitoren- als auch der Kreditorenrechnung notwendig. Aus Sicht der Kreditorenbuchhaltung muß die Debitorenrechnung und deren Zahlungsabwicklung bekannt sein, damit eine Kontrolle des vom Handelsunternehmen noch nicht gesicherten Zahlungsvolumens gegeben ist.

Aus Sicht der Fakturierung ist die Kenntnis der Kreditorenrechnung zwingend, die die Basis für die Erstellung der Faktura bildet. Spezielle Konditionen, die zwischen Lieferanten und Kunden ausgehandelt werden, sind zu berücksichtigen. Insofern muß zwischen Kunde und Lieferant eine Beziehung hergestellt werden.

Rechnungsprüfung ↔ Haupt- und Anlagenbuchhaltung

Die in der Hauptbuchhaltung geführten Bestandskonten sind nach erfolgter Rechnungsprüfung zu korrigieren, sofern Rechnungsprüfungsdifferenzen aufgetreten sind. Die Anlagenkonten werden i. d. R. erstmalig nach erfolgter Rechnungsprüfung gebucht, da ein Anlagenzugang nicht ohne Rechnung gebucht wird.

Die Hauptbuchhaltung wiederum stellt die notwendigen Konten bereit, auf die die Rechnungswerte zu buchen sind.

Rechnungsprüfung ↔ Kostenrechnung

Die Rechnungsprüfung leitet, wie bereits bei den Interdependenzen zur Hauptbuchhaltung ausgeführt, die Differenzen an die Finanzbuchhaltung weiter. Somit sind diese Größen auch für die Kostenrechnung relevant, die jedoch aufgrund der Möglichkeit eines anderen Wertansatzes (Kosten vs. Aufwand) von diesen abweichen können. Darüber hinaus werden u. a. die nachträglichen Vergütungen im Anschluß an die eigentliche Rechnungsprüfung an die Kostenrechnung weitergeleitet, die diese im Rahmen einer Deckungsbeitragsrechnung speziellen Erlösarten zuordnet.

Die Kostenrechnung stellt für die Rechnungsprüfung über die Haupt- und Anlagenbuchhaltung die Konten zur Verfügung, auf denen die unterschiedlichen Sachverhalte der Rechnungsprüfung zu kontieren sind. So werden je nach Berücksichtigung der nachträglichen Vergütungen in der Kostenrechnung für diese eigene Erlösarten benötigt, die aus der Rechnungsprüfung heraus kontiert werden müssen. Neben den Erlösarten sind Kosten- und Erlösbezugsobjekte notwendig, denen die entsprechenden Erlösgrößen zugeordnet werden können.

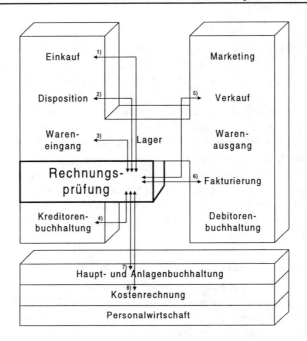

Informationen **von** der Rechnungsprüfung:

1) Rechnungskonditionen, nachträgliche Konditionen

2) Bestellung, Bestellmenge, Artikelpreise, Konditionen, Lieferant

3) Lieferantenrechnung, Rechnungsprüfungsdifferenz

4) Geprüfte und als Offene Posten gebuchte Lieferantenrechnung

5) Lieferantenrechnung und -position

6) Lieferantenrechnung und -position, Abnehmer

7) Lieferantenrechnung

8) Lieferantenrechnung und -position, nachträgliche Vergütungen

Informationen **zur** Rechnungsprüfung:

1) Artikelgrunddaten, Artikelbeschaffungsdaten (EK-Preise, Konditionen), nachträgliche Konditionen, Lieferantendaten

2) Bestellung, Bestellmenge, Artikelpreise, Konditionen, Lieferant

3) Wareneingangsmenge, Wareneingangstermin, evtl. abweichender Wert des bewerteten Lieferscheins, Wareneingangswert (EK und VK)

4) Verrechnungsfähige, fällige Posten

5) Lieferantenrechnung und -rechnungsposition

6) Abnehmerrechnung zu Lieferantenrechnung

7) Haupt- und Anlagenkonten

8) Kosten- und Erlösarten, Erfolgsobjekte

Abb. 5.51: Interdependenzen der Rechnungsprüfung

5.1.5 Kreditorenbuchhaltung

5.1.5.1 Funktionsmodell

Der Beschaffungsprozeß findet seinen Abschluß in der Regulierung der durch den Warenbezug entstandenen Verbindlichkeit. Dabei handelt es sich um die zentrale Aufgabe der Kreditorenbuchhaltung, die mit der Debitorenbuchhaltung (vgl. Kapitel 5.2.5) die nebenbuchhalterisch geführte Personenbuchhaltung ausmacht. Der nachstehende Funktionsbaum verdeutlicht, daß die Kreditorenbuchhaltung - wie das gesamte externe Rechnungswesen - eine relativ hohe Branchenneutralität aufweist.

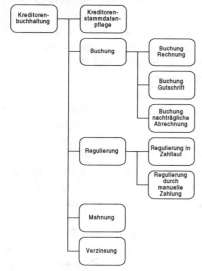

Abb. 5.52: Funktionsdekompositionsdiagramm Kreditorenbuchhaltung

Kreditorenstammdatenpflege

Die Pflege der Kreditorenstammdaten betrifft die buchhalterisch relevanten Attribute des Kreditorenstammsatzes. Sie wird erforderlich, wenn die bereits im Einkauf beschriebene Lieferantenstammdatenanlage nicht für alle Lieferantensichten zentral durchgeführt wird. Dann sind in der Kreditorenbuchhaltung speziell folgende Attribute zu pflegen:

Abstimmkonto, Verrechnung mit Debitor, Verzinsungskennzeichen, Wechsellimit, Zahlungsbedingung, Dauer Scheckrücklauf, Zahlungssperre, Bankangabe, Zahlungsverfahren, Angaben zum Mahnen, abweichender Zahlungsempfänger, Sachbearbeiter Buchhaltung.

Die Kreditorenstammdatenpflege kann optional auch in einer zentralen Abteilung vorgenommen werden (i. d. R. im Einkauf). In diesem Fall werden sämtliche Lieferantenstammdaten durch eine Abteilung gepflegt, so daß auf eine Arbeitsteilung bei der Stammdatenanlage verzichtet wird.

Buchung

Die Erfassung und Buchung der kreditorischen Rechnungen wurde bereits im Rahmen des Funktionsbereichs Rechnungsprüfung betrachtet (vgl. Kapitel 5.1.4). Die Buchung der Rechnung innerhalb des Funktionsbereichs Rechnungsprüfung betrifft primär die Warenrechnungen. Für den Anwendungsfall, daß in Handelsunternehmen keine Rechnungsprüfung vorhanden ist, wird die Rechnungsbuchung innerhalb der Kreditorenbuchhaltung durchgeführt. Zudem werden die Rechnungen von Kostenkreditoren i. d. R. in der Kreditorenbuchhaltung gebucht, so daß die Funktion Rechnung buchen auch im Funktionsdiagramm der Kreditorenbuchhaltung anzuordnen ist. Im folgenden soll insbesondere die Buchung von Kostenrechnungen betrachtet werden.[72] Besonderheiten stellen hierbei die Rechnungsvorerfassung (ohne Buchung) und die Buchung mit Zahlungssperre dar, um Rechnungen systemseitig zu erfassen, sie aber - weil beispielsweise ihre Prüfung noch aussteht - noch nicht zur Zahlung freizugeben.[73] Durch die systemseitige Verwaltung von Organisationseinheiten, die für die Genehmigung verantwortlich sind, kann die Rechnung automatisch an relevante Abteilungen zur Prüfung weitergeleitet werden.

Die Durchführung der Buchungsaufgaben kann in bestimmtem Umfang automatisiert werden. So gestatten moderne DV-Systeme Dauer- bzw. Intervallbuchungen, bei denen ein Musterbeleg erstellt wird, der nach einem hinterlegten Zeitraster regelmäßig gebucht wird (z. B. Mietzahlungen). Ferner besteht Automatisierungspotential bei der automatischen Errechnung und Buchung von Steuern, Skonti, Bankspesen oder Kursdifferenzen. Zudem können einige Vorschlagswerte dem Stammsatz entnommen werden (z. B. Standardzahlungsbedingung). Zur Beleg- bzw. Kontenanzeige dienen Saldenlisten und Einzelpostenanzeigen.

Gutschriften von Kreditoren werden aufgrund regelmäßiger Geschäftsbeziehungen im Regelfall verrechnet und nicht als separate Zahlungseingänge gebucht.

Regulierung

Die Hauptaufgabe der Kreditorenbuchhaltung stellt die Regulierung des Offenen Postens durch die Zahlung an den Lieferanten. Organisatorisch kann die Aufgabe von der Regulierung für eine gesamte Firmengruppe bis hin zur separaten

---

[72] Zur Buchung von Warenrechnungen mit Zahlsperre vgl. Kapitel 5.1.4.3.
[73] Einen exemplarischen Prozeß der Rechnungserfassung mit Zahlsperre beschreiben Schulte, Rosemann, Rotthowe (1994), S. 215f.

Regulierung für Teilbereiche des Unternehmens (z. B. Vertriebsschiene, Profit Center) reichen.

Mahnung

Die Mahnung wird erforderlich, wenn Forderungen an einen Debitoren nicht innerhalb der vereinbarten Zahlungsbedingungen reguliert werden. Somit wird die Mahnung eine Kreditors nur erforderlich, wenn er zugleich als Debitor fungiert (z. B. bei nachträglichen Vergütungen). Somit tritt das Mahnen von Kreditoren in einer deutlich geringeren Frequenz auf als das Mahnen der Debitoren. Der kreditorische Mahnprozeß ist strukturanalog zum debitorischen, der in Kapitel 5.2.5.3 beschrieben wird.

Verzinsung

Im Rahmen der Verzinsung werden Kapitalkonten oder Gutschriften verzinst. Beispielsweise werden Verzugszinsen berechnet, wenn der Kreditor mit der Zahlung der nachträglichen Vergütungen in Verzug gerät.

5.1.5.2 Datenmodell

Die grundsätzliche Belegdatenstruktur des Rechnungswesens gibt Abb. 5.53 wieder.[74]

Ausgangspunkt der Belegstruktur ist der Urbeleg, der in einen *Urbeleg Rechnung*, einen *Urbeleg Gutschrift*, einen *Urbeleg Zahlungsausgang*, einen *Urbeleg Zahlungseingang* und einen *Urbeleg nachträgliche Vergütung* spezialisiert werden kann. Sämtliche dieser Urbelege weisen eine analoge Struktur auf, gemäß der sie sich aus einem Belegkopf (Urbelegkopf) und Belegpositionen (*Urbelegposition*) zusammensetzen. Der Urbelegkopf wiederum ist eine Aggregation von Geschäftspartner und *Zeit*. Geschäftspartner Lieferant und Zeit bilden den Lieferantenrechnungskopf, Geschäftspartner Abnehmer und Zeit den Abnehmerrechnungskopf.

Im Rahmen der wertmäßigen Abbildung dieser Geschäftsvorfälle durch das Rechnungswesen erfolgt eine Extraktion der (aus Sicht des Rechnungswesens) relevanten Daten und die Umsetzung in Rechnungswesenbelege. Die Klassifikation dieser transformierten Belege erfolgt über die Kennung *Belegtyp*, die jeder Buchung mitzugeben ist. Somit erfahren die Entitytypen Urbeleg und Urbelegposition ihre Transformation in den Entitytypen *Belegkopf*, der sich als Beziehung von Zeit und Belegtyp darstellen läßt, und *Belegposition*. Jeder Beleg verweist auf einen Urbeleg, allerdings findet nicht jeder Urbeleg (sofort) sein Pendant im Beleg. Dies ist der Fall, wenn eine Lieferantenrechnung im Rechnungsprüfungssystem erfaßt ist, die (Batch-)Übertragung ins Kreditorensystem

---

[74] Vgl. Scheer (1995), S. 637ff.

aber noch nicht stattgefunden hat, oder wenn im Rechnungsprüfungssystem Einzelrechnungen erfaßt werden, im Kreditorenbuchhaltungssystem dagegen nur die entsprechenden Sammelrechnungen weiterverarbeitet werden. Die einzelnen Belegpositionen werden auf diversen Konten gebucht. Ein *Konto* dient zur Aufnahme und Erfassung von Geschäftsvorfällen. Ein Konto besteht aus einer Soll- und einer Habenseite. Im Kontext der Kreditorenbuchhaltung sind insbesondere die zur Personenbuchhaltung zu zählenden Kreditorenkonten (*Konto Kreditor*) und die Sachkonten (*Konto Sach*) zu unterscheiden.

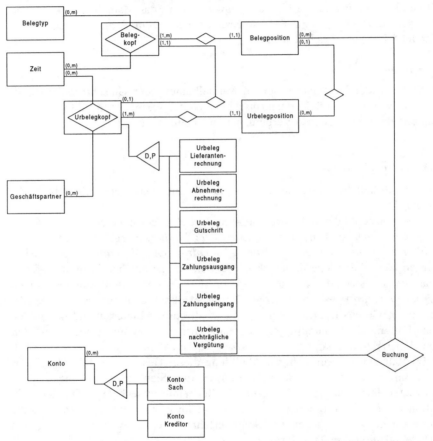

In Anlehnung an Scheer (1995), S. 638.

Abb. 5.53: Datenmodell grundsätzliche Belegstruktur im Rechnungswesen

In integrierten Informationssystemen wäre es prinzipiell denkbar, daß die waren-, finanz- und personalwirtschaftlichen Bereiche auf eine zentrale Beleghaltung zugreifen. Aus Sicht der Buchhaltung sind die Urbelege die Dokumentation der Geschäftsvorfälle aus den vorgelegten Bereichen (Rechnungsprüfung, Fakturierung etc.). Durch Vereinheitlichung (Soll- und Haben-Buchung, Referenz auf die entsprechenden Konten) werden sie zu Belegen der Buchhaltung. Bei einer nicht vollständigen Integration[75] ist eine solche Vorgehensweise die richtige. Bei vollständiger Integration kann die Differenzierung in Urbeleg und buchhalterischen Beleg entfallen, die Datenstruktur in Abb. 5.53 reduziert sich auf die Datenstruktur in Abb. 5.53a.

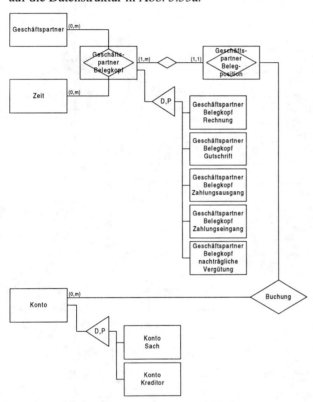

Abb. 5.53a: Datenmodell grundsätzliche Belegstruktur im Rechnungswesen bei vollständiger Integration

Zur Unterstützung der Aufgaben der Kreditorenbuchhaltung wird eine Datenstruktur benötigt, wie sie exemplarisch in Abb. 5.54 abgebildet ist. Der Kreditor als das die Datenstruktur dominierende Objekt ist eine Spezialisierung des

---

[75] Eine nicht vollständige Integration liegt beispielsweise vor, wenn das Buchhaltungssystem einerseits und das Wareneingangs- und Rechnungsprüfungssystem andererseits von unterschiedlichen Herstellern stammen.

Geschäftspartners Lieferant (*Geschäftspartner Lieferant Kreditor*). Kreditoren werden unter Kreditorennummern geführt, die den Kontonummern entsprechen.

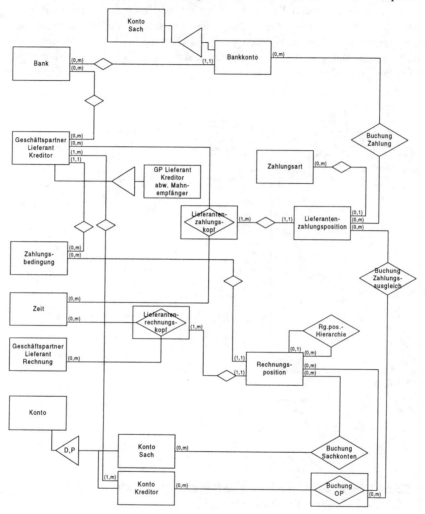

Abb. 5.54: Datenmodell der Kreditorenbuchhaltung[76]

Dabei sollte die Zuordnung von Kreditor zu Konto möglichst (1,1):(1,1) sein, allerdings sind auch (1,m):(1,m)-Fälle denkbar. Beispielsweise ist ein Einmallieferant ein Entity des Entitytyps Geschäftspartner Lieferant Kreditor,

---

[76]   Der Entitytyp Konto Sach wurde wegen einer verbesserten Modellklarheit redundant modelliert.

für ihn wird aber kein eigenes Entity im Entitytyp Konto Kreditor angelegt. Hier wird er mit vielen anderen Einmallieferanten als ein Entity („CPD-Kreditor" conto pro diverse) geführt. Teilweise verlangen Lieferanten die Führung mehrerer Konten beim Handelsunternehmen (ein Konto für Warenrechnungen, eines für Werbekostenzuschüsse etc.). Ferner sind jedem Kreditor seine *Bank*verbindungen sowie (Default-)*Zahlungsbedingung*en zuzuordnen. Aus Sicht der Kreditorenbuchhaltung stellt die Rolle *abweichender Mahnempfänger* eine relevante Spezialisierung des Entitytyps Geschäftspartner Lieferant Kreditor dar.

Die Rechnung sowie die Zahlung bilden die wesentlichen Belege für die Kreditorenbuchhaltung. Beide setzen sich aus einem Kopf, Lieferantenrechnungskopf und Lieferantenzahlungskopf, Beziehung zwischen Kreditor und Zeit, sowie aus Positionen zusammen. Letztere wurden hier vereinfacht als Entitytypen angesetzt, die durch eine (1,1):(1,m)-Zuordnung mit den Kopfentitytypen verbunden sind.[77] Die Rechnungspositionen können von den Stammsatzeinträgen abweichende Zahlungsbedingungen enthalten. Den Zahlungspositionen ist eine *Zahlungsart* (z. B. Scheck, Überweisung) zugeordnet, so daß mehrere Zahlungsarten in einer Rechnung möglich sind.

Auf die Aufnahme der Mahnung in das Datenmodell wurde aufgrund des untergeordneten Stellenwerts in der Kreditorenbuchhaltung verzichtet.

Die Buchung der Offenen Posten erfolgt auf die Kreditorenkonten (*Buchung OP*), die Gegenbuchung bei Warenlieferungen auf Wareneingangskonten (*Buchung Sachkonten*). Mit der Buchung der Zahlung (*Buchung Zahlungsausgleich*) erfolgt zugleich der Ausgleich der Offenen Posten. Es ist aber auch möglich, Teilzahlungen später manuell mit den Offenen Posten auszugleichen. Die Gegenbuchung erfolgt auf Bankkonten oder Bankunterkonten (*Buchung Zahlung*).

5.1.5.3 Prozeßmodell

Die Prozesse der Kreditorenbuchhaltung weisen Analogien zur wertmäßigen Abrechnung auf der Kundenseite auf. Abb. 5.55 visualisiert die Strukturanalogie zwischen den wertmäßigen Teilprozeßketten des Beschaffungs- und des Distributionsprozesses.

---

[77] Eine detaillierte Modellierung mit Artikelbezug bei der Position ist dem Datenmodell zur Rechnungsprüfung, Abb. 5.44, zu entnehmen.

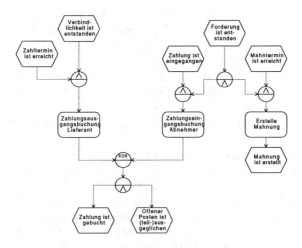

Abb. 5.55: Grundsätzliche Prozesse in der Personenbuchhaltung

Mit den gebuchten Belegen werden die Prozesse in der kreditorischen und debitorischen Buchhaltung angestoßen. Die Belege entstammen in integrierten Informationssystemen als kreditorische Rechnungen der Funktion Rechnungsprüfung bzw. sind als debitorische Rechnungen das Ergebnis der Fakturierung. Aufgabe der Nebenbuchhaltung ist jeweils die Regulierung dieser Vorgänge.

Während im Rahmen der Debitorenbuchhaltung die Kontrolle der Zahlung der Abnehmer die wichtigste Aufgabe darstellt, bedarf es innerhalb der Kreditorenbuchhaltung vor allem der Unterstützung einer optimalen Zahlungsdisposition. Unter dem kreditorischen Zahlprozeß wird die (z. B. dekadische) Regulierung fälliger Offener Posten zu einem Zahltag verstanden.[78] Mit dem Zahlprozeß wird der Prozeß der Rechnungsprüfung fortgesetzt.

Prozeß Zahlungsausgangsbuchung Lieferant

Notwendiges Startereignis für den Zahlprozeß ist die vorangegangene Buchung Offener Posten, die in der Rechnungsprüfung erfolgt (vgl. Abb. 5.56). Angestoßen wird der Zahlprozeß durch das Erreichen des Zahltags (häufig wöchentlich oder dekadisch). In der Kreditorenbuchhaltung wird das Zahlprogramm gestartet, und es erfolgt zunächst eine Selektion der zu regulierenden Kreditoren. Ggf. - bei unternehmensübergreifender Regulierung - sind auch die jeweiligen Unternehmen auszuwählen. Durch die Eingabe bzw. automatische Auswahl des Datums (letzteres bei festen Rhythmen) der darauf folgenden Zahlungsregu-

---

[78]   Der Zahlprozeß entfällt bei den Kreditoren, mit denen eine Regulierung per Bankabbuchungs- oder Bankeinzugsverfahren vereinbart wurde. In diesem Fall erfolgt die Zahlungsbuchung und der Ausgleich der regulierten Posten mit Eingang des Kontoauszugs.

lierung erfolgt die Abgrenzung der Offenen Posten, d. h. der Posten, die bei diesem Zahllauf überfällig wären oder einen Skontoverlust nach sich ziehen würden.

Anhand eines Zahlungsvorschlags werden die selektierten Kreditoren und Posten aufgelistet. Hier besteht die Möglichkeit, den Skontobetrag, das Zahlverfahren oder die Bankangabe zu ändern. Ebenfalls können Kreditoren für die Zahlung gesperrt werden. Komfortable Protokolle erleichtern die Fehlerlokation bei Posten, die trotz Fälligkeit nicht selektiert worden sind (ungepflegte Kreditoren- bzw. Bankstammdaten, gesetzte Zahlsperren etc.).

Entweder führt der bearbeitete Zahlvorschlag zu Buchungsaufträgen, oder die Posten bzw. das Konto sind gesperrt. Bei der Umsetzung der Buchungsaufträge können - abhängig vom Geschäftsvorfall - neben dem Zahlbetrag beispielsweise Skonto, Steuerkorrekturen, Kursdifferenzen[79] oder Nebenkosten des Geldverkehrs (Bankspesen, z. B. bei Wechselfinanzierung) in diesem Zahllauf gebucht werden. Auf den Konten werden die vollständig regulierten Offenen Posten als ausgeglichen gekennzeichnet. Zudem werden die regulierten Offenen Posten gespeichert.

Den Abschluß des Zahlprogramms bildet die Erstellung der Zahlungsträger. Diese sind als Zahlungsformulare (z. B. (Order-)Schecks, Wechsel, Auslandszahlungsformulare) zu drucken bzw. können - sofern es sich um Überweisungen und Lastschriften handelt - auch als DTA-Datei an die Banken weitergegeben werden.

Falls Bankunterkonten (z. B. Schecks im Umlauf) verwendet werden, findet die Zahlungsregulierung ihren Abschluß erst mit dem Ausgleich der Posten auf den Bankunterkonten bei Belastung des Bankkontos. Derartige Unterkonten haben den Vorteil, daß sie ein tatsächlicheres Bild der Liquiditätssituation vermitteln als die direkte Buchung auf Bankkonten. Allerdings erfordert ihre Verwendung eine zweite Buchung bei der Belastung, sofern nicht die Funktionalität des Electronic Banking genutzt wird. Durch das Einlesen einer von der Bank eingehenden Kontoauszugsdatei ist dabei ein automatischer Ausgleich der Bankunterkonten möglich. Zudem erfolgt eine Fortschreibung von statistischen Kennzahlen wie Rücklauftage (Wertstellungszeit), durch die die Ansätze der Finanzdisposition aktualisiert werden.

Zur Konfiguration der Zahlungsdisposition sind u. a. Angaben zu (regulierungswerten) Mindestbeträgen, zu (abzugswerten) absoluten und/oder prozentualen Skontobeträgen oder zu den Toleranztagen sowie die Anfertigung der Zahlungsformulare notwendig.

---

[79] Kursdifferenzen treten auf, falls sich der Währungskurs zum Zahltag im Vergleich zum Kurs bei der Verbindlichkeitseinbuchung verändert hat.

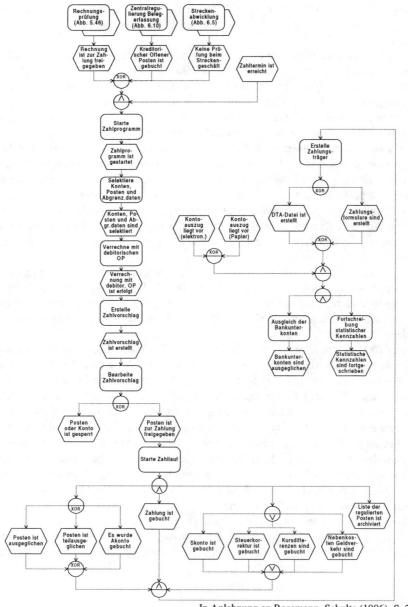

In Anlehnung an Rosemann, Schulte (1996), S. 202.

Abb. 5.56: Prozeßmodell Zahlungsausgangsbuchung Lieferant

Informationsflußmodell Kreditorenbuchhaltung

Die Verbindungen der Kreditorenbuchhaltung zu den anderen Funktionsbereichen des Handels-H-Modells wird durch Abb. 5.57 wiedergegeben.

Einkauf ↔ Kreditorenbuchhaltung

Vgl. Kapitel 5.1.1.3, Abb. 5.12.

Disposition ↔ Kreditorenbuchhaltung

Vgl. Kapitel 5.1.2.3, Abb. 5.26.

Wareneingang ↔ Kreditorenbuchhaltung

Vgl. Kapitel 5.1.3.3, Abb. 5.42.

Rechnungsprüfung ↔ Kreditorenbuchhaltung

Vgl. Kapitel 5.1.4.3, Abb. 5.51.

Kreditorenbuchhaltung ↔ Debitorenbuchhaltung

Im Rahmen der Regulierung erfolgt der Abgleich mit etwaigen Offenen, verrechnungsfähigen Debitorenposten. Gleiches geschieht umgekehrt innerhalb der Debitorenbuchhaltung.

Für Zwecke der Zentralregulierung ist eine Beziehung zwischen Geschäftspartner Lieferant Kreditor und dem Geschäftspartner Abnehmer Debitor herzustellen, um Konditionsvereinbarungen (insbesondere Zahlungsvereinbarungen), die bilateral zwischen Lieferant und Kunde ausgehandelt wurden, abbilden zu können.

Kreditorenbuchhaltung ↔ Haupt- und Anlagenbuchhaltung

Die Buchungen auf den Kreditorenkonten werden in sog. Mitbuch- bzw. Abstimmkonten (insb. Verbindlichkeiten aus Lieferungen und Leistungen, Verbindlichkeiten gegen verbundene Unternehmen) der Sachkontenbuchhaltung verdichtet. Analog zu den Waren-Rechnungen von der Rechnungsprüfung sind die Anlagenrechnungen aus der Anlagenbuchhaltung zu sehen, die ebenfalls von der Kreditorenbuchhaltung zu regulieren sind. Da innerhalb der Ausführungen zur Anlagenbuchhaltung von einer integrierten Buchung der Anlagenrechnungen (Buchungssatz: Anlagekonto an Kreditorenkonto) ausgegangen wird (vgl. Kapitel 5.4.2), ist die Kreditorenbuchhaltung diesbezüglich nicht in die Rechnungsbuchung involviert.

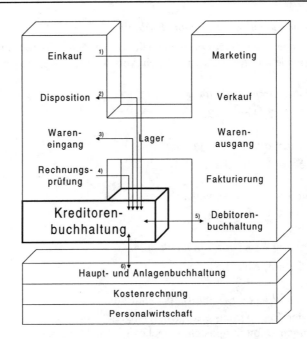

Informationen **von** der Kreditorenbuchhaltung:

2) Bestellobligo
3) Vereinnahmung ohne Bezahlung

5) Verrechnungsfähige, fällige Posten

6) Mitbuchung im Hauptbuch, debitorische Kreditoren

Informationen **zur** Kreditorenbuchhaltung:
1) Lieferantendaten, nachträgliche Konditionen
2) Lieferantenrollen
3) Lieferant, Lieferschein, bewerteter Lieferschein
4) Geprüfte und als Offene Posten gebuchte Kreditorenrechnung
5) Verrechnungsfähige, fällige Posten, Verbindung Lieferant-Kunde
6) Geprüfte und gebuchte Anlage-Rechnung

Abb. 5.57: Interdependenzen der Kreditorenbuchhaltung

5.2   Distributionsprozeß

Unter Distribution werden alle Entscheidungen und Handlungen, die im Zusammenhang mit dem Weg einer Ware zum Endkäufer stehen, zusammengefaßt.[80] Die Distributionslogistik als auf die physische Bewegung der Ware ausgerichteter Bestandteil der Distributionspolitik[81] hat die Aufgaben der „art- und mengenmäßig, räumlich und zeitlich abgestimmten Bereitstellung der" Waren „derart, daß entweder vorgegebene Lieferzusagen eingehalten oder erwartete Nachfragen möglichst erfolgswirksam befriedigt werden können."[82] Aufgrund der höheren Marktnähe der Distributionslogistik hat sie eine höhere Wettbewerbswirksamkeit als die Beschaffungslogistik.[83]

Unter dem Distributionsprozeß werden hier die taktischen und operativen Aufgaben verstanden, die für den Verkauf der Artikel an bekannte oder anonyme Kunden erforderlich sind. Somit sind sowohl die Aufgaben der Stammdatenanlage, der Sortimentsplanung und -kontrolle und der Zuordnung von Artikeln zu Abnehmern als auch Aufgaben der Distributionslogistik i. e. S. Gegenstand des Distributionsprozesses.

Der Distributionsprozeß des Handels-H-Modells ist strukturanalog zum Beschaffungsprozeß aufgebaut.

Unter *Marketing* wird hier das klassische Absatzmarketing verstanden. Innerhalb des Marketing können die vier Marketing-Mix-Instrumente Produktpolitik, Kontrahierungspolitik, Kommunikationspolitik und Distributionspolitik unterschieden werden, von denen insbesondere produktpolitische (Sortimentsentscheidungen) und kontrahierungspolitische (Preis- und Rabattpolitik) Fragestellungen informationstechnisch im Funktionsbereich Marketing zu betrachten sind. Zentrales Objekt für die Durchführung dieser Aufgaben ist das Sortiment, das als Ergebnis aus dem Listungsprozeß entsteht.

Der *Verkauf* wird durch das Objekt Abnehmerauftrag geprägt. Es ist hierbei zwischen dem Einzel- und dem Groß- bzw. Versandhandel zu differenzieren. Während im Großhandel ein Auftrag vorhanden ist, fallen im stationären Einzelhandel i. d. R. die Prozesse des Verkaufs, des Warenausgangs, der Fakturierung und der Debitorenbuchhaltung zusammen, zumindestens dann, wenn der Abnehmer des Einzelhändlers bar am Check-Out bezahlt. Wird allerdings die Bezahlung mit Kreditkarten vorgenommen, so sind Funktionen zur Fakturierung und Debitorenbuchhaltung erforderlich. Bestellt der Abnehmer Ware, was auch im stationären Einzelhandel vorkommt (z. B. Bestellung einer Lampe im Möbel-

---

[80]   Vgl. Meffert (1989), S. 421 und die dort zitierte Literatur.
[81]   Vgl. Meffert (1989), S. 422.
[82]   Ihde (1991), S. 225.
[83]   Vgl. Becker, Rosemann (1993), S. 109. Zur Bedeutung der Distribution vgl. auch Ahlert (1991), S. 14f.

handel), existiert auch eine explizite Auftragserfassung. Die Auslieferung der Ware an den Abnehmer nimmt mit der Ausweitung der Servicefunktionen beim stationären Einzelhandel ebenso zu. Während sich traditionell beim stationären Einzelhandel die vier Teilprozesse des Distributionsprozesses (außer Marketing) im Kassiervorgang bündeln, erfordern neue Geschäftsformen alle vier Teilprozesse, die zukünftig in ihrer Bedeutung noch zunehmen werden.

Das den *Warenausgang* prägende Objekt ist die Abnehmerlieferung, die in dem Informationsobjekt Abnehmerlieferschein abgebildet wird und spiegelbildlich zu dem lieferantenseitigen Lieferschein zu interpretieren ist.

Die *Fakturierung* wird durch die Abnehmerrechnung geprägt, mit deren Hilfe die aus dem Abnehmerlieferschein hervorgehenden Leistungen bewertet werden. Die Bewertung erfolgt hierbei i. d. R. abnehmer- bzw. abnehmergruppenspezifisch.

Bei der *Debitorenbuchhaltung* ist strukturanalog zur Kreditorenbuchhaltung die Zahlung (hier: Abnehmerzahlung) das prozeßprägende Objekt.

Die Generalisierung der Objekte führt zu dem den Distributionsprozeß insgesamt prägenden Objekt Ware Distribution (vgl. Abb. 5.58).

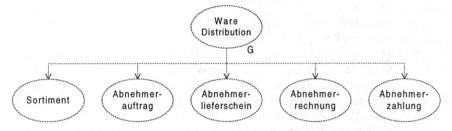

Abb. 5.58: Objekthierarchie der distributionsprozeßprägenden Objekte

5.2.1   Marketing

Der Begriff des Marketing hat mehrere Ausprägungen. In einer weitgefaßten
Definition umfaßt Marketing als Weiterentwicklung des Absatzbegriffs nicht
eine einzelne separierbare Funktion, sondern alle Aktivitäten, die mit der Ausrichtung des Unternehmens auf die Kundenbedürfnisse in Zusammenhang
stehen.[84] Dieser Auffassung folgend wird Marketing definiert als die „[...]
Planung, Koordination und Kontrolle" der „auf die aktuellen und potentiellen
Märkte ausgerichteten Unternehmensaktivitäten".[85]

Unter Marketing werden hier, einer engeren Betrachtungsweise folgend, die
absatzpolitischen Instrumente verstanden.[86] Bei einer Strukturierung der in der
Literatur zum Handelsmarketing diskutierten Themen (insbesondere die Standortpolitik, die Sortiments- und Produktpolitik, die Konditionspolitik, die Ver-
kaufspersonal- und -servicepolitik, die Absatzwerbung und die Verkaufsraumgestaltung) [87] zu den vier Instrumenten des Marketingmix ergibt sich die in Abb.
5.59 dargestellte Zuordnung.

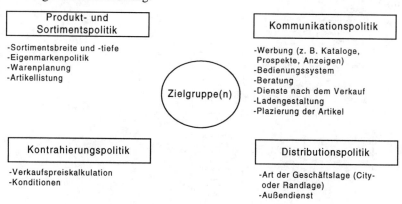

Abb. 5.59: Aktionsinstrumente des Absatzmarketing

Bei den aufgezeigten absatzpolitischen Fragestellungen sind mit der Standortpolitik im Rahmen der Distributionspolitik und der Verkaufspersonal- und -ser-

---

[84]   Vgl. Kotler, Bliemel (1995), S. 3.
[85]   Meffert (1989), S. 31. Andere Marketingdefinitionen finden sich bei Kotler, Bliemel (1995),
       S. 16 und S. 46 oder Nieschlag, Dichtl, Hörschgen (1991), S. 8. Es läßt sich konstatieren, daß
       noch kein einheitliches Begriffsverständnis des Marketing in der wirtschaftswissenschaftlichen
       Literatur vorhanden ist. Vgl. Backhaus (1992), S. 7.
[86]   Vgl. zu dieser Auffassung von Handelsmarketing z. B. Müller-Hagedorn (1993), S. 35. Ausfüh-
       rungen zum Beschaffungsmarketing finden sich insbesondere bei Koppelmann (1995).
[87]   Zu den absatzpolitischen Instrumenten des Handels vgl. Müller-Hagedorn (1993), S. 110-313;
       Tietz (1993), S. 173-306; Hansen (1990), S. 17-464.

vicepolitik innerhalb der Kommunikationspolitik eher strategisch-taktische
Fragestellungen gegeben, die im Rahmen des hier betrachteten prozeßorientierten (und daher operativen) Distributionsbegriffes nicht beschrieben werden.
Sie werden vornehmlich durch Informationssysteme des Controllings unterstützt
und daher dort untersucht (vgl. Kapitel 5.5.1). Analoges gilt für die Verkaufsraumgestaltung, die ihren Rahmen durch die Betriebstypenausrichtung (z. B.
gehobenes Warenhaus) erhält. Zu Zwecken der Verkaufsflächenbetrachtung
(z. B. für Abteilungen) oder der Plazierung von Artikeln werden Rentabilitäts-
zahlen benötigt, die aus den Controllingsystemen abgeleitet werden.[88]

Es verbleiben als im Rahmen des Marketings zu betrachtende Instrumente die
Sortiments- und Produktpolitik, die Konditionspolitik und die Absatzwerbung.

5.2.1.1 Funktionsmodell

Die Aufgaben des Marketings können überblicksartig Abb. 5.60 entnommen
werden.

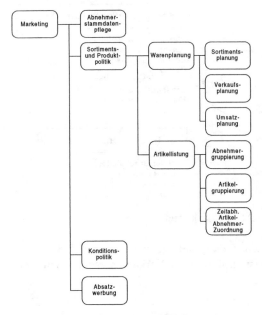

Abb. 5.60: Funktionsdekompositionsdiagramm Marketing

---

[88]   Vgl. hierzu die Kapitel 5.4 und 5.5.

Abnehmerstammdatenpflege

Entsprechend der bereits in Kapitel 4 geschilderten Generalisierung der Objekte Betrieb und Kunde zum Objekt Abnehmer wird der Begriff der Abnehmerstammdatenpflege und nicht der Kundenstammdatenpflege verwendet. Da die Betriebe eines Handelsunternehmens zunehmend als Profit Center geführt werden,[89] ist aus Sicht einer Zentrale die Grenze zwischen Kunde und Betrieb fließend.

Bei der Abnehmerstammdatenpflege ist zu unterscheiden zwischen Abnehmersichten und Abnehmerrollen. Die Abnehmersichten können in Grund-, Distributions- und Buchhaltungsdaten unterteilt werden. Bei den Abnehmerrollen ist zwischen den Aufgaben zu unterscheiden, die die einzelnen Abnehmer bei der Abwicklung des Distributionsprozesses wahrnehmen (z. B. Auftraggeber, Warenempfänger, Regulierer).

Sortiments- und Produktpolitik

Dem Sortiment liegt ein Absatzobjekt zugrunde. Unter einem Absatzobjekt wird ein Objekt verstanden, das eine Unternehmung gegen Entgelt an einen Abnehmer verkauft.

Die Sachleistung und die Dienstleistung werden als Grundobjekte des Sortiments aufgefaßt. In Anlehnung an GÜMBEL soll unter einem Sortiment die zeitpunktbezogene Zusammenfassung von Objekten verstanden werden, die der Verwertung am Absatzmarkt dienen.[90] Die Sortimentsbildung stellt eine Kernfunktion des Handelsunternehmens dar, die auch als qualitative Warenumgruppierungsfunktion betrachtet wird.[91] Zur besseren Transparenz über den Sortimentsumfang wird das Sortiment mit Hilfe von Warengruppen und deren Verdichtungsstufen strukturiert.

Warenplanung

Im Rahmen der Warenplanung ist festzulegen, welche Warengruppen in welcher Tiefe geführt werden sollen (Sortimentsplanung), welcher mengenmäßige Absatz für die Artikel prognostiziert wird (Verkaufsplanung) und welcher Umsatz für die zukünftigen Perioden geplant wird.

Bei der Sortimentsplanung werden die Artikel festgelegt, die ein Handelsunternehmen im Sortiment führen möchte. Es geht um die Frage, ob das Sortiment verändert oder beibehalten werden soll. Bei einer Veränderung des Sortiments ist zwischen einer Sortimentsexpansion und einer Sortimentskontraktion zu unterscheiden. Es handelt sich bei den Sortimentsentscheidungen in der Regel um schlecht-strukturierte Entscheidungen. Informationen über Kaufprozesse in

---

[89] Vgl. Elig (1991).
[90] Vgl. Gümbel (1963), S. 53ff.
[91] Vgl. Seyffert (1972), S. 10. Böcker sieht mit der Sortimentspolitik Möglichkeiten, eine Verbesserung des akquisitorischen Potentials zu erreichen. Vgl. Böcker (1978), S. 16.

Informationssystemen bieten Ansatzpunkte zur Unterstützung der Aufnahme von Artikeln in oder ihre Elimination aus dem Sortiment. Diese Analysemöglichkeiten werden unter den Schlagwörtern Electronic Database Marketing in der Literatur diskutiert.[92] Entsprechende Ausführungen zu den Auswertungs- und Controllingsystemen, die verdichtete Daten für die Sortimentsplanung bereitstellen, sind in Kapitel 5.5 enthalten.

Auf den Entscheidungen der Sortimentsplanung aufbauend, wird die Verkaufs- und Umsatzplanung durchgeführt, die die für die in Kapitel 5.1.2.1 beschriebene Limitrechnung erforderlichen Daten bereitstellt.

Die Umsatzplanung wird zweckmäßigerweise warenorientiert vorgenommen, d. h. auf Basis von Warengruppen oder (seltener) Einzelartikeln. Alternativ sind Umsatzplanungen filial-, kundengruppen- oder regionenbezogen durchzuführen. Auch Kombinationen dieser Kriterien sind möglich (für alle Filialen werden Warengruppenumsätze geplant). Die Planung kann Top-down, Bottom-up oder in einer Kombination der beiden, dem sogenannten Gegenstromverfahren, erfolgen und durch mathematisch-statistische Verfahren unterstützt werden. Manche Artikel/Warengruppen erfordern spezielle Planungsmethoden; so wird z. B. im Modebereich für bis zu sechs Saisons im Jahr geplant, um den wechselnden Modezyklen Rechnung zu tragen.

Artikellistung

Nachdem ein Handelsunternehmen die Entscheidung über das Sortiment in seinen Grundstrukturen gefällt hat, werden die Artikel im Einkauf angelegt. Mit der Anlage des Artikels ist jedoch noch nicht festgelegt, wie die Artikel an die Abnehmer zu distribuieren sind. Somit ist zunächst festzulegen, welches Zentral- oder Regionallager für die Distribution der Artikel zuständig ist. Weiterhin sind die Artikel Kunden und Filialen zuzuordnen, um die Bewirtschaftung der Artikel durch diese Abnehmer zu ermöglichen. Der Prozeß der Zuordnung der Artikel zu Abnehmern wird als Artikellistung bezeichnet.

Innerhalb der Listung ist festzulegen, welche Artikel hinsichtlich Sortimentsbreite und -tiefe und anderer Marketingüberlegungen, wie Preisstruktur und Abnehmerregion, in das Sortiment eingebettet werden können. Hierbei bestehen je nach Handelsunternehmen und Abnehmerstruktur unterschiedliche Anforderungen. Während bei Discounter-Vertriebsschienen in allen Filialen tendenziell die gleichen Artikel mit den gleichen zeitlichen Gültigkeiten vorhanden sind, werden in anderen Vertriebsschienen wie Warenhäusern je nach Ort und Region filialindividuelle Listungen durchgeführt. Klassifikationen von Sortimenten können genutzt werden, wenn beispielsweise in einer Warenhaus-Vertriebsschiene Filialen unterschiedlicher Größen zusammengefaßt sind, so daß in Abhängigkeit von den Filialen abweichende Sortimentstiefen angeboten werden. Während einige Filialen ein breites und tiefes Sortiment führen, beschränkt sich das

---

[92] Vgl. u. a. Schüring (1991).

Angebot der kleineren Filialen auf einen geringeren Sortimentsumfang. Bei einigen Vertriebsschienen sind die Filialleiter weitgehend unabhängig von zentralen Vorgaben (manuelle Zuordnung von Artikeln zu Abnehmersortimenten).

Neben automatischen Listungsregeln sind auch manuelle Regeln erforderlich, in denen das Marketing die Artikel den einzelnen Abnehmern manuell zuordnet. Bei der manuellen Listung werden die Artikel zu Teilsortimenten zusammengefaßt (als Sortimentskopf im Datenmodell bezeichnet) und anschließend den Abnehmern zugeordnet.

Bei der Listung werden die Artikel immer zeitbezogen den Abnehmern zugeordnet. Zum einen werden für bestimmte Verkaufsförderungsmaßnahmen wie Aktionen die Artikel nur befristet den Filialen zur Bewirtschaftung zur Verfügung gestellt, und zum anderen begrenzt der Lebenszyklus die Listung der Artikel. Insbesondere Saisonartikel haben einen kurzen Lebenszyklus, der eine zeitabhängige Artikel-Abnehmer-Zuordnung erfordert. Bei Saisonartikeln ist zu unterscheiden in einmalige Saisonartikel und zyklische Saisonartikel. Erstere sind insbesondere im Textilhandel anzutreffen, da dort der Beschaffungs- und Distributionsprozeß ausschließlich für eine Saison erfolgt. Hingegen handelt es sich bei zyklischen Saisonartikeln um solche, die nur in bestimmten Zeiträumen (auch Zeitfenstern) des Jahres verkauft werden können. Beispielsweise sind Osterhasen oder Weihnachtsmänner zyklische Saisonartikel, die im Gegensatz zu einmaligen Saisonartikeln logistisch nicht anders behandelt werden als normale Artikel. Abrechnungstechnisch ist bei diesen Artikeln jedoch zu beachten, daß sie nach Beendigung des Verkaufszyklus (z. B. nach Weihnachten) nicht ohne Preisabschriften verkauft werden können. Somit ist eine gesonderte Analyse des Zyklus und der Saison erforderlich.

Konditionspolitik

In vielen Bereichen des Handels ist der Preis das dominierende Wettbewerbsinstrument. Die Verkaufspreiskalkulation im Handel hat diesem Sachverhalt Rechnung zu tragen und insbesondere die Preissensibilität der Abnehmer bei unterschiedlichen Artikeln zu berücksichtigen. Die Aufgaben der Verkaufspreiskalkulation sind in Entscheidungen zum Sortimentsumfang und Sortimentsverbund (Wirkungsinterdependenzen zwischen Artikeln) eingebettet.

Bei der Verkaufspreiskalkulation werden die Abgabepreise an die Abnehmer ermittelt. Aufgrund der hohen Anzahl unterschiedlicher Artikel sind „Faustregeln" und cost-plus-Verfahren unumgänglich.[93] Als Faustregeln, die sich aus dem Verkaufsverhalten der Abnehmer ableiten lassen, nennt beispielsweise SIMON:

- „Für Produkte mit besonderer Wahrnehmung seitens der Verbraucher ('politische' Produkte wie Brot, Milch, Butter, Benzin) sollen die Aufschlagsätze sehr niedrig sein.

---

[93] Vgl. Simon (1992), S. 50.

- Bei Massenwaren sollen die Aufschläge niedriger sein als bei Spezialitäten.
- Die Aufschlagsätze sollen sich an der Konkurrenz orientieren [...]."[94]

Zusätzlich wird der Verkaufspreis durch diverse Rundungsregeln, die verkaufspsychologische Aspekte berücksichtigen (z. B. 0,95 DM statt 1 DM), determiniert.[95]

Spezifische Probleme der Preispolitik des Handels bilden u. a. die Sonderangebotspolitik und der Sortimentsverbund. Da Sonderangebote des Handels i. d. R. mit Aktionen einhergehen, wird auf diese Aspekte im Rahmen von Kapitel 6.3 eingegangen. Sofern Verbundeffekte vorliegen, beeinflußt der Preis eines Artikels i auch den Absatz eines anderen Artikels j. Es sind preiskomplementäre Artikel (die Reduzierung (Erhöhung) des Preises von Artikel i erhöht (reduziert) zugleich den Absatz von Artikel j) und preissubstitutive Artikel (bei denen eine Preisreduzierung bei Artikel i mit einem verringerten Absatz bei Artikel j einhergeht) zu differenzieren. Das Problem für die Verkaufspreiskalkulation besteht darin, daß nicht der Rohertrag (Differenz zwischen Verkaufs- und Einkaufspreis) des einzelnen Artikels, sondern der des Sortimentsverbunds zu maximieren ist.

Anhand eines Beispiels wird dieser Zusammenhang verdeutlicht:[96]

Der Kauf eines Anzugs führt in einem Textilgeschäft gleichzeitig zu einem Kauf von 0,8 Hemden und 1,2 Krawatten. Die Preisabsatzfunktion für die Anzüge sei mit $q = 1000 - 2p$ bekannt, wobei q die Absatzmenge und p der Absatzpreis ist. Der Rohertrag beträgt für Hemden 15 DM und für Krawatten 10 DM. Somit ergibt sich bei Wareneinsatzkosten von 200 DM für den Anzug ein optimaler Preis für den Anzug ohne Beachtung von Sortimentsverbünden von 350 DM, zu dem 300 Stück abgesetzt werden können. Dieser Absatz zieht einen Mehrabsatz von 240 Hemden (300 Anzüge x 0,8 Hemden je Anzug) und 360 Krawatten nach sich. Der Deckungsbeitrag beträgt somit 52.200 DM (45.000 DM bei Anzügen, 3.600 DM bei Hemden und 3.600 DM bei Krawatten). Unter Einbeziehung des Sortimentsverbunds in die Preiskalkulation sind die Wareneinsatzkosten des Anzugs um 0,8 x 15 DM (verursachter Rohertrag bei den Hemden durch den Verkauf von Anzügen) und 1,2 x 10 DM zu reduzieren (insgesamt 24 DM).[97] Unter Zugrundelegung des neuen Kostensatzes ergibt sich ein optimaler Verkaufspreis von 338 DM. Der damit erzielbare Gesamtdeckungsbeitrag ist 52.487 DM.

Unabhängig von der Art der Kalkulation bildet der Einkaufspreis-netto-netto die Ausgangsbasis der Kalkulation. Ausgehend von diesem Preis wird entweder durch die Vorgabe einer Sollspanne (Aufschlagskalkulation) der Abgabepreis oder durch Vorgabe des Abgabepreises (Abschlagskalkulation) die Spanne ermittelt.

---

94   Simon (1992), S. 517.
95   Vgl. Meffert (1989), S. 268.
96   Das Beispiel ist Simon (1992), S. 524, entnommen.
97   Zur theoretischen Herleitung des Optimalitätskriteriums und der daraus abgeleiteten Preisformel vgl. Simon (1992), S. 523f.

Bezogen auf den Umfang der zu betrachtenden Organisationen ist die einstufige von der mehrstufigen Kalkulation zu unterscheiden.[98] Bei der einstufigen Kalkulation werden ausgehend vom Einkaufspreis (i. d. R. der EK-netto-netto) eines Handelsunternehmens die Abgabepreise an die Abnehmer kalkuliert und entsprechende Spannen ausgewiesen.

Bei der mehrstufigen Kalkulation werden die Abgabepreise mehrerer Handelsstufen kalkuliert. Sind beispielsweise Einkaufskontore in den Beschaffungsprozeß eingeschaltet, wird eine mehrstufige Kalkulation notwendig, um die Spanne der Einkaufsgesellschaft unabhängig von den abnehmenden Betriebsgesellschaften betrachten zu können. Für diesen Fall müssen innerhalb eines Konzerns zwei Spannen verwaltet werden.

Werden zudem Spanne und Abgabepreis des Abnehmers betrachtet, so kann eine dreistufige Kalkulation erforderlich werden. In diesem Fall dient der Verkaufspreis des Großhandels als Ausgangsbasis der Spannenrechnung für den Abnehmer, bei dem dieser Preis den Einkaufspreis darstellt. Die Differenz zwischen dem Einkaufspreis des Abnehmers und dem Ladenverkaufspreis (LVP) stellt die Handelsspanne des Abnehmers dar.

Kontrakte (Mengen- und Wertkontrakte, Lieferpläne) mit Abnehmern haben im Gegensatz zu vergleichbaren Konstrukten des Beschaffungsprozesses eine geringere Bedeutung, obgleich bei einer ganzheitlichen Betrachtung von Distributions- und Beschaffungsprozeß abnehmerseitige Rahmenverträge die Voraussetzung für die effiziente Gestaltung des gesamten Logistikprozesses sind.

Absatzwerbung

„Absatzwerbung hat die Aufgaben, die Zielgruppe über das Angebot des Unternehmens zu informieren und die Umworbenen zu veranlassen, sich im Sinne der Ziele des werbungtreibenden Unternehmens zu verhalten."[99]

Bei der Werbung handelt es sich um ein in der Literatur intensiv behandeltes Thema. Die Werbung setzt sich mit folgenden Fragen auseinander:[100]

- *Wer* (Werbetreibender)
- *sagt was* (Werbebotschaft)
- *unter welchen Bedingungen* (Umweltsituation)
- *durch welche Kanäle* (Medien, Werbeträger)
- *zu wem* (Zielpersonen)
- *mit welchen Wirkungen* (Werbeerfolg)?

---

[98] Zur vertikalen Preispolitik im Bereich der mehrstufigen Konsumgüterdistribution vgl. Ahlert (1990/1991).

[99] Tietz (Handelsbetrieb) (1993), S. 437.

[100] Zur Absatzwerbung vgl. insbesondere Meffert (1989), S. 446-481. Von den allgemeinen Ausführungen sei auf Tietz (Marketing) (1993), S. 239-268; Kroeber-Riel (1991) und Ahlert (1984), S. 179-189 hingewiesen. Für den Bereich des Handels, insbesondere des Einzelhandels, kann auf die Ausführungen von Müller-Hagedorn (Marketing) (1993), S. 255-283; Barth, Theis (1991) und Hansen (1990), S. 387-432, verwiesen werden.

Für die Gestaltung der Informationssysteme ist insbesondere die Selektion der Zielpersonen und die Kontrolle des Werbeerfolgs bedeutsam. Die Selektion der Zielpersonen kann, sofern diese bekannt sind, mit Hilfe von Analysen EDV-technisch unterstützt werden. Beispielsweise können Kunden selektiert werden, die einen bestimmten Mindestumsatz mit dem Unternehmen getätigt haben.[101] Die Kontrolle des Werbeerfolgs wird durch den Einsatz von modernen Informations- und Kommunikationssystemen auch im Einzelhandel ermöglicht.[102] Das Vorgehen sieht dabei wie folgt aus: Es wird eine Stichprobe von Kunden in dem Aktionszeitraum an der Kasse genommen. Bei dieser werden die Kunden nach dem Herkunftsort gefragt (um eine Zuordnung zur Steuerung der Werbung zu erhalten), der zusammen mit einem Code und dem Kassierbetrag in der Kasse erfaßt wird. Durch die Analyse der einzelnen Regionen u. a. nach Bewohnerzahl und Kaufkraft lassen sich Kunden aus Regionen dem Umsatz bei Warengruppen, in verschiedenen Einkaufszeiten usw. zuordnen. Auf diese Weise wird versucht, den Umsatz den Werbemitteln und Werbebotschaften zuzuordnen.

5.2.1.2 Datenmodell

Im Zentrum des Datenmodells zum Marketing steht das Datencluster zum Abnehmer, wie es in Abb. 5.61 wiedergegeben ist. Ein Abnehmer ist eine Spezialisierung des Geschäftspartners (*Geschäftspartner Abnehmer*). Der Abnehmer kann ein externer oder ein interner Kunde sein. Ein interner Kunde ist ein Betrieb (*Geschäftspartner Abnehmer Betrieb*), der rechtlich dem Handelsunternehmen zuzuordnen ist. Hingegen bestehen zu einem externen Kunden (*Geschäftspartner Abnehmer Kunde*) keine rechtlichen Verflechtungen. Grundinformationen über den Abnehmer sind:

Allgemeine Daten
    Abnehmernummer
    übergeordnete Abnehmernummer
    Anschrift
    Ansprechpartner
    Anzahl Mitarbeiter
    Quadratmeter Geschäftsfläche
Marketing- und Verkaufsdaten
    geschätzter Umsatz im Jahr
    Verkaufsflächen je Warenbereich
    POS-System
    Art der zur Verfügung gestellten Werbemittel
Logistikspezifische Daten

---

[101] Derartige Anwendungen sind dem Bereich des Database-Marketing zuzurechnen, das in Kapitel 5.5 behandelt wird.

[102] Vgl. im folgenden Müller-Hagedorn (Marketing) (1993), S. 264f.

Tour-Tag
Anlieferungszeiten
Anlieferungsgegebenheiten (z. B. Rampe vorhanden j/n)
Buchhaltungsdaten
  Vergleiche Kapitel 5.2.5.

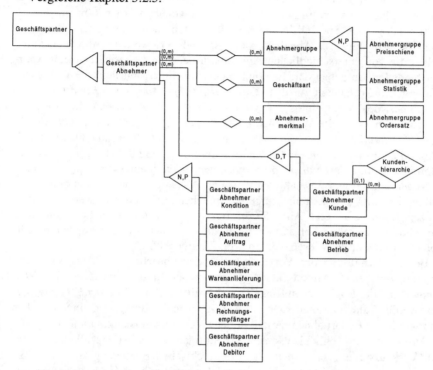

Abb. 5.61: Datenmodell Abnehmer

Abnehmer können zu *Abnehmergruppe*n gruppiert werden, wobei insbesondere die *Abnehmergruppe Preisschiene*, die *Abnehmergruppe Statistik* und die *Abnehmergruppe Ordersatz* unterschieden werden können. Die Gruppierung von Abnehmern zu Preisschienen dient der Zusammenfassung derjenigen Abnehmer, für die die gleichen Preise gelten. Bei der Abnehmergruppe Statistik werden diejenigen Abnehmer gruppiert, die aus Auswertungsgründen zusammen betrachtet werden sollen. Die Gruppierung für Zwecke des Ordersatzes soll die Zuordnung von Ordersätzen zu einer Gruppe von Abnehmern ermöglichen.

Die Zuordnung von *Geschäftsart*en zu Abnehmern dient dazu, allgemein festzulegen, welche Geschäftsarten das Handelsunternehmen mit dem Abnehmer überhaupt durchführt. Diese Einteilung ist erforderlich, um beispielsweise bei einer Auftragserfassung bereits prüfen zu können, ob ein Streckenauftrag bei dem betrachteten Abnehmer zulässig ist oder nicht. Durch die Zuordnung von *Abnehmermerkmal*en zu Abnehmern können die Abnehmer für diverse Marketingzwecke klassifiziert werden. Beispielsweise können die Quadratmeterfläche, der Sortimentsumfang, das Preisniveau oder die Art der Bedienung als Kriterien dienen, damit in einem Marketing-Informationssystem Auswertungen über das Umsatzverhalten bei bestimmten Zielgruppen gewonnen werden können.

In Analogie zur Spezialisierung des Lieferanten nach Lieferantenrollen kann auch der Abnehmer in Abnehmerrollen spezialisiert werden. Abnehmerrollen stellen die von unterschiedlichen Abnehmern bei einem Geschäftsvorfall wahrzunehmenden Aufgaben dar. Es können der Abnehmer, mit dem die Bezugsbedingungen ausgehandelt werden (*Geschäftspartner Abnehmer Kondition*), der Abnehmer, der den Auftrag erteilt (*Geschäftspartner Abnehmer Auftrag*), der Abnehmer, bei dem die Ware angeliefert werden soll (*Geschäftspartner Abnehmer Warenanlieferung*), der Abnehmer, der die Warenrechnung erhält (*Geschäftspartner Abnehmer Rechnungsempfänger*), und der Regulierer der Debitorenrechnung (*Geschäftspartner Abnehmer Debitor*) unterschieden werden.

Neben den Grundinformationen über den Abnehmer sind die Verkaufspreiskalkulation und die Listung durch entsprechende Datenstrukturen zu unterstützen (Abb. 5.62 und Abb. 5.63). Bei der Verkaufspreiskalkulation kann hinsichtlich der möglichen Konditionen auf die Ausführungen zu den Konditionen im Einkauf verwiesen werden (vgl. Kapitel 5.1.1.2).

Bei der Ermittlung der Verkaufspreise ist zu beachten, daß das *Verkaufspreisergebnis* eines Artikels als Aggregation der Entitytypen *Zeit*, *Vertriebsschiene* und der Logistischen Einheit eines Artikels (*Artikel-Logist.EH*) interpretiert werden kann. Optional kann der Abnehmer in die Beziehung eingehen; dies ermöglicht bei Bedarf abnehmerindividuelle Verkaufspreiskalkulationen.

Aufgrund der Möglichkeit einer mehrstufigen Verkaufspreiskalkulation stehen Verkaufspreisergebnisse in einer hierarchischen Beziehung zu sich selbst (*Verkaufspreisergebnishierarchie*). Beispielsweise ergibt sich der Verkaufspreis der Filialen unmittelbar aus den Abgabepreisen des Zentrallagers durch filialgruppenspezifische Aufschlagsätze. Die *Kondition*en, die zu dem Ergebnis des Verkaufspreises geführt haben, können der Beziehung zwischen Verkaufspreisergebnis und Kondition (*Verkaufspreisergebnisposition*) entnommen werden.

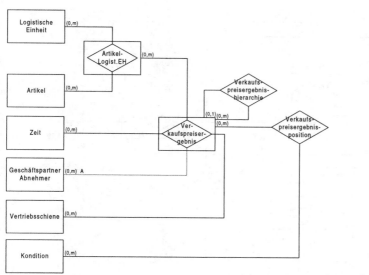

Abb. 5.62: Datenmodell Verkaufspreisergebnis

Strukturanalog zu Rechnung, Lieferschein, Layout u. a. besteht das Sortiment aus dem *Sortimentskopf*, der allgemeine Angaben enthält (z. B. Elektrosortiment für SB-Warenhaus), und den *Sortimentspositionen*, die angeben, welche Artikel, optional sogar welche Logistischen Einheiten eines Artikels, in welchem Zeitraum zu diesem Sortiment gehören. In der *Sortimentskopf-Abnehmer-ZuO* wird festgehalten, welche Sortimente der Abnehmer führt.

Ähnlich dem strukturierten Artikel, bei dem einem Artikel mehrere Einzelartikel zugeordnet sind, können Teilsortimente zu übergeordneten Sortimenten zusammengefaßt werden. Beispielsweise umfaßt das Sortiment „Hartwarensortiment im SB-Warenhaus" die Teilsortimente „Elektrosortiment für SB-Warenhaus", „Porzellansortiment für SB-Warenhaus", „Heimwerkersortiment für SB-Warenhaus" und andere. Dies wird im Datenmodell durch die Rekursion der Sortimentskopfstruktur (*Sort.kopfstruktur*) dargestellt. Mit dieser Strukturbeziehung lassen sich auch unterschiedliche Sortimentstiefen abbilden. Gäbe es drei Sortimentsstufen, Sortiment C für einen kleinen Supermarkt, Sortiment B für einen mittleren Supermarkt und Sortiment A für ein SB-Warenhaus, und sei Sortiment C vollständig in Sortiment A enthalten, so ist der Relationshiptyp Sortimentskopfstruktur das geeignete Konstrukt zur Abbildung dieser Beziehungen.

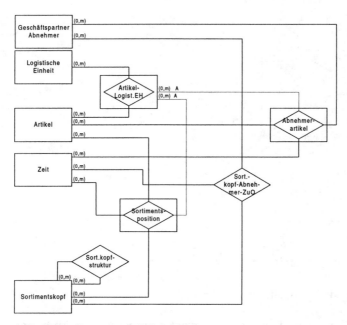

Abb. 5.63: Datenmodell Sortiment

Optional kann in Erweiterung der bisherigen Modellierung in die Aggregation Abnehmerartikel die Logistische Einheit eines Artikels eingehen (gekennzeichnet durch eine konditionale Beziehung, die auf Ausprägungsebene möglich ist). Diese differenzierte Zuordnung wird insbesondere dann notwendig, wenn ein Abnehmer unterschiedliche Logistische Einheiten eines Artikels über abweichende Bezugswege erhält. Es ist beispielsweise im filialisierenden Einzelhandel üblich, daß größere Artikelmengen (z. B. mehrere Paletten) direkt vom Lieferanten über Strecke bezogen werden. Geringere Mengen hingegen werden vom Zentral- oder Regionallager bezogen. Da die Listung zum einen der Sortimentsgestaltung dient, zum anderen aber auch Ergebnisse von Überlegungen des Absatzwegs darstellt, sind die Bezugswege ebenfalls als Listungsentscheidungen aufzufassen.

5.2.1.3 Prozeßmodell

Prozeß Abnehmerstammdatenpflege

Die Anlage von Abnehmerstammdaten wird zum einen durch die Aufnahme eines neuen Kunden und zum anderen durch die Anlage eines neuen Betriebs erforderlich (vgl. Abb. 5.64).

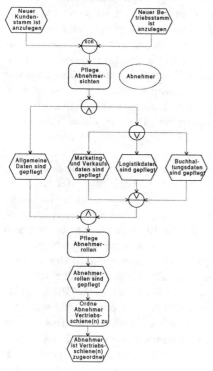

Abb. 5.64: Prozeßmodell Abnehmerstammdatenpflege

Zunächst sind die unterschiedlichen Sichten auf den Abnehmerstammdatensatz zu pflegen. Neben den allgemeinen Daten, die die identifikatorischen und funktionsbereichsunabhängigen Daten beinhalten, sind die Marketing- und Verkaufs-, die Logistik- und die Buchhaltungsdaten anzulegen bzw. zu pflegen. Die allgemeinen Daten müssen sofort angegeben werden, während die anderen genannten Sichten zu einem späteren Zeitpunkt gepflegt werden können.

Mit der Angabe der für den Abnehmer relevanten Sichten und der Zuordnung der Abnehmer zu Vertriebsschienen endet der Prozeß der Abnehmerstammdatenanlage. Die Zuordnung von Abnehmern zu Vertriebsschienen ist erforderlich, um festzulegen, bei welchen Vertriebsschienen die Abnehmer Waren und Dienstleistungen beziehen dürfen.

Prozeß Artikellistung

Der Prozeß der Listung von Artikeln kann durch den Teilprozeß der „Artikelpflege" (vgl. Kapitel 5.1.1.3, Abb. 5.10) oder den der „Aktionsplanung" (Vgl. Kapitel 6.4.3, Abb. 6.14) angestoßen werden (vgl. Abb. 5.65). Darüber hinaus kann der Prozeß auch direkt aufgerufen werden, z. B. wenn ein neuer Betrieb eröffnet wird. Der Sortimentskopf bildet den Ausgangspunkt der Sortimentsanlage, dem der oder die Artikel zugeordnet werden sollen. Der Sortimentskopf besitzt hierbei eine zeitliche Gültigkeit, die für die einzelnen Artikelgültigkeiten innerhalb dieses Sortiments einen Rahmen bilden. Zudem wird mit dem Sortimentskopf festgelegt, welche Listungsregel gültig ist (automatische oder manuelle). Nachdem Sortimentskopf und Listungsregel festgelegt sind, werden die Artikel den Sortimenten zugeordnet. Die einzelnen Positionen können innerhalb des zeitlichen Rahmens des Sortimentskopfs abweichende Gültigkeiten aufweisen.

Ist eine manuelle Listungsregel ausgewählt und sind die Artikel dem Sortiment zugeordnet, so werden die Sortimentsköpfe den Abnehmern oder Gruppierungen von Abnehmern manuell zugeordnet. Wurde eine automatische Listungsregel selektiert, wird eine automatische Zuordnung zu Abnehmern vorgenommen. Beispielsweise führt eine Zunahme der Sortimentstiefe bei bestimmten Abnehmern zur Notwendigkeit, weitere Artikel bei dem Abnehmer zu listen.

Unabhängig vom ausgewählten Listungsverfahren können nach der Listung von Artikeln zu Abnehmern Verstöße gegen Listungsregeln entstanden sein. Ein Artikel kann in mehreren Sortimenten enthalten sein und wurde auf diese Weise dem Abnehmer mehrfach zugeordnet. Beispielsweise wird ein Teilsortiment auf Basis einer Sortimentsstufenregel zugeordnet und ein anderer auf Basis eines manuellen Listungsverfahrens. Die Mehrfachzuordnung ist zu korrigieren.

Nach der Beseitigung von Unstimmigkeiten in der Listung wird geprüft, ob der Artikel bei dem Abnehmer mengenmäßig bestandsgeführt wird. Bei den meisten Filialen ist es der Normalfall, daß die Artikel lediglich wertmäßig bestandsgeführt werden, so daß bei der Listung zu prüfen ist, ob ein Artikel einer Warengruppe zugeordnet wurde, für die noch kein Warengruppenartikel vorhanden ist. Ist dies der Fall, so wird automatisch ein Warengruppenartikel für den Abnehmer angelegt, um im Informationssystem die Bestände zumindest auf Warengruppenebene wertmäßig führen zu können.

Der Prozeß der Listung endet mit der Überprüfung, ob die Informationssysteme der Abnehmer (dezentrales Warenwirtschaftssystem oder Kassensystem) mit Daten zu versorgen sind.

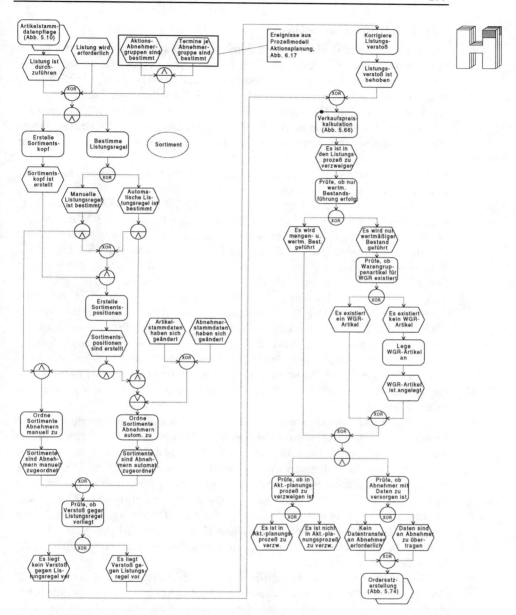

Abb. 5.65: Prozeßmodell Artikellistung

Diese Differenzierung ist für den Folgeprozeß der Ordersatzerstellung (vgl. Abb. 5.74) notwendig, um die an die dezentralen Einheiten zu übertragenden Daten festzulegen.

Prozeß Verkaufspreiskalkulation

Die Verkaufspreiskalkulation wird durch die Änderung kalkulationsrelevanter Daten hervorgerufen. Hierzu gehören beispielsweise Änderungen der Konditionen, neue Lieferanten oder Veränderungen bei der Bezugswegewahl. Zudem kann eine Veränderung der Konkurrenzsituation zur Neukalkulation von Verkaufspreisen führen. Im Prozeßmodell sind diese Fälle durch das Ereignis „Verkaufspreiskalkulation ist erforderlich" abgebildet (Abb. 5.66). Innerhalb des Distributionsprozesses kann aus der Listung von Artikeln in den Prozeß der Verkaufspreiskalkulation verzweigt werden.

Bei der Verkaufspreiskalkulation ist zunächst festzulegen, welche Artikel für welche Organisationseinheit auf welche Art und Weise zu kalkulieren sind. Bei der Auswahl der kalkulationsrelevanten Artikel wird der Anwender durch Eingrenzungskriterien wie Lieferant, Lieferantenteilsortiment oder Warengruppe unterstützt. Bei den Organisationseinheiten sind die Vertriebsschienen und Abnehmer anzugeben, für die die ausgewählten Artikel kalkuliert werden sollen. Schließlich ist zu bestimmen, auf welche Art die Kalkulation durchgeführt werden soll. Es ist zu unterscheiden zwischen einer organisations- und einer artikelbezogenen Kalkulation. Bei einer organisationsbezogenen Kalkulation werden alle für eine Organisationseinheit (z. B. Filiale) ausgewählten Artikel nacheinander kalkuliert. Hingegen werden bei einer artikelbezogenen Kalkulation die für einen Artikel ausgewählten Organisationseinheiten nacheinander kalkuliert. Es ist anzumerken, daß im filialisierenden Handel aufgrund der Vielzahl an Artikeln in der Regel eine Kalkulation auf Ebene der Vertriebsschiene stattfindet. Im klassischen Großhandel werden Artikel auf Ebene von Kundengruppen kalkuliert.

Nachdem die zu kalkulierenden Artikel, die betroffenen Organisationseinheiten und die Kalkulationsvorgehensweise festgelegt sind, wird geprüft, welche Kalkulation für die Artikel relevant ist. Es können insbesondere das manuelle Verfahren und das halbautomatische Verfahren unterschieden werden. Bei der manuellen Kalkulation gibt der Anwender die Verkaufspreise oder die Spannen vor, so daß das System nur die Residualgrößen berechnen muß und diese dem Anwender anzeigt. In der betrieblichen Praxis stellt diese Vorgehensweise den Regelfall dar. Bei der halbautomatischen Kalkulation wird der Verkaufspreis vom System berechnet, indem auf den Einkaufspreis eine vorgegebene Soll-WGR-Spanne aufgeschlagen wird.

Eine weitere Möglichkeit besteht mit der vollautomatischen Kalkulation, bei der der Verkaufspreis vom System berechnet wird und keine anschließende Kontrolle durch den Anwender durchgeführt wird. Eine vollautomatische Kalkulation ohne Eingriffsmöglichkeiten ist zwar denkbar, wegen der großen Bedeutung des Preises im Marketing-Mix aber selten. Im Prozeßmodell ist der Fall mit berücksichtigt.

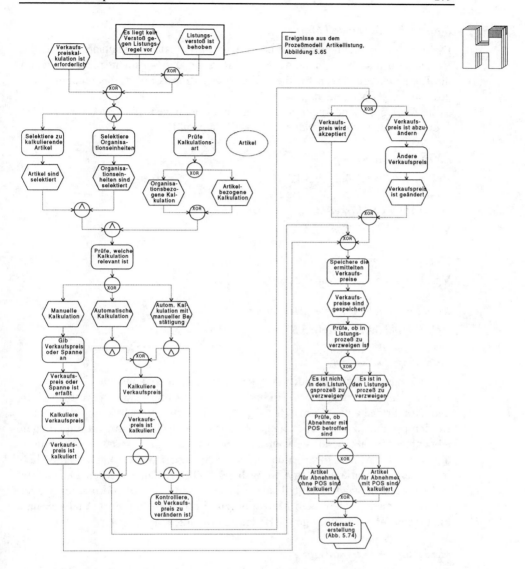

Abb. 5.66: Prozeßmodell Verkaufspreiskalkulation

Bei der halbautomatischen Kalkulation können unterschiedliche Rundungsregeln und Kalkulationsverfahren eingesetzt werden, um marketingpolitischen Überlegungen Rechnung zu tragen.

Sofern aus dem Listungsprozeß in den Prozeß der Verkaufspreiskalkulation verzweigt worden ist, wird in den Listungsprozeß zurückverzweigt.

Informationsflußmodell Marketing

Die Anlage der Stammdaten Abnehmer und der Artikelverkaufspreise und die Vorgabe zu distribuierender Artikel im Rahmen der Sortimentsplanung stellen die Rahmenbedingungen für die weiteren Funktionsbereiche des rechten Astes des Handels-H-Modells dar.

In Abb. 5.67 sind die Informationsflußbeziehungen des Marketing zu den anderen Bereichen des Handels-H-Modells abgebildet.

Einkauf ↔ Marketing

Vgl. Kapitel 5.1.1.3, Abb 5.12.

Disposition ↔ Marketing

Vgl. Kapitel 5.1.2.3, Abb. 5.26.

Wareneingang ↔ Marketing

Vgl. Kapitel 5.1.3.3, Abb. 5.42.

Kreditorenbuchhaltung ↔ Marketing

Vgl. Kapitel 5.1.5.3, Abb. 5.57.

Marketing ↔ Verkauf

Das Marketing stellt mit der Anlage von Abnehmerstammdaten, Abnehmer-gruppierungen, Abnehmerartikeln inklusive aller Listungsdaten, Verkaufspreisen und Konditionen das Gerüst für die Aufgaben des Verkaufs dar. Wieterhin werden prognostizierte Absatzmengen und -werte und die daraus resultierenden Abnehmerkontrakte und Verkaufsaktionen an das Auftragswesen übermittelt, damit bei der Auftragsbearbeitung darauf referenziert werden kann. Schließlich informiert das Marketing den Auftragsbereich über geplante Werbemaßnahmen.

Der Verkauf wiederum stellt die erfaßten Aufträge und Informationen über das Abnehmerverhalten dem Marketing zur Verfügung, um dort Analysen und Planungen für die zukünftigen Perioden zu ermöglichen.

Marketing ↔ Warenausgang

Aus dem Marketing gelangen insbesondere die Abnehmerstammdaten in den Warenausgang. Zudem werden die Tourtage im Fall fester Anliefertermine bei den Kunden im Warenausgang für Zwecke der Kommissionierplanung und -durchführung benötigt.

Marketing ↔ Fakturierung

Für die Durchführung der Fakturierung sind insbesondere die Abnehmerstamm-daten und die gewährten Rechnungs- und nachträglichen Konditionen erforderlich.

Marketing ↔ Debitorenbuchhaltung

Die Debitorenbuchhaltung erhält vom Marketing die Abnehmerstammdaten entweder komplett, oder sie muß die abrechnungsrelevanten Daten zusätzlich pflegen.

Das Zahlungsverhalten des Abnehmers ist dem Marketing mitzuteilen, damit es in Marketingüberlegungen einbezogen werden kann.

Marketing ↔ Kostenrechnung

Die Ergebnisse der Absatz- und Umsatzplanung im Marketing werden in der Kostenrechnung benötigt, um im Rahmen einer Kosten- und Leistungsplanung berücksichtigt werden zu können.

Von der Kostenrechnung werden bei einer Top-down-Planung geplante Vorgabewerte dem Marketing zur Verfügung gestellt, auf denen aufbauend dieses die Absatz- und Umsatzplanung erstellt.

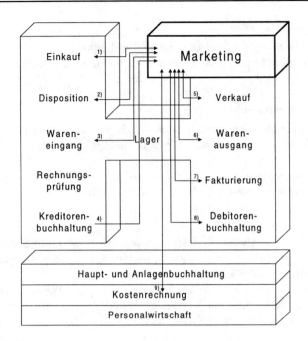

Informationen vom Marketing:

1) Verkaufsaktionen, Listungsdaten, zukünftige Artikel, Trendstudie, Marktanalyse, Konkurrenzanalyse
2) Verkaufsaktionen, Werbemaßnahmen, Vergangenheitsdaten (Absatzentwicklung, Preis), Umsatzplan
3) Verkaufspreis, Konditionen

5) Prognostizierte Absatzmengen und -werte, Abnehmerkontrakte, Verkaufsaktionen, Werbemaßnahmen, Listungsdaten (Artikeldaten und Zeiträume), Abnehmerstammdaten, Abnehmergruppierungen, Verkaufspreise, Konditionen
6) Abnehmerstammdaten, Artikel, Abnehmertour (bei starrer Planung)
7) Abnehmerstammdaten, Artikel, Rechnungskonditionen, nachträgliche Konditionen, Abnehmerkontrakte
8) Abnehmerstammdaten
9) Abnehmerstammdaten, Umsatz-/Absatzplan, Erfolgsobjekte (z.B. Werbemaßnahmen, Aktion, Aktionswerbemittel, Aktionswerbebotschaft)

Information zum Marketing:

1) Artikelgrunddaten, Artikelbeschaffungsdaten (EK-Preise, Lieferantendaten, Bezugsweg usw.)
2) Bestellmengen für Aktionen, Einkaufspreis, Konditionen, Lieferant

4) Abnehmerstammdaten (bei debitorischen Kreditoren)
5) Auftragsdaten, Abnehmerverhalten

6) Abnehmerlieferung

7) Rechnungskonditionen, nachträgliche Konditionen

8) Bonitätseinstufung, Zahlungsverhalten
9) Ergebnisbeiträge von Erfolgsobjekten (z.B. Artikel, Abnehmer, Region)

Abb. 5.67: Interdependenzen des Marketing

5.2.2 Verkauf

5.2.2.1 Funktionsmodell

Unter dem Verkauf werden alle operativen Aufgaben zusammengefaßt, die der Anbahnung, Vereinbarung und Durchführung eines Umsatzvorgangs mit Abnehmern dienen. Zum Verkauf gehören neben den Funktionen der Kundenanfrage und des Kundenangebots, die nur bei Großhandelsunternehmen mit einem hohen relativen Wertgewicht der Absatzvorgänge[103] benötigt werden, die Ordersatzerstellung für die Abnehmer, die Auftragsbearbeitung, die Kundenreklamationen und die Außendienstunterstützung.

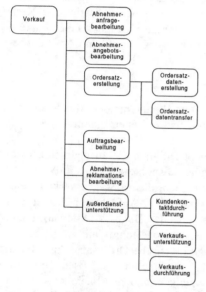

Abb. 5.68: Funktionsdekompositionsdiagramm Verkauf

Abnehmeranfragebearbeitung

Der in der Industrie übliche Kontakt zum Abnehmer über eine Anfrage, die schriftlich oder mündlich erfolgen kann, stellt im Handel die Ausnahme dar. Allerdings werden in einigen Handelsunternehmen, und dort vor allem im Investitionsgüterhandel, Anfragen vom Abnehmer an das Handelsunternehmen gerichtet. Bei den Anfragen kann zwischen allgemeinen und differenzierten Anfragen unterschieden werden. Allgemeine Anfragen werden beispielsweise an einen

---

[103] Zum relativen Wertgewicht von Absatzvorgängen (Transaktionen) vgl. Kapitel 1.2.

Lebensmittelgroßhandel von potentiellen Kunden (z. B. selbständigen Einzelhändlern) gestellt, die einen Überblick über das Leistungsangebot bekommen
möchten. Allgemeine Anfragen werden i. d. R. vor der Aufnahme der Geschäftsbeziehungen von einem Einzelhandelsunternehmen an ein Großhandelsunternehmen gerichtet. Differenzierte Anfragen beziehen sich auf spezielle Artikel,
insbesondere bei höherwertigen Waren, wie EDV-Anlagen oder Sanitäraus-
stattungen. Spezielle Anfragen werden nicht nur vom Einzel- an den Großhandel, sondern auch vom Endkunden an den Einzelhandel gerichtet.

Abnehmerangebotsbearbeitung

Das Abnehmerangebot ist eine Willenserklärung eines Anbieters gegenüber
einem potentiellen Abnehmer. In einem Abnehmerangebot bietet das Handelsunternehmen einzelne oder mehrere Artikel dem Abnehmer zu bestimmten Konditionen an. Ein Angebot auf eine allgemeine Anfrage ist ähnlich einer Faktura
aufgebaut, so daß der Abnehmer einen Überblick über kopf- und positionsbe-
zogene Konditionen erhält.

Ordersatzerstellung

Traditionell wird unter einem Ordersatz die Bestellunterlage der Abnehmer verstanden. Im filialisierenden Handel wird zumeist zwischen einem Lager- und
einem Streckenordersatz unterschieden.

Mit dem Begriff des Ordersatzes wird nicht lediglich die ausgedruckte Liste
charakterisiert, mit Hilfe derer die Abnehmer disponieren können. Vielmehr
wird unter dem Ordersatz das Medium verstanden, das sämtliche verkaufsrele-
vanten Informationen für die Durchführung operativer Aufgaben in dezentralen
Einheiten beinhaltet. Eine derart weite Fassung des Begriffs Ordersatz bietet
sich durch die steigende Verbreitung der Informationstechnik an, die beispielsweise dazu führt, daß elektronische Kataloge klassische Ordersätze zunehmend
verdrängen. Die Ausprägung des Ordersatzes ist abnehmerspezifisch. Bei einigen Abnehmern ist eine einfache Liste zu erzeugen, andere Abnehmer sind mit
umfangreichen Daten für eine Filial-Warenwirtschaft zu bedienen. Die Szenarien
der Aufgabenverteilung zwischen der Zentrale und den dezentralen Einheiten
kann von reinen POS-Funktionen bis zu dezentralen Rechnungsprüfungen mit
zentraler Regulierung reichen. Insbesondere die Disposition, der Wareneingang
und der Verkauf werden eigenverantwortlich und informationstechnisch unterstützt bei den Abnehmern abgewickelt. Für die Disposition müssen die Listungsdaten, für den Wareneingang logistische Daten (u. a. Bestellmengeneinheiten,
Lieferant, Aktionen, Saisons und Lieferantendaten) und für den Verkauf Vertriebsdaten (z. B. Abverkaufszeiträume, Verkaufspreise, Aktionen, Verkaufs-
mengeneinheiten) bekannt sein. Bei Listen, ausgedruckten oder elektronischen
Katalogen für die Abnehmer sind auch darstellungstechnische Fragestellungen
zu beachten, während für die Versorgung von Filial-Warenwirtschaftssystemen

der Umfang der Daten, die für operative Funktionen zeitgerecht zur Verfügung
stellen zu sind, entscheidend ist. Insbesondere bei Filialen mit FWWS- oder
POS-Ausstattung bedarf es einer mindestens tagaktuellen Datensituation. Einige
Handelsunternehmen im Lebensmittelbereich nutzen bereits als Verkaufsför-
derungsmaßnahme die Reduzierung der Preise innerhalb eines begrenzten
Zeitraumes (z. B. in der Mittagszeit, sog. Happy-Hour). Auch regionale Groß-
händler sind zunehmend mit der Situation konfrontiert, daß sie Kassensysteme in
den Niederlassungen mit Daten versorgen müssen, während die Warenwirtschaftssysteme hingegen lediglich zentrale Funktionen unterstützen. Somit wird
die aus mehrstufigen Handelsunternehmen bekannte Funktionalität auch für
Großhandelsunternehmen benötigt. Die Generalisierung von Lager und Filiale
zum Betrieb kommt dieser Entwicklung entgegen, da die Niederlassungen von
Großhandelsunternehmen zumeist Lager- und Filialfunktionen wahrnehmen.
Werden zudem Franchise-Nehmer betrachtet, so ist unmittelbar erkennbar, daß
die Datenversorgung auf der Ebene des generalisierten Objekts Abnehmer zu erfolgen hat, um eine größtmögliche Flexibilität bei der Ausgestaltung der
Geschäftsbeziehungen zu Kunden zu ermöglichen.

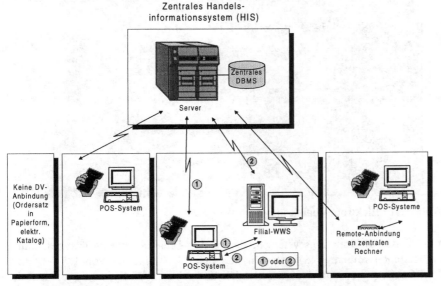

Abb. 5.69: Verhältnis von zentralem HIS und dezentralen Systemen

Im folgenden soll kurz aufgezeigt werden, wie die Kommunikation zwischen
Abnehmer und Handelsunternehmen ausgestaltet sein kann und welche informa-
tionstechnischen Szenarien zur Datenversorgung diese nach sich ziehen (vgl.
Abb. 5.69):

- Es ist eine geringe DV-Unterstützung beim Abnehmer vor Ort gegeben. Dem Abnehmer werden Bestellunterlagen in schriftlicher oder elektronischer Form zur Verfügung gestellt. Der Übergang zwischen einer Liste und einem elektronischen Katalog[104] ist fließend, da lediglich das Medium ein anderes ist. Bei der Erstellung von Katalogen und Ordersätzen sind vielfältige Layoutsysteme und Medien, z. B. CD, WWW[105] (vgl. Abb. 5.70) denkbar.[106] Das WWW oder andere elektronische Kommunikationsmedien wie T-Online bieten die Möglichkeit, den Abnehmern immer aktuelle Angebote zu offerieren, die Produkte multimedial zu präsentieren und weltweit verfügbar zu sein. Die Abnehmer können die Bestellungen direkt im System abgeben.

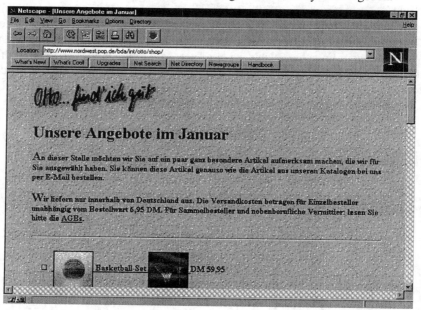

Abb. 5.70: Elektronischer Katalog im WWW

- Bei den Informationssystemen, die in den Filialen im Einsatz sind, kann zwischen reinen POS-Systemen und einer Kombination von FWWS und POS-Systemen unterschieden werden. Bei reinen POS-Systemen werden die zentral angelegten und gepflegten Daten an die Kassensysteme übertragen

---

[104] Zu Einsatzmöglichkeiten elektronischer Kataloge im Vertrieb vgl. u. a. Hümmer (1995), S. 6ff.

[105] Das World Wide Web ist ein multimediales und hypermediabasiertes Informationssystem, das ein logisches Netzwerk innerhalb des Internet bildet und auf einer weltweit verteilten Client-Server-Architektur basiert. Zum WWW vgl. auch Klute (1995).

[106] Die Einbindung privater Haushalte in telematische Dienste gewinnt zunehmend an Bedeutung. Zu Anwendungen der Informationstechnik in privaten Haushalten vgl. u. a. Zimmermann (1995); Brenner, Kolbe (1994).

(Download). Aufgrund des mittlerweile gewachsenen Funktionsumfangs der Kassensysteme werden über reine Verkaufsdaten hinausgehende Informationen an den Kassen benötigt (z. B. Personalstammdaten bei integrierten Kassen- und Zeiterfassungssystemen, Etikettierungsdaten). Sofern ein dezentrales FWWS im Einsatz ist, steigt der Umfang zu übertragender Daten nochmals an. Beispielsweise müssen bei einem dezentralen Wareneingang die Lieferantenstammdaten an das FWWS übertragen werden. Sofern sowohl ein POS-System als auch ein FWWS im Einsatz sind, ist eine Kommunikation zwischen dem POS- und dem Filial-Warenwirtschaftssystem notwendig. In dieser Situation werden zumeist die Kassenergebnisse an das FWWS übertragen, und dieses kommuniziert mit dem zentralen Handelsinformationssystem. Exemplarische Daten, die an dezentrale Systeme übertragen werden, sind:

Artikelstammdaten und -preise, Warengruppen, Kundenstammdaten, Lieferantenstammdaten, Mitarbeiterstammdaten, Steuersätze, Warengruppen, Konditionen.

- Alternativ dazu werden die Abnehmer per Terminal, das mit einem Remote-Anschluß ausgerüstet ist, mit dem zentralen Handelsinformationssystem verbunden. In diesem Fall kann die zentral verfügbare Funktionalität auch dezentral genutzt werden. Somit bedarf es keines zusätzlichen Datenbestandes vor Ort, da die zentrale Datenbank direkt genutzt werden kann.

Auftragsbearbeitung

Bei der Auftragsbearbeitung ist zwischen der Abwicklung auf Großhandels- und der auf Einzelhandelsebene zu unterscheiden. In Großhandelsunternehmen werden die Aufträge im System erfaßt, und zu einem späteren Zeitpunkt folgt die Kommissionierung und Auslieferung.

Im Einzelhandel fallen der Verkauf, der Warenausgang, die Fakturierung und die Debitorenbuchhaltung i. d. R. am Point of Sale zusammen. Die für die Kassiervorgänge erforderlichen Daten werden vom Verkauf bereitgestellt, und die Abverkaufsdaten werden vom POS zurückgemeldet.

Die Abläufe beinhalten Abweichungen, wenn Kunden- und Kreditkarten eingesetzt werden, die zunehmende Verbreitung finden.[107] Zunächst sind reine Kreditkarten zu nennen, die von Kreditkartengesellschaften ausgegeben werden (z. B. EuroCard, American Express, Visa). Von Kreditkarten sind Kundenkarten abzugrenzen, die von den Unternehmen an die Kunden ausgegeben werden, um durch die Gewährung von Sonderleistungen unter anderem eine Kundenbindung zu erreichen. Darüber hinaus können Informationen über die Kunden gesammelt und ausgewertet werden, die eine systematische Durchführung von

---

[107] Zu Kundenkarten als Instrument zur Verbesserung der Kundeninformationen vgl. Mohme (1995), S. 283ff.

Werbeaktionen und anderen verkaufsfördernden Maßnahmen ermöglichen (direktere Ansprache des Kunden und Personalisierung des Kundenkontaktes). Die dritte Kartenform ist eine Kombination von Kunden- und Kreditkarte, bei der ein Handelsunternehmen eine Kooperation mit einer Kreditkartengesellschaft eingeht. Kreditkarten allein führen zu keiner wesentlichen Veränderung des Distributionsprozesses, außer der Betrachtung eines zusätzlichen Falls bei der POS-Abwicklung (vgl. hierzu die Ausführungen im Kapitel 5.1.3). Integrierte Kunden- und Kreditkarten hingegen bedingen eine Fakturierung und die Bearbeitung in der Debitorenbuchhaltung, so daß sich in diesem Fall der funktionale Umfang des Distributionsprozesses der Abwicklung im Großhandel annähert.

Abnehmerreklamationsbearbeitung

Im Reklamationsfall meldet sich der Abnehmer beim Handelsunternehmen und reklamiert entweder eine fehlerhafte oder falsche Lieferung bzw. Rechnung. Zu der Reklamation einer Lieferung wird i. d. R. ein Retourenschein mit dem Bezug zu einem Auftrag geschrieben oder direkt eine Gutschrift erstellt.

Sofern eine Retoure erfolgen soll, wird die zuständige logistische Organisationseinheit (Wareneingang oder Warenausgang) darüber informiert. Beispielsweise wird die Annahme einer Retoure in der Logistik nur vorgenommen, wenn der Abnehmer mit dem Verkauf hierfür entsprechende Vereinbarungen getroffen hat.

Dem Abnehmer werden ggf. auch Gutschriften ohne Retoure erstellt. Dieses ist beispielsweise der Fall, wenn der Abnehmer Ware erhalten hat, die leicht beschädigt ist. Sofern sich der Abnehmer bei der Gewährung von Nachlässen bereiterklärt, die Ware nicht zu retournieren, wird ihm ein Betrag in vereinbarter Höhe gutgeschrieben. Gutschriften können mit und ohne Auftragsbezug erstellt werden.

Außendienstunterstützung

Der Außendienst hat die Aufgabe, „Verkaufsabschlüsse durch Kommunikationsleistungen bzw. Verkaufsgespräche zu erzielen".[108] Der Außendienst hat Abnehmer zu betreuen und neue Abnehmer hinzuzugewinnen.

Zu den Funktionen der Außendienstunterstützung, die informationstechnisch durch sogenannte Computer Aided Selling-Systeme (CAS) unterstützt werden, zählen insbesondere:[109]

- Abnehmerstammdatenverwaltung[110]

  Die Abnehmerstammdaten, die ohnehin in einem zentralen Handelsinformationssystem verwaltet werden müssen, werden auch für ein CAS-System be-

---

[108] Kieliszek (1994), S. 11. Vgl. auch Meffert (1989), S. 482.

[109] Vgl. Kieliszek (1994), S. 14ff., und die dort zitierte Literatur. Vgl. auch Schüring (1991), S. 42ff. Zum Einsatz von CAS im Pharmagroßhandel vgl. Steigerwald (1995).

[110] Vgl. auch Schüring (1991), S. 41f.

nötigt. Zu Zwecken der Vertriebsunterstützung sind i. d. R. jedoch weitere
Attribute notwendig. In jedem Fall ist auf die Integration der Abnehmerstammdaten zwischen dezentralem CAS- und zentralem Handelsinformationssystem zu achten.

- Planung von Abnehmerkontakten und deren Dokumentation
  Für die Abnehmerakquisition werden zunächst Analysen durchgeführt, welche Abnehmer potentiell angesprochen werden könnten. Die Abnehmerkon-
  takte sind zu dokumentieren. Damit die Dokumentation ausgewertet werden
  kann, sollte sie zumindest gut strukturiert sein, evtl. sogar in semiformaler
  Darstellung erfolgen.

- Besuchstourenplanung
  Gegenstand der Besuchstourenplanung ist die Ermittlung einer optimalen
  Tour. Neben den Entfernungen zwischen den zu besuchenden Abnehmern
  sind weitere Restriktionen (z. B. Zeitrestriktionen der Abnehmer) zu beachten.

- Auftragserfassung
  Die Auftragserfassung mit Hilfe elektronischer Medien bietet den Vorteil,
  daß Mehrfacherfassungen vermieden werden können. Durch den zunehmenden Einsatz von elektronischen Katalogen bestehen zudem bessere Möglichkeiten, den Außendienstmitarbeiter aktiv bei seiner Kundenberatung zu
  unterstützen. Zukünftig sollten CAS-Systeme verstärkt durch Datenänderungen in den zentralen Handelsinformationssystemen getriggert werden
  (ereignisgesteuert). Beispielsweise sind Aktionspreise und zukünftige Artikel
  (für Vorverkäufe) dem CAS-System bekannt zu machen, damit der Außendienstmitarbeiter dem Abnehmer die aktuellen Daten mitteilen kann.

- Kommunikation
  Die Kommunikation der dezentralen CAS-Systeme untereinander und mit
  dem zentralen Informationssystem ist eine der wichtigsten Funktionen von
  CAS-Systemen. Werden die Aufträge in CAS-Systemen erfaßt, so sind diese
  möglichst schnell an die Zentrale zu übertragen. Aber auch die Kommunikation via Electronic Mail zwischen den einzelnen Außendienstmitarbeitern
  kann in bestimmten Situationen (z. B. Informationen über in anderen Regionen tätige Konkurrenten) notwendig sein.

Die beschriebenen Funktionen haben in Abhängigkeit von dem Sortimentsan-
gebot des Großhandelsunternehmens eine unterschiedlich hohe Bedeutung. Beispielsweise ist mit einem steigenden relativen Wertgewicht des einzelnen Ab-
satzvorgangs die Analyse und Kontrolle des Verkaufsvorgangs wichtiger als die
eigentliche Auftragserfassung.

5.2.2.2 Datenmodell

Das Datenmodell für den Verkauf setzt sich originär aus dem Auftrag und dessen Positionen zusammen. Vorgelagert zum Auftrag können die Abnehmeranfrage und das Abnehmerangebot sein. Zeitlich dem Auftrag nachgelagert sind der Lieferschein, der Kommissionierauftrag, die Rechnung und die Abnehmerzahlung. Die genannten Objekte (vgl. Abb. 5.71) charakterisieren die Belege, die die Prozesse der einzelnen Bereiche prägen. Der Auftrag (mit den vorgelagerten Objekten) ist das prägende Objekt der Auftragsbearbeitung, der Abnehmerlieferschein incl. des aus dem Lager kommenden Kommissionierscheins das des Warenausgangs, die Abnehmerrechnung das der Fakturierung und die Abnehmerzahlung das der Debitorenbuchhaltung.

Im Datenmodell der Abb. 5.71a wurde, dem Grundsatz der Klarheit folgend, auf die Modellierung von Positionen verzichtet und auf das Zusammenwirken der Objekte fokussiert. In Abb. 5.71b ist exemplarisch die Beziehung von Belegkopf und Belegposition (analog zum Beschaffungsprozeß, vgl. Abb. 5.18b) anhand des Angebots und des Auftrags gezeigt. In Abb. 5.71a werden die Kopfentitytypen als Beziehung zwischen der Zeit und dem generalisierten Objekt Geschäftspartner Abnehmer modelliert, obgleich es sich um die Beziehung zwischen der Zeit und dem nach der Rolle des Abnehmers spezialisierten Objekt handelt (z. B. Geschäftspartner Abnehmer anstelle des Geschäftspartners Abnehmer Debitor bei der Abnehmerzahlung).

Der *Abnehmeranfragekopf* stellt sich als Beziehung zwischen *Abnehmer* und *Zeit* dar. Das *Abnehmerangebotskopf*, in dem die einem Abnehmer gegenüber angebotenen Leistungen enthalten sind, kann sich auf die Anfrage beziehen. Der Abnehmerauftrag (*Abnehmerauftragskopf*) wiederum kann sich auf das Angebot beziehen, der Normalfall ist ein Auftrag ohne Angebotsbezug.

Für die Kommissionierung im Lager werden Kommissionieraufträge (*Kommissionierauftragskopf*) verwendet. Diese beziehen sich i. d. R. auf einen oder mehrere Abnehmeraufträge. Das Ergebnis der Kommissionierung wird in einem *Abnehmerlieferscheinkopf* festgehalten, der eine Beziehung von Zeit und Abnehmer darstellt. Der Lieferschein bezieht sich auf einen Auftrag oder mehrere Aufträge, ebenso wie ein Auftrag einen oder mehrere Lieferscheine nach sich ziehen kann. Der *Abnehmerrechnungskopf* hat normalerweise einen eindeutigen Bezug zum Lieferschein. Allerdings können mehrere Lieferscheine zusammengefaßt werden (Sammelrechnung) oder ein Lieferschein in mehrere Rechnungen geteilt werden (Teilrechnung).

Die Abnehmerzahlung (*Abnehmerzahlungskopf*) ist das zentrale Objekt der Debitorenbuchhaltung und spiegelt den Abschluß des Distributionsprozesses wider.

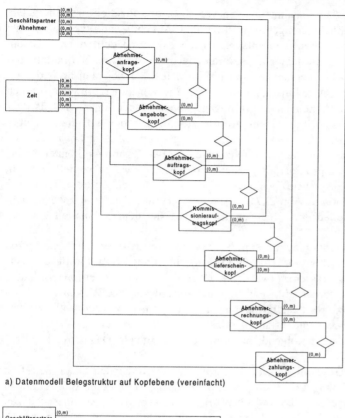

a) Datenmodell Belegstruktur auf Kopfebene (vereinfacht)

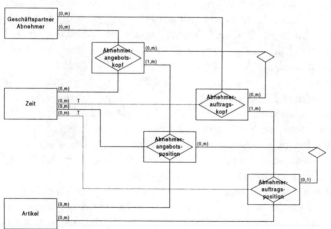

b) Datenmodell Belegstruktur auf Positionsebene (vereinfacht)

Abb. 5.71: Datenmodell Belegstruktur im Distributionsprozeß (vereinfacht)

In Abb. 5.71b ist das Zusammenwirken von Kopf und Position modelliert. Die Position (hier Abnehmerangebotsposition und Abnehmerauftragsposition) ist eine Beziehung zwischen dem entsprechenden Kopf und dem Artikel. Einem Kopf muß immer mindestens eine Position zugeordnet sein, im Normalfall sind es mehrere. Die Abnehmerangebotsposition hält fest, zu welchem Preis der jeweilige Artikel dem Abnehmer angeboten wird, die Abnehmerauftragspositionen bestimmt die vom Abnehmer in Auftrag gegebene Menge eines Artikels. Der Abnehmer kann sich bei einem Auftrag (Auftragskopf) auf ein Angebot (Angebotskopf) beziehen oder bei Auftragspositionen auf Angebotspositionen (auch aus mehreren Angeboten) referenzieren. In den Positionen können unterschiedliche Termine pro Position genannt sein. Dies ist zwar prinzipiell möglich, in den meisten Handelsbetrieben aber untypisch. Deswegen wird die Beziehung der Zeit zur Position in Abb. 5.71a als konditional auf Typebene gekennzeichnet, in den Modellen der folgenden Kapitel ist sie, dem Normalfall entsprechend, weggelassen.

Die für die Versorgung dezentraler Systeme spezifischen Datenstrukturen gehen aus Abb. 5.72 hervor. Der grau schattierte Bereich zeigt die für die Versorgung von POS-Kassen notwendigen Daten. Die weiter oben angeordneten Objekte werden erforderlich, wenn beispielsweise dezentrale Warenwirtschaftssysteme eingesetzt werden, mit deren Hilfe disponiert werden soll. Weitergehende Daten wie Kundenstamm- oder Mitarbeiterstammdaten wurden, dem Grundsatz der Klarheit folgend, nicht in das vorliegende Datenmodell aufgenommen.

Die an einen *Geschäftspartner Abnehmer* zu übertragenden Daten betreffen zum einen die *Warengruppe* (*Download Warengruppe*), um u. a. Informationen über den Umfang der zu übertragenden Artikeldaten (bspw. in Abhängigkeit von der Sortimentsstufe der betrachteten Warengruppe) festlegen zu können. Durch die Aggregation von Abnehmer, *Zeit* und Artikel werden die *Abnehmerartikel* gebildet, wobei konditional in die Aggregation die Logistische Einheit des Artikels eingehen kann. Anhand der Verbindung von *EAN* und *Artikel-Logist.EH* werden u. a. die Preise des Artikels bereitgestellt. Durch die Aggregation von Zeit, Abnehmer und Artikel-Log.-EH-EAN wird der *Download Artikel* festgelegt, der die relevanten Daten für den dezentralen Verkauf umfaßt. Der Download Artikel kann auch auf eine vorgegebene EAN (z. B. Preislagenartikel für 19,99 DM) einer Warengruppe referenzieren (*Referenz-EAN*). Die Zuordnung von Konditionen zum Download Artikel wird durch die Beziehung zwischen der *Konditionsgültigkeit* und dem Download-Artikel abgebildet.

Weitergehende Daten sind insbesondere für Zwecke der Disposition erforderlich. Im Mittelpunkt der Dispositionsunterstützung steht die Beziehung zwischen dem Abnehmerartikel und den für diesen gültigen *Dispositionsangabe*n (*Abnehmerartikel-Dispoangabe*).[111] Diese können spezialisiert werden in Dispo-

---

[111]   Vgl. auch die Ausführungen in Kapitel 5.1.2 zum Datenmodell der Disposition.

sitionsangaben, die einen Bezug zur Layoutplazierung der Artikel angeben (*Abnehmerartikel-Dispoangabe Layout*), um beispielsweise die Artikel innerhalb eines eingegrenzten Layoutbereichs zusammenfassen zu können. Darüber hinaus sind Logistikangaben (*Abnehmerartikel-Dispoangabe Logistik*), Angaben zum Bezugsweg (Strecke, Lager) im Entitytyp *Abnehmerartikel-Dispoangabe Bezugsweg*, um beispielsweise Streckenartikel gesondert von Lagerartikeln gruppieren zu können, und Angaben zur Logistischen Einheit des Artikels (*Abnehmerartikel-Dispoangabe Logistische Einheit*) als Spezialisierung im Datenmodell enthalten.

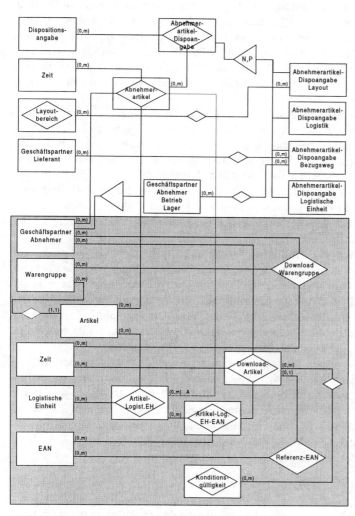

Abb. 5.72: Datenmodell POS-/FWWS-Download

5.2.2.3 Prozeßmodell

Prozeß Auftragserfassung

Handelsunternehmen haben bereits ab einer mittleren Größenordnung ca. 1.000 Aufträge bzw. 50.000 Auftragspositionen pro Tag zu bearbeiten. Besonders in Versandhandelsunternehmen wird dieses Volumen noch bei weitem übertroffen, so daß der effizienten Auftragserfassung eine hohe Bedeutung beizumessen ist. Die Art der Auftragsübermittlung determiniert den Erfassungsaufwand. Im besten Fall werden die Aufträge per EDI an das Handelsunternehmen übermittelt. Zwischen Zentralen und Filialen, aber auch zwischen selbständigen Einzelhändlern und Großhändlern (z. B. in Franchise-Systemen oder in genossenschaftlich organisierten Systemen) hat die EDI-Übertragung stark zugenommen. Die Abnehmer (Filialen, Einzelhändler als Kunden) erfassen ihre Bestellungen über MDE-Geräte und übermitteln diese der Zentrale, so daß dort die normale Auftragserfassung entfällt.

Zur Identifikation des Abnehmers, der seine Bestellungen übermittelt, wird zumeist die bundeseinheitliche Betriebsnummer (bbn) verwendet. Die engste Kopplung zwischen Abnehmer und Handelsunternehmen besteht, wenn der Abnehmer online auf das Warenwirtschaftssystem zugreifen kann, so daß er beispielsweise Einsicht in die aktuellen Lagerbestände des Handelsunternehmens nehmen kann. Auch die elektronische Übermittlung der Bestellungen von Endkunden an Einzelhändler und damit der Entfall der Auftragserfassung bei diesem hat mit der Verbreitung der elektronischen Medien zugenommen (vgl. Abb. 5.70).

Sofern eine manuelle Auftragserfassung erforderlich wird, ist zu prüfen, ob ein Abnehmerstammsatz vorhanden ist. Wenn kein Abnehmerstammsatz bekannt ist, kann optional ein sogenannter CPD (Conto pro diverse)-Abnehmer[112] ausgewählt werden. Mit der Angabe des Auftraggebers wird zugleich die Bonität des Abnehmers geprüft, um sicherzustellen, daß kein Abnehmerauftrag erfaßt wird, bei dem die Gefahr einer Forderungsabschreibung besteht. Bei fehlender Bonität wird i. d. R. die Barzahlung als Zahlungsweise vorgeschrieben.

Bei der Erfassung der Auftragspositionen bzw. der Übernahme der per EDI übermittelten Daten ist zu entscheiden, ob eine Kreditlimitprüfung vorgenommen wird. Bei einer Kreditlimitprüfung wird nach jeder erfaßten Auftragsposition kontrolliert, ob der dem Abnehmer eingeräumte Kreditrahmen überschritten ist. In jedem Fall wird eine Prüfung vorgenommen, inwieweit die Artikelangaben korrekt sind bzw. die Artikel beim Abnehmer gelistet sind. In Ausnahmefällen kann ein Artikel auch einmalig gelistet werden.

---

[112] Bei dem CPD-Konto handelt es sich um ein Konto, auf dem verschiedene Einmalkunden-Forderungen erfaßt werden können. Damit wird der Aufwand zur Anlage von Debitorenstammsätzen bei Einmalkunden verringert.

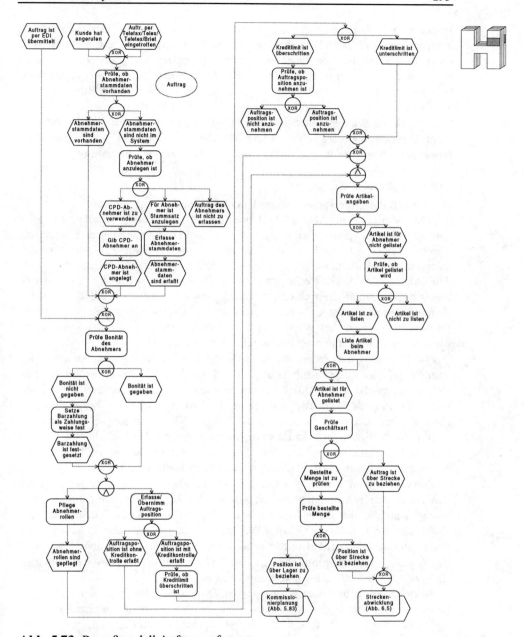

Abb. 5.73: Prozeßmodell Auftragserfassung

In der Regel wird dies nicht der Fall sein, da beispielsweise in Großhandelsunternehmen von den Herstellern vorgeschrieben wird, daß bestimmte Artikel (oder Sortimente) nur von ausgewählten Einzelhändlern bezogen werden dürfen. Ist der Artikel gelistet, wird geprüft, ob der Artikel über Strecke oder über Lager bezogen werden soll. Falls eine Lagerbestellung vorliegt, kann diese in eine Streckenbestellung umgewandelt werden, sofern die Bestellmenge eine bestimmte Grenze überschreitet. Bei einer Lagerbestellung wird in den Prozeß der Kommissionierung verzweigt, andernfalls führt die Bestellung zu einer Lieferantenstreckenbestellung, die im Prozeß Streckenabwicklung erfolgt.

Prozeß Ordersatzerstellung

Der Prozeß der Ordersatzerstellung kann insbesondere durch zwei Prozesse angestoßen werden (vgl. Abb. 5.74). Durch die „Artikellistung" werden neue Abnehmerartikel-Beziehungen definiert, die aus Sicht der Abnehmer erst durch die Bereitstellung von Ordersätzen bekannt werden. Analoges gilt für die „Verkaufspreiskalkulation", aus der die geänderten Verkaufspreise erst durch den Ordersatz Gültigkeit erlangen. Zusätzlich kann beim Eintritt neuer Mitarbeiter die Notwendigkeit eines Downloads - in einer sehr weitgefaßten Auslegung verstehen wir unter Ordersatz die gesamte Datenbereitstellung der Zentrale für die Filiale - entstehen, wenn Personalverkäufe zugelassen werden sollen bzw. Mitarbeiterinformationen zentral und dezentral zu verwalten sind.

Die Kopplung der Prozesse Artikellistung und Verkaufspreiskalkulation mit dem Prozeß der Ordersatzerstellung ist zwingend, da ansonsten Probleme entstehen. Beispielsweise praktizieren einige Handelsunternehmen eine Aufnahme von Artikeln in dezentralen Einheiten an der Listung vorbei. In diesen Situationen entstehen u. a. beim Verkauf der Artikel am POS Probleme, da dem Kassensystem die Artikel nicht bekannt sind. Analoges gilt für den Fall, daß der Artikel nicht mehr gelistet ist. In dieser Situation ist der Artikel im Ordersatz mit einem Kennzeichen zu versehen, so daß er nicht mehr bestellt werden darf.

Zunächst ist im Prozeß festzulegen, welche Form der Datenversorgung für den Abnehmer relevant ist: der klassische Ordersatz auf Papier, der elektronische Katalog, die Bereitstellung von POS-Daten oder die Versorgung mit Daten für ein vollständiges Filial-Warenwirtschaftssystem. Der klassische Ordersatz umfaßt die Artikel mit Informationen u. a. über die zeitliche Gültigkeit des Artikels, die Artikelnummer, den Artikeltext und die Mindestbestellmenge. Er ist dem Layout des Abnehmers entsprechend aufgebaut.

Anstelle von Listen oder Katalogen setzen sich im Groß- und Versandhandel zunehmend elektronische Kataloge durch. In diese werden multimediale Darstellungsformen (z. B. Graphiken, Fotos, Sprache) integriert, um eine attraktivere und inhaltsreichere Form der Produktpräsentation zu erreichen. Kataloge werden für bestimmte Perioden (z. B. Saisons) erstellt und hierarchisch gegliedert (z. B. Elektrogeräte, Elektro-Kleingeräte). Normalerweise hat der elektronische Katalog eine Struktur, die der Layout-Struktur des Abnehmers stark ähnelt (Zusammenfassung verwandter Artikel in Layoutbereichen).

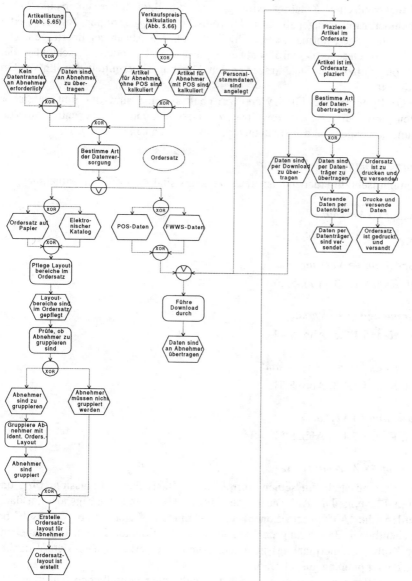

Abb. 5.74: Prozeßmodell Ordersatzerstellung

Deswegen wird der elektronische Katalog in der EPK gemeinsam mit dem klassischen Ordersatz modelliert. Die Layout-Gestaltung des Ordersatzes und des elektronischen Katalogs wird ggf. an die Bedürfnisse unterschiedlicher Abnehmergruppen angepaßt. Der elektronische Katalog wird per Download oder über Datenträger, normalerweise CD-ROM, an den Abnehmer übertragen. Der klassische Ordersatz wird entweder ausgedruckt oder verschickt oder elektronisch bzw. per Datenträger an den Abnehmer übermittelt, der ihn vor Ort ausdruckt.

POS-Systeme und Filial-Warenwirtschaftssysteme sind mit umfangreichen Daten (normalerweise per Download) zu versorgen, damit die dezentral zur Verfügung stehende Funktionalität auch genutzt werden kann.

Informationsflußmodell Verkauf

Exemplarische Interdependenzen des Verkaufs sind Abb. 5.75 zu entnehmen.

Einkauf ↔ Verkauf

Vgl. Kap. 5.1.1.3, Abb. 5.12.

Disposition ↔ Verkauf

Vgl. Kap. 5.1.2.3, Abb. 5.26.

Wareneingang ↔ Verkauf

Vgl. Kap. 5.1.3.3, Abb. 5.42.

Rechnungsprüfung ↔ Verkauf

Vgl. Kap. 5.1.4.3, Abb. 5.51.

Marketing ↔ Verkauf

Vgl. Kap. 5.2.1.3, Abb. 5.57.

Verkauf ↔ Warenausgang

Der Verkauf stellt mit seinen Aufträgen die Basis der Kommissionierung und deren Planung dar. Auf Basis von Auftragskopf- und Auftragspositionsdaten werden die Auftragspositionen an bestimmten Tagen (z. B. zyklisch bei wöchentlicher Belieferung der Abnahme) zu bestimmten Zeiten (entsprechend der Kommissionierplanung) im Lager kommissioniert und nach den Vorgaben der Tourenplanung ausgeliefert.

Vom Warenausgang müssen die in Bearbeitung befindlichen Aufträge (und damit verbunden die Bestände) dem Verkauf bekannt sein, damit dieser jederzeit die aktuelle Bestandssituation bei der Auftragserfassung kennt.

Verkauf ↔ Faktura

Vom Verkauf gelangen die Auftragsdaten und -werte, die dem einzelnen Abnehmer beim konkreten Umsatzvorgang in Form von Konditionen gewährt worden sind, in die Faktura. Beispielsweise werden die Preise in der Faktura anhand der Zugehörigkeit von Abnehmern zu Abnehmergruppen gefunden.

Verkauf ↔ Debitorenbuchhaltung

Die Debitorenbuchhaltung hält die Daten zur Bonitätsprüfung bei der Auftragserfassung bereit, damit bereits bei der Erfassung von Aufträgen verhindert werden kann, daß Positionen erfaßt werden, die aufgrund der Zahlungssituation des Kunden nicht mehr angenommen werden sollten bzw. eine Barzahlung erfordern.

Verkauf ↔ Lager

Der Verkauf erhält aus dem Funktionsbereich Lager Informationen über den Prozeßfortschritt der Umlagerungen zwischen Abnehmern (insbesondere zwischen Lager und Filiale).

Verkauf ↔ Kostenrechnung

Die Verkaufsdaten stellen in der Kostenrechnung die Basis für die Quantifizierung von Fehlmengen dar, die sich aus der Differenz zwischen Auftrags- und Fakturiermenge ergibt.

Die Kostenrechnung liefert an den Verkauf Daten über die Deckungsbeiträge der einzelnen Abnehmer und Abnehmergruppen, die für die Steuerung der Verkaufsaktivitäten notwendig sind.

Verkauf ↔ Personalwirtschaft

Vom Verkauf gelangen die Umsätze der Abnehmer an die Personalwirtschaft, damit dort die für die Vertreter erforderlichen Abrechnungsdaten vorliegen. Mitunter werden auch die von Kassiererinnen erbrachten Kassierleistungen sowie die von ihnen verursachten Differenzen an die Personalwirtschaft zu Zwecken einer Prämienlohnberechnung übertragen.

Von der Personalwirtschaft werden die Informationen über die Vertreter an den Verkauf weitergeleitet, um dort beispielsweise eine effiziente Vertretereinsatzplanung vornehmen zu können.

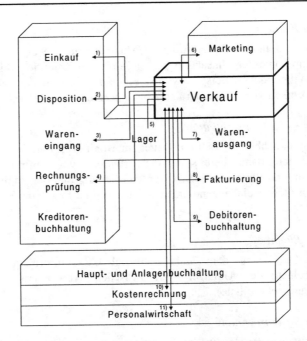

Informationen **vom** Verkauf:

1) Sonderartikel
2) Auftragsdaten, Aktionsaufträge, Sonderbestellungen, Streckenauftrag
3) Artikelreservierung, Aktionsauftrag, Schnellschüsse
4) Abnehmerrechnung und -position

6) Auftragsdaten, Abnehmerverhalten

7) Abnehmerauftrag, Reklamation mit Retoure, Proforma-Rechnung, Ordersatz
8) Abnehmerauftrag, Reklamation, Abnehmer, Artikel,
   Konditionen
9) Fortschreibung Kreditlimit
10) Abnehmerauftrag, Vertreterdaten

11) Abnehmerauftrag, Vertreterreisen

Informationen **zum** Verkauf:

1) Artikelgrunddaten, Artikelbeschaffungsdaten
2) Offene Bestellungen, Bestelltermine, Bestellungen,
   Streckenbestellungen
3) Verfügbare Menge des Wareneingangs
4) Abnehmerrechnung und -position
5) Umlagerungen
6) Prognostizierte Absatzmengen und -werte, Abnehmerkontrakte, Verkaufsaktionen, Werbemaßnahmen, Listungsdaten, Abnehmerstammdaten,
   Abnehmergruppierungen, Verkaufspreise, Konditionen
7) Abnehmerretoure, Versandrestriktionen, Ver-
   packungsrestriktionen, Kommissionierauftrag
8) Abnehmerrechnung

9) Zahlung, Kreditlimit
10) Kosten für Auftrag, Region, Vertreter, Abnehmer-
    gruppe u.a.
11) Mitarbeiterstammdaten

Abb. 5.75: Interdependenzen des Verkaufs

5.2.3   Warenausgang

5.2.3.1 Funktionsmodell

Der Warenausgang hat die Aufgabe, den Auftrag eines Abnehmers, der im Verkauf erfaßt wurde, in der vereinbarten Menge, Qualität und Zeit zu erfüllen.
Hierbei muß, ausgehend vom Liefertermin, die Ware rechtzeitig bereitgestellt,
kommissioniert und ausgeliefert werden. Mit dem Warenausgang ist der Auftrag
des Kunden aus logistischer Sicht erledigt, so daß eine Fakturierung der gelieferten Ware vorgenommen werden kann. Überblicksartig können die wesentlichen Funktionen Abb. 5.76 entnommen werden.

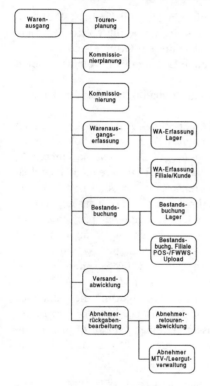

Abb. 5.76: Funktionsdekompositionsdiagramm Warenausgang

Tourenplanung

Die Tourenplanung stellt ein in der betriebswirtschaftlichen Theorie vieldisku-
tiertes Entscheidungsproblem dar. Insbesondere das Operations Research hat
sich intensiv mit Fragestellungen der Tourenoptimierung auseinandergesetzt.[113]

Während die Tourenplanung i. d. R. als ein Partialproblem betrachtet wird,
weist es vielfältige Interdependenzen zu anderen Planungsproblemen auf. Hervorzuheben sind die Wechselwirkungen zwischen der Kommissionierplanung
und der Planung der physischen Beladung der den Transport durchführenden
Transportmittel.[114] Um die Touren festlegen zu können, bedarf es der Daten aus
der Kommissionierung, die angeben, wie hoch das zu transportierende Volumen
pro Abnehmer ist. Die Kenntnis der Touren wiederum legt die Reihenfolge der
Kommissionierung fest.

Bei der Tourenplanung handelt es sich um ein NP-vollständiges Problem,
d. h. jeder Algorithmus, der zu einer optimalen Reihenfolge führt, erfordert hierfür mehr als den polynomialen Zeitaufwand. Aus diesem Grunde sind Heuristiken notwendig, um eine zumindest befriedigende Lösung des Problems erzielen
zu können.

Bei der Tourenplanung können statische und dynamische Verfahren unterschieden werden.

Bei der statischen Tourenplanung wird von gegebenen Aufträgen der Kunden
ausgegangen und eine i. d. R. streckenminimale Tour berechnet.[115] Hierbei
bleiben Störungen wie Staus oder Blitzaufträge (sog. Schnellschüsse) unberücksichtigt. Für den Großhandel bzw. das Zentrallager im filialisierenden Handel ist
zuweilen die Situation gegeben, daß die Touren relativ fest sind und sich von
Woche zu Woche nur wenig ändern. Jeder Abnehmer ist einer Tour zugeordnet
und wird dementsprechend in festem Rhythmus (z. B. einmal pro Woche an
einem festen Wochentag) beliefert. Das Problem der Tourenplanung tritt damit
nur sporadisch auf (wenn neue Abnehmer hinzukommen, bei Aktionen etc.).
Voraussetzung für einen festen Tourenplan ist, daß sich die Gesamtmenge pro
Tour von Woche zu Woche nicht wesentlich unterscheidet.

Bei der dynamischen Tourenplanung werden hingegen die aktuellen
Datenänderungen berücksichtigt, um die Tour dynamisch den neuen Erfordernissen anzupassen. Ein Beispiel für die Umsetzung einer dynamischen Tourenplanung ist die Verwendung Teilintelligenter Agenten (TIA).[116] Hierbei reprä-

---

[113] Vgl. u. a. Müller-Merbach (1988), S. 292ff. Zu Anforderungen an EDV-gestützte Tourenpla-
      nungssysteme vgl. Klemt (1987). Vgl. auch Ravndal (1987).
[114] Zur simultanen Planung von Tourenplanung und physischer Beladung der LKWs mit Hilfe
      genetischer Algorithmen vgl. Wendt, Rittgen, König (1992).
[115] In der Literatur wird das einfachste Tourenplanungsproblem, die Bestimmung der kürzesten
      Strecke zwischen einer gegebenen Zahl an Punkten, auch als Traveling-Salesman-Problem
      bezeichnet. Vgl. u. a. Wendt, Rittgen, König (1992).
[116] Vgl. im folgenden Falk, Spieck, Mertens (1993); Falk, Spieck (1992). Vgl. auch Becker,
      Rosemann (1993), S. 137-140.

sentiert ein TIA ein Transportmittel. Er wird aktiv, wenn Störungen eintreten. Sofern der TIA beispielsweise nicht eigenständig durch Umgehung eines Staus die Belieferung von Abnehmern sicherstellen kann, verhandelt er mit anderen TIA über einen möglichen Abnehmertausch, um die Belieferungstermine nicht zu gefährden. Zur Umsetzung eines solchen Systems bedarf es DV-technisch einer Echtzeitumgebung, die u. a. durch Fahrzeugbordcomputer und Mobilkommunikation sichergestellt werden kann.[117] Eine Tourenplanung mit TIAs kann nur durchgeführt werden, wenn die Aufträge der Abnehmer relativ unspezifisch sind und sowohl von LKW 1 als auch von LKW 2 befriedigt werden können (typisches Beispiel: ambulanter Handel, wie der Fahrverkauf von Tiefkühlkost). Eine solche Situation ist allerdings nur in seltenen Fällen gegeben.

Kommissionierplanung

Der Tourenplan des Tages ist der Auslöser der Kommissionierplanung.

In der Tourenplanung sind die Touren festgelegt und die Abnehmer den Touren zugeordnet worden. In Abb. 5.77 ist ein Fall dargestellt, bei dem der erste Tourtag einer Woche aus zwei Touren besteht. Diese Touren sollen ab 9:00 bzw. 13:30 zur Auslieferung gelangen, so daß die Aufträge Kommissionierwellen zugeordnet werden, die bis 8:30 bzw. 13:00 kommissioniert sein müssen.

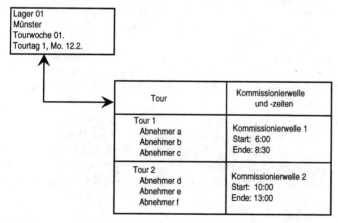

Abb. 5.77: Starrer Tourenplan und daraus abgeleitete Kommissionierwellen

Die Kommissionierplanung dient der Simulation des bevorstehenden Kommissioniervolumens (Kapazitätsnachfrage) und der Verteilung der Kapazitätsbeanspruchung im Zeitablauf.

Die Anzahl zu bearbeitender Aufträge in einer Kommissionierwelle determiniert das Ausmaß der beiden konfliktären Zielgrößen Durchlaufzeit der Aufträge und Kapazitätsauslastung.

---

[117] Vgl. Tietz (Logistik) (1992), S. 727ff.

Kommissionierung

Bei der Kommissionierung werden auf Basis von Kommissionieraufträgen die von den Abnehmern bestellten Waren zusammengestellt.[118]

In der Filiale nimmt der Kunde die Kommissionierung selbst wahr, während im Lager die Zusammenfassung von Artikeln zu Kommissionieraufträgen mit Hilfe komplexer Kommissionierstrategien erfolgt. Allerdings zeichnen sich auch in filialisierenden Handelsunternehmen Tendenzen ab, daß die Kunden auf Basis von Aufträgen (z. B. über T-Online) die Ware angeliefert bekommen. In diesem Fall werden Funktionen zur Kommissionierung auch in Filialen erforderlich.

Bei den Kommissionierstrategien können insbesondere die ein- und die zwei-stufige Kommissionierung unterschieden werden.[119] Bei der einstufigen Kommissionierung werden anhand von Kommissionieraufträgen (die einen i. d. R. lagerbereichsbezogenen Auszug des Auftrags darstellen) die Artikel abnehmerbezogen kommissioniert und im Warenausgang für den Versand bereitgestellt. Bei der zweistufigen Kommissionierung wird artikel- und nicht abnehmerbezogen kommissioniert, d. h. zunächst wird die Gesamtbestellmenge eines Artikels aus dem Lager entnommen und erst anschließend auf die einzel-nen Abnehmer aufgeteilt.

Die verwendete Kommissionierstrategie und deren informationstechnische Unterstützung hängt von dem eingesetzten *Kommissionierverfahren*, der *Lagerorganisation* für das Sammeln, Lagern und Transportieren von Artikeln sowie von der *eingesetzten Technik* ab.[120]

Die *Kommissionierverfahren* können danach unterschieden werden, ob die Zusammenstellung durch das Personal oder unter Verwendung von Automaten erfolgt.[121] Sofern Mitarbeiter die Kommissionierung übernehmen, kann differen-ziert werden zwischen:[122]

• Mann-zur-Ware
  Beim Verfahren „Mann-zur-Ware" bewegt sich der Kommissionierer zur Ware hin. Exemplarische Mann-zur-Ware-Systeme sind Lager mit Fach-bodenregalen, Blocklager, Durchlaufregale ohne Transporthilfsmittel sowie mit manuell bedienten Regalförderfahrzeugen oder Kommissionierstaplern,

---

[118] Vgl. Pfohl (1995), S. 78.

[119] Die Kommissionierung eines kompletten Auftrags, wie er in der Filiale vom Kunden selbst vorgenommen wird, wird hier nicht betrachtet. Hertel bezeichnet diese Form der Kommissio-nierung als abnehmerorientierte Kommissionierung. Vgl. Hertel (1992), S. 210. Es wird mit der mehrstufigen Kommissionierung versucht, eine bessere Kapazitätsauslastung durch die Bildung von Sammelaufträgen zu erzielen. Vgl. Ihde (1991), S. 249.

[120] Zur Gestaltung von Kommissionierverfahren vgl. Schwarting (1986).

[121] Vgl. Rauch (1987), S. 389.

[122] Vgl. im folgenden Schulte (1995), S. 116ff. Der Einsatz von Kommissionierautomaten ist aufgrund der Anforderung an die Einheitlichkeit der Artikel bezüglich Geometrie und Ver-packungsart im Handel nur in seltenen Fällen vorteilhaft. Vgl. ebenda, S. 118f.

Hochregallager mit manuell bedienten Regalförderfahrzeugen oder Kommissionierstaplern oder Lager mit Verschieberegalen.

- Ware-zum-Mann

  Hier wird die Lagereinheit der Ware zum stationären Kommissionierer transportiert, der die entsprechende Kommissioniermenge entnimmt. Die restliche Menge der Lagereinheit wird in das Lager zurücktransportiert. Auch ein vollautomatisiertes Hochregallager realisiert das Verfahren Ware-zum-Mann. Eine geringe Anzahl an Auftragspositionen, die Zulässigkeit längerer Auftragsdurchlaufzeiten und das Fehlen von Eilaufträgen stellen die wichtigsten Einsatzvoraussetzungen des Verfahrens Ware-zum-Mann dar.[123]

Die Anpassung der Kommissionierung an die bestehende Infrastruktur läßt sich insbesondere durch zwei Parameter determinieren: Die Reihenfolge der Kommissionierung sowie die Wahl zwischen einer einstufigen (auftragsorientierten) oder zweistufigen (artikelorientierten) Kommissionierung. Aus Abb. 5.78 gehen die vier Kombinationsmöglichkeiten hervor.[124]

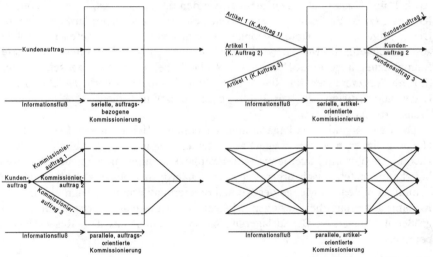

In Anlehnung an Gronau (1987), S. 7-9.

Abb. 5.78: Kommissionierorganisationsformen

Die serielle, auftragsorientierte Kommissionierung ist die einfachste Art der Kommissionierung, da die einzelnen Kommissionierpositionen nacheinander gesammelt werden. Sie ist organisatorisch überschaubar, erfordert einen geringen Koordinationsbedarf und ist für kleine Lager geeignet. Bei einer

---

[123] Zu Eignungskriterien der Verfahren vgl. Rupper (1991), S. 191f., und die dort zitierte Literatur.

[124] Vgl. im folgenden Gronau (1987), S. 6ff.

seriellen, artikelorientierten Abwicklung wird eine hohe Ressourcenausnutzung beim Sammeln angestrebt, was aber dazu führt, daß jeder Artikel noch einmal bewegt werden muß, damit der Auftrag zusammengestellt werden kann. Bei einer parallelen, auftragsorientierten Durchführung werden die Kundenaufträge in lagerbereichsbezogene Kommissionieraufträge gesplittet und parallel bearbeitet. Diese Abwicklungsform bietet sich an, wenn die Aufträge einen hohen Umfang besitzen, schnell bearbeitet werden müssen und eine hohe Heterogenität des Lagersortiments gegeben ist. Die parallele, artikelorientierte Kommissionierung faßt die bestehenden Aufträge zu internen Aufträgen zusammen, die in den unterschiedlichen Lagerbereichen parallel bearbeitet werden. Sie versucht die Vorteile der zweistufigen Kommissionierung und der parallelen Bearbeitung zu vereinen.

Die *Lagerorganisation* unterscheidet Festplatzkommissionierung und chaotische Kommissionierung.[125] Bei einer Festplatzkommissionierung wird im Artikelstamm der Lagerplatz festgehalten, von dem die Ware entnommen wird. Bei der chaotischen Kommissionierung besteht keine feste Zuordnung zwischen Artikel und Lagerplatz. Die Artikel werden in Abhängigkeit von diversen Kriterien (z. B. Entfernung, Gewicht) auf einem freien Lagerplatz eingelagert. Demzufolge wird die Kommissionierung immer von einem anderen Lagerplatz aus durchgeführt. Mit der chaotischen Lagerung wird eine optimierte Raumnutzung angestrebt. Dem stehen Nachteile beim Aufbau chaotischer Läger (höhere Auszahlungen für Regal- und Förderfahrzeuge, sofern das chaotische Lager automatisiert ist, was häufig gegeben ist) und die i. d. R. längeren Transportwege entgegen.[126]

Die Lagerorganisation kann in unterschiedlichen Bereichen des Lagers (z. B. Hochregallager, manuelles Lager) voneinander abweichen (vgl. Abb. 5.79). Existieren neben einem Lagerbereich mit Festplatzkommissionierung auch Reservelagerbereiche (chaotisch organisiert), wird häufig in Abhängigkeit von der zu kommissionierenden Menge der Kommissionierplatz ermittelt. Hierbei wird die Kommissionierung bei geringen Mengen vom Festplatz vorgenommen, bei größeren Mengen (z. B. Auslagerung ganzer Paletten) aus dem Reservelagerbereich.

---

[125] Vgl. Ihde (1991), S. 248ff.

[126] Zu den Vor- und Nachteilen einer chaotischen und systematischen Lagerung vgl. u. a. Ihde (1991), S. 249. I. d. R. werden Kombinationen von chaotischer und fester Lagerplatzordnung die optimale Lösung in einem Lager darstellen. Vgl. Zoller (1982).

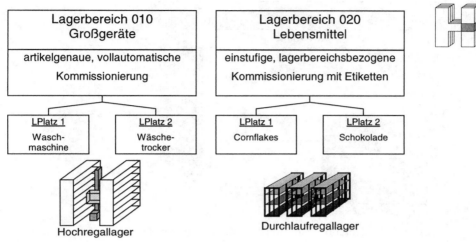

Abb. 5.79: Lagerbereichsbezogene Kommissionierung

Entsprechend der eingesetzten *Kommissioniertechnik* kann die Kommissionierung manuell oder maschinell erfolgen. Bei der manuellen Kommissionierung werden i. d. R. Kommissionierlisten oder Etiketten verwendet. Die maschinelle Durchführung wird durch moderne Lagertechniken wie Infrarotsteuerung, automatische Förderfahrzeuge, automatische Sortiereinrichtungen unterstützt.[127]

Die Kommunikation von Gabelstaplern mit Infrarot- oder Datenfunktechnik beispielsweise hat den Vorteil, daß Kommissionieraufträge (aber auch Einlagerungsaufträge) aktuell nach Prioritätskriterien vergeben werden können. Zudem wird ein weitgehend papierloser Betrieb im Lager möglich. Automatische Förderbänder erlauben anhand von Strichcodes auf den Behältern den vollautomatischen Transport von Teilkommissionen zum Versandfeld des Abnehmers.

Eine Besonderheit stellt die abnehmerabteilungsspezifische Zusammenstellung von Artikeln in Transporthilfsmitteln dar. Die Zusammenfassung von Warengruppen zu Abteilungen beim Abnehmer wird verwendet, um ihm für die unterschiedlichen Abteilungen die entsprechenden Transporthilfsmittel (THM) anliefern zu können (vgl. Abb. 5.80). Insbesondere bei Warenhäusern besteht somit die Möglichkeit, in Abhängigkeit von der Abteilung, die Artikel bestellt hat, eine oder mehrere THM anzuliefern, damit dort der Prozeß des Wareneingangs beschleunigt wird.

---

[127] Vgl. Geitz (1993); Fehr (1986). Zu innerbetrieblichen Transportsystemen vgl. u. a. Müller (1981).

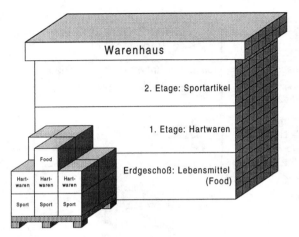

Abb. 5.80: Abteilungsspezifische Anlieferung von THM

Warenausgangserfassung

Die Erfassung des Warenausgangs wird durch die Quittierung der Kommissionieraufträge vorgenommen. Im automatisierten Fall meldet das System (vollautomatisch) nach der Kommissionierung den Auftrag als erledigt. Sofern die Bestätigung des Warenausgangs manuell dem System mitgeteilt werden muß, wird von halbautomatischen Systemen gesprochen (beispielsweise bei der Auslagerung ganzer Paletten durch einen Staplerfahrer, der per Funksteuerung mit dem Lagersteuerungssystem verbunden ist).

Häufig wird in Lagern die Kommissionierung mit Hilfe von Kommissionierlisten oder Etiketten einer automatisierten Lösung vorgezogen, da die Sortimentsstruktur eine vollautomatische Lösung verhindert. Bei Etikettenkommissionierung werden die Etiketten in Abhängigkeit von dem Kommissionierbereich in der Reihenfolge gedruckt, in der kommissioniert werden soll. Der Kommissionierer verwendet je kommissionierten Artikel ein Etikett, welches er auf dem Artikel befestigt. Bei größeren Auftragsmengen je Artikel (gesteuert über einen Parameter) wird zumeist lediglich ein Etikett für die gesamte Menge gedruckt. Die Erfassung des Warenausgangs im System kann bei einer Etikettenkommissionierung auf unterschiedliche Weise erfolgen. Zum einen kann der Kommissionierer den Auftrag bestätigen, wenn keine Etiketten bei der Kommissionierung übriggeblieben sind, bzw. die übriggebliebenen Etiketten dem System als „nicht kommissioniert" melden (Voraussetzung: Kommissionierer wird mit entsprechender Technik, z. B. MDE-Geräten, unterstützt). Zum anderen sind an einer zentralen Stelle (z. B. in einem Warenausgangsbüro) die einzelnen Kommissionieraufträge zu bestätigen.

Mit der Waranausgangserfassung wird im Lager die Lieferscheinschreibung angestoßen. „Der Lieferschein ist eine Aufstellung der mit der Lieferung an eine Betriebsstätte gelieferten Ware nach Art und Menge. Er wird mit der Ware der belieferten Betriebsstätte ausgeliefert."[128] Je nach Volumen sind durchaus mehrere Lieferscheine je Kunde notwendig. Da der Lieferschein zugleich das Dokument für den Transportführer ist, um die Anlieferung beim Kunden vorzunehmen, bedarf es der Möglichkeit, manuell mehrere Lieferscheine für einen Kunden zu erstellen,[129] wenn die Lieferung auf mehrere LKW verteilt ist.

Die Warenausgangserfassung in den Filialen erfolgt zumeist über Datenkassen. Die Daten sind an das zentrale Handelsinformationssystem zu übertragen (Upload der Daten). In Abhängigkeit von der Informationsgenauigkeit (artikelgenaue oder rein wertmäßige Bestandsführung) werden die Abverkaufsdaten artikelgenau oder in verdichteter Form übertragen.

Bestandsbuchung

Die Buchung der Bestände setzt auf der Erfassung des Warenausgangs auf. Im Lager wird mit der Freigabe der Aufträge zur Kommissionierung bereits eine Reservierung der entsprechenden Bestände vorgenommen, damit dem Verkauf nicht suggeriert wird, daß diese Bestände noch verfügbar sind. Mit der Erfassung der Warenausgänge wird die Reservierung aufgelöst.

Für die Filialen werden i. d. R. wertmäßige Bestände fortgeschrieben.[130] Die Bestandsfortschreibung erfolgt in der Zentrale auf Basis der Abverkaufsdaten der Filiale, die im Kassensystem, resp. Filial-Warenwirtschaftssystem erfaßt werden. Die Abverkaufszahlen werden periodisch (meist täglich) an das zentrale Handelsinformationssystem übertragen (POS-Upload, FWWS-Upload). Abhängig vom Filial-Informationssystem werden der Wert je Kassenwarengruppe pro Tag, der Wert je Artikel pro Tag, Wert und Menge je Artikel pro Tag oder (für Spezialauswertungen) Menge und Wert je Artikel je Kassenbon übermittelt. In der Filiale vorgenommene Preisabschriften werden mitübertragen und gehen in die Bestandsbewertung ein. Die Wareneingänge in der Filiale werden in der Zentrale den Wareneingängen der Filiale gegenübergestellt, die entweder in der Zentrale erfaßt werden oder in der Filiale und von dort per MDE/EDI oder über POS/FWWS an die Zentrale übermittelt werden (vgl. Kapitel 5.1.3.1). Auf der Basis dieser Daten kann eine Bestandsfortschreibung je nach Granularität der übermittelten Daten mengenmäßig (seltener) oder nur wertmäßig (häufiger) erfolgen.

---

[128] CCG (1980), S. 16.

[129] Idealtypisch wäre eine derartige Planung und Aufteilung bereits bei der Kommissionierplanung zu berücksichtigen. In diesem Fall könnte die Lieferung auf mehrere Teillieferungen aufgespalten und den LKW-Touren zugeordnet werden. Aufgrund der theoretischen Probleme der Berechnung exakter Volumenangaben einer aus beliebigen Artikeln zusammengestellten Lieferung wird diese Vorgehensweise im folgenden nicht betrachtet.

[130] Vgl. auch die entsprechenden Ausführungen in Kapitel 5.1.3.

Abnehmerrückgaben

Abnehmerrückgaben sind Retouren von den Filialen an die Zentrale oder von der Zentrale an die Lieferanten oder direkt von der Filiale an den Lieferanten, z. B. bei Mängeln. Auch Rückrufaktionen von Lieferanten führen zu gezielten Retouren von Abnehmern.[131]

Bei Leergutrückgaben erfolgt immer eine wertmäßige Entlastung des Abnehmers. Bei MTV hingegen wird entweder eine abnehmerbezogene Bestandsführung durchgeführt, eine Belastung (bei Lieferung) und Entlastung (bei Rückgabe) vorgenommen, oder es erfolgt ein Zug-um-Zug-Geschäft (leere gegen volle MTV).[132]

5.2.3.2 Datenmodell

Ein Datenmodell, daß die wesentlichen Objekte und deren Beziehungen zum Warenausgang beinhaltet, ist in Abb. 5.81 wiedergegeben.

Die zu kommissionierenden Aufträge werden *Kommissionierwelle*n zugeordnet (*K.Wellen-Auftrags-ZuO*). Hierbei geht optional der Abnehmer ein, um den Fall abzubilden, in dem die Abnehmer bereits fest Kommissionierwellen zugeordnet sind.

Ausgehend vom Auftrag eines Abnehmers (*Abnehmerauftragskopf*) mit den einzelnen Positionen (*Abnehmerauftragspositionen*) werden Kommissionieraufträge (*Kommissionierauftragskopf* und *Kommissionierauftragsposition*) erzeugt. Die Beziehung zwischen Kommissionierauftrag, *Versandart* und *Lagerbereich* repräsentiert die von einem Lagerbereich zu kommissionierenden Aufträge, die zudem versandspezifisch zu behandeln sind (*Lagerbereichsbezogener K.auftrag.*). Den lagerbereichsbezogenen Kommissionieraufträgen werden *Versandfeld*er zugeordnet, damit die Aufträge verschiedener Lagerbereiche an einem Ort zusammengefaßt werden können. In Abhängigkeit von Volumen und Gewicht können einem lagerbereichsbezogenen Kommissionierauftrag mehrere Versandfelder zugeordnet werden.

Der Entitytyp *Tourtag* faßt alle an einem Tag durchzuführenden Touren zusammen. Die *Tour* beinhaltet die fest vorgegebene Zusammenstellung von Abnehmern, die mit einem *Transportmittel* (LKW mit Hänger, LKW ohne Hänger, Sattelaufzug etc.) zu beliefern sind. Dabei kann es durchaus vorkommen, daß ein LKW innerhalb eines Tags zwei Touren durchführen muß und nach Beendigung der ersten Tour zur erneuten Beladung wieder zum Lager zurückkommt.

Grundlage der Beladung der Transportmittel ist die Ladeliste *(Ladelistenkopf)*, die sich aus mehreren *Ladelistenposition*en zusammensetzt.

---

[131] Zur Integration von Lieferanten- und Abnehmerretouren, wie sie bei Rückrufaktionen der Industrie erforderlich sind, vgl. Kapitel 5.1.3.

[132] Vgl. Kapitel 5.1.3.1.

Eine Ladeliste beinhaltet die Angaben, für welche Tour zu welcher Zeit die Beladung vorzunehmen ist. In den einzelnen Positionen werden die Kommissionieraufträge der einzelnen Lagerbereiche sowie die Versandfelder aufgeführt, von denen die Ware zu den Transportmitteln transportiert wird. Da die Reihenfolge der Ladelistenpositionen für die Planung der physischen Beladung von Bedeutung ist, wird eine *Ladelistenpositionsfolge* notwendig. Den einzelnen Ladelistenpositionen werden *Transporthilfsmittel* zugeordnet.

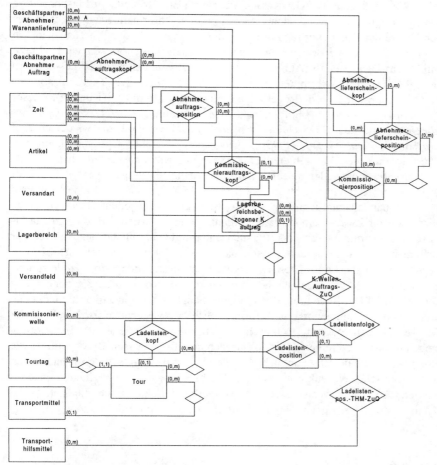

Abb. 5.81: Datenmodell Warenausgang

Der Lieferschein (*Abnehmerlieferscheinkopf*) stellt die Realisierung des Abnehmerauftrags dar. Er setzt sich aus *Lieferscheinposition*en zusammen, die einen Bezug zu Kommissionierpositionen haben können. Da insbesondere bei großvolumigen Waren respektive sehr großen Aufträgen mehrere Transport-

mittel die Belieferung für einen Kunden vornehmen, werden mehrere Lieferscheine notwendig, so daß es möglich sein muß, daß eine Kommissionier-
position mehrere Lieferscheinpositionen nach sich zieht. Im umgekehrten Fall
können auch mehrere Kommissionierpositionen zu einer Lieferscheinposition
zusammengefaßt werden, wenn beispielsweise ein Artikel parallel in unterschiedlichen Lagerbereichen kommissioniert wurde.

Für die Abwicklung des Warenausgangs in dezentralen Einheiten, bei denen
Filial-Warenwirtschafts- oder Kassensysteme im Einsatz sind, wird insbesondere
die Übertragung der Kassendaten an das zentrale Informationssystem erforderlich.[133] Bei der Datenübertragung ist zu unterscheiden, ob der Warenausgang an
einen bekannten oder einen unbekannten Kunden vorgenommen wird. Hierzu
enthält das Datenmodell (Abb. 5.82) die Alternativen, daß die Verkaufsdaten in
verdichteter Form übermittelt werden, d. h. lediglich der Tagesumsatz des
Artikels übertragen wird (Regelfall bei Verkauf an anonyme Kunden). Dieser
Fall wird dadurch abgebildet, daß eine Beziehung von *Geschäftspartner
Abnehmer* und *Zeit* (*POS-Upload Umsatz*) modelliert wird, die wiederum eine
Beziehung zum *Artikel* (*POS-Artikelumsatz*) eingeht. Optional kann bei
*Aktion*en auch die Aktion in die Beziehung POS-Artikelumsatz eingehen.

Alternativ kann jeder einzelne Umsatzvorgang übertragen werden (Verkauf
an bekannte Kunden, wie beispielsweise in C&C-Märkten, bei Niederlassungen
von Großhandelsunternehmen). Die Registrierung eines jeden Umsatzvorgangs
wird auch für Zwecke einer Warenkorbanalyse erforderlich. Mit diesem Markt-
forschungsinstrument wird der Versuch unternommen, anhand der Analyse der
einzelnen Verkaufsvorgänge („Bonanalyse") das Kaufverhalten der Konsumenten zu analysieren. Dieses Vorgehen ist insbesondere in Handelsunternehmen notwendig, bei denen sich der Kundenkontakt auf den Kassiervorgang
beschränkt.[134] Die Bedeutung der Warenkorbanalyse wird in Zukunft zunehmen,
da mit den Scanningkassen die informatorische Basis gegeben ist[135] und auf der
Auswertungsseite kaum technische Restriktionen bestehen.[136] Es werden
beispielsweise in einigen Handelsunternehmen Bonanalysen durchgeführt, die
einen Datenbankumfang von mehreren Terabyte erfordern. Mit den Bonanalysen
sollen typische Warenkörbe ermittelt werden, die von den Kunden gekauft
werden. Auf diese Weise sollen Artikelverbundeffekte durch die statistische
Analyse der Verkaufsvorgänge ermittelt werden, um Informationen für die

---

[133] Zu weiteren Daten, die zwischen dezentralen Einheiten und der Zentrale übertragen werden
können, vgl. die Ausführungen in Kapitel 5.1.2. Es werden beim Upload von Daten lediglich
die Kassendaten betrachtet.

[134] Vgl. Olbrich (IT) (1992), S. 7.

[135] Zu Nutzungsmöglichkeiten von Scannerdaten für Marktforschung und Absatzpolitik vgl. u. a.
Heidel (1991); Schulte, Simmet (1990); Simon (1987); Simon, Kucher, Sebastian (1982).

[136] Vgl. Hertel (1992), S. 161; Möhlenbruch (1992), S. 587.

Sortimentspolitik bereitzustellen. Einen exemplarischen Aufbau einer Warenkorbanalyse für den Lebensmitteleinzelhandel stellt FISCHER vor.[137]

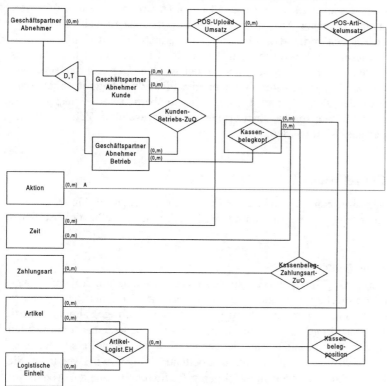

Abb. 5.82: Datenmodell POS/FWWS-Upload

Im Datenmodell wird durch die Beziehung zwischen *Geschäftspartner Abnehmer Kunde* und *Geschäftspartner Abnehmer Betrieb* zunächst festgehalten, welche Kunden bei welchen Betrieben Ware beziehen dürfen. Durch die Beziehung zwischen Kunde, Betrieb und Zeit werden die Kassenbelege (*Kassenbelegkopf*) modelliert. Kassenbelege sind der Kassenbon oder die Rechnung an den Kunden. Da bei Verkauf an der Kasse mit Barzahlung oder Kreditkarte der Kunde nicht bekannt ist, geht der Entitytyp Kunde konditional (auf Ausprägungsebene) in den Kassenbeleg ein. Dem Kassenbeleg wird eine *Zahlungsart* zugeordnet, die die Art der Zahlungsregulierung (z. B. Kassenbon

---

[137] Vgl. Fischer (Warenkorb) (1992), der anhand eines praktischen Falls die Anwendungsfelder von Warenkorbdaten systematisiert und eine allgemeine Analysemethodik entwickelt. Darüber hinaus wird aufgezeigt, wie Warenkorbanalysen den Einsatz absatzpolitischer Aktionsinstrumente verbessern können.

mit Barzahlung, mit Kreditkarte, mit Kundenkreditkarte, Rechnung, Lastschrift) festlegt.[138] Die einzelnen Positionen gehen aus der Beziehung zwischen dem Kassenbeleg und dem Artikel Logistische Einheit (*Kassenbelegposition*) hervor, die kennzeichnet, welcher Artikel in welcher Logistischen Einheit zu welchem Preis an den Kunden verkauft worden ist. Der Kassenbeleg mit Kopf und Positionen kann alternativ oder additiv zum POS-Upload Umsatz per Upload an das zentrale Handelsinformationssystem übermittelt werden. Der Fall der additiven Übermittlung wird dann gewählt, wenn für die Finanzbuchhaltung (Sachkonto Umsatzerlöse) der POS-Upload Umsatz („Kassenbericht") die maßgebliche Größe ist und für Statistische Auswertungen in ausgewählten Zeiträumen die Kassenbelege analysiert werden.

5.2.3.3 Prozeßmodell

Bei den Prozessen zum Warenausgang ist zu unterscheiden, ob ein Warenausgang im Lager oder der Verkauf an den Endkunden im Einzelhandel betrachtet wird.

Prozeß Kommissionierplanung

Beim Warenausgang im Lager ist zunächst eine Kommissionierplanung (vgl. Abb. 5.83) notwendig, in der das erforderliche Kommissioniervolumen (prognostiziert anhand der im System gespeicherten Aufträge) simuliert wird. Die Kapazitätsnachfrage und das hierfür erforderliche Kapazitätsangebot werden bereits vor der Kommissionierung berechnet. Zur besseren Personaleinsatzplanung der häufig mit Teilzeitkräften arbeitenden Lager wird versucht, die Aufträge bis zu einem festgelegten Zeitpunkt (z. B. bis 20 Uhr am Abend vor der Auslieferung) zu erfassen. Die Planung richtet sich an Kommissionierwellen aus, die eine Unterteilung des Kommissioniervolumens vornehmen. Die in eine Kommissionierwelle einzubeziehenden Aufträge können entweder starr oder flexibel geplant werden. Bei der starren Planung sind die Abnehmer eindeutig einer Kommissionierwelle am Tourtag zugeordnet. Die Reihenfolge, in der die Abnehmer im Rahmen einer Tour angefahren werden, legt hierbei die Zuordnung zu Kommissionierwellen fest. Bei einer flexiblen Planung können Kriterien wie Abnehmergruppen, Abnehmer, Artikel oder Kommissionierbereiche verwendet werden, um die Kommissionierwellen festzulegen. Diese richtet sich am Kapazitätsangebot aus, wobei ggf. Maßnahmen zur Anpassung des Kapazitätsangebots erforderlich werden, um einen möglichst effizienten Kommissionierablauf sicherzustellen. Hierfür wird auch eine Personaleinsatzplanung erforderlich, die den Einsatz der Lagermitarbeiter im Tagesverlauf steuert. Die Notwendigkeit einer Personaleinsatzplanung ist insbesondere bei größeren Lagern mit

---

[138] Zur Zahlungsart vgl. auch die Ausführungen in Kapitel 5.1.5.

vielen Teilzeitkräften gegeben. Durch den Einsatz von Teilzeitkräften hat das Unternehmen die Möglichkeit, die Ressourcen flexibel den Bedürfnissen anzupassen und somit den Anteil an Leerkosten möglichst gering zu halten. Die Möglichkeiten der Personaleinsatzplanung werden in Kapitel 5.4.3 thematisiert.

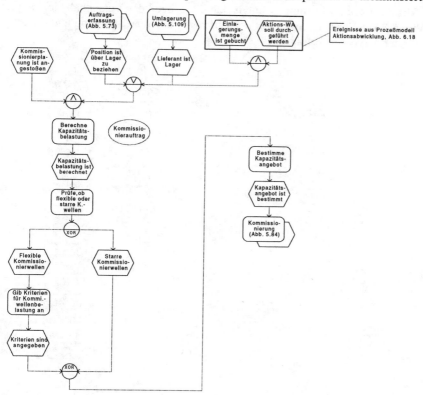

Abb. 5.83: Prozeßmodell Kommissionierplanung

Prozeß Kommissionierung

Der Prozeß der Kommissionierung wird durch den betrachteten Kommissionierbereich festgelegt, da unterschiedliche Techniken und Lagerorganisationsformen der Bereiche zu abweichenden Abläufen in der Kommissionierung führen. Bei Festplatz- und mengenabhängiger Kommissionierung wird entsprechend der Vorgaben der Kommissionierwellen ein automatischer Nachschub berechnet (vgl. Abb. 5.85). Durch den Vergleich des Bestands auf dem Kommissionierfestplatz und dem Bedarf wird bei Differenzmengen eine Umlagerung von einem Reservelagerplatz auf einen Kommissionierfestplatz vorgenommen.

Mit der Meldung der Aufträge an das System als kommissioniert bzw. der Meldung von Kommissionierdifferenzen werden der Bestand vom Lagerplatz abgebucht und die Daten für Zwecke der Kommissionierleistungsrechnung an die Personalwirtschaft übergeben.

Mit der Bestandsbuchung schließt sich der Prozeß der Versandabwicklung an (Abb. 5.86), in der der Transport der Aufträge zum Warenausgang und die Auslieferung der Waren erfolgt.

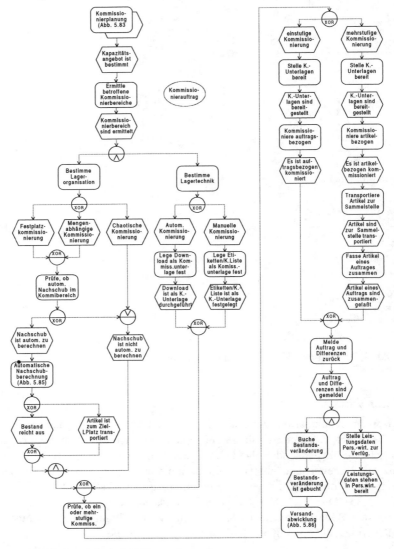

Abb. 5.84: Prozeßmodell Kommissionierung

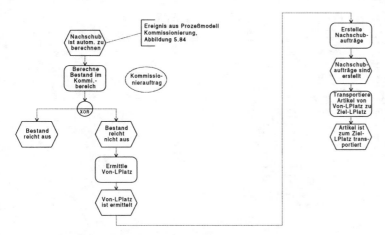

Abb. 5.85: Prozeßmodell Nachschub

Prozeß Versandabwicklung

Im wesentlichen können zwei alternative Versandabwicklungsformen unter-
schieden werden. Zum einen werden die Teilkommissionen auf ein oder mehrere
Versandfeld(er) transportiert. In diesem Fall sind die Versandfelder eines Ab-
nehmers auf der Ladeliste festgehalten, so daß der Versandmitarbeiter oder der
LKW-Fahrer die Ware nur von den Versandfeldern auf das entsprechende
Transportmittel verladen muß. Alternativ kann direkt von einer Sammelzone die
Verladung vorgenommen werden.

Den weiteren Ablauf prägt die Art der MTV-Abwicklung. Sollen MTV dem
Abnehmer in Rechnung gestellt werden, sind die mitgelieferten MTV zu erfas-
sen, bevor die Beladung zusammen mit den Versandpapieren erfolgen kann.
Hingegen ist bei einer MTV-Kontoführung eine beliebig serieller Ablauf der
Funktionen Lieferschein- und Rechnungserstellung, Beladung des Transport-
mittels und Erfassung der MTV möglich. Bei letzterer Alternative besteht die
Möglichkeit, die ausgelieferten MTV getrennt zu erfassen und bei sofortiger
Rücknahme der MTV beim Abnehmer nur einen Erfassungsvorgang im System
durchführen zu müssen.

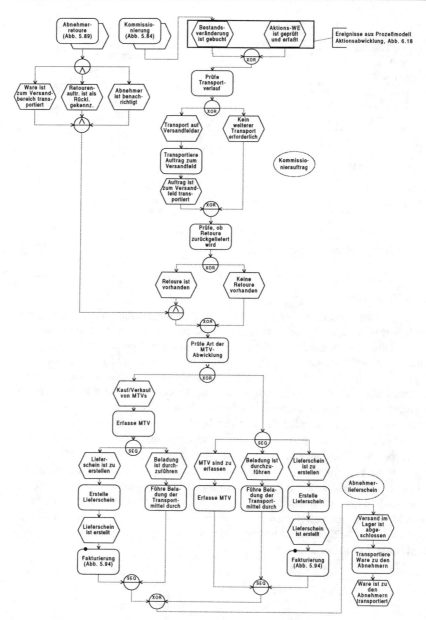

Abb. 5.86: Prozeßmodell Versandabwicklung

Prozeß Warenausgang Filiale/Kunde

Beim Verkauf an den Endkunden im Einzelhandel stellt sich ein Ablauf dar, der funktional nicht so umfassend ist wie in einem Lager, da der Warenausgang im wesentlichen durch die Erfassung des Verkaufsvorgangs an der Kasse charakterisiert wird.

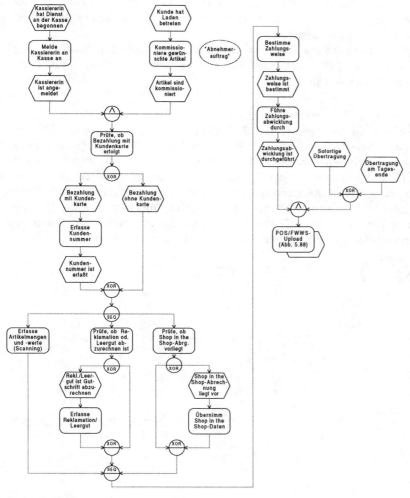

Abb. 5.87: Warenausgang Filiale/Kunde

Voraussetzung für den Kassiervorgang ist die Anmeldung der Kassiererin an der Kasse (vgl. Abb. 5.86). Der Prozeßablauf wird im folgenden dadurch geprägt, ob mit Kundenkarte bezahlt wird. Es sind an der Kasse insbesondere drei Vorgangsarten zu unterscheiden:

- Es sind die Artikel nach Art und Menge zu erfassen, die sich der Kunde im Markt zusammengestellt hat.
- Es sollen Gutschriften berücksichtigt werden (Leergutrückgabe, Reklamationen, Kundengutscheine usw.)
- Es sind Shop in the Shop-Abrechnungen zu erfassen, d. h. es wurde Ware von einem i. d. R. externen Anbieter (z. B. Käsetheke, Fleischtheke, CD- oder Textil-Rackjobber) im Markt erfaßt, die bei der Rechnungsstellung getrennt zu berücksichtigen ist.

Abschließend werden die Abverkaufsdaten an das zentrale Informationssystem übertragen, wobei zwischen einer Online- und einer täglichen Übertragung unterschieden werden kann.

Prozeß POS/FWWS-Upload

Bei dem Upload der Daten (vgl. Abb. 5.88) sind aus Sicht der Handelsinformationssysteme die Vorgangsarten (z. B. Gutschriften, Rabatte, Preisänderungen, Rechnungen) zu differenzieren, die einer Kassenabrechnung zugrundeliegen. Der Upload von Daten aus den Kassen- oder Filial-Warenwirtschaftssystemen wird nicht nur durch Kassiervorgänge hervorgerufen. Werden Inventur, Disposition oder Wareneingang (um nur die wichtigsten Aufgaben zu nennen) in der Filiale informationstechnisch unterstützt, sind die entsprechenden Daten zur Weiterbearbeitung an das zentrale Informationssystem zu übertragen.

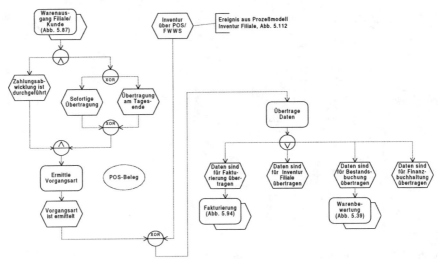

Abb. 5.88: Prozeßmodell POS/FWWS-Upload

Prozeß Abnehmerretoure

Der Prozeß der Abnehmerretoure wird in Abb. 5.89 beschrieben.

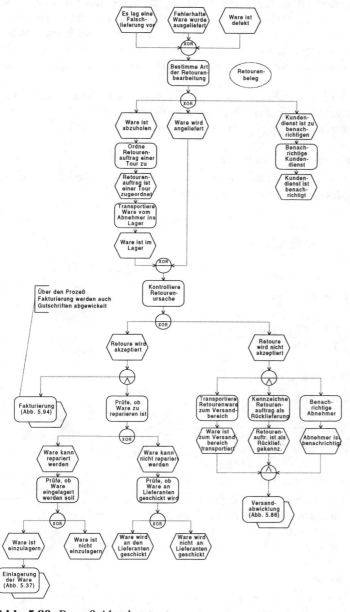

Abb. 5.89: Prozeß Abnehmerretoure

Die Retourenbearbeitung wird i. d. R. durch den Anruf eines Abnehmers beim Vertrieb angestoßen, der die Reklamation aufnimmt und entscheidet, wie die Retoure zu bearbeiten ist. Sofern keine Reparatur der Ware durch den Kundendienst des Lieferanten (z. B. Reparatur einer Waschmaschine) möglich ist, wird die Ware vom Abnehmer abgeholt, oder der Abnehmer bringt die Ware zurück. Wird die Retoure akzeptiert, wird sie ggf. repariert und/oder eingelagert. Ist die Ware nicht zu reparieren, wird sie an den Lieferanten zurückgeschickt oder entsorgt.

Bei der Ablehnung der Retoure durch das Handelsunternehmen ist die Retourenware zu einem Versandbereich zu transportieren, damit die Ware zusammen mit der nächsten Lieferung an den Abnehmer zurückgeschickt wird.

Informationsflußmodell Warenausgang

Die Interdependenzen des Warenausgangs zu den anderen Funktionsbereichen des Handels-H-Modells sind Abb. 5.90 zu entnehmen.

Einkauf ↔ Warenausgang

Vgl. Kapitel 5.1.1.3, Abb. 5.12.

Disposition ↔ Warenausgang

Vgl. Kapitel 5.1.2.3, Abb. 5.26.

Wareneingang ↔ Warenausgang

Vgl. Kapitel 5.1.3.3, Abb. 5.42.

Marketing ↔ Warenausgang

Vgl. Kapitel 5.2.1.3, Abb. 5.67.

Verkauf ↔ Warenausgang

Vgl. Kapitel 5.2.2.3, Abb. 5.75.

Warenausgang ↔ Fakturierung

Der Warenausgang stellt mit der Rückmeldung der zu einem Auftrag ausgelieferten Menge (den Lieferscheindaten) die Grundlage der Fakturierung dar.

Die Fakturierung erstellt die Rechnungen, die im Warenausgang mitunter vor dem Transport der Ware zum Kunden vorliegen muß.

Warenausgang ↔ Lager

Vom Warenausgang werden die Daten des POS-Upload an das Lager übertragen, wenn beispielsweise Inventurdifferenzen zu verarbeiten sind.

Vom Lager werden die Umlagerungsinformationen an den Warenausgang weitergeleitet, damit die Umlagerung physisch erfolgen kann.

Warenausgang ↔ Haupt- und Anlagenbuchhaltung

Der Warenausgang führt die Bestandsreduzierung durch die Auslagerung von Artikeln durch, die in den Bestandskonten der Hauptbuchhaltung mitgebucht werden müssen. Analoges gilt bei Anlageabgängen, die ebenfalls, durch den Warenausgang angestoßen, zu buchen sind. Die Kassenumsätze werden über den Upload der Finanzbuchhaltung zur Buchhaltung auf dem Konto Umsatzerlöse übermittelt.

Die Hauptbuchhaltung stellt die Konten bereit, auf denen die entsprechenden Vorgänge zu buchen sind.

Warenausgang ↔ Kostenrechnung

Die Differenz zwischen den Auftragsmengen und den ausgelieferten Mengen stellt eine Grundlage für die Bewertung von Fehlmengen in der Kostenrechnung dar, da es sich aus Sicht der Kostentheorie um Opportunitätskosten handelt. Bei der Auslagerung von Waren können andere Wertansätze als in der Finanzbuchhaltung angesetzt werden. Die Daten über das kommissionierte Volumen oder den Ressourcenverbrauch sind für die Ermittlung von Logistikleistungsdaten notwendig.

Die Kosten- und Leistungsrechnung stellt mit den geplanten und erfaßten Leistungsdaten u. a. Anhaltspunkte für die Kosten der einzelnen Kommissionieraufträge zur Verfügung, die in eine Kommissionierplanung Eingang finden.

Warenausgang ↔ Personalwirtschaft

Die Kommissionierleistung der Lagermitarbeiter dient in der Personalwirtschaft der Prämienlohnberechnung. Sofern die Abnehmer mit eigenem Fuhrpark beliefert werden, können auch die LKW-Fahrer nach einer Prämienlohnberechnung abgerechnet werden. Ebenso können Kassierleistungen der Kassiererinnen in der Lohn- und Gehaltsabrechnung berücksichtigt werden. Für Zwecke der Personaleinsatzplanung werden Produktivitätsinformationen zu den einzelnen Mitarbeitern benötigt.

Die Personalwirtschaft stellt mit den Ergebnissen der Personaleinsatzplanung die Voraussetzungen für die Kommissionierung dar.

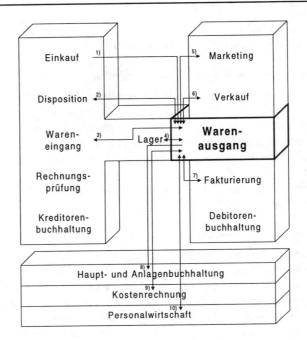

Informationen **vom** Warenausgang:

2) Warenausgangsmenge zu Aktionen
3) Warenausgangsmenge
4) Umlagerung, POS/FWWS-Upload (Inventur-
    differenzen)
5) Abnehmerlieferung

6) Abnehmerretoure, Versandrestriktionen,
    Verpackungsrestriktionen, Kommisionierauftrag
7) Abnehmerlieferung, Artikel, Konditionen
8) Warenausgangswert, Warenausgangsmenge
9) Leistungsgrößen des Warenausgangs (z.B. kommi-
    sionierte Aufträge und Positionen, Anzahl Touren,
    Anzahl THM, Bruch)
10) Leistungsdaten der Lagermitarbeiter(insbes. Zeit-
    daten, Kommisioniervolumen, gepl. Kommisionier-
    volumen, Produktivität der Mitarbeiter)

Informationen **zum** Warenausgang:
1) Artikelgrunddaten, Artikellagerdaten
2) Bestellungen zu Aktionen, Sonderbestellungen
3) Wareneingangsmenge
4) Umlagerung
5) Abnehmerstammdaten, Artikel, Abnehmertour (bei
    starrer Planung)
6) Abnehmerauftrag, Reklamation mit Retoure, Pro-
    forma-Rechnung, Ordersatz
7) Abnehmerrechung

9) Ist- und Plankosten des Warenausgangs

10) Zeit- und Prämienlohn, Personaleinsatzplan

Abb. 5.90: Interdependenzen des Warenausgangs

5.2.4 Fakturierung

5.2.4.1 Funktionsmodell

Die Aufgaben der Fakturierung sind spiegelbildlich zur Rechnungsprüfung zu interpretieren. Bei der Fakturierung wird eine Bewertung des Abnehmerlieferscheins vorgenommen und führt zum zentralen Objekt der Fakturierung, der Rechnung.

Zu den Funktionen der Fakturierung können insbesondere die Bewertung des Abnehmerlieferscheins, die diversen Formen der Rechnungsstellung an den Abnehmer und die Berechnung nachträglicher Vergütungen des Abnehmers gezählt werden, wie überblicksartig Abb. 5.91 entnommen werden kann.

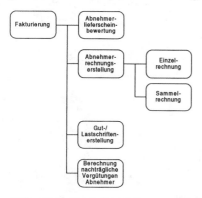

Abb. 5.91: Funktionsdekompositionsdiagramm Fakturierung

Abnehmerlieferscheinbewertung

Die Bewertung des Lieferscheins mit den dem Abnehmer zu gewährenden Konditionen führt zur Einzelrechnung. Die Einzelrechnung ist die Grundlage für alle Folgeaktivitäten im Rahmen der Fakturierung. Bei der Bewertung des Lieferscheins ist darauf zu achten, daß die mit der Anlage des Auftrags festgelegten Konditionszusagen auch eingehalten werden. Minderlieferungen aufgrund fehlenden Bestands dürfen beispielsweise nicht zu einer Reduzierung des zu gewährenden Konditionsvolumens führen.

Im Einzelhandel entfällt mit Ausnahme der Kreditkartenabwicklung und dem eher seltenen Fall der Rechnungserstellung an den Kunden eine Fakturierung, da der Warenausgang mit dem Kassiervorgang am Point of Sale zusammenfällt.

Eine Besonderheit stellt die Abwicklung von Leergut (und MTV im Fall des MTV-Kaufs oder -Verkaufs) dar. In Abb. 5.92 ist der Ablauf bei Leergut skizziert. Aus einem Auftrag eines Abnehmers, der beispielsweise zehn Kästen Bier bestellt, wird ein Kommissionierauftrag. Die Ergebnisse der Kommissionierung (im Beispiel sieben Kästen Bier) ermöglichen die Fakturierung. Bei dieser ist zu beachten, daß es sich bei dem vollen Kasten Bier um einen Stücklistenartikel (Vollgut) handelt, der zu Zwecken der Faktura in seine Einzelartikel aufgelöst wird. Die Bewertung dieser Einzelartikel führt zu der korrekten Bewertung der Lieferung an den Abnehmer. Bei MTV ist der Ablauf weitgehend analog. Allerdings handelt es sich bei MTV um einen Einzel- und keinen Stücklistenartikel wie beim Leergut. Es werden die ausgelieferten MTV wie normale Artikel fakturiert.

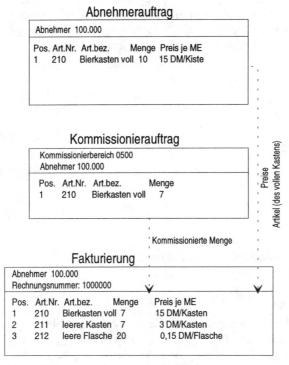

Abb. 5.92: Fakturierung von Vollgut

Abnehmerrechnungserstellung

Der Abnehmer erhält Einzelrechnungen oder Sammelrechnungen, in denen die Forderung die kumulierten Rechnungsbeträge z. B. einer Dekade umfaßt.

Bei Einzelrechnungen werden die gelieferten Mengen bewertet und den Abnehmern in Rechnung gestellt. Eine Einzelrechnung enthält das Datum, den Gesamtbetrag insgesamt und je Mehrwertsteuersatz, die Zahlungsbedingungen und die einzelnen Rechnungspositionen mit Artikelnummer und -menge sowie den Rechnungsnettobetrag der Position. Bei Sammelrechnungen werden als Positionen die Gesamtbeträge der einzelnen Rechnungen aufgelistet (evtl. mehrwertsteuersatzgenau).

Gutschriften-/Lastschriftenbearbeitung

Gutschriften haben ihre Ursache meist in Abnehmerreklamationen oder -retouren, die zu einer Forderung des Abnehmers gegenüber dem Unternehmen führen. Allerdings sind auch Gut- und Lastschriften ohne vorhergehende Vertriebsaktivitäten denkbar.

Berechnung nachträgliche Vergütungen Abnehmer

Die Berechnung nachträglicher Vergütungen, die dem Abnehmer zu gewähren sind, erfolgt analog der beim Lieferanten skizzierten Vorgehensweise.[139] Die mit dem Abnehmer ausgehandelten Boni und sonstigen nachträglichen Vergütungen werden auf Basis der Rechnungsdaten ermittelt und dem Abnehmer entweder bei der nächsten Rechnung gutgeschrieben, oder es wird gesondert eine Gutschrift erstellt.

5.2.4.2 Datenmodell

Die für die Fakturierung notwendigen Informationsobjekte sind in Abb. 5.93 aufgezeigt. Die Abnehmerrechnung (*Abnehmerrechnungskopf*) ist eine Beziehung von *Geschäftspartner Abnehmer Regulierung*, *Zeit* und *Vertriebsschiene*. Die Rechnung kann nach der Abrechnungsart differenziert werden:
- Für jede Lieferung werden eine oder möglicherweise auch mehrere Rechnung(en) erstellt, oder eine Rechnung umfaßt mehrere Lieferungen (*Abnehmerrechnungskopf Einzel*).
- Es werden in einer Abrechnung mehrere Rechnungen zusammengefaßt (*Abnehmerrechnungskopf Sammelliste*). Somit sind die Einzelrechnungen die Positionen in der Sammelrechnung.

Die einzelnen Rechnungen können danach unterschieden werden, in welcher Form die Belastung des Abnehmers mit der einzelnen Rechnung erfolgt. Es können die Rechnung (*Abnehmerrechnungskopf Rechnung*), die Gutschrift (*Abnehmerrechnungskopf Gutschrift*), die Lastschrift (*Abnehmerrechnungskopf Lastschrift*) und die Proforma-Rechnung (*Abnehmerrechnungskopf Proforma*), die z. B. im Exportgeschäft benötigt wird, voneinander abgegrenzt werden.

---

[139] Detaillierte Ausführungen zur Abrechnung nachträglicher Vergütungen finden sich in Kapitel 5.1.4.

Sofern für die einzelnen Lieferungen gesonderte Rechnungen erstellt werden, setzen sich diese aus einer beliebigen Anzahl an Positionen zusammen (*Abnehmerrechnungspositionen*). Die Positionen enthalten die gelieferten Artikel und referenzieren i. d. R. auf die Lieferscheinpositionen (*Rg. mit LS-Bezug*).

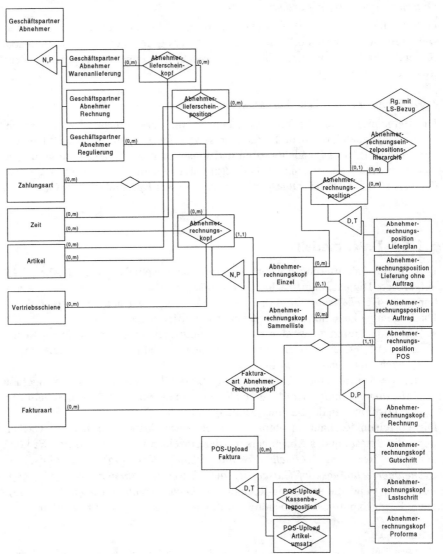

Abb. 5.93: Datenmodell Fakturierung

Die Rechnungspositionen können danach spezialisiert werden, ob die Fakturierung durch einen Lieferplan (*Abnehmerrechnungsposition Lieferplan*), eine Lieferung ohne Auftrag (*Abnehmerrechnungsposition Lieferung ohne Auftrag*) oder einen Auftrag (*Abnehmerrechnungsposition Auftrag*) hervorgerufen wird. Zudem ist eine Rechnungsposition für die Faktura von POS-Daten (*Abnehmerrechnungsposition POS*) notwendig. Diese wird erforderlich, um den Bezug zur POS-Abwicklung (dem Entitytyp POS-Upload Faktura) herzustellen.

Die Verbindung von POS-Daten und Faktura wird aus zwei Gründen erforderlich. Zum einen ist die Zahlungsart Rechnung des Abnehmers zu unterstützen (*POS-Upload Kassenbelegposition*), die beispielsweise für den Verkauf an Kunden in C&C-Märkten oder bei Kundenkreditkarten notwendig wird. Zum anderen sollten verdichtete Umsätze (Tagesumsatz eines Artikels (*POS-Upload Artikelumsatz*)) über die Fakturierung in die Finanzbuchhaltung und die Controllingsysteme übertragen werden. Sofern die Daten nicht über die Faktura in die Controllingsysteme gelangen, besteht die Gefahr inkonsistenter Umsatzdaten in Finanzbuchhaltung und Controlling.

In der Abnehmerrechnung werden die Rechnungspositionen mehrwertsteuersatzgenau zu Gesamtwerten zusammengefaßt. Alle Beträge mit gleichem Mehrwertsteuersatz werden in einer neuen (logischen) Rechnungspositionszeile verdichtet. Zum mehrwertsteuergenauen Gesamtbetragsausweis wird somit eine *Abnehmerrechnung-Positionshierarchie* benötigt.

Die *Fakturaart* umfaßt die möglichen Abwicklungsformen, wie z. B. eine Rechnung mit oder ohne Lieferscheinbezug, eine Gutschrift, eine Lastschrift oder eine Retourengutschrift.

5.2.4.3 Prozeßmodell

Der Prozeß der Fakturierung kann Abb. 5.94 entnommen werden. Die Fakturierung an den Abnehmer wird im Großhandel, im Versandhandel, im Einzelhandel für höherwertige Güter (z. B. Möbel, Computer) oder bei Einsatz von Kundenkreditkarten erforderlich, wenn eine Lieferung der Ware vorgenommen wurde bzw. die Ware vom Abnehmer selbst abgeholt wurde. In den übrigen Bereichen des Einzelhandels erfolgt statt einer Fakturierung direkt der Kassiervorgang. Die Funktionsintegration im Sinne des Triggerns von Funktionen von Retouren-, Gutschrifts- und Fakturabearbeitung ist erforderlich, um die Ursachen für die Umsätze und Umsatzreduzierungen bei den Abnehmern analysieren zu können. Eine Buchung von Gut-/ Lastschriften ohne Bezug zum logistischen Ablauf der Retoure würde diese Möglichkeit verhindern. Die Lieferung von Waren und Dienstleistungen an den Abnehmer erfordert deren Bewertung, so daß die Bewertung des Abnehmerlieferscheins die wesentliche Aufgabe der Fakturierung darstellt. Die Bewertung kann dabei mit oder ohne Bezug zu einem Auftrag erfolgen. Die Berechnung der Rechnungswerte kann eine Fortschreibung von Statistikkonten nach sich ziehen, die für die Berechnung nachträglicher Vergütungen erforderlich wird.[140] Die Bedeutung von abnehmerseitigen nachträglichen Vergütungen ist i. d. R. nicht derart evident, wie dies bei der Beziehung zwischen Lieferant und Abnehmer der Fall ist (weil der Umfang kundenseitiger Vereinbarungen geringer ist als der lieferantenseitiger).

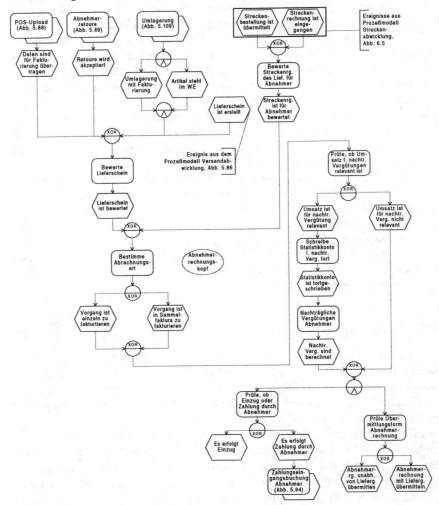

Abb. 5.94: Prozeßmodell Fakturierung

---

[140] Dieser Prozeß wird aufgrund seiner Analogie zur Berechnung nachträglicher Vergütungen zum Lieferanten hin hier nicht weiter beschrieben.

Die Rechnung ist dem Kunden zu übermitteln, d. h. per Brief, Telefax, Telex oder Teletex zu versenden, elektronisch zu überstellen, der Lieferung mitzugeben oder (bei Selbstabholern) ihm persönlich mitzugeben. Die Rechnungsbearbeitung findet ihre Fortsetzung in der Zahlung durch den Abnehmer, die in der Debitorenbuchhaltung vereinnahmt wird.

Informationsflußmodell Fakturierung

Die Einbettung der Fakturierung in die anderen Funktionsbereiche des Handels-H-Modells können Abb. 5.95 entnommen werden.

Einkauf ↔ Fakturierung

Vgl. Kapitel 5.1.1.3, Abb. 5.12.

Disposition ↔ Fakturierung

Vgl. Kapitel 5.1.2.3, Abb. 5.26.

Rechnungsprüfung ↔ Fakturierung

Vgl. Kapitel 5.1.4.3, Abb. 5.51.

Marketing ↔ Fakturierung

Vgl. Kapitel 5.2.1.3, Abb. 5.67.

Verkauf ↔ Fakturierung

Vgl. Kapitel 5.2.2.3, Abb. 5.75.

Warenausgang ↔ Fakturierung

Vgl. Kapitel 5.2.3.3, Abb. 5.90.

Fakturierung ↔ Debitorenbuchhaltung

Von der Fakturierung werden die Abnehmerrechnungen einschließlich der Positionen an die Debitorenbuchhaltung übergeben, damit dort die Vereinnahmung (Lastschriftverfahren) oder die Kontrolle des Zahlungseingangs erfolgen kann.

Fakturierung ↔ Haupt- und Anlagenbuchhaltung

Von der Fakturierung werden an die Haupt- und Anlagenbuchhaltung die Rechnungsinformationen übermittelt. Darüber hinaus werden die Sachkonten (z. B. Umsatz- und Steuerkonten) mit den entsprechenden Beträgen bebucht.

Fakturierung ↔ Kostenrechnung

Die Ergebnisse der Fakturierung bilden die Grundlage für die Erlösrechnung. Beispielsweise sind die Umsätze der Abnehmer, die Vertretern zugeordnet sind, in der Kostenrechnung hinsichtlich des Ergebnisbeitrages von Vertretern zu analysieren.

Fakturierung ↔ Personalwirtschaft

Die Personalwirtschaft wird mit Daten von der Fakturierung u. a. für Zwecke des Personalverkaufs versorgt, in der die Mitarbeiter im Handelsunternehmen Ware zu günstigeren Preisen kaufen. Zudem sind die Umsätze der Vertreter erforderlich, um die Prämien für den erzielten Umsatz berechnen zu können.

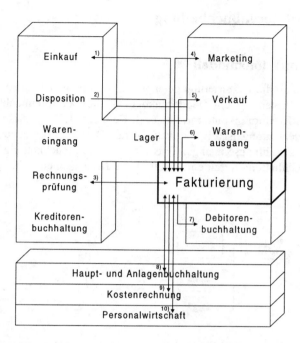

Information von der Fakturierung:

1) Artikelumsätze, WGR-Umsätze, Lieferantenumsätze, Konditionen

3) Abnehmerrechnung für Lieferantenrechnung
4) Rechnungskonditionen, nachträgliche Kondition

5) Abnehmerrechnung

6) Abnehmerrechnung
7) Gebuchte Abnehmerfaktura, Gutschrift
8) Abnehmerrechnung und -position
9) Abnehmerrechnung, Merkmale (z.B. Region, Abnehmergruppe, Groß/Kleinabnehmer)
10) Personalverkauf, Vertreterumsatz

Informationen zur Fakturierung:

1) Artikelgrunddaten, Artikelbeschaffungsdaten, Lieferant
2) Bestellungen zu Aktionsaufträgen, Lieferant, Lieferanten-Kunden-Konditionen (z.B. Valuta)
3) Lieferantenrechnung und -position, Debitor
4) Abnehmerstammdaten, Artikel, Rechnungskonditionen, nachträgliche Konditionen, Abnehmerrahmenkontrakte
5) Abnehmerauftrag, Reklamation, Abnehmer, Artikel, Kondition
6) Abnehmerlieferung, Artikel, Kondition

8) Haupt- und Anlagenkonten

10) Lohn- und Gehaltsabrechnung für Vertreter, Schulungen für Abnehmer, Personalstammdaten für Mitarbeiterkauf

Abb. 5.95: Interdependenzen der Fakturierung

5.2.5   Debitorenbuchhaltung

5.2.5.1 Funktionsmodell

Im Anschluß an die Fakturierung gelangt die Forderung gegenüber dem Kunden als Offener Posten auf ein Debitorenkonto in die Debitorenbuchhaltung, dem Pendant des Kreditorenkontokorrents (vgl. Kapitel 5.1.5). Zentrale Aufgabe der Debitorenbuchhaltung ist die Verwaltung der Debitorenkonten und die Überwachung des Zahlungseingangs. Wie die Kreditorenbuchhaltung ist auch die Debitorenbuchhaltung durch eine relativ hohe Branchenneutralität gekennzeichnet.

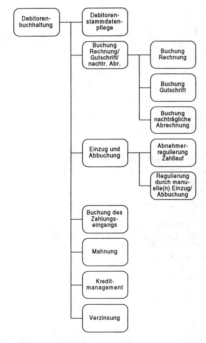

Abb. 5.96: Funktionsdekompositionsdiagramm Debitorenbuchhaltung

Debitorenstammdatenpflege

Die Debitorenstammdatenpflege beschäftigt sich (spiegelbildlich zur Kreditorenstammdatenpflege) mit den buchhalterisch relevanten Attributen des Abnehmerstammsatzes, wie z. B. Zahlungsbedingung, Zahlungsart, abweichender Zahlungsregulierer, Wechsellimit, Mahnverfahren, Verzinsungskennzeichen, Angaben zur Warenkreditversicherung, Sachbearbeiter der Buchhaltung und

Korrespondenzhinweise. Ferner ist die Pflege der Angaben zum Kreditmanagement, wie die Höhe des Kreditlimits, die Klassifizierung zu Kunden- und Risikogruppen, der zuständige Kreditsachbearbeiter und das Datum der nächsten Kreditprüfung, zur Stammdatenpflege zu zählen.

Buchung

Buchungen kommen nur für Vorgänge, denen keine warenwirtschaftlichen Bewegungen zugrunde liegen, zum Tragen. Die Buchungen aus den Vorgängen der Warenwirtschaft, insbesondere der Faktura (*Rechnungen* und *Gutschriften*), werden aus der Fakturierung angestoßen und erfordern keine weiteren Buchungsaktivitäten in der Debitorenbuchhaltung. Dauer- und Intervallbuchungen (z. B. Mieteinzahlungen für vermietete Ladenflächen) und sonstige Sonderbuchungen sind Aufgaben der Debitorenbuchhaltung.

Die Ausführungen zu partiell automatisierbaren Geschäftsvorfällen, wie z. B. Dauer- bzw. Intervallbuchungen, und zur *Buchung der nachträglichen Abrechnung* des Kapitels 5.1.5 gelten spiegelbildlich für die Debitorenbuchhaltung.

Einzug und Abbuchung

Mit den Abnehmern ist eine Zahlungsart vereinbart, mit der sie die Faktura regulieren. Typische Zahlungsarten sind Überweisung oder (Order-)Schecks, die durch die Abnehmer initiiert werden, oder Bankeinzug resp. Abbuchung, bei denen der Faktura-Ersteller aktiv wird. Beim Einzug respektive der Abbuchung kann das Handelsunternehmen den Zeitpunkt des Geldeingangs selbst steuern. Das Einzugsermächtigungsverfahren ist dadurch gekennzeichnet, daß der Kunde das Handelsunternehmen ermächtigt, fällige Beträge bis auf Widerruf von seinem Bankkonto einzuziehen. Der Kunde hat das Recht, innerhalb von sechs Wochen der Belastung zu widersprechen und seine Bank anzuweisen, die Lastschrift „wegen Widerspruch" an den Einreicher zurückzugeben. Im Gegensatz dazu erklärt sich der Kunde beim Abbuchungsverfahren gegenüber seinem Kreditinstitut mit der Einlösung von Lastschriften eines Gläubigers einverstanden. Bei diesem Zahlungsverfahren hat der Kunde kein Widerspruchsrecht.

Buchung des Zahlungseingangs

Hat ein Abnehmer Lastschrifteinzug oder Abbuchung vereinbart, kommt wie in der Kreditorenbuchhaltung ein Zahlprogramm zum Einsatz, das die zum Einzug oder zur Abbuchung fälligen Posten der Debitoren selektiert und die entsprechenden Zahlformulare bzw. Datenträger (bei Teilnahme am Datenträgeraustauschverfahren) erstellt.

Bei Abnehmern, die ihre Offenen Posten (OP) mittels Scheck oder Überweisung ausgleichen (sog. Direkt- bzw. Selbstzahler), übernimmt die Debitorenbuchhaltung die eher passive Aufgabe der Überwachung des Zahlungseingangs. Bei planmäßigem Eingang des Zahlungseingangs auf dem Bankkonto wird die

Zahlung mit dem oder den korrespondierenden Offenen Posten auf dem Debitorenkonto verrechnet und diese(r) Posten als ausgeglichen gekennzeichnet (sog. Ausziffern). Da diese Funktion eine wesentliche Aufgabe darstellt, wird sie als Prozeß der Debitorenbuchhaltung näher erläutert werden (vgl. Kapitel 5.2.5.3).

Mahnung

Der Funktion der Mahnung kommt in der Debitorenbuchhaltung, vor allem bei Handelsunternehmen, deren Kunden ihre Verbindlichkeiten überwiegend per Überweisung oder Scheck bezahlen, eine größere Bedeutung zu als in der Kreditorenbuchhaltung. Der Ablauf des Mahnprozesses wird detailliert in Kapitel 5.2.5.3 erläutert.

Kreditmanagement

Das Kreditmanagement ist vergleichbar mit der originären Aufgabe der Kreditabteilung in Kreditinstituten, der Vergabe und Kontrolle von Krediten nach erfolgreicher Prüfung der Bonität eines Kunden. Zu einem Debitorenkonto werden - ggf. unternehmensübergreifend - Kreditlimits gepflegt, welche bereits beim Erfassen eines Auftrags überprüft und fortgeschrieben werden. Bei Überschreiten des Kreditlimits erhält der zuständige Sachbearbeiter eine entsprechende Warnmeldung.

Mit Hilfe besonderer Auswertungen wird das Zahlungsverhalten der Debitoren beobachtet (Inanspruchnahme (Ausschöpfungsgrad) des Kreditlimits, die Anzahl und der Wert von Posten mit berechtigter und unberechtigter Inanspruchnahme von Skonto und ausstehende Forderungen in Umsatztagen).

Neben der Mahnung ist auch die *Verzinsung* von Debitorenkonten von Bedeutung. Unterschieden wird zwischen der Saldenverzinsung bei Inanspruchnahme der Kreditlinie und der Postenverzinsung, bei der für jeden einzelnen nach Fälligkeit gezahlten Posten Zinsen berechnet werden.

5.2.5.2 Datenmodell

Das Datenmodell der Debitorenbuchhaltung gleicht der spiegelbildlichen Darstellung des Datenmodells der Kreditorenbuchhaltung (vgl. Kapitel 5.1.5.2, Abb. 5.54). Wegen seiner besonderen Bedeutung in der Debitorenbuchhaltung wird in Abb. 5.97 die Mahnung im Datenmodell expliziert.

Das *Konto Debitor* als zentrales Betrachtungselement der Debitorenbuchhaltung kann mehrere *Geschäftspartner Abnehmer Debitor* betreffen, wenn z.B. alle Forderungen eines Abnehmers, der aufgrund unterschiedlicher Partnerrollen mehrere Geschäftspartner im DV-System darstellt, über ein einzelnes Konto in der Debitorenbuchhaltung abgewickelt werden. Umgekehrt kann ein einzelner Geschäftspartner über mehrere Debitorenkonten der Buchhaltung abgebildet werden (z. B. getrennte Darstellung von Waren- und sonstigen Forderungen).

Wichtigstes Konstrukt der Mahnung ist der Beziehungstyp *Mahnvereinbarung Debitor*, der eine Verbindung zwischen Konto Debitor und der für die Mahndurchführung verantwortlichen *Mahnorganisation* darstellt. Die Beziehung zum Geschäftspartner wird über eine Zuordnung zum *Debitor Mahnempfänger* als Spezialisierung des Geschäftspartners Abnehmer Debitor hergestellt. Der Mahnvereinbarung des Debitors (analog existiert eine Mahnvereinbarung Kreditor zur Abbildung des Mahnwesens der Kreditorenbuchhaltung) wird ein bestimmtes *Mahnverfahren* zugeordnet (*Mahnverf.-Mahnvereinbarung-ZuO*), welches wiederum über verschiedene *Mahnstufen* verfügt. Zu jeder *Mahnverfahren-Mahnstufe-ZuO* können pro *Währung* unterschiedliche Gebühren und Mahnuntergrenzen definiert sein (*Mahngebühr*).

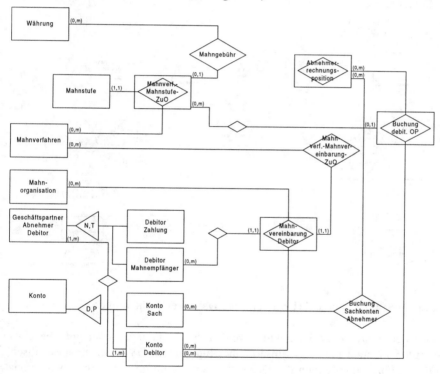

Abb. 5.97: Datenmodell Mahnung

Die Buchung debitorischer Offener Posten (*Buchung debit. OP*) ist das Abbild der Forderung auf dem Debitorenkonto, das spiegelbildlich im Datenmodell der Kreditorenbuchhaltung (vgl. Kapitel 5.1.5.2, Abb. 5.54) beschrieben wurde. Jeder OP-Buchung kann eine Mahnverfahren-Mahnstufe zugeordnet sein, die eine Aussage über den jeweiligen Mahnstatus eines Offenen Postens darstellt.

Zu den Buchungen der Offenen Posten auf den Debitorenkonten wird bei Warenlieferungen auf den Umsatzkonten der Hauptbuchhaltung (*Buchung Sachkonten Abnehmer*) eine Mitbuchung vorgenommen.

5.2.5.3 Prozeßmodell

In Abb. 5.98 sind die Prozesse der Debitorenbuchhaltung, die sich aus dem Funktionsmodell ableiten, im Überblick dargestellt. Dabei wird auf die Darstellung der Stammdatenpflege, des Kreditmanagements und die periodischen Arbeiten der Verzinsung verzichtet, da sie den Distributionsprozeß nicht unmittelbar tangieren.

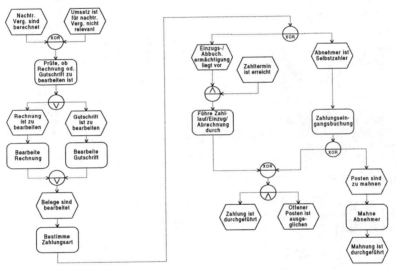

Abb. 5.98: Prozeßmodell (Übersicht) der Debitorenbuchhaltung

Nach der Bearbeitung der Faktura werden die Rechnungen oder ggf. die Gutschriften manuell bzw. bei Einsatz eines integrierten DV-Systems automatisch auf den Forderungskonten der Debitorenbuchhaltung gebucht. Bei der automatischen Buchung der Forderung werden u. a. Angaben aus dem Stammsatz des Abnehmers zu Zahlungsbedingungen und Zahlungsart übernommen. Bei der manuellen Buchung der Rechnungen sind diese Angaben vom Sachbearbeiter einzugeben bzw. ist die Übernahme der Vorschlagswerte zu bestätigen. I. d. R. unterstützen DV-Systeme durch die automatische Berechnung und Erstellung der Umsatzsteuerposition die Bearbeitung. Wurde mit dem Kunden Einzug bzw. Abbuchung vereinbart, können die Forderungen über das Zahlprogramm selektiert und der Einzug automatisch erstellt und gebucht werden. Dieser Prozeß entspricht weitgehend dem bereits in Kapitel 5.1.5.3, Abb. 5.56, beschriebenen Ablauf.

Prozeß Zahlungseingangsbuchung Abnehmer

Die Buchung des Zahlungseingangs wird durch den Eingang des Kontoauszugs angestoßen (vgl. Abb. 5.99). Hierbei können automatisierte Verfahren zum Einsatz kommen, vom Abruf des Kontoauszugs bei der Bank via T-Online bis zur automatischen Buchung der einzelnen Posten mit Hilfe entsprechender Textschlüssel. Aber auch bei einer DV-technischen Unterstützung bleiben bestimmte Belege „hängen", die vom Sachbearbeiter manuell bearbeitet werden müssen (z. B. wenn die Bank den Zahlungseingang mit dem Text „siehe Anlage" gebucht hat oder die Zahlungsinformation auf dem Kontoauszug nicht zur Identifikation des entsprechenden Kontos ausreicht). Der allgemeine Buchungssatz „Bank an Debitor" stellt sich im Ablauf wie folgt dar:

Zunächst werden die Daten des Zahlungskopfs erfaßt. Zum Zahlungskopf gehören Attribute wie Beleg- und Buchungsdatum, Belegart, Währung, Belegkopftext und Referenzangaben. Anschließend wird die erste Position (zumeist die Bankposition) erfaßt. Ein Zahlungseingang auf dem Bankkonto wird mit einer Sollbuchung auf dem entsprechenden Sachkonto vorgenommen. Analog dazu wird für einen Zahlungsausgang (eine Belastung auf dem Bankkonto) eine Haben-Buchung (Bestandsminderung eines Bilanzkontos der Aktivseite) benötigt. Zusätzliche Daten für die Bankposition können z. B. das Valutadatum und der Positionstext sein.

Nach Erfassung der Bankposition wird für die automatische Ermittlung von Offenen Posten eine Selektion eingegeben, z. B. die Kontonummer des Debitors oder der Debitoren, dessen/deren Zahlung gebucht werden soll, oder eine Eingrenzung von Offenen Posten nach Beträgen oder Belegnummern. Es werden die selektierten Posten angezeigt, die auf verschiedene Art und Weise bearbeitet werden können. So ist es möglich, Offene Posten aus dem Vorschlag für den Ausgleich zu selektieren oder zu deaktivieren, Skontobeträge von OP zu ändern, einen Restpostenvortrag[141] oder Teilzahlungen zu erfassen oder einen (Teil-)betrag Akonto[142] zu erfassen. Weiterhin ist es denkbar, daß Anschreiben

---

[141] Ein *Restposten* entsteht, wenn die Zahlung geringer ist als der auszugleichende OP. Dabei wird im Unterschied zur *Teilzahlung* der Offene Posten ausgeglichen (d. h. aus der Einzelpostenübersicht des Kontos gelöscht) und ein neuer Offener Posten in Höhe der Zahlungsdifferenz dem Debitorenkonto belastet. Dem neuen Offenen Posten ist dabei nicht mehr anzusehen, daß er aus einer Minderzahlung entstanden ist. Die Teilzahlung wiederum wird dem Offenen Posten zugeordnet (Verweis auf die Belegnummer der Teilzahlung in dem OP), gleicht ihn aber nicht aus. Dadurch sind in der Einzelpostenübersicht des Debitors beide Belege als Offene Posten zu sehen.

[142] Akonto: Zahlungsbetrag ohne konkrete Zurechnung zu bestimmten offenen Rechnungen, so daß kein OP ausgeglichen wird, sondern die Zahlung und die OP in einer Einzelpostenübersicht ausgewiesen werden.

an den Debitor im Fall von Reklamationen erstellt und die Beleg- oder Konto-
informationen direkt aus der Zahlungsbearbeitung übernommen werden.

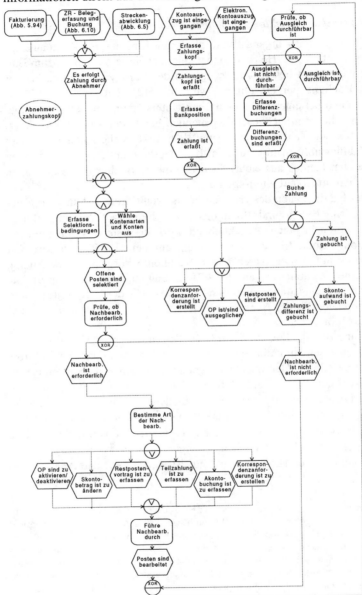

Abb. 5.99: Prozeßmodell Zahlungseingangsbuchung Abnehmer

Nach der Bearbeitung der Offenen Posten wird durch Simulation der Buchung geprüft, ob ein Ausgleich mit Belegsaldo 0 durchgeführt werden kann. Treten Differenzen auf, die unterhalb bestimmter Toleranzgrenzen liegen, kann der Beleg gebucht werden. Die Differenzbeträge werden ggf. über eine automatisch erzeugte Position auf ein Erfolgskonto gebucht. Bei Differenzen außerhalb der Toleranzgrenzen muß der Sachbearbeiter entscheiden, ob er den über- oder unterschreitenden Betrag dem Debitor belastet oder gutschreibt oder ihn über ein Sachkonto ausgleicht. Bei einem ausgeglichenen Belegsaldo kann die Zahlung abschließend gebucht und die Belegnummer ggf. auf dem Kontoauszug vermerkt werden. Gleichzeitig mit Erreichen des Systemstatus „Beleg ist gebucht" sind die selektierten Posten als ausgeglichen markiert, die Restposten ggf. gebucht und ein vom Kunden in Anspruch genommener Skontobetrag inklusive der notwendigen Umsatzsteuerkorrektur auf den entsprechenden Sachkonten der Hauptbuchhaltung gebucht.

Prozeß Mahnung

Beim Mahnprozeß werden periodische Mahnvorschläge erstellt, in denen die überfälligen Posten selektiert werden, sofern diese oder die Konten nicht aus besonderen Gründen zum Mahnen (zum Beispiel bei der Vereinbarung eines Zahlungsaufschubs) gesperrt wurden. Zum Mahnen werden die Einträge zum Mahnverfahren im Stammsatz des Debitors herangezogen. Unter anderem gehören zu den Parametern des Mahnprogramms die zulässigen Mahnstufen, die Toleranztage bei der Berechnung der Überfälligkeit der Posten, die heranzuziehenden Textbausteine je Mahnstufe und eventuell in Rechnung zu stellende Mahngebühren und Verzugszinsen. Nach Erreichen einer kritischen Mahnstufe mit Androhung von Zwangsmaßnahmen wird das Debitorenkonto automatisch in einer Sonderliste der Kreditmanagementabteilung angezeigt, damit dort ggf. gerichtliche Schritte eingeleitet werden können.

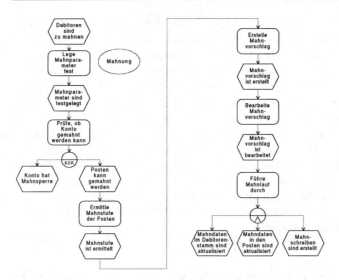

Abb. 5.100: Prozeßmodell Mahnung

In Abb. 5.100 wird der Mahnprozeß dargestellt. Nach der Festlegung der Mahnparameter werden die selektierten Konten auf ihre Mahnzulässigkeit geprüft. In Abhängigkeit von der ermittelten Mahnstufe wird vom Programm der entsprechende Textbaustein des Mahnschreibens herangezogen. Die mahnfähigen Offenen Posten werden nach Mahnstufen gruppiert und in den Mahnvorschlag aufgenommen, falls sie nicht zum Mahnen gesperrt sind. Der Sachbearbeiter überarbeitet die Mahnvorschlagsliste und aktiviert oder deaktiviert die Posten zur Mahnung.

Informationsflußmodell Debitorenbuchhaltung

Die Informationsbeziehungen der Debitorenbuchhaltung zu den Funktionsbereichen des Handels-H-Modells sind in Abb. 5.101 enthalten.

Einkauf ↔ Debitorenbuchhaltung
Vgl. Kapitel 5.1.1.3, Abb. 5.12.

Disposition ↔ Debitorenbuchhaltung
Vgl. Kapitel 5.1.2.3, Abb. 5.26.

Kreditorenbuchhaltung ↔ Debitorenbuchhaltung
Vgl. Kapitel 5.1.5.3, Abb. 5.57.

Marketing ↔ *Debitorenbuchhaltung*
Vgl. Kapitel 5.2.1.3, Abb. 5.67.

Verkauf ↔ *Debitorenbuchhaltung*
Vgl. Kapitel 5.2.2.3, Abb. 5.75.

Fakturierung ↔ *Debitorenbuchhaltung*
Vgl. Kapitel 5.2.4.3, Abb. 5.95.

Debitorenbuchhaltung ↔ *Haupt- und Anlagenbuchhaltung*

Da die Debitorenbuchhaltung ein Nebenbuch zu den Konten im Hauptbuch dar-
stellt, werden alle Buchungen auf den Debitorenkonten in Mitbuchkonten des
Hauptbuches protokolliert. Mitbuchkonten der Debitoren sind insbesondere das
Hauptbuchkonto „Forderungen aus Lieferungen und Leistungen" oder
„Forderungen gegen verbundene Unternehmen". Auswirkungen auf Konten des
Hauptbuchs ergeben sich außerdem bei Wechselbuchungen, die auf abweichen-
den Mitbuchkonten (insb. Eventualverbindlichkeiten, Besitzwechsel) gebucht
werden.

Debitorenbuchhaltung ↔ *Personalwirtschaft*

Sofern einem Mitarbeiter ein Darlehen gewährt wird, ist er als Debitor im Informationssystem zu führen und hinsichtlich der Erfüllung seiner schuldnerischen
Pflichten zu kontrollieren.

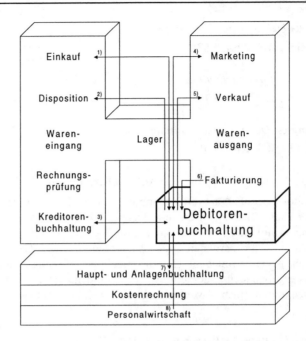

Abb. 5.101: Interdependenzen der Debitorenbuchhaltung

Information **von** der Debitorenbuchhaltung:

1) Abnehmerstammdaten (bei debitorischen Kreditoren)
2) Kreditzahlungen, Bestellobligo (bei Sonderbestellungen)
3) Verrechnungsfähige, fällige Posten, Verbindung Lieferant-Kunde
4) Bonitätseinstufung, Zahlungsverhalten
5) Zahlung, Kreditlimit

7) Mitbuchung im Hauptbuch, kreditorische Debitoren

Informationen **zur** Debitorenbuchhaltung:

1) Lieferantenstammdaten (bei kreditorischen Debitoren)

3) Verrechnungsfähige, fällige Posten
4) Abnehmerstammdaten
5) Fortschreibung Kreditlimit
6) Gebuchte Abnehmerfaktura, Gutschrift

8) Mitarbeiterdarlehen

5.3   Lager

5.3.1   Funktionsmodell

Die wesentlichen Aufgaben der Lagerlogistik sind das Ein- und Auslagern, die in Kapitel 5.1.3 und 5.2.3 beschrieben wurden. Die im Funktionsbereich des Lagers verbleibenden Funktionen reichen von der Anlage und Verwaltung der Lagerstruktur über die Umlagerung, Umbuchung und Inventurdurchführung bis zur Lagersteuerung (vgl. Abb. 5.102).

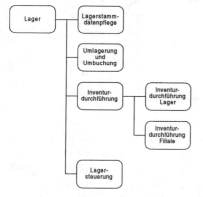

Abb. 5.102: Funktionsdekompositionsdiagramm Lager

Lagerstammdatenpflege

Bei der Lagerstammdatenbearbeitung werden die Daten für die Lagerbereiche und die Lagerplätze angelegt und verwaltet.[143] Auf diese Weise wird die Struktur des Lagers abgebildet.[144] Eine exemplarische Lagerstruktur kann Abb. 5.103 entnommen werden. Die Lagerstruktur setzt sich aus mehreren Lagerbereichen zusammen, die aus Gängen, Häusern und Ebenen bestehen. Diese Untergliederung von Lagerbereichen dient zum einen der eindeutigen Identifikation eines Lagerplatzes im Raum. Zum anderen kann durch diese Strukturierung die Kommissionierreihenfolge ermittelt werden. Beispielsweise wird in der Reihenfolge Gang (absteigend), Haus (aufsteigend) und Ebene (aufsteigend) kommissioniert.

---

[143] Zur Lagerorganisation vgl. das Datenmodell in Kapitel 4.1.3.
[144] Zum Datenmodell für die Lagerorganisation vgl. Kapitel 4.3.

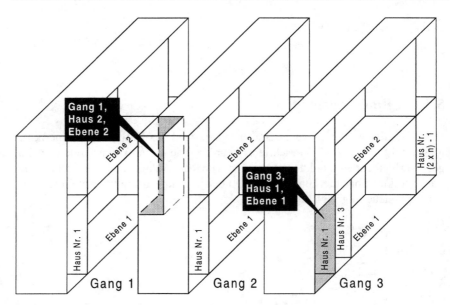

Abb. 5.103: Exemplarische Struktur eines Lagers[145]

Eine Verwaltung der Regalplätze in Einzelhandelsunternehmen wird erforderlich, wenn eine Regalplatzoptimierung (Space Management[146]) genutzt werden soll. Technologisch ist der Einsatz von Scannern die Voraussetzung für eine Regal- und Verkaufsflächenoptimierung, da erst mit Scannern artikelgenaue Abverkaufsdaten gewonnen werden können, die für eine Flächenoptimierung erforderlich sind.[147] Mit dem Space Management werden folgende Fragestellungen beantwortet:[148]

- Wie können Verkaufsflächen optimal genutzt werden?
- Welche Anordnung der Artikel im Regal ist für die Zielsetzung der Deckungsbeitragsmaximierung optimal?
- In welcher Menge ist der Artikel zu bestücken?

---

[145] Bei der Adressierung der Lagerplätze werden i. d. R. die links in einem Gang befindlichen Reihen ungerade numeriert (in der Abbildung durch die Formel (2 x n) - 1 ausgedrückt). Die gegenüberliegende Seite hingegen wird mit der Nummer 2 beginnend mit geraden Nummern bis zu (2 x n) numeriert.

[146] Vgl. Höller (1988), S. F20ff.

[147] Vgl. Zentes, Exner, Braune-Krickau (1989), S. 320ff. Die Verkaufsflächenleistung wird in der Regel durch das Verhältnis von Umsatz zu Quadratmeter gemessen. Zur Flächenplanung und -kontrolle als Aufgabe des Handelscontrolling vgl. auch Kapitel 5.5.1. Zu praktischen Erfahrungen mit einem Regalplatzoptimierungssystem vgl. Ring (1992), S. 579ff.

[148] Vgl. auch Tietz (Handelsbetrieb) (1993), S. 1180, und die dort zitierte Literatur.

Umlagerungen und Umbuchungen

Der physische Transport von Artikeln zwischen zwei organisatorischen Einheiten wird als *Umlagerung* bezeichnet. Die häufigsten Ursachen für Umlagerungen sind:

- Umlagerungen zwischen einem Lager und den Filialen im Rahmen der normalen Warenlieferung, der Retoure oder der Rücklieferung von MTV und Leergut (z. B. im mehrstufigen Handel oder bei einem Großhandelsunternehmen mit Niederlassungen),
- Umlagerungen zwischen Filialen (beispielsweise Umlagerung von Saisonartikeln am Saisonende von einer Filiale, in der der Artikel nicht verkauft werden kann, an eine Filiale, in der die Nachfrage nach diesem Artikel hoch ist),
- Umlagerung zwischen einem Verteilzentrum und einem Regionallager.

Warenbewegungen innerhalb einer organisatorischen Einheit (z. B. von einem Regal in ein anderes, vom Reserve- zum Kommissionierlagerplatz) werden nicht als Umlagerung i. e. S verstanden.

Bei der wertmäßigen Buchung der Umlagerung ist es von Bedeutung, wie die Verrechnung der Umlagerung zwischen den betroffenen Organisationseinheiten (Bestandsumbuchung oder Verkauf der Ware) erfolgt. Aus Abb. 5.104 gehen mögliche Umlagerungsformen hervor. Die grau schattierten Bereiche geben die horizontalen und die weißen Bereiche die vertikalen Warenverschiebungen wieder.

Abgebende OE ＼ Empfangende OE	Lager	Filiale/Kunde
Lager	Bestands-verschiebung Verkauf	Bestands-verschiebung Verkauf
Filiale/Kunde	Bestands-verschiebung Verkauf	Bestands-verschiebung Verkauf

Abb. 5.104: Mögliche Umlagerungsformen

Bei Bestandsverschiebungen wird der Bestandswert der abgebenden Organisationseinheit als Verrechnungspreis verwendet. Somit wird die Umlagerung ohne Zwischengewinnrealisierung der beteiligten Organisationseinheiten abgebildet. Einem Verkauf liegt eine Bewertung der Ware zu einem Verkaufspreis zugrunde, der im Normalfall vom Einkaufspreis der Ware der abgebenden Organisationseinheit abweicht. Auf diese Weise können Erfolge zwischen Unternehmen eines Konzerns entstehen. Mit zunehmender Verlagerung der Entscheidungskompetenz an die Filialen (z. B. Listung und Verkaufspreisgestaltung) nimmt die Notwendigkeit einer Bewertung mit einem „echten" Verkaufspreis von Umlagerungsvorgängen zu.

Von besonderem Interesse ist die Bewertung der Umlagerung in den Fällen, in denen die Umlagerung von der Zentrale angeordnet wird, da durch den Wertansatz zugleich die Höhe des Erfolgs der beteiligten Organisationseinheiten beeinflußt wird. Kann eine Filiale beispielsweise einen bestimmten Artikel oder komplette Sortimentsbereiche nicht verkaufen, so wird die Ware möglicherweise an eine andere Filiale (oder an das Lager) umgelagert. Welcher Preis soll aber hierfür angesetzt werden? Soll der ursprüngliche Einkaufspreis verwendet werden, so daß bei der abgebenden Filiale keine Erfolgswirksamkeit eintritt? Dies ist sinnvoll, wenn die Filiale die Ware aufgrund einer zentralen Bestellung abnehmen mußte. Andernfalls ist die Ware mit einer Preisreduzierung an die empfangende Filiale abzugeben.

Im Gegensatz zu Umlagerungen sind Umbuchungen rein wertmäßige Vorgänge, die zu einer Korrektur des Bestandswerts (EK oder VK) eines Artikel oder einer Warengruppe führen. Sofern die Bestände auch zu Verkaufspreisen bewertet werden, werden Preisabschriften gebucht, die zu einem neuen Wertansatz des Bestands führen. Hierbei wird entweder der gesamte Bestand oder nur ein Teilbestand mit dem neuen Verkaufspreis umbewertet. Die Bildung von Teilbeständen erfolgt u. a. bei Aktionen zum Zwecke einer Aktionserfolgsrechnung,[149] wenn eine Bestandsabgrenzung zwischen Normal- und Aktionsbestand möglich ist.

In Abhängigkeit von der Vorgangsart[150] kann auch eine Verkaufspreisänderung eine Einkaufspreisumbewertung nach sich ziehen, wenn es sich um einen spannenneutralen Vorgang handelt.[151] Dies ist der Fall, wenn die Bevorratung in der Filiale in einem Sortimentsbereich nicht von ihr selbst zu vertreten ist, sondern beispielsweise über einen Aufteiler „extern" vorgegeben ist.

Inventurdurchführung

Die Inventur beschreibt den Prozeß, der notwendig ist, um das Inventar zu erstellen. „Ein Inventar ist die Aufstellung des Vermögens und der Schulden einer Unternehmung in bestimmter Form."[152]

Das Inventar bildet eine der Grundlagen für die Bilanzerstellung, da es das Mengengerüst für die in der Bilanz zu bewertenden Vermögensgegenstände zur Verfügung stellt.

Nach dem Zeitpunkt der Inventur können Bilanzstichtagsinventuren und Zwischeninventuren differenziert werden. Unter Zwischeninventuren sind

---

[149] Vgl. Kapitel 6.4.
[150] Vorgangsarten charakterisieren die wertmäßigen Konsequenzen einer Umbuchung.
[151] Zur Spannenwirksamkeit bzw. Spannenneutralität von Vorgängen vgl. die Ausführungen in Kapitel 5.1.3.1.
[152] Baetge (1994), S. 97.

unterjährige Bestandserfassungen zu verstehen, die durchgeführt werden, um den unterjährigen Periodenerfolg (z. B. einzelne Monate) ausweisen zu können.

Bei der Inventur können insbesondere drei Inventurverfahren unterschieden werden:

- Die körperliche Stichtagsinventur, bei der die Vermögensgegenstände von Personen begutachtet werden und durch Zählen, Wiegen oder Messen aufgenommen werden.

- Die permanente Inventur, bei der die Bestandsaufnahmen im laufenden Jahr vorgenommen werden und somit eine Unterbrechung des Betriebsprozesses unterbleiben kann.[153] Die permanente Inventur setzt einer Lagerbuchhaltung voraus. Durch die Verteilung der Erfassungsaufwände im Geschäftsjahr (z. B. in Zeiten, in denen die Lagerauslastung gering ist) wird eine kostengünstige Inventur ermöglicht.

- Die Stichprobeninventur, bei der aufgrund mathematisch-statistischer Verfahren auf Basis von Stichproben die Vermögensgegenstände nach Art, Menge und Wert ermittelt werden (gem. § 241 Abs. 1 HGB). Allerdings müssen die statistischen Verfahren den GoB entsprechen und zu einem Inventurergebnis führen, das einen ebenso hohen Aussagewert wie die körperliche Bestandsaufnahme sämtlicher Artikel hat.

Zur Entzerrung des Inventuraufwands wird im Einzelhandel i. d. R. eine verschobene Inventur nach § 241 Abs. 3 HGB angewendet. Eine vor- oder nachgelagerte Inventur ist unter folgenden Voraussetzungen möglich:

- „Aufnahme von Vermögensgegenständen,
- aufgrund einer körperlichen Bestandsaufnahme (oder aufgrund eines nach § 241 Abs. 2 zulässigen anderen Verfahrens = permanente Inventur)
- die nach Art, Menge und Wert in einem
- besonderen Inventar verzeichnet sind, das
- innerhalb der letzten drei Monate nach dem Schluß des Geschäftsjahrs aufgestellt ist und durch Anwendung eines
- den GoB entsprechenden Fortschreibungs- oder Rückrechnungsverfahrens
- gesichert ist, daß der am Schluß des Geschäftsjahrs vorhandene Bestand der Vermögensgegenstände
- für diesen Zeitpunkt
- ordnungsgemäß bewertet werden kann.“[154]

Die Bestände werden vor- oder nach dem Bilanzstichtag erfaßt und auf den Bilanzstichtag umgerechnet.

Bei einer zeitlich vorgelagerten Inventur errechnet sich der Inventurbestand am Bilanzstichtag wie folgt:[155]

---

[153] Vgl. Wöhe (1992), S. 205.
[154] Baetge (1994), S. 125 und die dort zitierte Literatur.
[155] Vgl. im folgenden o. V. (Inventur) (1970), S. 70.

    Warenbestand am Tag der Inventur
+   Wareneingang bis zum Bilanzstichtag
−   Wareneinsatz (Umsatz abzüglich durchschnittlicher Spanne)
=   Warenbestand am Bilanzstichtag zu Einstandspreisen

Bei einer Inventurerfassung auf Verkaufspreisbasis gilt die Formel:[156]

    Bestand zu Verkaufspreisen am Inventurtag
+   erwarteter Wareneingang der Filiale zu Verkaufspreisen
−   Umsatz der Filiale im Zeitraum von Inventurtag und Bilanzstichtag
−   üblicher Schwund zu Verkaufspreisen im Zeitraum von Inventurtag
    und Bilanzstichtag
−   übliches Inventurmanko zwischen Inventur- und Bilanzstichtag
−   durchschnittliche Handelsspanne
=   Warenbestand am Bilanzstichtag zu Einstandspreisen

Die Inventurdifferenzen errechnen sich wie folgt:

$$\text{Inventurdifferenz(wertm.)} = \text{Inventurwert}_{VK-Basis} - \text{Sollbestandswert}_{VK-Basis}$$

$$\text{Inventurdifferenz in \%} = \frac{\text{Differenz}_{VK-Basis}}{\text{Sollbestandswert}_{VK-Basis}}$$

$$\text{Inventurdifferenz zum Umsatz in \%} = \frac{\text{Differenz}_{VK-Basis}}{\text{Umsatz}_{VK-Basis}}$$

Die in der Praxis übliche Gegenüberstellung der Inventurdifferenz zum Umsatz dient einer durch Inventurdifferenzen hervorgerufenen Spannenreduzierung (z. B. 1 Mio. DM Inventurdifferenz bei 100 Mio. Umsatz reduziert die Spanne um 1 %). Für die Aussage, wie hoch die Differenz zwischen dem Soll- und dem Istbestand ist, ist die Inventurdifferenz dem Sollbestandswert gegenüber ins Verhältnis zu setzen (z. B. 1 Mio. DM Inventurdifferenz bei 10 Mio. DM stellt eine Bestandsreduzierung um 10 % dar).

    Für Zwecke der Bilanzerstellung ist die Inventurdifferenz auf Einkaufspreisbasis zu ermitteln, die sich wie folgt ergibt:

$$\text{Inventurdifferenz(wertm.)} = \text{Inventurwert}_{EK-Basis} - \text{Sollbestandswert}_{EK-Basis}$$

$$\text{Inventurdifferenz in \%} = \frac{\text{Differenz}_{EK-Basis}}{\text{Wareneinsatz}}$$

Bei der Inventur von MTV ist zunächst (im Fall einer MTV-Abwicklung mit Kontoführung) der MTV-Bestand bei den Kunden zu ermitteln. Hierbei ist zu differenzieren, von welchem Lieferanten die MTV geliefert worden sind und wie hoch der Bestand der MTV bei den Abnehmern ist (Abb. 5.105). Der Bestand an MTV kann im Zeitablauf auch negativ werden, da bestimmte MTV-

---

[156] Vgl. im folgenden o. V. (Inventur) (1970), S. 70.

Typen[157] nicht ausschließlich bei dem jeweiligen Handelsunternehmen eingesetzt werden, so daß das Unternehmen kurzfristig eine größere Zahl an MTVs abgeben kann, als es durch den Bestandszugang der Lieferanten und Abnehmer erhält.

Unternehmen 100 Lager 010

Faltkiste	Gesamtbestand 60	
Zugang im Lager (je Lieferant)		
0100	10	
0200	20	
0300	30	
0400	40	
Abnehmer		
Filiale Bremen		10
Kunde Meier		10
Kunde Müller		10
Kunde Schulz		10

Abb. 5.105: Bestandsführung von MTV

Zur Vereinfachung und Vermeidung von Medienbrüchen wird die Filialinventur zunehmend mit MDE-Geräten durchgeführt. Die Kommunikation der MDE-Geräte mit einem lokalen Rechner und mit dem Handelsinformationssystem geht aus Abb. 5.106 hervor.

Ablauf (vgl. Prozeßmodell in Kap. 5.3.3)
1. Bereitstellen der Daten für die Inventuraufnahme durch das zentrale HIS
2. Erfassen der Daten mit Hilfe von MDE
3. Rückmelden der Daten an das zentrale HIS
4. Fortschreibung der Artikelbestandsdaten
5. Optionale Anforderung einer Nacherfassung (bei großen Abweichungen zwischen Soll- und Istbestand) mit entsprechender Zählung in der Filiale und abschließender Rückmeldung an die Zentrale

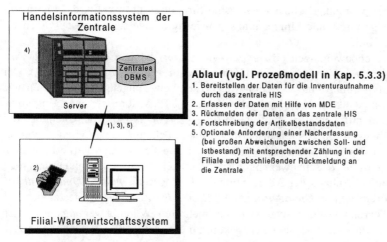

Abb. 5.106: Filialinventur mit MDE-Geräten

157 Zu der Systematisierung von MTV nach den Kategorien, Typen und Ausführungen im Sinne der CCG vgl. Centrale für Coorganisation (1995), S. 10.

Lagersteuerung

Die zunehmende Automatisierung der Ein-, Aus- und Umlagerungsprozesse erfordert deren informatorische Unterstützung, die mit Lagersteuerungssystemen erfolgt. Lagersteuerungssysteme haben die Aufgabe, die technische Anbindung von Förderfahrzeugen an das Lagerverwaltungssystem sowie deren Steuerung sicherzustellen.

Hinsichtlich des Funktionsumfangs der Lagersteuerung können unterschiedliche Ausgestaltungsformen differenziert werden. Zum einen kann die Lagersteuerung ausschließlich die Vorgaben des Wareneingangs (Einlagerungsstrategien) und des Warenausgangs (Auslagerungsstrategien) ausführen. In diesem Fall ist der Kommunikationsumfang zwischen Wareneingang und Lager einerseits und Warenausgang und Lager andererseits recht gering. Zum anderen können auch Optimierungsaufgaben von der Lagersteuerung übernommen werden. Beispielsweise werden in Hochregallagern bei der Kommissionierung Transportaufträge in der Weise zusammengestellt, daß der Transportweg minimiert wird. In diesem Fall sind von der Lagersteuerung auch Funktionen zur Ermittlung der optimalen Einlagerungs- und Auslagerungsstrategien zu übernehmen, indem es anhand verwalteter Entfernungen der einzelnen Lagerplätze den von einem Förderfahrzeug zu überbrückenden Transportweg optimiert.

5.3.2 Datenmodell

Das Datenmodell für die Datenstrukturen des Lagers ist bereits in Kapitel 4.3 beschrieben worden. Darüber hinaus sind Strukturen notwendig, die für Inventur-, Umlagerungs- und Umbuchungs- sowie ggf. Lagersteuerungsaufgaben erforderlich sind.

Die Warenbewegungen (*Warenbewegungskopf*) können als Beziehung zwischen *Abnehmer*, *Vorgangstyp* und *Zeit* aufgefaßt werden (vgl. Abb. 5.107). Der Vorgangstyp nimmt eine Einteilung der Warenbewegungen nach Kriterien wie Spannenwirksamkeit, Abrechnungsform etc. vor. Er wird durch einen Vorgangsschlüssel identifiziert. Als typische Vorgangsarten können die Buchung von Preiserhöhungen oder Preisabschriften, die Buchung nachträglicher Vergütungen, die Buchung von Personalrabatt oder von Bruch oder Verderb genannt werden. Bei den Warenbewegungen sind Umbuchungen und Umlagerungen zu unterscheiden. Anhand der Abrechnung der Umlagerung werden *Umlagerung*en *mit Fakturierung* und *Umlagerung*en *mit Bestandsverschiebung* differenziert.

Eine Warenbewegung setzt sich aus mehreren Warenbewegungspositionen zusammen, die den Warenbewegungskopf zu den Artikeln in Beziehung setzen. Die einzelnen Positionen können auf eine Lieferung verweisen, indem die Warenbewegung einen Warenausgang (*Warenbewegungsposition mit Lieferungsbezug*) oder einen Wareneingang mit Bezug zu einer Bestellung darstellt (*Warenbewegungsposition mit Bestellbezug*). Bei Abverkäufen über den POS liegt eine besondere Erfassungsform des Warenausgangs vor, die ebenfalls eine Warenbewegung festhält. Am POS werden auf diese Weise Preisveränderungen erfaßt, die von dort an das zentrale Handelsinformationssystem gelangen. Beispielsweise wird das Produkt aus der Preisdifferenz zwischen Normalverkaufs- und Aktionspreis und abverkaufter Menge in der wertmäßigen Bestandsbewertung berücksichtigt, um die Bestände nicht zu Beginn und zum Ende einer Aktion erfassen zu müssen.

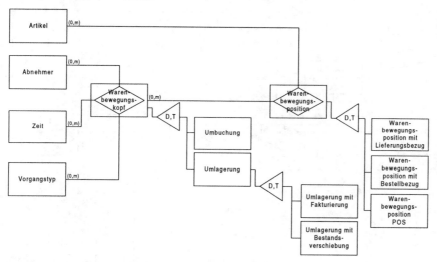

Abb. 5.107: Datenmodell Warenbewegungen

Bei dem für die Inventur erforderlichen Datenmodell (vgl. Abb. 5.108) steht die wertmäßige Abbildung der erfaßten Vermögensgegenstände eines Abnehmers (*Abnehmerinventurkopf*) im Vordergrund. Dem Kopf sind mehrere Positionen (*Abnehmerinventurposition*) zugeordnet, die entweder die erfaßten Mengen eines Artikels und deren Bewertung (*Inventurabnehmerposition Menge und Wert*) oder lediglich die Artikelwerte (*Inventurabnehmerposition Wert*) beinhalten. Letzteres ist bei der Inventur in Einzelhandelsunternehmen ohne artikelgenaue Bestandsführung der Fall, so daß die Erfassung lediglich auf der Ebene der Warengruppe erfolgt. Die Erfassung auf Warengruppenartikelebene ermöglicht die einheitliche Modellierung der Inventuraufnahmeposition als Beziehung zwischen Inventuraufnahmekopf und Artikel. Die Inventurdifferenzen (*Inventurdifferenzposition*) werden durch die Beziehung zwischen Bestand, Abnehmerinventurposition und *Inventurdifferenzkopf* abgebildet. Der Inventurdifferenzkopf stellt die buchhalterische Abbildung (den Wert) der kumulierten Inventurdifferenzen einer Inventur dar. Beim Bestand kann differenziert werden zwischen dem *Lagerplatzbestand*, der bei komplexen Lagern den Bestand eines Artikels je Lagerplatz abbildet, einem *Lagerortbestand*, der die Zusammenfassung der mengenmäßigen Bestände eines Abnehmers für einen

Artikel unabhängig von seiner Lagerung auf konkreten Lagerplätzen darstellt (z. B. bei großen Filialen mit artikelgenauer Bestandsführung), und dem *Bestandswert*, der den wertmäßigen Bestand bei den Abnehmern abbildet (bei Abnehmern ohne artikelgenaue Bestandsführung). Die Inventurdifferenzen sind in der Buchhaltung zum einen auf Bestands- (*Differenzbuchung Bestand*) und zum anderen auf Erfolgskonten (*Differenzbuchung Erfolg*) zu buchen.

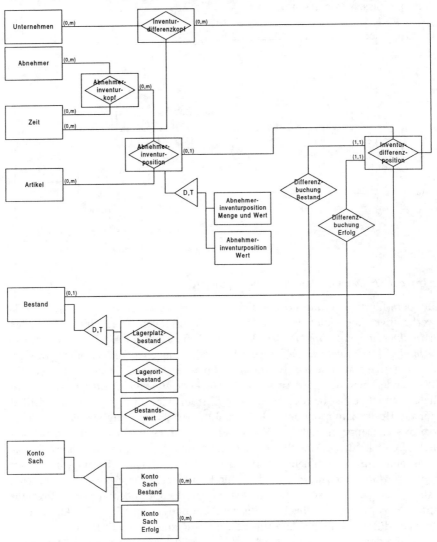

Abb. 5.108: Datenmodell Inventur

5.3.3 Prozeßmodell

Prozeß Umlagerung

Gemäß der Definition der Umlagerung sollen nur solche Warenbewegungen erfaßt werden, die zwischen Organisationseinheiten erfolgen. Bei den Umlagerungen ist von besonderer Bedeutung, welches Umlagerungsverfahren ausgewählt wird. In der Regel werden die Umlagerungen mit Fakturierung durchgeführt, um die Warenbewegung zu abnehmerindividuellen Preisen bewerten zu können.

Mit der Auswahl der Lieferanten und Abnehmer, die in den Umlagerungsprozeß involviert sind, werden weitere Prozesse angestoßen (vgl. Abb. 5.109). Ist der Lieferant ein Lager, so wird der Prozeß des Warenausgangs ausgelöst, bei einer Filiale oder einem Kunden hingegen wird die Ware im Wareneingang zur Abholung oder Lieferung bereitgestellt. In diesem Fall schließt sich eine Fakturierung an, die bei der Lagerabwicklung im Warenausgangsprozeß enthalten ist. Bei Buchungsvorgängen innerhalb eines Unternehmens oder eines Konzerns sollten die Umlagerungsvorgänge immer spiegelbildlich betrachtet werden. Demzufolge ist ein Warenausgang in einem Lager zugleich als Wareneingang (ggf. mit einer zeitlichen Verzögerung) in der Filiale zu betrachten, ohne daß weitere Prüf- und Erfassungsvorgänge notwendig sind.[158]

Prozeß Umbuchung

Eine Umbuchung (vgl. Abb. 5.110) kann auf unterschiedlichen Verdichtungsstufen erfolgen. Die Erfassung auf Einzelartikelebene stellt den Idealfall dar, da hier bei geeigneter informationstechnischer Unterstützung die Bestände mengen- und wertmäßig korrekt geführt werden können. Werden die Buchungen hingegen auf Warengruppenebene erfaßt, lassen sich die korrekten Werte und Mengen der einzelnen Artikel nicht ermitteln. In einigen Fällen (insbesondere im Lebensmittelbereich bei Obst, Gemüse und Fleisch) läßt sich auch zukünftig die Erfassung auf derartigen Verdichtungsstufen nicht vermeiden, weil eine artikelgenaue Bestandsführung nicht möglich ist. Die Erfassung auf Warengruppenebene sollte aber stets auf der detailliertesten Warengruppenhierarchie vorgenommen werden. Bei einem Umbuchungsvorgang sind u. a. die betroffene Organisationseinheit, die Artikelnummer (Einzelartikel- oder Warengruppenartikelnummer), der Mehrwertsteuersatz und der Vorgangsschlüssel zu erfassen.

---

[158] Vgl. auch die Ausführungen innerhalb des Prozesses „Wareneingang Filiale/Kunde" in Kapitel 5.1.3.3.

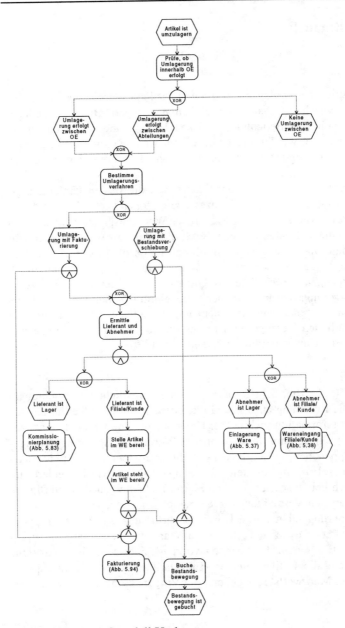

Abb. 5.109: Prozeßmodell Umlagerung

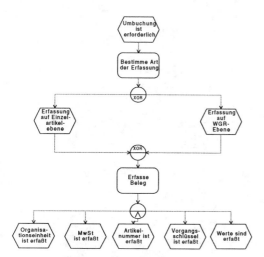

Abb. 5.110: Prozeßmodell Umbuchung

Die Abwicklung der Inventur zeigt unterschiedliche Ausprägungen in Abhängigkeit von der betrachteten Handelsstufe. Bei der Inventur im Lager (vgl. Abb. 5.111) sind alle Warenbewegungen abzuschließen, bevor mit der Inventur begonnen werden kann. Es werden die Lagerbereiche für die Inventur gesperrt. Die Inventur wird aufgrund gesetzlicher Bestimmungen bis dato auf Inventurbelegen erfaßt, die in der Regel lagerbereichsbezogen erstellt werden. Der Bestand ist zu zählen (normale Artikel), zu wiegen (z. B. Gewichtsware) oder zu messen (z. B. Länge, Durchmesser und Wandstärke von Stahlrohren). Der erfaßte Inventurbestand ist im System zu erfassen, um mit dem Buchbestand des Lagerverwaltungssystems verglichen zu werden. Sofern Differenzen zwischen den Bestandsmengen bestehen, kann eine Nachzählung veranlaßt werden. Die Bestandsdifferenzen werden finanzbuchhalterisch gebucht. Der Lagerbereich ist abschließend für Warenbewegungen wieder freizugeben. Ferner ist zu prüfen, ob eine Abwertung aufgrund des Niederstwertprinzips für die Bewertung des Umlaufvermögens vorzunehmen ist. Sofern dies beispielsweise aufgrund eines gefallenen Marktpreises der Fall ist, sind die Bestände umzubewerten und die entsprechenden Differenzen in der Finanzbuchhaltung auf den Bestands- und Erfolgskonten zu buchen. Bei der Festlegung des für die Waren anzusetzenden Bewertungspreises können Informationssysteme beispielsweise durch die Angabe von Umschlagshäufigkeiten Unterstützung liefern. Wurde beispielsweise ein Artikel im vergangenen Jahr überhaupt nicht umgeschlagen, liegt ein Indiz vor, daß der Artikel unverkäuflich ist und daher für das Unternehmen keinen Wert mehr besitzt.

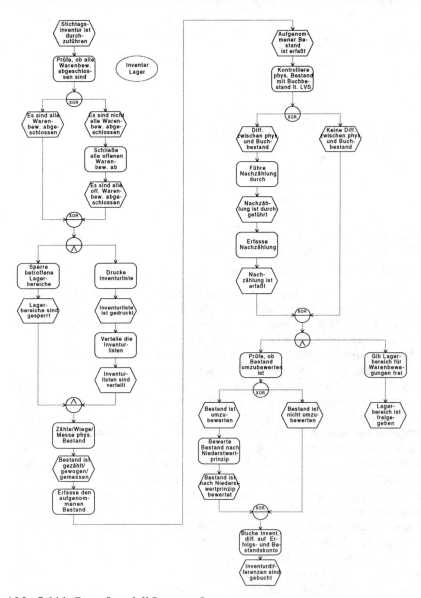

Abb. 5.111: Prozeßmodell Inventur Lager

Inventuren im Einzelhandel erfordern einen hohen planerischen Aufwand, um sie ohne große Beeinträchtigung des Verkaufs durchführen zu können. Demzufolge ist in einem mehrstufigen Handelsunternehmen zunächst der Umfang betroffener Filialen/Kunden festzulegen, für die die Inventur durchgeführt werden soll. Zudem ist zu bestimmen, ob eine Auswahl an Artikeln nach bestimmten Kriterien zusammengefaßt werden soll, um den Inventurablauf in dezentralen Einheiten zu erleichtern.

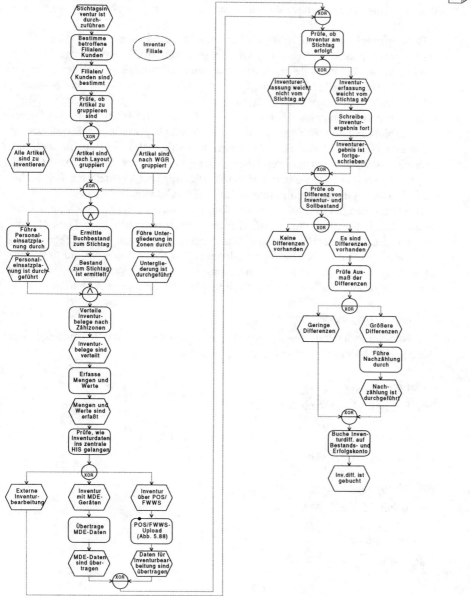

Abb. 5.112: Prozeßmodell Inventur Filiale

Besonders bedeutend für den reibungslosen Ablauf der Inventur ist die Personaleinsatzplanung.[159] Die Filialen werden zur späteren Vollständigkeitskontrolle der Inventuraufnahme in Zählzonen eingeteilt, um überprüfen zu können, ob alle Bereiche eines Einzelhandelsunternehmens in der Inventur berücksichtigt worden sind.

Bei der Inventurdurchführung können entweder ein Kassensystem oder MDE-Geräte genutzt werden. Bei den MDE-Geräten werden die Artikel mit Mengen erfaßt und an das zentrale Informationssystem übertragen. Bei einer Inventur über POS sind zunächst die für die Inventur erforderlichen Daten per Download vom zentralen Informationssystem zur Verfügung zu stellen. Eine dritte Möglichkeit besteht in einer externen Inventur (z. B. schriftliche Erfassung auf Papier und Verdichtung der Ergebnisse auf eine Warengruppenhierarchiestufe durch einen externen Dienstleister), bei der eine Kommunikation mit einem zentralen Informationssystem erst mit der Übermittlung verdichteter Ergebnisse beginnt. Empfohlen wird aus Gründen der Vereinheitlichung und Vermeidung von Mehrfacherfassungen die Inventuraufnahme mit MDE-Geräten.

Die Erfassung der Bestände erfolgt häufig vor oder nach dem Stichtag, so daß entsprechende Fortschreibungen der Inventurergebnisse nötig sind. Die ggf. korrigierten Bestandsergebnisse werden mit dem Buchbestand verglichen, möglicherweise wird eine Nachzählung notwendig. Mit der Buchung der Inventurdifferenzen auf Erfolgs- und Bestandskonten der Finanzbuchhaltung findet der logistische Ablauf der Inventurdurchführung seine wertmäßige Abbildung.

Informationsflußmodell Lager

Die Interdependenzen des Lagers zu den anderen Funktionsbereichen des Handels-H-Modells gehen aus Abb. 5.113 hervor.

Einkauf ↔ Lager

Vgl. Kapitel 5.1.1.3, Abb. 5.12.

Disposition ↔ Lager

Vgl. Kapitel 5.1.2.3, Abb. 5.26.

Wareneingang ↔ Lager

Vgl. Kapitel 5.1.3.3, Abb. 5.42.

Verkauf ↔ Lager

Vgl. Kapitel 5.2.2.3, Abb. 5.75.

---

[159] Die Personaleinsatzplanung wird in Kapitel 5.4.3 zur Personalwirtschaft behandelt.

Warenausgang ↔ Lager

Vgl. Kapitel 5.2.3.3, Abb. 5.90.

Lager ↔ Haupt- und Anlagenbuchhaltung

Das Lager stellt mit den Inventurergebnissen der Haupt- und Anlagenbuchhaltung eine wichtige Grundlage für die Erstellung des Jahresabschlusses zur Verfügung.

Die Haupt- und Anlagenbuchhaltung stellt mit den Unternehmen eines Konsolidierungskreises die notwendigen Stammdateninformationen bereit, um bei Umlagerungen konzerninterne Erfolgsvorgänge festhalten zu können. Diese bilden im Rahmen der Zwischenerfolgseliminierung die Grundlage für eine weitgehend automatisierte Erstellung der Konzern-GuV.

Lager ↔ Kostenrechnung

Die Lagerorganisation und entsprechende Logistikdaten (z. B. Fläche, Volumen) dienen in der Kostenrechnung als Bezugsgrößen sowie zur Einteilung des Lagers in Kostenstellen.

Die Kostenrechnung stellt mit den Kosten- und Erlösarten für die Funktionen des Lagers Anhaltspunkte zur Kontrolle der Wirtschaftlichkeit des Ressourceneinsatzes dar.

Lager ↔ Personalwirtschaft

Für die Personaleinsatzplanung werden aus dem Lager Informationen zur Lagerorganisation und zur Kapazitätsnachfrage (z. B. bei der Inventuraufnahme Anzahl an Artikeln, die es zu inventieren gilt) benötigt.

Die Personalwirtschaft stellt mit dem Personaleinsatzplan die notwendigen Daten zur Steuerung der Ressource Personal im Lager dar.

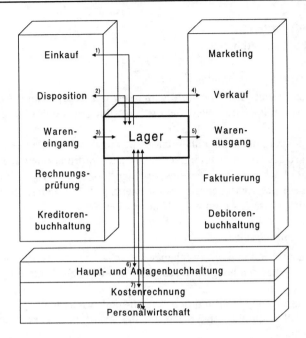

Informationen vom Lager:

1) Lagerbewegungen, Inventurbestand, Inventurbestandskorrekturen, Artikelbewertungsmethode, Verbrauchsfolgeverfahren, Lagerraumbedarf, Lagerkostensatz
2) Eingelagerte Menge der Artikel, Artikel je Logistischer Einheit
3) Retouren zum Lieferanten, sonst. Lagerbewegungen, sonst. Umbuchungen (wertm.)
4) Umlagerung
5) Umlagerung

6) Inventurergebnis, Inventurdifferenz, Umlagerung zwischen Unternehmen eines Konzerns
7) Lagerdaten (z.B. Lagerbereich, Mitarbeiter), Lagerleistungsdaten, Inventurdifferenzen, Umlagerungen, Umbuchungen
8) Lagerorganisation, Inventurvolumen

Informationen zum Lager:

1) Artikelstammdaten, Artikellagerdaten (Höhe, Breite, Volumen, Gewicht usw.), Aktionsdaten (Einlagerung j/n), Lager-, Verpackungseinheiten, Lagerort
2) Bestellartikel, Lager- und Verpackungseinheiten

3) Anforderung zur Einlagerung, Wareneingangsmenge

5) POS/FWWS-Upload (Preisveränderung, Inventurdifferenz)
6) Unternehmen eines Konsolidierungskreises

7) Kosten- und Erlösarten für Lagerleistung

8) Personaleinsatzplan

Abb. 5.113: Interdependenzen des Lagers

5.4 Betriebswirtschaftlich-administrative Systeme

Entsprechend der Adressaten des betrieblichen Rechnungswesens kann in ein externes und ein internes Rechnungswesen unterschieden werden.

Das *externe Rechnungswesen* (Kapitel 5.4.1) dient der Rechnungslegung. Die im externen Rechnungswesen erzeugten Informationen richten sich primär an externe Adressaten, ihre Bildung ist durch Gesetze und Richtlinien reglementiert, so daß der Informationsgehalt nicht den tatsächlichen ökonomischen Zustand des Unternehmens widerspiegeln muß.[160]

Für die erfolgszielorientierte Führung und Gestaltung des betrieblichen Wertschöpfungsprozesses werden die Informationen benötigt, die diesen Prozeß für Steuerungszwecke „richtig" abbilden. Diesem Zweck dient das *interne Rechnungswesen* (Kapitel 5.4.2) mit der Kosten- und Erlösrechnung. Die zentrale Aufgabe der Kostenrechnung ist es, sämtliche Informationen zum Zweck der Dokumentation, Planung, Steuerung und Kontrolle des Wertschöpfungsprozesses bereitzustellen.[161] Hierzu werden die Kosten und Erlöse auf diverse Bezugsobjekte (z. B. Abnehmer, Artikel, Region) kontiert.

Hierbei werden alle operativen Vorgänge des internen und externen Rechnungswesens in Konten wertmäßig abgebildet, so daß das Objekt Konto das Rechnungswesen prägt.

Die Personalwirtschaft[162] (Kapitel 5.4.3) wird geprägt durch das Objekt Mitarbeiter, das im Mittelpunkt aller Aufgaben der Personalwirtschaft von der Personalbedarfs-, der Personalentwicklungsplanung bis hin zur Lohn- und Gehaltsabrechnung steht.

5.4.1 Haupt- und Anlagenbuchhaltung

Das Hauptbuch bildet mit den Nebenbüchern die Grundlage für die doppelte Buchführung. Im Hauptbuch werden zum einen die aus dem Beschaffungsprozeß resultierenden Vorgänge der Bestandsveränderungen (insbesondere Bestandszugänge) und der kreditorischen Offenen Posten wertmäßig abgebildet. Zum anderen finden die Vorgänge des Distributionsprozesses ihren Niederschlag in der Hauptbuchhaltung.

Dabei werden die Informationen i. d. R. in verdichteter Form über die Nebenbücher (Debitoren- und Kreditorenbuchhaltung, der Warenbuchführung,

---

[160] Vgl. Troßmann (1994), S. 347.

[161] Vgl. Schweitzer, Küpper (1995), S. 13f.

[162] In der Literatur werden Begriffe wie Personalwesen, Personalführung, Personalmanagement, Human Ressource Management u. a. als Synonyme für das betriebliche Personalwesen verwendet. Vgl. Domsch (1993), S. 523. Hier wird der Begriff Personalwirtschaft synonym zu dem des betrieblichen Personalwesens verwendet.

der Anlagenbuchhaltung und der Personalbuchhaltung) an die Hauptbuchhaltung übertragen.[163] Von den Nebenbüchern sind die Debitoren- und Kreditorenbuchhaltung Bestandteil des Beschaffungs- bzw. Distributionsprozesses, so daß hier lediglich die Anlagenbuchhaltung und die Personalbuchhaltung (im Rahmen von Kapitel 5.4.3) thematisiert werden. Die Hauptbuchhaltung ist nicht nur Informationsempfänger, sondern stellt selbst grundlegende Daten für die ihr nachgelagerten Systeme der Finanzdisposition, -mittelrechnung, -planung und das interne Rechnungswesen zur Verfügung.

5.4.1.1 Funktionsmodell

Hauptbuchhaltung

Die Hauptbuchhaltung (vgl. Abb. 5.114) hat neben Sachkontenbuchungen insbesondere die Aufgabe, den Jahresabschluß mit der Bilanz, der GuV und ggf. einem Anhang sowie daneben einen Lagebericht als eigenständiges Informationsinstrument zu erstellen.[164] Unternehmen, die die Kriterien des § 290 HGB (für Aktiengesellschaften) oder § 11 PublG erfüllen, haben Konzernabschlüsse zu erstellen.[165]

Neben den Buchungsaufgaben gewinnen Instrumente der Finanzplanung und -kontrolle, insbesondere Cash-Management-Systeme, an Bedeutung. Beispielsweise sind bei Handelsunternehmen, die Zentralregulierungsgeschäfte tätigen, kurzfristige Finanzanlagen in mehrstelliger Millionenhöhe möglich, wenn das Handelsunternehmen vor der Bezahlung der Lieferanten die Offenen Forderungen an die Kunden einzieht.

Stammdatenpflege

Die *Sachkontenstammdatenpflege* umfaßt die Anlage und Pflege der Konten, die durch einen Kontenrahmen strukturiert werden.[166] Dieser ordnet die Konten Kontenklassen zu, die bestimmten Zwecken des Rechnungswesens dienen. Beim Industriekontenrahmen (IKR), der dem Abschlußgliederungsprinzip folgt, und dem Gemeinschaftskontenrahmen (GKR) sind in den ersten fünf Kontenklassen (0 bis 4) die Konten enthalten, die Eingang in die Bilanz finden. Erfolgskonten für die Gewinn- und Verlustrechnung werden in den Kontenklassen 5 bis 7 dargestellt. Erweitert um Eröffnungs- und Abschlußkonten der Kontenklasse 8

---

[163] Die Übertragung kann synchron oder asynchron erfolgen. Moderne Informationssysteme erlauben eine synchrone Mitbuchung der Daten der Nebenbücher an das Hauptbuch.

[164] Vgl. Baetge (1994), S. 80.

[165] Zur Aufstellungspflicht eines Konzernabschlusses vgl. Baetge (1995), S. 77ff.

[166] Zum Kontenrahmen als Rahmenvorschrift für die Entwicklung betriebsindividueller Kontenpläne vgl. insbesondere Wöhe (1992), S. 80ff.

sowie den in Kontenklasse 9 zusammengefaßten Konten für die Kostenrechnung erfüllt der Kontenrahmen die Dokumentationsaufgabe des Rechnungswesens.

Die Differenzierung zwischen finanzbuchhalterischen und kostenrechnerischen Konten entspricht der strengen Trennung der Finanz- von der Betriebsabrechnung (sogenanntes Zweikreissystem).[167] Branchenspezifische Kontenrahmen werden u. a. vom Hauptverband des Deutschen Einzelhandels e.V. (Einzelhandels-Kontenrahmen) und vom Bundesverband des Deutschen Groß- und Außenhandels e.V. (Kontenrahmen für den Groß- und Außenhandel) veröffentlicht. Die Kontenpläne unterscheiden sich hauptsächlich in der Art der Strukturierung der Kontenklassen.[168]

Die Pflege der Sachkontenstammdaten beinhaltet u. a. die Vergabe der Kontonummer gemäß dem im Betrieb geltenden Kontenplan, die Einrichtung der Sachkonten im Informationssystem und die Zuordnung der Konten zur jeweiligen Bilanz- bzw. GuV-Position.

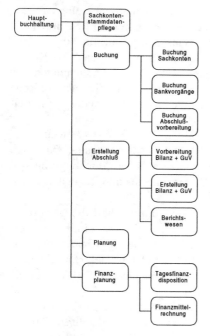

Abb. 5.114: Funktionsdekompositionsdiagramm Hauptbuchhaltung

---

[167] Vgl. Wöhe (1992), S. 83.

[168] Ein Vergleich zwischen Einzel- und Großhandelskontenrahmen findet sich bei Falk, Wolf (1992), S. 392ff.

Buchung

Mit der Buchung werden die operativen Vorgänge in der Buchhaltung wert-mäßig auf Konten festgehalten. Neben den (automatisierten) Mitbuchungen aus der Kreditoren- und Debitorenbuchhaltung auf den Sachkonten im Hauptbuch erfolgen Buchungen beispielsweise bei der Führung des Wareneingangsbuchs und des Kassenberichts als Aufzeichnung des täglichen Kassenverkehrs im Einzelhandel. Die Buchungen erhalten eine eindeutige Belegnummer, die eine Voraussetzung für die Überwachung[169] darstellt. Der Beleg sollte durch eine interne Nummer, die automatisch in aufsteigender Form vergeben wird, identifiziert werden, um Doppelerfassungen zu vermeiden und die Lückenlosigkeit der Nummernvergabe zu gewährleisten. Der Dokumentationspflicht der Belege wird durch die Protokollierung der Buchungen im Tagesjournal und deren periodische Archivierung Rechnung getragen. Die Aufbewahrungspflicht für Buchungsbelege beträgt zehn Jahre (§ 257 HGB).[170]

Bei der *Buchung der Bankvorgänge* können Kontoauszüge über Datenträgeraustausch oder mit Hilfe von T-Online bearbeitet werden, um durch die Automatisierung der Kommunikation mit der Bank (Electronic Banking) manuelle Erfassungsvorgänge zu reduzieren. Die automatische Buchung von Kontoauszügen umfaßt Vorgänge wie Zinsbelastungen oder Scheckeinreichungen, die auf Bankverrechnungskonten ausgeglichen werden. Durch die elektronische Verarbeitung können aktuellere Daten (z. B. Tagesfinanzstatus) ermittelt werden, die die Grundlage für die Finanzdisposition bilden.

Die *Abschlußvorbereitungen* für die Erstellung von Bilanz, Gewinn- und Verlustrechnung und Anhang werden zum Periodenende (Monats-, Quartals-, oder Jahresabschluß) durchgeführt. Hierzu gehören z. B. die Buchung von Abschreibungen[171] und Wertberichtigungen, Abgrenzungsbuchungen und die Bildung von Rückstellungen.

Zu den eigentlichen Aufgaben der *Abschlußerstellung* gehört die Bewertung des Anlage- und Umlaufvermögens (insbesondere der Warenbestände), der Forderungen und der Verbindlichkeiten. Im Zuge des Monats- und Jahresabschlusses werden die Bilanz sowie Gewinn- und Verlustrechnung des Handelsunternehmens erstellt, die sich an den Gliederungsprinzipien des § 257 HGB (für die Bilanz) und § 275 HGB (für die GuV) orientieren.

Zu den Aufgaben des *Berichtswesens* gehören unter anderem die Archivierung der Tages- und Monatsbuchungsjournale sowie der verschiedenen Salden- und Einzelpostenlisten und die Erstellung unterjähriger Bilanzen und GuVs zur

---

[169] Der Begriff Überwachung umfaßt in Anlehnung an Baetge sowohl die Kontrolle als auch die Prüfung. Vgl. Baetge (1993), S. 179.

[170] Zum Begriff des Buchungsbelegs und der Belegverwaltung vgl. insbesondere Baetge (1994), S. 127ff.

[171] Zur Ermittlung der Abschreibungen vgl. die Ausführungen zur Anlagenbuchhaltung.

Unterstützung des Managements. Darüber hinaus ist monatlich die Umsatzsteuervoranmeldung für das Finanzamt zu erstellen.

Planung

Bei der Planung werden die Bilanz- und GuV-Positionen des folgenden Jahres auf Unternehmens- oder Unternehmensbereichsebene für Vergleichs- und Kontrollzwecke geplant.

Finanzplanung

Die Finanzplanung als der Buchhaltung nachgelagerte Tätigkeit fällt in klein- und mittelständischen Betrieben in den Zuständigkeitsbereich der Hauptbuchhaltung. Sie hat das Ziel der Liquiditätserhaltung des Unternehmens.[172] Als Teilplanung innerhalb der betrieblichen Planung wird die Finanzplanung häufig differenziert in die kurzfristig orientierten Erstellung des Tagesfinanzstatus (Liquiditätsstatus), die mittelfristigen Finanzmittelrechnung (auch Finanzplan) und die eher langfristigen Kapitalbedarfsplanung (oder Kapitalbindungsplan).[173] Der täglich zu ermittelnde Liquiditätsstatus beinhaltet folgende Bestands- und Strömungsgrößen: [174]

```
  Anfangsbestand an liquiden Mitteln am Beginn des Planungstags
+ erwartete Einzahlungen des Planungstags
- erwartete Auszahlungen des Planungstags
= geplanter Endbestand an liquiden Mitteln am Ende des Planungstags
```

Hierbei fließen die Daten der Bankenbuchhaltung ein. Ergebnis des Liquiditätsstatus ist die Ermittlung eines Finanzmittelbedarfs bzw. -überschusses, der durch eine kurzfristige Geldaufnahme bzw. -anlage auszugleichen ist. Die Finanzdisposition wird häufig auch als Cash-Management bezeichnet.

Anlagenbuchhaltung

Die Anlagenbuchhaltung hat die Aufgabe der Verwaltung und Kontrolle des Anlagevermögens. „Beim Anlagevermögen sind nur die Gegenstände auszuweisen, die bestimmt sind, dauernd dem Geschäftsbetrieb zu dienen" (§ 247 Abs. 2 HGB) und die aus buchhalterischen oder sonstigen Gründen (z. B. Pflege von nicht aktivierungspflichtigen Leasingobjekten) einzeln verwaltet werden. Die für die Anlagenbuchhaltung erforderlichen Funktionen sind weitgehend

---

[172] Unter Liquidität wird gemeinhin „die Fähigkeit der Unternehmung, die zu einem Zeitpunkt zwingend fälligen Zahlungsverpflichtungen uneingeschränkt erfüllen zu können", verstanden. Witte (1963), S. 15.

[173] Vgl. Perridon, Steiner (1995), S. 571f.

[174] Vgl. Veit, Walz, Gramlich (1993), S. 257ff. Ein Beispiel für den Aufbau des Tagesfinanzstatus findet sich u. a. ebenda, S. 258. Vgl. auch Michel, Langguth, Scheuermann, Vorfelder (1994), S. 32.

branchenneutral, d. h. es können kaum handelstypische Eigenarten konstatiert werden.

Zu den Funktionen der Anlagenbuchhaltung zählen die Pflege der Anlagen-stammdaten, die Buchung von Zu-, Abgängen oder wertmäßigen Verände-rungen, Abschlußarbeiten als Vorbereitung des Jahresabschlusses in der Haupt-buchhaltung und das Anlagencontrolling. Überblicksartig können die Funktionen Abb. 5.115 entnommen werden.

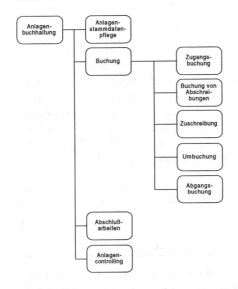

Abb. 5.115: Funktionsdekompositionsdiagramm Anlagenbuchhaltung

Stammdatenpflege

Bei der Stammdatenpflege werden die zu verwaltenden Anlagen informations-seitig erfaßt und im Zeitablauf gepflegt. Dabei sind zum Erwerbszeitpunkt ins-besondere Daten zur Identifikation der Anlage für Zwecke einer späteren Instandhaltung und zur Bewertung und Kontierung sowie Zuordnung zu Kostenstellen zu pflegen.

Buchung

Die originäre Aufgabe der Anlagenbuchhaltung ist die buchhalterische Abwick-lung aller Vorgänge, die mit dem Erwerb bzw. der Erstellung, der Nutzung und dem Abgang einer Anlage verbunden sind. Hierzu gehören:

- die *Zugangsbuchung*, die gemäß § 253 Abs. 1 HGB maximal zu den An-schaffungs- bzw. Herstellungskosten,[175] vermindert um Abschreibungen, er-folgen darf. Generell kann der Zugang einer Anlage durch Kauf (Ansatz zu Anschaffungskosten) oder durch Eigenerstellung[176] (Ansatz zu Herstellungs-kosten) erfolgen. Bei letzterem sind die Materialeinzel- und nach § 255 Abs. 2 Satz 3 HGB auch „angemessene Teile der Materialgemein-kosten" zu aktivieren,[177] die sich als Ergebnis des Projektcontrollings erge-ben. Eine Besonderheit stellen Zugänge von verbundenen Unternehmen dar, die auf Konzernebene erfolgsneutral auszuweisen sind.

- die *Abschreibungen*, durch die eine Verteilung der Anschaffungs- bzw. Her-stellungskosten auf die Perioden der Nutzung erfolgt (vgl. § 253 Abs. 2 HGB). Bei planmäßiger Abschreibung werden die Anschaf-fungs- bzw. Herstellungswerte von abnutzbarem Anlagevermögen auf die geplanten Jahre der Nutzung verteilt. Ihre Höhe ist abhängig vom Abschrei-bungsausgangswert, der zugrundegelegten Nutzungsdauer und der Ab-schreibungsmethode (Zeitabschreibung (z. B. linear oder degressiv), Leistungsabschreibung). Zur Funktionalität eines Moduls Anlagenbuch-haltung gehört in diesem Fall u. a. die Optimierung des Wechsels von einer degressiven zu einer linearen Abschreibung. Eine Besonderheit stellen die Geringwertigen Wirtschaftsgüter, d. h. Wirtschaftsgüter mit Anschaffungs-oder Herstellungskosten bis 800 DM, dar, die in der Anschaffungsperiode vollständig abgeschrieben werden. Außerplanmäßige Abschreibungen werden - unabhängig davon, ob die Anlagennutzung zeitlich begrenzt ist oder nicht - angesetzt, wenn eine Anlage am Bewertungsstichtag einen niedrigeren beizulegenden Wert (z. B. Wiederbeschaffungswert oder Einzel-veräußerungspreis) besitzt und es sich dabei um eine voraussichtlich dau-ernde Wertminderung handelt.

- Eine *Umbuchung* liegt bei einer Umgliederung des Anlagegegenstands vor. Beispielsweise erfolgt bei Fertigstellung von eigenerstellten Objekten eine Umbuchung von der Position „Anlagen im Bau" in die jeweilige Bilanzpo-sition.

- Mit dem *Abgang* des Anlagegegenstands werden - abhängig von der Relation des bilanziellen Wertansatzes zum Verkaufsertrag - Erträge oder Aufwen-dungen realisiert, die als solche möglichst automatisch auf die entsprechen-den Konten und mit den zugehörigen Erfolgskontierungen zu buchen sind.

Abschlußarbeiten

Die buchhalterischen Aufgaben der Anlagenbuchhaltung werden am Ende eines Geschäftsjahres durch die vorbereitenden Maßnahmen für den in der Finanz-

---

[175] Die Anschaffungs- bzw. Herstellungskosten werden in § 255 HGB konkretisiert.

[176] Die Eigenerstellung stellt im Handel die Ausnahme dar.

[177] Zum Umfang der Herstellungskosten vgl. Baetge (1994), S. 220ff.

buchhaltung durchzuführenden Jahresabschluß abgeschlossen. Zu diesen Arbeiten zählen u. a. die Abrechnung von selbsterstellten Anlagen und die Erstellung des Anlagengitters, das die Bilanzposition Anlagevermögen repräsentiert. Ferner sind die fortgeschriebenen Anlagenwerte für das neue Geschäftsjahr vorzutragen. Zu den im Rahmen des Jahresabschluß stattfindenden Arbeiten ist auch die Anlageninventur, d. h. die physische Aufnahme des Anlagebestands, zu zählen.

Anlagencontrolling

Zur Unterstützung des Controllings von Anlagegütern können Informationssysteme u. a. bei folgenden Aufgaben eingesetzt werden:
- Pflege von Miet- und Leasingsobjekten, die nicht aktiviert werden, d. h. insbesondere die Pflege von Zahlungsrhythmus und -dauer sowie Miet- bzw. Leasingbeträgen,
- Errechnung von kalkulatorischen Abschreibungen und kalkulatorischen Zinsen für die Zwecke der Kostenrechnung,[178]
- Bestimmung optimaler Einsatzzeiten bzw. Ersatzzeitpunkte für die Zwecke der Investitionsrechnung,
- Berücksichtigung von Maßnahmen zur Investitionsförderung, durch die die zugrundeliegenden Basiswerte der Abschreibungsberechnung beeinflußt werden können,[179]
- Buchung und Ausweis von Reparatur- und Instandhaltungsaufwendungen,
- Simulation der Entwicklung des Anlagevermögens.

Es bestehen unterschiedliche Sichten mit individuellen Informationsinteressen auf einen Anlagestammsatz, so daß verschiedene Wertansätze parallel zu pflegen sind. Insbesondere ist zwischen der buchhalterischen Abschreibung auf der Basis von Anschaffungs- bzw. Herstellungskosten und der kostenrechnerischen Sicht, die oftmals Wiederbeschaffungswerte zugrundelegt und zusätzlich kalkulatorische Zinsen verrechnet, zu unterscheiden.

5.4.1.2 Datenmodell

Die Hauptbuchhaltung baut auf zwei wesentlichen Abstraktionen des Geschäftsvorfalls auf: dem Buchungssatz und dem Konto. Das Konto erfährt durch den Kontenrahmen eine Ordnung. Die Kontenstruktur ist in Abb. 5.116 dargestellt.

Das *Konto* ist eindeutig einem *Kontenplan* zugeordnet, der als unternehmensindividueller Kontenplan (*Kontenplan unternehmensbezogen*) oder als gemeinsamer Kontenplan für zwei oder mehrere Unternehmen (*Kontenplan unternehmensübergreifend*) definiert sein kann. I. d. R. läßt sich

---

[178] Zur kostenrechnerischen Sicht auf die Anlagenbuchhaltung vgl. ausführlich z. B. Kilger (1987), S. 110-143.

[179] Vgl. auch Mertens (1995), S. 276.

ein einheitlicher Kontenplan insbesondere bei homogenen Geschäftsfeldern der Unternehmen eines Konzerns umsetzen. Aufgrund der einheitlichen Termini und Kontenstrukturen bei Nutzung *eines* Kontenplans ist diese Alternative in jedem Fall zu priorisieren.

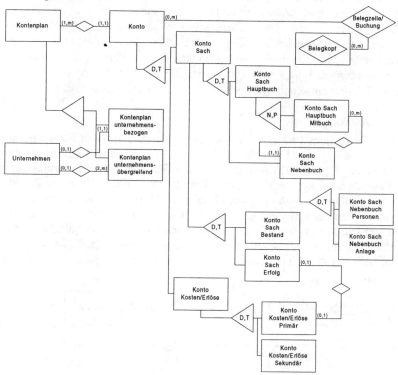

Abb. 5.116: Datenmodell Kontenstruktur

Das Konto selbst wird spezialisiert in das finanzbuchhalterische Sachkonto (*Konto Sach*) und in das für die Kosten- und Leistungsrechnung relevante Kosten-/Erlöskonto (*Konto Kosten/Erlöse*).

Das Sachkonto kann weiter unterschieden werden nach der Zugehörigkeit zur Haupt- bzw. Nebenbuchhaltung (*Konto Sach Hauptbuch* bzw. *Konto Sach Nebenbuch*). Jedem Nebenbuchkonto wird ein Abstimmkonto des Hauptbuchs (*Konto Sach Hauptbuch Abstimm*) zugeordnet, um die Buchungen in den Nebenbuchhaltungen synchron in der Hauptbuchhaltung abzubilden. Zusätzlich zu der Charakterisierung eines Kontos als Bilanz- oder GuV-Konto wird eine Spezialisierung in ein Bestands- (*Konto Sach Bestand*) und ein Erfolgskonto (*Konto Sach Erfolg*) vorgenommen. Die Nebenbuchkonten können u. a. in Personen- (*Konto Sach Nebenbuch Personen*) und Anlagenkonten (*Konto Sach*

Nebenbuch Anlage) spezialisiert werden.[180] Denkbar wäre auch ein weiteres Konto Mitarbeiter, wenn für jeden Mitarbeiter für Personalverkäufe oder Mitarbeiterdarlehen ein eigenes Konto in einem separaten Nebenbuch geführt wird.

Nach der Art der Kontierung wird beim Konto Kosten/Erlöse unterschieden in ein Primärkosten- und -erlöskonto und eine Sekundärkosten- und -erlöskonto. Beim Konto *Konto Kosten/Erlöse Primär* werden die Buchungen auf diesem Konto aus der Finanzbuchhaltung angestoßen und zugleich in der Kostenrechnung als Kosten/Erlöse gebucht. Beim Konto *Kosten/Erlöse Sekundär* werden Kosten und Erlöse zwischen Kostenstellen verteilt und umgebucht. Hierbei entstehen keine Wirkungen für die Finanzbuchhaltung.

Anlagenbuchhaltung

Eine *Anlage* wird dem Charakter des Rechnungswesens folgend einer organisatorischen Einheit der Finanzbuchhaltung (Unternehmen) und einer der Kostenrechnung (i. d. R. Kostenstelle) zugeordnet, um sowohl Rechnungslegungsziele als auch kostenrechnerische Zwecke zu erfüllen. Nach der Zuordnung zu einer Bilanzposition (vgl. auch § 266 Abs. 2 HGB) können Anlagen in *Immaterielle Vermögensgegenstände*, *Sachanlagen* und *Finanzanlagen* unterschieden werden. Neben den bilanziellen Anlagearten sind auch Anlagen in der Anlagenbuchhaltung zu verwalten, die nicht aktiviert werden (z. B. Mietobjekt, Leasingobjekt). Abb. 5.117 zeigt die beschriebenen Objekte und deren Beziehungen.

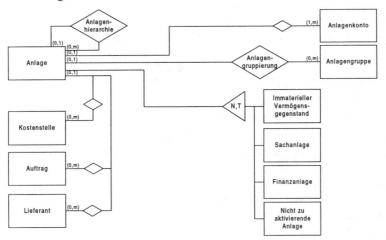

Abb. 5.117: Datenmodell Anlagenbuchhaltung

---

[180] Weitere Spezialisierungen sind Debitoren- und Kreditorenkonten, vgl. Kapitel 5.1.5.2.

5.4.1.3 Prozeßmodell

Originäre Aufgabe der Hauptbuchhaltung ist die Erstellung des Jahresabschlusses. Mit Beginn eines neuen Geschäftsjahres kann die Buchhaltung mit der Abschlußvorbereitung beginnen.

Es wird eine Saldenliste aller Sachkonten zum letzten Tag des abgelaufenen Geschäftsjahres erstellt und anschließend der Saldovortrag durchgeführt, der die Abschlußsalden des alten Geschäftsjahres als Anfangssalden der Bestandskonten überträgt.

Bei den Jahresabschlußvorbereitungen sind Abgrenzungs-, Rückstellungs- und Wertberichtigungsbuchungen der Buchhaltung durchzuführen. Zum Zwecke der Einhaltung der Gliederungsprinzipien der Fristigkeit von Forderungen und Verbindlichkeiten werden die Offenen Posten der Nebenbuchhaltungen in die kurz-, mittel- und langfristigen Positionen der Bilanz eingestellt. Der Jahresüberschuß bzw. -verlust als Saldo der Gewinn- und Verlustrechnung wird der Position des Eigenkapitals zugerechnet. Das abgelaufene Geschäftsjahr wird für weitere Buchungen gesperrt.

Die Bilanz, die GuV und die Umsatzsteueranmeldung können nach der Durchführung der Bilanzvorbereitungsmaßnahmen systemgestützt erstellt werden.

Die eigentliche Bilanzerstellung setzt einige vorbereitende Maßnahmen in der Finanzbuchhaltung sowie in vorgelagerten Systemen voraus. Im einzelnen gehen die Ergebnisse dieser Vorbereitungsmaßnahmen aus der in Abb. 5.118 dargestellten Ereignishierarchie hervor. Dabei sind die Bewertung des Anlage- und Umlaufvermögens und die Durchführung der Inventur (vgl. Kapitel 5.3.3) auf der Aktivseite hervorzuheben. Die Höhe des Abstimmkontos Forderungen aus Lieferungen und Leistungen ergibt sich nach Abschluß der Buchung der Abnehmerrechnungen des abgelaufenen Geschäftsjahres. Nach Buchung der Lohn- und Gehaltsabrechnung sind sämtliche Arbeiten der Vorsysteme zum Jahresabschluß beendet und die Buchhaltung kann die eigentlichen Jahresabschlußbuchungen durchführen.

Abb. 5.118: Ereignishierarchie Jahresabschlußerstellung

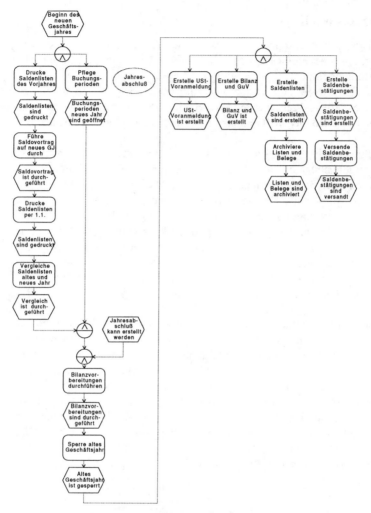

Abb. 5.119: Prozeßmodell Jahresabschlußerstellung

Anlagenbuchhaltung

Von den Prozessen der Anlagenbuchhaltung soll der Prozeß der Zugangsbuchung aufgrund seines funktionsübergreifenden Charakters beschrieben werden.

Der vollständige Prozeß der Zugangsbuchung für einen Anlagengegenstand reicht von der Erstellung eines Investitionsantrags bis hin zur wertmäßigen Zugangsbuchung. Das in Abb. 5.120 enthaltene Referenzprozeßmodell sieht vor, daß für genehmigte Investitionsanträge ein Anlagenstammsatz in der Anlagenbuchhaltung anzulegen ist. Damit ist die Anlagenbuchhaltung frühzeitig über zukünftige Anlagezugänge informiert. Bei Zugang der Anlage erfolgt im Wareneingang eine Referenzierung auf die im System befindliche Anlagen-bestellung. Durch die Anlagenkontierung der Bestellung kann direkt gegen einen Kreditor gebucht werden. Damit wird die pauschale Buchung gegen ein Ver-rechnungskonto sowie die anschließende Buchung „Verrechnungskonto gegen Kreditor" vermieden. Die Aufgabe der Organisationseinheit Anlagenbuch-haltung[181] beschränkt sich in diesem Fall auf die periodische Überprüfung der Zugangsbuchungen.

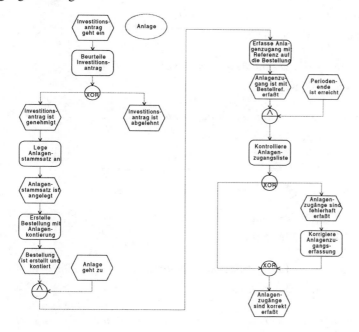

Abb. 5.120: Prozeßmodell Buchung eines Anlagenzugangs

Durch die Nutzung bestehender DV-technischer Systeme (kontierte Bestell-erfassung, Warenzugangsbuchung mit Bestellreferenz) liegt eine Modulin-tegration vor.[182] Das Modul „Disposition" für Bestellungen von Waren wird aus Sicht der Anlagenbuchhaltung für Bestellungen von Anlagen genutzt. Die Re-ferenzierung der Zugangsbuchung auf die Bestellung ist ein Beispiel für die In-tegrationsform der Datenintegration. Erst bei einem integrierten Informa-tionssystem wird es in der gezeigten Art und Weise möglich, Buchungsaufgaben

---

[181] Zu alternativen Organisationsformen für die Anlagenwirtschaft vgl. Hackstein, Orban (1992); Wagner (1977).

[182] Zur Modulintegration vgl. Kapitel 2.4.2.

beim Zeitpunkt des physischen Geschäftsvorfalls vorzunehmen und die zeit-
versetzte nochmalige Abbildung dieses Vorfalls durch die Anlagenbuchhaltung
zu vermeiden.

Informationsflußmodell Haupt- und Anlagenbuchhaltung

Die Informationsbeziehungen der Haupt- und Anlagenbuchhaltung zu den anderen Funktionsbereichen des Handels-H-Modells werden in Abb. 5.121 wiedergegeben.

Disposition ↔ Haupt- und Anlagenbuchhaltung

Vgl. Kapitel 5.1.2.3, Abb. 5.26.

Wareneingang ↔ Haupt- und Anlagenbuchhaltung

Vgl. Kapitel 5.1.3.3, Abb. 5.42.

Rechnungsprüfung ↔ Haupt- und Anlagenbuchhaltung

Vgl. Kapitel 5.1.4.3, Abb. 5.51.

Kreditorenbuchhaltung ↔ Haupt- und Anlagenbuchhaltung

Vgl. Kapitel 5.1.5.3, Abb. 5.57.

Warenausgang ↔ Haupt- und Anlagenbuchhaltung

Vgl. Kapitel 5.2.3.3, Abb. 5.90.

Fakturierung ↔ Haupt- und Anlagenbuchhaltung

Vgl. Kapitel 5.2.4.3, Abb. 5.95.

Debitorenbuchhaltung ↔ Haupt- und Anlagenbuchhaltung

Vgl. Kapitel 5.2.5.3, Abb. 5.101.

Haupt- und Anlagenbuchhaltung ↔ Kostenrechnung

Der Kontenplan, der in der Hauptbuchhaltung verwaltet wird, beinhaltet sowohl
die Primär- als auch die Sekundärkonten, die für die Kostenrechnung zur Verbuchung der Kosten notwendig sind. Zudem werden die Primärkosten über die
Finanzbuchhaltung an die Kostenrechnung weitergeleitet, und nur bei abweichenden Wertansätzen (Anderskosten) oder Kosten ohne Aufwand
(Zusatzkosten) wird eine Buchung in der Kostenrechnung ohne entsprechendes
Pendant in der Finanzbuchhaltung vorgenommen.

Haupt- und Anlagenbuchhaltung ↔ Personalwirtschaft

Die Haupt- und Anlagenbuchhaltung stellt die Nebenbuchkonten für die Personalabrechnungen bereit.

Aus der Personalwirtschaft gelangen insbesondere die Lohn- und Gehaltsab-
rechnungen und die Reisekosten in die Haupt- und Anlagenbuchhaltung.

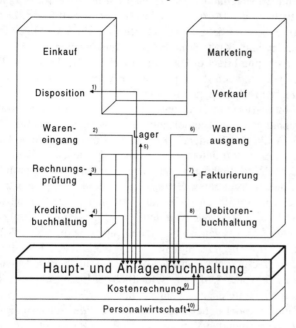

Informationen **von** der Haupt- und Anlagenbuchhaltung:
1) Bestandswerte

3) Haupt- und Anlagenkonten
4) Mitbuchung im Hauptbuch, debitorische Kreditoren
5) Unternehmen des Konsolidierungskreises

7) Haupt- und Anlagenkonten

9) Primärkosten (-erlös-)konto, Sekundärkosten (-erlös-)konto
10) Personalkonten

Informationen **zur** Haupt- und Anlagenbuchhaltung:
1) Aufwandsbestandteile zur Bewertung, Preisänderung
2) Wareneingangswert, Wareneingangsmenge
3) Lieferantenrechnung und -position
4) Geprüfte und gebuchte Anlagerechnung
5) Inventurergebnis, Inventurdifferenzen, Umlagerungen zwischen Unternehmen eines Konzerns
6) Warenausgangswert, Warenausgangsmenge
7) Abnehmerrechnung und -position
8) Mitbuchung im Hauptbuch, kreditorische Debitoren
9) Kostenabrechnung, Kostenumbuchung
10) Lohn- und Gehaltsabrechnung, Reisekosten

Abb. 5.121: Interdependenzen der Haupt- und Anlagenbuchhaltung

5.4.2   Kostenrechnung

5.4.2.1 Funktionsmodell

Die Kosten- und Erlösrechnung[183] im Handel hat im wesentlichen die Aufgaben, die Wirtschaftlichkeit des Instrumentaleinsatzes zu kontrollieren. Darüber hinaus hat sie die Aufgabe, bei betriebswirtschaftlichen Entscheidungsproblemen die entscheidungsrelevanten Kosten und Erlöse bereitzustellen.

Die Kostenrechnung bildet die informatorische Basis des Controllings, da die im Controlling verwendeten Zahlen auf den Ergebnissen (z. B. Kosten- und Erlösarten) der Kostenrechnung aufbauen.[184]

Die in der Industrie vorherrschende Produkt- bzw. Einzelartikelorientierung der Kostenrechnung ist für Handelsunternehmen unzweckmäßig. Zwar werden die mit einem Artikel verbundenen Kosten zum überwiegenden Teil durch die Wareneinsatzkosten determiniert. Alle übrigen Kosten und Erlöse lassen sich aber aufgrund von Verbundbeziehungen zwischen Artikeln nicht auf den einzelnen Artikel beziehen. Statt einem Bezugsobjekt (dem Artikel) existieren mehrere Bezugsobjekte, wie Sortimente, Abnehmergruppen (z. B. Warenhäuser, Supermärkte, Groß- und Kleinkunden), Regionen, Absatzwege und Vertriebsgebiete.[185] Deswegen ist für Handelsunternehmen eine Alternative zur traditionellen Kostenträgerrechnung die *Relative Einzelkosten- und Deckungsbeitragsrechnung*[186] nach RIEBEL,[187] da in diesem Rechnungssystem Kosten- und Erlösgrößen auf unterschiedlichste Bezugsobjekte in beliebiger Kombination und Hierarchisierung zugerechnet werden.[188]

Die Zurechnung findet dabei entsprechend des Identitätsprinzips jeweils auf dem für den zu betrachtenden Vorgang speziellsten Bezugsobjekten (z. B. Erfassung der Erlöse auf der niedrigsten Warengruppenebene, die möglich ist) statt.

Aufbauend auf der Kontierung von Kosten und Erlösen können Auswertungsrechnungen (insbesondere Deckungsbeitragsrechnungen) erstellt werden. Die von RIEBEL entwickelte Relative Einzelkosten- und Deckungsbeitragsrechnung

---

[183] Im folgenden wird aus Vereinfachungsgründen nur von Kostenrechnung gesprochen.

[184] Vgl. Troßmann (1994), S. 359.

[185] Vgl. Günther (1993), S. 478; Tietz (1993), S. 1129; Witt (1992), S. 96ff.; Witt (1991), S. 288ff.

[186] Vgl. hierzu im folgenden Riebel (1994); Riebel (1992), S. 247ff.

[187] Vgl. Witt (1992), S. 100.

[188] Obgleich die Kostenrechnung durch das Begriffspaar Kosten und Leistungen charakterisiert wird, wird in der Einzelkosten- und Deckungsbeitragsrechnung der Begriff der Erlöse verwendet. „Erlöse sind [...] durch die Entscheidungen über den Absatz von Leistungen oder Wirtschaftsgütern ausgelöste Zahlungen oder Ansprüche darauf", Riebel (1992), S. 262. Zudem wird der Leistungsbegriff abgelehnt, da er eine physisch-mengenmäßige Leistung (z. B. Ausbringung in Stück) nahelegt. Vgl. Riebel (1992), S. 263. Vgl. auch Schweitzer, Küpper (1995), S. 21ff., die ebenfalls den Begriff der Leistungen durch den der Erlöse ersetzen.

ist erst mit der Verbreitung relationaler Datenbanksysteme in der betrieblichen Praxis einsetzbar geworden.[189]

Die in der Kostenrechnung notwendigen Funktionen reichen von der Anlage und Pflege der Stammdaten über die Kosten- und Erlösplanung und die Erfassung der angefallenen Kosten bis zu Auswertungs- und Kontrollrechnungen (vgl. Abb. 5.122). Die Auswertungs- und Kontrollrechnungen bilden die Schnittstelle zu den Controllingaufgaben und werden über die in diesem Kapitel hinausgehenden Aspekte in Kapitel 5.5 thematisiert.

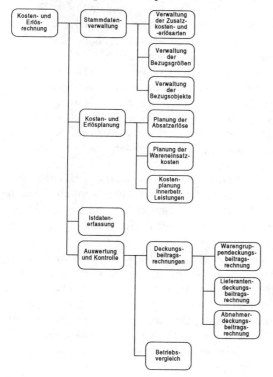

Abb. 5.122: Funktionsdekompositionsdiagramm Kostenrechnung

Stammdatenverwaltung

Aufgabe der Stammdatenverwaltung im Rahmen der Kostenrechnung sind u. a. die Anlage und Pflege von Kosten- und Erlösarten, Kosten- und Erlösbezugsgrößen sowie Bezugsobjekten, auf die Kosten und Erlöse in einer betriebswirtschaftlich sinnvollen Strukturierung zugerechnet werden. Konzeptionelle Fehler,

---

[189] Vgl. Scheer (1994), S. 647 und die dort zitierte Literatur.

die bei der Anlage der Stammdaten und vor allem deren Zusammenwirken gemacht werden, ziehen einen erheblichen Anpassungsaufwand nach sich.

Grundlegend sind die *Kostenarten*, die die Gesamtkosten nach der Art der verbrauchten bzw. eingesetzten Güter und Dienstleistungen strukturieren.[190] Im Handel stehen dabei die Wareneinstandskosten sowie die Personalkosten im Vordergrund.[191] Die Kostenarten entsprechen weitgehend den Konten der Sachkontenbuchhaltung.[192] Ergänzt werden muß der Kontenplan lediglich um Konten für Kostenarten, die sich auf kalkulatorische Zusatzkosten beziehen. Diesen Kosten steht kein Aufwand im externen Rechnungswesen gegenüber (z. B. kalkulatorische Mieten, kalkulatorischer Unternehmerlohn). Analoges gilt für die *Erlösarten*, die die im Rahmen der Betriebstätigkeit entstehenden Erlöse den Sachzwecken entsprechend ordnen. Erlösarten können dabei z. B. Absatzerlöse, Erlöse aus nachträglichen Vergütungen von Lieferanten oder sonstige Erlöse sein, die z. B. für Transport-, Werbe- oder Beratungsdienstleistungen erzielt werden. Erlösschmälerungen (insbesondere nachträgliche Vergütungen), die Abnehmern gewährt werden, reduzieren den Bruttoerlös auf den Nettoerlös, der für die Steuerung der weiteren Aktivitäten von Interesse ist. Die Differenzierung von Kosten- und Erlösarten legt neben den Bezugsobjekten die maximale Detailliertheit späterer Aussagen fest.

Für eine Erfolgsplanung sind zunächst für die Kosten- und Erlösarten *Bezugsgrößen* zu ermitteln. Sie definieren die Größe, mit deren Variation Kosten und Erlöse anfallen. Typische Einflußgrößen im Handel sind die Beschaffungsbzw. Absatzmenge, Beschaffungs- bzw. Absatzwerte, Gewichte, Entfernungen etc.

Neben Kriterien zur Gliederung von Kosten und Erlösen sind ferner Objekte festzulegen, für die der betriebswirtschaftliche Erfolg des Instrumentaleinsatzes gemessen werden kann. In Abhängigkeit von der betrachteten Handelsstufe und insbesondere -branche können die relevanten Bezugsobjekte stark divergieren. Im Großhandel beispielsweise werden häufig Regionalbereiche gebildet, für die Vertriebsleiter verantwortlich sind, um den Außendienst im Sinne eines Profit Centers führen zu können.[193] I. d. R. sind unabhängig von dem jeweiligen Handelsunternehmen immer Warengruppen(-hierarchien) Bezugsobjekte.[194]

---

[190]   Vgl. Schweitzer, Küpper (1995), S. 93ff.

[191]   Vgl. Witt (1994), S. 288.

[192]   Vgl. die Ausführungen zum Datenmodell Kontenstruktur in Kapitel 5.4.1.2.

[193]   Mit einer Profit Center Rechnung sollen Kosten und Erlöse für eine Organisationseinheit erfaßt werden. Hierbei ist charakteristisches Merkmal eines Profit Centers die Bildung eines Unternehmens im Unternehmen. Dieses soll weitgehend autonom agieren können und aufgrund des Gewinns gesteuert werden. Somit stehen Aspekte der Selbststeuerung von Organisationseinheiten innerhalb eines Unternehmens durch Verlagerung von Entscheidungskompetenz im Vordergrund.

[194]   Vgl. Tietz (1993), S. 1108, 1154ff.; Witt (1991), S. 288ff.

Bei der Warengruppenrechnung ist häufig ein Zusammenfallen von waren-orientierter und organisationszentrierter Betrachtung zu beobachten. So werden die Ein- und Verkaufsorganisationen nach Warengruppenhierarchien gegliedert (z. B. Lebensmittel und Hartwaren bei einem Vollsortimenter oder Elektrogeräte und Elektroinstallationsmaterial bei einem regionalen Elektrogroßhändler). In diesen Fällen können zumindest die durch die Einkaufs- und Verkaufsaktivitäten entstehenden Kosten den Warengruppen eindeutig zugeordnet werden. Problematisch hingegen ist die Zurechnung von Lager- und Logistikkosten, die allerdings bei einer warengruppenorientierten Lagerbereichsorganisation[195] auch möglich ist, wenn das Lagerpersonal diesen Bereichen eindeutig zugeordnet wird.

Neben einer warengruppenorientierten Betrachtung des Erfolgs können im Sinne einer Absatzsegmentrechnung weitere Betrachtungsperspektiven interessieren, wie:[196]

- Kunden bzw. Kundengruppen (z. B. selbständige Einzelhändler)
- Vertriebsgebiete (z. B. Nordrhein)
- Aktionen (z. B. Gartenfrühjahr)
- Geschäftsprozesse (z. B. Streckengeschäft) bzw. Prozesse (z. B. Auftrags-bearbeitung)

    Diese bislang im Handel noch nicht realisierte Erfolgsrechnung kann wichtige Anhaltspunkte für die Bildung des Lagersortiments geben (betriebswirt-schaftlich begründete Entscheidungshilfen durch eine Bewertung des Hand-lings eines Artikels alternativ im Lager- und Streckenprozeß).

- Organisationseinheiten (z. B. Filialen)
- Aufträge.

Aus den zwischen Bezugsobjekten bestehenden Über- und Unterordnungsver-hältnissen sind Zurechnungshierarchien abzuleiten, die in einem Bezugsob-jektnetzwerk integriert werden können (vgl. Abb. 5.123).[197]

---

[195] Vgl. Kapitel 4.1.3.
[196] Vgl. Tietz (1993), S. 1122ff.; Witt (1992), S. 101ff.
[197] Vgl. Fischer, Rogalski (1991), S. 39ff.

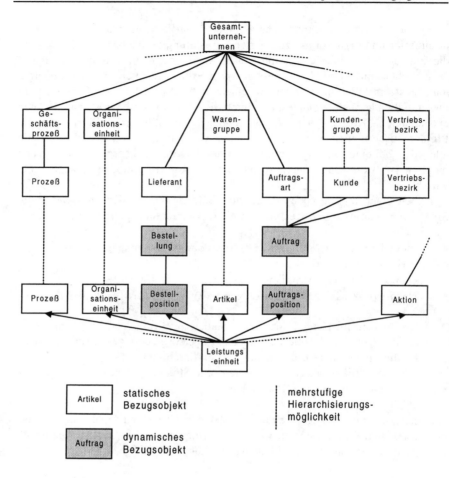

Abb. 5.123: Beispielhaftes Netzwerk der Bezugssobjekte für den Handel[198]

Auf unterster Ebene des Bezugssobjektnetzes steht die Leistungseinheit.[199] Sie stellt die erfolgsbezogenen Wirkungen von Geschäftsvorfällen bzw. innerbetrieblichen Leistungen dar, die entsprechend des Identitätsprinzips den jeweiligen Bezugsobjekten zuzurechnen sind. Im Gegensatz zu statischen Bezugsobjekten (z. B. Kunde) müssen dynamische Bezugsobjekte (z. B. Auftrag) den jeweils übergeordneten Bezugsobjekten individuell zum Zeitpunkt der Verbuchung des Geschäftsvorfalls zugeordnet werden.

---

[198] In Anlehnung an Riebel (1994), S. 406; Tietz (1993), S. 1155; Fischer, Rogalski (1991), S. 42; Köhler (1993), S. 4.

[199] Vgl. Fischer, Rogalski (1991), S. 40.

Mit der Vorgabe eines Bezugsobjektnetzes werden die Auswertungsmöglichkeiten vorgegeben, so daß dem Netzdesign entsprechende Aufmerksamkeit geschenkt werden sollte.

Die Anzahl an Bezugsobjekten hat sich der allgemeinen informationsökonomischen Maxime zu unterwerfen, derzufoge der Nutzen der Information höher sein muß als deren Erfassungs-, Speicherungs- und Verwaltungsaufwand.[200] Somit sind in einem Bezugsobjektnetzwerk lediglich die Bezugsobjekte zu berücksichtigen, die für die zu erwartenden Auswertungen und Fragestellungen benötigt werden.[201]

Kosten- und Erlösplanung

Die Kosten- und Erlösplanung dient der Ermittlung von Informationen, die die Voraussetzung für die Alternativenwahl im Planungsprozeß sowie für die Steuerung der Unternehmensprozesse durch die Gegenüberstellung von Plan- und Ist-Daten schaffen.[202]

Grundlage der Erfolgsplanung im Handel ist der für die Betrachtungsperiode prognostizierte Absatz bzw. Umsatz.[203] Die geringe zeitliche Lebensdauer vieler Artikel, die hohen wertmäßigen Schwankungen der Ein- und Verkaufspreise der Artikel, die hohe Rotationsgeschwindigkeit vieler Sortimente und nicht zuletzt die Anzahl der geführten Artikel macht es i. d. R. unmöglich, artikelgenau zu planen. Vielmehr wird auf höheren Aggregationsebenen (z. B. Warengruppe(-nhierarchie)) geplant, wobei aufgrund des Verdichtungsniveaus nur in Wertdimensionen geplant werden kann. Die Sortimentsentscheidungen werden jedoch artikelbezogen vorgenommen, wobei der Ausgangspunkt für Sortimentsentscheidungen der Erfolg in den Warengruppen sein kann. Sortimentsbestandteile werden u. a. anhand folgender Kriterien beurteilt:[204]

- Umsatz
- Spanne (als absolute oder relative Spanne)
- Nettorentabilität (Deckungsbeitrag / durchschnittlichen Warenbestand oder Deckungsbeitrag / beanspruchte Verkaufsfläche)

Durch den Einsatz der Scannertechnologie im Einzelhandel beziehungsweise die Nutzung moderner Informations- und Kommunikationstechnologien im Großhandel entsteht die Möglichkeit, artikelgenaue Daten zu erfassen, so daß auch die Erlöse (in ausgewählten Sortimentsbereichen) stück- und wertmäßig geplant werden können. Dabei ist eine verbreitete Vorgehensweise die Prognose von Mengen und Werten durch Multiplikation der Vergangenheitswerte mit einem Veränderungsprozentsatz (Vergangenheit + x %). Allerdings muß die der Pro-

---

[200] Vgl. Weber (1983), S. 158.

[201] Vgl. Riebel (1994), S. 154ff., 166f.

[202] Vgl. Troßmann (1994), S. 363ff.; Kilger (1993), S. 749; Schweitzer, Küpper (1995), S. 244.

[203] Vgl. Witt (1991), S. 290f.

[204] Vgl. Müller-Hagedorn (Marketing) (1993), S. 167ff.

gnoserechnung unterstellte Hypothese verläßlich sein (z. B. eine Fortschreibung unter Berücksichtigung eines entsprechend prognostizierten Wirtschaftswachstums) bzw. im Sinn einer Vorgaberechnung mittels einer anzustrebenden Wachstumsrate Eingang in die Planung finden.

Die Absatzplanung kann nicht nur in Bezug auf Artikel oder übergeordnete Aggregationsebenen erfolgen, sondern darüber hinaus auch nach anderen Objekten im Bezugsobjektnetzwerk, wie Kunden, Verkaufsgebieten etc., differenziert werden. Ein Abgleich zwischen einer Top-down-Planung (Vorgabe der Planwerte durch die Unternehmensleitung) und einer Bottom-up-Planung (Planwerte werden zunächst dezentral geplant) kann mittels einer im sogenannten Gegenstromverfahren vorgenommenen Planung erfolgen.[205] In die Absatzplanung sind Erlösschmälerungen vertraglich vereinbarter nachträglicher Vergütungen einzubeziehen, die in Abhängigkeit vom Absatz oder Umsatz gewährt werden.

An eine Absatz- und Umsatzplanung schließt sich die Planung der waren- oder lieferantenbezogenen Beschaffungsvolumina an, bei der vom geplanten Umsatz durch Abzug einer geplanten Spanne das Beschaffungsvolumen für Warenbereiche festgelegt wird,[206] um zu hohe Beschaffungsmengen für das geplante Umsatzvolumen zu verhindern.

Basierend auf den Ergebnissen der Absatz- und Beschaffungsplanung können die Planleistungen der Organisationseinheiten für direkte (z. B. Filialen, Lagerbereiche) und indirekte Bereiche ermittelt werden. Durch die Berücksichtigung von Kostenbezugsgrößen und Kostensätzen können die Kosten von Abrechnungsbereichen ermittelt werden.

Die Kosten- und Erlösplanung schafft somit die Voraussetzung für differenzierte Auswertungsrechnungen und bildet die Grundlage für die Ableitung von Budgetwerten sowie von Plan-Verrechnungspreisen, auf deren Grundlage die Verrechnung innerbetrieblicher Leistungen erfolgt.[207] Dabei werden die Kosten vom leistenden Bezugsobjekt (z. B. Druckerei für Werbewurfsendungen) auf das empfangende Bezugsobjekt (z. B. Filiale) weiterverrechnet. Die Verrechnungspreise können je nach Anwendungsbedingung auf der Grundlage von Kosten oder Marktpreisen gebildet werden.

Istdatenerfassung

Die Istdatenerfassung dient dazu, die tatsächlichen Werte den Plandaten gegenüberstellen zu können. Der Ressourcenverzehr der Geschäftsprozesse und deren wertmäßige Abbildung erfordert Informationen aus den vorgelagerten Systemen sowie Daten aus dem externen Rechnungswesen. Die operativen Systeme sind

---

[205] Vgl. Horváth (1990), S. 218ff.

[206] Vgl. hierzu auch die Ausführungen zur Limitplanung in Kapitel 5.1.2 und die dort zitierte Literatur.

[207] Vgl. Schweitzer, Küpper (1995), S. 469ff.

einerseits die Grundlage für entsprechende wertmäßige Buchungen im externen Rechnungswesen (z. B. Fakturen), die von dort aus der Kostenrechnung zur Verfügung gestellt werden. Andererseits liefern sie auch direkte Informationen (z. B. mengenmäßige Verbrauchsdaten) an die Kostenrechnung. Eine Trennung in Istmengen und -preise ist für spätere Auswertungen im Rahmen von Abweichungsanalysen erforderlich.

In der Kostenrechnung selbst werden zusätzlich nur solche Daten erfaßt, die in den vorgelagerten Systemen keine Berücksichtigung gefunden haben (kalkulatorische Zusatzkosten) oder denen ein anderer Wertansatz zugrundeliegt (kalkulatorische Anderskosten).

Die Informationsquellen des internen Rechnungswesens und der logische Datenfluß gehen aus Abb. 5.124 hervor.

Ein effizienter Erfassungsprozeß setzt die Kenntnis identifizierender Kontierungsmerkmale mit Bezug zum Bezugsobjektnetzwerk voraus. Automatische Systeme der Betriebsdatenerfassung können insbesondere im Bereich der Logistikleistungen (z. B. Kommissionierung) zu einer erheblichen Verringerung des Erfassungsaufwandes führen. Das frühzeitige Kontieren in den vorgelagerten Systemen führt zu einer Verschmelzung der Datenbasis der Kostenrechnung mit vorgelagerten Systemen.[208] Somit wird eine Grundrechnung geschaffen, die auf den konkreten Belegen der Geschäftsvorfälle basiert und damit unterschiedliche Arten von Auswertungen und Analysen zuläßt.

Aufbauend auf der Erfassung wird die Verrechnung der innerbetrieblichen Leistungen vorgenommen. Die Bewertung des zu verrechnenden Leistungsvolumens sollte zu Planverrechnungspreisen erfolgen, da der Empfänger lediglich für Verbrauchs-, nicht aber für Preisabweichungen verantwortlich gemacht werden soll.

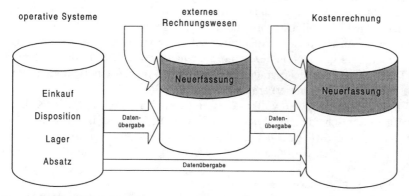

Abb. 5.124: Datenfluß im Rechnungswesen[209]

---

[208] Vgl. Scheer (1994), S. 649.
[209] In Anlehnung an Scheer (1994), S. 649.

Auswertung und Kontrolle

Auswertungs- und Kontrollrechnungen setzen auf den in der Plan- und Istrechnung ermittelten Kosten- und Erlösinformationen auf.

Die Gegenüberstellung von Soll- und Istwerten einer Periode hilft, Ineffizienzen bei der Durchführung von Geschäftsprozessen zu identifizieren. Mittels Abweichungsanalysen können die dafür verantwortlichen Ursachen ermittelt werden, die in der eigentlichen Prozeßausführung und in der Planung liegen können. Somit können neben Informationen zur Verbesserung des Realisierungsprozesses auch Hinweise für die Verbesserung der zukünftigen Planung gewonnen werden. Solche Kontrollrechnungen werden vornehmlich für Bezugsobjekte vom Typ Organisationseinheit (Kostenstelle) vorgenommen.

Die detaillierteste Auswertung ist eine Artikelkalkulation, die den Artikel als Bezugsobjekt betrachtet und sämtliche Kosten und Leistungen auf dieser Ebene zuzuordnen versucht. Verursachungsgerecht lassen sich im allgemeinen nur die Wareneinstandskosten und die Erlöse zurechnen. Ein großer Gemeinkostenblock kann nicht direkt zugerechnet werden.[210] Zur Abhilfe dieses anscheinend unbefriedigenden Zustands wurden Konzepte wie der Direkte Produkt Profit (DPP) entwickelt.[211] Beim DPP werden zusätzlich zu den Wareneinstandskosten sogenannte Handlungskosten auf den Artikel umgelegt. Als Handlungskosten wird der Teil der Kosten angesehen, der in Leistungsbereichen anfällt, die direkt mit dem „Handling" der einzelnen Artikel befaßt sind.[212] Ob mittels des DPP die Ziele der Verbesserung der Kostenstruktur, der Sortimentssteuerung oder der Regalplatzoptimierung erreicht werden können,[213] ist fraglich, da die kostentheoretische Fundierung für die Verteilung der Handlungskosten fehlt.[214] Analog zur Produktkalkulation der Prozeßkostenrechnung in der Industrie werden den Artikeln Gemeinkosten zugerechnet, die nicht mit artikelbezogenen Einflußgrößen (Menge, Wert, Gewicht) variieren. Somit kann der DPP zwar als differenziertes, jedoch vollkostenorientiertes System gekennzeichnet werden,[215] das die Entscheidungssituation im Hinblick auf den einzelnen Artikel kaum verbessern kann. Dies gilt auch in bezug auf die Nutzung des DPP für die Bildung des Verkaufspreises, der sich gerade im Handel nicht nur kostenorientiert festlegen läßt, sondern marktorientiert ermittelt werden muß.

Im Gegensatz zu einem vollkostenorientierten Verfahren stellt der Deckungsbeitrag die entscheidungsrelevante Größe dar. Er kann nach den unterschiedlichen Ebenen und Hierarchien des Bezugsobjektnetzwerks differenziert werden. Ausgehend von den periodenbezogenen Deckungsbeiträgen (für die betrachtete

---

[210] Vgl. Zentes, Exner, Braune-Krickau (1989), S. 125.

[211] Vgl. Schröder (1995), S. 303ff.; Günther (1993), S. 460. Neben der Bezeichnung DPP wird synonym der Begriff Direkte Produkt Rentabilität (DPR) verwendet.

[212] Vgl. Damman-Heublein (1988), S. 18ff.

[213] Vgl. Schröder (1995), S. 312f.

[214] Vgl. Tietz (1993), S. 1177.

[215] Vgl. Zentes, Exner, Braune-Krickau (1989), S. 139.

Auswertungshierarchie) werden die Einzelkosten und Erlöse auf den unterschiedlichen Zurechnungsstufen in Ansatz gebracht. Auf diese Weise ergibt sich eine differenzierte Deckungsbeitragshierarchie, die beispielsweise als Basis für Sortimentsentscheidungen dient. Die *Warengruppendeckungsbeitragsrechnung* stellt die tradierte Form der Ergebnisrechnung im Handel dar. Bei dieser wird die hierarchisch tiefste, d. h. detaillierteste Warengruppe des von einem Handelsunternehmens geführten Sortiments als Bezugsobjekt verwendet. Die Artikelergebnisse werden direkt auf der Warengruppe kontiert. Aufgrund der Bedeutung der Warengruppe für die Gestaltung der Organisationsstrukturen erlaubt die Warengruppendeckungsbeitragsrechnung Aussagen über die Vorteilhaftigkeit von Sortimenten und ggf. Organisationseinheiten. Die Deckungsbeiträge der Warengruppen können somit Anhaltspunkte für eine langfristig ausgerichtete Sortimentsplanung liefern. Allerdings sind wie bei Artikeln Sortimentsverbundeffekte zu beachten, die aus einer Deckungsbeitragsrechnung nicht abgeleitet werden können (insbesondere Nachfrageverbundeffekte).

Die *Abnehmerdeckungsbeitragsrechnung* findet sich insbesondere im Großhandel, da dort die Abnehmer bekannt sind. Hierbei können im Sinne einer Bezugsobjekthierarchie die Kunden zu Kundengruppen zusammengefaßt und diese wiederum hierarchisiert werden. Abnehmerdeckungsbeiträge liefern für die Vorteilhaftigkeit einzelner Abnehmer bzw. Abnehmergruppen und für den Einsatz der Marketinginstrumente Anhaltspunkte. In einer mehrstufigen Deckungsbeitragsrechnung[216] wird der abnehmerbezogene Deckungsbeitrag wie folgt berechnet:[217]

Erlöse zu Verkaufspreisen (bzw. zu Verrechnungspreisen bei internen OE)
− Rechnungskonditionen
= *Nettoerlöse*
− Wareneinsatz
= *Deckungsbeitrag I (Rohertrag)*
− dem Abnehmer direkt zurechenbare Kosten (z. B. nachträgliche Vergütungen, Logistikkosten, Vertriebskosten des Außendiensts)
= *Deckungsbeitrag II*

Bei der *Lieferantendeckungsbeitragsrechnung* als Planungshilfe zur Optimierung des Beschaffungsprozesses und Auswahl wirtschaftlicher Lieferanten werden den von einem Lieferanten verursachten Kosten die entsprechenden Erlöse gegenübergestellt.

---

[216] Bei den Deckungsbeitragsrechnungen wird immer eine vollständige Darstellung der Deckungsbeiträge bis zum Deckungsbeitrag für die Gesamtunternehmung vorgenommen. Somit müssen die Ergebnisse der unterschiedlichen Deckungsbeitragsrechnungen auf der allgemeinsten Ebene einheitlich sein.

[217] Zur Kundendeckungsbeitragsrechnung vgl. Zentes (1986), S. 21ff.

Der entsprechende Deckungsbeitrag errechnet sich wie folgt:[218]

Erlöse der von einem Lieferanten bezogenen Artikel
− Rechnungskonditionen
= *Nettoerlöse*
− Wareneinsatz zu Rechnungspreisen
= *Deckungsbeitrag I (Lieferanten-Rohertrag)*
+ nachträglich vom Lieferanten gewährte Konditionen
+ Sonstige Leistungen des Lieferanten (z. B. Dispositionsunterstützung)
= *Deckungsbeitrag II*
− direkt zurechenbare Beschaffungskosten
− direkt zurechenbare interne Distributionskosten des Handelsunternehmens (z. B. Transport- und Umschlagkosten bei einer über das Lager abgewickelten Aktion, bei der die Ware durchgeschleust wird)
= *Deckungsbeitrag III*

Bei der Lieferantendeckungsbeitragsrechnung sind zwei Problemkreise zu beachten. Zum einen lassen sich die Artikel nicht immer eindeutig einem Lieferanten zuordnen, wenn sie von mehreren Lieferanten bezogen werden können. Zum anderen sind bei mehrstufigen Handelsunternehmen neben den Beschaffungskosten zum Lager auch die Distributionskosten vom Lager an die Filiale zu berücksichtigen (sofern diese einzeln zugerechnet werden können), nicht jedoch die Gewinnaufschläge.

Als eine Form der Kontrollrechnung ist der *Betriebsvergleich* zu betrachten, der sich insbesondere für den filialisierenden Einzelhandel (bezogen auf die Filialen) anbietet.[219] Durch diesen Vergleich können Schwachstellen einzelner Filialen erkannt werden. Im Unterschied zum überbetrieblichen Vergleich kann beim innerbetrieblichen Filialvergleich der Vorteil der vollständigen Datengrundlage sowie die Vergleichbarkeit der Betriebe (Filialen) hinsichtlich der angebotenen Sortimente genutzt werden. Beim Vergleich der Betriebe sind die eingesetzten Betriebsfaktoren zu analysieren, insbesondere das Personal und die Fläche (Verkaufsfläche, Filialfläche, Standort). Beim Personal- und Flächencontrolling werden die Leistung (z. B. Umsatz je Verkaufsstunde und Umsatz je Quadratmeter) den entsprechenden Kostenwerten gegenübergestellt, um auf diese Weise Differenzen in der Leistungsfähigkeit der einzelnen Betriebe zu identifizieren. Im Sinne eines internen Benchmarking könnte beispielsweise, sofern die Vergleichbarkeit der Betriebe gegeben ist, die wirtschaftlichste Filiale die Planungsvorgabe für die anderen Filialen liefern.

---

[218] Vgl. Zentes (1993), S. 390.

[219] Zum Betriebsvergleich vgl. u. a. Müller-Hagedorn, Bekker (1994), S. 231ff.; Falk, Wolf (1992), S. 459ff., die zudem Voraussetzungen eines Betriebsvergleichs aufzeigen.

Eine periodenbezogene Erfolgsrechnung kann mit Hilfe des Gesamtkosten-(GKV) oder des Umsatzkostenverfahrens (UKV) durchgeführt werden.[220] Beim GKV ergibt sich der Periodenerfolg als Differenz zwischen dem Periodenumsatz und den Gesamtkosten der Periode. Zusätzlich sind Bestandsveränderungen zu berücksichtigen. Das GKV ist als Instrument der Erfolgsanalyse eher ungeeignet, da Kosten und Erlöse nach unterschiedlichen Kriterien geordnet sind, nämlich die Kosten nach Kostenarten, die Erlöse dagegen nach Artikel- bzw. Warengruppenerlösen.[221] Geeigneter ist das UKV, das die Erlöse und die Kosten des Umsatzes in derselben Gliederung (artikel- bzw. warengruppenorientiert) erfaßt.[222]

5.4.2.2 Datenmodell

Einen Datenmodellausschnitt zur Kostenrechnung gibt Abb. 5.125 wieder.

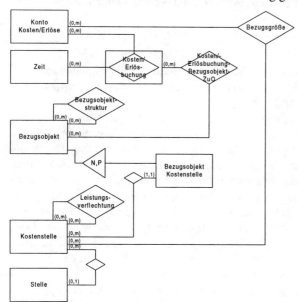

Abb. 5.125: Datenmodell Kostenrechnung

---

[220] Vgl. Schweitzer, Küpper (1995), S. 194ff.
[221] Vgl. Kilger (1993), S. 750.
[222] Vgl. Kilger (1993), S. 751.

Im Mittelpunkt der Einzelkosten- und Deckungsbeitragsrechnung steht das *Bezugsobjekt*, dem die zu kontierenden Kosten und Erlöse zugerechnet werden können. Die *Kosten-/Erlösbuchung*en stellen sich als Beziehung zwischen *Zeit* und *Konto Kosten/Erlöse* dar und können sich auf ein oder mehrere Bezugsobjekt(e) beziehen.

Auf diese Weise wird eine Mehrdimensionalität der Buchung auf Objekte ermöglicht. Bezugsobjekte können hierarchisch zueinander angeordnet sein. Es kann mehrere Bezugsobjekthierarchien nebeneinander geben, deswegen wird eine *Bezugsobjektstruktur* modelliert.

Ein Bezugsobjekt kann eine Kostenstelle (*Bezugsobjekt Kostenstelle*) sein. Eine *Kostenstelle* kann sowohl eine abgebende als auch eine empfangende Kostenstelle für Leistungen sein. Die innerbetriebliche Leistungsverrechnung wird über den Relationshiptyp *Leistungsverflechtung* möglich.

Den Kostenstellen werden *Stelle*n zugeordnet, damit die Kostenstellen mit den durch sie verursachten Personalkosten belastet werden können.

5.4.2.3 Prozeßmodell

Unterscheidet man die Vorgehensweise der Kosten- und Erlösplanung nach Top-down, Bottom-up und Gegenstromverfahren, so hat sich insbesondere das Gegenstromverfahren bewährt.

Die Planung wird i. d. R. jährlich durchgeführt. Die Vorgabe der Daten wird durch die Geschäftsleitung vorgenommen, der Istdaten der Vergangenheit sowie Prognosedaten als Informationsgrundlage dienen (vgl. Abb. 5.126). Durch die Angabe eines Veränderungsfaktors werden Umsatzerwartungen berechnet. Zunächst werden die Umsatzschätzungen für das gesamte Unternehmen durchgeführt, um die Verbindung zur Bilanz- und langfristigen Erfolgsplanung herzustellen. Die Daten, die informationstechnisch in einer ersten Planversion gespeichert werden können, sind individuell veränderbar, damit wird eine hohe Flexibilität der Planung erreicht. Beispielsweise plant ein Handelskonzern zunächst die Umsätze mit einem Wachstumsfaktor von 1 %, um in einem zweiten Schritt die unternehmensindividuellen Wachstumsraten (oder Absolutbeträge) festzulegen. Analoges gilt für hierarchisch untergeordnete Einheiten wie die Filiale oder die Abteilung. Ebenso kann die Planung auf unterschiedlichen Bezugsobjekthierarchien erfolgen. So ist statt einer organisations- auch eine sortimentsbezogene Planung möglich. Häufig werden die beiden Hierarchien ab einer bestimmten Verdichtungsstufe zusammenfallen (z. B. bei der Abteilung). Mit der Veränderung der Planwerte auf einer tieferen Hierarchiestufe wird automatisch der vorgegebene Wert korrigiert. Die Vorgabe und Abstimmung der Plandaten ist ein iterativer Prozeß, in den u. a. Vorstand, Vertriebsleiter und Filialleiter involviert sind.

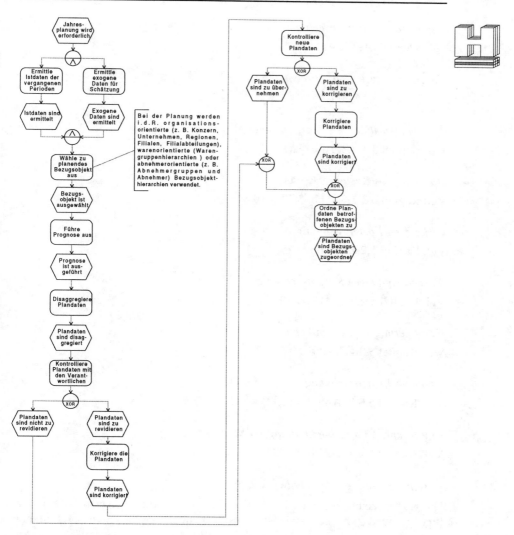

Abb. 5.126: Prozeßmodell Kosten- und Erlösplanung

Informationsflußmodell Kostenrechnung

Die Informationsbeziehungen der Kosten- und Leistungsrechnung zu den anderen Funktionsbereichen des Handels-H-Modells gehen aus Abb. 5.127 hervor.

Einkauf ↔ Kostenrechnung

Vgl. Kapitel 5.1.1.3, Abb. 5.12.

Disposition ↔ Kostenrechnung
Vgl. Kapitel 5.1.2.3, Abb. 5.26.

Wareneingang ↔ Kostenrechnung
Vgl. Kapitel 5.1.3.3, Abb. 5.42.

Rechnungsprüfung ↔ Kostenrechnung
Vgl. Kapitel 5.1.4.3, Abb. 5.51.

Marketing ↔ Kostenrechnung
Vgl. Kapitel 5.2.1.3, Abb. 5.67.

Verkauf ↔ Kostenrechnung
Vgl. Kapitel 5.2.2.3, Abb. 5.75.

Warenausgang ↔ Kostenrechnung
Vgl. Kapitel 5.2.3.3, Abb. 5.90.

Fakturierung ↔ Kostenrechnung
Vgl. Kapitel 5.2.4.3, Abb. 5.95.

Lager ↔ Kostenrechnung
Vgl. Kapitel 5.3.3, Abb. 5.113.

Haupt- und Anlagenbuchhaltung ↔ Kostenrechnung
Vgl. Kapitel 5.4.1.3, Abb. 5.121.

Kostenrechnung ↔ Personalwirtschaft
Die Kostenrechnung stellt mit den Kostenarten das Kontierungsobjekt zur Verfügung, auf das die Personalkosten aus kostenrechnerischer Sicht zu kontieren sind.

Aus der Personalwirtschaft gelangen die Personalkosten, die Reisekosten und die Personalplankosten in die Kostenrechnung. Da die Wertansätze in der Kostenrechnung von denen in der Lohn- und Gehaltsabrechnung abweichen können, sind auch die Personalkosten aus der Kostenrechnung an die Personalwirtschaft (z. B. für die Personaleinsatzplanung) zu übertragen.

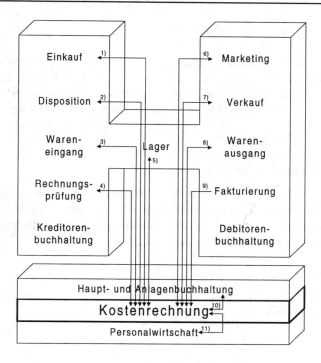

Informationsflüsse **von** der Kostenrechnung

1) Artikelergebnisbeiträge, Warengruppenerfolg, Lieferanten-DBR
2) Kostenarten für Bestellmengenrechnung, Erfolgsobjekte (z. B. Aufträge bei Sonderbeschaffungsmaßnahmen)
3) Ist- und Plankosten des Wareneingangs

4) Kosten- und Erlösarten

5) Kosten- und Erlösarten für Lagerleistung

6) Ergebnisbeiträge von Erfolgsobjekten (z. B. Artikel, WGR, Abnehmer, Region, Aktion, Werbemittel, Werbebotschaft, Abnehmerauftrag)
7) Kosten für Auftrag, Region, Vertreter, Abnehmergr.
8) Ist- und Plankosten des Warenausgangs

10) Kostenabrechnung, Kostenumbuchung

11) Kostenstelle, Kostenarten

Informationsflüsse **zur** Kostenrechnung

1) Lieferantenstammdaten, Artikelstammdaten, WGR-Daten, EKORG-Daten
2) Dispositionsdaten

3) Leistungsgrößen im Wareneingang (z. B. Zahl Mitarbeiter, Lagerflächen, Zahl eingegangener Artikel), Wareneingangswert
4) Lieferantenrechnung und -position, nachträgliche Vergütungen
5) Lagerdaten (z. B. Lagerbereich, Mitarbeiter), Lagerleistungsdaten, Inventurdifferenzen, Umlagerungen, Umbuchungen
6) Abnehmerstammdaten, Umsatz-/Absatzplan, Erfolgsobjekte (z. B. Werbemaßnahmen, Aktion, Aktionswerbemittel, Aktionswerbebotschaft)
7) Abnehmerauftrag, Vertriebsdaten
8) Leistungsgrößen des Warenausgangs (z. B. kommissionierte Aufträge und Positionen, Anzahl Touren, Anzahl THM, Bruch)
9) Abnehmerrechnung, Merkmale (z. B. Region, Abnehmergruppe, Groß-/Kleinabnehmer)
10) Primärkosten(-erlös-)konto, Primärkosten, Sekundärkosten(-erlös-)konto, Anlagenkonto
11) Personalkosten, Reisekosten, Personalplankosten, Anzahl Vollzeit- und Teilzeitkräfte, Anzahl Geringfügig Beschäftigter, produktive/unproduktive Zeiten

Abb. 5.127: Interdependenzen der Kostenrechnung

5.4.3   Personalwirtschaft

Die Bedeutung des Personals manifestiert sich im Handel insbesondere an dem hohen Anteil der Personalkosten (ca. 60 %)[223] an den Handlungskosten. Die Fragen des Personalmanagements sind weniger aus einer funktionalen Perspektive einiger Fachleute der Personalabteilungen heraus zu betrachten, sondern als eine dem Waren- und Logistikmanagement gleichrangige Aufgabe der Unternehmenspolitik aufzufassen.[224]

5.4.3.1 Funktionsmodell

Die Aufgaben der Personalwirtschaft werden in die Personalstammdatenpflege, die ihre Ursache in der informationstechnischen Verwaltung der Mitarbeiter hat, die Personalbedarfsrechnung, die Personalverwaltung und -abrechnung und die Personalsteuerung eingeteilt (vgl. Abb. 5.128).[225]

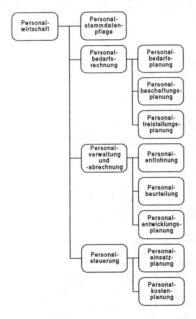

Abb. 5.128: Funktionsdekompositionsdiagramm Personalwirtschaft

---

[223] Vgl. Falk, Wolf (1991), S. 55.

[224] Vgl. Staehle (1989), S. 718.

[225] Vgl. Domsch (1993), S. 525; Olfert, Steinbuch (1993), S. 25; Tietz (1993), S. 583ff.; Falk, Wolf (1992), S. 57ff.; Kupsch, Marr (1991), S. 776, und die dort zitierte Literatur.

Die Bedeutung von Personalwirtschaftssystemen liegt heute in der Verwaltung der Personaldaten und der Durchführung der Lohn- und Gehaltsabrechnung. Aufgrund der mittlerweile erreichten informationstechnischen Durchdringung sind diese eher unterstützenden Aufgaben unabdingbar, während der Einsatz von Informationssystemen für Personalplanungsaufgaben noch Möglichkeiten zur Verbesserung der planerischen Durchdringung und somit des effizienteren Einsatzes des Faktors Arbeit bietet.

Personalstammdatenpflege

Die Personalstammdatenpflege umfaßt die Anlage und Pflege von Mitarbeiterstammdaten (z. B. persönliche Daten, Arbeitszeitform, Tarifgruppe, Bankverbindung) und die Zuordnung von Mitarbeitern zu organisatorischen Einheiten (z. B. Mitarbeiter ist Einkäufer einer Einkaufsorganisation, Disponent einer Filiale oder eines Lagers) oder zu einer in der Personalwirtschaft definierten Organisationseinheit (z. B. Abteilung, Stelle). Zudem wird im Rahmen der Stammdatenpflege angegeben, welchen Status der Mitarbeiter einnimmt, z. B. Vollzeitkraft, Teilzeitkraft oder Geringfügig Beschäftigter. Insbesondere die Verwaltung Geringfügig Beschäftigter stellt heute einen aufwendigen Vorgang dar, da die Informationssysteme eine vereinfachte Verwaltung dieser Arbeitskräfte oft nicht unterstützen, obgleich der Einsatz dieser Mitarbeitergruppe im Einzelhandel häufig anzutreffen ist. Es ist erforderlich, daß für jede Teilzeitkraft ein eigener Personalstammsatz eingerichtet wird, insbesondere um die detaillierten Meldungen an die Krankenkassen automatisiert abwickeln zu können.[226]

Personalbedarfsrechnung

Die Personalbedarfsrechnung dient der Ermittlung des strategischen und taktischen Bedarfs an Mitarbeitern. Die Personalbedarfsrechnung ist besonders in den Unternehmen von Bedeutung, in denen die Mitarbeiterfluktuationsrate hoch ist.

Bei der *Personalbedarfsermittlung* werden die für die Sachzielerfüllung notwendigen „Leistungsbeiträge in zeitlicher, artmäßiger (qualitativer) und mengenmäßiger (quantitativer) Hinsicht"[227] berechnet. Hierzu werden, ausgehend vom Bruttobedarf, der mit Hilfe von Arbeitsanalysen und -beschreibungen errechnet wird, Nettobedarfsmengen ermittelt.[228]

---

[226] Zum Datenaustausch mit den Sozialversicherungsträgern nach den Richtlinien der DEVO/DÜVO (Datenerfassungsverordnung/Datenübertragungsverordnung) vgl. Petri (1990), S. 105ff.

[227] Kupsch, Marr (1991), S. 778.

[228] Zu Methoden der Personalbedarfsplanung vgl. Domsch (1993), S. 573ff. Methoden, die die im Handel bestehenden Beschäftigungsschwankungen berücksichtigen, finden sich bei Limbach (1987).

Sofern ein positiver Nettobedarf besteht, ist eine Personalbeschaffungsplanung durchzuführen.

Bei der *Personalbeschaffungsplanung* werden über unterschiedliche Beschaffungswege (intern, extern) potentielle Bewerber gesucht, von denen je nach Personalbedarf und -angebot mehrere Bewerber eingestellt werden.

Bei negativem Personalbedarf sind Maßnahmen zur *Personalfreistellung* zu ergreifen. Bei der Personalfreistellung kann in eine interne Freistellung ohne Personalabbau (z. B. Abbau von Mehrarbeit, Kurzarbeit, Flexibilisierung der Arbeitszeit) und eine externe Freistellung mit Personalabbau unterschieden werden.

Personalverwaltung und -abrechnung

Die Personalverwaltung umfaßt alle Aufgaben, die für Entlohnung, Beurteilung und Entwicklung der angestellten Mitarbeiter erforderlich sind.

Die *Personalabrechnung* besteht aus der Brutto- und Nettolohnberechnung. Die Bruttolohnberechnung erfolgt auf Basis von Festgehältern, auf Zeitlohn- oder auf Leistungslohnbasis. Für die Durchführung der Zeitlohnberechnung müssen entsprechende Daten aus vorgelagerten Zeiterfassungssystemen vorhanden sein. Hierbei bietet sich eine Positiv-Zeiterfassung an, d. h. es werden die An- und Abwesenheitszeiten erfaßt. Somit können bei entsprechenden organisatorischen Anweisungen (z. B. bei Kommissionierern im Lager) die Anwesenheitszeiten in produktive und unproduktive Zeiten aufgeteilt werden. Die Datenschnittstelle zwischen den Zeiterfassungssystemen und dem Personalwirtschaftssystem funktioniert analog der Anbindung von Kassensystemen.

Bei der Überleitung der Personalabrechnungen an die Kostenrechnung ist zu beachten, daß für die Ermittlung des Periodenerfolgs in der Kostenrechnung andere Wertansätze als in der Finanzbuchhaltung gelten können. Bei einer Abrechnung Mitte des laufenden Monats für den Folgemonat entsteht das Problem, daß die Zeit- und Prämienlöhne für den falschen Monat ausgewiesen werden. Bei einer Abrechnung am 15. Oktober für den November werden beispielsweise die Überstunden des Oktobers in der Novemberabrechnung berücksichtigt, obgleich im November keine Überstunden zu berücksichtigen sind. In diesen Fällen sind Abgrenzungen zwischen der Personalbuchhaltung und dem Wertansatz in der Kostenrechnung vorzunehmen, um zu einem richtigen Periodenerfolg zu gelangen.

Beispiel zur Berechnung des Zeit- und Prämienlohns von Kommissionierern:

In dem Beispiel wird eine kombinierte Zeit- und Prämienlohnberechnung für Kommissionierer unterstellt, wobei die zu kommissionierenden Artikelmengen die Sollzeiten für die

Beurteilung der Leistung der Kommissionierer enthalten.[229] Hierbei wird von folgenden Daten ausgegangen:

- 6 Stunden Produktiv- und 1,5 Stunden Neben- und Störzeit für den Kommissionierer
- Leistungsdaten eines Auftrags betragen:
    - Gewicht des Auftrags 2000 kg,
    - Transporthilfsmittel 10 Paletten,
    - 200 Collis und
    - 100 Artikel.
- Hieraus errechnet sich unter Annahme von:

– Auftragsrüstzeit	5	Min./Auftrag
– Gewichtszeit	0,005	Min./kg
– THM-Rüstzeit	2	Min./Palette
– Colli Greifzeit	0,5	Min./Colli
– Wegezeit je Artikel	0,2	Min./Artikel

eine Sollzeit von 155 Minuten (1 Auftrag x 5 Min./Auftrag + 2000 kg x 0,005 Min./kg + 10 Paletten x 2 Min./Palette + 200 Colli x 0,5 Min./Colli + 100 Artikel x 0,2 Min./Artikel).

Bei 3 Aufträgen am Tag errechnet sich eine Sollzeit von 465 Minuten. Diese Sollzeit für den Lagermitarbeiter wird in Relation zur Produktivzeit (6 Std. = 360 Min.) gesetzt, um den Leistungsgrad zu ermitteln (465 Min./360 Min. = 139,17 %).

Die Leistungsgrade der Kommisionierer entsprechen bestimmten Prämienlohnsätzen (z. B. 100-120 % = 8 DM/Std., 121-140 % = 9 DM/Std.).[230] Unter der Annahme, daß dieser tägliche Leistungsgrad dem monatlichen entspricht, wird der Prämienlohnsatz mit der produktiven Zeit des gesamten Monats multipliziert und ergibt die monatliche Prämie (20 Tage) für den Kommissionierer (20 Tage x 6 Std./Tag x 9 DM/Std. = 1.080 DM), die zusätzlich zum vereinbarten Stundenlohn (20 Tage x 7,5 Std./Tag x 20 DM/Std. = 3.000 DM / Monat) gewährt werden.

Die *Personalbeurteilung* dient der Erfassung von Leistung und Verhalten der Mitarbeiter. In der Regel beurteilt der Vorgesetzte seine Mitarbeiter. Allerdings setzen die Unternehmen auch vermehrt eine Vorgesetztenbeurteilung (Beurteilung des Vorgesetzten durch die Mitarbeiter) ein, um Erkenntnisse über das Führungsverhalten der Vorgesetzten zu erhalten.

Die *Personalentwicklungsplanung* umfaßt die Personalentwicklung im Bildungsbereich und die Laufbahnentwicklung. Bei einer Laufbahnplanung werden die Weiterentwicklungschancen der Mitarbeiter geplant. Eng verbunden hiermit ist die Planung aller inner- und außerbetrieblichen Weiterbildungsmaßnahmen, deren Bedeutung weiter zunehmen wird.

Personalsteuerung

Bei der Personalsteuerung sind der Einsatz der Mitarbeiter und die dadurch verursachten Kosten für die Folgeperioden zu planen.

---

[229] Zu den aus der Literatur bekannten Prämienlohnsystemen vgl. u. a. Lücke (1990), S. 281ff.
[230] In dem Beispiel werden Prämienzeitlöhne und keine Prämienstücklöhne unterstellt.

Die Personaleinsatzplanung nimmt die Zuordnung von unterschiedlich quali-
fizierten Mitarbeitern zu Tätigkeitsbereichen vor. Die Personaleinsatzplanung
wird im Einzel- und Großhandel zu unterschiedlichen Zwecken verwendet:
- In Einzelhandelsunternehmen wird der Einsatz des Verkaufspersonals und
  bei der Inventur der Umfang erforderlicher Mitarbeiterresourcen gesteuert.
- In Großhandelsunternehmen wird insbesondere der Einsatz der Lagermitarbeiter in der Kommissionierung geplant.

Bei der Personaleinsatzplanung in der Kommissionierung dient als Kapazitätsnachfrage das Kommissioniervolumen.[231] Die Kommissionierer werden den
Kommissionierbereichen zugeordnet, wobei die Produktivitätsgrade, wie sie
auch aus der Kommissionierlohnberechnung hervorgehen, berücksichtigt werden
können.

Im Einzelhandel ist die Kapazitätsnachfrage nur aus Vergangenheitsdaten
ableitbar. Untersuchungen haben gezeigt,[232] daß die Kundenfrequenzschwan-
kungen, die für die Einsatzplanung entscheidend sind, mit einer hohen Regel-
mäßigkeit auftreten. Im Einzelhandel wird bereits eine stündliche, mitunter sogar
halbstündliche Personaleinsatzplanung des Verkaufspersonals in den einzelnen
Abnehmerabteilungen vorgenommen. Die Steuerung des Personaleinsatzes soll
die Kenngröße Umsatzstundenleistung je Verkaufskraft positiv beeinflussen. Der
Wunsch nach flexibler Personaleinsatzplanung, die mit Flexibilisierung der
Ladenöffnungszeiten an Bedeutung gewinnt, geht mit der Notwendigkeit flexibler Arbeitszeiten des Verkaufspersonals einher.

Die *Personalkostenplanung* stellt eine i. d. R. Top-down-orientierte Planung
der Gesamtkosten eines Handelsunternehmens dar, die im Zusammenhang mit
der Umsatzplanung betrachtet werden muß. Bei einem prognostizierten Um-
satzwachstum werden die Personalkosten i. d. R. steigen, sofern keine weiteren
Einsparpotentiale bei den Kosten vorhanden sind. Bei der Personalkostenplanung ist zudem zu beachten, daß die Kosten für die Perioden geplant werden,
in denen die Mitarbeiter ihre Arbeitszeit dem Unternehmen zur Verfügung
stellen. Beispielsweise haben viele Einzelhandelsunternehmen mit ihren
Mitarbeitern Jahresarbeitszeitverträge, so daß die Mitarbeiter zwar jeden Monat
das gleiche Gehalt erhalten, allerdings in den einzelnen Perioden unterschiedlich
lange arbeiten (z. B. im Dezember wesentlich mehr als im Juli). Bei der Planung
und Kontrolle der Personalkosten sind diese Verschiebungen zu berücksichtigen,
damit die Gehaltsbuchungen nicht unverändert in die Kostenrechnung
übernommen werden. Es liegen Anderskosten bezogen auf die Periode Monat
vor, der Wertansatz in der Kostenrechnung ist bei unveränderter Übernahme des
Aufwands aus der Personalwirtschaft im Juli zu hoch und im Dezember zu
niedrig.

---

[231] Zur Ermittlung des Kommissioniervolumens vgl. die Ausführungen in Kapitel 5.2.3.
[232] Vgl. Falk, Wolf (1992), S. 67.

5.4.3.2 Datenmodell

Das Datenmodell für die Personalwirtschaft ist Abb. 5.129 zu entnehmen.

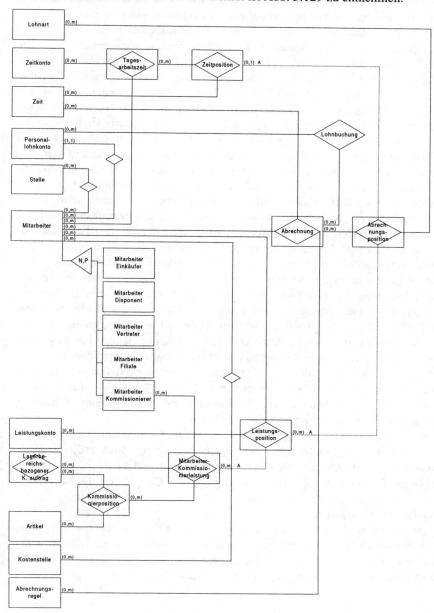

Abb. 5.129: Datenmodell Personalwirtschaft

Zentrale Bedeutung für die Personalwirtschaft besitzt der Entitytyp *Mitarbeiter*. Die Verwaltung der Mitarbeiterstammdaten unterliegt hierbei strengen gesetzlichen Anforderungen. Ein Mitarbeiter kann spezialisiert werden nach den von ihm wahrgenommenen betrieblichen Funktionen (*Mitarbeiter Einkäufer, Mitarbeiter Disponent, Mitarbeiter Vertreter, Mitarbeiter Filiale, Mitarbeiter Kommissionierer*). Die Mitarbeiter werden *Stelle*n zugeordnet, die die Beschreibung der Anforderungen an eine Tätigkeit in einem Unternehmen zusammenfassen, die von einer Person bewältigt werden können.[233] Darüber hinaus wird für jeden Mitarbeiter der Bezug zu genau einem *Lohnkonto* (Datenintegration zwischen der Personalwirtschaft und der Nebenbuchhaltung in der Finanzbuchhaltung) sowie zu einer oder mehreren Kostenstellen hergestellt.

Bei der Personalabrechnung stellt sich die *Abrechnung* eines Mitarbeiters als Beziehung zwischen Mitarbeiter, *Zeit* und *Abrechnungsregel* dar und kann aus mehreren *Abrechnungspositione*n bestehen, die Lohnarten repräsentieren. Die Abrechnung wird auf einem Personalkonto gebucht (*Lohnbuchung*). Unter einer *Lohnart* ist eine Differenzierung der Lohnbezüge nach diversen Sachverhalten zu verstehen (z. B. Monatslohn, Monatspräme, Sozialversicherungsbeiträge).

Bei der Berechnung des Bruttolohns ist zwischen Zeit- und Leistungslohn (Akkord-, Prämienlohn) zu unterscheiden. Der Zeitlohn berechnet sich auf Basis der auf einem *Zeitkonto* erfaßten *Tagesarbeitszeit*en eines Mitarbeiters. Diese können sich aus mehreren Zeitpositionen zusammensetzen (z. B. Produktiv-, Stör-, Nebenzeiten). Durch die Beziehung von Zeitposition, Abrechnung und Lohnart kann eine Abrechnungsposition für diese erfaßten Zeiten berechnet werden. Der Leistungslohn wird auf dem *Leistungskonto* festgehalten, das sich aus *Leistungspositione*n zusammensetzt. Hervorzuheben bei der Leistungslohnberechnung ist die Kommissionierleistungsberechnung. Sie wird durch die konditionale Beziehung zwischen *Mitarbeiter-Kommissionierleistung* und *Leistungsposition* im Datenmodell abgebildet. Hierbei kann sich die Kommissionierleistung eines Mitarbeiters sowohl durch die kommissionierten Aufträge als auch die kommissionierten Artikel errechnen.

Bei der Personalsteuerung ist insbesondere die Personaleinsatzplanung von Interesse. Bei der langfristigen Personaleinsatzplanung werden die *Anforderung*en an die *Mitarbeiter* mit deren *Fähigkeit*en abgeglichen (*Abgleich Anforderungen-Fähigkeiten*). Für die Beschreibung der Fähigkeiten der Mitarbeiter werden hierzu Merkmalskataloge verwendet, deren Merkmale im Entitytyp *Personalmerkmal* zusammengefaßt werden.[234]

Die operative Personaleinsatzplanung im Handel hat zunächst die Kapazitätsnachfrage nach Personal (*Personalnachfrage*) in einer *Organisationseinheit Personaleinsatzplanung* (z. B. Filiale, Filialabteilung, Lager, Lagerbereich) für einen bestimmten *Zeit*raum zu berechnen. Diese Personalnachfrage wird dann

---

[233] Vgl. auch Kapitel 2.3.2.3.
[234] Vgl. Scheer (1995), S. 499.

durch den Einsatz von Mitarbeitern in den entsprechenden Organisationseinheiten befriedigt (*Personaleinsatz*).

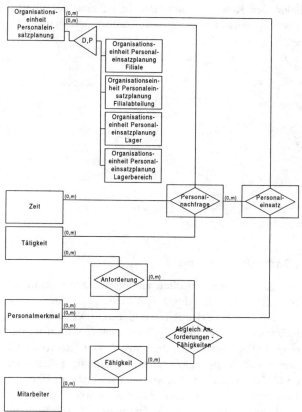

Abb. 5.130: Datenmodell Personalsteuerung

5.4.3.3 Prozeßmodell

Von den Prozessen der Personalwirtschaft wird exemplarisch die Personalein-
satzplanung beschrieben, da dort die Integration zu vorgelagerten Systemen der
Zeitwirtschaft ebenso von Bedeutung ist wie zu nachgelagerten Systemen der
Kostenrechnung.

Ausgangspunkt der mittelfristigen, jährlichen Personaleinsatzplanung ist die
Vorgabe der Personalkosten, die am Jahresanfang zusammen mit der Absatz-
und Umsatzplanung erfolgt (vgl. Abb. 5.131). Auf Basis der von der Geschäfts-
führung oder dem Vorstand vorgegebenen Zielgrößen wird der Personaleinsatz
in den organisatorischen Einheiten für die Folgeperioden geplant.

Im Lager werden bei Saisons (z. B. im Textilbereich im März), bei Börsen (z. B. Herbstbörse) oder sonstigen Aktionen erhöhte Personalkapazitäten benötigt. Insbesondere im Rahmen der Kommissionierplanung ist eine detaillierte Personaleinsatzplanung notwendig, teilweise stunden- und halbstundengenau.[235]

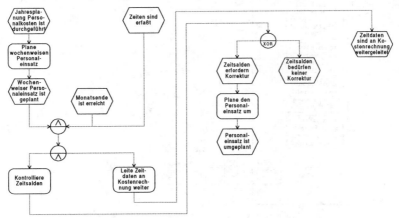

Abb. 5.131: Prozeßmodell Personaleinsatzplanung

Die Informationsbeziehungen der Personalwirtschaft zu den anderen Funktionsbereichen des Handels-H-Modells werden in Abb. 5.132 wiedergegeben.

Im Einzelhandel wird der Personalbedarf auf Basis der zentralen Kennzahl Umsatz je Mitarbeiter und Zeiteinheit berechnet. Die Berechnung erfolgt individuell für jede organisatorische Einheit Abnehmerabteilung.[236] Die Heterogenität der in den unterschiedlichen Abteilungen angebotenen Waren, die Fläche der Abteilung und die baulichen Gegebenheiten in den Märkten sind bei der Planung zu berücksichtigen. Im Lebensmittelhandel sind Bedienungsabteilungen wie Fleisch- oder Käsetheken abhängig von der Kundenfrequenz. In Abteilungen, die Süßwaren und Trockensortimente führen, werden in den Morgenstunden (z. B. 9:00 - 11:00) die Aufgaben der Regalbestückung wahrgenommen. Bei beratungsintensiven Produkten ist ein höherer Personaleinsatz notwendig als beim Verkauf von Gütern des täglichen Bedarfs. So können Kosmetika, höherwertige Textilien, Elektrogeräte usw. kaum ohne Beratung verkauft werden. In Abhängigkeit von diesen Gegebenheiten wird stunden- und halbstundengenau die Mitarbeiterzahl in den Abteilungen festgelegt. Die Planung wird i. d. R. für eine Woche durchgeführt. Am Monatsende wird die erfaßte Zeit, die aus den Zeiterfassungsgeräten hervorgeht, mit den geplanten Größen verglichen, um mögliche Differenzen zu ermitteln. In Abhängigkeit von der Höhe positiver und negativer Differenzen können veränderte Einsatzpläne erforderlich werden.

---

[235] Vgl. Kapitel 5.2.3 mit den Ausführungen zur Kommissionierplanung.
[236] Zur Abnehmerabteilung vgl. Kapitel 4.1.2 mit dem Datenmodell zum Abnehmer.

Die erfaßten Daten sind an die Kostenrechnung weiterzuleiten, damit dort auf Basis effektiver Zeiten zum einen der richtige Kostenwert für die Mitarbeiter angesetzt werden kann (wenn die Mitarbeiter nicht nach der tatsächlich geleisteten Arbeitszeit bezahlt werden) und zum anderen eine Kontrolle von Ist- und Plankosten vorgenommen werden kann.

Informationsflußmodell Personalwirtschaft

Die Beziehungen zwischen der Personalwirtschaft und den anderen Funktionsbereichen des Handels-H-Modells gehen aus Abb. 5.132 hervor.

Einkauf ↔ Personalwirtschaft
Vgl. Kapitel 5.1.1.3, Abb. 5.12.

Disposition ↔ Personalwirtschaft
Vgl. Kapitel 5.1.2.3, Abb. 5.26.

Kreditorenbuchhaltung ↔ Personalwirtschaft
Vgl. Kapitel 5.1.5.3, Abb. 5.57.

Kreditorenbuchhaltung ↔ Personalwirtschaft
Vgl. Kapitel 5.3.3, Abb. 5.113.

Verkauf ↔ Personalwirtschaft
Vgl. Kapitel 5.2.2.3, Abb. 5.75.

Warenausgang ↔ Personalwirtschaft
Vgl. Kapitel 5.2.3.3, Abb. 5.90.

Fakturierung ↔ Personalwirtschaft
Vgl. Kapitel 5.2.4.3, Abb. 5.95.

Debitorenbuchhaltung ↔ Personalwirtschaft
Vgl. Kapitel 5.1.5.3, Abb. 5.101.

Haupt- und Anlagenbuchhaltung ↔ Personalwirtschaft
Vgl. Kapitel 5.4.1.3, Abb. 5.121.

Kostenrechnung ↔ Personalwirtschaft
Vgl. Kapitel 5.4.2.3, Abb. 5.127.

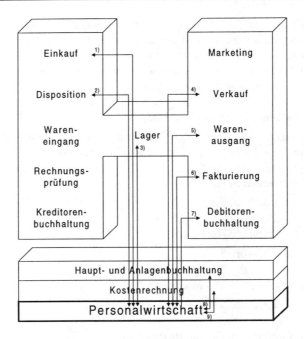

Informationen **von** der Personalwirtschaft:
1) Leistungsbewertung Einkäufer
2) Gehaltsrechnung
3) Personaleinsatzplan
4) Mitarbeiterstammdaten
5) Zeit- und Prämienlohn, Personaleinsatzplan

6) Lohn- und Gehaltsabrechnung für Vertreter, Schulungen für Abnehmer, Personalstammdaten für Mitarbeiterkauf
7) Mitarbeiterdarlehen
8) Lohn- und Gehaltsabrechnung, Reisekosten
9) Personalkosten, Reisekosten, Personalplankosten, Anzahl Vollzeit- und Teilzeikräfte, Anzahl Geringfügig Beschäftigter, produktive/unproduktive Zeitdaten

Informationen **zur** Personalwirtschaft:
1) Einkäufer
2) Dispositionsdaten
3) Lagerorganisation, Inventurvolumen
4) Abnehmeraufträge, Reisen der Vertreter
5) Leistungsdaten der Lagermitarbeiter (insbesondere Zeitdaten, Kommissioniervolumen, geplantes Kommissioniervolumen, Produktivität der Mitarbeiter)
6) Personalverkauf, Vertreterumsatz

8) Personalkosten
9) Kostenstelle, Kostenarten

Abb. 5.132: Interdependenzen der Personalwirtschaft

5.5 Controlling, EIS und Unterstützung der Unternehmensplanung

5.5.1 Funktionsmodell

Ohne die kontroverse Diskussion um den richtigen Controlling-Begriff aufrollen zu wollen,[237] sei hier - in Übereinstimmung mit einem weitverbreiteten Begriffsverständnis - unter Controlling „eine durch Rechnungswesen gestützte Koordinations- und Kontrollhilfe"[238] verstanden. Controlling erfüllt damit im Kern die Aufgabe, das die Entscheidungen der Unternehmensführung unterstützende, auf rationale Überlegungen gegründete Informationssystem eines Unternehmens so zu gestalten, daß die Entscheidungsträger innerhalb der Unternehmung die zur Erfüllung der jeweiligen Aufgaben erforderlichen Informationen in wirtschaftlicher Form erhalten.[239]

Aus Sicht der Informationssystemgestaltung sind über diese betriebswirtschaftliche Definition von Controlling hinaus Differenzierungskriterien erforderlich, die eine Einteilung der Informationssysteme zu Zwecken der Informationsversorgung des Managements erlauben:

- Nach dem mit dem Informationssystem unterstützten Planungsproblem können im Hinblick auf den Fristigkeitsgrad Systeme zur Unterstützung strategischer, taktischer und operativer Aufgabenstellungen unterschieden werden. Je langfristiger die Planungsprobleme sind, desto mehr externe Informationen müssen einbezogen werden.[240]

- Der Grad der Verdichtung von Daten und der damit verbundenen Nutzung dieser Daten von Führungspersonen steigt von den Controllingsystemen über die Executive Information Systeme bis zu Systemen der Unternehmensplanung.[241]

- Außerdem können Informationssysteme nach dem Grad der Strukturiertheit des zugrundeliegenden betriebswirtschaftlichen Entscheidungsproblems unterschieden werden.

Diesen drei Kriterien zufolge werden die Informationssysteme des Dachs des Handels-H-Modells gemäß Abb. 5.133 eingeordnet. Das Kriterium der Verdich-

---

[237] Einen Überblick über diverse Definitionsansätze zum Controlling finden sich u. a. bei Ossadnik (1996), S. 25ff.; Weber (1995), S. 23ff.; Schneider (1991), S. 765ff. Zu Thesen zum Selbstverständnis des Controlling, die zu einer intensiven Diskussion in der Literatur geführt haben, vgl. Küpper, Weber, Zünd (1990).

[238] Schneider (1994), S. 331.

[239] Vgl. Schildbach (1992), S. 23.

[240] Vgl. auch Horváth (1991), S. 361.

[241] Vgl. Koreimann (1976), S. 53.

tungsstufe der Daten mit der geringsten Verdichtung in den Controllingsystemen und der höchsten in der Unterstützung der Unternehmensplanung kommt bereits in der Form des Dachs des Handels-H-Modells zum Ausdruck.

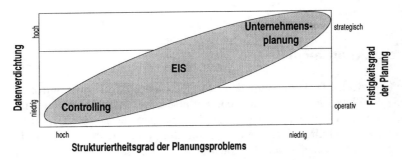

Abb. 5.133: Differenzierung zwischen Controlling, EIS und UN-Planung

In den drei Systemen ist die Verdichtung von Daten, das Bilden von Kennzahlen sowie intertemporale und interkategoriale (Betriebstypen-, Standort-, Konkurrenz-, Größen-, Marktauftritt-bezogene) Vergleiche von großer Bedeutung.

Executive Information Systeme besitzen, mit den anderen Systemen verglichen, eine stärkere Betonung der methodischen Konzepte, mit denen mögliche Konsequenzen von Entscheidungen „durchgespielt" werden können.[242] Weitere Begriffe, die im Umfeld der hier verwendeten Terminologie liegen, sind MIS (Management Information System), ESS (Executive Support System), DSS (Decision Support System) mit weiteren Untergliederungen wie MCDSS (Multi Criteria Decision Support System), GDSS (Group Decision Support System), MPS (Mathematical Planning System), die sich nur durch ihren jeweiligen Fokus, wie Gruppenunterstützungsprozesse oder Anwendung mathematischer Optimierungsverfahren zur Entscheidungsunterstützung, unterscheiden.

Für die drei Begriffe, wie sie hier vorgeschlagen werden, wird eine Funktionszuordnung vorgenommen, die - wie bereits beschrieben - die Datenverdichtung als ein Kriterium nimmt, darüber hinaus bei den Controlling-Funktionen den temporalen Aspekt, beim EIS zusätzlich den kategorialen Aspekt und beim Unternehmensplanungs-Unterstützungssystem die geringe Wiederholhäufigkeit der Planung (der Eintritt in ein neues Geschäftsfeld oder das Verlassen eines Geschäftsfelds sind Entscheidungen von unternehmensweiter Reichweite, die nur fallweise getroffen werden) in den Vordergrund stellt.

Damit ergibt sich die im Funktionsdekompositionsdiagramm in Abb. 5.134 vorgenommene Funktionszuordnung.

---

[242] Vgl. Heinrich (1993), S. 177 ff.

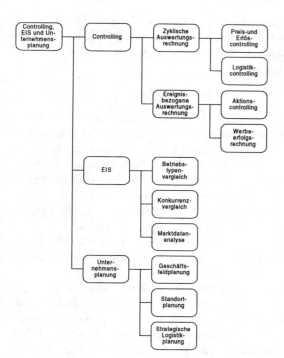

Abb. 5.134: Funktionsdekompositionsdiagramm Controlling, EIS und Unternehmensplanung

Controlling

Die Aufgaben des Controlling bauen z. T. unmittelbar auf den in Kapitel 5.4.2 skizzierten Auswertungsrechnungen der Kostenrechnung auf, wobei eine überschneidungsfreie Zuordnung von Auswertungsfunktionen zur Kostenrechnung oder zum Controlling nicht immer möglich ist.

Bei den *zyklischen Auswertungsrechnungen* werden Einzelaspekte der Kosten und Erlöse betrachtet. Insbesondere die Analyse der Werte im Zeitablauf besitzt eine hohe Aussagekraft. Bei den intertemporalen Vergleichen des Controllings wird im Rahmen des *Preiscontrollings* analysiert, wie sich die Preissensibilität der Artikel verändert und welche warenkorbtypischen Schwächen im Vergleich zum Konkurrenzpreisniveau gegeben sind.[243] Beim *Erlöscontrolling* wird die zeitliche Entwicklung der Gesamterlöse und deren Bestandteile analysiert.

Gegenstand des *Logistikcontrollings* ist insbesondere die Wirtschaftlichkeitskontrolle aller logistischen Aktivitäten.[244] Zu diesem Zweck sind neben Kosten-

---

[243] Vgl. auch Witt (1992), S. 142.
[244] Zum Logistikcontrolling vgl. u. a. Weber (1991).

und Erlösdaten auch Leistungskennzahlen zu berücksichtigen. Beispielsweise sind zur Beurteilung der Wirtschaftlichkeit des Wareneingangsbereichs in einem Zentrallager Kennzahlen wie Anzahl Wareneingänge oder Anzahl bei der Einlagerung beschädigter Artikel notwendig.

EIS

Executive Information Systeme haben insbesondere zum Ziel, dem „information overload" durch die Informationsverdichtung und eine selektive Informationsbereitstellung Rechnung zu tragen. Aus diesem Grunde gewinnen Systeme zur Ausnahmeberichterstattung (*Exception Reporting*) an Bedeutung, die Informationen erst bei der geplanten oder tatsächlichen Über- oder Unterschreitung kritischer Werte bereitstellen.[245] Durch die Definition von Regeln (z. B. Unterschreiten der Soll-Spanne in einer Filiale um 10 % in den vergangenen 3 Monaten) kommt es zu einer erheblichen Reduzierung des Analyseaufwands.

Inhaltlich-funktional sind von EIS insbesondere interkategoriale Vergleiche zu unterstützen. Als Kategorien können insbesondere Betriebstypen, konkurrierende Unternehmen und Märkte genannt werden.

Der *Vergleich der Betriebstypen* im Handel, der auch mit dem modernen Begriff des Benchmarking belegt werden kann, dient dem Aufzeigen von Stärken/Schwächen der Betriebstypen im Zeitablauf. Eine Analyse verschiedener Betriebstypen ist notwendig, um schnell auf ein verändertes Kundenverhalten reagieren zu können. Die hohe Imitationsgeschwindigkeit der Marktleistung eines Handelsunternehmens unterstützt den Prozeß der Anpassung.

Eng verbunden mit dem Betriebstypenvergleich sind *Analysen der Konkurrenz*. Beim Konkurrenzvergleich stehen organisatorische Aspekte im Vordergrund, indem die Erfolgsdaten des eigenen Unternehmens mit denen der Konkurrenz verglichen werden.

Die Betriebstypen- und Konkurrenzvergleiche haben ihre Ursache nicht zuletzt in der Erkenntnis, daß sich das eingesetzte Kapital zu einer alternativen Kapitalmarktanlage rentieren muß.[246]

Die *Marktdatenanalyse* widmet sich dem unternehmensübergreifenden Sortimentsvergleich, indem für die einzelnen Regionen und Unternehmenstypen Aussagen über das abgesetzte Sortiment gewonnen werden sollen. Bei der Marktanalyse spielen Aspekte des Database Marketing eine große Rolle, um folgende Fragen analysieren zu können:

- Welchen Gesamtumsatz hat der Abnehmer und wieviel Prozent seines Umsatzes nimmt der Abnehmer vom betrachteten Unternehmen ab?
- Welche Kundengruppen beziehen die Ware bei welchen Betriebstypen?

---

[245] Vgl. u. a. Zahn (1991), S. 226. Vgl. auch Hoffmann (1993), S. 98.

[246] Ausdruck findet diese seit langem bekannte „Weisheit" für die Planung in dem Shareholder Value Konzept. Es werden Aspekte der modernen Finanzierungstheorie und der strategischen Planung zusammengefügt. Vgl. u. a. Copeland, Koller, Murrin (1990); Rappaport (1986).

Unternehmensplanung

Aufgabe der strategisch ausgerichteten Unternehmensplanung im Handel ist die Ermittlung der relativen Wettbewerbsposition sowie das Aufzeigen zukünftiger Erfolgsmöglichkeiten. Zu diesem Zweck ist die derzeitige Situation des Unternehmens mit denen anderer Unternehmen und einem Idealprofil zu vergleichen. Hierzu können Stärken-/Schwächeprofile der Unternehmen herangezogen werden, die Aufschluß über die Situation des Unternehmens geben und somit Möglichkeiten zur Verbesserung aufzeigen.

Die *Geschäftsfeldplanung* stellt den ersten Schritt zur Festlegung von Marketingstrategien eines Unternehmens dar, die zugleich das Bindeglied zur Unternehmensplanung darstellt.[247] Die Geschäftsfelder einer Unternehmung sollten durch spezifische Aufgaben charakterisiert werden und einen hohen Erfolgsbeitrag liefern.

Die *Standortplanung* stellt insbesondere im Einzelhandel eine bedeutende Entscheidung dar, die ausgehend von der Kaufkraft in einer Region die Auswahl des optimalen Standorts durchführt.[248]

Zur strategischen Logistikplanung gehören Überlegungen über Eigenerstellung oder Fremdbezug der Logistikleistung (eigener Fuhrpark oder Spedition), über die Standorte von Verteilzentren, die Ausgestaltung der Lager und die Vorteilhaftigkeit von Speditionslagern.[249]

Zur Unterstützung dieser Planungsaufgaben sind unterschiedliche Szenarien zu betrachten, um die Erfolgsbeiträge der einzelnen Kombinationen von Handlungsalternativen und Umweltsituationen miteinander vergleichen zu können.

5.5.2 Datenmodell

Da die Informationssysteme im „Dach" des Handels-H-Modells vor allem dadurch gekennzeichnet sind, daß sie Daten teils für regelmäßige, teils für fallweise (ad hoc) Auswertungen zur Verfügung stellen, aber nicht operative Abläufe durch einen Informationsfluß unterstützen, ist auf die Daten besonderes Augenmerk zu richten. Es handelt sich vor allem um Kennzahlen, die mehrere hochverdichtete Daten in Beziehung setzen. Die Ausgangsdaten, die den Daten-

---

[247] Vgl. Meffert (1994), S. 31.
[248] Zur Standortplanung Falk, Wolf (1992), S. 288ff. Zur qualitativen Standortplanung vgl. Tietz (1993), S. 222ff., und die dort zitierte Literatur.
[249] Zum Speditionslager vgl. die Ausführungen in Kapitel 5.1.3.1.

verdichtungen zugrunde liegen, sind die des Warenwirtschaftssystems und der betriebswirtschaftlich-administrativen Systeme.

Anforderungen, die an die Daten für Controlling-, für Entscheidungsunterstützungs- und Unternehmensplanungszwecke gestellt werden, sind *Richtigkeit, Relevanz, Aktualität, Verständlichkeit* und *Übereinstimmung mit den individuellen Bedürfnissen der Entscheidungsträger.*

Diese Anforderungen gelten auch für die operativen Systeme, haben in den Systemen im Dach des „H" aber, da dessen Daten Verdichtungen über den Daten der operativen Systeme darstellen, einen besonderen Fokus:

Richtigkeit: Voraussetzung für die Richtigkeit der verdichteten Information ist, daß die zugrundeliegenden unverdichteten, atomistischen Daten richtig, d. h. zutreffend, den tatsächlichen Sachverhalt unverfälscht wiedergebend und durch den Benutzer nicht manipuliert sind. Richtigkeit bedeutet weiterhin, daß die Bildungsvorschrift zur Herleitung der verdichteten Daten in korrekter Weise angewandt wird. Unter Richtigkeit ist auch zu verstehen, daß Verdichtungen aus unterschiedlichen Bereichen (Vertrieb, Kostenrechnung, Personal) den Verdichtungsbereich in identischer Weise abbilden. Gerade hier fehlt in vielen Handelshäusern noch eine einheitliche Struktur. Aus Sicht der Warenwirtschaft wird z. B. ein Bereich „Lebensmittel" aus der Zusammenfassung mehrerer Warengruppen gebildet, für die Kennzahlen wie Umsatz pro Periode ermittelt werden. Aus Sicht der Kostenrechnung werden Kostenstellen definiert, die organisatorische Einheiten umfassen. Diese sind auch stark an der Warengruppensystematik orientiert, halten sie aber nicht genau ein, so daß hier bestimmte Kosten zusätzlich in den Kostenstellenbereich „Lebensmittel" fallen, die aus einer streng warengruppenorientierten Sicht im Bereich „Hartwaren" anfallen.

Aus Sicht der Personalwirtschaft werden organisatorische Einheiten, also Abteilungen und Stellen gebildet, in denen auch eine Verdichtungsstufe „Lebensmittel" existiert, die aber wieder leicht differierend gebildet sein kann. Dieses Beispiel unterstellt eine individuelle Festlegung von Begriffen und Auswertungskonstrukten aus Sicht der betroffenen Fachbereiche. Daher ist es nicht verwunderlich, wenn ein Entscheidungsträger den vom Controlling vorgelegten Kennzahlen „Umsatz pro Monat im Lebensmittelbereich", „Kosten pro Monat im Lebensmittelbereich", „beschäftigte Mitarbeiter im Lebensmittelbereich", oder - hier wird es noch auffallender - „Umsatz pro Mitarbeiter im Lebensmittelbereich", „Flächenrentabilität im Lebensmittelbereich" mißtraut.

Relevanz: Die vom Controlling bereitgestellten Informationen müssen nicht nur richtig sein, sondern für die betriebswirtschaftliche Fragestellung, zu deren Klärung sie einen Beitrag liefern sollen, in einem engen sachlich-logischen Zusammenhang stehen.

Aktualität: Die verdichteten Daten müssen einen angemessenen Aktualitätsgrad aufweisen, das heißt aber nicht in jedem Fall, daß alle Änderungen in den atomistischen Daten auch sofort in den verdichteten Daten ihren Niederschlag finden. In vielen Fällen ist ein periodischer Update (stündlich, täglich, wöchentlich oder monatlich) der verdichteten Daten sowohl aus betriebswirtschaftlicher Sicht (Vergleichbarkeit einer Auswertung, die morgens angefertigt wurde, mit einer, die mittags erstellt wurde) als auch aus EDV-technischer Sicht (siehe die Diskussion weiter unten) vorteilhaft.

Verständlichkeit: Die Semantik, die hinter bestimmten Auswertungen steckt, muß intersubjektiv in gleicher Weise interpretiert werden, d. h. der Bildungsalgorithmus ist nachvollziehbar sowie intersubjektiv überprüfbar und wird als zutreffend angesehen.

Eine Kenngröße Flächenrentabilität z. B. muß unternehmensweit einheitlich definiert werden und von allen Entscheidungsträgern in gleicher Weise interpretiert werden. Weitere Kennzahlen, bei denen das Problem Verständlichkeit evident ist, sind - um nur einige zu nennen - Spanne, Lagerreichweite, Bestandswert, ROI, Aktionserfolg, Werbewirkung, Logistikkostenanteil, Verwaltungskostenanteil, Lieferantendeckungsbeitrag.

Übereinstimmung mit den individuellen Bedürfnissen der Entscheidungsträger: Die Vereinheitlichung von Definitionen und Kennzahlen läßt sich nur begrenzt realisieren, da sich interpersonelle und intertemporale Unterschiede in der Ausgestaltung eines Controlling-Kennzahlensystems nicht vermeiden lassen. Dieses gilt um so mehr, als bestimmte Auswertungen nicht standardisiert sind, sondern fallweise durchgeführt werden.

Die Informationssysteme, die heute vor allem unter dem Begriff EIS angeboten werden, unterstützen diese Anforderungen nur unzureichend. Sie erlauben insbesondere die Abfrage, die Manipulation, das Neu-Zusammenfassen und die graphische Aufbereitung von Daten für Vergleiche und in eingeschränkten Umfang Frühwarnsysteme. Dem Benutzer werden Möglichkeiten geboten, die denen von Datenbank-Abfragesprachen, in Ergänzung mit Graphik-Tools, entsprechen.

Die Schnittstelle zwischen den operativen Systemen und dem EIS ist dadurch geprägt, daß die atomistischen Daten zum großen Teil noch einmal erfaßt (aus Listen der „Groß-EDV" abgetippt) oder per periodischem Batch-Input in die Datenbasis des EIS übertragen werden. Der Bezug zwischen den Datenbeständen in den operativen Systemen und Executive Information Systemen geht vollständig verloren. Nachträgliche Änderungen in den Daten der operativen Systeme, die in dem bereits übertragenen Datenbestand stattfinden, werden nicht nachvollzogen, neuere Daten (z. B. Daten der aktuellen Periode) sind im EIS nicht erkennbar, Rückverfolgungen der Entstehung der verdichteten Daten aus den atomistischen Daten sind nicht möglich.

Es ist also eine Situation zu beobachten, in der die atomistischen Daten, die den operativen Systemen zugrunde liegen, und die verdichteten Daten der EIS strikt voneinander getrennt sind. Um es bildlich auszudrücken: Eine Integration des „H" mit dem „Dach" des H ist heute eher Wunsch denn Realität.

Erschwerend kommt hinzu, daß Executive Information Systeme häufig unter Umgehung der EDV-Abteilung eingesetzt werden. Die Verantwortlichkeit liegt bei der Fachabteilung, deren Modellierung der Daten sich stark an den gewünschten Auswertungen orientiert. Einer „sauberen" Modellierung der Daten, die einen konsistenten Datenbestand sicherstellt, wird zu wenig Aufmerksamkeit geschenkt. Im Prinzip werden hier die gleichen Fehler begangen wie vor vielen Jahren bei der Gestaltung der operativen DV-Systeme: Die Datenstrukturen werden für bestimmte Anwendungen entworfen. Die Verwendung der Daten für andere Programme ist dadurch eingeschränkt.

Gemäß dem hier durchgängig eingeschlagenen Weg der Modellbildung für Daten (und Prozesse) wird auch für die Daten des Controllings, der Entscheidungsunterstützungssysteme und der Planungssysteme ein Datenmodell entworfen.

Da verdichtete Daten auf dem Datenmodell der atomistischen Daten basieren, sollte das bekannte Datenmodellierungsinstrumentarium so weit wie möglich auf die Konzeptionierung von aggregierten Daten angewandt werden.[250] Dazu sind nur geringfügige Erweiterungen des Instrumentariums der Entity-Relationship-Diagramme notwendig.

Darüber hinaus sollte aber erkenntlich sein, über welchen atomistischen Daten die verdichteten Daten Zusammenfassungen darstellen. Dies ist insbesondere dann von Bedeutung, wenn der Bezug zwischen den verdichteten und den atomistischen Daten beibehalten werden soll. Dies ist beispielsweise bei Abweichungsanalysen der Fall, die auf verdichteten Daten beruhen, bei denen für bestimmte Abweichungen die Rückverfolgung bis auf Urbelegs-Ebene möglich sein soll.

Aus der Aufgabenstellung der Modellierung und Speicherung verdichteter Daten lassen sich folgende Anforderungen an das Instrumentarium ableiten:

1. Das Instrumentarium zur Darstellung verdichteter Daten sollte denselben Informationsgehalt bieten wie das der atomistischen Daten, d. h. es sollte ersichtlich sein, welche Informationen sich auf Entities beziehen, welche auf Beziehungen zwischen ihnen und welches die Schlüsselattribute sind.

2. Es sollte erkenntlich sein, daß es sich um verdichtete Daten handelt, und die Ausgangsrelation, auf der die verdichtete Relation aufbaut, sollte identifiziert werden können.

3. Ein Zugriff auf die verdichteten Daten sollte in gleicher Art und Weise möglich sein wie der Zugriff auf die atomistischen Daten.

Die erste Forderung läßt sich noch ohne Erweiterung des Entity-Relationship-Ansatzes erfüllen. Wenn Umsätze für Artikel pro Periode verfolgt werden sollen, läßt sich das im Entity-Relationship-Diagramm direkt wiedergeben (Abb. 5.135a). Die zweite Forderung bedingt eine Erweiterung des ER-Diagramms.

Wenn als Ausgangsrelation einer Umsatzrelation Rechnungspositionen angenommen werden, ergibt sich das ER-Diagramm gemäß Abb. 5.135b.

Der durchgezogene und zusätzlich gestrichelte Pfeil (Verdichtungspfeil im rechten Bereich) zeigt an, aus welchem Entitytyp mit atomistischen Daten wel-

---

[250] Vgl. Rauh (1992).

cher Entitytyp mit verdichteten Daten entsteht. Die zusätzliche Strichelung im uminterpretierten Relationshiptyp Artikelumsatz deutet auf verdichtete Daten hin.

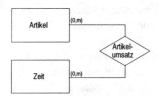

a) ERM für aggregierte Daten (Artikelumsatz)

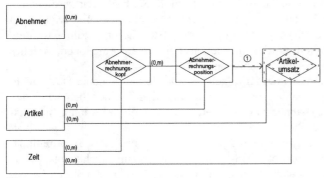

① G: Zeit; V: Abnehmer

b) ERM für atomistische und aggregierte Daten

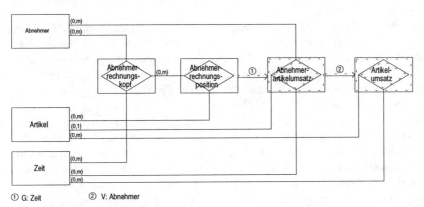

① G: Zeit   ② V: Abnehmer

c) ERM für atomistische und mehrfach aggregierte Daten

Abb. 5.135: Modellierung verdichteter Daten

Die Zusatzbemerkungen zum „Verdichtungspfeil" geben die Verdichtungsattribute an (hier: „Zeit" und „Abnehmer"). Mehrere Instanzen der Auftragsposition, die zu einem übergeordneten Zeitbegriff (z. B. September 1996) gehören, werden zusammengefaßt, d. h. es findet eine *Gruppierung* über die Zeit statt (daher der Buchstabe G). Der Abnehmerbezug ist in der verdichteten Relation nicht mehr vorhanden, d. h. es wird über *alle* Abnehmer verdichtet (vollständige Verdichtung: V). Deswegen ist auch keine Verbindung zwischen dem Entitytypen Abnehmer und dem Artikelumsatz mehr vorhanden, die Abnehmernummer ist kein Schlüssel von Artikelumsatz.

Teilweise sind auch Verdichtungen über mehrere Stufen sinnvoll, die analog modelliert werden (Abb. 5.135c). Zusammenfassungen können auch über Attribute gebildet werden, die in der atomistischen Relation nicht Schlüsselattribut sind (Beispiele dazu in Abb. 5.136).

Die aufgestellten Forderungen 1 und 2 sind erfüllt. Schlüssel der verdichteten Daten sind durch die Verbindungen zu den schlüsselbildenden Entitytypen erkennbar. Aus welchen Ausgangsdaten die verdichteten Daten gebildet werden, gibt der Verdichtungspfeil an, der um die zusätzlichen Informationen, welches die Verdichtungsattribute sind, ergänzt wird.

Das vorgestellte Instrumentarium erlaubt es, für die verdichteten Daten nicht benötigte atomistische Daten auszublenden und damit eine Sicht auf den gesamten verdichteten Datenbestand zu bieten, die nur die relevanten Informationen enthält und damit übersichtlich bleibt.

Aus diesen Überlegungen folgernd, zeichnet sich ein gutes Informationssystem für das Controlling, ein EIS oder ein Unternehmensplanungs-Unterstützungssystem vor allem dadurch aus, daß es die *Navigation* durch den Datenbestand anhand des Datenmodells wirkungsvoll unterstützt, und zwar sowohl innerhalb einer Ebene der Verdichtung als auch über die verschiedenen Ebenen der Verdichtung hinweg.

Die dritte Forderung, daß der Zugriff auf verdichtete Daten in gleicher Weise erfolgen soll wie auf die atomistischen Daten, betrifft die Ebene des Datenbankmodells. Hier sei unterstellt, daß die atomistischen Daten in einer relationalen Datenbank abgelegt seien, was dem Ist-Zustand in vielen Unternehmungen entspricht oder sich zumindest auf breiter Front durchsetzt. Der Zugriff auf die atomistischen Daten erfolgt über die Datenbanksprache; bei relationalen Systemen ist dies im Standardfall die Sprache SQL (Structured Query Language). Manche Datenbankhersteller bieten eine höhere Abfragesprache oder graphische Unterstützung zum Definieren von Abfragen an, die beide auf SQL aufgesetzt sind. Damit ein gleichartiger Zugriff möglich ist, sollten die verdichteten Daten ebenso wie die atomistischen in einer relationalen Datenbank abgelegt sein. Die Abfrage der Daten sollte unabhängig davon sein, ob sie nur virtuell (als Sichten) oder physisch vorhanden (materialisiert) sind. Dies ist in relationalen Datenbanksystemen, auf deren Daten mit SQL zugegriffen wird, gewährleistet. In der Anweisung „SELECT Attribute FROM Tabelle WHERE Bedingung" kann „Tabelle" eine physische Relation oder eine Sicht sein. Damit ist es für den betrieblichen Anwender unerheblich, ob die verdichteten Daten, die er benötigt, als Relation oder als Sicht vorliegen. Er bezieht sich ausschließlich auf das Datenmodell im ER-Diagramm. Der Datenbankadministrator dagegen hat die Frage zu klären, inwieweit eine Materialisierung der verdichteten Daten notwendig ist, also die Frage, ob sie als Relationen physisch vorhanden sind oder Views auf die atomistischen Daten darstellen.

Abb. 5.136 stellt einen Ausschnitt aus dem Informationssystem zum Erlöscontrolling dar.

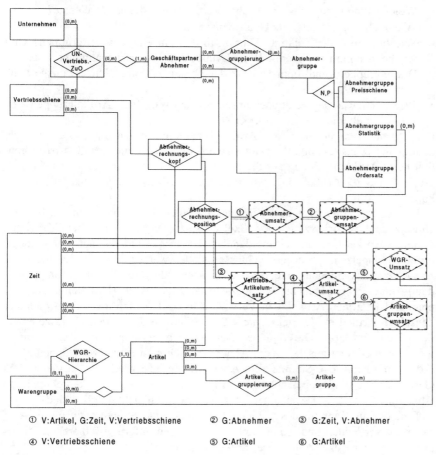

① V:Artikel, G:Zeit, V:Vertriebsschiene ② G:Abnehmer ③ G:Zeit, V:Abnehmer

④ V:Vertriebsschiene ⑤ G:Artikel ⑥ G:Artikel

Abb. 5.136: Verdichtetes Datenmodell zur Umsatzanalyse

Aus einer solchen Datenstruktur können Informationen gewonnen wie:

- Wie hoch war der Umsatz des Artikels „Somat Klarspüler 250 ml" in den einzelnen Monaten des Jahres 1996?
- Wie hoch ist die prozentuale Abweichung des Umsatzes des Artikels „Somat Klarspüler 250 ml" in jedem Monat des Jahres 1996 vom entsprechendem Monat des Jahres 1995?

- Welcher Abnehmer hat 1996 den größten Umsatz mit der Zentrale getätigt?
- Wie verändert sich der prozentual mit der Zentrale getätigte Umsatz der Vertriebsschiene 1 im Vergleich zur Vertriebsschiene 2?
- Welcher Artikel hat in welcher Abnehmergruppe den größten Umsatz erzielt.
- Wie hoch war der Umsatz in der Warengruppe x, wie hoch der in der Warengruppe y, wie hoch in der Warengruppe z?
- Welche Warengruppe ist in welcher Vertriebslinie die erfolgreichste?
- Wie hoch war der getätigte Umsatz insgesamt?
- Wie hoch war der getätigte Umsatz in den einzelnen Warengruppen? Und wie hoch summiert über alle Warengruppen? Der Umsatz, summiert über alle Warengruppen, muß dem Umsatz der obigen Abfrage „Umsatz insgesamt" entsprechen.
- Wie hoch war der getätigte Umsatz in den einzelnen Artikelgruppen und summiert über alle Artikelgruppen?

Der Umsatz, summiert über alle Artikelgruppen, entspricht im Normalfall *nicht* dem „Umsatz insgesamt", da - laut Datenmodell - aufgrund der (0,m)-Kardinalität beim Artikel in Bezug auf die Artikelgruppe einige Artikel keiner Artikelgruppe, andere Artikel dagegen mehreren Artikelgruppen zugeordnet sein können.

Ebenso ist Vorsicht geboten bei der Interpretation von Abnehmergruppen-Umsatz und Vertriebsschienen-Artikel-Umsatz. Die Summe aller Vertriebsschienen-Artikel-Umsätze ergibt den Umsatz insgesamt, da laut Datenmodellierung Doppelzählungen ausgeschlossen sind. Zwar kann ein Abnehmer mehreren Vertriebsschienen zugeordnet sein, aber jede Rechnungsposition ist eindeutig einer Unternehmens-Vertriebsschiene zugeordnet. (Das heißt, der Abnehmer 1 kann den Artikel 1 in Vertriebsschiene 1 kaufen, derselbe Abnehmer denselben Artikel in Vertriebsschiene 2, die Summe der beiden Umsätze ergibt den Gesamtumsatz). Die Summe aller Abnehmergruppen-Umsätze ist *nicht* gleich dem Gesamtumsatz, da ein Abnehmer mehreren Abnehmergruppen zugeordnet sein kann. Die Summe aller Abnehmerumsätze wiederum ist gleich dem Gesamtumsatz (da Doppelzählungen aufgrund der modellierten Verdichtung von Abnehmer-Umsatz aus Abnehmer-Rechnungsposition nicht möglich sind).

Eine genaue Kenntnis des Datenmodells ist also vonnöten, um unsinnige Aussagen zu vermeiden und keine Fehlentscheidungen aufgrund fehlerhafter Interpretationen der Auswertungen der Datenbasis zu treffen.

5.5.3 Prozeßmodell

Prozeß Auswahl atomistischer oder verdichteter Datenhaltung

Da es sich bei den Funktionen im „Dach" des Handels-H-Modells vorwiegend um schlecht-strukturierte Entscheidungsvorgänge handelt, kann ein allgemeingültiges Problemlösungs-Vorgehen nicht vorgegeben werden, es sei denn, der Ablauf würde in seiner abstraktesten Form als Folge von „Entscheidungssituation ist eingetreten" → „Führe Abfrage des verdichteten Datenbestandes durch" → „Informationsbasis für zu treffende Entscheidung ist gegeben" modelliert.

Spezifische Aussagen sind zum Prozeß der Anlage des verdichteten Datenmodells zu machen. Erstens ist die Entscheidung zu treffen, ob die Daten als Relationen in der Datenbank gehalten oder ob sie zur Laufzeit als views generiert werden, und zweitens ist die Periodizität des Updates zu bestimmen, wenn die verdichteten Daten als eigene Relationen geführt werden. Diese Entscheidungen sind nicht nur von EDV-technischem Interesse, sondern letztlich auch für den Benutzer wichtig, da die Periodizität des Updates maßgeblich für die Aktualität des verdichteten Datenbestands ist. Wird z. B. einmal monatlich der Update des verdichteten Datenbestandes durchgeführt, ist dessen Aktualitätsstand der des vorangegangenen Monatsletzten.

Voraussetzung zur Bildung eines verdichteten Datenbestands ist, daß bestimmte Anfragen („Warengruppenumsatz pro Monat") im vorhinein bekannt sind, damit ein sinnvoll verdichteter Datenbestand gebildet werden kann. Ist dies der Fall, muß geklärt werden, ob die atomistischen Daten für den Zeitraum, für den Anfragen auf den verdichteten Datenbestand durchgeführt werden sollen, online zur Verfügung stehen. Wenn die Massendaten nur sechs Monate im Online-Zugriff gehalten werden, ehe sie archiviert werden, die Betrachtung der Entwicklung über die Zeit, z. B. Jahresvergleiche oder Monatsvergleiche über Jahre hinweg, aber gerade von Interesse ist, *müssen* die verdichteten Daten als eigene Relation gehalten werden.

Wenn die atomistischen Daten über lange Zeiträume im Online-Zugriff sind, ist unter Wirtschaftlichkeitskriterien abzuwägen, ob Views oder Relationen für die verdichteten Daten gebildet werden. Die Ereignisgesteuerte Prozeßkette Prozeßmodell Auswahl atomistischer oder verdichteter Datenhaltung gibt hierzu Anhaltspunkte (vgl. Abb. 5.137).

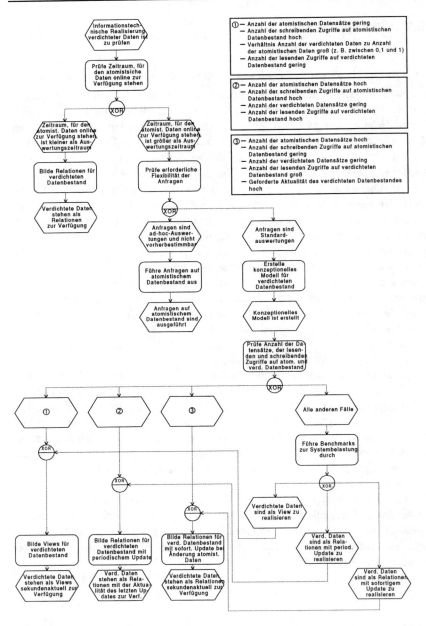

Abb. 5.137: Prozeßmodell Auswahl atomistischer oder verdichteter Datenhaltung

6 Die anderen Geschäftsprozesse

Neben dem Lagergeschäft, der i. d. R. wichtigsten Geschäftsart von Handelsunternehmen, haben sich vier weitere Geschäftsarten etabliert: das Strecken-, das
Zentralregulierungs-, das Aktions- und das Dienstleistungsgeschäft.

Beim *Streckengeschäft* erfolgt der logistische Warenfluß direkt zwischen
Lieferant und Kunde, der dispositionsbezogene Informationsfluß und der Wertefluß spielen sich weiterhin zwischen Kunde und Handelsunternehmen resp.
Handelsunternehmen und Lieferant ab. Im *Zentralregulierungsgeschäft* ist das
Handelsunternehmen nur beim Wertefluß involviert. Der logistische Warenfluß
und der dispositionsbezogene Informationsfluß werden direkt zwischen Kunde
und Lieferant abgestimmt. Die rechtliche Forderung des Lieferanten besteht
gegenüber dem Kunden, die Regulierung der Forderung erfolgt aber durch das
Handelsunternehmen. Die vierte wichtige Geschäftsart, die orthogonal zu den
vorherigen drei steht, ist das *Aktionsgeschäft*. Das Aktionsgeschäft zeichnet sich
durch das Zusammenwachsen von Beschaffungs- und Distributionsaktivitäten
aus: Aktionskonditionen werden zur Einkaufs- *und* Verkaufsseite interdependent
geplant und angelegt, vorhandene Aktionsaufträge der Kunden/Filialen führen
zur Festlegung der Dispositionsmenge zur Lieferantenseite hin, und im Lager
werden die Wareneingänge sofort aufgeteilt und den Warenausgangszonen
zugeführt. Die fünfte Geschäftsart ist das *Dienstleistungsgeschäft*. Hier ist die
Dienstleistung das Objekt, das den Prozeß prägt. Sie wird meist additiv zu der
eigentlichen Handelsfunktion angeboten und ist als eine die Warenlogistik
ergänzende Funktion anzusehen. Dienstleistungen, die Handelsunternehmen
ihren Kunden/Filialen anbieten, können vielfältig sein und beziehen sich z. B.
auf Marktauftritt, Marketing, Layoutgestaltung im Betrieb, Beratung in Rechts-
und Steuerfragen oder personalwirtschaftlichen Fragen. Dienstleistungsgeschäfte
werden zwar vielfach von Handelsunternehmen angeboten (institutioneller
Aspekt), sind aber keine Handelsgeschäfte im engeren Sinne, in denen eine zeit-
lich-räumliche Überbrückungsfunktion für Leistungen wahrgenommen wird, die
von einem Lieferanten bezogen und an Kunden weitergegeben werden
(funktionaler Aspekt).

6.1   Streckenprozeß

Der Streckenprozeß ist eine Geschäftsform, bei der das Handelsunternehmen als
Mittler zwischen Industrieunternehmen und Abnehmer auftritt, ohne daß es
logistische Aufgaben übernimmt. In den letzten Jahren hat der Anteil des
Streckengeschäfts in Großhandelsunternehmen zugenommen.[1] Der Begriff der
Streckenabwicklung wird in der Handelspraxis uneinheitlich verwendet. Mitunter werden Begriffe wie „Strecke", „wilde Strecke", „Großhandelsstrecke" oder
„Filialstrecke" für die Beschreibung unterschiedlicher Streckenabwicklungs-
formen verwendet. Es bleibt bei einer derartigen Begriffsvielfalt zumeist unklar,
ob synonyme oder homonyme Begriffe vorliegen.

Beim Streckengeschäft können insbesondere zwei Erscheinungsformen unterschieden werden, die „klassische Strecke" und die „Filialstrecke". Bei der
„klassischen Strecke" bestellt ein Abnehmer beim Handelsunternehmen, welches
den Auftrag in eine Streckenbestellung zum Lieferanten umwandelt (vgl. Abb.
6.1). Die Ware wird direkt vom Lieferanten zum Abnehmer geliefert. Der Lieferant stellt dem Handelsunternehmen die Lieferung und dieses dem Abnehmer die
Ware in Rechnung. Rechtlich liegen zwei getrennte Geschäftsvorfälle vor.

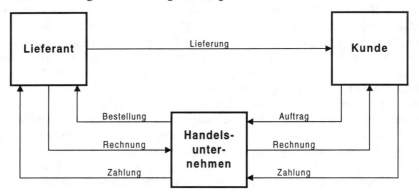

Abb. 6.1: „Klassisches Streckengeschäft"

Eine zweite Form des Streckengeschäfts herrscht im filialisierenden Einzelhandel vor. Die Filiale bestellt direkt beim Lieferanten (häufig ohne eine
Bestellung im System zu erfassen), der die Filiale beliefert und die Rechnung an
die Zentrale (oder an die Filiale) schickt (vgl. Abb. 6.2). Für die Regulierung
zeichnet die Zentrale verantwortlich. Diese Streckenabwicklung verläuft analog
zum ersten Fall, wenn die Bestellungen im System erfaßt werden und zentral
eine Übermittlung an den Lieferanten erfolgt.

---

[1]   Vgl. Tietz (Großhandel) (1993), S. 209.

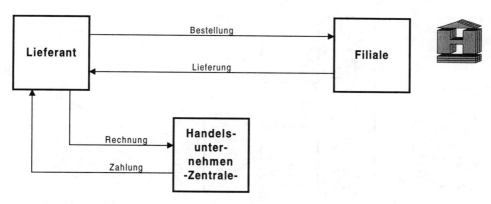

Abb. 6.2: „Filialstrecke"

Da die informationstechnische Unterstützung des Bestellerfassungsvorgangs als State-of-the-art betrachtet wird, beschränken sich die Darstellungen auf die „klassische Strecke".

6.1.1 Funktionsmodell

Der Funktionsumfang des Streckengeschäfts entspricht mit Ausnahme der logistischen Funktionen des Handels-H-Modells den bereits skizzierten Funktionen des Beschaffungs- und Distributionsprozesses. Beim Streckenprozeß ist überdies eine Kopplung von Distributions- und Beschaffungsprozeß gegeben, da durch die Erfassung eines Auftrags zugleich eine Bestellung generiert wird. Der Auftragserfassung kann eine Abnehmeranfrage und ein Abnehmerangebot ebenso wie im Lagergeschäft vorangehen.[2] Somit beginnt die Streckenabwicklung im Großhandel mit der Erfassung eines Abnehmerauftrags, der Streckenpositionen enthält. Aus diesem Grund werden die in Kapitel 5.2.2 geschilderten Funktionen zur Auftragserfassung auch im Funktionsmodell des Streckenprozesses erforderlich. Die Belieferung des Abnehmers wird durch den Lieferanten vorgenommen, so daß das Handelsunternehmen originär Aufgaben der Lieferungsüberwachung übernimmt. Mit der Lieferung durch den Lieferanten und der anschließenden Übermittlung der Rechnung an das Handelsunternehmen wird eine Rechnungserfassung (kreditorisch) und eine Fakturierung (debitorisch) notwendig. Mit der Regulierung der kreditorischen und debitorischen Zahlung findet der Streckenprozeß seinen Abschluß. In Abb. 6.3 sind die für die Streckenabwicklung erforderlichen Funktionen in Form des Handels-H-Modells angeordnet.

---

[2]   Zu den Funktionen Abnehmeranfrage, Abnehmerangebot und Auftragserfassung vgl. die Ausführungen in Kapitel 5.2.2.1.

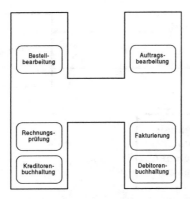

Abb. 6.3: Funktionsdiagramm Streckengeschäft

6.1.2 Datenmodell

Für die Abwicklung des Streckengeschäfts werden lediglich rudimentäre Erweiterungen der bereits in den Kapiteln zum Lagergeschäft beschriebenen Datenmodelle erforderlich.[3]

Aufgrund eines Abnehmerauftrags ist eine Streckenbestellung zu erzeugen, so daß eine Spezialisierung des in Kapitel 5.2.1 skizzierten Entitytyps *Abnehmerauftragskopf* in einen Entitytyp *Abnehmerauftragskopf Lager* und einen *Abnehmerauftragskopf Strecke* vorgenommen wird. Analog zur Differenzierung des Auftrags erfolgt eine Spezialisierung des *Bestellkopf*s in einen *Bestellkopf Lager* und einen *Bestellkopf Strecke*. Bei dem Streckenauftrag besteht eine Beziehung zu einer Streckenbestellung, die das Zusammenwachsen des Distributions- und des Beschaffungsprozesses datenseitig zum Ausdruck bringt (*Streckenauftr./-bestellung*).

Es können nicht nur Streckenaufträge von Lageraufträgen, sondern auch Streckenauftrags- (*Abnehmerauftragsposition Strecke*) von Lagerauftragspositionen (*Abnehmerauftragsposition Lager*) differenziert werden, um innerhalb eines Auftrags Lager- und Streckenpositionen erfassen zu können. Bei einer Streckenposition besteht eine Beziehung zur Bestellposition (*Streckenauftr./-best.position*).

---

[3] Die Filialstrecke wurde bereits im Datenmodell von Kapitel 5.1.3 aufgezeigt.

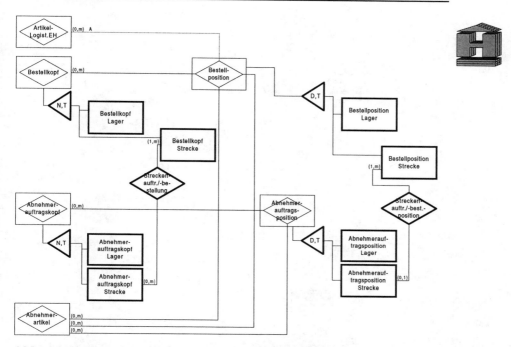

Abb. 6.4: Datenmodellerweiterungen durch das Streckengeschäft[4]

6.1.3   Prozeßmodell

Der Streckenprozeß (vgl. Abb. 6.5) basiert auf einem Auftrag, der Streckenpositionen beinhaltet oder insgesamt als Streckenauftrag gekennzeichnet ist. Die Bestellbearbeitung erfolgt automatisch, da die Streckenbestellung aus den Daten des Abnehmerauftrags erzeugt werden kann. Es wird bestimmt, ob der Streckenauftrag zur Erhöhung des Anspruchs nachträglicher Vergütungen beiträgt. Dieses wird entweder durch eine Vereinbarung zwischen Handelsunternehmen und Abnehmer oder zwischen Lieferant und Abnehmer festgelegt. Rechnungserfassung und Fakturierung sind miteinander gekoppelt.

Mit der abschließenden Zahlung an den Lieferanten und Buchung der Zahlung des Abnehmers findet der Streckenprozeß seinen wertmäßigen Niederschlag in der Buchhaltung.

---

4   Im folgenden werden die Erweiterungen der in den Kapiteln 4 und 5 beschriebenen Datenmodelle durch die Geschäftsprozesse Strecke, Zentralregulierung und Aktion durch eine breitere Linienart der Symbole verdeutlicht.

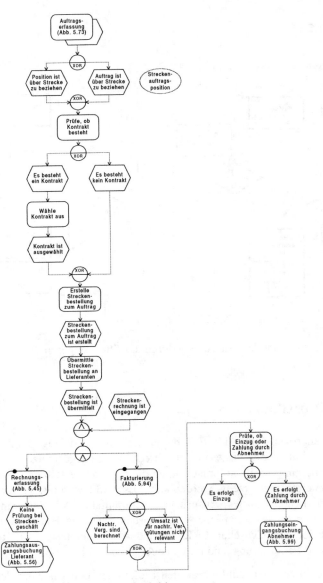

Abb. 6.5: Prozeßmodell Streckenabwicklung

6.2 Zentralregulierungsprozeß

Im Gegensatz zum Streckengeschäft werden beim Zentralregulierungsgeschäft keine Artikel beim Lieferanten bestellt, sondern die Leistung vom Handelsunternehmen ist ausschließlich abrechnungstechnisch. Der grundsätzliche Ablauf der Zentralregulierung kann Abb. 6.6 und Abb. 6.7 entnommen werden.

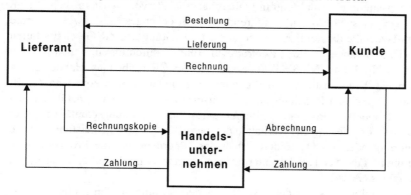

Abb. 6.6: Ablauf der Zentralregulierung

Kreditoren- und Debitorenbuchhaltung werden eng miteinander verzahnt, da die kreditorische Rechnung unmittelbar in eine debitorische Abrechnung Eingang findet. Auch die Stammdaten von Kreditoren und Debitoren müssen eng miteinander gekoppelt werden, wenn z. B. der Kreditor mit dem Debitor bilateral besondere Konditionen (Zahlungskonditionen, Sofortboni) vereinbart.

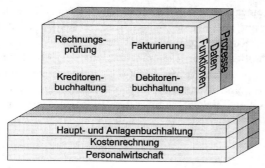

Abb. 6.7: Handels-H-Modell für den Geschäftsprozeß Zentralregulierung

Bei der Zentralregulierung wird i. d. R. das Delkredere übernommen, das auch als eigene Geschäftsform durchgeführt werden kann. Beim *Delkrederegeschäft* übernimmt das Handelsunternehmen die Ausfallbürgschaft für seinen Kunden.

Bei der *Zentralregulierung* (ZR) agiert ein Handelsunternehmen als Zahl-stelle für die Verbindlichkeiten des Kunden. Die erbrachte Leistung des Unter-nehmens besteht in jedem Fall in der Regulierung der Zahlung. In Abhängigkeit von dem individuellen Zentralregulierungsvertrag kann es sich um einen bürg-schaftsähnlichen Vertrag oder um eine Form des Factoring handeln.[5]

Das Besondere bei der Abwicklung des Zentralregulierungsgeschäfts ist das Zusammenfallen von Rechnungsbegleichung und Fakturierung (im Sinne der Rechnungsstellung). Der Zentralregulierungsgeschäftsvorfall ist in rechtlichem Sinne *ein* Geschäftsvorfall, während das Streckengeschäft zwei separate Geschäftsvorfälle darstellt. Aufgrund der Ausgestaltung des ZR-Geschäfts fallen alle Unternehmen, die Zentralregulierung durchführen, unter den § 1 Abs. 1 Nr. 2 und Nr. 8 KWG. Somit ist ein ZR-treibendes Handelsunter-nehmen ein Kreditinstitut. Um die damit verbundenen Konsequenzen (z. B. Beachtung spezieller Rechnungslegungsvorschriften) zu umgehen, betätigen sich die Großhandelsunternehmen mitunter selbst als Rechnungsempfänger. Der Ablauf ist von diesem Sachverhalt nicht betroffen. Als Gegenleistung für die Regulierung oder das Delkredere erhält das Unternehmen eine Provision vom Lieferanten. Für das Handelsunternehmen ist das Zentralregulierungsgeschäft ein rentables Geschäft, da:

- die Bezahlung des Kunden i. d. R. vor der Zahlung an den Lieferanten er-folgt, so daß bei dem erheblichen Wertvolumen in der Zentralregulierung Zinseinnahmen realisierbar sind,
- für die Leistung des Handelsunternehmens eine Provision auf den Rech-nungsbetrag (i. d. R. den Rechnungsbruttobetrag) berechnet wird,
- die Einnahmen ohne den im Lager mitunter hohen logistischen Aufwand realisiert werden können,
- der Ablauf in hohem Maße automatisiert erfolgen kann, so daß das ZR-Geschäft mit einer geringen Mitarbeiterzahl abgewickelt werden kann.

Aber auch Lieferant und Kunde ziehen Vorteile aus der Zentralregulierungs-abwicklung. Der Kunde profitiert von den meist von der Zentrale aus-gehandelten Konditionen, der Lieferant hat auf der Abnehmerseite nur den Kontakt zu einem potenten Partner (Zentrale) und nicht zu vielen kleinen (den Kunden), für die eine Bonitätsprüfung durchzuführen wäre. Institutionen-ökonomisch gesehen sinken durch die Einschaltung der Zentrale die Transaktionskosten.[6]

---

[5]   Unter Factoring wird der vertraglich festgelegte und laufende „Ankauf von Forderungen aus Lieferungen und Leistungen (meist vor Fälligkeit) durch einen Factor [...] unter Übernahme bestimmter Servicefunktionen und häufig auch des Ausfallrisikos" verstanden. Perridon, Steiner (1995), S. 401. Wird das Ausfallrisiko beim Factoring übernommen, so liegt echtes, sonst unechtes Factoring vor.

[6]   Vgl. Kapitel 1.1.2.

6.2.1 Funktionsmodell

Beim Zentralregulierungsgeschäft werden keine logistischen Funktionen wahrgenommen, sondern lediglich Erfassungs- und abrechnungstechnische Funktionen benötigt. Zur Reduzierung des enormen Erfassungsaufwands im ZR-Geschäft tragen elektronische Datenübertragungsformen bei.

Die Abrechnung eines Regulierungsvorgangs setzt immer die gemeinsame Betrachtung von Kunden- und Lieferantenrechnung voraus. Insbesondere die für einen Kunden bei einem Lieferanten eingegangene Verbindlichkeitshöhe ist häufig unbekannt, so daß das Handelsunternehmen erheblichen Risiken ausgesetzt sein kann, ohne diese genau zu kennen.

Abb. 6.8: Funktionsdekompositionsdiagramm Zentralregulierungsgeschäft

6.2.2 Datenmodell

Erweiterungen des Datenmodells durch das Zentralregulierungsgeschäft entstehen primär bei den Lieferanten- und Kundenstammdaten (vgl. Abb. 6.9). Die Lieferantenstammdaten sind in Beziehung zu den für eine Unternehmung gültigen Einkaufsorganisationen zu setzen (*GP Lieferant EKORG-UN-ZuO*). Durch diese Beziehung wird festgelegt, welcher Lieferant bei einem Unternehmen in welcher Einkaufsorganisation am ZR-Geschäft teilnehmen darf. Darüber hinaus charakterisieren u. a. folgende Attribute diese Beziehung:

- Provisionssatz
  Der Provisionssatz stellt die mit dem Lieferanten vereinbarte Höhe der Provision für die Durchführung des Zentralregulierungsgeschäfts dar, die bei der Abrechnung dem Lieferanten gegenüber vom Rechnungsbetrag abgezogen wird.

- Valuta in Tagen
  Die Valuta stellt den Zeitraum dar, der dem Handelsunternehmen für die
  Zahlung der Kundenrechnung gewährt wird.
- Vereinbarte ZR-Prämie in Prozent
  Die ZR-Prämie wird vom Lieferanten i. d. R. jährlich für die im Laufe des
  Jahres getätigten ZR-Umsätze gewährt.

Zentralregulierung wird nur von Kunden durchgeführt, da in Betrieben (Filialen)
neben dem Lagergeschäft höchstens die Geschäftsform Streckenabwicklung
durchgeführt wird. Als Attribute werden auf Kundenebene zum
Lieferantenstamm analoge Attribute benötigt. Sofern ein Lieferant für mehrere
Unternehmen als Zentralregulierungslieferant zugelassen ist und ein Abnehmer
ebenfalls in mehreren Unternehmen Zentralregulierungsgeschäfte durchführen
kann, ist festzulegen, über welches Unternehmen die Abrechnung erfolgen soll.
Zu diesem Zweck können Prioritäten für Unternehmen festgelegt werden.

Neben der Möglichkeit, die für das Zentralregulierungsgeschäft notwendigen
Attribute auf Lieferanten- und Kundenseite unabhängig voneinander zu führen,
werden auch Attribute (z. B. Provisionssatz, Valuta) an einer Beziehung
zwischen Kunde und Lieferant (*UN-EKORG-VS-Lieferant-Abnehmer-ZuO*)
geführt. Auf diese Weise können lieferantenindividuelle Vereinbarungen eines
Kunden in der Abrechnung berücksichtigt werden. Beispielsweise wird dem
Kunden 1 vom Lieferanten 1 ein Valutazeitraum von 30 Tagen gewährt, obgleich die Standardvereinbarung zwischen Lieferant und Handelsunternehmen
ein Zahlungsziel von 10 Tagen vorsieht.

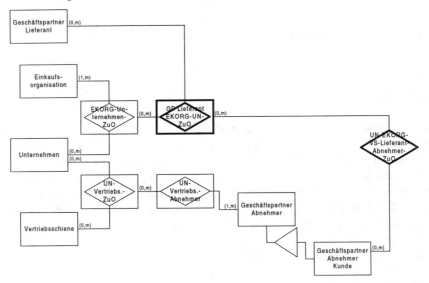

Abb. 6.9: Datenmodellerweiterungen durch das Zentralregulierungsgeschäft

6.2.3   Prozeßmodell

Prozeß Zentralregulierung - Belegerfassung und Buchung

Die vertriebsschienen- und unternehmensgenaue Erfassung von ZR-Belegen stellt die Basis für die Bearbeitung des Zentralregulierungsgeschäfts dar, der sich die Erfassung und Prüfung der Lieferantennummer anschließt, bei der ermittelt wird, ob der Lieferant für die Zentralregulierung zugelassen ist (vgl. Abb. 6.10). So ist es möglich, daß bestimmte Lieferanten gesperrt werden.

Nachdem die Plausibilität der Stammdaten geprüft wurde, werden mehrwertsteuersatzgenau die Rechnungsbeträge erfaßt. Nach der Rechnungserfassung sind

- die Umsatzsteuer zu erfassen. Stammen der Kunde und der Lieferant aus dem gleichen Land, wird der voreingestellte USt-Satz der Kunden-Lieferanten-Kombination ausgewählt. Befinden sich Lieferant und Kunde in unterschiedlichen Ländern, zwischen denen ein Doppelbesteuerungsabkommen besteht, so ist eine USt von 0% anzusetzen.
- die Rechnungsnummer, der Skontobetrag und das Rechnungs- und Valutadatum zu erfassen.

Der Erfassung schließt sich die Umwandlung der Lieferantenrechnung (an den Kunden) in eine Lieferanten- und eine Kundenabrechnung aus Sicht des Handelsunternehmens an. Mit der Buchung der kreditorischen und debitorischen Offenen Posten und deren Regulierung findet der Zentralregulierungsprozeß seinen buchhalterischen Abschluß.

Prozeß Zentralregulierung - Abrechnung

Ist die Umwandlung einer Lieferanten- in eine Kundenabrechnung erfolgt, wird geprüft, ob direkt fällige Kunden- oder Lieferantenrechnungen vorhanden sind.

Die Abrechnungszeitpunkte können für Kunden- und Lieferantenseite unabhängig voneinander bestimmt werden. Kundenabrechnungen werden i. d. R. wöchentlich durchgeführt. Es wird eine Zentralregulierungsabrechnung für den Kunden erstellt, in der sämtliche Rechnungen, die innerhalb des Abrechnungszeitraums für den Kunden fällig sind, zusammengefaßt werden. Jede Lieferantenrechnung bildet eine Position in der Kundenabrechnung. Neben den in die nächste Abrechnung einzubeziehenden Lieferantenrechnungen für den Kunden sind Rechnungen für eine zukünftige Abrechnung als Information mit aufzunehmen.

Die Lieferantenabrechnung verläuft analog. Für manche Lieferanten ist zusätzlich zur Papierform, die üblich (und vom Gesetzgeber immer noch vorgeschrieben) ist, ein Datenträger zu erstellen. Die Lieferantenabrechnung besteht aus einer Aufstellung der Einzelrechnungen und einem Summenblatt. Die vom Lieferanten an den Zentralregulierer für die Abwicklung zu zahlende Provision wird bei Regulierung der Lieferantenabrechnung vom Rechnungsbetrag abgezogen.

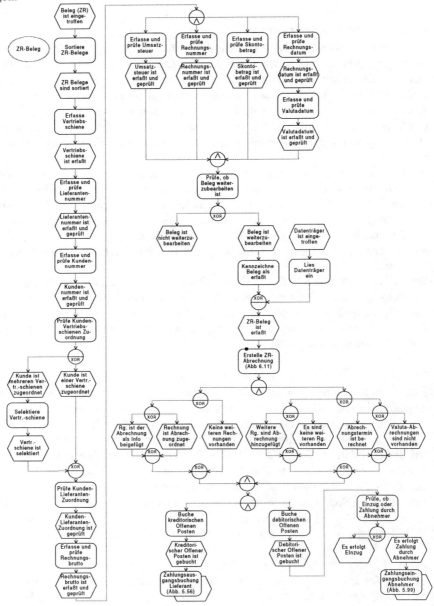

Abb. 6.10: Prozeßmodell Zentralregulierung - Belegerfassung und Buchung

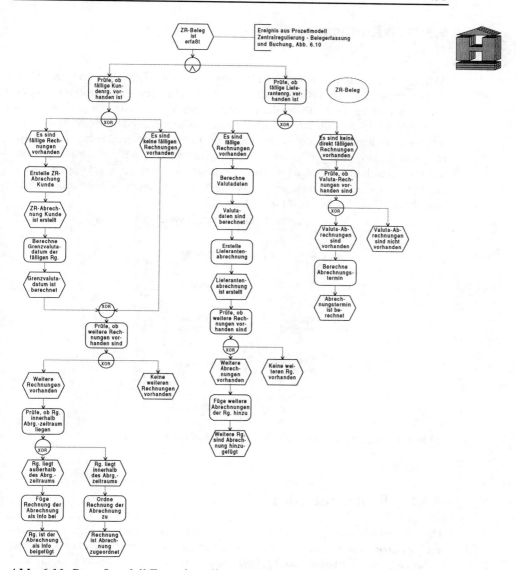

Abb. 6.11: Prozeßmodell Zentralregulierung - Abrechnung

6.3   Aktionsprozeß

Aktionen können definiert werden als zeitlich befristete Einkaufs- und/oder Verkaufsmaßnahmen, die zur Ausnutzung von Konditionen und sonstigen Angeboten der Lieferanten und/oder der Förderung des Verkaufs dienen.

In Abhängigkeit von der Handelsbranche besitzt die Aktion eine hohe (im Konsumgüterhandel im allgemeinen und im Lebensmittelhandel im speziellen) bis geringe Bedeutung (Produktionsverbindungshandel). Beim Aktionsprozeß werden Beschaffungsprozesse mit Distributionsprozessen gekoppelt. Das Zusammenwachsen des linken und rechten Astes des Handels-H-Modells veranschaulicht diesen Sachverhalt (vgl. Abb. 6.12).

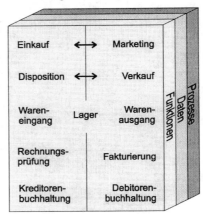

Abb. 6.12: Handels-H-Modell für den Geschäftsprozeß Aktion

6.3.1   Funktionsmodell

Die für den Aktionsprozeß erforderlichen Funktionen können Abb. 6.13 entnommen werden. Ausgehend von der Aktionsplanung sind Funktionen zur Auftragserfassung, zur Bedarfsrechnung und Bestellübermittlung, zur Warenein- und -auslagerung, zur Fakturierung und zur Zahlung erforderlich. Zudem sind in den Auswertungssystemen besondere Analysen über den Erfolg von Aktionen notwendig.

Aktionsplanung
Bei der Aktionsplanung für eine Verkaufsaktion ist festzulegen, welche Artikel unter Zuhilfenahme von Werbemitteln zu welchem Zweck (Werbebotschaft) zu

welchen Preisen und mit welchem geplanten Erfolg in einer Aktion den Abnehmern angeboten werden sollen.

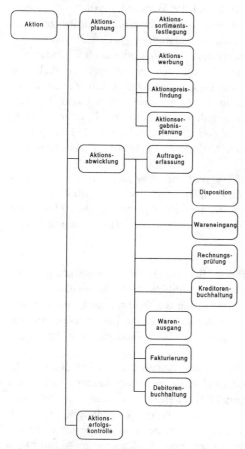

Abb. 6.13: Funktionsdekompositionsdiagramm Aktionsgeschäft

Aktionen haben i. d. R. einen engen Sortimentsbezug. So ergibt sich aus der Bezeichnung „Französische Woche" bereits die Struktur des Sortiments, d. h. die Festlegung des Sortiments steht bei der Aktionsgestaltung im Vordergrund. Die Aktionssortimentsentscheidungen orientieren sich an der Zielsetzung einer Aktion, die ihren Niederschlag in der Werbebotschaft findet. Durch die Auswahl von Artikeln entstehen direkte und indirekte Werbewirkungen.[7] Bei den direkten Werbewirkungen werden die Werbung und der Erfolg der Werbung bezogen auf einen Artikel oder eine Artikelgruppe analysiert. Bei der indirekten Werbe-

---

[7] Vgl. im folgenden Hansen (1990), S. 405f.

wirkung werden auch die Wirkungsinterdependenzen zu anderen Artikeln betrachtet.

Bei der Festlegung der Verkaufspreise sind die Wirkungen von Sonderangeboten zu beachten. „Unter Sonderangeboten werden kurzfristig-vorübergehende Preisreduktionen bei ausgewählten Artikeln verstanden."[8] Das Problem von Sonderangeboten besteht in der Ermittlung der Wirkungsinterdependenzen, d. h., welche Wirkungen Sonderangebote auf den betroffenen Artikel, die übrigen Artikel der Warengruppe und das Gesamtsortiment haben. Zudem ist zu differenzieren zwischen dem Verkauf in der Sonderangebotszeit und der Zeit danach. Auch Veränderungen in der Kundenstruktur (Normal- oder Sonderangebotskunden)[9] sind bislang unzureichend analysiert. Hier bieten integrierte Informationssysteme Ansatzpunkte, den Aktionserfolg intensiver analysieren zu können.

Zur Kontrolle der Aktionsabwicklung sind die angestrebten Aktionsergebnisse zu planen, um während und nach der Aktionsabwicklung den Aktionseinsatz steuern bzw. bewerten zu können. Hierbei können Planungen danach unterschieden werden, ob sie umsatzorientiert oder erfolgsorientiert sind.

Aktionsabwicklung

Die vor der Beschaffung durchgeführte Erfassung der Aktionsaufträge von Abnehmern stellt für Handelsunternehmen die übliche Vorgehensweise dar, um eine Aktionsabwicklung mit geringen Beständen durchführen zu können. Allerdings sind auch Aktionsabwicklungen denkbar, bei denen die Aufträge der Abnehmer zeitlich nachgelagert erfaßt werden (z. B. bei Saisonware wie Heizlüfter, Ventilatoren).

Mit Hilfe der erfaßten Auftragsmengen der Abnehmer werden die Bestellmengen ermittelt. Im Aktionsfall sind zwei Fälle zu unterscheiden. Zum einen kann eine Sonderbestellung durchgeführt werden, in der die gesamte Bedarfsmenge oder ein Teil davon für die Aktion beim Lieferanten bestellt wird. Alternativ können auch Teilbedarfsmengen vom derzeitigen Bestand für die Aktion reserviert werden. Die Reservierung von Beständen für Aktionsware kann ferner bei der Anlieferung von Ware zu Aktionsbestellungen notwendig werden.

Wird keine Sonderbestellung für die Aktion durchgeführt, so sind im Rahmen der rhythmischen Disposition[10] die entsprechenden Mengen zu beschaffen. Der Artikel ist als Aktionsartikel zu kennzeichnen (sofern bereits Sonderbestellungen für Aktionsartikel vorhanden sind, müssen diese berücksichtigt werden).

Ein weiteres Problem bei der Disposition für oder während einer Aktion besteht darin, inwieweit vergangene Daten für die Prognose herangezogen werden

---

[8]   Simon (1992), S. 526.

[9]   Vgl. Hansen (1992), S. 336ff.; Simon (1992), S. 527-534.

[10]   Vgl. Kapitel 5.1.2.1.

können. Signifikante Verkaufsmengensteigerungen auf Grund einer ähnlichen Aktion in der Vergangenheit können Anhaltspunkte für eine zukünftige Aktionsdisposition bieten. Neben der Berücksichtigung der Zusatzmengen bei der Aktionsdisposition sind die Verkaufsmengen auch hinsichtlich ihrer Wirksamkeit für die Bedarfsrechnung im Rahmen der normalen Disposition zu bewerten.

Im Streckenfall erfolgt die Lieferung der Ware unter Zuhilfenahme von Aufteilerfunktionalität[11] direkt durch den Lieferanten an die Abnehmer. Die zentral disponierte Menge kann auch über das Lager zu den Abnehmern gelangen. In diesem Fall ist es sinnvoll, die Ware beim Lieferanten so zu bestellen, so daß eine normale Einlagerung in das Lager unterbleibt und stattdessen im Sinne eines Transit-Terminal-Systems die Ware vom Wareneingang direkt zum Warenausgang durchgeschleust wird (aktiver Bypass).[12]

Die dem Wareneingang zugeordnete Bestandsführung ist im Aktionsfall ebenfalls Veränderungen unterworfen. Im einzelnen können differenziert werden:

- Trennung von Aktions- und Normalbestand mit einer Umbuchung des Bestands zu Beginn und zum Ende der Aktion.
  Sofern eine getrennte Bewertung von Aktions- und Normalbestand erfolgen soll (z. B. für eine Aktionserfolgsrechnung), wird entweder ein Wareneingang zu einer Aktionsbestellung dem Aktionsbestand zugeführt, oder es erfolgt eine Umbuchung des Bestandswerts vom Normal- auf den Aktionsbestand (hierbei wird der Normalbestandswert reduziert und der Aktionsbestandswert erhöht). Sind am Ende einer Aktion noch Bestände des aktionierten Artikels vorhanden, so findet eine Umbuchung vom Aktions- in den Normalbestand statt.
- Buchung von Preisabschriften aus den POS-Upload-Daten.
  In Einzelhandelsunternehmen wird der Bestand i. d. R. zu Verkaufspreisen geführt, so daß eine Buchung der Preisänderungen durch den Aktionsverkauf auf Basis der Verkaufszahlen erfolgen kann. Die verkauften Stückzahlen werden mit der Differenz zwischen Aktions-VK und Normal-VK multipliziert und als Aktionspreisabschrift gebucht. Diese Vorgehensweise ist der Erfassung des Bestands vor und nach der Aktion überlegen, die manuellen Erfassungsaufwand bedingt und Manipulationsmöglichkeiten (wann wird der für die Erfolgsabgrenzung benötigte Bestand in den Einzelhandelsunternehmen erfaßt?) bietet.

Der Ablauf der Rechnungsprüfung weicht nicht von dem bereits in Kapitel 5.1.4 skizzierten Vorgehen ab. Bei der Rechnungsprüfung entstehen allerdings i. d. R. Probleme bei der Bewertung des Lieferscheins, wenn keine Bestellungen im System vorliegen (Ist die Aktionskondition richtig im System hinterlegt? Wird das richtige Datum herangezogen?). Zudem sind Aktionskonditionen, die Natu-

---

[11] Vgl. Kapitel 5.1.2.1.

[12] Dies geschieht in der Regel auch mit Hilfe eines Aufteilers, um die Wareneingangsmenge direkt auf die einzelnen Abnehmer aufteilen zu können.

ralrabatte umfassen können, zu berücksichtigen. Naturalrabatte haben entweder inklusiven (100 Stück bestellt und geliefert, 95 Stück berechnet) oder exklusiven (100 Stück bestellt und berechnet, 105 Stück geliefert) Charakter. In der Bestandsfortschreibung kommt es bei einer Bewertung zum gleitenden Durchschnittspreis zu einer Reduzierung des GLD.[13] Naturalrabatt wird im Regelfall im Zusammenhang mit Abnahmestaffeln gewährt. Sie können im Wareneingang kontrolliert und ohne zusätzlichen Aufwand erfaßt werden, wenn sie in der Bestellung enthalten sind. Somit setzt eine Kontrolle und kostengünstige Warenvereinnahmung die systemseitige Erfassung einer Bestellung voraus. Besonders schwierig abzubilden sind diejenigen Naturalrabatte, die sich auf einen anderen als den bestellten Artikel beziehen, da ein Bezug zwischen unterschiedlichen Artikeln bei den Konditionsbedingungen und Konditionswirkungen hergestellt werden muß.[14]

Der Warenausgang erfährt nur durch die Kopplung zum Wareneingang bei der Nutzung aktiver Bypass-Funktionalität eine Veränderung. Für die Aufgaben der Fakturierung gelten analog die Aussagen zur Rechnungsprüfung. Der Ablauf der Kreditoren- und der Debitorenbuchhaltung weist Veränderungen durch den Aktionsprozeß auf, wenn für Auswertungszwecke in der Finanzbuchhaltung und im Controlling, das auf den Daten der Finanzbuchhaltung aufbaut, die Aktion als Bezugsgröße von den logistischen über die abrechnungstechnischen bis zu den Auswertungssystemen mitgeführt werden soll.

Aktionserfolgskontrolle

Die Aktionserfolgskontrolle, die eine hohe inhaltliche Nähe zur Werbeerfolgskontrolle aufweist, stellt die mit der Aktion verbundenen Kosten den Erlösen gegenüber. Während die Kosten einfach quantifiziert werden können, sind die durch die Aktion hervorgerufenen Erlöse aufgrund der Wirkungsinterdependenzen nur schwer zu ermitteln.

Neben quantifizierbaren Größen sind für die Ermittlung des Aktionserfolgs analog zur Werbeerfolgsrechnung verstärkt qualitative Kriterien heranzuziehen, um die Aktion verstärkt als Werbemaßnahme und weniger als Instrument zur kurzfristigen Umsatzsteigerung zu begreifen.

Die mit Aktionen verbundenen Aufwendungen (z. B. Preisumzeichnung, Bestandsdifferenzierung in Aktions- oder Normalbestand oder Buchung einer Preisveränderung) führen bei einigen Handelsunternehmen zu der Auffassung, daß die Flut an Aktionen zunehmend durch Dauerniedrigpreisangebote substituiert wird.

---

[13]   Zum GLD vgl. Kapitel 5.1.3.1.
[14]   Zu Konditionsbedingungen und -wirkungen vgl. Kapitel 5.1.1.2.

6.3.2 Datenmodell

Die für die Durchführung der Aktion notwendigen Datenstrukturen bauen auf den für das Lagergeschäft beschriebenen Datenmodellen auf, die um aktionsspezifische Elemente zu erweitern sind.

Grundlegend für die Durchführung von Aktionen sind einige Grundobjekte der Aktion, die in die Organisationsstrukturen eingebettet sein müssen (vgl. Abb. 6.14).

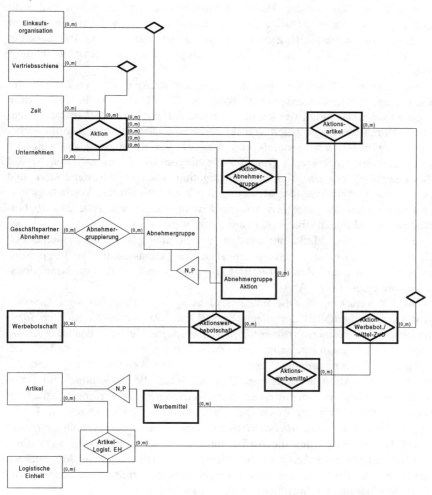

Abb. 6.14: Datenmodellerweiterungen durch das Aktionsgeschäft

Die *Aktion* stellt sich als Beziehung von *Zeit* und *Unternehmen* dar. Optional kann eine Aktion organisatorisch für eine oder mehrere *Vertriebsschiene*n oder *Einkaufsorganisation*en definiert werden. Die von den Organisationseinheiten durchzuführenden Aktionen werden *Abnehmergruppe*n zugeordnet (*Aktion-Abnehmergruppe*), um festzulegen, wer mit der Aktion angesprochen werden soll. Zu diesem Zweck werden Abnehmergruppen in *Abnehmergruppe*n *Aktion* spezialisiert.

Einer Aktion können *Werbebotschaft*en zugeordnet werden (*Aktionswerbe-botschaft*), die den mit der Aktion verfolgten Zweck wiedergeben und auch unabhängig im Rahmen sonstiger Werbeaktivitäten genutzt werden können. Der mit einer Aktion verfolgte Zweck soll durch den Einsatz von *Werbemittel*n unterstützt werden. Werbemittel können Kataloge, Anzeigen, Fernsehwerbungen usw. sein.

Werbemittel stellen eine Spezialisierung des Artikels dar, da Werbemittel mitunter auch verkauft werden (z. B. Kataloge, CD-ROMs). Die in einer Aktion eingesetzten Werbemittel werden im Relationshiptyp *Aktionswerbemittel* festge-halten. Durch die Aggregation von Aktionswerbebotschaft und Aktionswerbe-mittel (*Aktion-Werbebot./-mittel-ZuO*) wird der Zusammenhang von Aktions-zweck und den eingesetzten Werbemitteln hergestellt. Die aktionierten Artikel (*Aktionsartikel*) ergeben sich als Aggregation von *Artikel-Logist. EH* und Aktion. Zur Verfeinerung der Steuerung von Werbemitteln und Werbebotschaf-ten können auch den einzelnen Artikeln Kombinationen von Aktionswerbebot-schaften und Aktionswerbemitteln zugeordnet werden.

Im Einkauf und Marketing werden Erweiterungen am Konditionenmodell (Kapitel 5.1.1.2) erforderlich, indem auch die aktionsspezifische Logistische Einheit eines Artikels (*Artikel-Logist. EH Aktion*) konditional in die Konditions-bedingung eingeht (vgl. Abb. 6.15).

Zur Unterstützung der Sortimentsfestlegung im Aktionsfall sind Erweite-rungen am Datenmodell Sortiment (Kapitel 5.2.1.2) vorzunehmen. Der *Sorti-mentskopf* wird in einen *Sortimentskopf Aktion* spezialisiert, der von einer *Aktion* abhängig ist. Diesem spezialisierten Objekt kann eine Aktionswerbebotschaft zugeordnet werden, um die Verbindung zwischen Aktionssortiment und der Intention der Aktion herstellen zu können. Durch die Zuordnung von Sorti-mentsartikeln zu Aktionen werden den Abnehmern die Sortimentsartikel im Rahmen einer Aktion angeboten (*Sort.-artikel-Aktions-ZuO*). Durch die Bezie-hung zwischen *Aktionswerbebotschaft* und Sortimentsartikel Abnehmer (*Sort.-artikel Abnehmer*) werden die Artikel mit der Intention der Aktion in Verbin-dung gesetzt (*Sort.-artikel-Werbebotschaft*). Es besteht somit die Möglichkeit, eine gegenüber der Sortimentsaktionswerbebotschaft verfeinerte Zuordnung von Werbebotschaften zum Sortiment abbilden zu können.

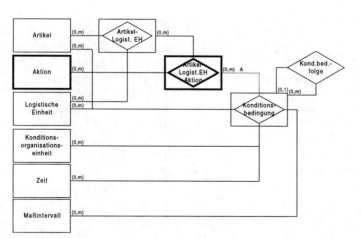

a) Veränderungen des Datenmodells für den Einkauf

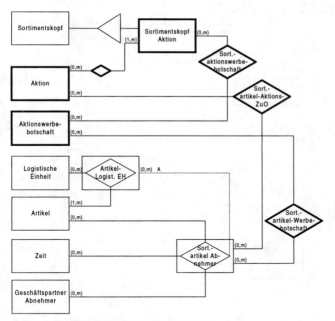

b) Veränderungen des Datenmodells für das Marketing

Abb. 6.15: Datenmodellerweiterungen für Einkauf und Marketing

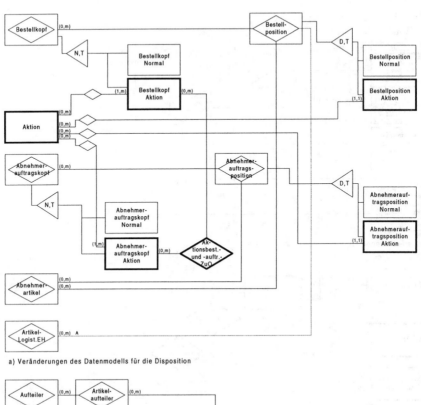

a) Veränderungen des Datenmodells für die Disposition

b) Veränderungen des Datenmodells für den Verkauf

Abb. 6.16: Datenmodellerweiterungen für Disposition und Verkauf

Für die Aktionsdisposition ist eine weitgehend zum Streckenprozeß strukturanaloge Erweiterung des Datenmodells notwendig. Es werden der *Bestellkopf*
und der *Abnehmerauftragskopf* jeweils nach „normal" (*Abnehmerauftragskopf
Normal*) und Aktion (*Abnehmerauftragskopf Aktion*) unterschieden (vgl. Abb.

6.16a). Einem Abnehmerauftragskopf sind *Abnehmerauftragsposition*en zugeordnet, die nach *Abnehmerauftragsposition*en *Normal* und *Abnehmerauftragsposition*en *Aktion* differenziert werden können. Somit kann ein Auftrag sowohl
normale Artikel als auch Aktionsartikel umfassen. Eine Beziehung zwischen
einer Aktionsauftragsposition und einer Aktionsbestellposition besteht nicht; ein
solcher Zusammenhang ist auf Kopfebene gegeben. Der Bezug zwischen den
Abnehmeraufträgen und den Aktionsbestellungen (*Bestellkopf Aktion*) wird
durch die Beziehung Aktionsbestellungs- und -auftrags-Zuordnung
(Aktionsbest.- und -auftr.-ZuO) hergestellt.

Bei Aktionen werden häufig Aufteiler verwendet, um die Abnehmeraufträge
zentral zu bündeln und bei der Auslieferung auf den Aufteiler referenzieren zu
können. Somit ist der Zusammenhang zwischen Aktion und Aufteiler abzubilden
(vgl. Abb. 6.16b). Hierzu wird eine konditionale Beziehung zwischen *Aktionsartikel* und *Artikelaufteiler* modelliert (*Aktionsartikel-Aufteiler*). Die Beschreibung des Aufteilerdatenmodells findet sich in Kapitel 5.1.2.2.

6.3.3   Prozeßmodell

Der Prozeß der Aktionsdurchführung kann im wesentlichen durch die beiden
Prozesse Aktionsplanung und Aktionsabwicklung beschrieben werden. Bei der
Aktionsplanung (vgl. Abb. 6.17) ist insbesondere festzulegen:[15]
- wer (welche Organisationseinheiten) führt die Aktion durch und
- sagt was (Werbebotschaft)
- über welche Aktionsartikel (Aktionswerbeobjekte)
- in welcher Form (Aktionswerbemittel)
- in welchem Aktionszeitraum (Timing)
- zu wem (Abnehmer)
- mit welchem Aufwand und
- welchem angestrebten Erfolg (Aktionserfolgsplanung).

Besondere Bedeutung kommt dabei der Aktionssortimentsgestaltung zu, bei der
den einzelnen Abnehmergruppen die Aktionsartikel im Rahmen der Listung zugeordnet werden (Großhandel). Im Einzelhandel erfolgt die Sortimentsbildung
analog, obgleich sowohl sämtliche als auch keine selektierten Abnehmer angesprochen werden können. Der Ablauf der Aktionslistung entspricht dem in
Kapitel 5.1.1.3 skizzierten Vorgehen.

Neben der Aktionserfolgsplanung für die gesamte Aktion kann auch eine Planung auf Einzelartikelebene durchgeführt werden, um eine bessere Kontrolle des
Erfolgs einzelner Artikel (unter Beachtung der Wirkungsinterdependenzen zwischen den Artikeln) zu ermöglichen.

---

[15]   Vgl. Meffert (1977), S. 414. Vgl. auch Ahlert (1991), S. 181.

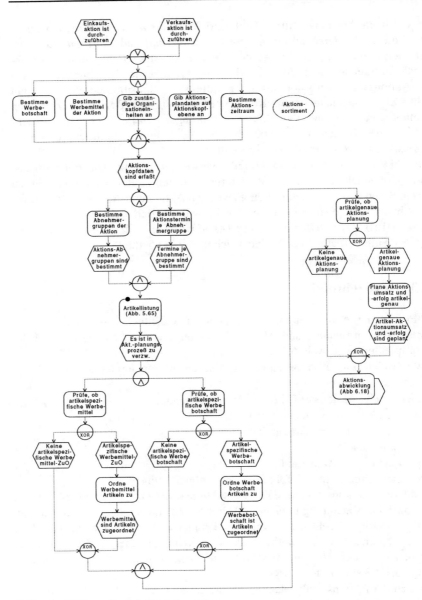

Abb. 6.17: Prozeßmodell Aktionsplanung

Im Prozeß der eigentlichen Aktionsabwicklung (vgl. Abb. 6.18) werden die Aktionsbestellmengen ermittelt. Die Einbeziehung der Abnehmer kann auf drei Arten erfolgen:

- Die auf den einzelnen Abnehmer entfallende Aktionsmenge wird zentral-seitig (z. B. über Aufteilungsregeln) fest vorgegeben.
- Die Abnehmer werden vor Beginn des Aktionszeitraums informiert und können ihre Aufträge übermitteln .
- Die Abnehmer werden erst benachrichtigt, nachdem die Aktion bereits begonnen hat, so daß keine Bedarfsmeldung von den Abnehmern eingeholt werden kann.

Es wird in den Prozeß Disposition Lager verzweigt, der in Kapitel 5.1.2.3 beschrieben wurde. Mit der Auswahl des Lieferanten, der Ermittlung des Kontrakts und der Bestellübermittlung sind die Dispositionsaufgaben innerhalb der Aktion abgeschlossen. In Abhängigkeit davon, ob eine Aktion über Strecke oder Lager abgewickelt wird, erfolgt entweder die Bearbeitung eines Wareneingangs direkt in der Filiale (beim Kunden), oder die Ware wird über das Verteilzentrum an die Filialen und Kunden distribuiert.

Bei einer Aktionsabwicklung über Lager kann eine normale Einlagerung der Ware notwendig werden, wenn beispielsweise Ware lange vor der Aktionsab-wicklung (z. B. Sommeraktion) beschafft wird (z. B. bei Frühbezugsrabatten[16] im Gartenmöbelbereich). Andernfalls ist unter Kostengesichtspunkten ein direkter Transport vom Wareneingang zum Versand unter Nutzung von Auf-teilerfunktionalität und aktivem Bypass sinnvoll. Mit der Tour eines Abnehmers wird die Aktionsware ausgeliefert.

---

[16]   Zu Frühbezugsrabatten vgl. auch die Ausführungen in Kapitel 5.1.1.2.

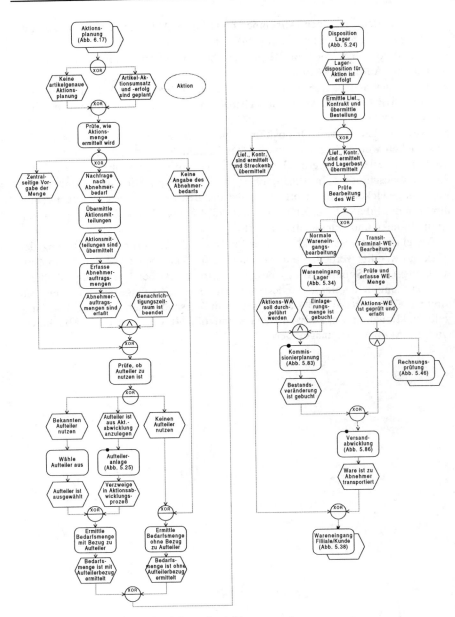

Abb. 6.18: Prozeßmodell Aktionsabwicklung

6.4   Dienstleistungsprozeß

Unter dem Dienstleistungsprozeß werden diejenigen Aktivitäten subsumiert, die reine Dienstleistungen ohne Verbindungen zu Sachleistungen darstellen.[17] Beispiele für Dienstleistungen, die ein Handelsunternehmen anbietet, sind:

- Wirtschafts- und Steuerberatung
  Hierbei werden den Kunden Dienstleistungen im Sinne von Wirtschaftlichkeitsanalysen oder Beratung in Steuerfragen angeboten.
- EDV-Beratung
  Die EDV-Beratung der Kunden umfaßt u. a. die Analyse des Einsatzes von EDV beim Kunden, die Auswahl der Anwendungssoftware, den elektronischen Datenaustausch (z. B. elektronischer Katalog) und die Anbindung der Kunden an externe Netze.
- Marketing
  Die im Bereich des Marketings anzubietenden Leistungen können von der Beratung über die Verkaufsraumgestaltung, den Einsatz von Werbemaßnahmen bis hin zum Einsatz von Konkurrenzanalysen reichen.[18]
- Marktauftritt
  Im Rahmen von Fachgruppenkonzepten wird für den Kunden der komplette Marktauftritt geplant. Dazu gehören u. a. Namen und Logo, das Layout im Laden, die Sortimentsgestaltung, d. h. Vorgaben, wie sie bei Franchise-Nehmern üblich sind, ohne daß es sich im rechtlichen Sinne um einen Franchise-Verbund handelt.
- Angebot von Systemlösungen
  Zur vollständigen Abdeckung von Kundenwünschen in einem Marktsegment kann sich ein Handelsunternehmen auch als Systemanbieter präsentieren, um Komplettlösungen im Verbund mit anderen Partnern anzubieten. Die Dienstleistung bezieht sich hier auf die Mittlerfunktion. Der Verbund von Verbundgruppen ist eine Handelsform, die das Komplettangebot in einem Marktsegment zum Ziel hat.

Aufgrund der vielfältigen Ausgestaltungsformen und der damit verbundenen fehlenden Generalisierbarkeit entziehen sich Dienstleistungsprozesse weitestgehend einer nach Allgemeingültigkeit strebenden Referenzmodellierung.

---

[17]   Handelsunternehmen werden in der Literatur i. d. R. zu den Dienstleistungsunternehmen gerechnet. Vgl. Hansen (1990), S. 157. Zu Definitionen des Dienstleistungsbegriffs und der Einschätzung, ob Handelsunternehmen als Dienstleistungsunternehmen (wie die amtliche Statistik dies vorsieht) anzusehen sind oder nicht, vgl. u. a. Meyer (1986), S. 61ff.; Oehme (1983), S. 337f.; Algermissen (1976), S. 9f.

[18]   Zu Problemstellungen, die für den Kunden im Bereich des Marketing relevant sein können, vgl. Kapitel 5.2.1.

7   Überbetriebliche Integration

7.1   Intention einer überbetrieblichen Integration

Die Positionierung von Handelsunternehmen zwischen Industrieunternehmen und Endabnehmern erfordert notwendigerweise warenwirtschaftliche und informationsflußtechnische Beziehungen zu diesen Geschäftspartnern.

Werden Handelskonzerne als Systeme aufgefaßt, die aus Subsystemen und Elementen bestehen, können die Schnittstellen zwischen den Akteuren nach der Art der Systemgrenze unterschieden werden:[1]

- *Systeminterne* Schnittstellen liegen vor, wenn die Subsysteme oder Elemente innerhalb des Systems Beziehungen zueinander aufweisen (z. B. zwischen den Abteilungen einer Filiale, zwischen den Filialen einer Unternehmung).
- *Systemexterne* (-übergreifende) Schnittstellen sind gegeben, wenn eine Kommunikation des Handelskonzerns mit seinen Geschäftspartnern erforderlich ist. In Abb. 7.1 sind die wesentlichen Informationsobjekte aufgezeigt, die zwischen dem Handelskonzern und seinen Geschäftspartnern ausgetauscht werden.

Die Existenz von internen und externen Schnittstellen führt dazu, daß ein Schnittstellenmanagement notwendig wird, um die Effizienz schnittstellenübergreifender Abläufe zu gewährleisten. Die Aufgabe des Schnittstellenmanagements sollte dabei „keine ausschließliche end-of-the-pipe-Aufgabe sein"[2].

Bei externen Schnittstellen erschweren institutionelle Hemmnisse die Integration, da die fehlenden Einflußmöglichkeiten ganzheitliche Lösungen häufig verhindern. Beispielsweise bestehen bei kooperativen Handelssystemen Schwierigkeiten, die Abnehmer in Konzeptionen einzubetten, da große Widerstände zu überwinden sind.[3] Obgleich die interne Integration einfacher zu realisieren ist,

---

[1]   Vgl. Feierabend (1987), S. 56ff.

[2]   Becker (1996), Sp. 1819.

[3]   Vgl. zu den Ursachen der mangelnden internen Integration im kooperierenden Handel Olbrich (IM) (1992), S. 177.

sind im Handel noch kaum intern über alle Betrachtungsebenen hinweg integrierte Informationssysteme realisiert.

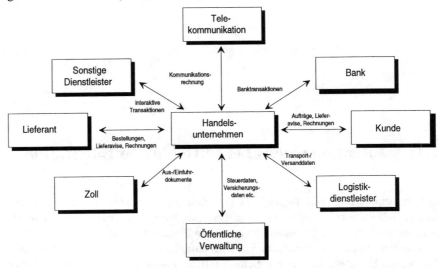

In Anlehnung an Picot, Neuburger, Niggl (1993), S. 21.

Abb. 7.1: Prozeßobjekte zwischen Handelsunternehmen und Marktpartnern

Die Integration von Prozessen kann nach der Integrations*art* (Verbinden oder Vereinigen)[4] und nach dem Integrations*ziel* (Elimination von Funktionen und Realisierung von Degressionseffekten) differenziert werden. Im Idealfall wird das Ziel der *Elimination von Funktionen* angestrebt. Die Elimination von Funktionen soll durch den Abbau von Prozeßelementen und -schnittstellen die Durchlaufzeit und Kosten reduzieren. Eine Funktionselimination ist möglich, wenn durch die Prozeßintegration gleichartige Funktionen identifiziert werden, von denen mindestens eine ohne Reduktion des Zielerreichungsgrads des Prozesses eliminiert werden kann.

Demgegenüber stärker aufwandsorientiert ist die Zielsetzung der Realisierung von *Degressionseffekten,* die durch die Zentralisierung vormals getrennter Aufgaben erreicht wird. Dabei wird die Anzahl an Prozeßobjekten, die zugleich den Prozeß durchlaufen, erhöht und die Anzahl der Prozeßdurchläufe insgesamt reduziert.

---

4   Vgl. auch die Ausführungen zu den Integrationskomponenten in Kapitel 2.4.

7.2   Potentiale und Standardierungsmöglichkeiten des Geschäftsdatenaustauschs

Der Handel ist u. a. durch die große Zahl an Transaktionen geprägt. Lieferscheine, Rechnungen, Aufträge oder Zahlungseingänge auf elektronischem Weg zu erhalten birgt deshalb ein hohes Rationalisierungspotential. Zwischen Industrie- und Handelsunternehmen einerseits sowie Handelsunternehmen und Kunden andererseits können neben den Artikelstammdaten vor allem Bewegungsdaten wie Bestellung respektive Auftrag, Lieferschein, Rechnung und Zahlung elektronisch übertragen werden (vgl. Abb. 7.2).

Abb. 7.2: Denkbare Informationsobjekte im Rahmen des Geschäftsdatenaustauschs

Während beim traditionellen Geschäftsdatenaustausch über Brief, Telefax, Teletex, Telex oder Telefon jede Transaktion zweimal im EDV-System erfaßt wird (die Bestellung des Handels ist der Auftrag der Industrie), entfällt bei elektronischem Datenaustausch (EDI Electronic Data Interchange) die jeweils zweite Erfassung. Jede Transaktion muß nur dort systemseitig erfaßt werden, wo sie erstmalig auftritt.

EDI ist im wesentlichen für Transaktionen mit „starkem Routinecharakter, hohem Volumen und zeitkritischer Bedeutung"[5] geeignet. Die mit EDI erzielbaren Kostenreduzierungen nehmen mit dem Transaktionsvolumen zu, da dieses das Ausmaß der Nutzbarmachung von economies of scale determiniert. Das Geschäftsdatenvolumen ist insbesondere bei den Bestell- und Rechnungsdaten im Rahmen des Beschaffungsprozesses und den Auftrags- und Abnehmerrechnungsdaten beim Distributionsprozeß hoch, so daß sich dort der Einsatz von EDI besonders anbietet. Weitere Geschäftsdaten, die per EDI übertragen werden können, sind Zahlungsavise, Bestandsdaten, Anfragen und Angebote.

---

[5]   Vgl. Sedran (1991), S. 17.

Die Marktpartner haben i. d. R. unterschiedliche interne Datenformate für die auszutauschenden Daten. Damit das empfangende System die Daten weiterverarbeiten kann, muß bei zwei Marktpartnern ein Konvertierungsprogramm die Daten von Format A in das Format B umwandeln. Wenn der Datenverkehr nicht nur unidirektional verläuft, sondern in beiden Richtungen erfolgen soll, ist ein weiteres Konvertierungsprogramm erforderlich, das Format B in Format A umwandelt. Tritt ein weiterer Marktpartner mit dem Datenaustauschformat C hinzu, der mit den beiden Marktpartnern Geschäftsdaten austauschen möchte, sind vier neue Konvertierungsprogramme (C-A, C-B, A-C, B-C) notwendig. Mit der Anzahl der teilnehmenden Marktpartner wächst die Anzahl der Kopplungsprogramme quadratisch (genau: n(n-1)) (vgl. den linken Teil von Abb. 7.3). Jede Änderung im internen Datenformat führt folglich zu einem erheblichen Anpassungsbedarf an den Schnittstellenprogrammen.

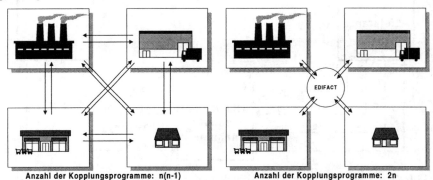

Anzahl der Kopplungsprogramme: n(n-1)   **Anzahl der Kopplungsprogramme: 2n**

Abb. 7.3: Alternative Umsetzungsmöglichkeiten für die Datenübertragung

Eine derartige Kopplungsform ist nur bei sehr spezifischen Transaktionsbeziehungen, die einen strategischen Wettbewerbsvorteil implizieren, sinnvoll.[6] Der hohe Konvertierungsaufwand bei einer solchen Lösung hat zu einheitlichen Austauschformaten geführt, da in diesem Fall für die Übertragung der Daten lediglich zwei Konvertierungsprogramme bei Zutritt eines neuen Marktpartners erforderlich werden (vgl. den rechten Teil von Abb. 7.3), d. h. die Zahl der Kopplungen wächst mit der Zahl der Marktteilnehmer linear.

Die wirtschaftlichen Vorteile einer Standardisierung haben ihren Niederschlag in Regelwerken gefunden, von denen die Bemühungen der Centrale für Coorganisation (CCG) mit den diversen SEDAS-Projekten besondere Relevanz für Handelsunternehmen besitzen.[7]

---

[6]   Diese Argumentation lehnt sich an die Einflußfaktoren des Transaktionskostensansatzes an, wie sie in Kapitel 1.2 skizziert wurden. Vgl. auch Neuburger (1994), S. 15f.

[7]   Zu den SEDAS-Projekten vgl. Eierhoff (1993), S. 65; Hallier (1992), S. 113-116; Schade (1991), S. 235f.; Spitzlay (1992), S. 14-18.

Beim *SEDAS-Datenservice* bestehen Regelungen über die zwischen Industrie- und Handelsunternehmen auszutauschenden Bestell-, Auftragsbestätigungs-, Lieferanzeige-, Rechnungs- und Regulierungsdaten. Hierbei können die Daten direkt zwischen den Partnern oder über eine Clearingstelle, die als Serviceleistung von der CCG angeboten wird, ausgetauscht werden.

SINFOS stellt einen Artikelstammdatenpool dar, in dem die Artikeldaten in standardisierter Form gespeichert werden.[8] Zu diesem Zweck werden von Herstellern standardisierte Artikelinformationen (z. B. Identifikationsnummern, Höhe, Breite, Länge, Gewicht) an einen CCG-Datenpool übertragen und bei Datenänderungen aktualisiert. Die Handelsunternehmen rufen die von ihnen benötigten Artikelinformationen ab.

Mit dem Austausch von Marktdaten (MADAKOM) sollen die Informationen der Kassensysteme des Handels der Industrie zu Planungszwecken zur Verfügung gestellt werden.[9] Durch die Bereitstellung der Verkaufsinformationen können aktuellere und detailliertere Daten über das Verkaufsverhalten der Abnehmer gewonnen werden. Ursprünglich war der Datentransfer der Verkaufsdaten vom Handelsunternehmen an die Industrie als Gegenleistung für die Herstellerauszeichnung der Artikel mit EAN gedacht.[10]

Neben diesen nationalen und auf den Handel bezogenen Standards beginnt EDIFACT (Electronic Data Interchange For Administration, Commerce and Transport), sich als internationaler Standard zu etablieren. Allerdings geht mit der Allgemeingültigkeit dieser Norm eine datenmäßige Überfrachtung einher, so daß beispielsweise bei einer Nutzung der EDIFACT-Norm für den Rechnungsdatenaustausch der Umfang der zu übertragenden Daten im Vergleich zu SEDAS um 40% zunehmen würde.[11]

Dieser Sachverhalt hat zu branchenspezifischen Regelungen in Form von EDIFACT-Subsets geführt. Ein EDIFACT-Subset ist eine Teilmenge des EDIFACT-Nachrichtentyps für einen spezifischen Anwenderkreis.[12] Für den Handel sind die Subsets EANCOM (für die Konsumgüterwirtschaft), EDITEX (für die Textilindustrie) und EDIFURN (für die Möbelindustrie) hervorzuheben.

Das EDIFACT-Regelwerk legt eine Syntax fest, in der Datenelemente, Datenelementgruppen, Segmente, Nachrichten, Nachrichtengruppen und Nutzdaten als Konstrukte definiert werden, die durch Trennzeichen und Kennungen voneinander separiert werden. Darauf aufbauend wird für die Geschäftsdaten (Bestellung, Rechnung etc.) definiert, welche Kennung welche Information in welcher Reihenfolge im Datenträgerübertragungssatz identifiziert.

---

[8]   Vgl. Zentes, Anderer (WWS) (1993).

[9]   Zu MADAKOM vgl. Zentes, Exner, Braune-Krickau (1989), S. 71ff., und die dort zitierte Literatur.

[10]   Vgl. Hallier (1992), S. 115.

[11]   Vgl. Hallier (1992), S. 114.

[12]   Dirlewanger (1992), S. 37, nennt für eine Rechnung eines Subsets sogar nur einen Umfang von 20 % der Daten, die in einer EDIFACT-Rechnung vorhanden sind.

7.3   Auswirkungen der überbetrieblichen Kommunikation

Die mit einer überbetrieblichen Kommunikation verbundene Zielsetzung besteht in der Optimierung der gesamten Wertschöpfungskette, d. h. durch die Ausweitung des Betrachtungsbereichs eines Prozesses über die Grenzen einer Institution hinweg.

Quick Response und Supply Chain Management

Unter *Quick Response* werden Konzepte subsumiert, deren konstituierendes Merkmal ein wirtschaftsstufenübergreifendes Pull-System der Warenbeschaffung ist, d. h. der Distributionsprozeß triggert unmittelbar Beschaffungsaktivitäten. Beispielsweise löst der Verkauf von Textilien an einen Endkunden am Point of Sale alle Beschaffungsaktivitäten von der Bestellung der Ware (Handelsunternehmen) über Veredelungsprozesse bis hin zur Bestellung der Rohmaterialien aus.[13]

Neben dem Begriff Quick Response findet sich in der Literatur der Begriff des *Supply Chain Management*. Unter Supply Chain Management (SCM) wird „eine Methode zur durchgängigen Steuerung und Kontrolle von Lieferketten über alle Stufen der Wertschöpfung hinweg"[14] verstanden.

Die Unterscheidung zwischen Quick Response-Konzepten und dem Supply Chain Management ist kaum möglich, da beiden Konzepten die gleiche betriebswirtschaftliche Intention einer unternehmensübergreifenden Logistik inhärent ist. Allerdings ist beim SCM nicht zwangsläufig ein Pull-System als konstituierendes Merkmal gefordert, so daß Quick Response als eine Ausgestaltungsform des Supply Chain Management interpretiert werden kann.

Quick Response und Supply Chain Management haben die gesamte logistische Kette und deren optimale Ausgestaltung im Fokus. Dies führt dazu, daß der Preis eines Artikels seine dominierende Rolle verliert. Kostensenkungspotential ergibt sich durch Vereinheitlichungen der angelieferten Logistischen Einheiten, durch größere Bestelleinheiten, durch die terminliche Koordination der Warenanlieferungen,[15] durch den Wegfall von Kontrollen (z. B. im Wareneingang) und durch die zeitgerechte Bereitstellung von Abverkaufsinformationen an die Industrie. Vor allem kommt eine optimierte Logistikabwicklung allen Geschäftspartnern zugute, während Preisverhandlungen, die zugunsten eines Marktpartners abgeschlossen werden, immer zu Lasten des anderen Marktpartners gehen.

---

[13]   Zum Quick Response-Konzept in der Textilwirtschaft vgl. Hensche (1991), S. 276ff.
[14]   König, Krampe (1995), S. 153.
[15]   Diese Thematik wird unter dem Schlagwort „Engpaß Rampe" in Kapitel 5.2.1.1 diskutiert.

Efficient Consumer Respone (ECR)

Der Ansatz des Efficient Consumer Response kann als eine Weiterentwicklung des Supply Chain Management (vgl. Abb. 7.4) verstanden werden und ergänzt die von Logistikaspekten dominierte Betrachtung um Aspekte des kooperativen Marketings. Somit stellt ECR, bezogen auf die Kooperation zwischen Industrie- und Handelsunternehmen, den umfassendsten Ansatz dar.

Die Kooperationsfelder im Marketing sind insbesondere die *Lieferantensortimentsplanung*, die *Verkaufsförderung* und die *Produktentwicklung* (vgl. Abb. 7.4).

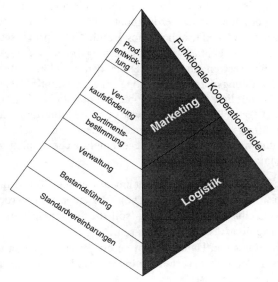

In Anlehnung an Ritter (1995), S. 35.

Abb. 7.4: Funktionsbereiche von Kooperationen beim ECR-Ansatz

Bei der Sortimentsplanung können, basierend auf Verkaufsinformationen des Handels, Veränderungen im Lieferantensortiment angestoßen werden, die dieses optimieren. Aus Sicht des Industrieunternehmens sind insbesondere die Kassendaten des Handels von Interesse, die z. B. auf Basis des MADAKOM-Standards übertragen werden können. Auf dieser Basis können auch elektronische Handelspanels (z. B. Nielsen, GfK) erstellt werden.[16]

Bei der Verkaufsförderung sind verstärkt Aspekte des Handels bzw. des End- verbrauchers einzubeziehen; beispielsweise können Point of Purchase-Displays

---

[16] Zu elektronischen Handelspanels vgl. u. a. Zentes, Exner, Braune-Krickau (1989), S. 83ff. Ein Panel ist eine Stichprobe des Kaufverhaltens der Konsumenten, um aus dem Abverkaufs- verhalten Anhaltspunkte über Veränderungen absatzpolitisch relevanter Größen gewinnen zu können.

den tatsächlichen Verkaufsgegebenheiten besser angepaßt und ihr verkaufsfördernder Charakter verbessert werden. Bei der Produktentwicklung sollte der engere Kontakt der Handelsbetriebe zu den Kunden dazu genutzt werden, bereits in der Phase der Produktentwicklung die Akzeptanz der Produkte zu testen.

Die Integrationspotentiale, die der elektronische Geschäftsdatenaustausch mit sich bringt, liegen vor allem in der Elimination von Funktionen. Zum einen entfallen Erfassungsaufgaben (beispielsweise nur Bestellerfassung beim Abnehmer, keine Auftragserfassung des Handelsunternehmens). Darüber hinaus entfallen operative Funktionen, wie z. B. die Lieferscheinbewertung beim Handelsunternehmen, die strukturanalog und inhaltlich identisch zur Rechnungsstellung des Lieferanten sind. Verdeutlicht werden soll der wirtschaftliche Nutzen des Einsatzes von EDI anhand des Beschaffungsprozesses beim Lagergeschäft. Der geringere Umfang des Beschaffungsprozesses in Abb. 7.5 zeigt auf, daß durch die Verwendung von EDI in den Bereichen Bestell-, Liefer-, Rechnungs- und Zahlungsdatenübermittlung eine Substitution manueller Tätigkeiten durch EDI möglich ist. Zudem sprechen qualitative Faktoren wie aktuellere Daten (z. B. Bestelldaten, Lieferavise) und detailliertere Daten (z. B. bei der Rechnungsprüfung) für einen elektronischen Datenaustausch.

In der Literatur werden u. a. folgende exemplarische Zahlen zu Einsparpotentialen[17] genannt:

- In einem kanadischen Handelsunternehmen konnten 200 Mitarbeiter in der Rechnungsprüfung durch den Einsatz von EDI eingespart werden.[18]
- Bei einem Einzelhandelsunternehmen soll die Erfassung von 10.000 Rechnungen pro Tag überflüssig geworden sein.[19]
- Bei der Anbindung von Handwerkern an ein Wohnungsunternehmen wurde der Prozeß von der Auftragserteilung bis zur Zahlung von 35 auf 6 Bearbeitungsschritte reduziert.[20]
- Die Bestellzeiten sollen sich empirischen Untersuchungen zufolge um bis zu 25 % reduzieren lassen.[21]

---

[17] Zu Einsparpotentialen des operativen EDIFACT-Einsatzes vgl. u. a. Neuburger (1994), S. 32ff. und die dort zitierte Literatur. Vgl. auch Sedran (1991), S. 19.

[18] Vgl. Kimberley (1991), S. 179.

[19] Vgl. Neuburger (1994), S. 33, und die dort zitierte Literatur.

[20] Vgl. Strohmeyer (1992), S. 466.

[21] Vgl. Oppelt, Nippa (1992), S. 59.

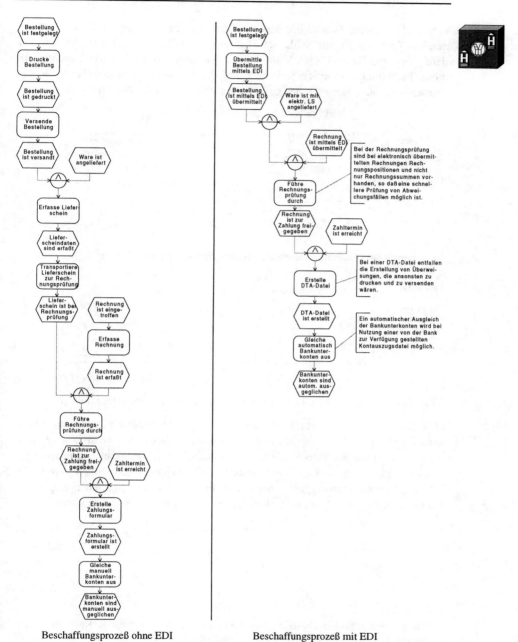

Beschaffungsprozeß ohne EDI   Beschaffungsprozeß mit EDI

Abb. 7.5: Reduzierung des Prozeßumfangs beim Einsatz von EDI

Der elektronische Geschäftsdatenaustausch hat den Sprung von der Schritt-macher-Technologie zur Schlüssel-Technologie vollzogen und befindet sich auf dem Weg zur Basis-Technologie. Damit hat sich das Risiko des Einstiegs in diese Technologie deutlich reduziert und die Notwendigkeit des Technologie-einsatzes - u. a. aufgrund einer gestiegenen Anzahl an EDI-Nutzern - erhöht.

Mit wachsender Durchdringung von EDI ...

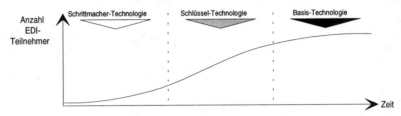

... nimmt die Chance zur Durchsetzung von Wettbewerbsvorteilen ab

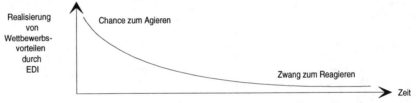

Quelle: Müller-Berg (1992), S. 184.

Abb. 7.6: Einsatz von EDI - von der Schrittmacher- zur Basistechnologie

Das Einsparpotential durch Konzepte wie elektronischen Datenaustausch, gemeinsam optimierte Logistik und Integration im Marketing wird z. T. als dra-matisch hoch eingeschätzt.[22] Wenn auch Zweifel an den konkreten Zahlen ange-bracht sind, so ist doch unverkennbar, daß Handelsunternehmen durch die Informationsverarbeitung als „enabling technology" einen Quantensprung in der Kommunikation und Kooperation mit ihren Marktpartnern vor sich haben.

---

[22] Dies kommt in neueren Untersuchungen zum Ausdruck, denen zufolge die Kosten der Distri-bution der Artikel derzeit ca. 10 % vom Umsatz zu Einzelhandelsabgabepreisen betragen. Von diesen 10 % sollen durch eine wirtschaftsstufenübergreifende Prozeßgestaltung, insbesondere in den Bereichen Produktentwicklung, Dispositionssteuerung, Datenaustausch und Verwaltung, je nach Studie zwischen 2,5 und 3,4 Prozentpunkten im gesamten Wertschöpfungsprozeß ein-gespart werden können. Vgl. Coca Cola Retail Research Group (1994); Zentes (1994).

Glossar

Abnehmer

Ein Abnehmer ist aus Sicht des Handelsunternehmens jemand, der Ware abnimmt. Im Datenmodell stellt ein Abnehmer die Generalisierung von externen Kunden und ⇨Betrieben dar.

Abnehmerdeckungsbeitragsrechnung

Bei der Abnehmerdeckungsbeitragsrechnung ist der ⇨Abnehmer (bzw. Gruppierungen von Abnehmern) das Bezugsobjekt für eine kosten- und erlösmäßige Analyse.

Abteilung

Eine Abteilung ist eine organisatorische Einheit innerhalb einer ⇨Filiale, die zu Zwecken der Sortimentsbereichsverantwortung gebildet wird. Einer Abteilung sind im Regelfall ⇨Warenobergruppen zugeordnet, für die die Abteilung die ⇨Beschaffung und den ⇨Verkauf durchführt (Ausnahme: ⇨Warengruppen).

Aktion

Eine Aktion stellt eine Verkaufsmaßnahme dar, die im Regelfall mit Preisreduzierungen einhergeht. Zweck der Aktion ist die Förderung des Verkaufs der aktionierten ⇨Artikel und/oder nicht aktionierter ⇨Artikel. Dabei ist zwischen Ein- und Verkaufsaktionen zu differenzieren.

ARIS-Architektur

ARIS ist die von Scheer vorgestellte Architektur integrierter Informationssysteme, die zur Konzeptualisierung von Informationssystemen die beiden Strukturdimensionen Beschreibungssicht (Daten-, Funktions-, Organisations- und Steuerungssicht) und Beschreibungsebenen (Fach- und DV-Konzept und Implementierung) verwendet. Der Zusammenhang zwischen den Sichten und Ebenen wird durch ein Metamodell hergestellt.

Artikel

Der Artikel ist das zentrale Betrachtungsobjekt des Handels. Im Regelfall sind Ein- und Verkaufsartikel identisch. Bei bestimmten Artikeltypen (⇨Set, ⇨Lot und ⇨Display) kann der Einkaufs- vom Verkaufsartikel abweichen.

Artikelgruppierung

Eine Artikelgruppierung faßt unterschiedliche ⇨Artikel nach bestimmten Zwecken zusammen. So können ⇨Artikel bspw. für eine ⇨Aktion, für einen ⇨Aufteiler oder zu Pflegezwecken gruppiert werden.

Aufteiler

Der Vorgang der zentralen Beschaffung von Artikelmengen und anschließender Verteilung auf die ⇨Abnehmer wird als Aufteilung bezeichnet. Zu diesem Zweck dienen Aufteiler, die die Mengenrelationen der Abnehmer zueinander festlegen. Ein Aufteiler kann vor oder nach der Bestellung nach vielfältigen Kriterien (z. B. Abverkaufsmengen der Vergangenheit einer Artikelgruppe) gebildet werden.

Beschaffungslogistik

Die Beschaffungslogistik ist verantwortlich für den Warenfluß im Rahmen einer bedarfsgerechten, wirtschaftlichen Versorgung eines Unternehmens. Ihre Verantwortung endet, wenn die Güter das Wareneingangslager verlassen.

Betrieb

Ein Betrieb ist eine Organisationseinheit innerhalb eines Handelsunternehmens, in dem Warenbewegungen vorgenommen werden. Der Betrieb ist eine Spezialisierung des ⇨Abnehmers. Er kann weiter spezialisiert werden in die ⇨Filiale und das Lager.

Betriebstypen

Betriebstypen stellen eine Gruppierung von Handelsbetrieben dar, die sich in bestimmten Merkmalen entsprechen. Als Kriterien können bei den ⇨Betriebstypen des Großhandels und den ⇨Betriebstypen des Einzelhandels die Art und der Umfang des Warensortiments, der Zentralisations-/Dezentralisationsgrad des Absatzes, die Standortpolitik, die Bedienungsform und die wirtschaftlichen Betriebsträger unterschieden werden. Bei den Betriebstypen des Großhandels sind es darüber hinaus die Marktorientierung, die ⇨Sortimentspolitik, die Bedienungsorganisation und die Art der gehandelten Waren (Konsumgüter- bzw. ⇨Produktionsverbindungshandel).

Betriebstypen des Einzelhandels

Hier können im wesentlichen unterschieden werden: Fachgeschäft, Spezialgeschäft, Gemischtwarengeschäft, Warenhaus, Gemeinschaftswaren-haus, Kaufhaus, Verbrauchermarkt, SB-Center, ⇨Supermarkt, Ambulanter Handel, Boutique, SB-Warenhaus, Nachbarschaftsladen, Drug-Store, Discountgeschäft, Katalogschauraum, Einkaufszentrum, Duty-Free-Shop, Sammelbesteller, Fachmarkt, ⇨Versandhandel, Automatenverkauf, Heimdienste, Verkaufswagen, Telefonverkauf und Off-Price-Store.

Betriebstypen des Großhandels

Als Betriebstypen des Großhandels werden i. d. R. die Globalhandlungen, die Sortimentsgroßhandlungen, die Cash+Carry-Märkte, die Großhandelszentren, die Handelsvertreterzentren, der Streckengroßhandel, der Transithandel, der ⇨Rack Jobber, der Spezialgroßhandel, der ⇨Produktionsverbindungshandel und der Trade Markt unterschieden.

Bonus

Der Bonus stellt die üblichste Art der ⇨nachträglichen Kondition dar. Hierbei gewährt der Lieferant entsprechend von Umsatz- oder Mengenstaffeln dem Handelsunternehmen Vergütungen am Periodenende.

Börse

Eine Börse ist eine Verkaufsausstellung, auf der (im Regelfall zu günstigeren Preisen und zwei- bis viermal jährlich) die Kunden Ware vom Lieferanten ordern können.

Broker

Ein Broker beliefert spezialisierte Sortimente. Er kann als Zwischenhändler charakterisiert werden, bei dem die Ware auch bestellt wird.

Centrale für Coorganisation (CCG)

Die CCG ist eine gemeinsame Institution von Handel und Industrie, deren Ziel es ist, durch Absprachen Rationalisierungspotentiale auf beiden Seiten nutzbar zu machen (z. B. EAN, SEDAS).

Charge

Eine Charge ist eine Teilmenge eines ⇨Artikels, die bestandsmäßig von anderen Teilmengen des gleichen ⇨Artikels getrennt wird.

Colli

Ein Colli ist die nächstgrößere logistische Einheit nach dem einzelnen ⇨Artikel. So ist z. B. eine Kiste Wein ein Colli. Der Begriff des Colli wird in der Logistik verwendet und entspricht dem vom ⇨Einkauf verwendeten Begriff der ⇨OEH.

Computer Integrated Merchandising

Computer Integrated Merchandising integriert die inner-, zwischen- und überbetrieblichen Informationsflüsse aller warenwirtschaftlichen (⇨WWS) und betriebswirtschaftlich-dispositiven (Finanzbuchhaltung, Anlagenbuchhaltung, Kostenrechnung, Personalwirtschaft) Aufgaben einer Unternehmung.

Datenintegration

Datenintegration umfaßt die gemeinsame Nutzung von Daten durch unterschiedliche betriebliche Funktionsbereiche sowie die Beteiligung unterschiedlicher Funktionen an der Datenerstellung.

Datenintegrität

Unter Datenintegrität wird die semantische Richtigkeit der gespeicherten Daten verstanden. So wäre die Integrität der Daten bei inhaltlich falschem Sachverhalt verletzt, obgleich die Datenkonsistenz noch gegeben ist.

Datenmodell

In einem Datenmodell werden die Informationsobjekte, die für das Unternehmen von Bedeutung sind, sowie die Beziehungen zwischen diesen auf Ebene des ⇨Fachkonzepts semiformal (bspw. mit dem ⇨ERM) beschrieben.

Datenstrukturintegration

Unter Datenstrukturintegration versteht man die Verwendung eines Datensatzaufbaus für unterschiedliche Inhalte sowie die Nutzung des gleichartigen Zusammenwirkens mehrerer Datensätze.

Delkrederegeschäft

Beim Delkrederegeschäft übernimmt ein Handelshaus die Ausfallbürgschaft für Einkäufe eines Kunden (im Rahmen von ⇨Einkaufskontoren). Für diese Bürgschaft erhält das ⇨Einkaufskontor von dem Lieferanten eine Delkredere-Provision, die ihm entsprechend §§ 86 b II, 394 II HGB zusteht.

Depotführung

⇨Filialkontokorrent.

Dienstleistungshandel

Im Gegensatz zum ⇨Warenhandel werden beim Dienstleistungshandel immaterielle Güter (z. B. Dekorationsberatung) vertrieben.

Direkte Produkt-Rentabilität (DPR)

Die direkte Produkt-Rentabilität (engl. direct product profit) ist definiert als (Preis-Kosten)/Preis je Artikel.

Display

Ein Display stellt eine zu Zwecken der Verkaufspräsentation gebildete Einheit dar. So ist die Zusammenfassung von unterschiedlichen Schokoladensorten in einer repräsentativen Verkaufsform durch den Lieferanten ein Display. Ein Display wird erst in einer ⇨Filiale in die einzelnen verkaufsfähigen ⇨Artikel aufgelöst.

Disposition

Die Disposition kennzeichnet den Prozeß von der Mengenplanung bis zur Auslösung einer konkreten Bestellung. Beim Handel ist i. d. R. eine rhythmische Disposition üblich, d. h. die ⇨Artikel werden an einem Lieferanten-Dispositionstag disponiert.

Distribution

Unter Distribution fallen alle Entscheidungen und Handlungen, die im Zusammenhang mit dem Weg der Ware zum Endkunden stehen.

Distributionslogistik

Die Distributionslogistik ist verantwortlich für den Materialfluß zwischen Unternehmung und Abnehmer (Betrieb, Kunde). Sie ist gekennzeichnet durch die Absatzwegewahl, die Gestaltung des Distributionskanals, die Tourenplanung, die Lagerhaltung im Vertriebsweg und die physische Warendistribution.

EANCOM

EANCOM ist das standardisierte ⇨EDIFACT-Subset für Handelsunternehmen des Konsumgüterbereiches.

EDIFACT

EDIFACT (Electronic Data Interchange for Administration, Commerce and Transport) soll als standardisierte Schnittstellenbeschreibung die branchen- und grenzübergreifende Übermittlung von Geschäftsdaten zwischen beliebigen Geschäftspartnern ermöglichen.

Efficient Consumer Response (ECR)

Über das ⇨Supply Chain Management hinausgehend werden beim ECR-Ansatz die Unternehmensaktivitäten stärker am Verbraucher ausgerichtet. Somit werden insbesondere auch Marketingaspekte (z. B. Produkteinführung und -entwicklung, Sortimentsfestlegung) in die Überlegungen einbezogen.

Einkauf

Der Einkauf hat die Aufgaben der Artikel- und Lieferantenstammdatenanlage und -pflege und der Aushandlung von Konditionen. I. d. R. ist im Handel ein Zentraleinkauf vorzufinden, der unternehmens- oder sogar konzernweit tätig ist.

Einkaufsgenossenschaft

Bei einer Einkaufsgenossenschaft schließen sich Einzelhändler in der Kooperationsform der Genossenschaft zusammen.

Einkaufskontor

Das Einkaufskontor stellt eine horizontale Kooperation von selbständigen ⇨Großhändlern zum Zwecke der Erzielung von reduzierten Einstandspreisen durch eine gemeinsame Warenbeschaffung dar.

Einkaufsvereinigung

⇨Einkaufskontor, ⇨Einkaufsgenossenschaft.

Einzelhandel

Der Einzelhandel in seinen diversen Erscheinungsformen (⇨ Betriebstypen des Einzelhandels) befaßt sich mit der wirtschaftlichen Tätigkeit des Verkaufs von Handelswaren an Endverbraucher.

Electronic Data Interchange (EDI)

EDI (Electronic Data Interchange) ist die elektronische Datenübermittlung, bei der zumeist Geschäftsdaten übertragen werden. Die vielfältigen Standards können differenziert werden in internationale und nationale sowie branchenabhängige und -neutrale Standards.

Ereignisgesteuerte Prozeßkette (EPK)

Die Ereignisgesteuerte Prozeßkette ist eine Methode zur Modellierung von ⇨Prozessen.

Entity-Relationship-Modell (ERM)

Das ERM (Entity-Relationship-Modell) ist die verbreitetste Modellierungstechnik für den Entwurf eines konzeptionellen Datenmodells.

Fachkonzept

Im Fachkonzept werden betriebswirtschaftlich relevante Sachverhalte in einer formalisierten Form festgehalten. Gegenstand des Fachkonzepts sind ⇨semantische Modelle.

Filiale

Eine Filiale (mitunter auch als Markt bezeichnet) ist eine selbständige Einheit, die im Regelfall kapitalmäßig zu einer ⇨Vertriebsschiene gehört. Sie ist eine Spezialisierung des ⇨Betriebs. Es gibt zwar auch rechtlich selbständige Filialen, diese gehören aufgrund der Kapitalverhältnisse aber wieder zu einer ⇨Handelskette, so daß der logistische Ablauf dem einer unselbständigen Filiale folgt (im Gegensatz zum ⇨kooperierenden Handel).

Filialkontokorrent

In einem Filialkontokorrent (auch Depotführung genannt) werden die Bestände der ⇨Filiale wertmäßig (zu Ein- und Verkaufspreisen) fortgeschrieben. Auf diese Weise sind Spannenbetrachtungen möglich.

Filialunternehmen

Ein Unternehmen kann als Filialunternehmen charakterisiert werden, wenn es mindestens fünf standörtlich getrennte ⇨Filialen besitzt, die unter einer einheitlichen Leitung stehen.

Filial-Warenwirtschaftssystem (FWWS)

In größeren Filialen kommt neben dem Kassensystem auch ein Filial-Warenwirtschaftssystem zum Einsatz, welches Funktionen eines ⇨Warenwirtschaftssystems für die Filiale wahrnimmt.

Funktion

Eine Funktion stellt betriebswirtschaftlich eine aufgabenträgerbezo-
gene Aufgabe dar. In der Informationstechnik ist eine Funktion die
Transformation von Input- in Outputdaten. Funktionen werden in
einem ⇨Funktionsmodell dargestellt.

Funktionsintegration

Eine Funktionsintegration liegt vor,
wenn das Ergebnis einer Bearbeitung
in einem Bereich die Bearbeitung in
einem anderen Bereich anstößt
(Triggern von Funktionen) oder wenn
zwei vorher getrennte Funktionen zusammenwachsen.

Funktionsmodell

In einem Funktionsmodell werden
die Funktionen nach bestimmten
Kriterien (z. B. Objektbezug, zeitliche Abfolge der Funktionen)
graphisch angeordnet. Die am häufigsten verwendete Methode ist das
Funktionsdekompositionsdiagramm.

Gebietsspedition

Beim Konzept der Gebietsspedition
werden regional zusammenliegenden
Lieferanten Spediteure zugeordnet,
die die einzelnen Beschaffungsvorgänge konsolidieren und den Abnehmer in Sammelladungen beliefern. Der Spediteur übernimmt eine
Datensammel- und -verteilungsfunk-
tion, wenn Sammelbestellungen für
alle einem Spediteur zugeordneten
Zulieferer erteilt werden.

Geschäftsprozeß

Geschäftsprozesse stellen eine besondere Untermenge der ⇨Prozesse dar.
Die Geschäftsprozesse einer Unternehmung orientieren sich an den Ge-

schäftsarten, ergeben sich aus den
obersten Sachzielen und weisen
zwingend Schnittstellen zu externen
Marktpartnern auf.

Großhandel

Der Großhandel in seinen vielfältigen
Ausprägungen (⇨Betriebstypen des
Großhandels) befaßt sich mit dem
Verkauf von Waren an Wiederver-
käufer oder andere Gewerbetrei-
bende.

Gruppierung

Eine Gruppierung ist eine Klassifikation von Objekten eines Entitytyps.
Vgl. ⇨Artikelgruppierung.

Handel

Der Begriff des Handels ist sowohl
funktionell als auch institutionell de-
finierbar. Im funktionellen Sinne umfaßt er die wirtschaftliche Tätigkeit
des Absatzes von Gütern ohne wesentliche Bearbeitung. Im institutionellen Sinne umfaßt er alle Institutionen, deren Geschäftszweck überwiegend in der Ausübung des Handels
im funktionellen Sinn liegt.

Handelsinformationssystem

Handelsinformationssysteme stellen
das immaterielle Abbild der dispositiven, logistischen, abrechnungs- und
auswertungsbezogenen Prozesse
eines Handelsunternehmens zur Unterstützung der Geschäftsprozesse
Lagergeschäft, Strecken-, Zentralre-
gulierungs-, Aktions- und Dienstleistungsgeschäft dar.

Handelskette

Die Handelskette gibt den Absatzweg
einer Ware durch die einzelnen Ab-
satzwegestufen wieder, ohne das an
ihr Veränderungen stofflicher Art

vorgenommen werden. In der Handelspraxis wird mit einer Handelskette häufig eine Spezialform der ⇨Vertriebsschiene bezeichnet.

Handelsmarke

Handelsmarken (bzw. Eigenmarken) sind speziell gekennzeichnete ⇨Artikel, mit denen ein Handelsunternehmen Waren unter eigenem Logo verkauft.

Handelspanel

Bei einem Panel handelt es sich um eine periodische Erhebung von bestimmten Daten (Teilauswahl=Panel) zu einem Untersuchungsgegenstand. Als Untersuchungsgegenstand werden Handel und Verbraucher unterschieden und als Panelteilnehmer können Groß- und Einzelhandelsbetriebe fungieren, wobei letztere dominieren. Mit Hilfe moderner IuK-Technologien (elektronisches Panel, Scanningpanel) soll die Zusammenführung von Handels- und Verbraucherpanels ermöglicht werden.

Informationsflußmodell

In einem Informationsflußmodell werden die Interdependenzen zwischen einzelnen Funktionsbereichen oder organisatorischen Einheiten anhand der zwischen ihnen bestehenden Datenflüsse offengelegt.

Informationsstrategie

Eine Informationsstrategie legt die langfristige und weitreichende Art und Ausrichtung des Einsatzes von ⇨Informationssystemen fest.

Informationssystem

Ein Informationssystem hat die Aufgabe der Verarbeitung des Produktionsfaktors Information zu erfüllen.

Somit kann ein Infomationssystem sowohl automatisiert (⇨Anwendungssystem) als auch nicht automatisiert sein.

Inventur

Bei der Inventur wird eine körperliche Aufnahme von Vermögensgegenständen zu Zwecken der Feststellung des Bestandes vorgenommen, um eine Gegenüberstellung von Buchbestand und tatsächlichem Bestand zu erreichen. Aufgrund gesetzlicher Maßgaben ist mindestens einmal im Jahr eine Bestandsaufnahme (§§ 240, 241 HGB) erforderlich (bis auf einige wenige, gesetzlich geregelte Ausnahmen).

ISDN

Bei ISDN (**I**ntegrated **S**ervices **D**igital **N**etwork) handelt es sich um ein integriertes digitales Netz, welches die Qualität und Schnelligkeit der Sprach-, Daten-, Text- und Bildkommunikation erhöht.

Klassifizierung

Eine Klassifizierung von Objekten (im Handel i. w.: Kunden, Filialen, Artikel und Lieferanten) teilt entsprechend von Kriterien die Objekte in diverse Klassen ein.

Kommissionierung

Unter der Kommissionierung ist der Vorgang der Zusammenstellung von Artikeln nach vorgegebenen Aufträgen zu verstehen. Im Regelfall werden die Artikel sofort nach Kundenaufträgen zusammengestellt (Filial- bzw. Kundenkommissionierung). Mitunter wird auch eine zweistufige Kommissionierung vollzogen, die in einer ersten Stufe alle Aufträge sammelt und artikelweise kommissioniert

und in einer zweiten Stufe die Verteilung entsprechend der Kundenaufträge vornimmt (Artikelkommis-
sionierung).

Kondition

Eine Kondition ist die Generalisierung von Rechnungskondition und
nachträglicher Kondition (Bonus).

Kontor

Ein Kontor ist die Niederlassung
eines Handelshauses im Ausland. Ein
Kontor kann aber auch ein ⇨Ein-
kaufskontor sein.

Kontrakt

Ein Kontrakt stellt eine Vereinbarung
eines Handelsunternehmens mit
einem Lieferanten über die in einem
bestimmten Zeitraum abzunehmende
Menge von Artikeln, über einen Wert
oder darüber hinausgehend über eine
Einteilung in Lieferungen, dar.

Kundenauftragsdurchlaufzeit

Die Durchlaufzeit umfaßt die gesamte Zeitdauer vom Eintreffen bis
zur Auslieferung eines Kundenauf-
trags und setzt sich aus Bearbeitungs-
, Transport-, Lager-, Kontroll- und
Wartezeiten zusammen.

Kundendeckungsbeitragsrech-
nung

⇨Abnehmerdeckungsbeitragsrech-
nung.

Kundenkarte

Die Kundenkarte soll den Einkauf
und die Bezahlung erleichtern und
eine Identifikation des Käufers beim
Kassiervorgang ermöglichen (⇨Ein-
zelhandel). Sofern ein bargeldloser
Zahlungsverkehr vorgesehen ist,

spricht man von einer Kundenkreditkarte.

Leergut

Verkaufsverpackung, in die ⇨Artikel
eingebunden sind (z. B. Bierkiste,
Flasche) und die der Pfandpflicht
unterliegen, werden als Leergut bezeichnet. Es kann hierbei Leergut-
Hierarchien geben.

Leihgut

Unter Leihgut werden rückgabe-
pflichtige Transporthilfsmittel oder
Verpackungsmaterialien verstanden.
Eine Sonderform des Leihguts ist das
⇨Leergut.

Lieferantendeckungsbeitrags-
rechnung

Bei der Lieferantendeckungsbeitragsrechnung ist der Lieferant (bzw.
Gruppierungen von Lieferanten) ein
Kostenträger, der als Bezugsobjekt
kosten- und erlösmäßig analysiert
wird.

Lieferantenteilsortiment (LTS)

Hierbei handelt es sich um die Gruppierung von ⇨Artikeln zu ⇨Sorti-
menten aus Lieferantensicht. Eine
Lieferantensortiments-Hierarchie ist
analog zur Sortimentsgestaltung des
Verkaufs eines Handelshauses denkbar. I. d. R. weicht die Gruppierung
zwischen Handelshaus und Lieferant
voneinander ab.

Lieferplan

Ein Lieferplan ist ein ⇨Kontrakt, in
dem die Abnahmezeitpunkte termi-
niert sind.

Lieferservice

Als zentrale Leistungsgröße der Distribution setzt sich der Lieferservice

aus den vier Komponenten Lieferzeit, Lieferzuverlässigkeit, Lieferungsbeschaffenheit und Lieferflexibilität zusammen.

Listung

Im Prozeß der Listung werden i. d. R. vom ⇨Vertrieb die ⇨Artikel festgelegt, die ⇨Filialen verkaufen dürfen bzw. die Kunden kaufen dürfen.

Logistik

Die Logistik umfaßt alle planenden, steuernden und realisierenden Tätigkeiten, die die Raum- und Zeitüberbrückung im Realgüterbereich sicherstellen. Der inner-, zwischen- und überbetriebliche Materialfluß wird insbesondere durch die Kernfunktionen des Transportierens, Umschlagens und Lagerns hergestellt.

Lot

Ein Lot stellt eine aus logistischen Gründen gebildete Zusammenfassung von ⇨Artikeln dar (bspw. unterschiedliche Varianten einer Jeans).

MADAKOM

Im Rahmen des von der ⇨CCG initiierten Projektes **Marktdatenkommunikation** sollen die Abverkaufsdaten des ⇨Einzelhandels an die Industrie übermittelt werden (quasi als Gegenleistung für die EAN-Auszeichnung).

Markt

⇨Filiale.

Mehrweg-Transportverpackung (MTV)

MTV (z. B. eine Europalette) stellen Transporthilfsmittel für die Belieferung durch den Lieferanten oder an die Kunden/Filialen dar (vgl. ⇨Leih-

gut). MTVs müssen systemseitig bestandsgeführt werden können, um eine Kontrolle zum Lieferanten und zu den Kunden hin zu ermöglichen.

Mobile Datenerfassung (MDE)

Die Mobile Datenerfassung wird im Handel in den unterschiedlichsten Bereichen eingesetzt. Neben der Bestellübermittlung dient sie u. a. der Inventuraufnahme und der Kommissionierung.

Modell

Ein Modell stellt das immaterielle und abstrakte Abbild der Realität für Zwecke eines Subjekts dar. Die Realwelt wird auf den interessierenden Teil, das Objektsystem eingegrenzt. Zwischen dem Objektsystem und dem Modellsystem besteht eine Abbildungsrelation, zwischen dem Subjekt (dem Modellersteller oder -nutzer) und dem Modell eine Zweckrelation.

Nachschub

Unter Nachschub wird die Versorgung der ⇨Filialen mit ⇨Artikeln durch das ⇨Zentrallager verstanden (Push-System).

Nachträgliche Kondition

Nachträgliche Konditionen werden bei der Erreichung bestimmter Intervallgrenzen (im Regelfall: Mengen-, Wert- und/oder Zeitgrenzen) gewährt. Sie können somit nicht an einer einzelnen Rechnung kontrolliert werden (Gegensatz: ⇨Rechnungskondition, siehe auch ⇨Kondition).

Originaleinheit (OEH)

Originaleinheit, also diejenige Einheit, in der in einem Handelsunternehmen die Bestände geführt werden (vgl. ⇨Colli).

Offene Systeme

Offene Systeme sind Hard- und Softwaresysteme, die Standards erfüllen, die den freien und leichten Zugang zu Lösungen verschiedener Hersteller erlauben. Diese Standards können formal definiert sein oder einfach aus De-facto-Definitionen (z. B. Windows) bestehen, an die sich die großen Hersteller und Anwender in einem technologischen Bereich halten.

Open-to-buy (OTB)

Open-to-buy stellt das noch offene Einkaufsvolumen eines Einkäufers dar. Es ergibt sich als Differenz zwischen dem in einer Periode budgetierten Einkaufswert für diesen Einkäufer und dem kumulierten Bestellvolumen.

Ordersatz

Zum einen ist der Ordersatz die Bestellunterlage der Filialen/Kunden zur Bestellung beim Zentrallager/Großhandel. Zum anderen ist er (in weiter Fassung) die Datensenke, aus der heraus die Filialen mit Daten für das ⇨POS- oder das ⇨Filial-Warenwirtschaftssystem versorgt werden.

Organisationsmodell

Im Organisationsmodell wird die Aufbauorganisation eines Unternehmens mit Hilfe von Organigrammen dargestellt. Die Ablauforganisation hingegen wird erst durch ⇨Prozeßmodelle offensichtlich.

Outlets

Unter einem Outlet kann zum einen ein Absatzgebiet und zum anderen ein Händler bzw. ein Geschäft verstanden werden.

Partie

Die Partie kann im Gegensatz zur ⇨Charge als Unterteilung von ⇨Artikeln verstanden werden, die zu Zwecken einer differenzierten Bewertung erfolgt.

Point-of-Purchase (POP)

⇨Point-of-Sale (POS).

Point-of-Receipt (POR)

Der Point-of-Receipt ist der Ort des Wareneingangs.

Point-of-Sale (POS)

Unter einem Point-of-Sale (analog: Point-of-Purchase) ist die Abverkaufsstelle (gemeinhin die Kasse) zu verstehen. Aufgrund der Tendenz zu Scanner-Kassen bestehen vielfältige Datenflüsse zwischen der Warenwirtschaft und den Kassen- und ihnen vorgelagerten Systemen.

Produktionsverbindungshandel

Der Produktionsverbindungshandel umfaßt als ⇨Betriebstyp des Großhandels die Bereiche, deren Geschäftszweck in der Belieferung von Industrieunternehmen mit Roh-, Hilfs- und Betriebsstoffen, Halbfabrikaten, Betriebsmitteln und Investitionsgütern besteht.

Prozeß

In einem Prozeß wird die zeitlich-sachlogische Abfolge von Funktionen verstanden, die zur Bearbeitung eines betriebswirtschaftlich relevanten Objekts erforderlich sind.

Prozeßkostenrechnung

Die Prozeßkostenrechnung erfaßt die Gemeinkosten für definierte ⇨Prozesse und verdichtet diese zu Prozeßkostensätzen. Die Produktkalkulation ergibt sich aus dem mit den Prozeßkostensätzen bewerteten Ressourcenverbrauch sowie der dem Produkt direkt zurechenbaren Einzelkosten.

Prozeßmodell

In einem semantischen Prozeßmodell wird ein Prozeß nach festen Notationsregeln, die von der Modellierungsmethode (z. B. Petri-Netze oder Ereignisgesteuerte Prozeßketten) abhängen, beschrieben.

Rack Jobber

Einem Rack Jobber wird innerhalb eines Handelshauses Verkaufsraum oder Regalfläche zur Verfügung gestellt. Er kann dort auf eigene Rechnung Waren verkaufen, die im Regelfall das angebotene Sortiment des Handelshauses ergänzen.

Rechnungskondition

Eine Rechnungskondition stellt eine zwischen Lieferant und Handelsunternehmen vereinbarte spezielle Leistung eines Lieferanten dar. Eine Rechnungskondition betrifft immer den einzelnen Geschäftsvorfall, so daß die Gewährung der Rechnungskondition an der Rechnung geprüft werden kann (Gegensatz: ⇨Nachträgliche Kondition, vgl. auch ⇨Kondition).

Rechnungsprüfung

Die Rechnungsprüfung stellt die erfaßten oder per ⇨EDI erhaltenen Rechnungen den bewerteten Lieferscheinen gegenüber und bildet den Offenen Posten für die Debitorenbuchhaltung zur Zahlung.

Referenzmodell

Ein Referenzmodell ist ein für eine Branche oder einen ganzen Wirtschaftszweig erstelltes ⇨Modell, welches allgemeingültigen Charakter haben soll. Es dient als Ausgangslösung zur Entwicklung unternehmensspezifischer Modelle.

Regalplatzoptimierung

Mit Hilfe von Daten über die Positionierung der ⇨Artikel im Verkaufsraum und dem dabei erzielten Umsatz wird der Versuch unternommen, die ⇨Artikel des ⇨Sortiments optimal auf der Regalfläche zu positionieren („space management").

Relationale Datenbank

In einer relationalen Datenbank werden Datenstrukturen in Form von zweidimensionalen Tabellen dargestellt, in denen die Zeilen die Informationsobjekte und die Spalten die Attribute (Merkmale) enthalten. Die Datenverknüpfung zwischen mehreren Tabellen geschieht über gleiche Datenfeldinhalte.

Retoure

Neben der Kundenretoure, bei der der Handelsbetrieb eine Warenrücksendung durch einen Kunden (mögliche Gründe: fehlerhafte Lieferung, falsche Bestellung des Kunden) erhält, ist die Lieferantenretoure von Bedeutung, in der das Handelsunternehmen Waren an den Lieferanten zurücksendet.

Retrodistribution

Unter Retrodistribution wird der Warenrückfluß vom Kunden zum Handel verstanden. Neben ⇨Retouren führt insbesondere die Zunahme an ⇨MTV und anderen Transporthilfsmitteln sowie die gesetzliche Rücknahmeverpflichtung zu einer steigenden Bedeutung des Retrodistributionskanals im Logistiknetz der Handelsunternehmen.

Rückvergütung

Eine Rückvergütung stellt eine ⇨nachträglich gewährte Kondition (bspw. ⇨Bonus) dar.

Saison

Der Begriff der Saison wird im Handel unterschiedlich interpretiert. Zum einen handelt es sich um ein zyklisch wiederkehrendes Ereignis, das spezielle Einkaufs- und Verkaufsfunktionen nach sich zieht (bspw. Gartenmöbel-Saison). Zum anderen werden in Saisons ⇨Artikel zusammengefaßt, die nur einmalig in einem bestimmten Zeitraum eingekauft und verkauft werden (Modebereich).

SAP-SERM

Die SAP AG hat eine eigene Methode zur Datenmodellierung, die SAP-SERM-Methode entwickelt. Sie ist eine Erweiterung der ⇨SERM-Methode.

SEDAS

Die Standardregelungen des einheitlichen Datenaustausches sind von der ⇨CCG vorgegebene Normen im Bereich des Datenaustausches.

SELOS

SELOS sind die Standardregelungen einheitlicher Logistikdaten der ⇨CCG.

Semantik

Die Semantik ist die Lehre von der inhaltlichen Bedeutung einer Sprache.

Strukturiertes ERM (SERM)

Das Strukturierte Entity-Relationship- Modell erweitert das klassische ERM um den Aspekt der graphischen Anordnung der Informationsobjekte. Existentiell abhängige Objekte werden weiter rechts als die unabhängigen Objekte angeordnet.

Set

Ein Set stellt eine aus Sicht des ⇨Einkaufs (Einkaufsset) oder/und des ⇨Verkaufs (Verkaufsset) gebildete Zusammenfassung von einzelnen ⇨Artikeln dar.

SINFOS

SINFOS ist ein Stammdatenpool der ⇨CCG für den elektronischen Stammdatenaustausch. Die SINFOS-Daten enthalten Informationen für den Wareneingang, die Lagerhaltung, die ⇨Regalplatzoptimierung, den Druck der Regaletiketten, die Berechnung der ⇨DPR, den Price-look-up, die Abverkaufs- und Artikelanalysen, die Disposition und die Rechnungs- und Inventurkontrolle.

Sorte

⇨Variante.

Sortiment

Das Sortiment stellt die Gesamtheit aller von einem Handelsbetrieb angebotenen Waren dar.

Sortimentsbereich

Sortimentsbereiche stellen Ausschnitte aus einem Sortiment dar. Sie bilden somit eine nach bestimmten Kriterien gebildete Teilmenge des Sortiments.

Sortimentsbreite

Die Sortimentsbreite charakterisiert die Vielfalt der angebotenen ⇨Warengruppen. Somit dient die Anzahl angebotener ⇨Warengruppen als Maß für die Sortimentsbreite.

Sortimentspolitik

Die Sortimentspolitik hat die Aufgaben der Sortimentsstrukturpolitik und der -ablaufpolitik zu erfüllen. Die Sortimentsstrukturpolitik beschäftigt sich mit dauerhaften Festlegungen wie der Erweiterung, Bereinigung oder Begrenzung der ⇨Sortimentsbreite und ⇨-tiefe. Bei der Sortimentsablaufpolitik hingegen werden Entscheidungen bzgl. der Modifikation des ⇨Sortimentes (z. B. Variation der ⇨Artikel, Aktionierung) getroffen.

Sortimentsrotation

Unter der Sortimentsrotation ist der Zeitraum zu verstehen, in dem sich das gesamte ⇨Sortiment eines Handelshauses umgeschlagen hat.

Sortimentstiefe

Die Sortimentstiefe spiegelt die Artikelvielfalt in einer ⇨Warengruppe wider. Dieses kann durch Auswahl nach Kriterien wie Typen, Größen, Farben, Qualitäten etc. erfolgen.

Spanne

Die Spanne stellt das zentrale Instrument für die Sortimentssteuerung im Handel dar. Die Spanne läßt sich allgemein definieren als Quotient zwischen der Differenz von Verkaufspreis und Einstandspreis und dem Verkaufspreis. Aufgrund der vielfältigen Einkaufspreise (Rechnungs-Einkaufspreis vs. unterschiedliche Rechnungs-netto-netto-Einkaufspreise) ist die Spannendefinition von Handelsunternehmen zu Handelsunternehmen unterschiedlich.

Sparte

Eine Sparte stellt eine für einen bestimmten ⇨Sortimentsbereich (z. B. ⇨Warengruppe) gewinnverantwortliche organisatorische Einheit dar.

Streckengeschäft

Beim Streckengeschäft findet ein Handel mit Waren statt, der logistisch nicht den Handelsbetrieb betrifft, weil die Ware direkt vom Lieferanten zum Kunden gelangt. Es gibt zwei Ausprägungen von Streckengeschäften. Zum einen wird die Bestellung dem Großhandel übermittelt, der diese an den Lieferanten weiterleitet (Kunde-Großhandel). Zum anderen wird direkt beim Lieferanten (i. d. R. über einen Vertreter) bestellt, so daß der Großhandel (die Zentrale) nicht einmal die Bestellung kennt (filialisierender Einzelhandel).

Stückliste

In einer Stückliste wird in der Industrie die Erzeugnisstruktur dargestellt. Im Handel dient das Stücklistenkonstrukt vor allem zur Abbildung von Artikelzusammenfassungen, wie Lot, ⇨Set, ⇨Display.

Supermarkt

Beim Supermarkt handelt es sich um einen ⇨Betriebstyp des Einzelhandels, der auf einer Verkaufsfläche von mind. 400 qm Lebensmittel und ⇨Artikel anderer ⇨Branchen weitgehend in Selbstbedienung anbietet.

Supply Chain Management (SCM)

Unter SCM wird das Management der gesamten Wertschöpfungskette von der Rohstoffgewinnung über die Produktion bis hin zum Endkunden verstanden.

Syntax

Die Syntax legt die Elemente sowie die zwischen den Elementen zulässigen Beziehungen fest. Bei der Informationsmodellierung wird die Syntax durch ein Metadatenmodell beschrieben.

Total Quality Management (TQM)

TQM ist ein Qualitätsmanagement-Konzept, das unter Einbeziehung aller Hierarchieebenen und Funktionen eine umfassende, kundenorientierte Qualitätsausrichtung sicherstellen soll. Neben aufbau- und ablauforganisatorischen Strukturvorgaben stehen personalwirtschaftliche Aspekte im Vordergrund.

Unternehmensdatenmodell (UDM)

Das UDM gibt das logische Datenmodell für eine gesamte Unternehmung wieder. Einzelsysteme sollten auf Grundlage des UDM entworfen

werden bzw. Standardsoftware u. a. mittels des UDM ausgewählt werden.

Unternehmensmodell

Ein Unternehmensmodell bildet das Unternehmen in seiner gesamten Breite auf ⇨Fachkonzeptebene mit gleichem Detaillierungsgrad ab.

Variante

Eine Variante (Sorte) ist die konkreteste Darstellungsebene eines ⇨Artikels. Beispielsweise ist die Levis Jeans 501 in Größe 33 und blau eine Variante des Artikels Levis Jeans 501.

Verbundgruppe

Als Verbundgruppe werden häufig kooperative Formen des Handels bezeichnet (z. B. ⇨Einkaufsgenossenschaften).

Verkauf

Unter dem Begriff Verkauf werden alle Tätigkeiten subsumiert, die darauf abzielen, Kunden zu gewinnen und Aufträge zu erlangen. Die operative Durchführung der Auftragsabwicklung ist Aufgabe der organisatorischen Einheit Verkauf.

Versandhandel

Beim Versandhandel als einem ⇨Betriebstyp des Einzelhandels werden die Waren über Kataloge, Prospekte, Anzeigen usw. oder durch Vertreter angeboten und dem Kunden zur Bestellung auf dem Versandwege durch die Post (oder andere Transportunternehmen) zugestellt. Von der ⇨Sortimentsbreite und ⇨-tiefe her ist der Versandhandel mit großen Kaufhäusern vergleichbar.

Verteillager

⇨Zentrallager.

Vertrieb

Der Begriff des Vertriebs wird häufig synonym mit dem des Absatzes verwendet. Er hebt auf die technisch-organisatorische Ausgestaltung des Systems der Absatzdurchführung ab.

Vertriebsschiene/Vertriebslinie

Unter einer Vertriebsschiene ist eine organisatorische Einheit innerhalb eines Handelsunternehmens zu verstehen, die Einkaufs- und/oder Vertriebsfunktionen wahrnimmt.

Virtuelle Unternehmung

Unter dem Begriff Virtuelle Unternehmung werden zeitlich befristete Kooperationen verstanden, die erst durch informationslogistische Infrastrukturen möglich werden.

Warenausgang

Beim Warenausgang wird die Ware physisch aus einem Versandbereich auf eine Verladeeinheit (LKW, Bahn etc.) geräumt und dabei bestandsmäßig aus dem Lagerbestand abgebucht.

Wareneingang

Im Bereich des Wareneingangs wird die Ware vereinnahmt. Hierzu gehören insbesondere die Aufgaben der Entladung, der Prüfung der Wareneingangserfassung und der anschließenden automatischen Wareneingangsbewertung (Lieferscheinbewertung).

Warenfortschreibung

Bei der Warenfortschreibung werden mengen- und wertmäßige Artikelbewegungen auf Bewertungskonten fortgeschrieben. Im ⇨Einzelhandel werden die Bestandswerte bei nicht artikelgenauer Bestandsführung auf Basis von Ein- und Verkaufspreisen fortgeschrieben. Dadurch sind auch Spannenaussagen möglich. Im Großhandel werden die Bestände i. d. R. mengen- und wertmäßig geführt. Als Wertansatz dienen die Einkaufspreise der ⇨Artikel.

Warengruppe

Eine Warengruppe stellt die eindeutige ⇨Gruppierung von ⇨Artikeln dar. Die Verdichtung von Einzelartikeln dient primär dem logistischen Zusammenfassen von ⇨Artikeln und wird für Auswertungszwecke genutzt.

Warengruppenartikel

Der Warengruppenartikel ist die Artikelebene, auf der der ⇨Artikel bestandsgeführt wird. Dieses kann entweder die konkrete Ausprägung, d. h. die Variante (z. B. Hemd blau, Größe 41), oder eine höhere Ebene (z. B. Hemd) sein.

Warenhandel

Unter Warenhandel werden die Institutionen zusammengefaßt, deren Geschäftszweck hauptsächlich in dem Handel mit Waren im funktionellen Sinn liegt. Gegensatz ⇨Dienstleistungshandel.

Warenkorbanalyse

Bei einer Warenkorbanalyse wird der Versuch unternommen, Zusammenhänge zwischen Artikeln eines Verkaufsvorganges aufzudecken. Auf diese Weise kann eine optimierte Warenpräsentation und Aktionsgestaltung stattfinden.

Warenobergruppe

Eine Warenobergruppe stellt die Gruppierung von ⇨Warengruppen unter organisatorischen Gesichtspunkten dar.

Warenverteilzentrum

In einem Warenverteilzentrum (bestandsloses Transit-Terminal) wird die von der Industrie angelieferte Ware in Einzelkommissionen aufgelöst und lieferantenübergreifend abnehmerspezifisch gebündelt.

Warenwirtschaftssystem (WWS)

Ein Warenwirtschaftssystem stellt das immaterielle und abstrakte Abbild der warenorientierten dispositiven, logistisch und abrechnungsbezogenen Prozesse für die Durchführung der ⇨Geschäftsprozesse eines Handelsunternehmens dar.

Werbekostenzuschuß(WKZ)

Werbekostenzuschüsse der Industrie an den Handel werden ohne mengen- oder wertmäßige Bedingung (Gegs.: ⇨nachträgliche Kondition) an den Handel gewährt (bspw. Zuschuß für eine ⇨Aktion anläßlich der Neueröffnung einer ⇨Filiale).

Workflowmanagementsystem

Workflowmanagementsysteme nehmen die DV-technische Durchführung von Workflows (⇨Prozesse) wahr. Neben der technischen Ausführung stellen die Systeme häufig auch eine Komponente zur Prozeßmodellierung zur Verfügung.

Zentrallager

Wird in einem Handelsunternehmen die Ware an einem zentralen Lagerort gelagert, so spricht man von einem Zentrallager. Bei einem zentralen Lager kann auf mehrere dezentrale Lager verzichtet werden. Häufig wird auch der Begriff des Verteillagers verwendet, um dem Aspekt der Warenverteilung auf die ⇨Filialen Rechnung zu tragen.

Zentralregulierung (ZR)

Beim Geschäftsfeld der Zentralregulierung wird die Bezahlung (Regulierung) aller Einkäufe der Mitglieder durch eine Zentrale vorgenommen. Hierbei übernimmt die Zentrale meist auch das Delkredere. Die Rechnungssammlung und Zahlung einer Überweisung wird durch eine ZR-Provision entgolten.

Literaturverzeichnis

Ackhoff, R.L.: Towards a System of System Concepts. Management Science, 17 (1971) 11, S. 661-671.

Adam, D.: Investitionscontrolling. München-Wien 1994.

Adam, D. (Planung): Planung und Entscheidung. 3. Aufl., Wiesbaden 1993.

Adam, D. (Produktion): Produktionsmanagement. 7. Aufl., Wiesbaden 1993.

Ahlert, D.: Warenwirtschaftsmanagement und Controlling in der Konsumgüterdistribution. In: Integrierte Warenwirtschaftssysteme und Handelscontrolling. Hrsg.: D. Ahlert, R. Olbrich. 2. Aufl., Stuttgart 1995, S. 3-114.

Ahlert, D.: Distributionspolitik. 2. Aufl., Stuttgart-Jena 1991.

Ahlert, D.: Vertikales Preismanagement - Preispolitische Entscheidungen im Bereich der mehrstufigen Konsumgüterdistribution und die Problematik ihrer wettbewerbsrechtlichen Reglementierung. Arbeitspapiere des Lehrstuhls für Betriebswirtschaftslehre insbes. Distribution und Handel. Heft 13. Münster 1990/1991.

Ahlert, D.: Grundzüge des Marketing. Düsseldorf 1984.

Ahlert, D.; Olbrich, R.: Die Einführung computergestützter Warenwirtschaftssysteme in Handelssystemen als Problem des geplanten organisatorischen Wandels. In: Integrierte Warenwirtschaftssysteme und Handelscontrolling. Hrsg.: D. Ahlert, R. Olbrich. 2. Aufl., Stuttgart 1995, S. 199-223.

Ahlert, D.; Olbrich, R.: Erfolgspotentiale im Marketing durch Computer Integrated Merchandising. HMD Theorie und Praxis der Wirtschaftsinformatik, 30 (1993) 173, S. 27-46.

Ahuja, V.: Common Communications Support in Systems Application Architecture. IBM Systems Journal, 27 (1988) 3, S. 264-280.

Algermissen, J.: Der Handelsbetrieb - Eine typologische Studie aus absatzwirtschaftlicher Sicht. 2. Aufl., Frankfurt/M.-Zürich 1976.

Allweyer, Th.; Scheer, A.-W.: Modellierung und Gestaltung adaptiver Geschäftsprozesse. Veröffentlichungen des Instituts für Wirtschaftsinformatik. Heft 115. Hrsg.: A.-W. Scheer. Saarbrücken 1995.

Atkinson, M.; Bancilhon, F.; DeWitt, D.; Dittrich, K.; Maier, D.; and Zdonik, S.: The Object-Oriented Database System Manifesto. In: Building an Object-Oriented Database System. The Story of O₂. Hrsg.: F. Bancilhon, C. Delobel, P. Kanellakis. San Mateo, California 1992, S. 3-20.

Ausschuß für Begriffsdefinition der Handels- und Absatzwirtschaft: Katalog E - Begriffsdefinitionen aus der Handels- und Absatzwirtschaft. 3. Ausgabe, Köln 1982.

Backhaus, K.: Investitionsgütermarketing. 3. Aufl., München 1992.

Backhaus, K.; Erichson, B.; Plinke, W.; Weiber, R.: Multivariate Analysemethoden - Eine anwendungsorientierte Einführung. 7. Aufl., Berlin u.a. 1994.

Backhaus, K.; Meyer, M.: Strategische Allianzen und strategische Netzwerke. WiSt, 22 (1993) 7, S. 330-334.

Baetge, J.: Konzernbilanzen. 2. Aufl., Düsseldorf 1995.

Baetge, J.: Bilanzen. 3. Aufl., Düsseldorf 1994.

Baetge, J.: Überwachung. In: Vahlens Kompendium der Betriebswirtschaftslehre. Hrsg.: M. Bitz, K. Dellmann, M. Domsch, H. Egner. Bd. 2. 3. Aufl., München 1993, S. 175-218.

Baetge, J.: Betriebswirtschaftliche Systemtheorie. Regelungstheoretische Planungs - Überwachungs-modelle für Produktion, Lagerung und Absatz. Opladen 1974.

Balzert, H.: Die Entwicklung von Software-Systemen. Prinzipien, Methoden, Sprachen, Werkzeuge. Mannheim u. a. 1989.

Balzert, H.: CASE - Einführungsstrategien. In: CASE - Auswahl, Einführung, Erfahrungen. Hrsg.: H. Balzert. Mannheim u.a. 1993, S. 151-172.

Barth, K.: Betriebswirtschaftslehre des Handels. 2. Aufl., Wiesbaden 1993.

Barth, K.; Theis, H.J.: Werbung des Facheinzelhandels. Wiesbaden 1991.

Batini, C.; Ceri, S.; Navathe, S.B.: Conceptual Database Design. Redwood City 1992.

Baumgarten, B.: Petri-Netze. Grundlagen und Anwendungen. Mannheim 1990.

Becker, J.: Schnittstellenmanagement. In: Handwörterbuch der Produktionswirtschaft. Hrsg.: W. Kern, H.-H. Schröder, J. Weber. 2. Aufl., Stuttgart 1996, Sp. 1818-1830.

Becker, J. (Handel): Informationssysteme im Handel. In: Kleines Lexikon der Informatik. Hrsg.: M. G. Zilahi-Szabó. München-Wien 1995, S. 222-225.

Becker, J. (Konsumgüterbereich): Unternehmensweite Datenmodelle und die informationstechnische Unterstützung der Distributionskette im Konsumgüterbereich - Die Antwort der Wirtschaftsinformatik auf die Herausforderung an den Handel in den 90er Jahren. In: Integrierte Warenwirtschaftssysteme und Handelscontrolling: Konzeptionelle Grundlagen und Umsetzung in der Handelspraxis. Hrsg.: D. Ahlert, R. Olbrich. 2. Aufl., Stuttgart 1995, S. 157-180.

Becker, J. (Strukturanalogien): Strukturanalogien in Informationsmodellen. Ihre Definition, ihr Nutzen und ihr Einfluß auf die Bildung von Grundsätzen ordnungsmäßiger Modellierung (GoM). In: Wirtschaftsinformatik '95. Hrsg.: W. König. Heidelberg 1995, S. 133-150.

Becker, J.: Entscheidungsparameter beim Aufbau eines unternehmensweiten Datenmodells. IM, 8 (1993) 4, S. 30-38.

Becker, J. (Integrationsmodell): CIM-Integrationsmodell - Die EDV-gestützte Verbindung betrieblicher Bereiche. Berlin u. a. 1991.

Becker, J. (Objektorientierung): Objektorientierung - eine einheitliche Sichtweise für die Ablauf- und Aufbauorganisation sowie die Gestaltung von Informationssystemen. In: Integrierte Informationssysteme. Hrsg.: H. Jacob, J. Becker, H. Krcmar. Wiesbaden 1991 (SzU, Band 44), S. 135-152.

Becker, J.: Architektur eines EDV-Systems zur Materialflußsteuerung. Berlin u. a. 1987.

Becker, J.; Rosemann, M.: Logistik und CIM. Die effiziente Material- und Informationsflußgestaltung im Industrieunternehmen. Berlin u. a. 1993.

Becker, J.; Rosemann, M.; Schütte, R.: Grundsätze ordnungsmäßiger Modellierung. Wirtschaftsinformatik, 37 (1995) 4, S. 435-445.

von Bertalanffy, L.: An Outline of General System Theory. British Journal for the Philosophy of Science, 1 (1950/51), S. 134-165.

Bertram, M.: Modellierung von Geschäftsvorfällen im Kontext eines Unternehmensmodells. In: Informationssystem-Architekturen, 1 (1994) 2, S. 81-83.

Bertram, M.: Aspekte der Qualitätssicherung von Unternehmensdatenmodellen. In: Wirtschaftsinformatik '93. Innovative Anwendungen, Technologie, Integration. Hrsg.: K. Kurbel. Heidelberg 1993, S. 230-242.

Biethahn, J.; Mucksch, H.; Ruf, W.: Ganzheitliches Informationsmanagement - Daten- und Entwicklungsmanagement. 2. Aufl., München-Wien 1991.

Blohm, H.; Lüder, K.: Investition. 8. Aufl., München 1995.

Böcker, F.: Die Bestimmung der Kaufverbundenheit von Produkten. Berlin 1978.

Boll, M.: Prozeßorientierte Implementation des SAP-Softwarepaketes. Wirtschaftsinformatik, 35 (1993) 5, S. 418-423.

Boll, M.: Entwicklung von IT Strategien in komplexen Konzernstrukturen. Tagungsband SAP Technologie Tage. Band 2 B. Walldorf 1994, S. 1-21.

Bonus, H.: Institution und Langsamkeit. Volkswirtschaftliche Diskussionsbeiträge der Westfälischen Wilhelms-Universität Münster. Beitrag Nr. 191. Münster 1994.

Bonus, H.; Ronte, D.: Transaktionen, Konventionen, Kunst. In: Kunst und Ökonomie. Homo Oeconomicus. Bd. 9. Hrsg.: M. Tietzel. München 1992, S. 195-227.

Booch, G.: Object-Oriented Analysis and Design with Applications. 2. Aufl., Santa Clara 1994.

Brenner, W.; Kolbe, L.: Die computerunterstützte Informationsverarbeitung der privaten Haushalte als Herausforderung für Wissenschaft und Wirtschaft. Wirtschaftsinformatik, 36 (1994) 4, S. 369-378.

Brodie, M.L.: On the Development of Data Models. In: On Conceptual Modeling. Hrsg.: M.L. Brodie, J. Mylopoulos, J.W. Schmidt. New York 1984, S. 19-47.

Buck-Emden, R.; Galimow, J.: Die Client/Server-Technologie des Systems R/3. Bonn u. a. 1994.

Bühner, R.: Betriebswirtschaftliche Organisationslehre. 7. Aufl., München-Wien 1994.

Buhl, H.-U.: Outsourcing von Informationsverarbeitungsleistungen und Steuern. zfbf, 45 (1993) 4, S. 303-318.

Busse von Colbe, W.: Bereitstellungsplanung: Einkaufs- und Lagerpolitik. In: Industriebetriebslehre. Hrsg.: H. Jacob. 4. Aufl., Wiesbaden 1990, S. 591-671.

Bußmann, H.: Lexikon der Sprachwissenschaft. 2. Aufl., Stuttgart 1990.

CCG: Logistikverbund für Mehrweg-Transportverpackungen. Regelwerk. Köln 1995.

CCG: CCG-Sortimentsklassifikation und Warenverzeichnis für die Binnenhandelsstatistik der Bundesrepublik Deutschland. Köln 1988.

CCG: EAN - Die internationale Artikelnumerierung in der Bundesrepublik Deutschland. Köln 1986.

CCG: Standardregelungen zur Abrechnungstechnik im Streckengeschäft und zum Bestellverfahren im Überweisungsgeschäft. 2. Aufl., Köln 1980.

Chen, P.P.-S.: The Entity-Relationship Model - Toward a Unified View of Data. ACM Transactions on Database-Systems, 1 (1976) 1, S. 9-36.

Chen, R.; Scheer, A.-W.: Modellierung von Prozeßketten mittels Petri-Netz-Theorie. Veröffentlichungen des Instituts für Wirtschaftsinformatik. Heft 107. Hrsg.: A.-W. Scheer. Saarbrücken 1994.

Ciborra, C.U.: Reframing the Role of Computers in Organizations - The Transaction Costs Approach. Office Technology and People, o.Jg. (1987) 3, S. 17-38.

Coad, P.; Yourdon, E.: Object-Oriented Design. Englewood Cliffs 1991.

Coca Cola Retail Research Group: Supplier-retailer collaboration in supply chain management. The Coca Cola Retail Research Group-Europe by GEA Consulenti Associata di gestione aziendale. o. O. 1994.

Cockburn, A.A.R.: The impact of object-orientation on application development. IBM Systems Journal, 32 (1993) 3, S. 420-444.

Codd, E.F.: Extending the Database Relational Model to Capture More Meaning. ACM Transactions on Database Systems, 4 (1979) 4, S. 397-434.

Codd, E.F.: A Relational Model for Large Shared Data Banks. Communications of the ACM, 13 (1970) 6, S. 377-387.

Coenenberg, A.G.: Jahresabschluß und -analyse. 15. Aufl., Landsberg/Lech 1994.

Copeland, T.; Koller, T.; Murrin, J.: Valuation. Measuring and Managing the Value of Companies. New York u. a. 1990.

Curtis, B.; Kellner, M.I.; Over, J.: Process Modeling. Communications of the ACM, 35 (1992) 9, S. 75-90.

Damman-Heublein, H.: Produktivitäts- und Kostenfaktoren im DPR-Modell. In: DPR ´88 - Direkte Produkt-Rentabilität. Hrsg.: Gesellschaft für Selbstbedienung. Köln 1988, S. 18-28.

Davenport, T.; Short, J.: The New Industrial Engineering: Information Technology and Business Process Redesign. Sloan Management Review, 31 (1990) Summer, S. 11-27.

Davidow, W.H.; Malone, M.S.: Das Virtuelle Unternehmen. Frankfurt/M.-New York 1993.

Dietl, H.: Institutionen und Zeit. Tübingen 1992.

Dinkelbach, W.: Modell - ein isomorphes Abbild der Wirklichkeit? In: Modell- und computergestützte Unternehmensplanung. Hrsg.: E. Grochla, N. Szyperski. Wiesbaden 1973, S. 151-162.

Dirlewanger, W.: EDIFACT, der Schlüssel zu weltweitem Geschäftsverkehr. PIK, o. Jg. (1992) 15, S. 36-40.

Domsch, M.: Personal. In: Vahlens Kompendium der Betriebswirtschaftslehre. Hrsg.: M. Bitz, K. Dellmann, M. Domsch, H. Egner. Bd. 1. 3. Aufl., München 1993, S. 521-580.

DUDEN: Etymologie. Bd. 7. Hrsg.: G. Drosdowski. 2. Aufl., Mannheim et al. 1989.

DUDEN: Grammatik. Bd. 4. Hrsg.: G. Drosdowski. 4. Aufl., Mannheim et al. 1984.

Dworatschek, S.; Hayek, A.: Marktspiegel Projektmanagement Software. Köln 1992.

Ebert, K.: Warenwirtschaftssysteme und Warenwirtschaftscontrolling. In: Schriften zu Distribution und Handel. Bd. 1. Hrsg.: D. Ahlert. Frankfurt/M.-Bern-New York 1986.

Eicker, S.; Kurbel, K.; Pietsch, W.; Rautenstrauch, C.: Einbindung von Software-Altlasten durch integrationsorientiertes Reengineering. Wirtschaftsinformatik, 34 (1992) 2, S. 137-145.

Eicker, S., Jung, R., Kurbel, K.: Anwendungssystem-Integration und Verteilungsarchitektur aus der Sicht des Reengineering. Informatik Forschung und Entwicklung. 8 (1993), S. 70-78.

Eierhoff, K.: EDI optimiert Logistik. In: Jahrbuch der Logistik 1993. Hrsg.: R. Hossner. Düsseldorf 1993, S. 63-66.

von Eiff, W.: Organisation - Unternehmerische Gestaltungsaufgaben im gesellschaftlichen und marktwirtschaftlichen Spannungsfeld. In: Organisation - Erfolgsfaktor der Unternehmensführung. Hrsg.: W.v. Eiff. Landsberg/Lech 1991, S. 19-78.

Elig, K.-T.: Warenwirtschafts- und Logistik-Systeme für den Lebensmittelhandel. In: Logistik im Handel. Voraussetzungen-Perspektiven-Erfahrungsaustausch. 25. Forum in Leipzig am 25. Juni 1991. Hrsg.: Bundesvereinigung Logistik e.V. 1991.

Elmasri, R.; Navathe, S.B.: Fundamentals of Database Systems. 2. Aufl., Redwood City et al. 1994.

Endl, R.; Fritz, B.: Integration von Standardsoftware in das unternehmensweite Datenmodell. IM, 7 (1992) 3, S. 38-44.

Engelhardt, W.H.; Kleinaltenkamp, M.; Reckenfelderbräumer, M.: Leistungsbündel als Absatzobjekte. Ein Ansatz zur Überwindung der Dichotomie von Sach- und Dienstleistungen. zfbf, 45 (1993) 5, S. 395-426.

ESPRIT Consortium AMICE: CIMOSA: Open System Architecture for CIM. 2. Aufl., Berlin et al. 1993.

Falk, B.; Wolf, J.: Handelsbetriebslehre. 11. Aufl., Landsberg/Lech 1992.

Falk, J.; Spieck, S.; Mertens, P.: Teilintelligente Agenten in Lager- und Transportlogistik. IM, 8 (1993) 2, S. 26-31.

Falk, J.; Spieck, S.: Weiterentwicklung der Theorie Teilintelligenter Agenten und ihre prototypische Realisierung für Aufgaben in der Logistik. Teil 1: Erste Ergebnisse. Arbeitspapier Nr. 6/1992 der Abteilung für Wirtschaftsinformatik der Universität Erlangen-Nürnberg. Hrsg.: F. Bodendorf, P. Mertens. Nürnberg 1992.

Fehr, G.: Moderne Lagertechniken im Handel. Hrsg.: Rationalisierungsgesellschaft des Handels mbH. Köln 1986.

Feierabend, R.: Beitrag zur Abstimmung und Gestaltung unternehmensübergreifender logistischer Schnittstellen. Hrsg.: Bundesvereinigung Logistik e. V. 2. Aufl., Bremen 1987.

Feldmann, P.; Miller, D.: Entity Model Clustering - Structuring A Data Model By Abstraction. The Computer Journal, 29 (1986) 4, S. 348-360.

Ferstl, O.K.; Sinz, E.J.: Der Ansatz des Semantischen Objektmodells (SOM) zur Modellierung von Geschäftsprozessen. Wirtschaftsinformatik, 37 (1995) 3, S. 209-220.

Ferstl, O.K.; Sinz, E.J.: Grundlagen der Wirtschaftsinformatik. Band 1. 2. Aufl., München-Wien 1994.

Ferstl, O.K.; Sinz, E.J.: Der Modellierungsansatz des Semantischen Objektmodells (SOM). Bamberger Beiträge zur Wirtschaftsinformatik. Heft 18. Bamberg 1993.

Fischer, J. (Daten): Datenmanagement. München-Wien 1992.

Fischer, R.; Rogalski, M.: Datenbankgestütztes Kosten- und Erlöscontrolling. Wiesbaden 1991.

Fischer, T. (Warenkorb): Computergestützte Warenkorbanalyse - dargestellt auf der Grundlage von Scanningdaten des Lebensmitteleinzelhandels unter besonderer Berücksichtigung einer selbsterstellten Analysesoftware. Dissertation, Universität Münster. Münster 1992.

Frank, J.: Selektion von Standard-Software - Kriterien und Methoden zur Beurteilung und Auswahl von Software-Produkten. Dissertation, Universität Köln. Köln 1986.

Frank, U.: Multiperspektivische Unternehmensmodellierung. Theoretischer Hintergrund und Entwurf einer objektorientierten Entwicklungsumgebung. Berichte der Gesellschaft für Mathematik und Datenverarbeitung, Nr. 225. München-Wien 1994.

Frese, E.: Aktuelle Organisationskonzepte und Informationstechnologien. m&c, 2 (1994) 2, S. 129-134.

Frese, E.: Grundlagen der Organisation: Konzept - Prinzipien - Strukturen. 6. Aufl., Wiesbaden 1995.

Galler, J.: Vom Geschäftsprozeßmodell zur Workflow-Anwendung. m&c, 2 (1994) 4, S. 307-308.

Galler, J.; Scheer, A.-W.: Workflow-Management: Die ARIS-Architektur als Basis eines multimedialen Workflow-Systems. Veröffentlichungen des Instituts für Wirtschaftsinformatik. Heft 108. Hrsg.: A.-W. Scheer. Saarbrücken 1994.

Geitz, H.: Innovative Kommissioniersysteme für die Distribution. In: Jahrbuch der VDI Gesellschaft Fördertechnik, Materialfluß, Logistik. Düsseldorf 1993, S. 255-283.

Georgakopoulos, D.; Hornwick, M.; Sheth, A.: An Overview of Workflow Management: From Process Modelling to Workflow Automation. Distributed and Parallel Database, 3 (1995) 2, S. 119-153.

Grob, H.L.: Einführung in die Investitionsrechnung. 2. Aufl, München 1995.

Grochla, E. : Grundlagen der Materialwirtschaft. 3. Aufl., Wiesbaden 1978.

Gronau, N.: Neuere Aspekte der Lager- und Kommissioniertechnik in logistischen Systemen. In: RKW-Handbuch Logistik. Band 2, Kennzahl 2530. Berlin 1987.

Grude, U.; Heuser, C.A.: Towards good relations among Net Classes. Petri Net Newsletter, o.Jg. (1986) 24, S. 4-12.

Gümbel, R.: Handel, Markt und Ökonomik. Wiesbaden 1985.

Gümbel, R.: Die Sortimentspolitik in den Betrieben des Wareneinzelhandels. Beiträge zur betriebswirtschaftlichen Forschung, Bd. 21. Hrsg.: E. Gutenberg u. a. Köln-Opladen 1963.

Günther, H.-O.: Bestellmengenplanung aus logistischer Sicht. ZfB, 61 (1991) 5/6, S. 641-666.

Günther, T.: Direkter Produkt-Profit. ZfB, 63 (1993) 5, S. 460-483.

Gutenberg. E.: Grundlagen der Betriebswirtschaft. 1. Band: Die Produktion. 24. Aufl., Berlin u. a. 1983.

Gutzwiller, T.A.: Das CC-RIM-Referenzmodell für den Entwurf von betrieblichen, transaktionsorientierten Informationssystemen. Heidelberg 1994.

Haard, B.M.: Logistik in der Filiale vernachlässigbar? In: Jahrbuch der Logistik 1993. Hrsg.: R. Hössner. Düsseldorf 1993, S. 81-83.

Hackstein, R.; Orban, B.: Anlagenwirtschaft, Organisation der. In: Handwörterbuch der Organisation. Hrsg.: E. Frese. 3. Aufl., Stuttgart 1992, Sp. 98-111.

Hagen, K.: Quo-Vadis EAN-Strichcode? Coorganisation, o.Jg. (1988) 2, S. 46-49.

Hallier, F.: Kommunikationstechnologie zwischen Handel und Industrie. HMD Theorie und Praxis der Wirtschaftsinformatik, 32 (1992) 165, S. 108-116.

Hammer, M.: Reengineering Work: Dont't automate, Obliterate. Harvard Business Review, o.Jg. (1990) 3, S. 107-123.

Hammer, M.; Champy, J.: Business Reengineering. Die Radikal-Kur für das Unternehmen. Frankfurt/M. 1994.

Hansen, U.: Absatz- und Beschaffungsmarketing des Einzelhandels. 2. Aufl., Göttingen 1990.

Hars, A.: Referenzdatenmodelle. Grundlagen effizienter Datenmodellierung. Wiesbaden 1994.

Hars, A.; Heib, R.; Kruse, Chr.; Michely, J.; Scheer, A. W.: Concepts of Current Data Modelling Methodologies - Theoretical Foundations. Veröffentlichungen des Instituts für Wirtschaftsinformatik. Heft 83. Hrsg.: A.-W. Scheer. Saarbrücken 1991.

Harting, D.: Lieferanten-Wertanalyse. Stuttgart 1989.

Hauschildt, J.; Sachs, G.; Witte, E.: Finanzplanung und Finanzkontrolle: Disposition und Organisation. München 1981.

Hawryszkiewycz, T. H.: Introduction to systems analysis and design. New York et al. 1991.

Heidel, B.: Abbildung der komplexen Realität, Nutzung von Scannerdaten im Einzelhandelsmarketing. Lebensmittelzeitung, Nr. 17, 26. April 1991, S. 74-77.

Heilmann, H.: Integration: Ein zentraler Begriff der Wirtschaftsinformatik im Wandel der Zeit. HMD Theorie und Praxis der Wirtschaftsinformatik, 26 (1989) 150, S. 46-58.

Heinrich, L. J.: Informationsmanagement. 4. Aufl., München-Wien 1995.

Heinrich, L. J.: Wirtschaftsinformatik - Einführung und Grundlegung. München 1993.

Heinrich, L. J.: Der Prozeß der Systemplanung und -entwicklung. In: Handbuch Wirtschaftsinformatik. Hrsg.: K. Kurbel, H. Strunz. Stuttgart 1990, S. 200-214.

Heinrich, L. J.; Roithmayr, F.: Wirtschaftsinformatik-Lexikon. 5. Aufl., München-Wien 1995.

Heinzl, A.: Die Ausgliederung der betrieblichen Datenverarbeitung. IM, 7 (1992) 4, S. 28-40.

Henneböle, J.: Executive Information Systems für Unternehmensführung und Controlling. Strategie-Konzeption-Realisierung. Wiesbaden 1995.

Hensche, H. H.: Zeitwettbewerb in der Textilwirtschaft: Das Quick Response Konzept. In: Moderne Distributionskonzepte in der Konsumgüterindustrie. Hrsg.: J. Zentes. Stuttgart 1991, S. 275-309.

Hertel, J.: Ein ausgereiftes WWS arbeitet heute mehrstufig und individuell. Computerwoche, o.Jg. (1995) 29, S. 30.

Hertel, J.: Design mehrstufiger Warenwirtschaftssysteme. Heidelberg 1992.

Hesse, W.; Barkow, G.; von Braun, H.; Kittlaus, H.-B.; Scheschonk, G.: Terminologie der Softwaretechnik - Ein Begriffssystem für die Analyse und Modellierung von Anwendungssystemen. Teil 2: Tätigkeits- und ereignisbezogene Elemente. Informatik Spektrum, 17 (1994) 2, S. 96-105.

Hill, W.; Fehlbaum, R.; Ulrich, P.: Organisationslehre 1. Ziele, Instrumente und Bedingungen der Organisation sozialer Systeme. 5. Aufl., Stuttgart u. a. 1994.

Hill, W.; Fehlbaum, R.; Ulrich, P.: Organisationslehre 2. Theoretische Ansätze und praktische Methoden der Organisation sozialer Systeme. 4. Aufl., Stuttgart u. a. 1992.

Hoch, D.: Projekt- und Managementvoraussetzungen für das erfolgreiche Einführen von Standard-Software. In: Erfolgsfaktoren der integrierten Informationsverarbeitung. Proceedings Compas '87. Berlin 06.-08.05.1987. Berlin 1987, S. 703-714.

Hoffmann, H.: Computergestützte Planung als Führungsinstrument. Grundlagen-Konzept-Prototyp. Wiesbaden 1993.

Hoffmann, H.-J.: Computer Integrated Trading senkt den Kostendruck. Computerwoche, o.Jg. (1995) 29, S. 27-29.

Hoffmann, W.; Kirsch, J.; Scheer, A.-W.: Modellierung mit Ereignisgesteuerten Prozeßketten. Veröffentlichungen des Instituts für Wirtschaftsinformatik. Heft 101. Hrsg.: A.-W. Scheer. Saarbrücken 1993.

Hoherz, F.: Offene Lösungen bevorzugt - Internationale Anwendungen erweitern Leistungsspektrum von Warenwirtschaftssystemen. Dynamik im Handel, 38 (1994) 4, S. 56-58.

Höller, W.: Optimale Regalbelegung - Konzeption und Ergebnisse eines Praxistests. Lebensmittelzeitung, Nr. 49, 2. September 1988, S. F20-F24.

Horváth, P.: Controlling. 4. Aufl., München 1991.

Huber, A.; Krallmann, H.: Zeitrepräsentation in der industriellen Produktionsplanung und -steuerung. KI, o.Jg. (1990) 3, S. 4-11.

Hümmer, M.: Einsatzmöglichkeiten elektronischer Kataloge im Vertrieb. CIM Management, 11 (1995) 5, S. 6-9.

Hull, R.; King, R.: Semantic Database Modeling - Survey, Application, and Research Issues. ACM Computing Surveys, 19 (1987) 3, S. 201-260

Ihde, G.-B.: Transport, Verkehr, Logistik. 2. Aufl., München 1991.

International Standardization Organization: Open Systems Interconnection - Basic Reference Model. IST7498. o. O. 1983.

Jablonski, S.: Workflow-Management-Systeme: Motivation, Modellierung, Architektur. Informatik Spektrum, 18 (1995) 1, S. 13-24.

Jaeger, E.; Pietsch, M.; Mertens, P.: Die Auswahl zwischen alternativen Implementierungen von Geschäftsprozessen in einem Standardsoftwarepaket am Beispiel eines Kfz-Zulieferers. Wirtschaftsinformatik, 35 (1993) 5, S. 424-433.

Janko, W.H.; Taudes, A.: Analyse der bestimmenden Faktoren für die Veränderung der Informationsverarbeitungsmärkte. Wirtschaftsinformatik, 34 (1992) 6, S. 616-623.

Jensen, M.C.: The Modern Industrial Revolution, Exit, and the Failure of Internal Control Systems. The Journal of Finance, 48 (1993) 3, S. 831-880.

Jordt, A.: Über die Untersuchung und Darstellung von Arbeitsabläufen. zfo, 27 (1958) 3, S. 52-55.

Jost, W.: EDV-gestützte CIM-Rahmenplanung. Wiesbaden 1993.

Kehl, T.: Meinungsführer als Qualitätsfaktoren der Systemeinführung. HMD Theorie und Praxis der Wirtschaftsinformatik, 29 (1992) 163, S. 95-103.

Keller, G.; Nüttgens, M.; Scheer, A.-W.: Semantische Prozeßmodellierung auf der Basis „Ereignisgesteuerter Prozeßketten (EPK)". Veröffentlichungen des Instituts für Wirtschaftsinformatik. Heft 89. Hrsg.: A.-W. Scheer. Saarbrücken 1992.

Keller, G.; Meinhardt, S. (Analyzer): SAP R/3-Analyzer - Optimierung von Geschäftsprozessen auf Basis des R/3-Referenzmodells. Hrsg.: SAP AG. Walldorf 1994.

Keller, G.; Meinhardt, S. (Beratung): DV-gestützte Beratung bei der SAP-Softwareeinführung. HMD Theorie und Praxis der Wirtschaftsinformatik, 31 (1994) 175, S. 75-88.

Kendall, E.K.; Kendall, J.E.: Systems Analysis and Design. New Jersey 1988.

Kieliszek, K.: Computer Aided Selling. Unternehmenstypologische Marktanalyse. Wiesbaden 1994.

Kieser, A.; Kubicek, H.: Organisation. 3. Aufl., Berlin-New-York 1992.

Kilger, W.: Flexible Plankostenrechnung und Deckungsbeitragsrechnung. 10. Aufl., Wiesbaden 1993.

Kilger, W.: Einführung in die Kostenrechnung. 3. Aufl., Wiesbaden 1987.

Kimberley, P.: Electronic Data Interchange. New York u. a. 1991.

Kirchner, C.; Picot, A.: Transaction Cost Analysis of Structural Change in the Distribution System: Reflections on Institutional Developments in the Federal Republic of Germany. Journal of Institutional and Theoretical Economics, 143 (1987) 1, S. 62-81.

Klein, B.; Crawford, R.G.; Alchian, A.A.: Vertical Integration, Appropriable Rents, and the Competitive Contracting Process. Journal of Law and Economics, 21 (1978), S. 297-326.

Klein, J.: Vom Informationsmodell zum integrierten Informationssystem. IM, 5 (1990) 2, S. 6-16.

Klein, S.: Virtuelle Organisation. WiSt, 23 (1994) 4, S. 309-311.

Klein-Blenkers, F.: Distribution. In: Handwörterbuch der Absatzwirtschaft. Hrsg.: B. Tietz. Bd. 4. Stuttgart 1974, Sp. 474-480.

Klemt, W.-D.: Anforderungen an EDV-gestützte Tourenplanungen. In: RKW-Handbuch Logistik. Band 3, Kennzahl 7380. Berlin 1987.

Kluge, F.: Etymologisches Wörterbuch der deutschen Sprache. 22. Aufl., Berlin 1989.

Klute, R.: World Wide Web. Das Kompendium. Bonn u. a. 1995.

Kobelt, H.; Schulte, P.: Finanzmathematik. 4. Aufl., Herne-Berlin 1987.

Koch, H.: Integrierte Unternehmensplanung. Wiesbaden 1982.

Köhler, R.: Absatzsegmentrechnung. In: Vahlens Großes Controlling Lexikon. Hrsg.: P. Horváth, T. Reichmann. München 1993, S. 4.

König, R.; Krampe, H.: Supply Chain Management. In: Jahrbuch der Logistik 1995. Hrsg.: R. Hossner. Düsseldorf 1995, S. 153-156.

Köpper, F.: Eine Art Generalbebauungsplan sorgt für Übersicht im Handel. Computerwoche, o. Jg. (1992) 41, S. 33-34.

Köpper, F.: Wie analysiert der Handel? Absatzwirtschaft, o.Jg. (1993) 11, S. 106-108.

Koppelmann, U.: Beschaffungsmarketing. 2. Aufl., Berlin u. a. 1995.

Koreimann, D.S.: Methoden der Informationsbedarfsanalyse. Berlin-New York 1976.

Kosiol, E.: Organisation der Unternehmung. 2. Aufl., Wiesbaden 1976.

Kosiol, E.: Modellanalyse als Grundlage unternehmerischer Entscheidungen. ZfhF, 13 (1961), S. 318-334.

Kotler, P.; Bliemel, F.: Marketing-Management. 8. Aufl., Stuttgart 1995.

Krcmar, H.: Bedeutung und Ziele von Infomationssystem-Architekturen. Wirtschaftsinformatik, 32 (1990) 5, S. 395-402.

Krcmar, H. (Informationsmanagement): Annäherungen an das Informationsmanagement - Managementtheorie und/oder Technolgiedisziplin? Arbeitspapiere des Lehrstuhls für Wirtschaftsinformatik. Nr. 23. Hrsg.: H. Krcmar. Hohenheim 1991.

Krcmar, H. (Integration): Integration in der Wirtschaftsinformatik - Aspekte und Tendenzen. In: Integrierte Informationssysteme. Hrsg.: H. Jacob, J. Becker, H. Krcmar. Wiesbaden 1991 (SzU, Band 44), S. 3-18.

Krcmar, H.A.O.: Innovationen durch strategische Informationssysteme. Working Paper des Center for Research on IS der New York University. New York 1986.

Kroeber-Riel, W.: Strategie und Technik der Werbung. Verhaltenswissenschaftliche Ansätze. 3. Aufl., Stuttgart-Berlin-Köln 1991.

Krüger, W.: Organisatorische Einführung von Anwendungssystemen. In: Handbuch Wirtschaftsinformatik. Hrsg.: K. Kurbel, H. Strunz. Stuttgart 1990, S. 276-288.

Kruschwitz, L.: Investitionsrechnung. 5. Aufl., Berlin-New-York, 1993.

Küpper, H.-U.; Weber, J.; Zünd, A.: Zum Verständnis und Selbstverständnis des Controlling. ZfB, 60 (1990) 3, S. 281-293.

Kupper, H.: Zur Kunst der Projektsteuerung. Qualifikation und Aufgaben eines Projektleiters bei DV-Anwendungsentwicklungen. 5. Aufl., München-Wien 1988.

Kupsch, P.U.; Marr, R.: Personalwirtschaft. In: Industriebetriebslehre. Entscheidungen im Industriebetrieb. Hrsg.: E. Heinen. 9. Aufl., Wiesbaden 1991, S. 729-896.

Kurbel, K.: Produktionsplanung und -steuerung. Methodische Grundlagen von PPS-Systemen und Erweiterungen. 2. Aufl., München-Wien 1995.

Kurbel, K.; Eicker, S.; Kersten, F.; Schnieder, T.; Teubner, A.: I-CASE bei der Entwicklung eines großen Informationssystems. Eine Information-Engineering-Fallstudie. Wirtschaftsinformatik, 36 (1994) 2, S. 130-144.

Laidig, K.-D.: Standardisierungen: Offene Systeme. In: Handbuch Informationsmanagement. Hrsg.: A.-W. Scheer. Wiesbaden 1993, S. 783-808.

Lammers, W.: Klasse statt Masse. In: Jahrbuch der Logistik 1993. Hrsg.: R. Hossner. Düsseldorf 1993, S. 263-265.

Larson, J.A.; Navathe, S.B.; Elmasri, R.: A Theory of Attribute Equivalence in Database with Application to Schema Integration. IEEE Transaction on Software Engineering, 15 (1989) 4, S. 449-463.

Leffson, U.: Die Grundsätze ordnungsmäßiger Buchführung. 7. Aufl., Düsseldorf 1987.

Lehner, F.: Gedanken und Notizen zur Entwicklung von Informatik-Strategien. Schriftenreihe des Lehrstuhls für Wirtschaftsinformatik und Informationsmanagement. Forschungsbericht Nr. 13. Vallendar 1994.

Lehner, F.; Auer-Rizzi, W.; Bauer, R.; Breit, K.; Lehner, J.; Reber, G.: Organisationslehre für Wirtschaftsinformatiker. München-Wien 1990.

Lehner, F.; Hildebrand, K.; Maier, R.: Wirtschaftsinformatik - Theoretische Grundlagen. München-Wien 1995.

Leismann, U. (Btx): Integrierte Informations- und Kommunikationssysteme in Verbundgruppen des Handels unter Einsatz von Bildschirmtext. Dissertation, Universität Saarbrücken. Saarbrücken 1989.

Leismann, U. (IuK): Modellierungsansätze für integrierte Informations- und Kommunikationssysteme unter Einsatz von Bildschirmtext. IM, 4 (1989) 4, S. 6-14.

Lenzerini, M.: SERM-Semantic Entity-Relationship Model. In: Entity-Relationship-Approach-The Use of ER Concept in Knowledge Representation. Hrsg.: P.P.-S. Chen. Amsterdam 1985, S. 270-278.

Lerchenmüller, M.: Handelsbetriebslehre. Ludwigshafen 1992.

Leszak, M.; Eggert, H.: Petri-Netz-Methoden und -Werkzeuge: Hilfsmittel zur Entwurfsspezifikation und -validation von Rechnersystemen. Berlin, Heidelberg, Tokyo 1988 (Informatik Fachberichte 197).

Liebmann, H.-P.: Struktur und Funktionsweise moderner Warenverteilzentren. In: Moderne Distributionskonzepte in der Konsumgüterindustrie. Hrsg.: J. Zentes. Stuttgart 1991, S. 17-47.

Liebmann, H.-P.; Jungwirth, G.: Mit neuer Unternehmenskultur erfolgreich zur Jahrtausendwende. In: GDI-Handels-Trendletter II/94. Hrsg.: Gottlieb Duttweiler Institut für wirtschaftliche und soziale Studien. Rüschlikon/Zürich 1994, S. 1-37.

Limbach, M.: Planung der Personalanpassung. Köln 1987.

Lindland, O.I.; Sindre, G.; Sølvberg, A.: Understanding Quality in Conceptual Modeling. IEEE Software, 11 (1994) 2, S. 42-49.

Löffler, H.; Meinhardt, J.; Werner, D.: Taschenbuch der Informatik. Hardware-Software-Anwendungen. Leipzig 1992.

Loos, P.: Datenstrukturierung in der Fertigung. München-Wien 1992.

Loos, P.; Scheer, A.-W.: Vom Informationsmodell zum Anwendungssystem - Nutzenpotentiale für den Einsatz von Informationssystemen. In: Wirtschaftsinformatik '95. Hrsg.: W. König. Heidelberg 1995, S. 185-201.

Lücke, W.: Arbeitsleistung, Arbeitsbewertung, Arbeitsentlohnung. In: Industriebetriebslehre. Handbuch für Studium und Praxis. Hrsg.: H. Jacob. 4. Aufl., Wiesbaden 1990, S. 177-317.

Madauss, B. J.: Handbuch Projektmanagement: mit Handlungsanleitungen für Industriebetriebe, Berater und Behörden. 3. Aufl., Stuttgart 1990.

Männel, W.: Anlagenwirtschaft, Organisation der. In: Handwörterbuch der Organisation. Hrsg.: E. Grochla. 2. Aufl., Stuttgart 1980, Sp. 65-78.

Marent, C.: Branchenspezifische Referenzmodelle für betriebswirtschaftliche IV-Anwendungsbereiche. Wirtschaftsinformatik, 37 (1995) 3, S. 303-313.

Martin, J. (Introduction): Information Engineering - Book I: Introduction. Englewood Cliffs 1990.

Martin, J. (Planning and Analysis): Information Engineering - Book II. Englewood Cliffs 1990.

Martin, J.; Odell, J.J.: Object-oriented Analysis and Design. Englewood Cliffs, New Jersey 1992.

Martin, R.: EDV: Was über den Erfolg entscheidet. HARVARD BUSINESSmanager, 17 (1995) 1, S. 112-120.

Martin, R.: Einflußfaktoren auf Akzeptanz und Einführungsumfang von Produktionsplanung- und -steuerung (PPS). Eine Untersuchung in der mittelständischen Industrie. Frankfurt/M. 1993.

Martiny, L.; Klotz, M.: Strategisches Informationsmanagement. 2. Aufl., München Wien 1990.

Mason, J.B.; Mayer, M.L.; Ezell, H.F.: Retailing. 5. Aufl., Burr Ridge-Boston-New York 1994.

Mattheis, P. (Informationsstrategie): Prozeßorientierte Informations- und Organisationsstrategie, Wiesbaden 1993.

Mattheis, P. (Maschinenbau): Informationsmanagement im Maschinen- und Anlagenbau. In: Handbuch Informationsmanagement. Hrsg.: A.-W. Scheer. Wiesbaden 1993, S. 248-264.

Meffert, H.: Marketing-Management. Analyse-Strategie-Implementierung. Wiesbaden 1994.

Meffert, H.: Marketing. Grundlagen der Absatzpolitik. 7. Aufl., Wiesbaden 1989.

Meffert, H.: Marketing. Einführung in die Absatzpolitik. Wiesbaden 1977.

Meffert, H.: Systemtheorie aus betriebswirtschaftlicher Sicht. In: Systemanalyse in den Wirtschafts- und Sozialwissenschaften. Hrsg.: K.-E. Schenk. Berlin 1971, S. 174-206.

Mertens, P. (IV): Integrierte Informationsverarbeitung 1. Administrations- und Dispositionssysteme in der Industrie. 10. Aufl., Wiesbaden 1995.

Mertens, P. (SCM): Supply Chain Management (SCM). Wirtschaftsinformatik, 37 (1995) 2, S. 177-179.

Mertens, P.: Virtuelle Unternehmen. Wirtschaftsinformatik, 36 (1994) 2, S. 169-172.

Mertens, P.; Holzner, J.: WI-State of the Art. Eine Gegenüberstellung von Integrationsansätzen der Wirtschaftsinformatik. Wirtschaftsinformatik, 34 (1992) 1, S. 5-25.

Mertens, P.; Knolmayer, G.: Organisation der Informationsverarbeitung. 2.Aufl., Wiesbaden 1995.

Meyer, A.: Dienstleistungsmarketing. Erkenntnisse und praktische Beispiele. Augsburg 1986.

Meyer, B.: Objektorientierte Softwareentwicklung. München-Wien 1990.

Michel, R.; Langguh, M.; Scheuermann, H.D.; Vorfelder, B.: Finanzplanung und -controlling. Rollierende Disposition der Liquidität. Renningen-Malmsheim 1994.

Miller, C.; Weiland, R.: Der Übergang von proprietären zu offenen Systemen aus Sicht der Transaktionskostentheorie. Arbeitsbericht Nr. 17 des Instituts für Wirtschaftsinformatik. Hrsg.: J. Becker, H.L. Grob, K. Kurbel, U. Müller-Funk, R. Unland. Münster 1993.

Mistelbauer, H.: Vom Datenmodell zur Datenintegration - Datenmanagement im Industriebetrieb. In: Fachliche Modellierung von Informationssystemen - Methoden, Vorgehen, Werkzeuge. Hrsg.: G. Müller-Ettrich. Bonn u. a. 1993, S. 129-213.

Mistelbauer, H.: Datenmodellverdichtung - Vom Projektdatenmodell zur Unternehmens-Datenarchitektur. Wirtschaftsinformatik, 33 (1991) 4, S. 289-299.

Möhlenbruch, D.: Die Planung der Sortimentspolitik im Einzelhandel. Dissertation, Universität Duisburg. Duisburg 1992.

Möhring, M.: Grundlagen der Prozeßmodellierung. Forschungsbericht Nr. 14/94 des Instituts für Sozialwissenschaftliche Informatik. Koblenz 1994.

Mohme, J.: Der Einsatz von Kundenkarten zur Verbesserung des Kundenformationssystems im Handel. Umsetzung anhand eines praktischen Falls. In: Integrierte Warenwirtschaftssysteme und Handelscontrolling: Konzeptionelle Grundlagen und Umsetzung in der Handelspraxis. Hrsg.: D. Ahlert, R. Olbrich. 2. Aufl., Stuttgart 1995, S. 283-299.

Moody, D.L.; Shanks, S.: What Makes a Good Data Model? Evaluating the Quality of Entity Relationship Models. In: Entity-Relationship Approach - ER '94. Business Modelling and Re-Engineering. 13th International Conference on the Entity-Relationship Approach. Proceedings. Hrsg.: P. Loucopoulos. Berlin u. a. 1994, S. 94-111.

Müller, H.; Neuhold, E.: Funktion. In: Lexikon der Informatik und Datenverarbeitung. Hrsg.: H.-J. Schneider. 3. Aufl., München-Wien 1991, S. 325.

Müller, T.: Innerbetriebliche Transportsysteme - Anforderungskriterien und Einsatzmöglichkeiten. In: RKW-Handbuch Logistik. Band 2, Kennzahl 2870. Berlin 1981.

Müller-Ettrich, G.: Pragmatische Überlegungen zur Werkzeugeinführung. In: Fachliche Modellierung von Informationssystemen. Methoden, Vorgehen, Werkzeuge. Hrsg.: G. Müller-Ettrich. Bonn, Paris u. a. 1993, S. 305-340.

Müller-Hagedorn, L. (Handelsbetriebe): Handelsbetriebe. In: Handwörterbuch der Betriebswirtschaft. Hrsg.: W. Wittmann u.a. Bd. 1. 5. Aufl., Stuttgart 1993, S. 1564-1576.

Müller-Hagedorn, L. (Marketing): Handelsmarketing. 2. Aufl., Stuttgart u. a. 1993.

Müller-Hagedorn, L.; Bekker, T.: Der Betriebsvergleich als Controllinginstrument in Handelsbetrieben. WiSt, 23 (1994) 5, S. 231-236.

Müller-Merbach, H.: Operations-Research. 3. Aufl., München 1988.

Niemeyer, G.: Kybernetische System- und Modelltheorie: systems dynamics. München 1977.

Nieschlag, R.; Dichtl, E.; Hörschgen, H.: Marketing. 16. Aufl., Berlin 1991.

Neuburger, R.: Electronic Data Interchange. Einsatzmöglichkeiten und ökonomische Analyse. Wiesbaden 1994.

Oehme, W.: Handels-Marketing. Entstehung, Aufgabe, Instrumente. München 1983.

Olbrich, R. (IM): Informationsmanagement in mehrstufigen Handelssystemen - Grundsätze organisatorischer Gestaltungsmaßnahmen unter Berücksichtigung einer repräsentativen Umfrage zur Einführung dezentraler computergestützter Warenwirtschaftssysteme im Lebensmittelhandel. In: Schriften zu Distribution und Handel. Bd. 1. Hrsg.: D. Ahlert. Frankfurt/M. 1992.

Olbrich, R. (IT): Führt der Einsatz von Informationstechnologien zu neuen Konzentrationsimpulsen? Blick durch die Wirtschaft. Frankfurt/M., 13.05.1992, S. 7.

Olfert, K.; Steinbuch, P. A.: Personalwirtschaft. 5. Aufl., Ludwigshafen 1993.

Olle, T.W.; Hagelstein, J.; Macdonald, I.G.; Rolland, C.; Sol, H.G.; Assche, F.J.M v.; Verrijn-Stuart, A.A.: Information Systems Methodologies: a framework for understanding. 2. Aufl., Workingham et al. 1991.

Oppelt, U.; Nippa, M.: EDI-Implementierung in der Praxis. Office Management, 40 (1992) 3, S. 55-62.

Ortner, E.: Semantische Modellierung - Datenbankentwurf auf der Ebene der Benutzer. Informatik Spektrum, 8 (1985) 1, S. 20-28.

Ossadnik, W.: Controlling. München-Wien 1996.

Österle, H.: Unternehmensstrategie und Standardsoftware: Schlüsselentscheidungen für die 90er Jahre. In: Integrierte Standardsoftware: Entscheidungshilfen für den Einsatz von Softwarepaketen. Bd. 1: Managemententscheidungen. Hrsg.: H. Österle. Hallbergmoos 1990.

Österle, H.; Brenner, W.; Hilbers, K.: Unternehmensführung und Informationssystem. Der Ansatz des St. Galler Informationssystem-Managements. Stuttgart 1991.

Österle, H.; Gutzwiller, T.: Konzepte angewandter Analyse und Design-Methoden. Band 1: Ein Referenz-Metamodell für die Analyse und das System-Design. Hallbergmoos 1992.

o. V. (Inventur): Inventur und Bewertung der Warenvorräte im Lebensmittelfilialbetrieb. ALF-Schriftenreihe Nr. 3. Hrsg.: Arbeitsgemeinschaft der Lebensmittel-Filialbetriebe e. V. Bonn 1970.

Peckham, J.; Maryanski, F.: Semantic Data Models. ACM Computing Surveys, 20 (1988) 3, S. 153-189.

Perridon, L.; Steiner, M.: Finanzwirtschaft der Unternehmung. 8. Aufl., München 1995.

Petri, C.: Externe Integration der Datenverarbeitung - Unternehmensübergreifende Konzepte für Handelsunternehmen. Berlin u. a. 1990.

Petri, C.A.: Kommunikation mit Automaten. Bonn 1962.

Pfohl, H.-C.: Logistiksysteme. Betriebswirtschaftliche Grundlagen. 5. Aufl., Berlin u. a. 1995.

Pfohl, H.-C.: Zwischen Hersteller und Handel. In: Jahrbuch der Logistik 1992. Hrsg.: C. Bonny. Düsseldorf 1992, S. 16-21.

Picot, A.: Organisation. In: Vahlens Kompendium der Betriebswirtschaftslehre. Hrsg.: M. Bitz, K. Dellmann, M. Domsch, H. Egner. Band 1. 2. Aufl., München 1993, S. 101-174.

Picot, A.: Zur Bedeutung allgemeiner Theorieansätze für die betriebswirtschaftliche Information und Kommunikation: Der Beitrag der Transaktionskosten- und Principal-Agent-Theorie. In: Die Betriebswirtschaftslehre im Spannungsfeld zwischen Generalisierung und Spezialisierung. Hrsg.: W. Kirsch, A. Picot. Wiesbaden 1989, S. 361-379.

Picot, A.: Transaktionskosten im Handel. Der Betriebs-Berater, 41 (1986) 27, Beilage 13, S. 1-16.

Picot, A.; Dietl, H.: Transaktionskostentheorie. WiSt, 19 (1990) 4, S. 179-183.

Picot, A.; Maier, M.: Ansätze zur Informationsmodellierung und ihre betriebswirtschaftliche Bedeutung. zfbf, 46 (1994) 1, S. 107-126.

Picot, A.; Maier, M.: Interdependenzen zwischen betriebswirtschaftlichen Organisationsmodellen und Informationsmodellen. IM, 8 (1993) 3, S. 7-15.

Picot, A.; Maier, M.: Analyse- und Gestaltungskonzepte für das Outsourcing. IM, 7 (1992) 4, S. 14-27.

Picot, A.; Neuburger, R.; Niggl, J.: Electronic Data Interchange und Lean Management. zfo, 62 (1993) 1, S. 20-25.

Picot, A.; Reichwald, R.: Informationswirtschaft. In: Industriebetriebslehre: Entscheidungen im Industriebetrieb. Hrsg.: E. Heinen. 9. Aufl., Wiesbaden 1991, S. 245-393.

Pintel, G.; Diamond, J.: Retailing. 5. Aufl., Englewood Cliffs 1991.

Pleil, G.J.: Bürokommunikation - Der große Praxis-Ratgeber für den Anwender. München 1988.

Pommering, D.J.: Mehr Elektronik in der Warenwirtschaft. Dynamik im Handel, 24 (1980) 4, S. 5-9.

Priemer, J.: Entscheidungen über die Einsetzbarkeit von Software anhand formaler Modelle. Sinzheim 1995.

Rall, K.: Berechnung der Wirtschaftlichkeit von CIM-Komponenten. CIM-Management, 7 (1991) 3, S. 12-17.

Rappaport, A.: Creating Shareholder Value. The New Standard for Business Performance. New York 1986.

Rathgeb, M.: Work-Flow-Management auf der Basis verteilter Informationssysteme. Veröffentlichung des Fraunhofer-Instituts für Arbeitswissenschaft und Organisation. Stuttgart 1992.

Rauch, M.: Papierloses Kommissionieren - Erfahrungen der technischen und betriebswirtschaftlichen Anwendungen. In: Tagungsbericht Deutscher Logistik Kongreß ´87. Hrsg.: BVL. München 1987, S. 385-410.

Rauh, O.: Überlegungen zur Behandlung ableitbarer Daten im Entity-Relationship-Modell (ERM). Wirtschaftsinformatik, 34 (1992) 3, S. 294-306.

Ravndal, F.: Fuhrparkrationalisierung durch Tourenplanung und -kontrolle. In: RKW-Handbuch Logistik. Band 2, Kennzahl 7310. Berlin 1987.

Reblin, E.: Elektronische Datenverarbeitung in der Finanzbuchhaltung. Stuttgart 1971.

Reichmann, T.; Fritz, B.; Nölken, D.: EIS-gestütztes Controlling: Schnittstelle zwischen Controlling und Informationsmanagement. In: Handbuch Informationsmanagement. Hrsg.: A.-W. Scheer. Wiesbaden 1993, S. 463-489.

Reichwald, R.; Dietel, B.: Produktionswirtschaft. In: Industriebetriebslehre. Hrsg.: E. Heinen. 9. Aufl., Wiesbaden 1991, S. 395-622.

Reisig, W.: Petri-Netze. 2. Aufl., Berlin u. a. 1986.

Riebel, P.: Einzelkosten- und Deckungsbeitragsrechnung. 7. Aufl., Wiesbaden 1994.

Riebel, P.: Einzelerlös-, Einzelkosten- und Deckungsbeitragsrechnung als Kern einer ganzheitlichen Führungsrechnung. In: Handbuch Kostenrechnung. Hrsg.: W. Männel. Wiesbaden 1992, S. 247-299.

Rieder, B.: Die Gestaltung des Implementierungsprozesses bei der Einführung von integrierter Standardsoftware. Dissertation, Universität Regensburg. Regensburg 1988.

Rieper, B.: Betriebswirtschaftliche Entscheidungsmodelle. Herne-Berlin 1992.

Ring, N.G.: Die Funktion des Sortimentsgroßhandels unter besonderer Berücksichtigung eines Regaloptimierungssystems. zfbf, 44 (1992) 6, S: 566-585.

Ritter, S.: Coorganisation-gesehen als ECR-Infrastruktur. Coorganisation, o.Jg. (1995) 1, S. 26-30.

Rosemann, M.: Erstellung und Integration von Prozeßmodellen. Methodenspezifische Gestaltungs-empfehlungen für die Informationsmodellierung. Disssertation, Universität Münster. Münster 1995.

Rosemann, M.; Rotthowe, T.: Der Lösungsbeitrag von Prozeßmodellen bei der Einführung von SAP R/3 im Finanz- und Rechnungswesen. HMD Theorie und Praxis der Wirtschaftsinformatik, 32 (1995) 182, S. 8-25.

Rosemann, M.; Rotthowe, T., Schütte, R.: Modellbasierte Organisations- und Informationssystem-gestaltung unter Verwendung der R/3-Referenzmodelle. In: Geschäftsprozeßoptimierung mit SAP R/3. Hrsg.: P. Wenzel. Braunschweig-Wiesbaden 1995, S. 14-42.

Rosemann, M.; Schulte, R.: Effiziente Prozeßgestaltung im Rechnungswesen. In: Geschäftsprozeß-modellierung und Workflow-Management-Systeme. Hrsg.: G. Vossen, J. Becker. Bonn u. a. 1996, S. 193-207.

Rosenstengel, B.; Winand, U.: Petri-Netze - Eine anwendungsorientierte Einführung. 4. Aufl., Braunschweig-Wiesbaden 1991.

Rozenberg, G. (Ed.): Advances in Petri Nets 1987. Heidelberg u. a. 1987 (Lectures Notes in Computer Sciences, 266).

Rozenberg, G. (Ed.): Advances in Petri Nets 1988. Heidelberg u. a. 1988 (Lectures Notes in Computer Sciences, 340).

Rozenberg, G. (Ed.): Advances in Petri Nets 1989. Heidelberg u. a. 1989 (Lectures Notes in Computer Sciences, 424).

Ruffing, P.: EDV-gestützte Informations- und Kommunikationssysteme als strategische Option für die Disposition von Modebekleidung im Handel. Dissertation, Universität Saarbrücken. Saar-brücken 1991.

Rumbaugh, J.; Blaha, M.; Premerlani, W.; Eddy, F.; Lorensen, W.: Object-Oriented Modeling and Design. Englewood Cliffs 1991.

Rupper, P.: Wahl des optimalen Lager- und Kommissioniersystems. In: Unternehmenslogistik. Ein Handbuch für Einführung und Ausbau der Logistik im Unternehmen. Hrsg.: P. Rupper. 3. Aufl., Köln 1991, S. 183-198

SAP (1995): SAP-Informationsmodell. Modellgestütztes Informationsmanagement im R/3-System. Produktnummer 50007795. Walldorf 1995.

SAP: SAP R/3-Analyzer. Walldorf 1994.

Schade, J.: Standardisierung der elektronischen Kommunikation: EDIFACT und SEDAS. In: Moderne Distributionskonzepte in der Konsumgüterwirtschaft. Hrsg.: J. Zentes. Stuttgart 1991, S. 225-242.

Scheer, A.-W.: Wirtschaftsinformatik. Referenzmodelle für industrielle Geschäftsprozesse. 6. Aufl., Berlin u. a. 1995.

Scheer, A.-W.: Was ist "Business Process Reengineering" wirklich? In: Prozeßorientierte Unter-nehmensmodellierung. Hrsg.: A.-W. Scheer. Wiesbaden 1994 (SzU, Bd. 53), S. 5-12.

Scheer, A.-W.: Reorganisation von Unternehmensprozessen: Vom Vorstandsbeschluß zum neuen Formular. In: Rechnungswesen und EDV, 14. Arbeitstagung. Hrsg.: A.-W. Scheer. Heidelberg 1993, S. 3-18.

Scheer, A.-W. (ARIS): Architektur integrierter Informationssysteme. Grundlagen der Unternehmensmodellierung. 2. Aufl., Berlin u. a. 1992.

Scheer, A.-W. (CIM): CIM Computer Integrated Manufacturing - Der computergesteuerte Industriebetrieb. 4. Aufl., Berlin u. a. 1990.

Scheer, A.-W. (BWL): EDV-orientierte Betriebswirtschaftslehre. 4. Aufl., Berlin u. a. 1990.

Scheer, A.-W.: Absatzprognosen. Berlin u. a. 1983.

Scheer, A.-W.; Hoffmann, W.; Wein, R.: Customizing von Standardsoftware mit Referenzmodellen. HMD Theorie und Praxis der Wirtschaftsinformatik, 31 (1994) 180, S. 92-103.

Scheer, A.-W.; Spang, S.: Enterprise Modelling - The Key to Integration. Proceedings of the 23rd ISATA. Hrsg.: ISATA. Wien 1990, S. 15-23.

Scherm, E.: Die Szenario-Technik - Grundlage effektiver strategischer Planung. WISU, 21 (1992) 2, S. 95-97.

Scherr, A.L.: A new approach to business processes. IBM Systems Journal, 32 (1991) 1, S. 80-98.

Scheuermann, P.; Schiffner, G.; Weber, H.: Abstraction Capabilities and Invariant Properties Modelling with the Entity-Relationship Approach. In: Entity Relationship Approach - ER´80. To System Analysis and Design. Proceedings. Hrsg.: P.P.-S. Chen. Amsterdam 1980, S. 121-140.

Schildbach, T.: Begriff und Grundlagen des Controlling aus betriebswirtschaftlicher Sicht. In: Controlling: Grundlagen-Informationssysteme-Anwendungen. Hrsg.: K. Spremann, E. Zur. Wiesbaden 1992, S. 21-36.

Schlageter G.; Stucky, W.: Datenbanksysteme - Konzepte und Modelle. 2. Aufl., Stuttgart 1983.

Schneeweiß, C.: Planung 1 - Systemanalytische und entscheidungstheoretische Grundlagen. Berlin u. a. 1991.

Schneider, D.: Betriebswirtschaftslehre. Band 2: Rechnungswesen. München 1994.

Schneider, D.: Investition, Finanzierung und Besteuerung. 7. Aufl., Wiesbaden 1992.

Schneider, D.: Versagen des Controlling durch eine überholte Kostenrechnung. Der Betrieb, 44 (1991) 15, S. 765-772.

Schönthaler, F.; Németh, T.: Software Entwicklungswerkzeuge: methodische Grundlagen. Stuttgart 1990.

Schröder, H.: Neuere Entwicklungen der Kosten- und Leistungsrechnung im Handel und ihre Bedeutung für ein integriertes Warenwirtschafts-Controlling. In: Integrierte Warenwirtschaftssysteme und Handelscontrolling. Hrsg.: D. Ahlert, R. Olbrich. 2. Aufl., Stuttgart 1995, S. 301-338.

Schulte, C.: Logistik. 2. Aufl., München 1995.

Schulte, E.; Simmet, H.: Von EAN zu EANCOM. Perspektiven integrierter Informationssysteme. Dynamik im Handel, 36 (1992) 4, S. 38-42.

Schulte, E.; Simmet, H.: Warenwirtschaftssysteme, Just-in-time-Konzepte und Data-Base-Marketing. Dynamik im Handel, 34 (1990) 7, S. 21-24.

Schulte, R.; Rosemann, M.; Rotthowe, T.: Business Process Reengineering in Theorie und Praxis. Geschäftsprozeßmodellierung im Rechnungswesen der EK Großeinkauf eG. m&c, 2 (1994) 3, S. 211-219.

Schumann, M.: Wirtschaftlichkeitsbeurteilung für IV-Systeme. Wirtschaftsinformatik, 35 (1993) 2, S. 167-178.

Schüring, H.: Database Marketing. Einsatz von Datenbanken für Direktmarketing, Verkauf und Werbung. Landsberg/Lech 1991.

Schütte, R. (Informationsstrategie): Entwicklung einer Informationsstrategie. In: Münsteraner Fallstudien zum Rechnungswesen und Controlling. Hrsg.: J. Becker, H.L. Grob, W.v. Zwehl. München-Wien 1996, S. 129-157.

Schütte, R. (Prozeßorientierung): Prozeßorientierung in Handelsunternehmen. In: Geschäftsprozeß-modellierung und Workflow-Management. Hrsg.: G. Vossen, J. Becker. Bonn u. a. 1996, S. 258-275.

Schütte, R.; Schüppler, D.: Prozeßorientierte Einführung integrierter Handelsinformationssysteme. HMD Theorie und Praxis der Wirtschaftsinformatik, 32 (1995) 186, S. 115-132.

Schwarting, C.: Optimierung der ablauforganisatorischen Gestaltung von Kommissioniersystemen. München 1986.

Schwarz, J.: Netzplantechnik. 7. Aufl., Herne-Berlin 1994.

Schweitzer, M.; Küpper, H.U.: Systeme der Erlös- und Kostenrechnung. 6. Aufl., Landsberg/Lech 1995.

Sedran, T.: Wettbewerbsvorteile durch EDI? IM, 6 (1991) 2, S. 16-21.

Seubert, M.: Entwicklungsstand und Konzeption des SAP-Datenmodells. In: Praxis relationaler Datenbanken 1991. Hrsg.: A.-W. Scheer. Proceedings zur Fachtagung. Saarbrücken 1991, S. 87-109.

Seyffert, R.: Wirtschaftslehre des Handels. Hrsg.: E. Sundhoff. 5. Aufl., Opladen 1972.

Siegwart, H.; Kunz, B.F.: Brevier der Investitionsplanung. Bern-Stuttgart 1992.

Simon, H.: Preismanagement. 2. Aufl., Wiesbaden 1992.

Simon, H.: Entscheidungsunterstützung mit Scannerdaten. In: Marketing im technologischen Umbruch. Stuttgart 1987, S. 63-75.

Simon, H.; Kucher, E.; Sebastian, K.-H.: Scanner-Daten in Marktforschung und Marketingent-scheidung. ZfB, 52 (1982) 6, S. 555-579.

Sinz, E.J.: Objektorientierte Modellierung von Anwendungssystemen - Methodenvergleich. Hand-out zum Tutorial im Rahmen der Tagung Wirtschaftsinformatik ´95. Frankfurt/M. 1995.

Sinz, E.J.: Datenmodellierung im Strukturierten Entity-Relationship-Modell (SERM). In: Fachliche Modellierung von Anwendungssystemen. Hrsg.: G. Müller-Ettrich. Bonn u.a. 1993, S. 63-126.

Sinz, E.J.: Das Strukturierte Entity-Relationship-Modell (SER-Modell). Angewandte Informatik, 30 (1988) 5, S. 191-202.

Sinz, E.J.: Datenmodellierung betrieblicher Probleme und ihre Unterstützung durch ein wissensba-siertes Entwicklungssystem. Habilitationsschrift, Universität Regensburg. Regensburg 1987.

Sinz, E.J.; Amberg, M.: Objektorientierte Datenbanksysteme aus Sicht der Wirtschaftsinformatik. Wirtschaftsinformatik, 34 (1992) 4, S. 438-441.

Smith, J.M.; Smith, D.C.P. (Aggregation) (1977): Database Abstractions-Aggregation. Communications of the ACM, 20 (1977) 6, S. 405-413.

Smith, J.M.; Smith, D.C.P. (Generalization) (1977): Database Abstractions-Aggregation and Generalization. ACM Transactions on Database Systems, 2 (1977) 2, S. 105-133.

Sneed, H.: Softwarewartung und -wiederverwendung. Bd. 2: Softwaresanierung. Köln 1992.

Spang, S.: Informationsmodellierung im Investitionsgütermarketing. Wiesbaden 1993.

Spindler, G.: Wettbewerbsvorteile durch Warenwirtschaftssysteme. Eine Marktanalyse für den Großhandel im Hinblick auf quantitative und qualitative Nutzenaspekte. Office Management, 39 (1991) 3, S. 41-46.

Spitzlay, H.: Die Bedeutung der Vereinheitlichung in der Logistik der Konsumgüterwirtschaft. RKW-Handbuch Logistik. Band 1, Kennziffer 720. Berlin 1992.

Staehle, W.H.: Management: eine verhaltenswissenschaftliche Perspektive. 6. Aufl., München 1991.

Starke, P.: Analyse von Petri-Netz-Modellen. Stuttgart 1990.

Statistische Bundesamt (StBA): Statistisches Jahrbuch für die Bundesrepublik Deutschland. Stuttgart 1995.

Stecher, P.: Building business and application systems with the Retail Application Architecture. IBM Systems Journal, 32 (1993) 2, S. 278-306.

Steigerwald, O.M.: Computer Aided Selling im Pharmagroßhandel. CIM Management, 11 (1995) 5, S. 34-37.

Steinmüller, W.: Eine sozialwissenschaftliche Konzeption der Informationswissenschaft. (Informationstechnolgie und Nachrichtenrecht I). NfD, 32 (1981) 2, S. 69-77.

Sternberg, H.: Warenwirtschaftssysteme. In: Handbuch Wirtschaftsinformatik. Hrsg.: K. Kurbel, H. Strunz. Stuttgart 1990, S. 99-118.

Stölzle, W.; Queisser, J.: Gestaltung von Mehrweg-Transport-Systemen. In: Jahrbuch der Logistik 1994. Hrsg.: R. Hossner. Düsseldorf 1994, S. 183-187.

Strohmeyer, R.: Die strategische Bedeutung des elektronischen Datenaustausches, dargestellt am Beispiel von VEBA Wohnen. zfbf, 44 (1992) 5, S. 462-475.

Strunz, H.: Zur Begründung einer Lehre von der Architektur informationstechnikgestützter Informations- und Kommunikationssysteme. Wirtschaftsinformatik, 32 (1990) 5, S. 439-445.

Su, S.Y.W.: SAM* - A Semantic Association Model for Corporate and Scientific-Statistical Databases. Information Science, 29 (1983), S. 151-199.

Tempelmeier, H.: Material-Logistik. 2. Aufl., Berlin u. a. 1992.

Teorey, T. J. et al.: ER Model Clustering as an Aid for User Communication and Documentation in Database Design. Communications of the ACM, 32 (1989) 8, S. 975-987.

Tietz, B. (Handelsbetrieb): Der Handelsbetrieb. 2. Aufl., München 1993.

Tietz, B. (Zukunftsstrategien): Zukunftsstrategien für Handelsunternehmen. Dynamik im Handel, Bd. 3. Frankfurt/M. 1993.

Tietz, B. (Binnenhandel): Binnenhandelspolitik. 2. Aufl., München 1993

Tietz, B. (Großhandel): Großhandelsperspektiven für die Bundesrepublik Deutschland bis zum Jahre 2010. Dynamik im Handel, Bd. 2. Frankfurt am Main 1993.

Tietz, B. (Marketing): Marketing. 3. Aufl., Düsseldorf 1993.

Tietz, B. (Einzelhandel): Einzelhandelsperspektiven für die Bundesrepublik Deutschland bis zum Jahre 2010. Dynamik im Handel, Bd. 1. Frankfurt am Main 1992.

Tietz, B. (Logistik): Computergestützte Distributionslogistik. In: Handbuch des Electronic Marketing. Hrsg.: A. Herrmanns, W. Flegel. München 1992, S. 717-760.

Tietz, B.: Konsument und Einzelhandel. 3. Aufl., Frankfurt/M. 1983.

Tietz, B.: Limitrechnung im Handel. In: Handwörterbuch der Absatzwirtschaft. Hrsg.: B. Tietz. Stuttgart 1974, Sp. 1198-1204.

Trommsdorff, V. (Hrsg.): Handelsforschung 1994/95. Kooperation im Handel und mit dem Handel. Jahrbuch der Forschungsstelle für den Handel Berlin (FfH) e. V. Heidelberg 1994.

Troßmann, E.: Internes Rechnungswesen. In Betriebswirtschaftslehre. Hrsg.: H. Corsten, M. Reiß. München-Wien 1994, S. 345-371.

Unland, R.: Objektorientierte Datenbanken. Konzepte und Modelle. Bonn u. a. 1995.

Veit, T.; Walz, H.; Gramlich, D.: Investitions- und Finanzplanung. 4. Aufl., Heidelberg 1993.

Vetter, M.: Aufbau betrieblicher Informationssysteme - mittels objektorientierter, konzeptioneller Datenmodellierung. 7. Aufl., Stuttgart 1991.

Villiger, R.: Einzelhandel-Planung, Steuerung und Kontrolle des Warenbestandes. Bern-Stuttgart 1981.

Vossen, G.: Datenmodelle, Datenbanksprachen und Datenbank-Management-Systeme. 2. Aufl., Bonn u. a. 1994.

Wagner, H.: Personalmanagement. Grundlagen der betrieblichen Personalarbeit. Skript zur Vorlesung. 2. Aufl., Münster 1995.

Wagner, H.: Modelle für organisatorische Lösungen einer Anlagenwirtschaft. Arbeitspapier Nr. 7 des Lehrstuhls für Organisation und EDV der Universität Münster. Münster 1977.

Walpoth, G.: Computergestützte Informationsbedarfsanalyse : strategische Planung und Durchführung von Informatikprojekten. Heidelberg 1993 (Beiträge zur Wirtschaftsinformatik, Bd. 4).

von Weizsäcker, C.C.: The Influence of Property Rights on Tastes. Zeitschrift für die gesamte Staatswissenschaft, 140 (1984) 1, S. 90-95.

Weber, J.: Einführung in das Controlling. 6. Aufl., Stuttgart 1995.

Weber, J.: Logistik-Controlling. Stuttgart 1991.

Wehking, K.H.: Mehrweg-Transportverpackung. In: Jahrbuch der Logistik 1994. Düsseldorf 1994, S. 115-116.

Wendt, O.; Rittgen, P.; König, W.: Lösungsraumbezogene Dekomposition komplexer Systeme als Konzept einer verteilten Problemlösung. Arbeitspapiere des Instituts für Wirtschaftsinformatik der Universität Frankfurt. Arbeitspapier Nr. 92-05. Hrsg.: W. König. Frankfurt 1992.

Werner, H.: Betriebswirtschaftliche Aspekte der Integration von Verkehrsdienstleistungen. zfbf, 44 (1992) 1, S. 67-77.

Wheeler, T.: Offene Systeme. Braunschweig, Wiesbaden 1993.

Wild, R.G.: Integrierte CAD-/Prototyping-Systeme in der Schmuckindustrie. Strategische Planung - Prozeßmodellierung - Wirtschaftlichkeitsanalyse. Wiesbaden 1995.

Wildemann, H.: Produktionssynchrone Beschaffung. München 1988.

Williamson, O.E.: The Economic Institutions of Capitalism. Firms, Markets, Relational Contracting. New York et al. 1985.

Wilke, K.: Warenwirtschaftssysteme im Textileinzelhandel. Konzeptionelle Ansätze zur Gestaltung warenwirtschaftlicher Informationssysteme unter besonderer Berücksichtigung der Einkaufsplanung. Münster, 1989.

Witt, F.-J.: Handelscontrolling. München 1992.

Witt, F.-J.: Deckungsbeitragsmanagement. München 1991.

Witte, E.: Die Liquiditätspolitik der Unternehmung. Tübingen 1963.

Witte, T.: Heuristisches Planen. Vorgehensweise zur Strukturierung betrieblicher Planungsprobleme. Wiesbaden 1979.

Wittenbrink, P.: Bündelungsstrategien der Speditionen im Bereich der City-Logistik. Eine
ökonomische Analyse. Beiträge aus dem Institut für Verkehrswissenschaften an der Universität
Münster. Heft 136. Göttingen 1995.

Wöhe, G.: Einführung in die Betriebswirtschaftslehre. 18. Aufl., München 1993.

Wöhe, G.: Bilanzierung und Bilanzpolitik. 8. Aufl., München 1992.

Wolf, T. K.: Dritte Generation: Mehr Vorsprung im Wettbewerb. Diebold Management Report,
o.Jg. (1993) 10, S. 11-17.

Workflow Management Coalition: Glossary. Brüssel 1994.

Zahn, E.: Informationstechnologie und Informationsmanagement. In: Allgemeine Betriebswirtschaftslehre. Bd. 2. Führung. Hrsg.: F.-X. Bea, E. Dichtl, M. Schweitzer. 5. Aufl. Stuttgart 1991,
S. 222-289.

Zangemeister, C.: Nutzwertanalyse in der Systemtechnik. 5. Aufl., München 1993.

Zencke, P.: Softwareunterstützung im Business Process Reengineering. In: Prozeßorientierte Unter-
nehmensmodellierung. Hrsg.: A.-W. Scheer. Wiesbaden 1994 (SzU, Band 53), S. 63-76.

Zentes, J.: Supply Chain Management: Erfolgspotentiale kooperativer Logistik. Handout zum Dacos
Anwenderforum Handel ´94. Saarbrücken 1994.

Zentes, J.: Kundenbezogene Deckungsbeitragsrechnung im Handel. In: Vahlens Großes Controlling
Lexikon. Hrsg.: P. Horvarth, T. Reichmann. München 1993, S. 389-390.

Zentes, J.: Kooperative Wettbewerbsstrategien im internationalen Konsumgütermarketing. In:
Strategische Partnerschaften im Handel. Hrsg.: J. Zentes. Stuttgart 1992, S. 3-31.

Zentes, J.: „CIM" und „global sourcing". Dynamik im Handel, 35 (1991) 7, S. 69-74.

Zentes, J. (Nutzeffekte): Nutzeffekte von Warenwirtschaftssystemen im Handel. IM, 3 (1988) 4,
S. 58-67.

Zentes, J. (WWS): Warenwirtschaftssysteme. Auf dem Weg zum Scientific Management im
Handel. ZFP, o.Jg. (1988) 3, S. 177-181.

Zentes, J.: Verkaufsmanagement in der Konsumgüterindustrie. DBW, 46 (1986) 1, S. 21-28.

Zentes, J.; Anderer, M.: Mit Customer Service aus der Krise. In: GDI-Handels-Trendletter I/94.
Hrsg.: Gottlieb Duttweiler Institut für wirtschaftliche und soziale Studien. Rüschlikon/Zürich
1994, S. 1-29.

Zentes, J.; Anderer, M. (Perspektiven): Handelsperspektiven bis zum Jahre 2000. Studie über die
Entwicklungsperspektiven im Einzelhandel. Saarbrücken-Rüschlikon 1993.

Zentes, J.; Anderer, M. (WWS): EDV-gestützte Warenwirtschaftssysteme im Handel. m&c,
1 (1993) 1, S. 25-31.

Zentes, J.; Exner, R.; Braune-Krickau, M.: Studie Warenwirtschaftssysteme im Handel - über den
Stand und die weitere Entwicklung von Warenwirtschaftssystemen im Einzelhandel mit Kon-
sumgütern des täglichen Bedarfs. Rüschlikon 1989.

Zimmermann, H.-D.: Auf dem Weg in die Informationsgesellschaft - Die Einbindung privater
Haushalte in telematische Dienste und Anwendungen. Bamberg 1995.

Zimmermann, H.J.: Fuzzy Technologien. Düsseldorf 1993.

Zoller, K.: Zur Bereitstellung und Nutzung von Lagerraum: Kosten- und Kapazitätseffekte der
Einlagerungsorganisation. zfbf, 34 (1982), S. 83-102.

Stichwortverzeichnis

Im Stichwortverzeichnis sind Seitenangaben, die sich auf ausführlichere Darstellungen des Begriffes oder ganze Kapitel beziehen, **fett** gedruckt, solche, die sich auf das Glossar beziehen, *kursiv* gedruckt.

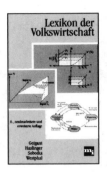
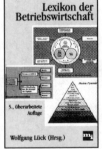